Amandus Kupfer – Siegfried Kupfer – Paul Schärer
Grundlagen der Menschenkenntnis
Band 2

GRUNDLAGEN DER MENSCHENKENNTNIS

DIE FORMKRAFT DER PSYCHE

nach
Carl Huters Psycho-Physiognomik
von Amandus und Siegfried Kupfer.

Neu bearbeitet und herausgegeben
von Paul Schärer.

2. Band
27. Auflage 1995
593 Abbildungen

CARL-HUTER-VERLAG

ISBN Nr. 3-906417-17-4 neu bearbeitete und erweiterte Auflage
(ISBN Nr. 3-906417-02-6 alte Auflage)

Satz und Lithos: C.A.P. Graphik, Basel
Druck: Reinhardt Druck, Basel
Bindearbeiten: Grollimund AG, Reinach

Inhaltsverzeichnis

Vorwort

Die «Grundlagen der Menschenkenntnis» erschienen 1911 zum ersten Mal. *Amandus Kupfer* (1879–1952), persönlicher Schüler *Carl Huters* (1861–1912), hatte darin eine kurze Darstellung des Systems der Körperformen-, Kopf- und Gesichtsausdruckskunde seines Lehrers gegeben. Nach dem Tode *Huters* wurden die «Grundlagen» kontinuierlich weiter entwickelt und neue Erkenntnisse aus Forschung und Praxis eingebracht. Die erweiterten Ausführungen fanden Niederschlag in zahlreichen Neuauflagen.

1919 hatte *Amandus Kupfer* das Verlagsrecht am gesamten literarischen Nachlass *Carl Huters* übernommen. Seit dieser Zeit erschienen aus seiner Feder zahlreiche weitere Werke über Huters Menschenkenntnis und Neuausgaben seiner Originalwerke. Die «Grundlagen» wurden auf zwei Bände erweitert.

Der erste Studienband behandelt anhand ausgewählter Menschen Energien, Dispositionen und deren Ausdrucksformen an den Naturellen oder Konstitutionstypen.

Der vorliegende zweite Studienband behandelt Details der Kopf-, Gesichts- und Augenausdruckskunde.

Lehr- und Lernfähigkeit sind entscheidende Faktoren, welche die Psycho-Physiognomik – das ist Lebens-, Seelen- und Körperausdruckskunde – auszeichnen. Sie kann auch als physiognomische Psychologie bezeichnet werden und ist als eigene Forschungsrichtung in der Psychologie konzipiert.

19 Auflagen des ersten Bandes erschienen zu Lebzeiten von *Amandus Kupfer*. Nach dessen Tode wurden weitere 9 Auflagen von seinem Sohn *Siegfried Kupfer* herausgegeben. Der Verlag ging 1987 an Paul Schärer und Martin Kübli, welche die 29. Auflage des ersten Bandes überarbeitet haben. Die 30. Auflage wurde von Paul Schärer herausgegeben.

Die 27. Auflage des vorliegenden zweiten Studienbandes wurde von Paul Schärer überarbeitet, neu gestaltet und soweit notwendig und nützlich mit neuen Bildern versehen.

Münchenstein, März 1995 — Paul Schärer

Einleitung

Carl Huter (1861–1912) begründete die Psycho-Physiognomik und schaffte die Grundlage zu einer neuen Wissenschaft, der «physiognomischen Psychologie». Sein Hauptwerk* beinhaltet eine ausführliche Beweisführung für seine Theorie und eine Darstellung der Geschichte der Physiognomik. In weiteren Werken legte er seine aus der Psycho-Physiognomik gewachsene Philosophie, Ethik und Weltanschauung dar.

Seine Forschungsergebnisse in der Physiognomik fasste er in folgendem Satz zusammen:

«In den Formen lebt der Geist».

Grundlage der Körper- und Seelenausdruckskunde, der Psycho-Physiognomik, ist das Erkennen innerer Lebenskräfte und ihrer Wirkung auf die Persönlichkeitsstruktur und das Erscheinungsbild.

Das vorliegende Buch behandelt, anschliessend an den ersten Band der «Grundlagen der Menschenkenntnis», die Detailformen des Schädels und des Gesichtes und die vielfältigen Beziehungen zwischen Geist und Seele, zwischen Gehirn und Körper, zwischen Mensch und Umwelt. Anhand von Beispielen wird die praktische Anwendung der Fomensprache dargelegt.

Das Ziel dieses Buches ist es, den Leser in die Welt der Formensprache so einzuführen, dass er deren Vielfältigkeit und Gesetzmässigkeit erfassen und für sich nutzbringend anwenden kann.

* *«Menschenkenntnis durch Körper-, Lebens-, Seelen- und Gesichts-Ausdruckskunde auf neuen wissenschaftlichen Grundlagen» 1904-1906, 4. Auflage 1991, Carl-Huter-Verlag, CH-4142 Münchenstein*

1. Die Schichtanalyse

Die Schichtanalyse zum Erkennen der individuellen, inneren Strukturen

Die inneren Kräfte manifestieren sich in den verschiedenen Körperformen (Naturelle oder Konstitutionstypen). Beim Aufbau der Schädel- und Gesichtformen wirken die gleichen Kräfte. Die Ausgestaltung von Schädel und Gesicht ist deshalb ebenfalls äusseres Formzeichen innerer Kräfte und dient zu deren Analyse.*

Durch die inneren Kräfte und die daraus entstandenen Organe und Sinne erhält der Mensch und alle anderen Lebewesen, bestimmte einmalige Fähigkeiten. Mit Hilfe dieser vererbten Anlagen, die weiter ausgebildet oder zerstört werden können, muss sich jedes Lebewesen den Umgebungseinflüssen aussetzen und je nach den Kräftestrukturen und deren Potentialen, wirkt die Umgebung unterschiedlich auf seine Entwicklung und Tätigkeit.

Der debile Mensch beispielsweise ist während seines ganzen Lebens auf die Hilfe seiner Umgebung angewiesen. Er ist kaum schöpferisch und beeinflusst seine Umgebung wenig mit eigenen Ideen. Der geniale Mensch ist in seinen ersten Entwicklungsjahren auch auf die Umgebung angewiesen. Er ist später dank einer hervorragenden inneren Struktur und deren Entwicklung voraussichtlich aussergewöhnlich schöpferisch. Meistens vermag er seine nahe und weitere Umgebung über Jahrhunderte zu beeinflussen.

Die riesige Spannweite der Fähigkeiten zwischen dem Debilen und dem Genialen, die Vielfalt der einzelnen Potentialen und auch das Milieu machen das genaue Erfassen des Einflusses der zwei Pole «Umgebung» und «innere Kräfte» kompliziert. Ein systematisches Erfassen wird beim Menschen möglich, wenn wir zuerst seine Eigenschaften und Fähigkeiten analysieren und dann die Umgebung betrachten, auf die jeder Mensch individuell reagiert.

Bei der Analyse von individuellen Eigenschaften gehen wir von einem schichtartigen Aufbau aus. Die Schichten sind miteinander vernetzt, werden aber getrennt analysiert. Sie bilden ähnlich wie bei einer Zwiebel ein Ganzes: jede einzelne Schicht gehört zum Ganzen, beeinflusst dieses und ist mit den anderen Schichten verbunden. Dadurch entsteht eine ständige Wechselwirkung von Schicht zu Schicht. Schrittweise wollen wir in diesem Buch die einzelnen Schichten erfassen, um zuletzt zu einem Ganzen zu gelangen. Diese Ganzheit dürfen wir bei der Betrachtung des Details nie aus den Augen verlieren. Deshalb wird bei den Detailbetrachtungen auch immer wieder auf solche Wechselwirkungen und Verbindungen hingewiesen. Schicht für Schicht wird so analytisch erarbeitet, um zuletzt zu einer die ganze Einheit umfassenden und trotzdem detaillierten Schau zu gelangen.

** Die Grundstrukturen des menschlichen Wesens (Konstitution oder Naturell) und die Formen bauenden inneren Kräfte sind dargestellt in Amandus Kupfer, «Grundlagen der Menschenkenntnis», Bd.1, 30. Auflage 1993, Carl-Huter-Verlag, CH-4142 Münchenstein*

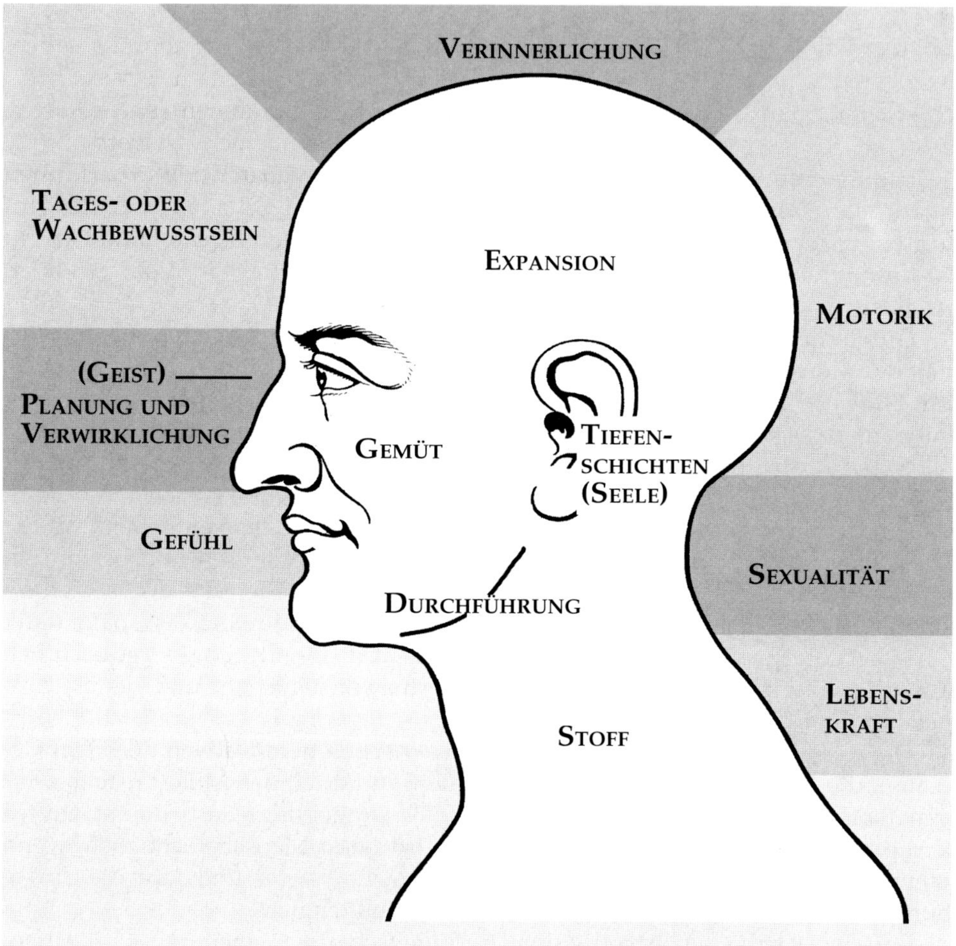

Abb. 1 Die verschiedenen Schichten und der Ort ihrer Ermittlung

Die Schichten werden aufgrund der einzelnen Formstrukturen, ihrer Strahlungen und Spannungen analysiert. Die Formen sind immer Ausdruckszonen von Energien und Potentialen.

Jedes Areal zeigt gewissermassen einen Aspekt eines geistigen Grundsinnes mit grosser Bandbreite. Es braucht jedoch noch andere bestimmende Anlagen (Eigenschaften) damit dieser Aspekt zum Tragen kommt. *Huter* nennt z.B einen Aspekt Wehr-, Widerstands- und Lebensschutzsinn. Die Art der Auswirkung dieser Anlage wird durch andere Eigenschaften ausgelöst. Zum Beispiel durch starke Anlagen für Moral, ethisches Denken, oder Familienschutz in positivem Sinne, oder bei fehlender Moral und Ethik in negativem Sinne, woraus Zerstörung, Verneinung und Lebensvernichtung werden. Daraus folgt: je nach den übrigen Anlagen wird ein Aspekt oder eine Eigenschaft umgesetzt. Die möglichen Auswirkungen einer Eigenschaft dürfen deshalb nur unter Berücksichtigung des Zusammenhanges mit dem Ganzen beurteilt werden. Jede Eigenschaft bleibt vorerst unabhängig und wertfrei. Das Erfassen der Gesamterscheinung ist deshalb absolut unerlässlich, will man der wahren Wesenheit, dem voraussichtlichen Lebensziel, der aus der inneren Anlage hervorgegangenen Lebenseinstellung oder der gegenwärtigen Entwicklung eines Menschen gerecht werden.

Am Anfang einer Analyse kann auch der Gesamteindruck oder das Erscheinungsbild stehen. Dann ist die Detailstruktur Schicht für Schicht einzubringen, um den Gesamteindruck zu strukturieren und im Detail zu begründen.

Eine aus den analysierten Eigenschaften hervorgehende Handlung vorauszusagen, ist jedoch immer spekulativ, denn eine Handlung kann mit dem Willen auch gegen die Vernunft erzwungen werden. Welche Handlung mit grosser Wahrscheinlichkeit zu einem Schaden führt, wenn sie entgegen den analysierten Eigenschaften mit dem Willen erzwungen wird, kann jedoch vorausgesagt werden.

Beispiel: Ein Empfindungs-Naturell, das sich mit dem eigenen Willen zu schwerer körperlicher Tätigkeit, z.B. Leistungssport zwingt, oder von aussen zu schwerer Körperarbeit gezwungen wird, erleidet mit grosser Wahrscheinlichkeit schwere körperliche und auch seelische Schäden.

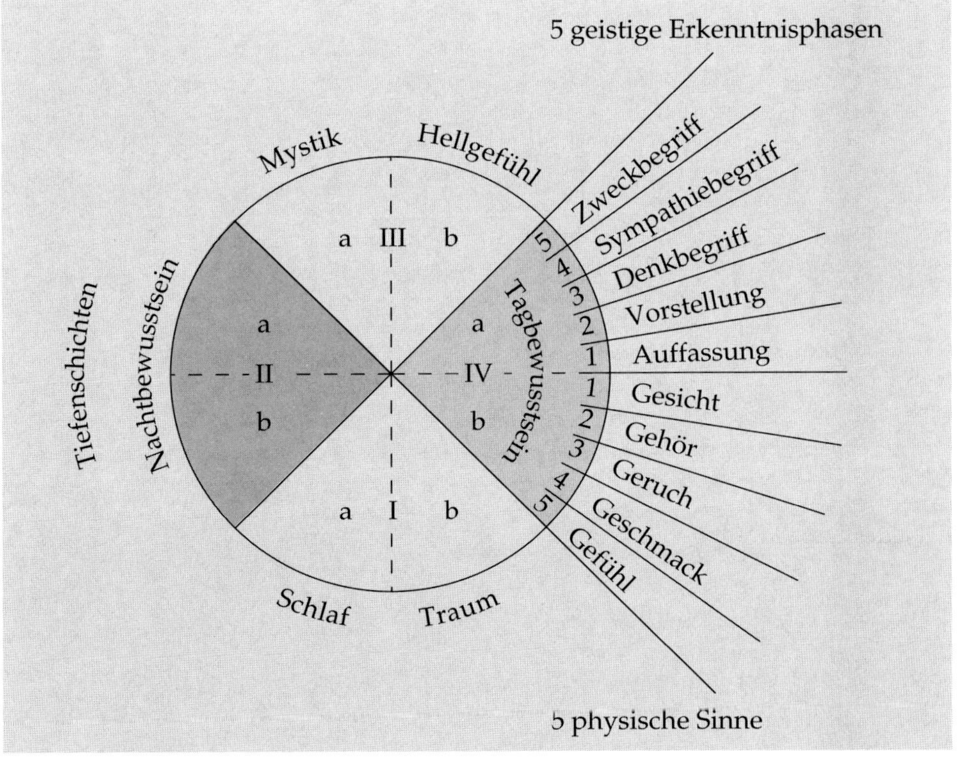

Abb. 1a Die Darstellung, von Huter 1902 gezeichnet, zeigt seine Auffassung über das gesamte seelische und geistige Leben eines Menschen

2. Die individuelle Entwicklung

Die individuelle Entwicklung in der physiognomischen Psychologie. Eine graphische Darstellung nach Carl Huter

In vielen psychologischen Richtungen wird einerseits der Schlüssel zum Verständnis der Menschen im Durchwühlen seiner Lebensgeschichte gesucht, andererseits war der Ausgangspunkt zu seinem Verständnis die wissenschaftlich untermauerte einseitige Sicht, dass das neugeborene Leben ein unbeschriebenes Blatt darstellt, das sich beliebig konditionieren lässt. Diese Sicht beherrscht heute noch viele Richtungen der Psychologie, Behaviorismus, Psychoanalyse, Bindungstheorie. Entgegen allen gemachten Lebenserfahrungen durch die Mütter, die mehr als ein Kind geboren und erfahren haben, dass sich Neugeborene schon von den ersten Lebenstagen an in ihren Reaktionen unterscheiden, werden in diesen Psychologien den anlagebedingten Faktoren nach Ansicht der physiognomischen Psychologie, zu wenig Aufmerksamkeit geschenkt.

Huter hat die vielfältigen Beziehungen und Verknüpfungen des menschlichen Daseins mit wissenschaftlicher Genauigkeit und mit hoher Intuition erkannt und in einem die ganze Schöpfung umfassenden und deshalb auch metaphysisch durchdachten System dargestellt.

Dieses hat sich in der Praxis ausgezeichnet bewährt und ist eine hervorragende Hilfe für jeden Menschen. Die wirklichen Erkenntnisse aus den psychologischen Forschungen könnten hier eingebaut und mitverwendet werden, was in der allgemeinen Psychologie zu einem Ganzheitsdenken führen könnte.

Gemäss *Huter* entwickelt sich das Verhalten des Individuums von seiner Zeugung an aus seinen angeborenen Reaktionsmöglichkeiten und den Umwelteinflüssen, die auf das Individuum einwirken. Dieses antwortet auf die Umwelt mit den angeborenen, nur bedingt veränderbaren Anlagen. Werden diese Anlagen durch Falscheinschätzung überfordert oder durch die Erzieher nicht dem Kind entsprechend individuell beeinflusst, weil nicht erkannt, entstehen körperliche oder psychische Schäden. Die Einzigartigkeit jedes Menschen, seine Persönlichkeitsstruktur, aber auch deren Veränderungen durch gesundheitsfördernde oder krankmachende Umstände, können physiognomisch ermittelt werden. Die Physiognomik ist deshalb ein praktisches Mittel, mit welchem die Erziehung (Umwelt) den individuellen charakterlichen Gegebenheiten angepasst oder die passende Umgebung gesucht werden kann. Die Entwicklung des Kindes und der Erwachsenen kann laufend verfolgt werden. Dadurch ist ein optimales Verhältnis zwischen Kind und Eltern, erste Entwicklungsphase, und dem Erwachsenen und seiner Umwelt, zweite Entwicklungsphase, möglich.

Eine der modernen Psychologien, mit ihrem neuerwachten Interesse an organisch begründeten individuellen Verhaltenseigenschaften, sagt: «Es gibt nur einen guten Erziehungsstil, es ist der dem einzelnen Kind angepasste Erziehungsstil.»* Diese Aussage ist in der physiognomischen Psychologie impli-

* *M. R. Zentner, «Die Wiederentdeckung des Temperaments» S. 163*

ziert. *Huter* sagt dazu: «Jede Entwicklung eines erwachsenen Menschen verläuft dann optimal, wenn er seine Hauptanlagen in einer ihm zusagenden Gruppe aktiv ausleben kann, und diese ihm hilft, Schwächen der Persönlichkeitsstruktur zu überwinden.»

Entwicklung des Individuums zwischen Anlage und Umwelt

Grafischen Darstellung Abb. 2

Definition der Blöcke

Anlage und Charakter des Individuums

Durch die Vererbung gegebene Reaktionsmöglichkeiten, die sich normalerweise nur bedingt verändern, sich im Laufe der Entwicklung immer mehr herauskristallisieren und beim Erwachsenen relativ fest verankert sind.

Das Leben des Individuums und seine Entwicklung

Diese Entwicklungsstufen sind generell bei allen Menschen ähnlich, in ihrer Auswirkung aber von der Anlage und der Gesellschaft mehr oder weniger stark beeinflusst und deshalb immer auch individuell verschieden.

Das Leben in der Gruppe

Aus der Gruppe ergeben sich die vielfältigsten Einflüsse. Einige wichtige davon sind angegeben. Der höchste moralische, sittliche und kulturelle Stand gibt nach *Huter* die beste Gewähr einer optimalen Entwicklung der individuellen Anlagen.

Beziehungen der drei Blöcke zueinander

Die Graphik versucht zu zeigen, wie die einzelnen Blöcke ineinander fliessen.

Das Leben des Einzelnen wird ständig durch das Leben der Gruppe beeinflusst. Der Einzelne antwortet mittels seiner vererbten Eigenschaften mehr oder weniger stark auf diese Einflussnahme. Daraus ergibt sich eine bestimmte Persönlichkeitsstruktur, die sich ständig weiterentwickelt.

Das Erscheinungsbild zeigt in den festen Formen die vererbten Anlagen. In den sich mimisch und dynamisch ändernden Formen manifestiert sich seine Entwicklung.

Entwicklung bedeutet ein ständiges Nehmen und Geben vom Individuum zur Gruppe, von der Gruppe zum Individuum. Dieses Nehmen und Geben gewährleistet im Normalfall ein Wachsen des Leistungsvermögens. Dieses Wachstum kann vom Kindesalter bis zum Tod durch psycho-physiognomische Beobachtungen mitverfolgt werde. Damit können die Erzieher die Entwicklung des Kindes dauernd beobachten. Andererseits ist es dem Individuum möglich, einen Überblick über sein eigenes Leistungsvermögen zu gewinnen (ungenutzte Talente), über seine Grenzen und den jeweiligen momentanen Zustand.

Was der Einzelne der Gruppe geben und aus dieser aufnehmen kann, erkennen wir aufgrund einer physiognomischen Analyse.

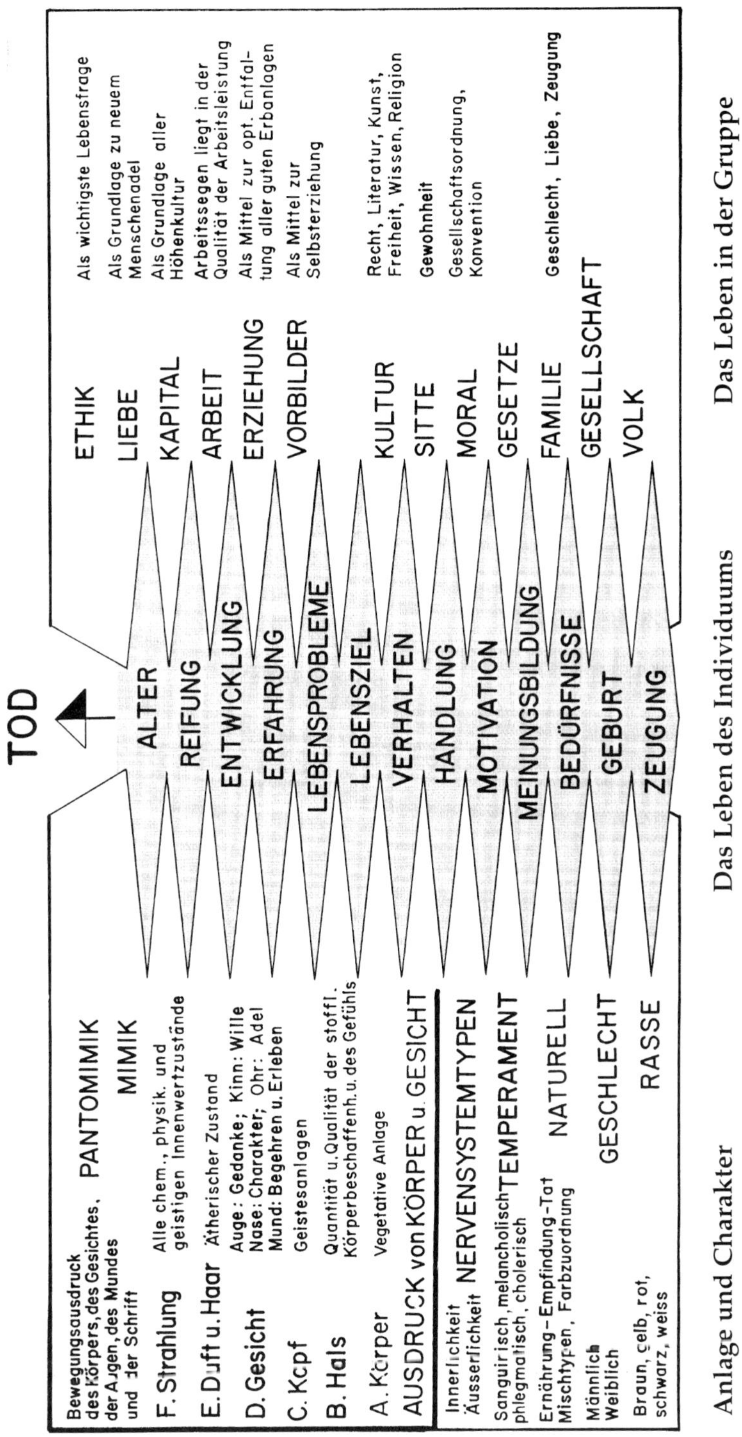

Abb. 2 Die individuelle Entwicklung in der physiognomischen Psychologie. Eine grafische Darstellung nach Carl Huter, von Paul Schärer

Erklärungen zu den drei Blöcken

1. Anlage und Charakter

Huter geht von fünf *Hauptrassen* aus: der braunen, der gelben, der roten, der schwarzen und der weissen. Diese haben sich, durch Völkerwanderungen und Umwelteinflüsse vermischt und sind heute in grosser Vielfalt anzutreffen. Die Rasse bleibt jedoch bei rassisch gleichbleibenden Eltern über lange Zeit unverändert. Die Unterscheidung der Rassen dient vor allem zu antropologischen, weniger zu psychologischen Vergleichen. Für diese ist die jeweilige individuelle Veranlagung massgebend. Die Anlage kann in jeder Rasse ermittelt werden.

Die Wesensverschiedenheit der *Geschlechter* wird grundsätzlich mit anatomisch-physiognomischen Verschiedenheiten belegt und durch das Erscheinungsbild in ihrer grossen Variabilität dargestellt. Die gesetzliche Gleichberechtigung der Geschlechter, das ist für *Huter* ein Menschenrecht, kann damit auf eine natürliche, die individuelle Struktur erfassende Basis gestellt werden.

Ausgangspunkt der praktischen Menschenkenntnis sind die *Naturell- oder Konstitutionstypen.* Die Naturelle sind Brennpunkte und dienen zur Grundorientierung über die Anlage eines Menschen. Den Naturellen werden Farben zugeordnet, die ihrer Charakteristik entsprechen. Durch die Farbzuordnung kann der Niveau-Unterschied und die Dynamik der Naturellehre symbolisch dargestellt werden.*

Die Art der Bewegungsabläufe und der inneren Erregbarkeit wird durch vier *Temperamente* erfasst. Nach *Huter* kommen die vier Temperamente im Leben vielfältig gemischt und meist rasch wechselnd vor. Daher spielen diese in der physiognomischen Psychologie eine weniger wichtige Rolle als die in den meisten Fällen während eines Lebens konstant bleibenden Naturelle.

Neben den Naturellen werden auch verschiedene *spezielle Typen* erfasst und dargestellt. Zwei davon sind der *Innerlichkeits- und der Äusserlichkeitsmensch.* Diese wachsen aus der unterschiedlichen Qualität und Beschaffenheit der Nervensysteme heraus.

Ein grosses Forschungsfeld ist *der individuelle physiognomische Ausdruck* von Körper-, Kopf- und Gesichtsbau. Die Graphik weisst in A bis F mit zusammengefassten Ausdrücken darauf hin. Speziell zu F: Die Innenwertzustände werden durch *Huters* Kraftrichtungsordnung erklärt und physiognomisch deutbar gemacht.

Wesentliche Hilfe beim Erkennen des momentanen emotionellen Zustandes, und des konstant gewordenen Entwicklungszustandes, sind die *Mimik und Pantomimik.*

2. Das Leben des Individuums

Im mittleren Teil der Graphik ist eine grobe Übersicht über einzelne Entwicklungsstufen bei der persönlichen Entfaltung dargestellt.

Ausgehend von der *Zeugung,* dem Beginn des individuellen Lebens, steigert

* *«Grundlagen der Menschenkenntnis», Band 1, 30. Auflage 1993, Seite 176/177, Carl-Huter-Verlag, CH-4142 Münchenstein*

sich im Normalfall die Individualkraft Schritt für Schritt. Bei der Zeugung erhält das Kind Erbeigenschaften von seinen Eltern und Vorfahren. Es werden körperliche, seelische und geistige Elemente, die für die Entwicklung einer Persönlichkeit nötig sind, vererbt.

Bei der *Geburt* verlässt das Individuum die schützende Hülle des Mutterleibes, in welchem es im Wasser lebte und wuchs. Es setzt nun das Leben in einer völlig neuen Umgebung fort. Die Luft wird zum wichtigsten Überlebenselement.

In seiner nachfolgenden Entwicklung entstehen für das Neugeborene bestimmte *Bedürfnisse*. Es entfaltet aus der Erbmasse und den Umgebungseinflüssen eine eigene *Meinung*. Die daraus wachsenden *Motivationen* führen zu eigenen Handlungen und zu einem bestimmten persönlichen Verhalten. Bei normalem Werden und bei genügend eigener Persönlichkeitssubstanz, gibt sich der Mensch selbst ein *Lebensziel*. Bei dessen Verwirklichung entstehen *Lebensprobleme*, die dabei gemachten vielen *Erfahrungen* führen zu einer bestimmten *Entwicklung*. Eine innere *Reifung* führt zu immer umfassenderen Erkenntnissen. Das *Alter* bedeutet dann eine Vollendung, der Tod die Geburt in eine neue Welt.

3. Das Leben in der Gruppe

In diesem Block ist die Umgebung dargestellt, in welcher sich das Individuum bewegt und entwickelt.

Volk, Gesellschaft, Familie, in deren Gebundenheit, im günstigsten Fall in Harmonie und Liebe, neues Leben gezeugt wird.

Gesetze regeln das Zusammenleben. Es bestehen bestimmte *moralische Ansichten,* wachsend aus Gesellschaftsordnung und Konvention. Bestimmte Gewohnheiten führen zu bestimmten *Sitten.*

Es besteht eine *Kultur,* oder sie entwickelt sich. Kultur manifestiert sich vor allem in Recht, Kunst, Wissenschaft und Religion. *Vorbilder* sind in der *Erziehung* und Selbsterziehung unentbehrlich. Mit ihrer Wahl kann die persönliche Entwicklung wesentlich beeinflusst werden. Damit entstehen vielfach entscheidende Impulse, die bestimmen, in welche Richtung die vorhandenen Eigenschaften sich entwickeln. Die Gruppe bestimmt gewollt oder zufällig die Ausseneinflüsse mit denen eine optimale oder hemmende Entfaltung aller Erbanlagen erreicht wird.

Jeder Mensch sollte *arbeiten* und sich damit bestätigen können. Die Qualität der Arbeitsleistung, gleich welcher Art oder auf welchem Niveau, führt zu Befriedigung und seelischer Harmonie.

Kapital hat wichtige, ja unentbehrliche Funktionen. Neben der Mehrung von Arbeit und Wohlstand soll es auch der Förderung und Fortentwicklung der Kultur dienen.

Kapitalisten sind zur Verwirklichung des Idealen genauso unentbehrlich wie Idealisten. Nach *Huter* müsste jeder Arbeiter und Angestellte durch Sparsamkeit und rechten Lohn zum Kapitalisten werden. Nur so erreicht er innere und äussere Freiheit, das Ziel jeder ethischen Entwicklung.

Leider kann das Kapital den Menschen auch in die Knechtschaft führen, seine Sitten und seine Kultur zerstören. Solche Entwicklungen und Auswüchse sind durch vernünftige Gesetze zu verhindern. Durch Verdammen des Kapitals oder der Kapitalisten ist das nicht zu erreichen.

Optimale Entwicklung für alle ist aber letztendlich nur möglich, wenn die *Liebe* zusammen mit einer vernünftigen, idealen *Ethik* Grundlage für das Leben der Gruppe wird. Ethik als auf alle Wesen gerichtete, allumfassende Menschenliebe überwindet begrenzte, weltliche Moral-Auffassungen.

3. Leben und Empfinden

Die folgenden Betrachtungen des menschlichen Hauptes und Gesichtes und des inneren, formenden und gestaltenden Lebensgeistes sind Grundlage für wesentliche Erkenntnisse über den Menschen und führt zu einer positiven, bewussten Gestaltung unseres Daseins. Wir werden erkennen, dass natürliches und geschultes Sehen Grundbedingung zur Lebenserkenntnis ist – ein neues, künstlerisches Sehen, das objektives Beobachten und subjektives Fühlen in sich vereinigt. Wir müssen das neue Sehen üben, ähnlich wie jede andere körperliche oder geistige Tätigkeit geübt werden muss, um zu einem guten Ergebnis zu gelangen. Nur so erschliesst sich unserer Beobachtung die Formenwelt, in der sich alles Geistige offenbart. Es ist ein Naturgesetz, dass sich dieses nur dem erschliesst, der auch in sich selber das Geistige pflegt und es immer mehr vertieft. Selbsterkenntnis und Arbeit an der Verfeinerung der eigenen Sinne ist Grundlage, um zum neuen Sehen und zu einer vertieften Lebens- und Menschenkenntnis zu gelangen.

«Mit unseren Augen sehen wir nur Ebenen und Flächen. Wir haben uns das plastische Sehen erst erworben durch Gefühl und Erfahrung. Das Gefühl ist der Sinn, uns die Realität der Tiefe zu übermitteln.» (C. Huter HW S. 753)

Der Gefühlssinn führt uns zur Tiefenerkenntnis, er steht in wechselseitiger Beziehung zum ethischen Fühlen, Denken und Handeln (siehe Seite 74, Abb. 41). Somit können wir sagen: «Ohne ethisches Empfinden, Denken und Handeln keine Verfeinerung des Gefühlssinnes; ohne Verfeinerung des Gefühlssinnes keine Tiefenerkenntnis und keine umfassende Menschenkenntnis.»

Die Kunst, den Menschen, ja alles Leben physiognomisch zu betrachten, ist bis heute vernachlässigt worden. Das liegt mit an den Mängeln der alten Physiognomik-Systeme, die noch keine zuverlässige, praktisch brauchbare Grundlage für die Menschenkenntnis ergeben. Der Mensch war deshalb gezwungen, verheissungsvollen Versprechungen zu glauben, ohne prüfen zu können, ob das Wort mit dem geistigen Potential des Verkünders in Einklang steht. Das führte oft zu bitteren Enttäuschungen, die teuer bezahlt werden müssen. Die Erfahrungen der Völker im politischen Geschehen sind oftmals sehr schmerzhaft, wie das der Zweite Weltkrieg gezeigt hat.*

Es scheint nun, dass die Zeit gekommen ist, den Menschen, der hinter allem irdischen Tun steht, zu erkennen, diese Kenntnis zum Wohle von Natur und Mensch umzusetzen und nicht nur hilflos zuzusehen, zu jammern und zu leiden. Der Mensch ist das Phänomen, von dem das Schrecklichste, aber auch das Schönste und Beglückendste ausgeht. Wir brauchen ein Hilfsmittel, durch welches wir gewahr werden, welcher Mensch zu welchem Tun fähig oder unfähig ist, welche Eigenschaften und Wesenszüge sein individuelles Handeln wesentlich mitbestimmen. Wünschenswert und sinnvoll wäre es auch, wenn jeder Mensch seine eigenen Fähigkeiten erkennen lernte. Nur unter dieser Bedingung kann er sich optimal entwickeln. Jeder hat in sich Licht- und Schattenseiten. Im Leben brau-

* *Amandus Kupfer, «Physiognomische Dokumente, Das Buch von 1941», Carl-Huter-Verlag, Nürnberg*

chen wir beides. Eigenschaften werden zum Licht, wenn sie richtig eingesetzt sind, sie werden zum Schatten, wenn sie falsch verwendet werden.

«Klug handelt der, der seinen Fähigkeiten gemäss lebt,
diese bevorzugt entwickelt,
und zugleich an seinen Schwächen arbeitet.»

Paul Schärer

Die überragende Stellung, welche sich der Mensch in der gesamten Natur errungen hat, gibt ihm die Mittel, die Welt weitgehend nach seinem Willen zu gestalten. Er macht das mit seinen angeborenen und erworbenen motorischen und ökonomischen Anlagen, die je nach intellektuellen, moralischen und ethischen Fähigkeiten positiv oder negativ eingesetzt werden. Um den Einsatz zu optimieren, dürfen wir den Menschen nicht nur körperlich-organisch sehen. Wir müssen auch lernen, seine psychischen Anlagen rasch und sicher zu erkennen. Ohne Menschenkenntnis sind moralische und geistige Qualitäten erst durch manchmal schmerzende Erfahrung zu ergründen.

Den Menschen vorbehaltlos richtig einzuordnen ist möglich, denn die physischen und die psychischen Qualitäten spiegeln sich in den Körper-, Kopf-, Gesichts- und Augenformen wieder.

Wie der Körperbau die Grundveranlagung des Menschen widerspiegelt, hat Huter anschaulich dargestellt.*

Die Naturelltypenlehre ist wissenschaftlich sicher fundiert und sozusagen das ABC der praktischen Menschenkenntnis. Darauf baut dieser 2. Studienband auf und lehrt, die feineren individuellen Merkmale, insbesondere am Kopf und im Gesicht, mit ihren psychischen und körperlichen Korrespondenzen zu erkennen.

Zuerst wollen wir versuchen, uns Klarheit über das Leben an sich zu verschaffen. Die Wissenschaft hat den menschlichen Körper mit Hilfe chemischer und physikalischer Untersuchungsmethoden auf Bau und Funktion bis ins Feinste erforscht. Das Leben selbst aber ist naturwissenschaftlich bis heute ein ungelöstes Rätsel. Die fehlgeschlagenen Versuche, Leben künstlich herzustellen, lassen den Schluss zu, dass Leben nicht nur ein chemischer oder ein physikalischer Vorgang ist, obwohl solche Vorgänge es ständig begleiten. Also müssen wir andere Möglichkeiten suchen, um zu erklären, wie Leben entstanden ist.

Wir folgen dabei *Carl Huter*. Ähnlich so, wie er mit der Naturelltypenlehre in genialer Weise ein bis dahin in dieser Form unerkannt gebliebenes Naturprinzip, eine Ordnung in der Vielfalt, dem Chaos des Lebens, aufdeckte und dessen praktische Anwendung in bezug auf den Menschen erschloss, ist er auch der geniale Ergründer des Woher und Wohin des Lebens. In seinem unermüdlichen Suchen nach Wahrheit drang er tief in die Geheimnisse der Natur ein. Die Fülle seiner Beobachtungen verband er zu einem einheitlichen Weltbild, das Verstand und Gefühl gleichermassen anspricht und befriedigt.

* *Amandus Kupfer, «Grundlagen der Menschenkenntnis», Band 1, 30. Auflage 1993, Carl-Huter-Verlag, CH-4142 Münchenstein*

Huter erkannte, dass die Wurzeln des Lebens auf dieser Erde in den Urenergien der Ruhe, der Dynamik und der Empfindung liegen müssen.* Aus diesen differenzierten Energien ist alle Materie entstanden. In dieser ist ein gewisser Teil der Empfindungsenergie auch noch in anorganischem Zustand enthalten. Die Materie ist deshalb nicht ganz tot! Die Empfindungsenergie ist die Energie, aus der der Lebensimpuls, die geistige Energie geworden ist. Wir haben bis jetzt nur noch nicht gelernt, das Wirken dieser geistigen Energie, die Leben erst ermöglichte, zu verstehen. Aber sie ist da und wirkt überall wie ein feines Gewebe, verbindend, leitend, fühlend. Wir werden ihr reales Erscheinungsbild noch kennenlernen.

Die Empfindungs-Energie ist ebenso real und eigenständig wie die chemische und die physikalische Welt. Nur sind uns Chemie und Physik vertrauter, da sie sichtbar oder in ihren Wirkungen erkennbarer und deshalb seit langem besser bekannt sind. Das Empfinden in der Ur-Materie ist das bisher Unerkannte, das man noch nicht zu ermitteln vermochte und das doch vorhanden ist.**

Es tritt erst dann klarer hervor, wenn wir die Lebenswelt und ihr Entstehen, Entfalten und Höherentwickeln als Ganzes ins Auge fassen. Dabei sind Chemie und Physik, ebenso die Wissenschaften über das Leben, etwa Anthropologie, Morphologie, Physiologie und Biologie, hervorragende Hilfen, um das Lebensrätsel zu lösen. Sie fügen sich dem neu erschlossenen Bild des Universums harmonisch ein.

Durch die Empfindungs-Energie kam der Anstoss zu allem Werden. Sie ist die Impulskraft, die hinter aller Entwicklung steht. Bei ihr gibt es keinen Stillstand, sie strebt nach Entfaltung und Freiheit, sie will heraustreten aus der Schwere und dem Zwang der Materie. In ihr waltet der Drang, Höheres zu schaffen, über sich selbst und das Bestehende hinauszuwachsen. Aus diesem unbewussten Drange schuf die in den Stoffen und Kräften mitwaltende Empfindungs-Energie auf der jugendlichen Erde vor Milliarden Jahren die chemischen und materiellen Bedingungen, welche den ersten Zellen Entstehung und Fortbestand ermöglichten. Die Zelle war die erste Stufe des Lebens.*** In ihr hat die Empfindungsenergie einen höheren Zustand erreicht, das Bewusstsein entstand in erster, noch elementarer Art.

Unvorstellbare Energien und Materialmengen mögen von der Empfindungsenergie sozusagen «sinnlos vertan» worden sein. Doch in allem war ein grosses Ziel: das Leben. Die erste Zelle und die sie erhaltenden Umweltbedingungen waren ihr diesen Aufwand wert. Durch die erste lebende Zelle wurde die individuelle Unsterblichkeit gewonnen. Das während seiner Entwicklung gewaltige Stoffmassen und Energien umsetzende Weltall hatte eine neue Dimension erhalten. Leben und die in ihm enthaltene individuelle Empfindungsenergie ist ein Höhepunkt der Evolution. Das erste durch die konzentrierte Empfindungs-Energie entstandene Leben strahlte wohl auf die Muttersubstanz zurück. Diese ent-

* *Die Astronomie bestätigt heute, dass der Urgrund allen Seins Energie sein muss*

** *Erich Jantsch (1929–1980), «Die Selbstorganisation des Universums» dtv wissenschaft 1982. Jantsch nennt dies Geist und die Selbstorganisations-Qualität der dynamischen Prozesse. (S. 42)*

*** *«Die Schwelle des Lebens» wie Theilhard de Chardin (1881–1955) sie benannte*

wickelte weiter die für das Leben günstigen Umweltbedingungen. Heute könnte man poetisch sagen: «Ein Wunder war geschehen und ein grosses Glücksgefühl mag sich im Empfinden der Erdmaterie geregt haben, als das Leben aus den Ur-Energien und dem Sehnen der Empfindungsenergie schöpferisch entstand.»

Nicht nur das Glücksempfinden, auch der Schmerz war geboren; alles, was zwischen der höchsten Steigerung von Glück und Schmerz möglich wurde und denkbar ist!

Nun erst begann ein Entwickeln und Wachsen, ein Werden und Vergehen, das in der anhebenden gewaltigen Symphonie des Lebens die erstaunlichsten Klänge und rauschende Akkorde setzte. Die Mannigfaltigkeit des Lebens wurde grösser und grösser und schliesslich beinahe unerschöpflich. Immer feiner, immer differenzierter wurden die Formen und Farben, und immer reicher entfaltete sich der innewohnende Lebensgeist. Die inneren Energien und Kräfte und die äusseren Formen und Farben bildeten dabei stets eine Einheit, die sich uns in vollkommener Entsprechung offenbart.

Nach einer uns unendlich lang erscheinenden Entwicklungszeit trat endlich auch noch der Mensch in die Welt und damit war eine neue, äusserst bedeutungsvolle Stufe der Evolution erreicht. Aber auch bei ihm war und ist alles Entwicklung vom Niederen zum Höheren. Von Stufe zu Stufe rang er sich empor. Der Geist wuchs und dementsprechend vermehrten sich die Verzweigungen des Nervensystems und gestaltete sich der Körper und der Aufbau des Gehirns. Damit einher ging die Entwicklung des äusseren Erscheinungsbildes von Körper, Kopf und Gesicht.

Wir blicken auf eine lange Ahnenreihe zurück, und der Urmensch kommt uns recht primitiv vor. Wird der Zukunftsmensch nicht auch uns Gegenwartsmenschen einmal als recht unvollkommene Geschöpfe betrachten müssen? Heute herrscht der realistisch denkende Mensch vor, der die hohen, weil unvergänglichen Werte des geistigen Lebens, in welchem unsere Unsterblichkeit gründet, unterschätzt, den materiellen Erwerb und die Technik aber überschätzt. Der Zukunftsmensch wird ganzheitlich denken und handeln. Er wird alles dem Leben und seiner glücklichen Entfaltung und Höherbildung dienstbar machen. Er wird erkennen und selber erfahren, dass die Empfindungsenergie die Ur- und Schöpferkraft des Lebens ist, der Mutterstoff aller geistigen Energien und ihren vielfältigen Entwicklungen. Durch Konzentration, und damit Steigerung der Qualität, bildete sich aus der Urempfindungsenergie die strahlende und aufnehmende Lebens- und Geisteskraft. *Huter* nennt sie *Helioda*. Sie ist eine höhere Ebene des Empfindens. Er hat sie zuerst philosophisch erarbeitet wie andere auch, und dann als erster und einziger experimentell nachgewiesen und erkannt, dass die Empfindungsenergie der schöpferische Ur-Grund allen Seins ist.*

* *Paracelsus, 1493–1541, nannte dieses Innere das Arcanum, Theilhard de Chardin, 1881–1955, tangentiale oder radiale Energie, Erich Jantsch, 1929–1980, Selbstorganisationsqualität.*
Die Forschungen über das Empfindungsvermögen der Materie und die Lebensstrahlkraft Helioda, *als aus der Ur-Materie konzentrierte Empfindungs-Energie, hat Carl Huter in seinem «Hauptwerk», 4. Aufl. 1991, dargestellt. Ebenfalls in seiner Lebensbeschreibung, Carl Huter, «Ist Frieden eine Utopie» (Die innere Erschliessung einer höheren Welt), 2. Auflage 1994. Beide Carl-Huter-Verlag, CH-4142 Münchenstein.*

Das Sehnen nach Glück, nach Vollkommenerem und Höherem hat die Empfindungsenergie auch dem Leben mitvererbt. Es lag unbewusst schlummernd im Empfinden der Materie. Erst als in der Weiterentwicklung Dichte und Kraft eine Konzentration erreichte, die Leben erlaubte, brach es unwiderstehlich hervor. Dieses Sehnen ruht auch in der gesamten übrigen Natur und begleitet jegliches Leben auch in Zukunft weiter. Jede Pflanze strebt nach Licht, Luft und Sonne, entfaltet Blüte und Frucht und sucht Kraft und Schönheit zu erreichen. Schon hier offenbart sich das Streben nach Vervollkommnung als Urtrieb allen Lebens. Nicht anders ist es in der Tierwelt. Aber hier spricht Seele und Geist in den vielfältigen Ausdrucksformen noch deutlicher. Auch der Mensch ist ein Glied dieser Kette. Bei ihm sind die Ausdrucksformen am vielfältigsten und sie sind hier am deutlichsten zu erkennen. Als Krone der Schöpfungs-Entwicklung auf unserer Erde sollte er sich bewusst in dieses Höherstreben der Evolution einordnen, sollte er versuchen, sich zu vervollkommnen, für sich und die Nachkommen bessere Lebensverhältnisse zu schaffen, um so inmitten einer zufriedenen geschützten Natur immer stärker, freier, glücklicher zu werden.

Der Urgrund aller Religion ist dieser jedem Leben eigene Trieb nach Weiterentwicklung, der Drang über sich hinaus Besseres, Schöneres, Vollkommeneres zu schaffen, und der auch die Vergöttlichung der eigenen Natur anstrebt.

Materie, Pflanzen, Tiere und Menschen, alle sind durch ihre Herkunft mit der Empfindungs-Energie des Universums verbunden. Als der Urquell des geistigen Daseins wacht die Empfindungsenergie über alles Leben. Ja, sie schuf die Bedingungen, um auch nach dem Tode den Seelenkörper der individuell entwickelten und möglichst gesteigerten Empfindungs-Energie Helioda weiterzutragen. Dies ganz nach dem Gesetz von der Erhaltung der Kraft, das auch im Bereich der psychischen Kraft gilt.

Welche Harmonie und Majestät zeigt uns der Sternenhimmel! Auch hier fühlen wir die empfindende Energie, die als leitendes Prinzip in allen Stoffen und Kräften zu höherer Ordnung drängt.

Das Weltall strebt nach *Huter* dauernd einem hohen, idealen Ziel zu, in welchem alles Sehnen nach Vervollkommnung, Harmonie und Schönheit eine Verwirklichung findet.

Das Höchste, Vollkommenste, Schönste, das Glückselige, das durch das Streben nach Vollkommenheit erreicht wurde, ist die aus dem Sehnen und der individuellen Konzentration der Empfindungs-Energie gewordene Gottheit. Wäre nicht ihre Verehrung aller Wissenschaft und Weisheit letzter Schluss?

Die physiognomische Psychologie soll deshalb auch dazu dienen, jeden Einzelnen zu weiterer geistiger Entwicklung anzuspornen und ihm zu helfen, zu einer gewissen Harmonie mit sich selber, seiner Umwelt, dem Universum und der Gottheit zu gelangen. Die Menschenkenntnis durch Körperformen- und Gesichtsausdruckskunde ist auf diesem Weg von grösstem praktischem Nutzen.

4. Das psycho-physiognomische Lebensgrundgesetz

Nach *Carl Huter* führt das Grundgesetz des organischen Lebens zu einer erweiterten Welt-, Lebens- und Menschenkenntnis

Alle Organismen bauen sich aus Zellen auf, vielfältig verschieden und doch einheitlichen Kriterien gehorchend. In den Zellen, den Lebensgrundorganen, spielen sich ähnliche Vorgänge ab wie im Gesamtorganismus.

Jedes Lebewesen und jede Zelle hat eine äussere Umgrenzungsfläche: die Peripherie. Alle Eindrücke oder Reize der Aussenwelt, seien es Licht, Wärme, Kälte, Druck, mechanische, chemische, physikalische, psychische oder andere Reize, müssen zuerst die Oberfläche des Lebewesens treffen, bevor sie auf dessen Inneres wirken können.

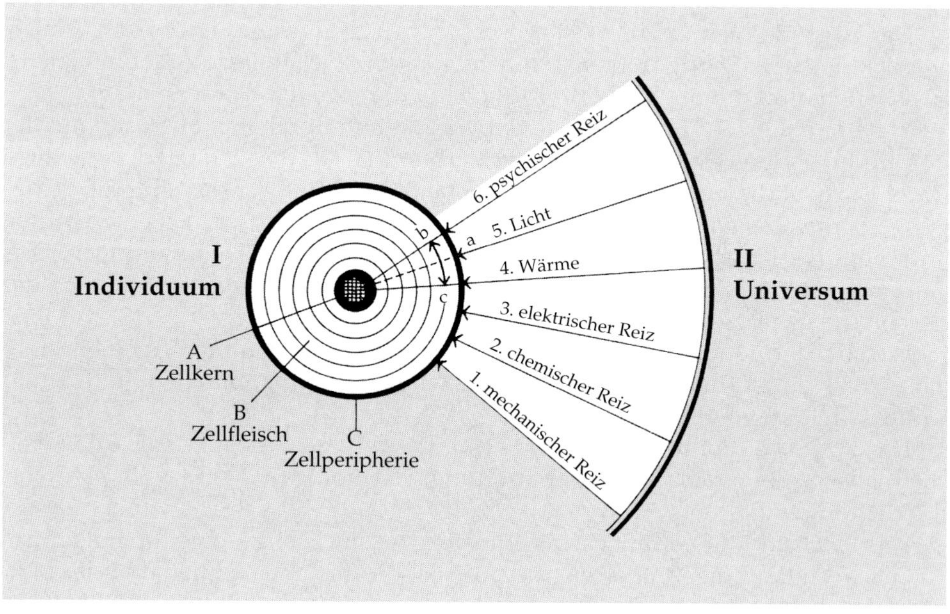

Abb. 3 Die Wechselwirkung zwischen Individuum und Universum

Abb. 3 veranschaulicht schematisch die Wechselwirkungen von Innen- und Aussenwelt, von Individuum und Universum, dargestellt an einem einzelligen Lebewesen.

Da alle Teile des lebenden Körpers – Zellkern (A), Zellfleisch (B), Zellhaut (C) – durch die Empfindungs-Energie miteinander verbunden sind und die Zelle ihren konzentrischen Kraftpunkt im Zellkern hat, wird diesem jeder eindringende Reiz übertragen. Der Kern sucht aus den aufgenommenen Reizen neue Energien für den ganzen Zellkörper zu gewinnen. Er verstärkt dadurch die eigene Spannkraft, belebt und ernährt, nachdem er die Reize nicht nur sammelt, sondern auch verdaut, den ganzen Zelleib und die Zellhaut. Es findet dann eine Rückmeldung der umgesetzten Kräfte von A nach B, und C statt.

Die eindringenden Reize sind psychischer, physikalischer, chemischer und mechanischer Natur. Die rückstrahlenden Kräfte haben einen durch die individuelle Umsetzung veränderten Charakter angenommen. Die Kräfte der Aussenwelt, die auf den belebten Körper einwirken, werden in diesem zu individuellen – physiologischen – ganzheitlichen Energien. Die vom Zellkern rückstrahlenden Impulse – Energien – sind durch die inneren Kräfte individuell geprägt. Sie sind nun «*psychisch*-physikalisch» und «*psychisch*-chemisch». Die aufgenommenen Kräfte und Stoffe werden im Zellkern umgewandelt und dem individuellen organischen Leben in zweckmässiger Form als Baustoffe und Kräfte dienstbar gemacht.

Die gleichen Nahrungsmittel werden z. B. beim Hund zum Hund, beim Affen zum Affen und beim Menschen zum Menschen umgeformt. Diese Umformung geschieht mit den individuellen inneren Energien. Diese sind vielfältiger Art.

Chemische Stoffe, z. B. Eisen, Schwefel, Sauerstoff, haben im lebendigen, beseelten Körper etwas seiner geistigen Lebensenergie aufgenommen. Die Stoffe haben wohl ihre chemischen Grundeigenschaften behalten, aber neue Kräfte seelisch-geistiger Natur sind hinzugekommen. Die Materie im lebenden Körper ist also mit psychischen Kräften durchdrungen, sie ist eigenartig, individuell von den Seelenkräften beeinflusst und bereichert. Dadurch unterscheiden sich die materiellen Substanzen lebender Körper von denen, die in unbelebten Körpern vorhanden sind.

Damit kann eine Vorstellung vermittelt werden, wie Aussenwelt-Reize Wirkungen in den lebenden Zellen hervorrufen. Eine Rückstrahlung vom Zellkern zur Peripherie wird am lebhaftesten immer dort stattfinden, wo ein starker Reiz von aussen her erfolgte, oder wo ein grosses Reaktionspotential an inneren Energien vorhanden ist.

Nehmen wir an, von II (Aussenwelt) wirkt ein Lichtreiz (5) auf I (die lebende Zelle). Der Reiz trifft zunächst C (Zellhaut) und pflanzt sich von hier nach B (Zellfleisch) und weiter zu A (Zellkern) mit wellenförmiger Bewegung in gerader Richtung fort. Dabei wird Molekularbewegung und -änderung in den Stoffen der Zelle hervorgerufen.

Die stärkste Wirkung entfaltet der Reiz zunächst bei a, seinem Einfallsort; hier ist auch seine Breitenwirkung am grössten (b-c). Die Wirkung lässt bei weiterem Vordringen in der Breite nach, steigert sich konzentrisch im letzten Berührungspunkt, dem Zell- und Spannungskern A. Damit wird das der Zelle innewohnende Empfinden zu gesteigerter Intensität – zu Bewusstsein – angeregt. Mit dem Bewusstsein werden alle (etwa mechanische, physikalische, psychische) Einflüsse, welche mit dem einfallenden Reiz einhergehen, vom Zellkern aufgenommen und als Erfahrung gesammelt. Das Bewusstsein, angeregt durch teils wohltuende, teils schmerzliche Erfahrungen und Empfindungen, sucht den Reiz zu ergründen, um sein Verhalten danach einzurichten. Das Bewusstsein folgt dem Reiz nach bis zu seinem Einfallspunkt Ca und darüber hinaus so weit als irgend möglich, auch bis II 5, der Ursache des Reizes.

Aus dem aufgenommenen Reiz wird im Zellkern eine Spannkraft erzeugt (etwa mechanisch durch Pressung, physikalisch durch Schwingung und psychisch durch Steigerung des Empfindens und Bewusstseins), diese pflanzt sich auf die Atome und Moleküle des gesamten Zellkörpers fort. Er reagiert besonders an der Peripherie durch Erzeugen von Spannkraft und Strahlung der Haut auf den vom Kern erhaltenen Anstoss. Der Kern nimmt die inneren, seelischen Reaktionen des Lebewesens in sich als subjektive Anschauung und Erfahrung auf (er entwickelt so die negative, aufnehmende Helioda) und strahlt die subjektiven Erfahrungsprodukte nach der Peripherie zurück (er entwickelt so die positive, strahlende Helioda).

Somit spiegelt sich an der Peripherie der Lebewesen
a die Aussenwelt mit ihren spezifischen Reizen,
b die Innenwelt des Individuums.

Das Lebensgesetz von Aktion und Reaktion ist Fundament der Psycho-Physiognomik und wird deshalb als Lebensgrundgesetz bezeichnet. Es lehrt, dass die Peripherie stets Kreuzungspunkt aller Reize ist, die ein Lebewesen aufnimmt und von sich gibt. Diese Reize hinterlassen ihre Merkmale in den Formen und Farben der Strukturen, in Spannung und Strahlung der Haut. Wiederholen sich bestimmte Reize, so prägen sie typische Merkmale an der Peripherie und rufen innere Impulse zu Organbildungen hervor. Darum prägt eine langandauernde charakteristische Klima- und Bodenbeschaffenheit über tausende von Jahren einen bestimmten Rassetypus und klimatische, geologische und vegetative Unterschiede der Länder formen die unterschiedlichen Volkstypen.

Kein Lebewesen kann sich von den Einflüssen der Aussenwelt freimachen. Ebensowenig kann es sich den Gesetzen der Vererbung entziehen. Daher ist auch kein Mensch für seine Rasse verantwortlich. Ihn seiner Hautfarbe und seinen Gewohnheiten wegen zu beleidigen oder gar zu verfolgen ist ungerecht und einsichtslos.

Die bisherige Rassenlehre hat wohl die anthropologische Forschung bereichert, aber die daraus entstandene Moral hat den Menschen nicht glücklich gemacht. Im Gegenteil: sie hat ihn zu noch roherem Daseinskampf geführt. Die Psycho-Physiognomik setzt anstelle der verallgemeinernden Rassenmoral eine höhere, die individuelle, persönliche Moral. Diese ist begründet auf die umfassende Erkenntnis der individuellen Menschennatur, auf das Lebensrecht und auf die gerechte Würdigung jedes einzelnen Menschen, seiner Anlage, seiner Entwicklung und seiner Bildung.

Jeder Stoff hat nach *Huters* experimentellen Untersuchungen eine eigene charakteristische Elementarstrahlung. Diese prägt bei intensiver und lange dauernder Beschäftigung mit gleichen Stoffen entsprechende charakteristische Berufstypen. Die hellen, weissen und rosa Farbtöne der Haut bei Müller, Bäcker und Schreiner sind ähnlich den Stoffen, mit denen sie vorzugsweise umgehen. Die rotbraune, violette und schwarzgraue Hauttönung der Kohlen- und Eisenarbeiter heben sich, den Materialien entsprechend mit denen sie umgehen, merklich davon ab. Diese Einflussnahme erfolgt, weil mit feinsten Strahlungsvorgängen der Materie alles geistige Leben in engstem Zusammenhang steht.

Auch aus den Tiefen der Innerlichkeit des Raumes, der geistigen Welt, strömt unablässig Lebensenergie in jedes Lebewesen. Diese Energie formt entsprechend dem vorhandenen Bewusstsein das Lebewesen und dies kommt wieder in dessen Form und ihrer Strahlung und Spannung zum Ausdruck. Es scheint, als zögen unsere Lebensstrahlen von einer verborgenen, grossen Allkraft ihre Nahrung, und zwar durch die Liebe, und als könne oder wolle diese Allkraft ohne Liebe keine Kraft abgeben. Aus diesem Grund wohl erhalten wir durch positive und von Liebe durchdrungene Gedanken viel Lebensenergie.

Individuum und Universum stehen in fortwährendem mechanischem und geistigem Kräfte- und Stoffaustausch. Die Lebewesen beeinflussen ihre Umgebung und sie wiederum werden von dieser beeinflusst, und ihr Äusseres, ihre Physiognomie, wird dadurch unablässig geformt. Hier ist der Motor der Evolution zu suchen.

Organisches Leben kann sich ohne diese Wechselwirkungen zwischen Individuum und Universum nicht bilden. Alles Leben vollzieht sich auf Grund polarer Reizwirkungen. Daher ist ohne Peripherie keine Entfaltung individuellen geistigen Lebens möglich und das Geistige kommt wiederum an der Peripherie zum Ausdruck. Aus der Physiognomie der Zelle, der Pflanzen, der Tiere und der Menschen ist der Charakter und das gesamte Innenleben zu erkennen: Gesundheit und Krankheit, Leben und Tod, Wille und Bewusstsein, Schwäche und Kraft, Adel und Verfall, Degeneration und Entwicklung. Deshalb lebt und zeigt sich in den Formen der Geist.

In den Formen lebt der Geist

Das ist die grosse und herrliche Sprache der Natur, die stets Wahrheit war, ist und sein wird und die, wird sie von immer mehr Menschen verstanden und gepflegt, unendlich viel Glück und Segen nach sich zieht.

Kein Künstler, kein Gelehrter und kein Theologe hat vor oder nach *Carl Huter* diese Sprache der Natur so tief und so umfassend erkannt und systematisch aufgearbeitet. Durch seine Arbeit ist die Psycho-Physiognomik Grundlage zu einem wissenschaftlichen System für das Erkennen des ganzen Universums geworden.

Manchmal sind Schriftzeichen der Formensprache fein und zart und nur mit scharfem Auge, geübtem Sehen und feinem Empfinden wahrzunehmen. Oft sind sie aber klar und deutlich und ohne Schwierigkeit zu lesen – und manchmal gross und eindringlich in ihren Aussagen.

Von jemandem aber, der des Lesens unkundig ist, können wir nicht erwarten, dass er den Sinn gedruckter Worte, Zahlen oder Noten erkennt und seien diese in Riesenlettern oder in zarten und feinen Strichen geschrieben!

Lernen wir die Formensprache lesen!

Folgen wir mit möglichst natürlichen wenn auch kritischen Sinnen, mit differenziertem, feinem Gefühl (das vielleicht noch zu entwickeln ist) und möglichst objektivem, auch künstlerischem Sehen dieser grossartigen Welt der Form. Mit

Hilfe der Psycho-Physiognomik offenbart sich uns das Leben Seite für Seite wie ein Buch. Wir lernen lesen, wo uns vordem bewusstes Erkennen fehlte.

Ohne Bemühungen, die wie bei jedem anderen Lernprozess auch hier nötig sind, bleibt dieses Buch des Lebens für uns versiegelt und verschlossen.

Geist und Leben

In dem Kerne wohnt die Kraft,
Saugt aussen ein den Lebenssaft,
Verdaut und wächst, durchdringt und schweisst,
Bis in den Formen lebt der Geist!

Carl Huter

Die Form

Wer die Form erfasst mit seinen Sinnen,
Kann ihrer Sprache nie mehr entrinnen;
Nach der Dinge Wesen muss er streben,
Nur noch ihrer Wahrheit hingegeben!
Wird in seiner Seele Licht gewinnen,
Wer die Form erfasst mit seinen Sinnen!

Paul Schärer

5. Die Schönheit als Ziel der Evolution

Huter lehrt als Ziel aller Entwicklung höchstmögliche Schönheit, die er auch als ethische Schönheit kennzeichnet. Dieser Begriff der ethischen Schönheit deckt sich nicht immer mit dem, was man landläufig als «schön» ansehen mag, oder was diese oder jene Auffassung, Mode- und Geschmacksrichtung als schön bestimmt. Über die Frage, was schön sei, hat es immer Meinungsverschiedenheiten gegeben. Man hat Menschen als sehr schön ausgezeichnet, die es im gewissen Sinn auch waren, die sich aber trotzdem z.B. in intellektueller Hinsicht als nicht leistungsfähig, als unreif und erkenntnisarm erwiesen. So kam man vielfach zu der Auffassung, die äussere Schönheit habe keinen Bezug zum Innenleben und die Analyse äusserer Formen sei bedeutungslos. Dem ist nicht so. Die ethische Schönheit ist eine ausgewogene Vereinigung von

a) Körperschönheit: kraftvolle, plastische, klare und in allen Teilen sehr gut proportionierte Körperformen;

b) Seelen- und Geistesschönheit: Herzensbildung, grosse moralische, sittliche und religiöse Kraft, Tugendtreue, Hilfsbereitschaft und Opferfreudigkeit;

c) Verstandesschönheit: geschultes Denk- und Verstandesleben, vertiefte Bildung, Wissens- und Erfahrungsreichtum, Welt- und Menschenkenntnis.

Alle diese Gegebenheiten erzeugen ein Erscheinungsbild, welches physiognomisch analysiert werden kann, während z.B. die Art der Bildung, das Wissen und die Erfahrung durch persönliche Befragung zu erarbeiten sind.

Abb. 4 *Die Venus von Thorwaldsen*
Hier hat der Künstler ein Ideal weiblicher Schönheit dargestellt.

Besitzt jemand die Körperschönheit, aber nicht die der Seele, des Geistes und des Verstandes, so kann er in diesen Bereichen keine positiven Leistungen bringen. Der Mensch ist in diesem Falle wohl körperlich gut proportioniert und in gewissem Sinne schön. Aber es ist die einseitige, vom idealen Standpunkt her unvollkommene Schönheit, denn wesentliche Bestandteile zur vollkommenen Schönheit fehlen.

Hat ein Mensch Verstandesbildung und umfassendes oder besonderes Wissen, fehlt ihm aber die Güte und Liebe, die Gemütskraft, dann gehört er ebenfalls nicht zu den ethisch schönen Menschen, denn er kann im Kampf ums Dasein leicht dazu kommen, andere geistig oder materiell zu unterdrücken. Gefühlskalte Menschen spüren die Leiden, die sie anderen zufügen nicht. Sie bleiben davon unberührt.

Hat ein Mensch Seelentiefe und Herzensgüte, es fehlen ihm aber der Verstand, die Bildung, das Wissen und die Erfahrung, dann kann er oftmals seine Tugendkräfte nicht richtig anwenden.

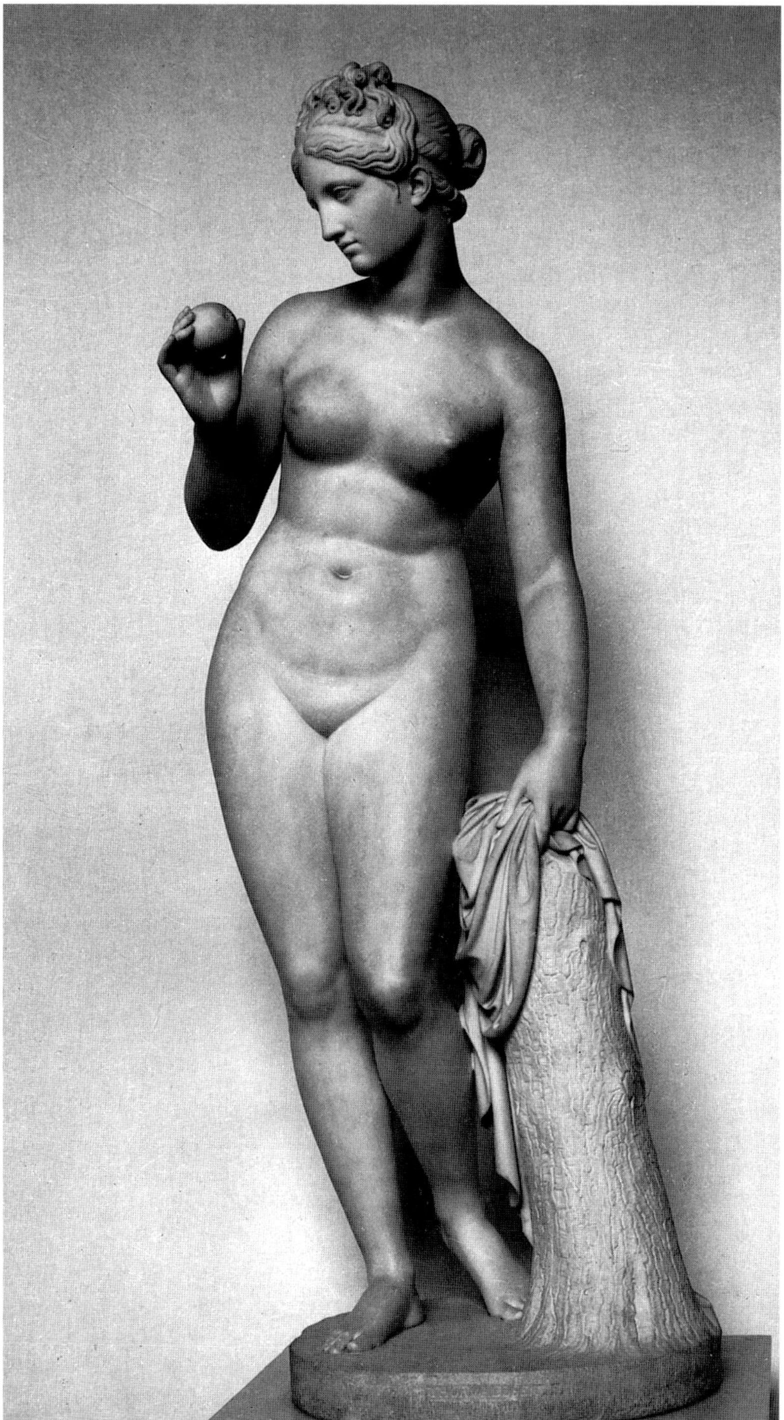

Abb. 4 Die Venus von Thorwaldsen

Die ethische Schönheit, ein Ideal, kann an vollkommenen Proportionen des Körperbaues, feinen differenzierten Gesichtsformen, einer starken Strahlung der Gewebe, einem menschlichen und doch kraftvollen Ausdruck der Augen und ausgewogenen Bewegungen erkannt werden. Von der ethischen Schönheit Abweichendes zeigt sich ebenfalls in den Formen, Farben, Spannungen, Strahlungen und Bewegungen.

Je universeller ein Mensch entwickelt ist, desto vollkommener sind seine inneren Kräfte und Stoffe geordnet*, umso leistungsfähiger, in umfassendem Sinn, ist er. Ein solcher Mensch hat es deshalb verhältnismässig leicht, sich weiter zu entwickeln und zu bilden. Von ihm kann man dies erwarten – ja, es ist seine Verpflichtung gegenüber dem von der Natur erhaltenen Geschenk. Mit dem ererbten Kapital sollte er ein hohes Mass ethischer Schönheit und entsprechendes Handeln erreichen. Der weniger entwickelte Mensch hat es schwerer, sich voll zu entfalten. Er könnte sich den ethisch schönen Menschen und seine Denk- und Handlungsart zum Vorbild nehmen. Gelingt ihm dabei eine positive Veränderung seines Handelns, so ist das sein persönliches und hohes Verdienst. Seine Originalität und Einmaligkeit bleibt dabei voll erhalten. Sie wird aber erweitert und vertieft.

Schönheit und Vollkommenheit verkörpern in sich ein ästhetisches Gesetz. Daher entspringt bei Menschen, welche die Anlage für dieses Gesetz in sich tragen, gefühlsmässig eine Idealvorstellung von Proportionen, von Schönheit, Gerechtigkeit, Weisheit und Vollkommenheit. Dieses Gefühl kann und sollte geschult werden. Das Gefühl und die Sinne für ethische Schönheit können z.B. durch Kunstwerke, die in Ton, Form, Farbe und Gestaltung vollendet sind, entwickelt werden. Auch physiognomische Betrachtungen in der Natur führen zur Entwicklung des Proportionalgefühls. Damit erhalten wir auch eine innere Richtschnur, die neben den heute immer noch alltäglichen Erfahrungen des Grauens, der Zerstörung und der Disproportionen sehr nötig ist.

Die bedeutenden Künstler und Architekten, die Grossen des Geistes, die Dichter, Komponisten und Schriftsteller und die Grössen der Wissenschaft haben nach diesem Schönheits- und Vollkommenheitsgesetz teilweise intuitiv gearbeitet und frei aus ihrem Inneren die grossen Schöpfungen von unvergänglichem Wert vollbringen können.

Dieses Schönheits- und Vollkommenheitsgesetz des goldenen Schnittes** gilt im ganzen Weltall. Alle Entwicklung im Universum ist ein Weg dorthin. Es ist das Prinzip des spirituell wirkenden Geistigen oder Göttlichen in der Natur. Ob Materialist oder Spiritualist, jeder Mensch könnte dieses Wirken in der Natur erkennen. Im universell veranlagten, ethisch schönen Menschen spiegelt sich, aus den natürlichen Zusammenhängen heraus, das Ideal einer heute noch für viele weitgehend unzugänglichen, unbekannten Welt, die wir wohl als himmlische Welt bezeichnen könnten.

* *Amandus Kupfer, «Grundlagen der Menschenkenntnis», Band 1, Carl-Huter-Verlag, CH-4142 Münchenstein*

** *Carl Huter, «Hauptwerk», 4. Auflage, Carl-Huter-Verlag, CH-4142 Münchenstein, S. 572–579*

Huter lehrt, aus differenziertem eigenem Erkenntnisvermögen schöpfend, die ethische Schönheit als das zu erstrebende Lebensideal. Mit diesem Streben fügen wir uns harmonisch in den Strom der Evolution ein und handeln nicht gegen sie, sondern mit ihr. Die Wissenschaft der psycho-physiognomischen Menschenkenntnis ist ein ausgezeichnetes Mittel, um die ethische Schönheit zu erkennen und eine Hilfe auf dem Weg, diese anzustreben und auch ein wenig zu erreichen.

6. Hintergründe der Formensprache

Im 1. Kapitel von Band 1 «Grundlagen der Menschenkenntnis», Seite 3 bis 43, sind die inneren Lebenskräfte des Menschen ausführlich dargelegt. Diese Kräfte sind die Ursache jeder lebenden Form. Damit erhält die Formensprache ihre Begründung. Erst durch das Beobachten, Erkennen und Bewerten der im lebenden Körper wirkenden Kräfte und ihrer Potentiale wurde die Physiognomik zur Psycho-Physiognomik, einem zuverlässigen Mittel der Formanalyse. Wir wollen dieses kurz darlegen.

Formgestaltende Kräfte

Huter unterscheidet als Kräfte: die Konzentrationsenergie, die Attraktionsenergie, den physiologischen Magnetismus, die physiologische Elektrizität, die gebundene Wärme, die strahlende Wärme, das Od, die Medioma und die Helioda.

Alle Kräfte lassen sich nach einem Gesetz einordnen und positionieren. Es ist das «Gesetz der Kraftrichtungsordnung». In dem Masse wie sich die vererbten und erworbenen Energien in einem Körper betätigen, bilden sich seine Formen, entwickeln und verändern sich. Nichts in der Natur bewegt, formt, gestaltet sich ohne einhergehende differenzierte Kräfte. Wo Form ist, da sind auch Kräfte und Energien.

Kräfte bei Pflanzen

Der physiologische Magnetismus bildet auf der körperlichen Ebene die Längsformen und hat zwei Pole. Im keimenden Samenkorn, **Abb 5.**, sind die saugenden Wurzeln der Südpol und die Sprossen am entgegengesetzten Ende der Nord-Strahl-Pol. Dazwischen liegt die magnetische Achse, die hier noch kurz ist. Alle Halmgewächse und die einen starken Stamm bildenden Holzgewächse wie Tanne, Fichte, Kiefer, Zypresse, Esche, Buche, Eiche usw. haben eine starke magnetische Energie. Die Hauptkraft dieser Pflanzen liegt in dem hochaufstrebenden, harten und ausserordentlich widerstandsfähigen Stamm. In der Krone wirkt die physiologische Elektrizität, welche dem Breitenwachstum zugrunde liegt. Diese ist je nach Ausladung der Krone mehr oder weniger stark.

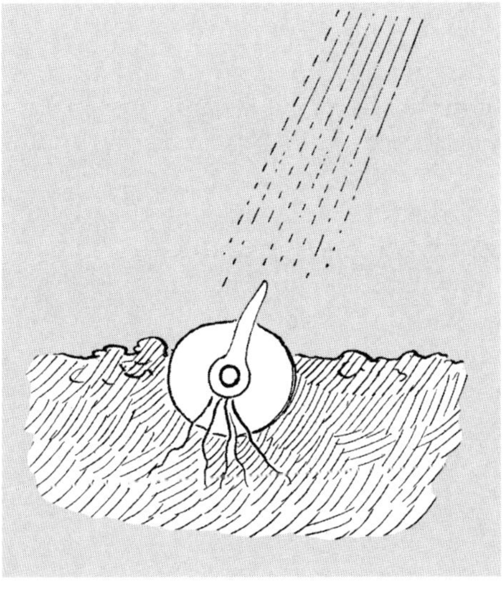

Abb. 5 Keimendes Samenkorn

Abb. 6 *Magnetischer und elektrischer Kräftecharakter*

In den Wurzeln des Baumes, die ähnlich so zahlreich, weitverzweigt und stark sind wie die Äste der Krone, liegt der magnetische Süd- oder Saugpol. Dort an den Wurzeln saugt der Baum Feuchtigkeit und Nährstoffe an. In der hohen,

Abb. 6 Der Baum, starker Magnetismus

mächtig nach oben und auseinanderstrebenden Krone wird die Kraft des Nord- oder Strahlpols sichtbar. Hier treten die Kraftspannungslinien aus, umgeben den Baum und suchen sich ihren Weg zu den Wurzeln, dem Saugpol. Diese umgebende Sphäre ist gewissermassen der Bannkreis des Baumes, in dem sich ein ganz besonderes, persönliches, in seinem Schutz sich vollziehendes (fremdes) Eigenleben gestaltet. Diese Vorstellung ist auch in alten Mythen zu finden. Sie erhält nun reale physikalische Grundlagen. Damit ist eine synthetische Ganzheitschau der Natur möglich geworden.

Für unsere Erde ist der Magnetismus ebenfalls ein schützender Mantel. Er beeinflusst u. a. die Materieeinwanderung aus dem All und ermöglicht so die ruhige und vergleichsweise ungestörte Entwicklung auf der Erde. Ohne magnetische Schutzhülle, neben anderen, wären die vielfältigen Abläufe auf unserer Erde nicht möglich. Ähnlich ist es um und unter dem Eichbaum, dessen Einflusssphäre anderen Lebewesen ihr eigenes, jedoch vom Eichbaum beeinflusstes Leben ermöglicht.

Dort, wo die Krone des Baumes beginnt und starke Äste auseinanderstreben, wirkt die elektrische Energie. Als der Baum noch jung war und diese Äste die Krone bildeten, strebten sie mehr in die Höhe, weil der magnetische Strahlpol bestimmend wirkte. Mit dem Wachsen des Baumes gerieten diese ersten Äste immer weiter in den Bereich, in welchem der Magnetismus neutral ist. Hier ist die elektrische Breitenspannung am stärksten, sie treibt die Äste rechtwinklig vom Stamm ab. Rechtwinklig auf der magnetischen Achse eines Lebewesens stehen nicht nur eine, sondern viele elektrische Achsen, die, unter dem Einfluss der weiteren, mit dem Leben einhergehenden Kräfte, die verschiedenartigsten Erhebungen, Auswüchse und Gliederungen hervorbringen.

Kehren wir zum Bild unseres Baumes zurück. Wir sehen im Astwerk deutlich die Wirkung mehrerer elektrischer Hauptachsen, und genau wie bei dem physikalischen Bild einer elektrischen Entladung werden die Äste dünner, verzweigen sich immer mehr und mehr, die elektrische Energie verströmt, sie wird schwächer und feinere Formgebilde, Knospen, Blätter, Blüten und Früchte, in denen die Medioma, das Od und die Empfindungsenergie wirken, werden gebildet. Nach oben zum magnetischen Strahlpol wird die elektrische Energie auch immer schwächer, die Hauptäste richten sich immer mehr auf und laufen dann ebenfalls in feine Verästelungen aus. Hier zeigt sich ein Gesetz der Kraftrichtungsordnung: dort, wo eine Kraft stark wirkt, kann eine andere nicht auch stark wirken. Daher ordnet, lagert und richtet sich alles in der Natur: Kräfte, Stoffe, physikalische und chemische Prozesse und Umwandlungen. Die Kristallisation der Mineralien ebenso wie das Leben und die geistigen Energien richten sich nach dieser von den bildenden Kräften selbst geschaffenen Ordnung. Sie erfüllen damit die Zielstrebung der Evolution zu immer neuen, vollkommeneren, weiterausgebildeten Wesensarten und Formen.

Das Bild des Baumes zeigt eine ausgewogene Form, der Magnetismus ist gemäss dem kraftvollen Stamm aber die beherrschende Energie.

Einen ausgeglichenen Kräftecharakter sehen wir z.B. bei hochstämmigen Apfelbäumen. Der Stamm ist stark, aber nicht so dominant wie bei unserem Bild. Hier wirkt ebenfalls der Magnetismus, er ist aber nicht so herrschend. Die Äste sind ebenfalls stark und breit ausladend. In der nicht nur breiten, sondern auch fülligen Krone mit dem schönen Laubdach, wirkte die physiologische Elektrizität und die Medioma. Dann sehen wir die prachtvollen Blüten und die überwältigende Fruchtbarkeit. Hier wirken die materiellen Feinstoffe gemeinsam. Die Medioma wirkt vornehmlich im feiner verzweigten Astwerk, das Od besonders in den weichen Blättern und Blüten, die Helioda, die oberste Leit- und Richtkraft, zuerst vorzugsweise in den Blüten. Die Helioda und das Od verbinden sich, und arbeiten in den weichen und zarten Blatt-, Blüten- und saftreichen Fruchtgebilden. Es herrscht also eine sehr ausgeglichene Kräfteverteilung, und man kann einen gut gewachsenen Apfelbaum daher als harmonisches Naturell unter den Pflanzen bezeichnen.

Kräfte bei Tieren

Viele Fische im Wasser zeigen im kräftig und lang ausgebildeten Rückgrat und der Schwanzflosse sehr starken Magnetismus, z.B. Forelle, Hecht, Hering, Lachs, Haifisch. Sie haben am Rücken auch die festesten Gewebe mit grosser Widerstandsfähigkeit und Spannkraft.

Abb. 7 *Der Lachs*

Es sind Tiere, die ausserordentlich bewegungsfreudig sind und grosse Wanderungen unternehmen. Die Seitenflossen sind elektrischer Natur. Die elektrische Energie ist entsprechend der verhältnismässig geringen Grösse der Seitenflossen wenig stark.

Abb. 7 Der Lachs

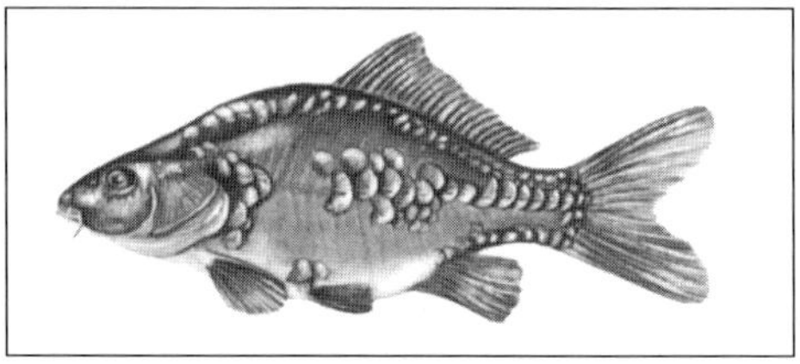

Abb. 8 Der Karpfen

Abb. 8 *Der Karpfen*

Bei dem kurzen, mehr rundlichen Karpfen ist der Magnetismus entsprechend schwächer, Medioma und Od in den umfangreichen, fleischigen und an der Bauchseite auch weichen Rumpfpartien sind stärker. Der Karpfen begnügt sich mit einem Teichrevier und ist bewegungsträge; es herrscht die Ernährungsanlage vor.

Bei vielen Zierfischen, die sich besonders in klaren und warmen Gewässern gebildet haben, sind die verschiedensten leuchtenden Farben, Zierlichkeit, Beweglichkeit und Formenreichtum in den oft bizarren Flossengebilden auffallend. Die Helioda wirkt stärker und spannt Od, Medioma, Elektrizität und Magnetismus geradezu sichtbar in ihren Dienst – die reine Zweckmässigkeit scheint gegenüber der Phantasie und dem Schönheitsgefühl zurückzutreten.

Abb. 9 *Das Vollblut-Reitpferd, ein stark magnetisches Tier*

Der Magnetismus hat sich aus der fortschreitenden Verdichtung infolge der Konzentrations- und Attraktionsenergie gebildet. Diese beiden Energien erkennen wir an den sehr festen kompakten Muskelstrukturen.

Der lange, schlanke Rumpf des Pferdes mit der sehr starken Wirbelsäule, die mühelos den Reiter trägt, die durch den kräftigen Schwanz mit den steifen, festen Haaren des Schweifes ihre Polarität findet, ist Hauptträger und – Charakteristikum des starken Magnetismus. Der Hals und der Nacken sind kraftvoll und muskulös, der Kopfbau lang und schmal, alles Zeichen des vorherrschenden Magnetismus.

Die sog. Vorder- und Hinterhände sind mehr elektrischer Natur, jedoch die Vorderbeine bevorzugt gegenüber den Hinterbeinen, da die Hinterbeine mehr in die relative Vertikale des Tierkörpers ragen, die Hauptbewegungskraft erzeugen, und die Vierbeiner dazu imstande sind, sich auf den Hinterbeinen aufzurichten, wodurch diese Glieder in die magnetische Achse gelangen. Dementsprechend ist auch in den Muskeln der Oberschenkel der Hinterbeine bedeutend mehr Volumen bei gleicher Spannkraft als in denen der Vorderbeine.

Beim Menschen sind diese Glieder ganz in die magnetische Achse gerückt, die relative magnetische Vertikale wurde zur bestimmenden, aufrechten Haltung, und half damit dem Menschen im Verlauf der Evolution, sich zum einflussreichsten Lebewesen zu entwickeln.

Abb. 9 Das Reitpferd

Abb. 10 *Der Tiger*
Eine kraftvolle, fleischfressende Raubkatze mit dem breiten und flachen Kopf und einer enormen explosiven Sprungkraft. Hier erkennen wir die starke physiologische elektrische Energie.

Abb. 10 Der Tiger

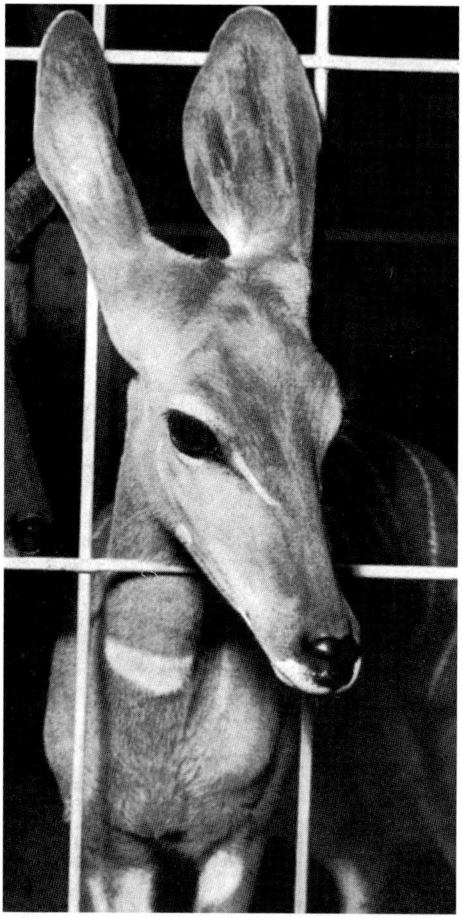

Abb. 11 Die Antilope

Abb. 12 Der Singvogel

Abb. 11 *Die zierliche Antilope und* **Abb. 12** *Ein Singvogel*
Tiere, bei denen die odisch-heliodische Energie im Vordergrund steht. Es sind Fluchttiere: aufmerksam, wachsam, schnell, wendig. Sie erfreuen den Betrachter durch ihre Zierlichkeit, ihre Farben, die Vögel zusätzlich mit ihrem Gesang.

Abb. 13 *Der Kampfhahn*
Hier erkennen wir die disharmonischen elektrisch-magnetischen Energien an den unproportionierten Formen. Die Beine stehen stark auseinander. Die Brust stösst zu stark nach vorne, die Flügel sind kurz, der Hals erscheint dünn und lang. Solche Formen lassen die Streittüchtigkeit erkennen. Es sind Energien, die in der hier vorhandenen Konstellation vergeblich auf einen friedlich verlaufenden Lebensablauf warten lassen.

Abb. 13 Der Kampfhahn

Abb. 13a Ein Haushahn

Abb 13a *Der Haushahn*
Ausgewogene Formen zeigen den Ausgleich der Energien. Die Form der Brust ist ausgewogen, die Beine sind schlank das Gefieder des Schwanzes schön geformt. Die Kraft ist unverkennbar. Dieser Hahn wird diese jedoch nur einsetzen, wenn er glaubt, die ihm anvertrauten Hühner verteidigen zu müssen. Sowohl der Kampfhahn wie der Hahn der Leghornrasse sind mit bestimmten Zielsetzungen gezüchtet. Sie haben andere Fähigkeiten und die Unterschiede sind an der Form sichtbar.

Abb. 14 Der Tyrannosaurus rex Osborn, ein Raubdinosaurier

Abb. 14 *Der Tyrannosaurus rex Osborn, ein Raubdinosaurier (Naturhistorisches Museum Basel)*

Die furchterregende, grotesk anmutende Gestalt ergibt sich aus der vorwiegend disharmonisch aufgebauten magnetisch-elektrischen und mediomischen Innenstruktur. Dinosaurier beherrschten über Jahrmillionen die Erde. Aus heute noch nicht eindeutig geklärten Umständen sind sie ausgestorben, um vor ca. 60 Millionen Jahren den Säugetieren, welche andere Entwicklungspotentiale in sich trugen, Platz zumachen. Damit war der Weg geöffnet, um zu immer feineren, differenzierteren Lebewesen, mit weiter ausgebildeter Empfindungsenergie und feineren Formen zu gelangen. Die riesigen Zeitläufe dieser Entwicklung lassen erkennen, dass der Kosmos in anderen Zeiträumen rechnet als die uns durch unseren Lebensablauf zugänglichen. Das immer wieder angesprochene Zeitproblem ist ein Problem der Zeitverhältnismässigkeit.

Die Kraftrichtungsordnung *Huters* gibt einen interessanten Zugang zu allen Pflanzen und Tieren und erklärt die ihnen und ihrer Lebensart am besten zusagende Umgebung.

Das Leben hat Höhen und Tiefen, und die Geheimnisse, welche der Formbildung zugrunde liegen, die den innewohnenden Lebensgeist spiegeln, zeigen sich bei den Pflanzen und Tieren genauso klar und eindeutig wie beim Menschen. Bei diesem offenbaren sich jedoch am Körperbau, am ausdrucksfähigen Gesicht, an den charakteristischen Formen von Schädel, Nase, Mund, Kinn und Ohren seine inneren Strukturen in feineren Form- und Qualitätsunterschieden. Seine manchmal ausgeglichene, manchmal zerrissene, von den inneren Strukturen so abhängige Wesensart ist hier zu erkennen.

Kräfte beim Menschen

Abb. 15 *Die kraftvolle Gestalt des Tat- und Bewegungs-Naturells*

In diesem Körperbau herrscht vornehmlich der Magnetismus und auch die Elektrizität. Menschen mit starkem Magnetismus sind knochig und meist gross. Sie haben straffes Gewebe, festes Haar und grosse Spannkraft in Knochen, Muskeln und Gliedern. Es sind kraftvolle Naturen. Sie *stehen eichenfest.* Das drückt aus, dass diese Naturelle einen starken Selbsterhaltungstrieb haben, dass sie vielen Stürmen gewachsen sind wie eine Eiche. Sie üben meist starke Wirkung auf andere Menschen aus und lieben die sportliche Betätigung in Wald und Feld und haben Freude, wenn damit ein körperlicher Leistungsausweis verbunden ist.

Die Beine des Menschen sind vorzugsweise magnetische Glieder. Die Beinknochen und die Wirbelsäule bilden die magnetische Richtachse, der Strahlpol liegt im oberen Hinterhaupt in der Gegend des Haarwirbels. Je höher der Haarwirbel sitzt, desto stärker ist meist das Selbstgefühl; sitzt er zu tief, ist er verschoben oder sind mehrere Wirbel vorhanden, ist das Haar hier struppig und hart, die Spannung zu fest oder zu matt, so ist das Selbstwertgefühl des Menschen entsprechend etwas verschoben. Wir sehen hieran, dass sich die Energien differenziert in unterschiedlichen Formen manifestieren können. Damit sind auch differenzierte Erkenntnisse der Kräfte, die in den Formen wirken, möglich. Ist das

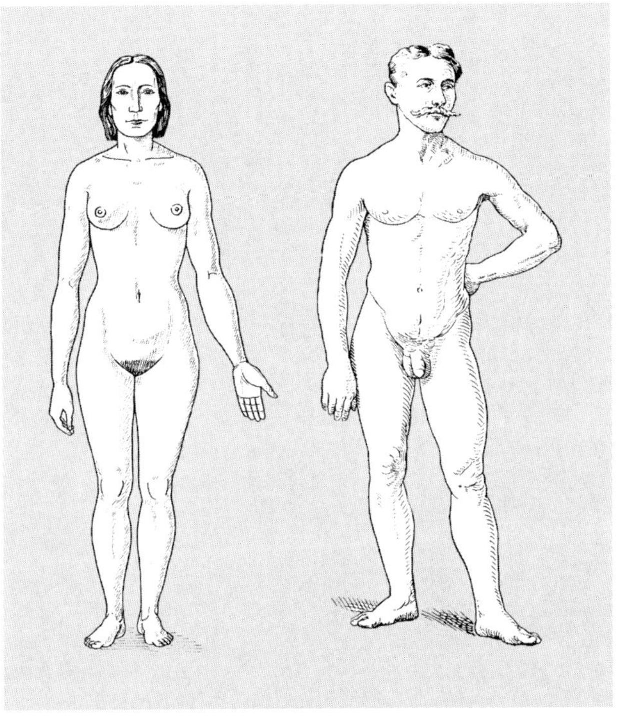

Abb. 15 Die kraftvolle Gestalt des Bewegungs-Naturells

obere Hinterhaupt in der Form gleichmässig ausgewölbt und von guter Breite, liegt der Wirbel in der Mitte, hat das Haar gesunde Formkraft, Farbe und Glanz, dann ist auch das Selbstwertgefühl des Menschen zwischen Mitwelt und Eigenpersönlichkeit ausgeglichen.

Die magnetischen Kraftspannungslinien umgeben den Menschen auf nahe Entfernung, sie sind unbewusst magisch wirkend, somit erklärt sich auch manche Krankenheilung durch stark magnetische Menschen und der oft unerklärliche Einfluss von Mensch zu Mensch sowie manche suggestiven Einflüsse auf andere, die aber hier nicht näher behandelt werden können.

Wir sehen daraus: die innere Energie, hier der physiologische Magnetismus, ist es, die eine typische Charaktereigenheit prägt. Daher ist das Suchen und Erkennen der inneren Energien für eine praktische Menschenbeurteilungskunst unumgänglich.

Abb. 16 *Die feine Gestalt des Denk- und Empfindungs-Naturells*

Es ist die heliodische und odische Natur mit schwachem Magnetismus. Der magnetische Mensch wirkt durch seine Kraft stark und schnell auf andere Menschen, daher kann er auch das Ruhe- und Ernährungs-Naturell beeinflussen. Die heliodischen Menschen motivieren andere in erster Linie durch psychologische Überzeugungsarbeit. Diese wirkt nicht so kraftvoll, aber sie ist wohltuender. Das Empfindungsnaturell liebt mehr eine ausgewählte Gesellschaft, in welcher über seelische, geistige und ästhetische Probleme diskutiert werden kann. Durch die

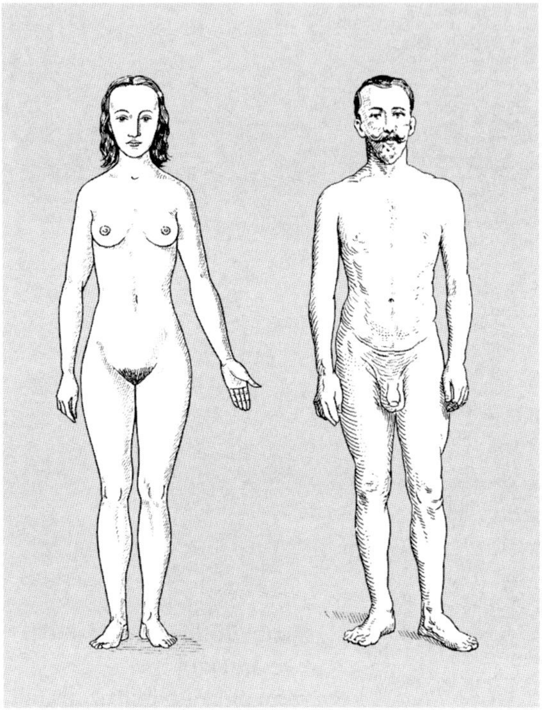

Abb. 16 Die feine Gestalt des Empfindungs-Naturells

Übertragung der heliodischen Energie auf kranke Menschen können die inneren Heilkräfte des Kranken stark angeregt werden.

Die Gewebe der empfindungsreichen Menschen sind zart, dünn, wie durchscheinend. Licht, Wärme, Kälte wirken meist stark auf die Haut, die aber oft auch auf chemische Reize heftig reagiert, z. B. auf Insektenstiche oder auf Berührung und Genuss von Pflanzen und Früchten, die Allergien hervorrufen. Daran zeigt sich das starke, in der Oberfläche des Lebewesens konzentrierte Reizempfinden, hervorgerufen durch besonders zahlreiche und feine, heliodische Nervenendigungen und -verbindungen. Das Haar ist fein und dünn. Knochen und Muskeln sind dünn, nicht schwächlich, jedoch auch nicht für Schwerarbeit, sondern für leichte, rasche und graziöse Bewegungen geschaffen. Es sind empfindungsreiche, von Natur aus in sich glückliche und heitere Geschöpfe wenn es ihnen gelingt, die ihnen zusagende Umgebung und Tätigkeit zu erreichen.

Abb. 17 *Das runde, vollfleischige Ruh- und Ernährungs-Naturell*
Es repräsentiert den mediomisch-odisch-elektrischen Formcharakter.

Auch dieses Naturell ist in seiner Wesensart gesund aber anders geartet als die vorgehend beschriebenen. Seine Stärke liegt in der grossen Ruheenergie, die es ihm ermöglicht, seine Arbeiten ohne Hast zu erledigen, in Ruhe genau zu überlegen, wie eine Arbeit ohne grossen Arbeitsaufwand bewältigt werden kann. Das Ruhenaturell ist damit das lebenspraktische Naturell, das immer auch die ökonomische Seite einer Tätigkeit in Betracht zieht. Deshalb ist es meist auch

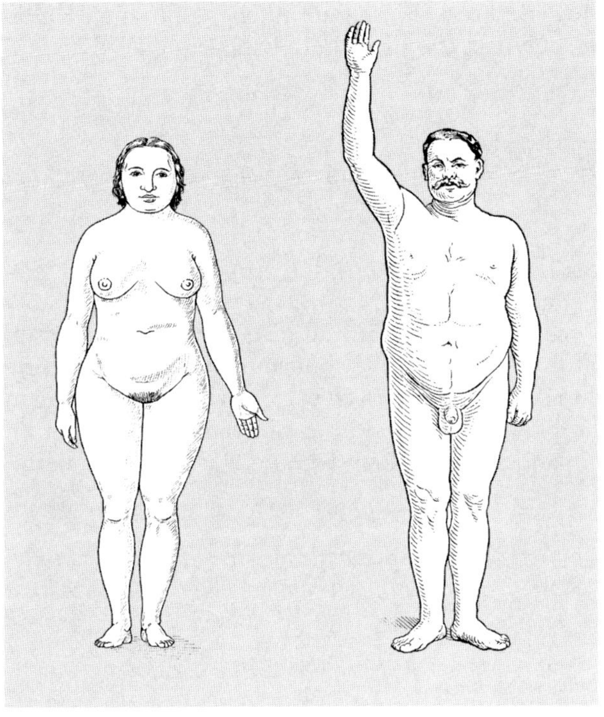

Abb. 17 Das runde, vollfleischige Ruhe- und Ernährungsnaturell

wirtschaftlich am erfolgreichsten. Es liebt das Sein in einer gemütlichen Gesellschaft, bei fröhlicher Stimmung, bei Essen und Trinken. Es verträgt davon, im Verhältnis zum Empfindungs-Naturell, grosse Mengen. Die Gewebe der Ernährungs-Naturelle sind prall, weich und rund.

Beeinflussung der inneren Energien

Weite Wanderungen und Sportarten oder Berufe, bei denen die Beine intensiv betätigt werden, stärken die magnetische Energie und damit die Spannkraft und das Selbstwertgefühl. Bei der anschliessenden Ruhe tritt dann das Empfinden stärker hervor.

Halmfrüchte enthalten starke magnetische Energie, daher stärkt das Vegetarische den Magnetismus, und Vegetarier sind die Sieger in Dauer- und Wettläufen.

Fleischesser entwickeln die elektrische Energie und die Armkräfte stärker. Dadurch werden auch mediomische Energien, die sich in massigen Muskeln zeigen, entwickelt. Bekannt ist, dass Schwergewichtsboxer und -ringer (mediomische, elektrische und magnetische Naturen) grosse Fleischmengen essen.

Durch die aktive und passive Beschäftigung mit schöner Musik und Vertiefung in die Werke der schönen Künste und durch die Betrachtung der Feinheiten und Schönheiten der Natur, wird die Helioda angeregt und verstärkt. Taten an Mensch und Tier, die aus Liebe hervorgehen, stärken die heliodischen Energien sehr stark.

Durch bewusste Pflege von Ruhephasen, durch gemütliches Sein unter Kollegen und Kolleginnen, durch eine bewusst etwas reichere Ernährung als dem Naturell entspricht, können die Ruheenergien gestärkt werden.

Für jeden Menschen gültig ist das Ziel:
«In seinem Naturell eine gewisse Ausgeglichenheit und Harmonie anzustreben und wenn möglich zu erreichen.»

Nicht das Naturell ändern, sondern mit diesem den Ausgleich suchen, das sollte deshalb ein Ziel unseres Lebens sein. Jedes Naturell ist in seiner Art lebenstüchtig, es ist nur andersartig, was zu gewissen Stärken, aber auch zu gewissen Einschränkungen führt. Die Natur will die Vielfalt. Nur damit ist eine dauernde Entwicklung möglich. Jeder sollte deshalb zuerst sich selber in seiner einmaligen Art akzeptieren, ohne dabei die positive Entwicklung seiner Persönlichkeit zu vergessen. In der Vielfalt der einzelnen Individuen ist eine Harmonie anzustreben.

«Wirkliche Harmonie ist dann am grössten, wenn sie die meisten ungeordneten Elemente vereint und durch einen wunderbaren Beziehungszusammenhang wider Erwarten zum höchsten Einklang bringt.»
Gottfried Wilhelm Leibniz

Abb. 18 *Kennzeichnung der vorherrschenden inneren Natur- und Lebenskräfte im Naturell-Harmoniekreis-Schema nach Carl Huter*

Alle Lebenskräfte sind jeweils bei allen Menschen vorhanden. Einige davon treten bei den verschiedenen Naturellen jedoch stark in den Vordergrund. Die

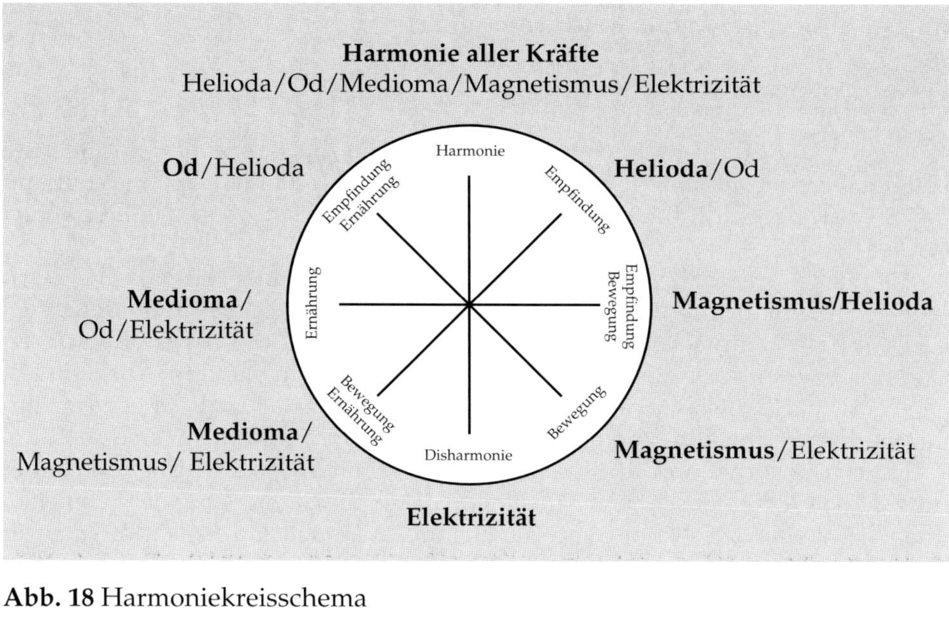

Abb. 18 Harmoniekreisschema

am stärksten im Vordergrund stehenden Energien sind jeweils hervorgehoben, die stark im Hintergrund wirkenden sind weggelassen.

Abb. 19 *Zonen der Kräfte*

Die Wirkzonen der Kräfte sind einer Begrenzung unterworfen. Nur die positive, organisierende und strahlende Lebenskraft Helioda kann Fernwirkung erzeugen.

An Stelle der hier abgebildeten Zelle, kann auch ein mehr- oder vielzelliges Lebewesen und insbesondere der Mensch gedacht werden. Die positive Helioda geht über die Nahzonen der übrigen Kräfte hinaus, ihre Strahlen zerstreuen sich nicht, sondern pflanzen sich konzentriert fort und können in die Ferne wirken. Hierbei durchdringen sie alle Materialien, z.B. Luft, Holz, Gestein, Metall, können aber von lebenden Organismen bewusst oder unbewusst aufgenommen und absorbiert werden. Durch die Übertragung der Helioda-Energie von Mensch zu Mensch werden die Zentrosomen der Zellen angeregt, was zur Stärkung der Selbstheilkräfte beiträgt.

Die Fernübertragung ist hier symbolisch durch die Sonnenblume dargestellt, der ein starkes Empfinden, negativ aufnehmende Heliodakraft, eigen ist, die sich dadurch äussert, dass sie sich im Knospenstadium nach der Sonne dreht und diese am Morgen durch Zuwendung zu deren Aufgangspunkt erwartet.

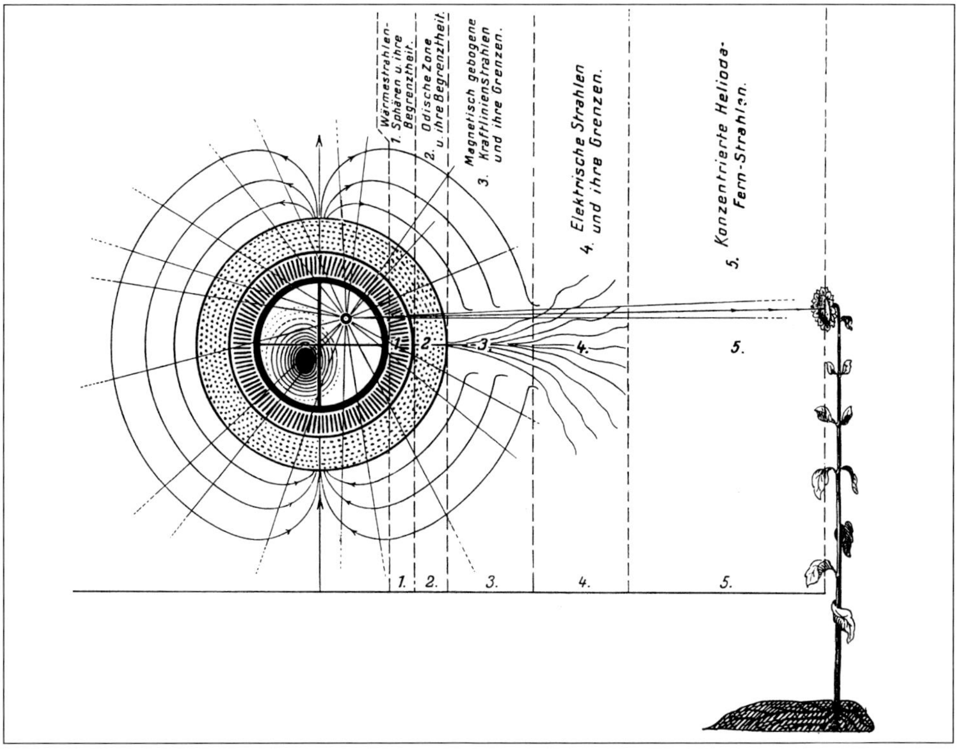

Abb. 19 Wirkzonen der Kräfte

7. Physiognomische Kunstbetrachtungen

Die zwei Betrachtungen zeigen eine neue Art wie Kunst auch aufgearbeitet werden könnte. In den üblichen kunstwissenschaftlichen Abhandlungen ist von einer psycho-physiognomischen Auslegung meistens nur in rudimentären Ansätzen die Rede. Die sog. moderne Kunst ist mit Physiognomik schon gar nicht zu ergründen. Deshalb wird hier mit komplizierten, umfang- und wortreichen Argumenten zu erklären versucht, was nur schwer zu erklären ist.

Abb. 20 *Christus heilt die Kranken*

Aus Beobachtung und Erfahrung, die *Rembrandt* aus der intensiven Beschäftigung mit dem menschlichen Wesen und den vielfältigsten Schicksalen schöpfte, aus seinem tiefinneren Fühlen und spirituellen Erkennen der formbildenden Kräfte, hat der geniale Künstler *Jesus* mit der stark strahlenden positiven Kraft dargestellt, deren Wirken nicht an der Körperoberfläche endet. Die von *Huter* als Helioda bezeichnete Energie durchstrahlt und durchleuchtet besonders die Gesichtsgewebe, umgibt strahlenartig aber auch den Kopf, für sensitive Menschen sichtbar. Das hat *Rembrandt* hier dargestellt.

Die ganze Figur, der Ausdruck des Gesichtes und der Hände hebt *Jesus* von den ihn umgebenden Menschen ab. Bescheiden (Innerlichkeitsmensch) steht er inmitten der unterschiedlichsten Menschen. Es ist eine wunderbare Darstellung der von innen heraus wirkenden geistigen Kraft, der Helioda, in Gesichtsausdruck, Haltung und Strahlung. Wenn diese so stark ist wie hier dargestellt, ist sie übertragbar und kann heilend wirken. Das, was *Huter* mit dem strahlenden Zentrosoma in der lebenden Zelle erklärt hat, das hat hier *Rembrandt* intuitiv, sehend und künstlerisch am lebenden Menschen in der Person von *Jesus* dargestellt. Bei ihm musste die Helioda sehr stark vorhanden gewesen sein, so dass man bei seinen Heilungen von «Wundern» spricht und überzeugt ist, dass es sich um eine göttliche Kraft gehandelt hat. Die Helioda ist nun tatsächlich die göttliche «Lebens-Liebes-Licht-Strahlkraft» in jedem von uns. Jedes Lebewesen ist mit dieser schöpferischen Kraft ausgestattet. Sie kann in erster Linie durch Freude, durch Taten der Liebe vermehrt und qualitativ vertieft werden. Sie ist die individuelle, sich dauernd weiterentwickelnde Energie der unsterblichen, unendlichen Kreativität.

Zur linken Hand von *Jesus* hat der Künstler die Mühseligen und Beladenen, die Lahmen und die Blinden, die Kranken und die Krüppel dargestellt, die im Dunkeln, auf der Schattenseite des Lebens stehen. Aus ihren Gesichtern und aus ihren ausgemergelten und gebückten Gestalten spricht das Leid und die Verzweiflung. Im Licht der Liebe, das von Jesus ausstrahlt, sehen sie ihre einzige Hoffnung; sie schleppen sich mit letzter Kraft zu ihm hin und beten seine göttliche Natur an.

In der Mitte vor *Jesus* steht eine junge Mutter mit einem kranken Kind auf ihren Armen. Sie ist, getrieben von der Liebe zu ihrem Kinde, von der Hoffnung auf das Leben und die Macht der Liebe, die sie im Innern fühlt, die ihr gemäss den Feinheiten des Gesichtes selber eigen ist und die sie mit dem Nazarener geheimnisvoll verbindet, vor das Angesicht *Jesu* getreten.

Abb. 20 Das Hundertguldenblatt von Rembrandt (Radierung von Rembrand, Museum het Rembrandthuis, Jodenbreestr. 4–6 1011 NK Amsterdam)

Auf der anderen Seite, unmittelbar rechts von *Jesus*, steht eine Gruppe von drei Personen in deutlicher Zuwendung zu ihm. Sie sind bescheiden und genügsam, aber es ist ihnen auch Würde, Eifer und Festigkeit eigen. Es scheinen seine Anhänger zu sein, die von dem entbehrungsreichen Leben an seiner Seite gezeichnet und abgezehrt sind. Hinter den dreien ein Mann mit rundlichem Gesicht, der sich zurückhält. In seinem Gesichtsausdruck erkennen wir Einfalt, Neugierde und Kritik eines Zufallszeugen.

Davor, im schönen Gewand, sitzt der reiche Jüngling, der gebildete, ungläubige Besserwisser, der nicht begreifen kann und mag, was vorgeht. Er scheint wohl angerührt von dem Ungewöhnlichen, aber so etwas erscheint doch zu unwahrscheinlich. Hier versagt all sein angelerntes Wissen. Schwer stützt er seinen Kopf in die Hand und scheint darüber nachzudenken, was aus dem allem wohl noch werden könnte.

Im Vordergrund, vom Betrachter aus links im Bild, stehen die Groben und Schweren, die ihre Güter über alles lieben, die um ihre Privilegien fürchten und daher die natürlichen Feinde jedes Reformers sind. Vor diesen steht die sie schützende, Ordnung garantierende, wenn nötig gewalttätige, bezahlte Macht, geschmückt und ausgezeichnet mit dem mächtigen und breiten Hut und dem betressten, bunt beschnallten Rock, den Stock in den harten Händen noch auf dem Rücken versteckt. Er bildet ein Pol zu den Leidenden, die er wenn nötig mitsamt ihrem Heiland gar leicht von seiner als die Lichtseite des Lebens angesehene Position abhalten und in ihr finsteres Los zurücktreiben kann. Die Frau vor ihm, mit dem Kind auf den Armen, ist unschlüssig. Vergeblich sucht das Kind vor ihr, sie an der Hand zu Jesus hinzuziehen.

Links oben erkennen wir die Offiziellen, die kritischen Schriftgelehrten und wohl auch die politischen Führer, die in ihrem Innern um ihre Pfründe fürchten und sich von vornherein abwenden. Dies um nicht sehen zu müssen, was sie nicht sehen wollen und was es nicht geben darf: die bessere, lichtere, edlere Erkenntnis und Lehre des Gottmenschen, der der Menschheit vorangehen will, der leuchten will wie ein Licht aus der Finsternis kommend. Er kann die in Amt und Würde befindlichen Besserwisser nicht überzeugen. Der weise aussehende Mann am Rande des Bildes scheint den Mann, der sich in der Mitte der Gruppe befindet, überzeugen zu wollen. Doch dieser lehnt sich zurück, weist ab. Er hat den Mundzug des sich wichtig nehmenden Menschen. Der alte Mann daneben scheint dem Weisen zustimmen zu wollen, doch reicht seine Kraft nicht mehr aus, um diesen tatkräftig zu unterstützen. So bleibt denn alles beim alten. Die Menschheit in Abhängigkeit, Unwissenheit, Knechtschaft, Armut, Krankheit und Not leidet weiter unter den irdischen, ungerechten Gesetzen. Der Weise fühlt, dass hier ein neues Licht leuchtet, ein Licht, das von den Gegnern des Lichts nicht verstanden werden will, das von ihnen auch nicht verstanden werden kann.

Die Helioda trägt das innere geistige Leben in die Physiognomie und offenbart hier dessen Qualität und Stärke. Über das Erkennen der Forminhalte wird es den Menschen möglich, Fähigkeiten zu unterscheiden. Damit könnten die Aufgaben der Menschen besser gelöst werden. *Rembrandt* selber sah wohl noch keine

Möglichkeit, diese Erkenntnisse umzusetzen, sonst hätte er *Jesus* nicht so hoffnungslos allein hingestellt.

Es hat nun zu allen Zeiten Menschen gegeben, die in hohem Masse mit dieser gesteigerten Empfindungsenergie und Lebenskraft ausgestattet waren und die mit dieser Kraft wundersam wirken konnten. *Huter* hat diese Kraft in ausserordentlichem Mass selber besessen und konnte damit experimentieren. Er konnte nachweisen, dass es die höchste Kraft ist, die es im Weltall gibt, und dass sie gleichbedeutend ist mit Liebe. Sie ist damit die höchste, die göttliche Energie. *Huter* befindet sich damit in völliger Übereinstimmung mit *Jesus*, der die Liebe als das Höchste lehrt. Daher konnte er auch sagen: *Jesus* war der bedeutendste Geistesmensch, den die Welt je gesehen hat, nicht in der Erkenntnis der Natur und ihren Gesetzen, nicht in der Erkenntnis der Evolution, sondern in der Erkenntnis des göttlichen Geistes und der Tugenden, die den Menschen verfeinern und glücklich machen. Damit ist auch festgelegt, dass jeder Mensch ein Kind Gottes ist, denn er besitzt den göttlichen Odem, und dass er die Pflicht hat, diese innere Energie durch Taten in Liebe zu entwickeln und sich ihr als würdig zu erweisen.

Abb. 21 *Pieter van Veen, sein Sohn und sein Schreiber*

Im Mittelpunkt des Bildes steht der führende Kopf der Gruppe, *Pieter van Veen*. Er sagt mit seiner Gebärde: «Haltet ein, ich habe gleich die Lösung und ihre Formulierung.» Sein Blick ist nach innen gerichtet. Er sieht mit seinem inneren Auge die Lösung. Der Schreiber und der Sohn, der hinter seinem Vater steht, denken ebenfalls nach. In ihrem Blick erkennen wir aber eine abwartende Haltung. Sie schauen in die Ferne und erwarten, wohl wissend, dass der Vater schneller denken kann als sie selber, von aussen die richtige Lösung.

Der im Mittelpunkt stehende *Pieter van Veen* ist eine bemerkenswerte Persönlichkeit. Die Stirn ist breit und klar im Aufbau. Dies ist ein Merkmal für ein umfassendes, vielseitiges, qualitatives Denkvermögen. An seiner linken Stirnecke sehen wir eine feine Plastik von der Stirnbasis aufsteigen. Dies bedeutet, dass bei diesem Mann das umfassende Denken mit einem starken Sinn zum Ordnen der Gedanken verbunden ist. Der untere Teil der Plastik weitet sich wie zu einem Fundament aus: Nach aussen zum Zahlensinn, nach innen zum Musiksinn*. Mit diesem zu umfassendem Sehen und klarem Erfassen der Situationen ausgestatteten Denkvermögen kann er sowohl das reale Geschehen schnell und richtig erfassen, wie auch die ideale Seite des Lebens als wesentlich erkennen. Planmässig werden die Gedanken in die Tat umgesetzt, die Ziele mit grosser Gründlichkeit verfolgt und die Arbeiten auch planmässig durchgezogen (Nasenform). Trotzdem sein Denken scharf, logisch und präzise ist, wird es nie stur oder eng. Sein Hut und die Art wie dieser auf dem Kopf aufgesetzt ist, zeigt seine angestrebte geistige Freiheit und das Künstlerische, Kreative seines Charakters. Der Mund hat bei aller Bestimmtheit den feingeistigen Ausdruck, wie wir diesen immer wieder bei Menschen sehen können, die sich intensiv und lange Zeit mit seelisch-geistigen Problemen beschäftigt haben. Auch das Ohr ist schön und reich in den

* *Siehe Breiteneinteilung der Stirn, Abb. 99, S. 120*

Formen. Dies und die feine Haut zeigen die seelische Tiefe und das Feingefühl des Mannes. Ein ausgezeichneter Vorgesetzter, der seine Mitarbeiter durch sein Wissen und sein Können wie auch durch seinen unbestechlichen Charakter begeistern kann.

Der Schreiber ist ein junger, selbständiger, wacher Mitarbeiter. Er zeigt die Formen des abgerundeten, harmonischen Bewegungsnaturells. Solche Menschen sind trotz grosser körperlicher Kraft und Einsatzfreudigkeit ausgeglichen und stark fühlend. Seine Persönlichkeitsstruktur zeigt weniger geistige Regsamkeit wie diejenige seines Chefs. Er hat aber Mut, viel Kraft (Kinn) und differenzierte Gefühle (Mund und feine Gewebe). Er ist ehrlich und sauber, also ein ausgezeichneter Mitarbeiter. Mit grossem Pflichtgefühl aber auch eigener Phantasie und grossem Mut, was die Haltung und die schönen, kraftvollen grossen Ohren zeigen, löst er seine Aufgaben.

Der Sohn, der hinter dem Vater steht, ist der gefühlvollste der drei Männer.

Mund, Nase, Haare und Augenausdruck zeigen eine beachtenswerte gleichförmige Struktur. An allen diesen Formen sehen wir die starken, tiefen, differenzierten Gefühle mit denen dieser Mann arbeiten kann.

Es sind drei unterschiedliche Mund- und Nasenformen, auch die Gewebestrukturen sind in ihrer Aussage differenziert. Alle drei besitzen eine sehr feine Haut, die wie von innen durchstrahlt ist. Das ist zwar bei allen gleich, der Gesamteindruck ist jedoch verschieden. Die Feinheit der Gewebe zeigt uns, dass alle ein grosses Potential an Empfindungsenergie besitzen.

Bei *Pieter van Veen* sehen wir dazu die starke Kompaktheit der Form, beim Schreiber die ruhige Beherrschtheit und beim Sohn einen sehr feinen Schmelz, der die grosse Gefühlstiefe zum Ausdruck bringt. Wir könnten die primär hinter diesen Formen steckenden Kräfte und Energien etwa wie folgt mit *Huters* Kraftrichtungsordnung verstehen: beim Vater Helioda mit Konzentrationsenergie; beim Sohn Helioda mit Od; beim Schreiber Helioda mit Ruheenergie.

Pieter van Veen stammte aus einer angesehenen Künstler- und Juristenfamilie. Sein älterer Bruder war als Lehrer von *Rubens* bekannt. Er selber war Jurist, spielte Violine und Laute, sprach fünf Sprachen und war ein bekannter Amateurmaler. Viele seiner Zeitgenossen fanden es schade, dass die Malerei nicht seine Hauptbeschäftigung war. Der Sohn *Cornelis van Veen* verband wie sein Vater die Jurisprudenz mit der Malerei.

Abb. 21 Pieter van Veen, sein Sohn Cornelis und sein Schreiber Hendrick Borsmann. Ein Meisterwerk der Porträtkunst. (Jan Antonisz van Ravensburg (um 1570/80–1657, Den Haag) © Musée d'art et d'histoire, Genève.)

8. Innerlichkeits- und Äusserlichkeitsmensch

Zwei psycho-physiologische Typen

Die Psycho-Physiognomik arbeitet mit der gesamten menschlichen Erscheinung und berücksichtigt dabei Anatomie, Physiologie und die genaue Beobachtung der Aufgaben der Nervensysteme. Daraus wachsen die Rassen, die Naturelle, die Temperamente und die Einstellungstypen.

Die anatomisch-physiologische Begründung der als *Innerlichkeits- und Gefühlsmenschen* und *Äusserlichkeits-, Repräsentations- und Willensmenschen* bezeichneten Einstellungs-Typen fand *Huter* in unterschiedlichen Nervensystemen.

Die zwei Nervensysteme, die Nervenzellen und das Gehirn

Abb. 22 *Das sympathische Nervensystem, auch vegetatives Nervensystem genannt*

Das sympathische Nervensystem besteht aus dem *Nervus vagus* und dem *Nervus sympathikus,* die hauptsächlich in den Nervengeflechten des Herzens, der Lungen, des Magens, der Leber und der Nieren, des Darmes und der Geschlechtsorgane wurzeln. Die Zeichnung veranschaulicht, wie vielfältig und feinstens verästelt die sympathischen Nerven aus dem gesamten Organleben des Körpers aufsteigen und wie reich sie sich in den inneren Weichteilen verzweigen und nach der vorderen Leibesseite hin verlaufen.

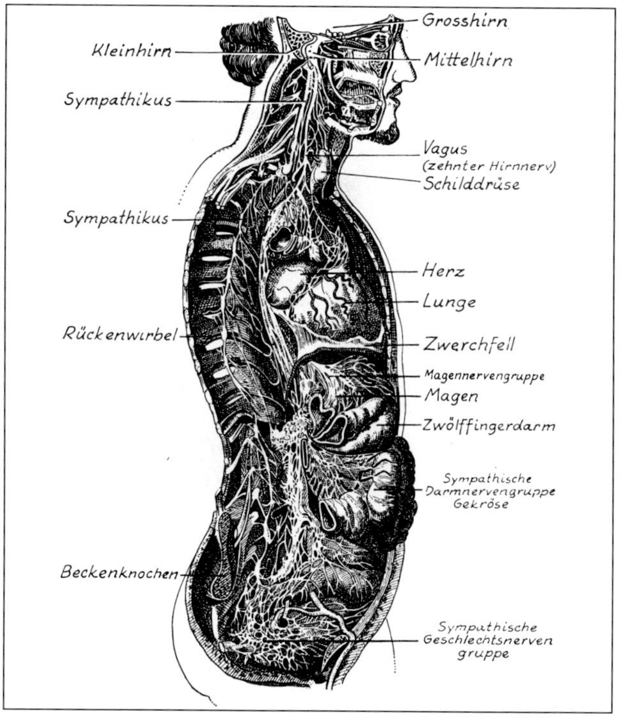

Abb. 22 Das sympathische Nervensystem

Die Nerven des sympathischen Nervensystems sammeln sich im Rückenmark und steigen von hier zum Haupt des Menschen auf. Sie bilden das verlängerte Mark oder das Mittelhirn-System, welches in der Mitte des Schädels liegt. Es wird von oben vom Grosshirn, von hinten vom Kleinhirn und von vorne und der Seite von den knöchernen Teilen des Gesichts schützend umschlossen. Das sympathische Nervensystem organisiert und vermittelt die uns nicht zum Bewusstsein kommenden inneren Lebensvorgänge und ist Träger der Empfindungsreize, die aus den Körperorganen zum Gehirn aufsteigen, und die umgekehrt von der Aussenwelt und vom Gehirn aus auf das Körperinnere wirken. In ihm steigen auch die feinsten chemischen Stoffe und psychischen Helioda-Energien zum Gehirn auf. Es ist also das Gefühls- und Empfindungs-Nervensystem, und im Gegensatz zu dem noch zu beschreibenden Bewegungsnervensystem auch als das innere Nervensystem zu bezeichnen. Das sympathische Nervensystem ist Vermittler zwischen dem inneren Organleben und dem Gehirn. Im Mittelhirn, in welches es mündet, sammeln sich auch alle zehn Hirnnervenpaare, so dass das Mittelhirn Sammelort aller Empfindungsnervenkräfte wird; das Mittelhirn stellt das Hauptlebensgehirn dar. Es könnte auch als Vermittlerzentrale der seelisch-geistigen Energien bezeichnet werden. Die Fortsetzungen der sympathischen Nerven wachsen aus dem Mittelhirn in das obere und vordere Grosshirn und breiten sich insbesondere im Oberhaupt kelchartig aus. Naturgemäss muss dort der Sitz der Gefühlsschicht sein, mit welcher die

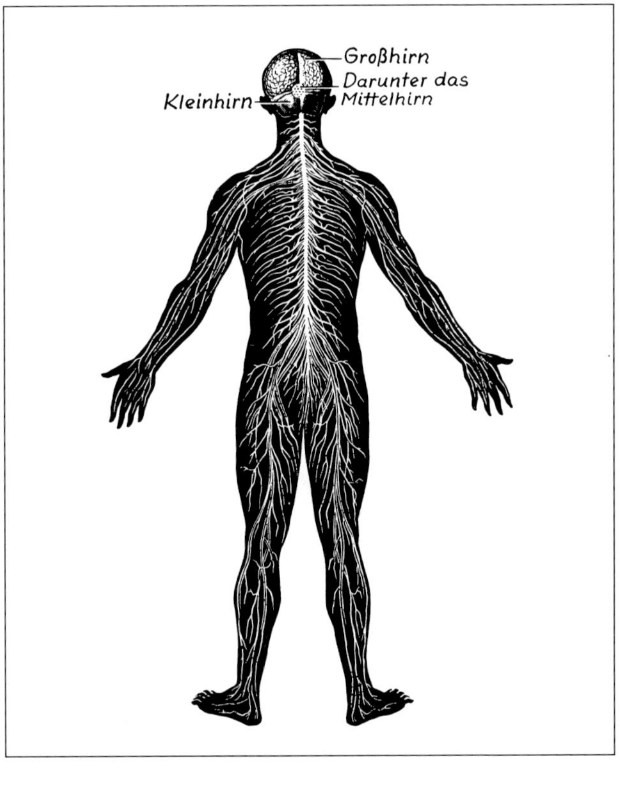

Abb. 23 Das motorische oder Bewegungsnervensystem

höchsten Gefühlsempfindungen möglich werden. Demnach haben Menschen mit hohem, breitem Oberkopf ein reiches Gefühlsleben. Den Menschen mit niederem Schädel bleiben solche Gefühle verschlossen oder sehr schwer zugänglich. Die in diesem Band behandelte Gesichtsausdruckskunde ermöglicht es, den jeweiligen Zustand des sympathischen Nervensystems zu beurteilen. Dies geschieht durch die in der Psycho-Physiognomik besonders wichtige, sogenannte fein-physiognomische Betrachtung. Eine nur oberflächliche Bewertung der Form genügt dazu nicht.

Abb. 23 *Das motorische oder Bewegungsnervensystem*
Das motorische oder Bewegungsnervensystem verzweigt sich vor allem an der Rückenseite des Körpers und in die Körpermuskeln. Es sammelt sich in einem eigenen Nervenstrang ebenfalls im Rückenmark und steigt von hier hauptsächlich in das Kleinhirn und hintere Grosshirn auf. Das motorische Nervensystem vermittelt die Bewegungen des Menschen durch die Muskeln. Das Kleinhirn und das hintere Grosshirn sind die Kraftspeicher der Bewegungsenergie, von hier aus erhält der Mensch mehr oder weniger Impulse zur körperlichen Betätigung.

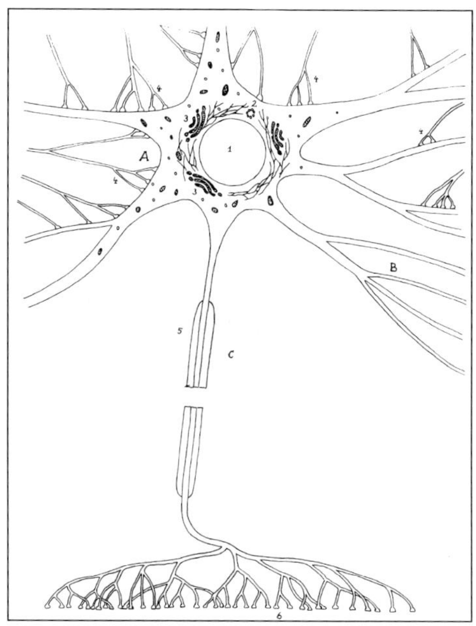

Abb. 24 Die Nervenzelle

Abb. 24 *Die Nervenzelle**
Die Bausteine des Gehirns und der Nervensysteme sind die Nervenzellen. Das menschliche Gehirn besitzt ca. 100 Milliarden Nervenzellen. Anatomisch und grob betrachtet zerfällt die Nervenzelle in drei Teile:

** Werner Glanzmann, «Physiognomische Psychologie», Physiognomische Gesellschaft Schweiz, 1985*

a) **Der Zellkörper:** er enthält den Zellkern(1), das Zentrosoma (2), sowie den biochemischen Apparat (3) für die Synthese von lebenswichtigen Substanzen. Der Durchmesser des Zellkörpers beträgt einige Tausendstel Millimeter.

b) **Die Dendriten:** das sind fadenförmige Fortsätze des Zellkörpers. Mit ihnen nimmt die Nervenzelle Signale von anderen Nervenzellen auf (4).

c) **Der Neurit oder das Axom:** der Neurit ist die eigentliche Nervenfaser. Er dient als Leitungsbahn für die Signalübertragung auf andere Zellen. Der Neurit ist meistens von einer schützenden Mylin-Hülle (5) umgeben. Seine Länge beträgt einige Millimeter bis mehrere Zentimeter. Im Ischiasnerv werden die Nervenfasern bis zu einem Meter lang. Die Nervenfaser weist an ihrem Ende vielfache Verzweigungen auf, die ihrerseits wiederum in den sogenannten Synapsen (6) enden. Diese sind die Verbindungsstellen zwischen dem Ende einer Nervenfaser und einer anderen Zelle. Eine Nervenzelle besitzt zwischen tausend und zehntausend Synapsen. Jede Nervenzelle nimmt von ca. tausend anderen Nervenzellen Informationen auf.

Eine Nervenzelle ist in der Lage, Substanzen, die im Zellkörper hergestellt werden, entlang der Nervenfaser bis zu den Synapsen zu transportieren. Dadurch werden Signale der nachfolgenden Empfängerzelle übermittelt. Die Substanzen aus den Geweben des Rumpfes gelangen in die vegetativen Nervenbahnen und mit dem axonalen Transport in die Zentren des vegetativen Nervensystems. Es entsteht ein Materialtransport bis zu den äusseren Formen. Dort finden je nach Dauer der Einwirkung physiognomische Veränderungen statt. Auf solchen baut z.B. die Augendiagnose auf.

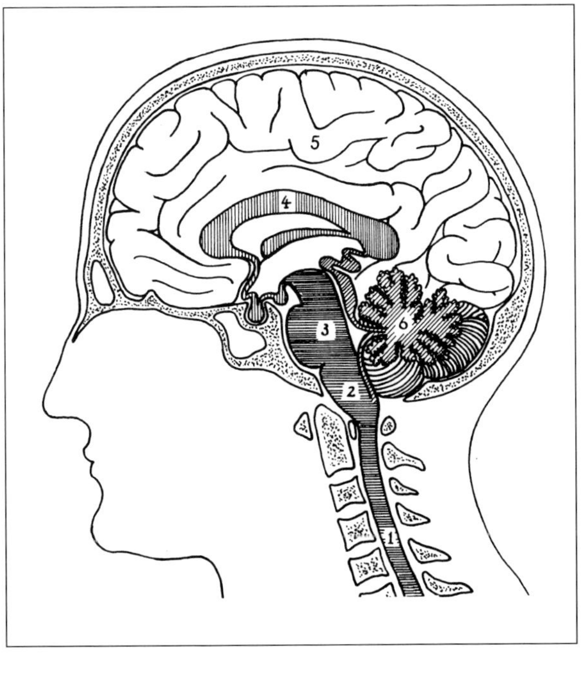

Abb. 25 Die Topografie des Gehirns

Abb. 25 *Die Topografie des Gehirns*
Sie ist hier vereinfacht dargestellt und mit Nummern bezeichnet. Das einfachste Zentrum der beiden Nervensysteme ist das Rückenmark (1). Das Rückenmark mündet oben über das verlängerte Mark (2) in den Gehirnteil (3), der zur Zeit *Huters* als Mittelhirn bezeichnet worden ist. Über dem «Mittelhirn» befindet sich der Gehirnbalken (4). Er verbindet die beiden Hirnteile (5). Unter dem hinteren Grosshirn liegt das Kleinhirn (6). Vom Mittelhirn aus münden die Nervenfasern ins vordere Grosshirn.

Die Einstellungstypen

Abb. 26 *Der Äusserlichkeitsmensch*
Zuerst wirken sich die inneren vererbten Energien auf die Topografie der Gehirnteile aus und damit auch auf die äussere Gestalt des Schädels und des Gesichtes. Es sind vorwiegend der physiologische Magnetismus, die Medioma und die physiologische Elekrizität, die hier starke Wirkung entwickelten. Das Kleinhirn und das hintere Grosshirn überwiegen gegenüber dem vorderen Grosshirn. Das Hinterhaupt als Sammelbecken der motorischen Impulse ist stark entwickelt und entsprechend ist die Motivation und das Leistungsvermögen ausgebaut. Mit diesen inneren Energien wird das Leben gestaltet und werden die äusseren Einflüsse der Erziehung und Bildung verarbeitet.

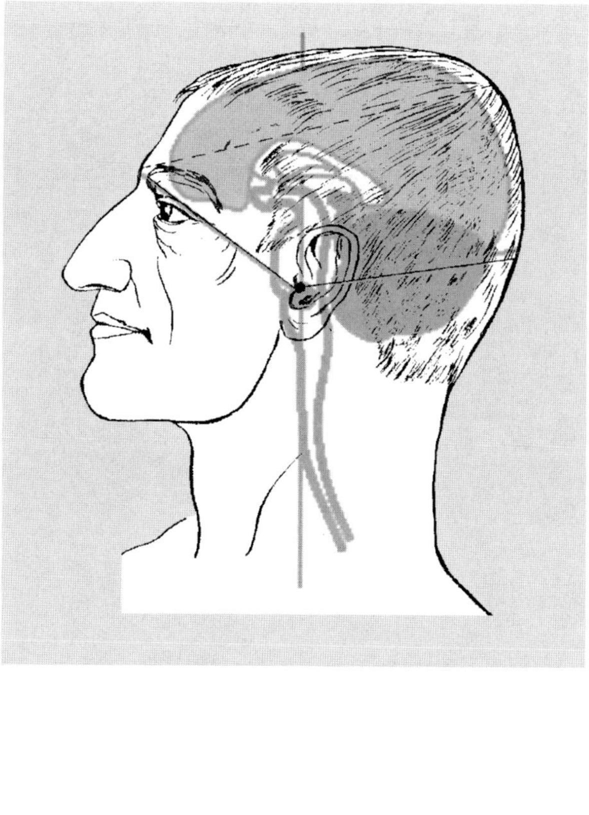

Abb. 26
Der Äusserlichkeitsmensch

Physiognomische Merkmale

Die Entfernung vom Ohreingang zum Hinterkopf ist grösser als vom Ohreingang zur Unterstirn. In der Hinterhauptregion liegt grosse Spannkraft, die sich bis in das feste, straffe Haar und abwärts in den muskulösen Nacken fortpflanzt. Im Gesicht treten die kräftige Nase, starke Jochbeine, Kinn und Unterkiefer – bei straffen Geweben – besonders hervor. Der Mund ist willensbetont. Unterlippe und Muskelanspannung zeigen starke motorische Aktivitäten und Willenenergie.

Wir haben mit der Proportionsbestimmung, die durch die beiden vom Ohreingang ausgehenden Linien angedeutet ist, auch ein gutes Mass, um die Vorherrschaft des Kleinhirns festzustellen.

Erinnern wir uns daran, was bei der Behandlung der im Menschen gestaltend wirkenden Kräfte dargelegt wurde: in den festen, straffen Muskeln des Rückens wirkt vornehmlich die Medioma, die mit dem Magnetismus sympathisiert. Die gleichen Kräfte wirken auch im Kopfbau (Nacken) und in der Rückenpartie: beide sind muskulös, straff und wohlgeformt. Diese Kräfte geben auch den übrigen Kopf- und Gesichtsformen ein typisches, glattes und kompaktes Gepräge und der Haltung die Kraft und Festigkeit.

Psychologische Auswirkungen

Äusserlichkeits-, Repräsentations-, Tat- und Willensmenschen haben die Tendenz, für die Äusserlichkeiten des Lebens, Ruhm, Ehre, Auszeichnungen tätig zu sein, stark aus sich herauszugehen und sich nach aussen zu wenden um sich und ihre Kraft zu zeigen. Es sind die Gesetzes- und Sittenmenschen, die sich nach Formeln, Programmen und Paragraphen richten, alte oder neue Ideen mit Härte vertreten und das eigene Empfinden zurückstellen. Für sie ist es vernünftig, dass sie unter einem gewissen Zwang von Sitten, Morallehren und Gesetzen stehen. So werden sie aus Furcht vor harten Strafen ihr Tatleben in positive Bahnen lenken.

Das nur schwach entwickelte sympathische Nervensystem und die schwachen Gefühlsimpulse führen beim Äusserlichkeitsmenschen dazu, dass der kühle Wille vorherrscht. Vom Gefühl lässt er sich nicht leiten.

Aus der Organveranlagung ergibt sich also, dass dieser Mensch mit Vorliebe hart handelt. Er kann andere, die sich erlauben, aus höheren sittlichen Motiven von seinen Ansichten abzuweichen, selbstgerecht behandeln, streng verurteilen und auch verfolgen. Durch diese Zusammenhänge wird verständlich, welche Tragik oft feiner empfindende und frei denkende Menschen zu allen Zeiten erlitten haben und noch heute erleiden.

Äusserlichkeitsmenschen neigen zu Lösungen mit Kraft, was leicht zur Gewalt wird. Diese Menschen sollten die politische Führung anderen, dafür besser geeigneten überlassen müssen.

Abb. 27 *Der Innerlichkeitsmensch*

Beim Innerlichkeitsmenschen ist die Topografie der Hirnteile ebenfalls von den vererbten inneren Energien gestaltet. Wir erkennen, dass das vordere Grosshirn im Verhältnis zum hinteren Grosshirn und zum Kleinhirn in der Mas-

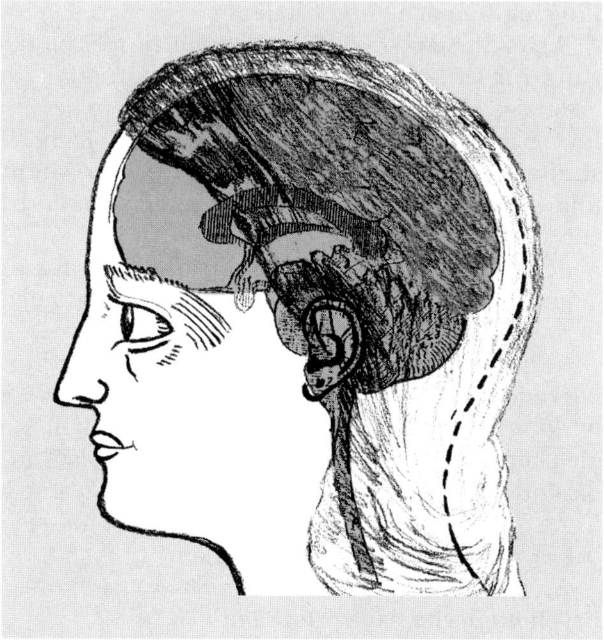

Abb. 27
Der Innerlichkeitsmensch

se überwiegt. Im Mittelhirn wirken am stärksten die heliodischen und odischen Energien. Diese bewirken mehr Komplexität und Feinheit als Grösse und rohe Kraft. Das feinere Empfindungsvermögen finden wir häufig bei Frauen. Bei ihnen ist das Mittelhirn meistens differenziert und qualitativ entwickelt. Das Mittelhirn und das daraus entwickelte vordere und obere Grosshirn ist entsprechend den Energien und den von diesen ausgehenden Impulsen leistungsstark im Fühlen und Empfinden und im bewussten Du-Denken. Im vorderen Grosshirn erkennen wir die Bewusstseinsschichten und im oberen Grosshirn die Gefühlsschichten eines Menschen. Über das Gefühl ist der Innerlichkeitsmensch motivierbar. Im Fühlbereich ist er leistungsstark. Deshalb reagiert der Innerlichkeitsmensch vollkommen anders auf gleiche äussere Einflüsse der Erziehung und Bildung als der Äusserlichkeitsmensch. Die von der Tiefenpsychologie vielfach gesuchte Begründung der Lebensgestaltung und deren Entwicklung durch äussere Einflüsse haben in solchen spezifischen Anlagen ihren ersten Grund.

Physiognomische Merkmale

Der feine Kopfbau hat eine gerade aufsteigende, hohe Stirn, ein gewölbtes Oberhaupt und ein fein geschwungenes Hinterhaupt. Der Mund ist fein und schmal, die Oberlippe schön geschwungen, die Oberkieferpartie ist kurz. Das Untergesicht ist fein, das Kinn ebenfalls. Hals und Brust sind zart. Die Augen sind gross und strahlend, voller Empfindungsfülle. Die Nase ist klein bis mittelgross, die Gewebe des mittleren Gesichts können wir uns als sehr fein und quellend vorstellen. Das sind alles Merkmale starker heliodisch-odischer Energien, einer feineren Entwicklung von Mittel- und Grosshirn. Auch die feinen Ohren passen zum physiognomischen Ausdruck.

Psychologische Auswirkungen

Innerlichkeitsmenschen haben die Tendenz, alle Gegebenheiten des Lebens vor allem gefühlsmässig zu verarbeiten. Sie unterziehen sich nicht gerne äusseren Gesetzen, die Menschliches, Inneres nicht berücksichtigen. Bei ihren Entscheidungen lauschen sie auf ihre innere Stimme und handeln nach dieser, auch wenn das Unannehmlichkeiten zur Folge hat. Kinder mit dieser Anlage sind in hohem Mass auf eine ihnen zusagende Umgebung angewiesen. Sie reagieren positiv auf Lehrkräfte, die ihnen sympathisch, negativ auf solche, die ihnen unsympathisch sind, oder auf deren, von ihnen aus gesehen, unkorrektes Verhalten. Die Lernleistungen sinken bei von ihnen aus gesehen negativer Umgebung rapid, unabhängig vom vorhandenen Niveau. Ein Lehrerwechsel oder eine sachliche aber liebevolle Aufklärung über die eigenen Charaktereigenschaften und die der Lehrkräfte, die auch durch ihre Energien zu Handlungen getrieben werden, also nicht schlecht, sondern andersartig sind, kann manchmal Wunder wirken. Innerlichkeitsmenschen reagieren als Kinder auch intensiv auf Unstimmigkeiten in der Familie. Sie sind denn auch die stark Leidenden bei einer Trennung der Eltern.

Innerlichkeitsmenschen versuchen, sich von unvernünftigen, harten Gesetzen zu Gunsten der Menschlichkeit zu befreien. Ihre innere hohe Moral ist ihr erstes Gesetz, bei der Umsetzung ethischer Handlungen. Sie handeln nicht aus Furcht vor harten Strafen, sondern aus Erkenntnis des menschlich Nötigen.

In seinem Hauptwerk (S. 691) weist *Huter* darauf hin, dass das Mittelhirn als Zentralorgan des Lebens bisher, zu seiner Zeit, von niemandem auf seine äusseren Merkzeichen untersucht worden sei. Durch seine versteckte Lage, so vermutete er, hätten wohl Anatomen und Physiologen nicht mit dem Vorhandensein äusserer Merkmale gerechnet. «Dies war eines der wichtigsten Forschungsgebiete, das viele Jahre hindurch meine ganze Kraft in Anspruch nahm. Das glückliche Resultat war, dass ich die physiognomischen Zeichen des Mittelhirns gefunden habe. Heute kann ich antworten: ‹Das gesamte Gesicht spiegelt das Mittelhirn wieder, insbesondere aber die mittlere Region der Wangenpartie, nahe Mund und Nase›. Daher kann man es auch verstehen, dass allen schweren Verbrechern und bösartigen Menschen hier eine abscheuliche Härte und disharmonische Züge und Formzeichen eigen sind, und dass alle guten Menschen hier einen edlen Ausdruck haben.»

Die die Mittelhirnqualität ausdrückende Gesichtspartie ist in Abb. 28 durch die feine punktierte Linie gekennzeichnet. Neben dieser Partie ist auch das Ohr mit in diese Betrachtung einzubeziehen.

Abb. 28
Das Gesichtsfeld des Mittelhirnausdrucks

Allgemeine Aspekte

Da in den Weichteilen des Körpers, aus denen das sympathische Nervensystem aufsteigt, viel Od gebunden ist, das weibliche Geschlecht aber mit seinen weichen, fliessenden Körperformen an sich das odisch stärkere ist, und zusammen mit viel Od die feinsten Empfindungskräfte der Helioda aus den sympathischen Nerven, insbesondere der Geschlechtsorgane, zum Mittelhirn aufsteigen, so ist letzteres besonders stark odisch und heliodisch. Daraus folgt weiter, dass das Mittelhirn beim weiblichen Geschlecht durchweg stärker betont ist als beim männlichen, was nicht immer in dessen Grösse, wohl aber in seiner Sensibilität oder Reizempfindlichkeit zum Ausdruck kommt. Daher sind Frauen von Natur aus eher mehr Innerlichkeitsmenschen, und das Liebesempfinden und die Geschlechtsbetätigung greifen tiefer in das gesamte körperliche und seelische Leben ein. Männer aber, bei denen das motorische Nervensystem meistens stärker betont ist, sind häufig mehr Äusserlichkeitsmenschen. Trotzdem findet man beide Typen bei Männern wie Frauen und bei allen Naturellen, denn die Mittelhirnbeschaffenheit hat einen sehr weiten individuellen Spielraum, wie die weiteren Abbildungen veranschaulichen.

An Form, Farbe und Beschaffenheit des Gewebes ist in den gekennzeichneten Gesichtsteilen und an den Ohren, die Beschaffenheit von Mittelhirn und sympathischem Nervensystem zu erkennen. Das Gewebe im Mittelgesicht kann hart oder weich, quellend warm und zart sein, oder eingesunken und dabei kalt und roh erscheinen, es kann wunderbar fein, lebendig durchhaucht oder verhärtet sein, lebensfrisch und gesund oder bleich und wie tot erscheinen, es kann offen strahlend oder dumpf und wie verschlossen wirken.

Es sind an diesen Gesichtsteilen physiognomische Zeichen wahrzunehmen, die schon eine feine und geschulte Beobachtung erfordern, die es aber wert sind, studiert zu werden, handelt es sich doch um die Erkennung der wichtigsten Lebensfunktionen.

Zum Studium und Erfassen dieser Feinheiten müssen wir uns etwas Zeit nehmen und uns fühlend in die Form und deren Ausdruck versenken. Mancher steht dieser Natursprache zunächst verständnislos gegenüber, wie der des Lesens Unkundige der Schrift. Bei liebevoller Beobachtung und Übung wird man diese wunderbare Zeichensprache der Natur und des Lebens jedoch bald verstehen und lesen lernen.

Bei Menschen, die viel Liebe, Wohlwollen und Mitgefühl haben, quillt das Gewebe der die Beschaffenheit des Mittelhirns anzeigenden Gesichtpartie lebenswarm und plastisch hervor, ein Zeichen der starken inneren Lebensquellkraft, des Empfindungsreichtums, der feinen Helioda. Damit einher gehen Kontaktfreudigkeit und Kontaktfähigkeit.

Bei kühleren und gefühlsschwächeren Naturen sind diese Gesichtsteile härter, fester, straffer; es fehlt das Zarte, Lebenswarme, das Quellende, Durchleuchtete und Durchstrahlte. Die Kontaktfreudigkeit ist gehemmt. Bei gefühllos handelnden Verbrechern wirkt die Gesichtspartie, welche den derzeitigen Zustand des Mittelhirns offenbart, wie erkaltet. Bei Ohnmacht erbleicht der Nasen-Wangen-Zug, und auch der Tod kündigt sich hier an, denn die Lebensenergie zieht sich, vor ihrem Austreten aus dem Körper, aus den Geweben zurück.

«Der kommende Tod, wie er sich in den Formen und Geweben abspielt, hat verschiedene Phasen:

a) zuerst plastische Ruhe,
b) dann tiefe Stille in den Geweben,
c) später Verlieren der Elastizität der Gewebe
d) und Starre der Form,
e) Verfall der Form und Verwesung.»*

Lebensbeispiele

Abb. 29 *Ein ordengeschmückter hoher Offizier*

Dessen Kopfhaltung, Augen- und Mundausdruck, Kinn- und Unterkieferform sind ähnlich wie Abb. 26, der schematischen Darstellung des Äusserlichkeitsmenschen. Die angenommene Haltung der Arme und des ganzen Körpers und symbolisch die vielen Orden zeigen, dass grosser Wert auf Äusserlichkeiten gelegt wird und darüber hinaus die Demonstration eines harten und tatkräftigen Charakters beabsichtigt ist. Durch unsere Darlegungen über die anatomisch-physiologischen Zusammenhänge von Nerven-, Organ- und Gehirnleben und dessen äusserem Ausdruck erscheint uns alles in Haltung, Uniform, Ausdruck und Forminhalt dieses Bildes auf einmal deutlich und klar. Es offenbart sich der innewohnende Lebensgeist im gesamten Erscheinungsbild, wie auch in jeder

* *Amandus Kupfer, «Kranken-Physiognomik», 1932, Carl-Huter-Verlag, Nürnberg*

Abb. 29 Der General

Abb. 30 Die Fürstin

Einzelheit des Gesichts. Auffallend sind die markante Nase, der festgeschlossene Mund, die grossen, kraftvollen, tiefsitzenden Ohren und der strenge Blick. Das Bild eignet sich auch zu Vergleichstudien mit den in späteren Kapiteln dargestellten Eigenschaften.

Abb. 30 *Die russische Fürstin Masalski kurz vor dem Ersten Weltkrieg in grosser Petersburger Hoftoilette*

Straffheit, Festigkeit und Kühle sind in den Gesichtsgeweben zu erkennen, insbesondere an Unterstirn, Nase, Oberkiefer, Mund, Mittelgesicht und Kinn. Es ist ein nüchterner Ausdruck, der durch die Ruhe und Kühle in den Geweben der Mittelgesichtspartie besonders hervortritt. Dieser Gesichtsteil erscheint straff und kühl. Die gleiche Kühle und Realitätsbezogenheit erkennen wir im Augenausdruck, am Mund und den tiefsitzenden Ohren. Die Haare sind kräftig und robust. Dies ist das Bild des Äusserlichkeitsmenschen, der herrschende Sitten und Gesetze streng einhält, und Etiquette, Mode und Moralanschauung, auch wenn sie voller Irrtümer und Ungerechtigkeiten sind, ohne Skrupel mitmacht, und der hart und vernichtend über alles urteilt, was dem entgegensteht. Er verharrt in vorgegebenen Denkmustern.

Die prunkvolle Kleidung mit den kostbaren Schmuckstücken passt ausgezeichnet zum Äusserlichkeitsmenschen. Er legt grossen Wert auf die Zurschaustellung von Prunk, Macht, Einfluss. Orden, Titel, Uniformen und prachtvolle Kleider gehören zu den bewährten und beliebten Mitteln der Äusserlichkeitsmenschen, um sich entsprechend in Szene zu setzen. Ihr Sinn richtet sich vornehmlich auf die äusseren Lebensdinge. Herz und Vernunft sind wie in einen engen Mantel eingeschlossen. Die Kennzeichnung *Huters*, Äusserlichkeitsmenschen seien «Repräsentations-, Tat- und Willensmenschen», hat – betrachtet man dieses und das vorhergehende Bild – eine erstaunliche Treffsicherheit und Kürze.

Überall dort, wo viel oder übertrieben Wert auf Kleidung, Zurechtmachen von Haar, Gesicht und Händen, Zurschaustellung von Schmuck, Autos und andere gängige Repräsentationsmerkmale und Statussymbole gelegt wird, gilt diesen Menschen in erster Linie das Äussere des Lebens. Dessen innere Seite, die etwa in Pflege edler Sitte, eines gütigen hilfsbereiten Wesens, im Streben nach seelischer Verfeinerung durch schöne Künste, Musik und Literatur, durch Gebet und Meditation und geistiger Bereicherung liegt, wird vernachlässigt.

(Kurz geschnittenes, nach vorn gebürstetes, ochsenfellartiges Haar, ähnlich wie bei Abb. 26, lässt darauf schliessen, dass sein Träger die höheren inneren Gefühle zumindest unbewusst zurückdrängt und sich mehr in Äusserlichkeiten gefällt und manchmal auch erschöpft. (Dies kann oft auch bei Frauen mit kurz geschnittenen, struppigen Haaren beobachtet werden.)

Abb. 31 *Der Innerlichkeitsmensch*

Bei dieser Frau ist der Innerlichkeitsmensch deutlich sichtbar. Die Gewebe des Mittelgesichts um Augen, Nase und Mund und an dem seitlich von der Nase ausgehenden Wangenzug sind sehr fein. Die Augen, mit dem menschlichen Ausdruck, die gerade aufsteigende Stirn mit dem gewölbten Oberhaupt zeigen ebenfalls feine Impulse, die vom Körper und von Mittel- und Grosshirn aus auf das Gefühlsleben ausgehen. Fein, weich und einfach ist das Haar – etwa im Vergleich zu den fest und streng gelegten Strähnen der russischen Fürstin. Das Erscheinungsbild zeigt eine unauffällige Schönheit, keine groben, harten Formen wie sie beim Äusserlichkeitsmenschen zu sehen sind, doch das Kinn zeigt ihre Aktivität mit der sie als Ärztin auf Menschen zugeht um ihnen zu helfen. Solche fein empfindende Menschen werden in ihrer Wesentlichkeit vielfach unterschätzt. Es trifft hier all das zu, was über den Innerlichkeitsmenschen ausgesagt ist.

Abb. 32 *Der Innerlichkeitsmensch*

Das ganze Erscheinungsbild (die feinen, strahlenden Gewebe, das weiche Mittelgesicht, die Haltung), zeigt den Menschenfreund. Die feine Nase lässt erkennen, dass er seine Ziele nicht mit Gewalt und einem bestimmenden Willen, sondern mit psychologischem Geschick zu erreichen sucht. Bescheiden und unauffällig werden die Pflichten erfüllt, das Ideale und die innere Stimme sind Richtschnur für alle Handlungen. Die Spannung am Oberkiefer zeigt, dass er kämpfen musste, um seine Ziele zu erreichen.

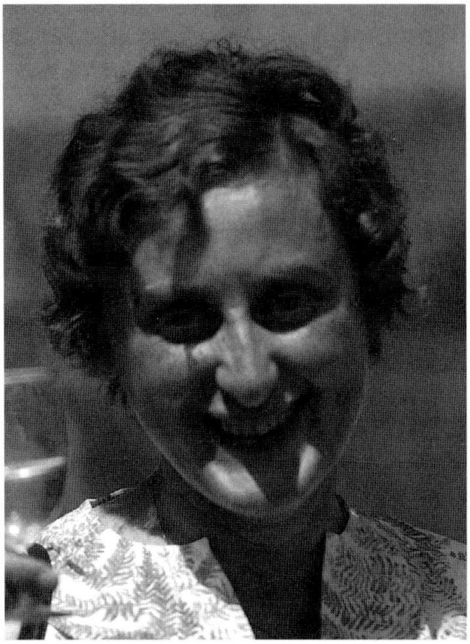 

Abb. 31 und Abb. 32 Innerlichkeitsmenschen

Das bevorzugt entwickelte sympathische Nervensystem, das die reichen odischen und heliodischen Kräfte sammelt und zum Mittelhirn leitet, macht dieses sehr sensibel und fähig, seelische Tiefe zu erreichen. Die qualitativ feinen Energien kommen in entsprechenden Formen zum Ausdruck.

Psycho-physiognomische Menschenkenntnis macht uns die bis heute geheimnisvollen, innerlich organisierenden und äusserlich gestaltenden Lebensvorgänge in ihren Zusammenhängen, Unterschiedlichkeiten und in ihrer Bedeutung für die Antwort der Psyche auf die Ausseneinflüsse sichtbar.

Aus dem praktischen Leben ergibt sich die Frage, ob eine Ehe zwischen Innerlichkeits- und Äusserlichkeitsmenschen zu wünschen wäre. Eine Ehe wäre in erster Linie für den Innerlichkeitsmenschen, sei er Mann oder Frau, ein Unglück. Das Zusammenleben wäre für ihn ein Leidensweg ohne Ende. Die Unterschiede im Charakter sind zu gross.

Die Fürstin, Abb. 30, passt nicht zum Mann Abb. 32. In einer Ehe verlöre er jede Selbständigkeit. In seinen feineren Gefühlen fortwährend verletzt, würde seine Lebensfreude schnell schwinden. Die Fürstin hingegen würde diese Feinheit nicht begreifen und etwa als unmännlich ablehnen, was den Mann der Lächerlichkeit preisgeben würde.

Ähnlich aber im umgekehrten Sinn wäre es, wenn die Frau, Abb. 31, den Offizier, Abb. 29, zum Mann bekäme. Sie würde durch seine Härten, die er gar nicht empfindet, tief unglücklich. Er könnte nicht begreifen, dass seine Härte und Männlichkeit nicht geschätzt und verehrt würde.

Wege zu den zwei Einstellungstypen

Sein Erfahrungswissen, hervorgegangen aus einer aussergewöhnlichen, vergleichenden Beobachtungsgabe, genügte *Huter* nicht zur Begründung der Typen. Seine ganzheitliche Betrachtung von Anatomie, Physiologie und Psychologie als verschmelzende Einheit im menschlichen Körper führten ihn zum anatomisch-physiologischen Hintergrund der so verschiedenen Typen des Innerlichkeits- und des Äusserlichkeitsmenschen. Das Geistige hat einen unmittelbaren Zusammenhang mit dem ganzen Körper und bildet mit diesem eine Einheit. Aus diesem Grund auch die gegenseitige Einflussnahme.

Der Schweizer Psychologe *C.G. Jung* hatte 1913 zwei Einstellungstypen, er nannte sie intro- und extravertiert, zum erstenmal öffentlich dargestellt, diese dann in seinem Buche «Psychologische Typen» (Rascher Zürich, erste Auflage 1921) ausführlich behandelt. Er hat die Typen vergleichend gefunden und keine anatomische Begründung gegeben. Er bezeichnet ihre Art des Fühlens und Denkens jedoch als vererbt und erkannte, dass eine willentliche Veränderung der spezifischen Anlage zu Neurosen führt. Er glaubte mit seinen Typen eine Ordnung in die ausufernde Vielfalt der psychologischen Ansichten und Richtungen geben zu können. Diese Idee wurde wissenschaftlich nie weiterverfolgt. Es ist aber ersichtlich, dass *Jung* der Ansicht war, dass mit einer Typenlehre in der Psychologie eine grundlegende Ordnung geschaffen werden könnte und müsste.

Huter hat hier scheinbar generell den richtigen Weg vorgezeichnet und eingeschlagen. Seine Begründung der zwei neben den Naturellen zusätzlichen Typen ist überzeugend und brachte neue Erkenntnisse über Funktion und Zusammenhänge des Mittelhirns mit dem Körperinneren und der Physiognomie.

Prof. *Hess,* Direktor des physiologischen Instituts der Universität Zürich, bestätigt mit seinen Forschungen die Erkenntnis *Huters,* dass das Mittelhirn sowohl mit den leiblichen wie mit den seelischen Funktionen aufs engste verknüpft ist. *Hess* gelang es, durch elektrische Reize an bestimmten Arealen des Mittelhirns so unterschiedliche Funktionen wie Herz- und Atmungstätigkeit, Verdauung, Blasen- und Darmentleerung, Schlaf und seelische Affekte wie Aufregung, Wut und Zorn, ferner sexuelle Erregung und Nahrungstrieb zu beeinflussen oder auszulösen. Wir erkennen damit, dass selbst das Mittelhirn – es ist nur etwa eigross – eine Vielzahl von Sphären oder Areale besitzt und die Zusammenhänge, die *Huter* klar erkannte, und die er seiner Lebensausdruckskunde nutzbar machte, richtig sind.

9. Die neue Phrenologie

Anatomische und physiologische Grundlagen zu Huters Phrenologie und Gesichtsausdruckskunde

Bei seiner Lehre über die Entwicklung von Gehirnbau- und Kopfform geht *Huter* von der allgemeinen Entwicklung des Fühl- und Denkprozesses aus. Er zeigt die vom Einfachen zum Komplexen aufsteigende geistige Veranlagung an Hand von Entwicklungen und Verzweigungen der Nervenfasern. Es ist die Entwicklung vom Primitiven zum Höheren und Vollkommeneren. Er erweitert dadurch die Ergebnisse der Phrenologiestudien von Dr. *Franz Josef Gall* (1758–1828) entscheidend. Durch *Huters* ergänzende Erkenntnisse fliesst nun die Phrenologie in den Zusammenhang der gesamten Entwicklung hinein und bildet mit den übrigen Analysemöglichkeiten eine Einheit. Aus *Franz Josef Galls* Phrenologie entwickelte *Huter* eine neue Phrenologie. Wir nennen sie im weiteren «Neuphrenologie».

Huter baut seine Neuphrenologie und Gesichtsareallehre im weiteren auf die Achsenlehre seiner Kraftrichtungsordnung auf, entwickelt daraus und aus der Physiologie des Gehirns die Psychologie desselben und gelangt damit zu genauen und in der Praxis der Charakterkunde leicht und sicher anwendbaren Ergebnissen.

Fundamental ist folgender Satz: «Das Gehirn und die Schädelform geben uns Aufschluss über die Geistesanlagen, nicht aber über den vollen Charakter des Menschen. Hierfür ist auch das Gesicht mit von grösster Bedeutung, sobald es darauf ankommt, den momentanen Seelenzustand, die Qualität und den Charakter genauer festzustellen. Die Gehirnanlagen, die wir aus der äusseren Schädelform erkennen können, zeigen uns also nur die Charakterrichtung des Menschen an.»

Aus diesem Grunde sind die Naturellehre, die Kopfformen- und die Gesichtsausdruckskunde nicht voneinander zu trennen; sie greifen stets ineinander über und werden daher auch bei einer zu Schulungszwecken nötigen Trennung und Gliederung in der Psycho-Physiognomik immer zusammenhängend gesehen.

Systematische Gliederung der Psycho-Physiognomik

1. die Ordnung der inneren gestaltbildenden Kräfte.

2. die Konstitutions- oder Naturellehre, wonach aufgrund von Körperform und Gestalt die Grundlebens- und Charakterrichtung eines Menschen zu erkennen ist (Grundlagen der Menschenkenntnis Band 1, gleicher Verlag).

3. die Neuphrenologie oder Schädelformenkunde, welche das Erkennen der geistigen Anlagen und physischen Impulse im Zusammenhang mit dem ganzen Körper lehrt.

4. die Gesichtsausdruckskunde. Sie gibt Aufschluss über den Stand der persönlichen Entwicklung, über Gesundheit und Krankheit. Sie zeigt, wie die Anlagen, die aus Naturell und Schädelform zu erkennen sind, sich im Wechselspiel der äusseren Einflüsse und der eigenen Entwicklung, die den Gesichtsausdruck auch stark verändern können, behauptet haben und auswirken.

Huters Neuphrenologie ist also in ein einheitliches zusammenfliessendes System eingebettet. *Galls* Phrenologie ist reines Erfahrungswissen, mosaikartig aus genauen Einzelbeobachtungen aufgebaut. In ihr fehlen die wesentlichen Zusammenhänge zwischen Schädel, Gesicht und Körper (Carl Huter Hauptwerk, 4. Auflage, S. 517–542, gleicher Verlag).

Die Entdeckung einzelner chemischer Elemente besonders im 18. und in der ersten Hälfte des 19. Jahrhunderts ermöglichte noch keinen klaren Einblick in den Aufbau und Zusammenhang der stofflichen Welt. Erst die 1869 erfolgte Auffindung des *Periodischen Systems der Elemente* gestattete diesen. Und je weiter unsere Kenntnisse vom Aufbau der Materie vordrangen, umso mehr erwiesen sie sich als Einheitlichkeit von tiefem Wahrheitsgehalt und umfassender Bedeutung. Ähnlich verhält sich die empirische Entdeckung gewisser Tatsachen durch *Gall* zu *Huters* Auffindung eines einheitlichen, umfassenden Systems, das sowohl die Schädelformenkunde, die natürliche Entwicklung des Nervensystems, die inneren Energien und alle Beziehungen der einzelnen Hirnteile zu Körper und Gesicht berücksichtigt. *Huter* zeigt beim Aufbau des Gehirns, wie sich Fähigkeiten ergänzen können, sich eine aus der anderen entwickelt und so zur qualitativen Steigerung des Ganzen führt. Die Neuphrenologie ist deshalb in der praktischen Anwendung nicht von der Naturellehre, den Einstellungstypen und der Gesichtsausdruckskunde zu trennen.

Zur lehrenden Darstellung der physiognomischen Psychologie ist jedoch eine Trennung in einzelne Schichten didaktisch nützlich, ja sogar nötig.

Die Tatsache, dass wir bei geschlossenen Augen genau feststellen können, an welcher Körperstelle wir z. B. mit einer Nadel oder von einem Insekt gestochen werden, beweist, dass zwischen allen Körperteilen und dem Gehirn bestimmte psycho-physiologische Wechselwirkungen bestehen. Leib, Seele und Geist sind als Einheit zu betrachten. Sie können weder in der Diagnostik noch in der Therapie voneinander völlig getrennt werden. Dass Nerventätigkeit, Triebleben, Wille, Erkenntnis und Charakter in inniger Wechselbeziehung zueinander stehen, ergibt sich auch aus den Begleiterscheinungen beim Übergang zur Geschlechtsreife, beim Missbrauch von Reiz- und Rauschgiften und aus den Wirkungen von Suggestionen usw. Jede stärkere Lust- oder Unlustvorstellung wirkt sich auch körperlich aus. Krankengeschichten vieler Kriegs- und Unfallopfer haben ebenfalls ein grosses Tatsachenmaterial für die Begründung der Wechselwirkungen zwischen Körperteilen und Gehirn geliefert.

Diese psycho-physiologischen Wechselwirkungen sind Grundlagen, um aus der Schädelform Kraft und Schwäche von Körperteilen und die daraus hervorgehenden Krankheitsneigungen und Leistungsgrenzen zu erkennen. Das gibt die Möglichkeit, am Ausbau der Anlagen bewusst zu arbeiten und das Leistungsvermögen systematisch und gezielt zu steuern.

Huter hat nachgewiesen, dass aller Formbildung bestimmte Kräfte zugrundeliegen. Jede lebendige Form offenbart dem Kundigen die dahinter wirkende Kraft. Die Kraftrichtungsordnung erkennt den organischen Aufbau des Gehirns auch entwicklungsgeschichtlich.

Zur Ernährung des Gehirns dienen nicht nur Blut und Lymphe, sondern alle chemischen, physikalischen und psychischen Lebenskräfte des ganzen Körpers. Besonders nimmt die Strahlkraft der Helioda aus den Geschlechtszellen und der gesamten Nervensubstanz ausschlaggebend am Gehirnleben teil, beeinflusst den Charakter, das Gefühls- und Denkleben und richtet und verändert diese.

Auf Grund dieser Erkenntnisse berücksichtigt die physiognomische Psychologie zur Beurteilung eines Menschen neben der Neuphrenologie den gesamten Körperbau und insbesondere auch die Qualität der Haut, der Haare, den Ausdruck der Augen und des Gesichts und vor allem Ausstrahlungen, Spannungen und Bewegungen. Das Erkennen dieser Merkmale ist lernbar und macht die Menschenkenntnis objektiv fehlerfrei, was natürlich nicht ausschliesst, dass in der subjektiven Erkenntnis Fehler unterlaufen können, so wie das in anderen Fakultäten auch möglich ist.

Das Wirken und die Entwicklung der Helioda

Die aus dem Empfindungsvermögen der Materie hervorgehende Lebenskraft Helioda hat in jeder Körperzelle ihre Zentrale, von wo aus sie in Form einer milden Strahlkraft als «Lebenslicht» wirkt. Diese Lebenskraft trägt den Charakter der Liebe in sich. Aus ihr – der Helioda, der Liebe – fliesst alles Leben. Das Empfinden und Gefühl, die Sinnesorgane und alle Triebe und Anlagen wurzeln in der Helioda. Daher wachsen auch Seele und Geist aus dem körperlichen Leben hervor, sind engstens mit jeder Zelle im Körper verknüpft.

Die Seele ist die Summe der Empfindungsenergie sämtlicher Körperzellen

Das Geistige dieses Seelenkörpers, das Tages- oder Wachbewusstsein, ist die im Laufe der Entwicklung durch die gesammelten Erfahrungen gewordene Empfindungsenergie, die sich im erreichten geistigen Reifegrad äussert.

Die Entwicklung vom Seelischen zum Geistigen ging und geht in folgender Weise vor sich: alle Eindrücke, welche die Seele – die Summe des Körperempfindens – im Laufe der Entwicklung aufnahm, schufen stetig Reflexreize, neue, durch das eigene Empfinden modifizierte Wirkungen. Dem Leben angenehme und förderliche Reize lösen Freude, Lust und Herbeisehnen solcher Zustände aus. Reize, die lebenshemmend oder schädlich wirken, lösen Unlust und Abwehr und Überwindung solcher Zustände aus. Leid und Schmerz, Lust und Freude verfeinern damit die Empfindungsenergie. Das Empfindungsvermögen wird differenziert und erreicht vertieftes Erkennen.

Das Sehnen nach besserem, schönerem, leichterem Leben verstärkte sich auf diese Weise während der Evolution nach und nach. Aus dem vagen und noch wenig strukturierten Drange, dem instinktmässigen Sehnen, erwachte der bewusste Wille, das Tages-, Wach- und Selbstbewusstsein.

Das, was sich zwischen Empfinden und Wollen nach und nach klärte, entwikkelte sich zum eigenen Bewusstsein. Je nach der Stärke dieses Bewusstseins, seiner Fülle, Tiefe und Qualität ist der Entwicklungsgrad eines Lebewesens, seine Erkenntnisfähigkeit und geistige Reife zu bemessen. Diese geistige Reife, das Bewusstsein, wurde im Laufe der Entwicklung im Keim fortgezeugt und vererbt und entwickelte sich durch neue Reize, Erlebnisse und Erfahrungen immer weiter. So stieg aus Teilen des Unbewussten, oder dem Unterbewusstsein der Seelenenergie, zuerst das niedere und schliesslich das höhere, umfassendere, komplexere Bewusstsein auf. Aus der körperlichen Anlage erwuchs das seelische Empfinden, und aus diesem erwachte das bewusste Geistesleben. Sinnentsprechend baute sich das menschliche Gehirn auf zu einem Instrument der Konzentration des Geistigen. Ein Entwicklungsweg vom Niederen zum Höheren, vom Körperlichen zum Seelischen und von hier zu den verschiedenen geistigen Schichten bis zur höchsten Schicht mit welcher das Göttliche, oder Hohergeistige, erkannt werden kann.

Der Schädel zeigt nur die Anlage

Seine Ausformung in Quantität und Qualität, den Stand der vorhandenen Möglichkeiten, die Art der Entfaltung, Betätigung und der tatsächliche gegenwärtige Gebrauch der Anlagen lässt sich nur unter Zuhilfenahme des Gesichts- und Körperausdrucks ermitteln. Daher schreibt *Huter* bezüglich der Schädelphysiognomik:

«Ein Kenner kann an der Form des Schädels den Stand der geistigen Grundkräfte und Anlagen eines Menschen ebenso sicher sehen, wie jedes Kind an den Zeigern der Uhr Stunde und Minute ablesen kann. Voraussetzung ist allerdings:

1. dass die Uhr richtig gestellt ist,

2. dass sie richtig geht und

3. richtig in Gang gehalten wird.»

Ähnlich stimmt auch die Aussage der Phrenologie im grossen und ganzen beim normalen, gesunden Menschen im Falle eines geordneten und vernünftigen Lebensablaufes. Ist aber ein Mensch im Innern geistig und körperlich in Unordnung, oder ist ein Mensch abnorm veranlagt, also sozusagen wie die Uhr «nicht richtig gestellt», dann reagiert er bei gleicher phrenologischer Aussage entsprechend seiner inneren Befindlichkeit. Genau so wie eine ungenau gestellte Uhr den Betrachter irreführt, sieht ein in der Psycho-Physiognomik Ungeübter die inneren Unordnungen und Abnormitäten in der Phrenologie nicht und lässt sich täuschen.

Um die vorhandene Einstellung der Uhr zu kontrollieren brauchen wir Gesicht und Körper. Die Analyse des Schädels allein kann ohne diese Kontrolle zu wesentlichen Fehlschlüssen führen.

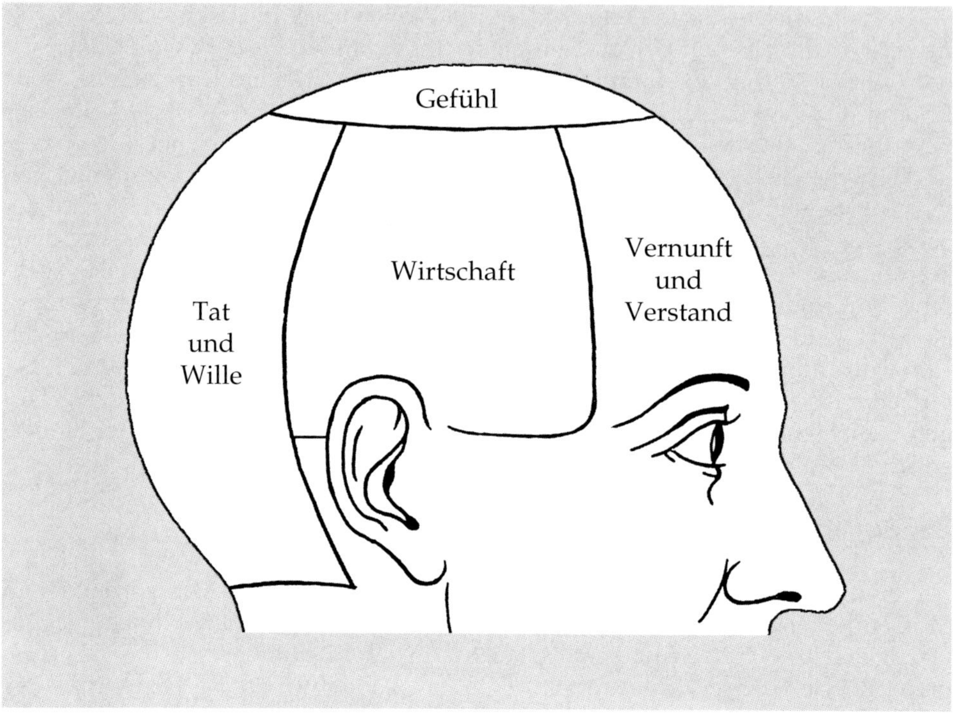

Abb. 33 Eine grobe Einteilung des Schädels nach *Huters* Neuphrenologie

Folgendes Beispiel erklärt den Unterschied: «Das untere Hinterhaupt zeigt uns u.a. die Art der Arm-, Hand- und Fingergeschicklichkeit».

Bei einem tüchtigen Handwerksmeister mit harmonischen Gesichtsformen deutet das starke untere Hinterhaupt darauf hin, dass die Kraft in den Armen, die Geschicklichkeit der Hände zur Liebe zur Handarbeit, zur Emsigkeit und Ausdauer bei seinem Schaffen führt. Die Anlage wirkt sich für die Gesellschaft positiv aus.

Bei disharmonischen, rohen, eckigen und ungleichen Gesichtsformen (starke Disharmonie) und dem gleich wie oben beschriebenen unteren Hinterhaupt ist mit anderen Auswirkungen zu rechnen: in diesem Falle könnte das handwerkliche Geschick dazu führen, dass für diesen Menschen weder der schwerste Tresor noch das stärkste Gefängnisgitter Hindernisse sind. Die Anlage wirkt sich für die Gesellschaft negativ aus.

Abb. 33 *Eine grobe Einteilung des Schädels nach Huters Neuphrenologie*
1. Hinterhaupt (Kleinhirn und hinteres Grosshirn): Tat und Wille;
2. Stirn (vorderes Grosshirn): Verstand und Vernunft;
3. Seitenhaupt (seitliche Grosshirnpartien): Wirtschaft;
4. Oberhaupt (oberes Grosshirn): Gefühl.

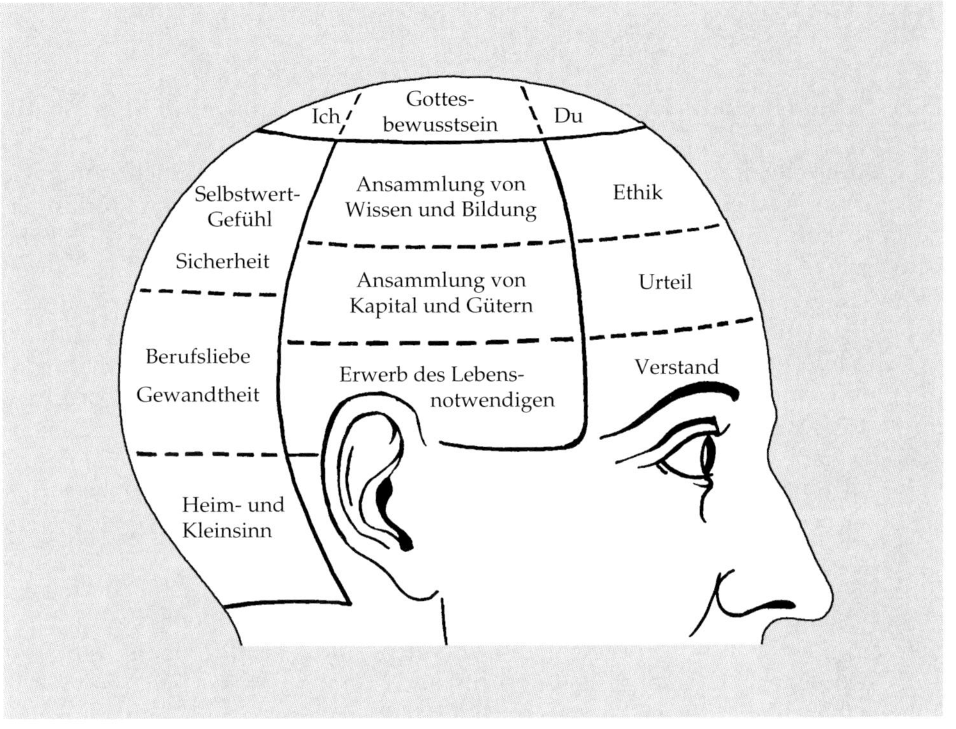

Abb. 34 Eine feinere Einteilung des Schädels

Abb. 34 *Eine feinere Einteilung des Schädels*

Das charakteristische didaktische Merkmal von *Huters* Formenlehre ist die Dreiteilung der einzelnen Schädelpartien:

1. untere, mittlere, obere Stirn,
2. unteres, mittleres, oberes Hinterhaupt,
3. unteres, mittleres, oberes Seitenhaupt,
4. vorderes, mittleres, hinteres Oberhaupt.

Die Dreiteilung gewährt eine erste Übersicht und ist eine anschauliche Lehrmethode. Wir finden sie auch bei den übrigen noch zu erklärenden Formen des Gesichtes. Dieser Aufbau ist gleichlaufend mit der Evolution und den in dieser entwickelten Trieb- und Geistesimpulse.

Die Qualität des Inhaltes all dieser Formen bestimmt das Leistungsniveau der aus einer bestimmten Schicht hervorgehenden Denktätigkeit. Dieses ist immer zu bestimmen und vergleichendes Erforschen der Form soll immer auf gleichem Intelligenzniveau und dem gleichen oder ähnlichen Alter erfolgen.

10. Die Stirn

Die Schwierigkeit des Formerkennens erläutert an der Anlage zur Mathematik

Prof. Dr. med. *P. J. Möbius (1853–1907)* beschrieb in seinem Buch «Über die Anlage zur Mathematik» (2. Aufl. 1907, Band VIII der Gesammelten Werke) seine Beobachtungen über das von *Gall* entdeckte mathematische Areal und die Schwierigkeit, unterschiedliche Formen bewusst zu erkennen. *Möbius* schrieb darin sinngemäss u. a.: «Durch aufmerksames Sehen, nicht durch Spekulationen, hat *Gall* das mathematische Areal gefunden. Er hatte insofern einen Verdacht als er sich sagte, einem so tiefgreifenden Unterschiede wie dem zwischen Mathematiker und Amathematiker müsse ein Unterschied der Kopfform entsprechen, und am Vorderkopfe sei er vermutlich zu suchen. Welche herausragende Beobachtungsgabe *Gall* haben musste, davon bekommt man eine Ahnung, wenn man versucht, es ihm nachzumachen und weitere Areale zu finden. Nun ist aber nach *Gall* hier so gut wie nichts geleistet worden, niemand hat seine Arbeit fortgesetzt.*

Voraussetzung *Gall* zu verstehen, ja es ihm gleichzutun, ist das Beherrschen einer besonderen Art des denkenden Sehens. Wie diese Fähigkeit erreicht werden kann, hat *Gall* uns vorgemacht: nur durch ausdauerndes Üben. Denn am Auge des Beobachters selbst liegt es nicht, auch nicht an seinem Scharfsinn. Wir gehen vielfach mit offenen Augen durch die Welt, ohne zu sehen; wir laufen z. B. an Krankheiten vorüber, die noch nicht beschrieben worden sind und halten es hinterher, wenn wir durch eine Beschreibung aufgeweckt worden sind, nicht für möglich, das nicht gesehen zu haben. Ganz besonders die feineren Unterschiede der Kopfform scheinen vielen Menschen zu entgehen. Ich habe einen ausgezeichneten Augenarzt, der ein Menschenalter hindurch Tag für Tag mit gespannter Aufmerksamkeit das Auge und seine Umgebung betrachtet hatte, gefragt, ob es ihm nicht aufgefallen sei, wie verschieden die Stirnecke gestaltet ist, und wie durch die Gestaltung dieser Stelle die Form der Augenspalte verändert wird. Er verneinte erstaunt die Frage, aber seitdem ich ihm die Sache genau dargelegt habe, sieht er es. Hier war wiederholte persönliche Einwirkung möglich, den Leserinnen und Lesern gegenüber aber ist das nicht so einfach. Sie lesen wahrscheinlich die Beschreibung nur flüchtig, sehen sich ein paar Bilder flüchtig an und sagen dann in ehrlicher Überzeugung: ‹Es ist ja nichts zu sehen, der Mann bildet sich die Sache nur ein›. Als ich den Schädel meines Grossvaters zum ersten Male beschrieben hatte, hoffte ich, deutlich gewesen zu sein. Doch ein Herr schrieb mir, es sei ihm ganz unmöglich, sich zurechtzufinden, da ich die fraglichen Stellen am Schädel nicht durch Pfeile bezeichnet hätte.

Kollegen, denen ich guten Willen zutraue, haben mir oft gesagt, sie sähen das nicht, was ich ihnen an Lebenden oder an Bildern gezeigt hatte. Andere nickten mit dem Kopfe, aber ihre späteren Urteile zeigten, dass sie mit meinen Worten keinen Sinn verbunden hatten. Es ist mir jedoch aufgefallen, dass Künstler und

* *Möbius hat Huter nicht gekannt*

Kunstverständige die Formunterschiede rasch erfassten, was wohl einem speziell geschulten Auge zugeschrieben werden muss.

Ausser der Schulung und einer natürlichen Anlage ist noch eins von Bedeutung: das Interesse. Als ich *Gall* las, packte es mich – wenn das wahr wäre! Nachdem ich den Aufsatz über den Zahlensinn gelesen hatte, fuhr ich sofort zu einem mathematischen Gelehrten, und als ich nun den Wulst über dem äusseren Augenwinkel mit Bewusstsein sah, erkannte ich, dass diese Art Sehen sehr wertvoll ist. Eine neue Welt hat sich mir eröffnet. Mir schien nun, dass das Interesse an einer solchen neuen Welt für jeden selbstverständlich sein müsste. Die Möglichkeit, ein Talent durch das Betrachten der Formen zu erkennen, müsste die Menschen erregen. Aber nun sehe ich, dass Leute, die viel gescheiter sind als ich, ganz gleichgültig bleiben. Ich verstehe das nicht. Aber es erscheint mir als sicher, dass das Nichtsehenkönnen bedingt ist durch den Mangel an Teilnahme, das Fehlen der Schulung und das Fehlen einer natürlichen Anlage.

Die Aufgabe, das, was *Gall* gesehen hat, und was ich unter seiner Anleitung sehen lernte, anderen sichtbar zu machen, ist schwerer als ich am Anfang dachte.»

Möbius hat nur an Hand *einer* spezifischen Anlage die Schwierigkeiten des Sehens behandelt. Trotz diesen Schwierigkeiten hat er für sich den Beweis gefunden und gesehen, dass Anlagen analysiert werden können.

Theilhard de Chardin hat folgende Gesetzmässigkeit erkannt:

«Wo sich ein Phänomen als evident erweist, hat es kosmische Ausdehnung.» Es ist überall wieder zu erkennen.

Die kosmische Ausdehnung des Anlagen Analysierens heisst: «In den Formen lebt der Geist.»

Stirnform und Bewusstseinsschichten

Die Ausbildung der menschlichen Stirn steht in engem Zusammenhang mit der Grosshirnentwicklung. Die Anatomen und Naturforscher *Peter Camper*, Begründer der Anthropometrie, 1722–1789, und *George Cuvier*, Mitschöpfer der Paläontologie, 1769–1832, haben durch die Gesichtswinkellehre nachgewiesen, wie die Entwicklung des Geisteslebens mit der Entwicklung des Grosshirns und dem Stirnaufbau einhergeht (Hauptwerk, 5. Lehrbrief, 4. Lektion). Viele weitere Forscher, die sich mit der Entwicklungsgeschichte des Menschen befasst haben, etwa *Carus, Darwin, Haeckel, Virchow,* sind zu ähnlichen Ergebnissen gekommen. Eine angeborene Idiotie geht oft mit erheblicher Missbildung oder Verkleinerung des Schädels, der Mikrokephalie, einher.

Der Stirnaufbau spiegelt verschiedene Schichten des Denkvorganges. Unter Berücksichtigung der Strahlungs- und Spannungsqualitäten des Formausdrucks, welche Rückschlüsse auf Gesundheit und Struktur des Gehirns ergeben, können wir hier das Denkvermögen, das spezifische geistige Interesse, ermitteln. Damit hat der Aufbau der Stirn eine wesentliche psycho-physiognomische Aussagekraft.

Huter wies aber auch auf die relative Bedeutung des Gehirns für das Geistes- und Seelenleben hin. Er schreibt: «Selbst wenn man das Hirn als ‹Sitz der Seele› annehmen wollte, so ist doch das Hirn abhängig vom Gesamtorganismus, und es ist dies sogar in ganz besonders auffälliger Form. Wenn wir diese Abhängigkeit des Gehirns vom Gesamtorganismus hervorheben, obwohl es sich um die Betonung einer Selbstverständlichkeit handelt, so deswegen, weil mit der Vorstellung des Primats des Gehirns für die Regulation der Körpervorgänge sich hier und da auch die Vorstellung einer dominierenden Unabhängigkeit des Gehirns eingeschlichen zu haben scheint.»

«Da es zwei Hirnhälften gibt und beide der Regel nach verschiedene Aufgaben zu erfüllen haben, sich jedoch stets einander helfend in ihrer Tätigkeit beistehen und im Notfalle nach Möglichkeit für einander eintreten, so können ein und dieselben geistigen Triebe von beiden Hirnhälften wohl gefördert werden, aber der Regel nach geschieht das nicht. Beide Hirnhälften, die rechte und die linke, arbeiten verschieden. Das hat die Experimental-Physiologie einwandfrei festgestellt, wodurch die neue Hirnzentrenlehre begründet wurde. Diese Lehre nimmt an, dass gewisse Körperbewegungen von gewissen Zentren, welche in der grauen Peripherie-Substanz der Grosshirnrinde liegen, ihre Anreize erhalten. Die Hirnzentrenlehre ist für die Physiologie ein wertvoller Fortschritt, für Psychologie und Psycho-Physiognomik bedeutet sie hingegen nur einen geringen Gewinn. Nach ihr lässt sich überhaupt weder eine Psychologie noch eine Physiognomik begründen oder fördern. Immerhin bleiben ihre Tatsachen bemerkenswerte Punkte in *Huters* Psycho-Physiognomik. Wie ich nachgewiesen habe, kommen die Anreize nicht ursprünglich aus dem Grosshirn, folglich auch nicht aus den Grosshirnzentren, sondern aus den physiologischen Zentren, den Ganglien; in diesen laufen die Heliodakräfte der Zellen zusammen, und von hier aus werden sie zum Gehirn geleitet.

Die Hirnzentren sind nur Sammelstationen dieser Ganglien-Nervenkräfte und -reize, die dort erst ins Bewusstsein treten und besondere psychische Neubildungen verursachen, dann rückwirkend auf die Körperorgane wirken. Ganz ursächlich kommen die Anreize also aus den einzelnen Körperzellen, besonders aus deren Heliodazentralen, den Zentrosomen.

Die aufgefundenen Grosshirnzentren sind physiologische und keine eigentlichen psychischen Zentren. Sie sind daher für die Psychologie ziemlich belanglos.

Das Sprechzentrum (der Gehirnzentrenlehre) beispielsweise arbeitet nicht für die bewussten Begriffe der Worte, sondern nur für den mechanischen Anreiz der Zunge und des Kehlkopfes, lediglich um Laute und Worte mechanisch zu bilden. Die höheren psychischen Zentren sind nach meiner Überzeugung auf rein anatomischem Wege nie zu finden, daher lässt sich auch lediglich durch Anatomie keine Phrenologie oder Psychologie begründen. Die Anatomie kann uns nur eine bedienende Hilfswissenschaft sein, um uns über Lage und Beschaffenheit der Organe zu orientieren. Sie ist als solche wichtig und unentbehrlich. Sie ist ein notwendiger Bestandteil der Physiognomik, aber ein weniger wesentlicher der Psycho-Physiognomik .

Bei der Psycho-Physiognomik spielen die Naturkräfte, die Lebens-, die chemischen und die ätherischen Energien, sowie ihre Spannungen, Verbindungen, Polarisationen, Neigungen, Auslösungen und Strahlungen eine weit wichtigere Rolle. Allerdings spielt sich das alles wiederum in oder an den Organen ab. Aber

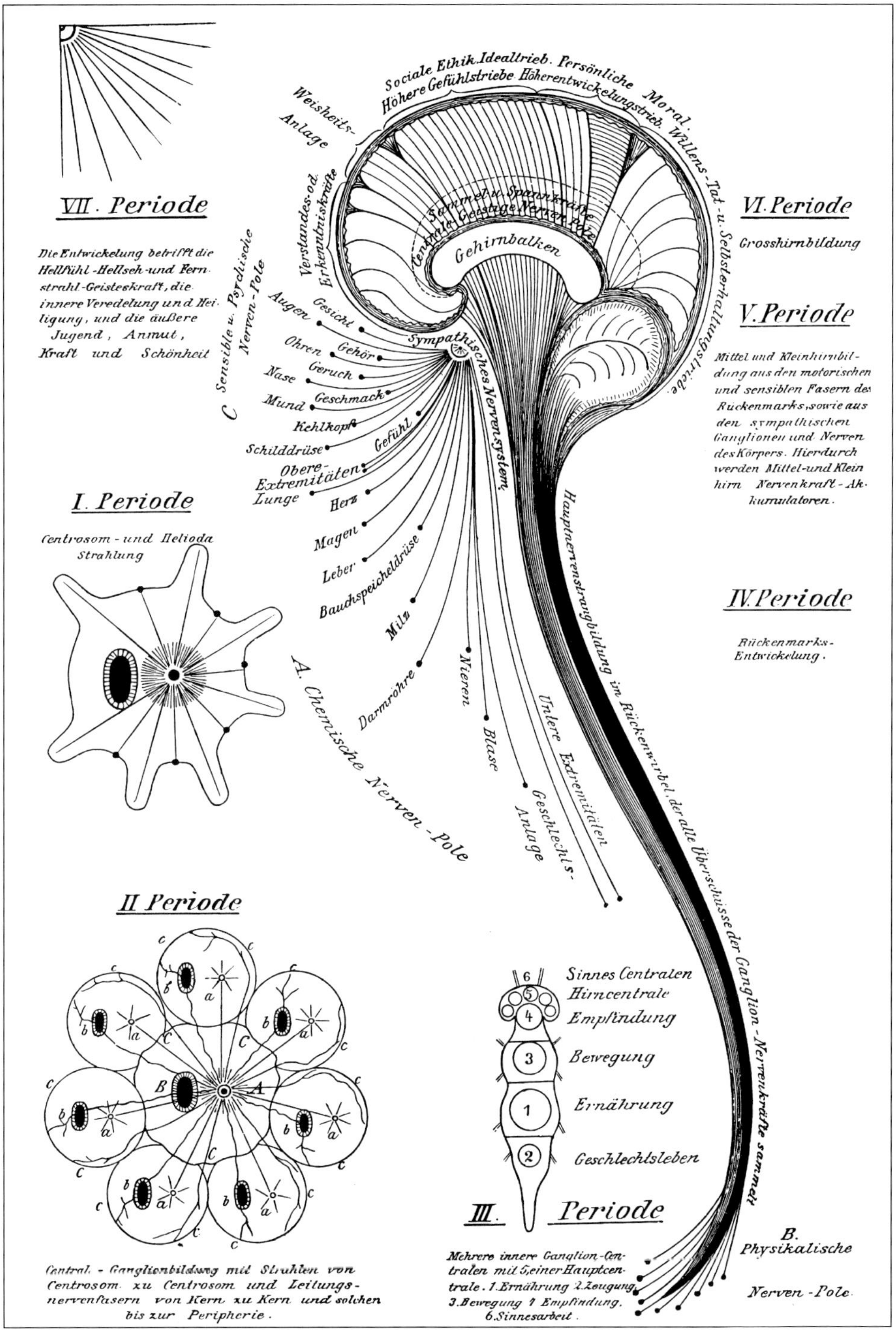

Abb. 35 Entwicklung des Nervensystems und des geistigen und seelischen Lebens aus der Helioda der Zentrosomen der Zelle. (HW. S. 506)

da dies weit mehr aussen an der Körperperipherie und in der Physiognomie zum Ausdruck kommt, in Gestalt, Form, Farbe und Bewegung, so ist die Physiognomik die eigentliche Grundlage für die Psycho-Physiognomik und Psychologie und nicht die Anatomie. Die Anatomie rückt als rein beschreibende Wissenschaft der rohen materiellen Organe ohne Berücksichtigung der Kräfte, die darin arbeiten, zu sehr vom Leben und seelischen Empfinden ab. Anatomie ist keine Lebenswissenschaft.»*

Menschheits-, Kultur- und Grosshirnentwicklung

Die fortschreitende Entwicklung und Heraushebung des Menschen aus dem tierischen und halbtierischen, über den vormenschlichen und urmenschlichen bis zum heutigen kulturmenschlichen Zustand ist gleichbedeutend mit der Entwicklungsgeschichte des Grosshirns.

Um sich davon eine Vorstellung machen zu können, sind einige vergleichende anatomische und entwicklungsgeschichtliche Studien angebracht.

Abb. 36 *Ein fossiler Halbaffenschädel*
Ein fossiler Halbaffenschädel, der noch eine ausserordentlich schwache Grosshirnentwicklung erkennen lässt, etwa auf der Stufe heutiger intelligenter Hunde stehend.

Abb. 37 *Schädel und Schädelschnitte der heute lebenden Menschenaffen, Gorilla, Orang-Utan und Schimpanse*
Die Reihenfolge kennzeichnet die Menschenaffen sowohl nach dem Volumen ihres Grosshirns wie auch nach ihrer geistigen Entwicklung, in welcher der Schimpanse der geistig am höchsten entwickelte ist. Wir können am Bau des vorderen und des oberen Gehirnschädels feststellen, wie die Grosshirnentwicklung voranschreitet und ebenso die Intelligenz zunimmt. Das «vernunftbegabte» Handeln ist wie es umfassende tierpsychologische Versuche und langjährige Feldbeobachtungen gezeigt haben, schon bei den Menschenaffen vorhanden. Die Schimpansen haben sich dabei als die denk- und lernfähigsten erwiesen.

Abb. 38 *Neandertalermensch*
Originalaufnahme des 1956 bei Rhünde in Hessen gefundenen Schädels eines Neandertalmenschen, dessen Alter auf etwa 120 000 Jahre geschätzt und der einer damals etwa 40jährigen Frau zugeschrieben wird. Hier wölbt sich der vordere und obere Schädel, das sog. Stirn- und Scheitelbein noch mehr. Das Hinterhauptbein ist noch gross und schwer; die Impulse aus dem Kleinhirn und hinteren Grosshirn wirken bestimmend gegenüber den Impulsen aus dem übrigen Grosshirn. Trieb- und Bewegung steht im Vordergrund.

Dem Neandertaler war der Gebrauch des Feuers, waren Steinwerkzeuge bekannt, und man kann sagen, dass beim Menschen dieser Zeit die Grosshirnentwicklung, nachdem sie in jahrhunderttausendelanger Entwicklung die

* *«Hauptwerk», Seiten 93, 442–446, 506, 668, 690–712, 717, 729–733*

Abb. 36 Ein fossiler Halbaffenschädel

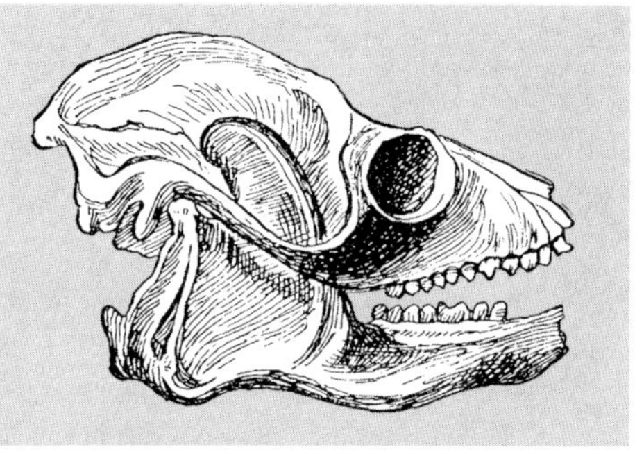

Abb. 37 Schädel und Schädelschnitte der heute lebenden Menschenaffen, Gorilla, Orang-Utan und Schimpanse

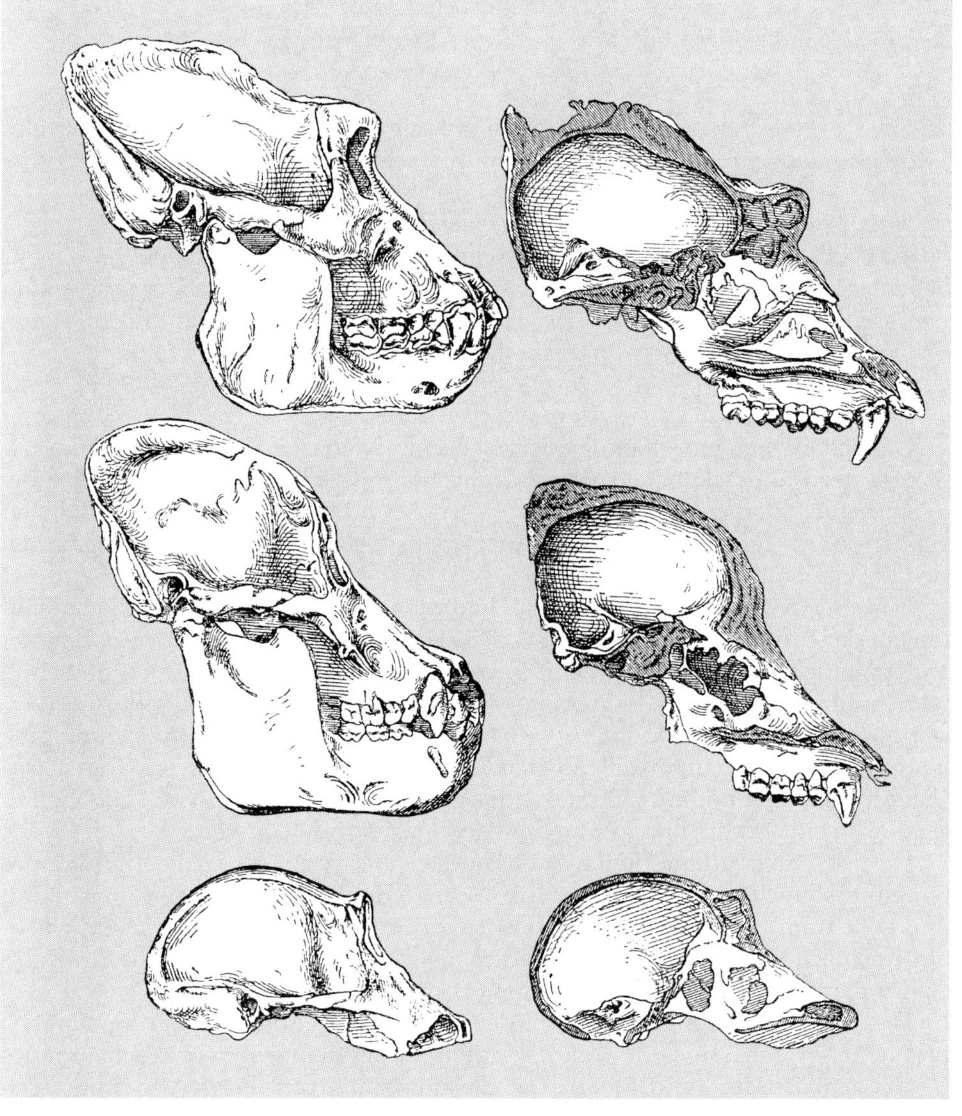

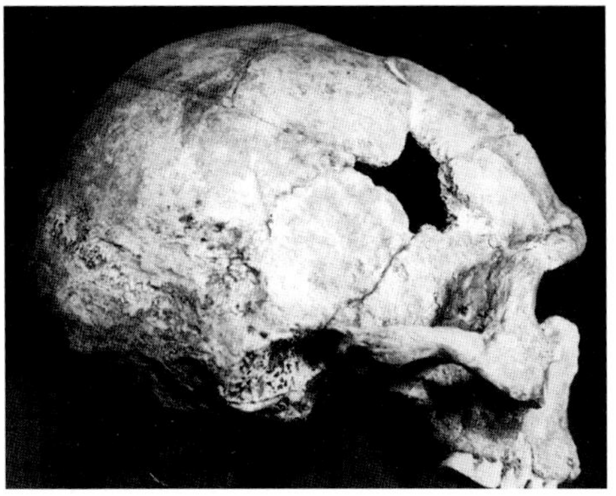

Abb. 38 Neandertalermensch

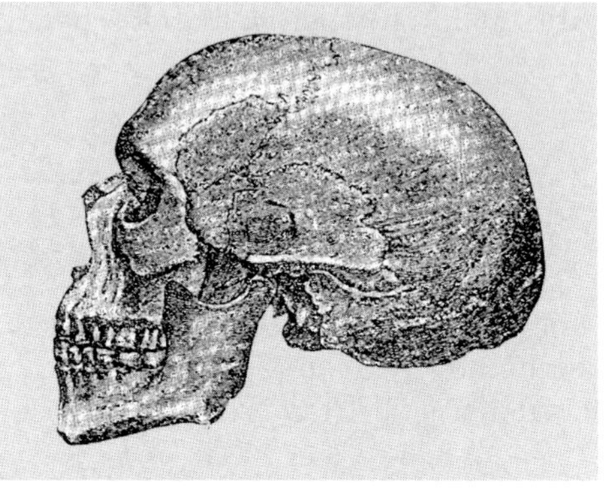

Abb. 39 Frühgeschichtlicher Germanenschädel

spezifisch menschliche Ausgangsbasis erreicht hatte, geradezu stürmisch einsetzte und damit unsere eigentliche Kulturgeschichte begann.

Abb. 39 *Frühgeschichtlicher Germanenschädel*
Der Schädel eines Germanen, bei dem sich das Schädeldach bedeutend mehr hebt als beim Urmenschen, wenngleich auch hier noch eine im Verhältnis zum vorderen Grosshirnschädel sehr starke Ausbildung des unteren und mittleren Hinterhauptschädels feststellbar ist.

Abb. 40 *Schädelbau eines hochentwickelten Menschen*
Der Schädelbau eines heutigen erwachsenen Menschen mit ausgereiftem Gehirn und gutentwickelten Geistesanlagen. Es fällt uns bei vergleichender Betrachtung leicht, die Entwicklung von Vorder- und Oberhaupt in dieser aufsteigenden Reihenfolge zu erkennen. Analog zur Gehirnentwicklung verfeinerten sich die Gesichtsformen.

Das als Mensch definierte Wesen (Hominide) wandelt seit ca. 8 Millionen Jahren auf der Erde. Jedoch erst seit ca. 150 000 Jahren, zu welcher Zeit noch der Neandertaler lebte, hat die eigentliche Grosshirnentwicklung, der Evolutionsschub vom prämodernen zum modernen Menschen eingesetzt. Damit wird es verständlich, dass es heute vielfältige Abstufungen der Grosshirnentwicklung gibt, wodurch sich die so unterschiedlichen Fähigkeiten der Menschen erklären. Diese Vielfalt kann als Überlebensstrategie der Evolution betrachtet werde. Die Vielfalt ermöglich ein stetes Anpassen an die sich verändernde Umwelt.

Die Schädelstudien lehren, dass die ursprüngliche Ausbildung des Grosshirns eine flache, von hinten über das Kleinhirn breit gelagerte war. Kraft und Wucht im Hinterhaupt und unmittelbar im Gehirn über den Augen, wie es die Ausbildung des Neandertalschädels zeigt, schwach hingegen die Kraft des Gehirns am Vorderhaupt und Oberhaupt.

Die Schädelentwicklung zeigt eindeutig, dass die Entfaltung der Verstandes- und höheren Vernunft- und Gefühlsschicht unmittelbar mit dem Wachstum des Gehirns im Vorder- und Oberhaupt zusammenhängen. Es ist wie wenn sich

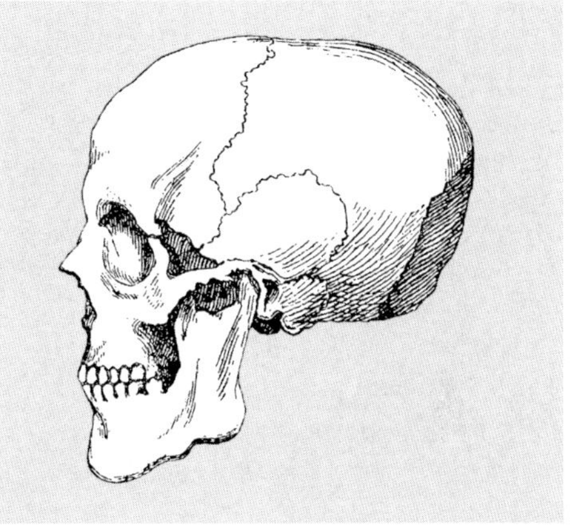

Abb. 40 Schädelbau eines hochentwickelten Menschen

Schicht für Schicht aufgebaut hätte. Das Bewusstsein erweiterte sich damit Schritt für Schritt. Vom Erfassen realer Tatsachen über das kritische Vergleichen bis zum Vermögen, die aus dem Körper aufsteigenden Gefühle umzusetzen und zu bewussten spirituellen Kenntnissen zu verarbeiten.

Auf dieser Grundlage können wir systematisch den Aufbau von Stirn und Oberhaupt neuphrenologisch darlegen und gelangen so zum Erkennen der Verstandes-, Vernunft- und Gefühlsdenkanlage des Menschen. Aus dem Formbau schliessen wir auf das Volumen und aus dem Augenausdruck, der Strahlung und Beschaffenheit der Gewebe auf die Qualität und die Leistungsfähigkeit der Anlage.

Abb. 41 *Der Aufbau der Denkschichten im Vergleich mit den Sinnen*

Huters Einteilung der Stirn in sieben Regionen oder Schichten von vorn und von der Seite. Hier wird deutlich, dass *Huter* das Denkvermögen (geistige Intelligenz) in sieben vom vorderen Grosshirn ausgehende Schichten unterteilt hat. Dazu kommen im Seitenhaupt die ökonomische und im Hinterhaupt die motorische Intelligenz oder Denk- und Handlungsfähigkeit.

In der seitlichen Abbildung ist auf die Verbindung der Sinne mit der Geistestätigkeit hingewiesen. Die fünf Hauptsinne sind auf sieben erweitert. Im linken Teil der Abbildung sind die Schichten zusammengefasst. Es entsteht eine Dreiteilung, in welcher die auf einem Gebiet eng zusammenarbeitenden Schichten zu einer Einheit zusammengefasst sind. I. kalte Verstandes-, II. neutrale- und III. warme Vernunftdenkkräfte.

Das Gehirn ist ein Entwicklungsprodukt. Von allen Körperorganen hat es den imposantesten Evolutionsweg beschritten und ist deshalb gewissermassen zum höchsten menschlichen Organ mit sieben Schichten aufgestiegen. Das Blumensymbol in Abb. 41 deutet an, so wie die Blüte der Blume das Ziel des Wachsens ist, ist das Ziel der Entwicklung des Gehirns das Denkvermögen, das Erkenntnis und Liebe zur Vernunft vereinigt: Dies ist die eigentliche Frucht des menschlichen Denkens, welches auch als qualitatives Denken bezeichnet werden kann. Alle realen Denkkräfte sollten zuletzt diesem höchsten Potential dienen.

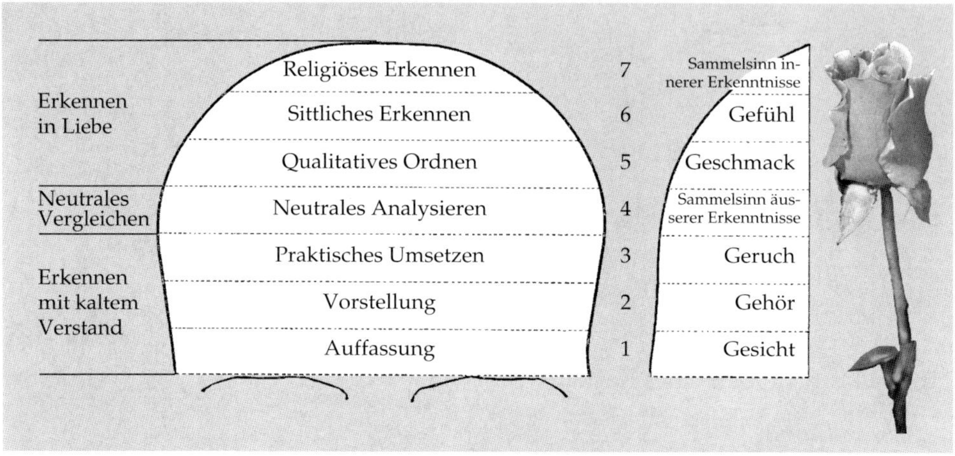

Abb. 41 Der Aufbau der Denkschichten im Vergleich mit den Sinnen

Die einzelnen Gehirnteile sind Instrumente der geistigen Bewusstseinsschichten, nicht aber die geistigen Kräfte selbst, die aus den Lebensenergiezentralen der einzelnen Körperzellen aufsteigen. Daher zeigt die Form wohl den Plan, den architektonischen Aufbau der Geistes- und Gehirnorganisation, aber das tatsächliche Arbeitsleistungsvermögen wird erst aus Durchstrahlung und Spannung der Form ersichtlich. Da die Nervenbahnen aus Gehirn und Körperinnerem kommend im Auge und Gesicht ausserordentlich reich verlaufen, verleihen sie hier den beweglichen Weichteilen den stärksten Ausdruck und vermögen auch die Formbildung intensiv zu beeinflussen. Die Gesichtsphysiognomik und im weiteren Sinn auch die Körperphysiognomik müssen stets die Schädel- und Stirnformenkunde ergänzen; man vergleiche die Beurteilungen der Abb. 43 und 44.

Wir dürfen annehmen, dass ein wesentlicher Teil der geistigen Vorgänge nicht aufs Gehirn beschränkt ist, sondern sich in den Tiefenschichten der Persönlichkeit, in den Ganglienknoten des Körperinneren abspielt.

Abb. 41 lehrt, dass alles menschliche Wissen und Können auf *Beobachtung* und *Auffassung* all der Dinge aufbaut, die sich um uns her ereignen; man kann sagen, dass sie die elementaren Fähigkeiten der menschlichen Denktätigkeit sind. Scharfe Beobachtungs- und richtige Auffassungsgabe waren daher auch die Sinne, durch die sich der Urmensch erweiterte Fähigkeiten erwarb. Die Anlage für diese ursprünglichste Denktätigkeit zeigt sich in der wuchtig und stark vorgebauten Unterstirn, siehe Abb. 42, eine Rekonstruktion des Urmenschen.

Mit der Zeit lernte der Mensch, sich auch ohne direkte Beobachtung die *richtige Vorstellung* von seiner Umwelt zu machen. Er lernte es, diese Aussenwelt sozusagen in sich hineinzulegen. Es ist das der Beginn der Verinnerlichung, das Erwachen eines bewussten Seelenlebens. Damit wurde das *Gedächtnis, die Denkschicht* für das geistige Erfassen der realen Umwelt geschaffen, das Gehirn wuchs und die Stirnform hob sich entsprechend.

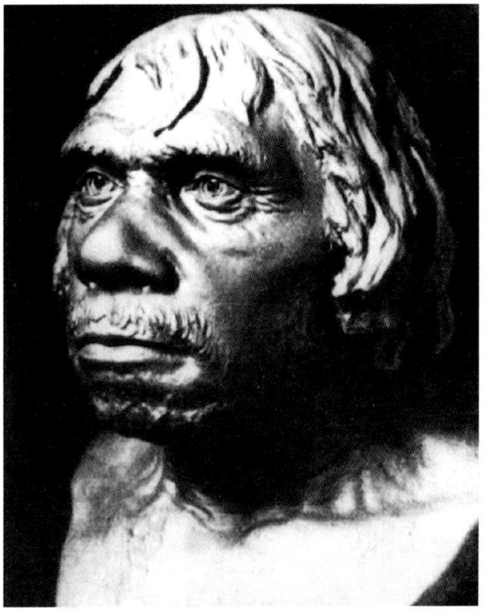

Abb. 42
Eine Rekonstruktion des Urmenschen

Ausgerüstet mit der richtigen Vorstellung aller Vorgänge um sich her und dem guten Gedächtnis, konnte der Mensch daran gehen, dieses Wissen *nutzbringend* zu verwerten, damit gewann er die *reale praktische Denkschicht.* Er verfertigte sich Werkzeuge und machte sich Naturkräfte, wie Feuer und Wasser, nutzbar. Und wieder hoben und wölbten sich Vorderhirn und Stirn, baute sich Zelle auf Zelle in strenger entwicklungsgeschichtlicher Reihenfolge, um den neu gewonnenen Fähigkeiten immer besser und umfassender dienstbar zu sein.

Aus der Auffassungsschicht 1, der Vorstellungsschicht 2 und der Schicht des praktischen Denkens 3 wuchs das Vergleichsvermögen, das *kritische Urteilen,* die Schicht des schlussfolgernden *spekulativen und philosophischen Denkens* 4. Die Erkenntniskräfte nahmen zu, die instinktiven, unbewussten Lebensfunktionen, wie sie in der übrigen Tierwelt vorherrschen, traten mehr und mehr zurück. Weiter entfaltete sich Zelle um Zelle, Fähigkeit um Fähigkeit. Immer komplexer und vielschichtiger wurde das Denkvermögen des Menschen. Er begann, über den Zweck des Daseins und den Sinn allen Seins nachzudenken und entwickelte die Schicht des *weisen Denkens* 5. Dann ermittelte er Vorgaben, mit denen weises Leben verwirklicht werden konnte. Daraus ergab sich die Schicht des *ethischen Denkens* 6. Zuletzt erkannte er bewusst, dass das religiöse Leben wichtig ist und stiess zur Krönung aller Denktätigkeit, der *religiösen Denkschicht* 7 vor. Dieser Entwicklungsprozess ist noch nicht abgeschlossen.

Fähigste Denker unserer Zeit erkennen, dass die Zukunft der Menschheit im Erarbeiten einer umfassenden Religion liegt. Dazu braucht der Mensch das Erkennen in Liebe.

Immer waren einzelne Individuen in Anlage und Entwicklung der Masse voraus. Sie bringen neue Erkenntnisse, sind Reformatoren und werden zuletzt geistige Führer. Oft ist ihr Leben ein Martyrium. Erst wenn nach längerer Zeit viele

Menschen sich ihre Erkenntnis angeeignet haben, wird das Neue Allgemeinbesitz einer Gruppe, einer Nation oder der Menschheit.

Aber nicht nur nach Funktion und Quantität wuchs das Denkvermögen, sondern auch in Intensität und Qualität und damit in Richtung des umfassenden Durchdringens der einzelnen Kategorien menschlichen und kosmischen Seins. Das Grosshirn, und damit die Stirn, baute sich nicht nur in die Höhe aus, sondern auch in die Breite und vor allem in seinem Leistungsvermögen.

Der spezifische qualitative Grad des Denkvermögens offenbart sich durch die Kernigkeit und durch die Spannungs- und Strahlungsverhältnisse der Gewebestrukturen, sowie im Ausdruck der Augen.

Wir möchten nun diese Aussagen in den Lebensprozess einordnen und zeigen wie der Analysierte unter normalen Umständen seine Anlagen nutzt.

Zwei Beispiele:

Abb. 43 *Der Gewerkschaftsführer Tacke*

Der wirtschaftlich organisierende Mensch. Er liegt dem Körpertypus nach in der Hauptsache im Ruh- und ökonomischen Naturell, bei dem sich die Sinne und das Denken vornehmlich auf naheliegende und praktische Belange richtet. Demgemäss wird erstrebt, für sich und seinen Interessenkreis angenehme und sichere Lebensverhältnisse zu schaffen.

Der Stirnaufbau ist für dieses Naturell typisch. Die Stirn ist in ihrem unteren Drittel, in den Schichten der Auffassung, der Vorstellung und dem praktischen Denken, sehr stark entwickelt. Darüber fällt die Stirn ab und die entsprechenden Denkanlagen beeinflussen das Handeln nur wenig.

Diese ruhig und plastisch gerundete und breit in das untere Seitenhaupt (wo sich die Sorge und das Talent für den Erwerb des Lebensnotwendigen zeigt) übergehende Unterstirn verrät daher – im Rahmen des Naturells – den realen, nüchternen Wirtschaftler und Denker, dem auch ein vorzügliches Organisationstalent eigen ist und der nach der Devise handelt: leben und leben lassen.

Abb. 44 *Der bedeutende Chemiker und Atomforscher Prof. Otto Hahn*

Der wissenschaftlich suchende Mensch. Auch hier ist die Stirn in ihrem unteren Drittel am stärksten ausgebaut, jedoch ist das Naturell anders, mehr das sekundäre Bewegungs-Empfindungs-Naturell (der Gelehrtentyp).

Die beiden untersten Stirnregionen und damit die Beobachtungs-, Auffassungs-, Vorstellungs- und Gedächtniskraft sind markant gebildet; grosse Kernkraft und Spannung liegt darin, es ist die Stirn des Naturforschers, der durch genaue und scharfe Beobachtung in die Geheimnisse der Materie eindringt.

Die plastische Rundung zum unteren Seitenhaupt fehlt, das Seitenhaupt ist schmal, das wirtschaftliche Denken ist schwach. Die unteren seitlichen Stirnecken, in Höhe der seitlichen Augenbrauenpartie, sind ganz charakteristisch und markant, mit grosser Kernkraft ausgebildet; auch im Augenausdruck spiegelt sich grosse Geistesenergie. Die Breite der Stirnbildung nach den Seiten, zur Vielheit hin, zeigt die ordnende Kraft des Geistes, den hervorragenden Sinn für Be-

Abb. 43 Der Gewerkschaftsführer Tacke

Abb. 44 Der bedeutende Chemiker und Atomforscher Prof. Otto Hahn

rechnung, die mathematische Begabung. Ähnliche Formbildung dieser Stirnpartie finden wir bei allen grossen Mathematikern; darüber weiter unten mehr.

Die analytische Betrachtung der beiden Persönlichkeiten ist nicht vollständig. Es sind nur die dem Thema entsprechenden unterschiedlichen Begabungen, bestimmte Geistesanlagen und Talente auf Grund der Naturellanlage und der typischen Stirnformen erklärt.

Der Stirnaufbau und seine Beziehungen zu anderen Regionen des Kopfes

Abb. 45 ist nach *Huters* Forschungen angefertigt. Neben der Erklärung der Tätigkeit der Stirnareale, sind zur besseren Übersicht auch Hinterhaupt, Oberhaupt und Seitenkopf mit Einzeichnungen versehen. Einzeichnungen, die nicht wörtlich mit z. B. Abb. 41 übereinstimmen sind Erweiterungen oder Vertiefungen. Es soll damit unterstrichen werden, dass die einzelnen Kopfregionen jeweils komplexe Anlagenbereiche erfassen.

Die Schädelform – und das gilt auch für die Stirnbildung – zeigt Anlage und Potenz. Bei einer Verbildung des Schädels (etwa durch Rachitis oder Wasserkopf) durch äussere Einflüsse, eine Veränderung der Psyche durch körperliche oder geistige Erkrankungen, kann nicht anhand der Schädelform alleine beurteilt werde. Die Aussage der Schädelform kann im Einzelfall für die Psycho-Physiognomik untergeordnet und sogar bedeutungslos werden.

Ausschlaggebend ist nicht die Form alleine, sondern die qualitative Beschaffenheit der Form. Widersprechen Form und Ausdruck des Gesichts und der Augen der Stirnform, dann ist dies entsprechend zu beurteilen. So garantiert ein

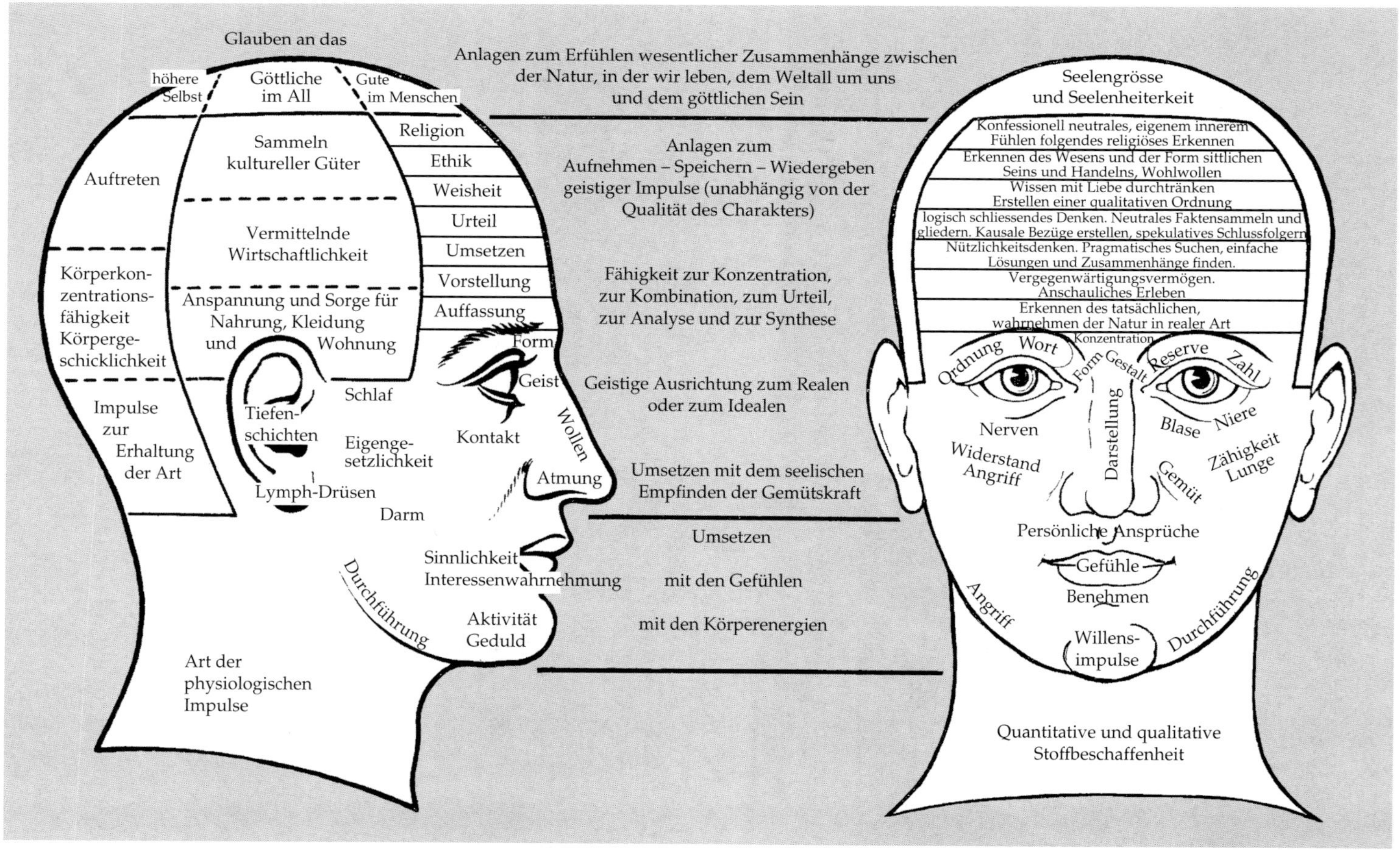

Abb. 45 Der Stirnaufbau und die Beziehungen zu anderen Regionen des Kopfes

hoher Stirnbau mit ausgewölbter Oberstirn nicht immer, dass die warmen, menschlichen Vernunftdenkkräfte, die normalerweise hier zum Ausdruck kommen, im Leben eines Menschen zum Tragen kommen. Ist der Mund und seine Umgebung durch Härte gekennzeichnet (Ausdruck der Gefühle) und der Augenausdruck schneidend kalt (Ausdruck der Gedanken), so sind Gedankenrichtung und Gefühlstruktur entsprechend hart und kalt. In negativer Art ausgelebt, kann das zu kriminellen Handlungen führen (vgl. dazu Abb. 47).

Mit der Entwicklungsgeschichte unseres Denkvermögens wird zugleich Massstab und Richtschnur gegeben. Das Ziel der Evolution, höhere Vernunftpotentiale zu schaffen, wird sichtbar. Sich nach diesem Ziel zu richten ist lebensklug und unterstützt das Streben der Evolution. An der menschlichen Stirnbildung können wir somit auch den natürlich gegebenen Aufbau eines Denkprozesses ablesen. Die Denktätigkeit baut auf genauem Beobachten, auf Merkfähigkeit, gutem Gedächtnis und flexiblem Vorstellungsvermögen auf. Diese Denkfunktionen sind die Basis für eine praktische Nutzung, das Prüfen und Ordnen der Fakten und daraus führen entsprechende Schlussfolgerungen zu klaren Erkenntnissen. Durch Weiterentwickeln dieses Gedankengutes kommen wir zu schöpferischen Ideen und in gedanklicher Hinsicht zu Weisheit, Ethik und Religiosität. Ohne Verfeinerung der mit diesen Denkschichten in Wechselbeziehung stehenden Sinne, ist jedoch die qualitative Vertiefung der Erkenntnisse und deren lebendige Verwirklichung nicht möglich (vergleiche Abb. 46).

Herrscht eine Schicht der Denktätigkeit vor, so entsteht eine Schwerpunktsetzung im Denken des betreffenden Menschen, was oft eine spezifische Lebensbetrachtung nach sich zieht. Das gedankliche Eindringen in andere Denkwirklichkeiten ist erschwert oder manchmal gar nicht mehr möglich. Entspringt das Denken aus der Weisheit, was Wissen gepaart mit Liebe bedeutet, dann werden die Fakten aus allen Denkschichten folgerichtig aufgebaut, die verschiedensten Facetten des Lebens erkannt und berücksichtigt und entsprechend umfassend ist das Resultat dieses Denkens.

Die Stirnbildung zeigt uns also Tendenzen und Schwerpunktbildungen des menschlichen Denkprozesses.

Carl Huter: «Aus dem Gehirnbau lässt sich lediglich die Charakterveranlagung, aber nicht der wechselnde, wirkliche Zustand des Charakters erkennen.»

Dieser Merksatz kann auch auf die Beurteilung des Stirnaufbaues angewendet werden.

Der momentane, wirkliche Zustand des Gedanken- und Geisteslebens offenbart sich in Strahlung und Ausdruck der Augen, des Mundes, des Mittelgesichtes, der Haltung, kurz im gesamten Erscheinungsbild eines Menschen. Wird dies nicht berücksichtigt, erfassen wir nicht die Gesamtheit eines Menschen und werden ihm nicht gerecht. Unter diesem Gesichtspunkt sind alle folgenden Studien zu betrachten.

Zeigt die Stirnbildung schwach ausgeprägte Regionen und entsprechen Gesichts- und Augenausdruck dieser Formbildung, es sind immer auch die gleichen Niveaus miteinander zu vergleichen, so sind in der Regel folgende Schwer- und Schwachpunkte in der Denkstruktur eines Menschen zu berücksichtigen:

ist die *Unterstirn* schwach ausgebildet, so werden der Beobachtung, der klaren, sachlichen Auffassung der vorhandenen realen Wirklichkeiten wenig Gewicht beigemessen; reale Tatsachen werden oft übersehen und haben im Denken dieser Menschen einen untergeordneten Stellenwert;

ist die *Mittelstirn* schwach ausgebaut, wird der praktischen Vernunft, dem kritischen Abwägen zu wenig Beachtung geschenkt, das praktische Umsetzen macht Mühe;

ist die *Oberstirn* schwach entwickelt, spielt die Tiefe und Weisheit der Gedanken, die ethische Lebenserkenntnis und das psychologische Feingefühl meist eine untergeordnete Rolle; das bewusste Wohlwollen ist schwankend.

Welche Aussagekraft die Stirnbildung hat, hängt weitgehend von *Spannung und Strahlung der Gewebe,* der *Qualität und der Feinheit der Stirnform* und vom damit zu verbindenden Gesichts- und Körperausdruck ab.

Die folgenden drei Bildpaare zeigen Gegensätze der Strahlung, der Spannung und bei der Auffassung und Beobachtung

Abb. 46 *Fein durchstrahlte Stirn- und Gesichtsform*

Klare Augen und klare und bestimmte Gesichtszüge, in denen auch viel Feinheit und damit Empfinden sichtbar ist. Dazu passt die Stirn vorzüglich, sie ist kernig, klar und offen. Sie ist in den beiden Regionen der Unterstirn, der Beobachtung und Vorstellung, beträchtlich vorgebaut und zeigt dementsprechend starke Auffassungs- und Vorstellungskraft. Das Vermögen, Reales, Gegenständliches zu erfassen und im Gedächtnis zu behalten, ist daher ausgezeichnet. Die Stirn lässt im weiteren Aufbau nicht an Kraft nach, sie ist auch in Region II, der Mittelstirn, ähnlich stark gebaut. Daher ist auch das praktische und das spekulative Denken stark; ja, in Verbindung mit dem Augenausdruck darf man dem zusammenfassenden, vergleichenden, kritischen und spekulativen Denken besondere Kraft zubilligen.

Neben der Stirn sind Linien eingezeichnet. Sie kennzeichnen diese Regionen, die sich durch die horizontalen Hauptfalten der Stirn (besonders deutlich über dem rechten Auge) gegeneinander abgrenzen. Die römischen Ziffern kennzeichnen die Hauptregionen I, II und III, die arabischen Ziffern die Einteilung in die sieben Schichten.

Die Region III ist dabei zusammengefasst. Sie ist in der Höhe die kürzeste von allen (darüber beginnt das vordere Oberhaupt). Die warmen Vernunftdenkkräfte sind gut entwickelt, durchaus nicht schwach, aber doch gegenüber Region I und II etwas zurücktretend. Der Mund zeigt Bitterkeit und Abweisung, weniger liebenswürdige Aufmerksamkeit.

Es ist der englische Romanschriftsteller *Evelyn Waugh.* So ausdrucksvoll, belebt und voller Kernkraft wie Gesicht und Augen ist auch die Stirn. Das ist das Resultat der Energien, die klarem Denken und lebhaftem Schilderungsvermögen zugrundeliegen, wodurch die Beobachtungen und Erfahrungen seiner Erlebniswelt original und kritisch gestaltet werden.

Abb. 46 Fein durchstrahlte Stirn- und Gesichtsform

Abb. 47 Die matte Stirn- und Gesichtsform

Abb. 47 *Die matte Stirn- und Gesichtsform*
Eine Kopfform, die ähnlich wie bei dem Schriftsteller *Waugh*, ziemlich kompakt wirkt. Aber die Augen blicken real, kühl und pfiffig, die Gewebe um die Augen und im Gesicht sind wie verdickt und angeschoppt. Stirn- und Gesichtsgewebe wirken matt, die Haut ist speckig verdickt; das zeigt einen grossen Unterschied in der Qualität des Formausdrucks gegenüber Abb. 46.

Die Stirnbildung zeigt nach der Region II (praktisches Denken) wenig Kraft; darüber ist die Form stark fliehend und schmal, erscheint wie abgestorben.

Dagegen tritt das Seitenhaupt (auf das wir im Kapitel 12 noch zu sprechen kommen), welches den Erwerbssinn widerspiegelt, sehr stark heraus; und hier, zwei Fingerbreit über dem linken Ohr, erkennen wir auch noch eine gute Spannung. Unklarer Augenausdruck, oben schmale und stark fliehende Stirn, teigige Gewebe, übermässiger Erwerbssinn machen stutzig. Die Denktätigkeit ist nicht klar und offen, sondern versteckt, unsauber und von einer gewissen Verschlagenheit. Der Dargestellte gab sich sehr seriös, hilfsbereit, selbstlos, wusste sich Ansehen zu verschaffen, wurde mit Orden dekoriert und ...machte Millionenbetrügereien.

Beim Vergleich der beiden Bilder wird deutlich, wie in der vorgebauten, nach den Seiten zu breiten und mit Eckenkraft ausgestatteten Stirn, mit gleicher Mittel-, Breiten- und Eckenkraft, Abb. 46, bedeutende menschliche Geistesenergien zum Ausdruck kommen, die bei Abb. 47 fehlen bzw. vergröbert und abgestumpft sind. Die Kontrolle durch das den Menschen zugewandte Vernunftsdenken fehlt hier. Wirtschaftsethik ist ein Fremdwort.

Abb. 48 Kompakte und gespannte Form

Abb. 49 Form ohne Innenspannung

Wichtig für die Beurteilung der Stirn und der darin zum Ausdruck kommenden Geisteskraft kann auch die Frage sein, wie das Gehirn vom Körper ernährt wird. Wird ein grosses Gehirn ungenügend ernährt, dann ist es viel weniger leistungsfähig als ein kompaktes Gehirn, das reichlich mit Nervenenergie und weiteren notwendigen, vom Körper aufsteigenden Säften versorgt wird. Zwei Beispiele sollen das erläutern.

Abb. 48 *Kompakte und gespannte Form*
Ein Mann, bei dem der Schädel im Verhältnis zu dem grossflächigen Gesicht verhältnismässig klein und sehr kompakt gebaut ist. Die Stirn hat plastische Spannkraft und breite Rundung, und besonders an der Schläfe, zwischen Auge und Ohr, kommt die lebhafte Spannung zur Geltung. Hier zeigt sich der Ernährungszustand des Gehirns, der sehr gut ist, und daraus entsteht ein lebhaftes, schnelles Tempo des Denkens. Die Denkkapazität ist fast unerschöpflich und grosse Arbeitskraft ist gegeben. Dieser Mensch kann fast ununterbrochen arbeiten, planen, kombinieren, verwalten, organisieren und sich dabei noch ausgiebig dem Genuss und den Freuden eines kultivierten, abwechslungsreichen Lebens hingeben. Natürlich bewegt sich die Denkkapazität in dem Rahmen, der durch die bevorzugt entwickelten Stirnregionen 1 und 2 gegeben ist, die den praktischen Instinkt verleihen und im Rahmen seines Naturells, also auf wirtschaftlichem und praktischem Gebiet.

Abb. 49 *Form ohne Innenspannung*
Die Stirn ist breit, gerundet, gut mittelhoch, nach der Form allein könnte man auf bedeutende Denkkapazität schliessen. Jedoch ist die Stirn zu ruhig, matt, besonders auch seitlich des Auges, an der Schläfe. Die Nasenwurzel ist eng, der

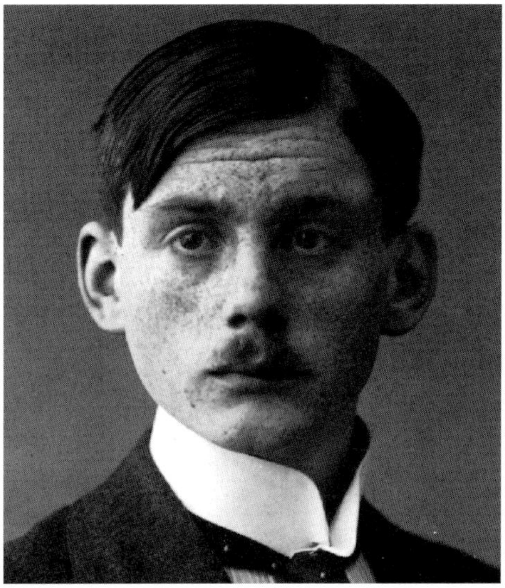

Abb. 50 Unruhiges Auffassen und Beobachten

Abb. 51 Ruhiges Auffassen und Beobachten

Augenausdruck matt, der Mund weich, das Kinn kraftlos. Es liegt nur ein sehr mässiger körperlicher und kaum stärkerer geistiger Impuls vor. Die Nervenkraft und die Säfteproduktion des Körpers sind zu schwach, um das verhältnismässig grosse Gehirn ausreichend zu ernähren. Der junge Mann braucht deshalb viel Ruhe und Schlaf, muss Ruhepausen einlegen, um sich von seiner Arbeit zu erholen. Er ist noch gar nicht richtig wach und entsprechend geistig nicht auf der Höhe. (Menschen mit der Leistungskapazität wie sie auf Abb. 48 sichtbar ist, können solche Leistungsschwächen vielfach nicht begreifen. Eine fruchtbare Zusammenarbeit ist deshalb kaum möglich.)

Durch regelmässige körperliche Tätigkeit könnte der Körper kräftiger werden und entsprechende Impulse aufbauen. Nach und nach, wenn der Körper kräftiger geworden ist, wird das Denken wacher und leistungsfähiger werden.

Die beiden nächsten Bilder zeigen einen weiteren Vergleich in etwas anderer Richtung.

Abb. 50 *Unruhiges Auffassen und Beobachten*

Die fast quer abstehenden Ohren zeigen starke seelische Veränderungsimpulse. Er kann diese Impulse nur schwer verkraften. Das Erscheinungsbild des jungen Mannes ist voll innerer Unruhe. Die ängstlich aufgerissenen, unruhig und unsicher blickenden Augen und die stark hochgezogene, in tiefe Horizontalfalten gelegte Stirnmuskulatur, die über der Nasenwurzel feinere Vertikalfalten aufweist und dadurch noch unruhiger wirkt, zeigt die Art der Auseinandersetzung mit dem Schicksal. Er hat auch wenig von der beruhigend wirkenden Gemütskraft (flaches, eingefallenes Mittelgesicht). Es fehlt deshalb die ruhige Überlegung. Fahrigkeit, Unsicherheit und Unentschlossenheit sind die Folge. Er ist nicht fähig, in Ruhe richtig aufzufassen und zu urteilen. Ihm kann nur wenig Verantwortung übertragen werden.

Abb. 51 *Ruhiges Auffassen und Beobachten*
Das Erscheinungsbild der Festigkeit und Klarheit. Dies zeigt sich im Stirnbau, im Blick und in allen Gesichtsformen. Hier kommen ruhige Auffassung, klare Überlegung und Übersicht und ein offenes, geradliniges Denken zum Ausdruck. Er wird auch verantwortungsvolle Arbeit mit dieser Übersicht erledigen. Auf ihn kann man sich verlassen, er vermag viel Verantwortung zu übernehmen.

Besondere Anspannung liegt am Stirnansatz über Augen und Nasenwurzel, also im Beobachten und konzentrierten Erfassen. Fest und konzentriert ist der Blick, ein von aussen oder innen vorgegebenes Ziel wird genau und klar erfasst und geistig umgesetzt. Solchen Augenausdruck sehen wir häufig bei hervorragenden Schützen. Der abgebildete Mann war einer und ging aus einem internationalen Wettschiessen als Sieger hervor.

Durch diese mehr allgemeinen Hinweise zur Bedeutung der Stirn an den vorangegangenen Bildern soll vor allem klar werden, dass die Stirn stets im Zusammenhang mit den Gesichtsformen zu sehen und zu beurteilen ist. Wie schon eingangs zur Neuphrenologie erwähnt, gibt daher die Stirn nur im Zusammenhang mit Körper und Gesicht den vollen Aufschluss über die Denkanlagen. So kann die Stirn lediglich nach dem Umfang der Form in cm gemessen den wahren Geisteszustand nicht wiedergeben.

Die Beobachtungs- und Auffassungsschicht

Die Unterstirn – Region 1 und 2
Das Potential der Beobachtungs- und Auffassungsfähigkeit

a) Die Art des objektiven Forschens mit den Sinnesorganen und des intellektuellen, verstandesmässigen Erkennens

b) Die Art des Gedächtnisses, der Vorstellung, der Wiedergabe und der Darstellung

An der Unterstirn zeigt sich die Fähigkeit, richtig zu beobachten und das Beobachtete aus dem Gedächtnis wiederzugeben. Es ist der Sinn für reale Aussenwelterkenntnis, für Formensehen und bei entsprechender Umsetzung für Bilden, Malen, Zeichnen, Dekorieren, Musizieren, Ordnen, Organisieren, Berechnen, Bauen, Konstruieren. Damit einher geht die Fähigkeit für Naturforschung, Erd-, Pflanzen-, Tier-, Menschen-, Völker- und Sprachenkunde, Chemie, Physik, Astronomie und verwandte Gebiete. Es ist das gesamte Potential des real-sinnlichen Erkennens und Könnens des Menschen, das sich hier spiegelt. Die Unterstirn kann schwach, zurückliegend und schmal und sie kann stark vorspringend und breit sein, und sie kann alle erdenklichen diesbezüglichen Abstufungen aufweisen.

Abb. 52 *Die schwache und schmale Unterstirn*
Beobachtungs- und Auffassungskraft, Vorstellung und Gedächtnis sind

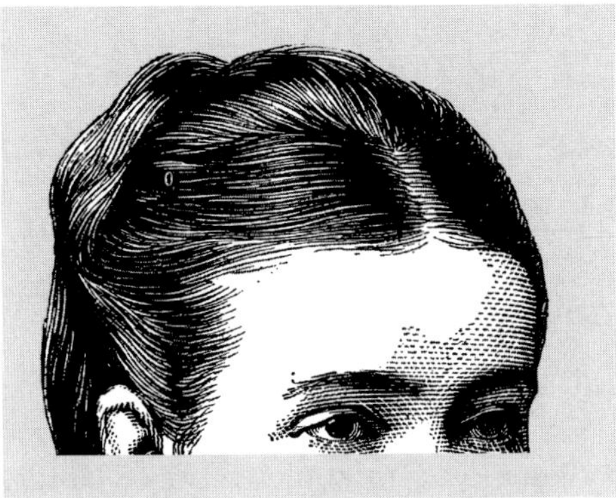

Abb. 52 Die schwache und schmale Unterstirn

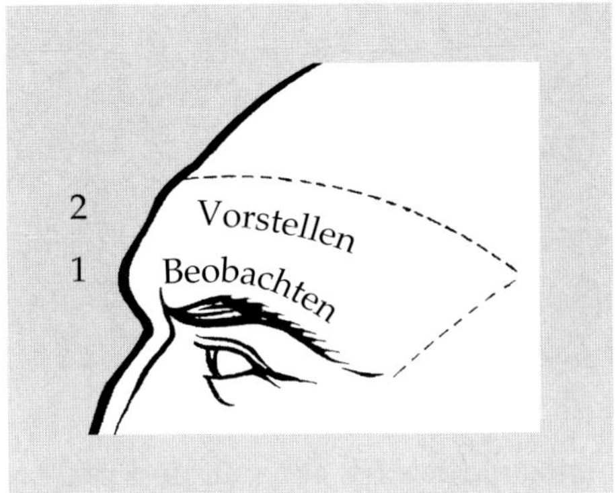

Abb. 53 Die in der unteren Region stark entwickelte und vorgebaute Stirn

schwach ausgebildet. Es werden Fehler in der Beobachtung gemacht; die Vorgänge werden vielfach vergessen, unvollständig oder gar falsch im Gedächtnis behalten; die Vorstellung der Vorgänge und ihre Wiedergabe erfolgt entsprechend.

Daher sind z. B. Zeugenaussagen, die Menschen mit schwacher Unterstirn von beobachteten Vorgängen und damit zusammenhängenden Personen machen, stets mit Vorsicht aufzunehmen; ähnlich verhält es sich mit Angaben über Ort, Zeit, aufeinanderfolgende Abläufe oder Vorkommnisse u. ä. Die Auffassung ist mehr auf das subjektive Erleben abgestimmt. Das Interesse für Naturbeobachtung und Naturwissenschaften ist schwach, praktische Arbeiten finden wenig Interessen. Eine langandauernde Konzentration in diesen Bereichen darf nicht erwartet werde.

Abb. 53 *Die in der unteren Region stark entwickelte und vorgebaute Stirn*

Diese hat etwa ein bis zwei Finger breit über den Augen (mit 1 und 2 bezeichnet), starke Plastik und Spannkraft.

In dieser kraftvoll entwickelten Unterstirn ist ein grosses Potential an Beobachtungs- und Vorstellungsgabe zu erkennen. Damit einher geht eine starke Motivation für alle der Beobachtung zugänglichen Dinge und Vorgänge und das gute Gedächtnis für diese. Es ist die Fähigkeit, scharf, gegenständlich und sachlich zu denken und aufzufassen. Subjektive Empfindungen werden als Erkennungsmittel meist abgelehnt. Das nüchterne Registrieren von Greif- und Erwägbarem steht im Vordergrund der Erkenntnissammlung.

Menschen mit dieser starken und gleichzeitig breiten Unterstirn gehen systematisch vor, sind ordnungsliebend, haben Organisationstalent und sind erfinderisch in praktischen Angelegenheiten. Es ist das objektive, kühle Verstandesleben, das je nach geistiger Kraft und Darstellungsgabe, die sich an Nasenwurzel, Augen und Nase zu erkennen gibt, auch zur plastischen Wiedergabe befähigt.

Bildende Künstler, Maler, Bildhauer, Architekten, Naturforscher, Chemiker, Physiker, Ärzte, Soldaten, Jäger, Rennfahrer, Kapitäne, Reisende usw., haben

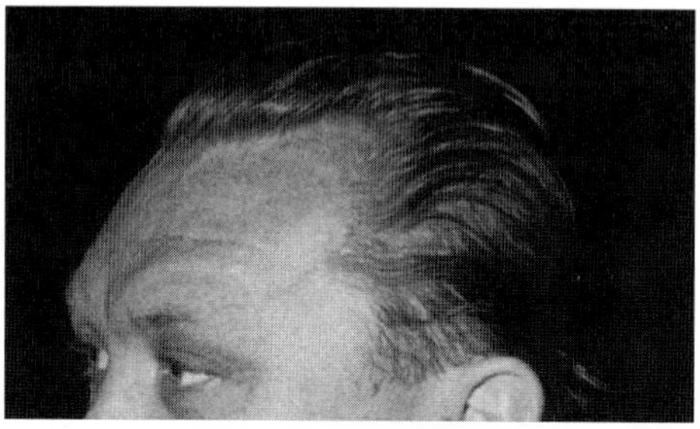

Abb. 54
Die stark vorgebaute Unterstirn

vielfach die stark gebaute und plastisch vortretende und zugleich breite Unterstirn. Je nachdem wie die Form und Gewebe dieser Stirnpartie geschaffen sind, wuchtig elementar oder fein, sind die geistigen Leistungen und die Arbeitsprodukte beschaffen, ist die Auffassungs- und Gedächtniskraft wuchtig, sozusagen elementar, oder verfeinert und differenziert.

Gemeinsam ist den Menschen mit bevorzugt entwickelter Unterstirn die Freude an der Naturbeobachtung, aber auch die Überbewertung real-sinnlicher Erkenntnis- und Forschungsmethoden; alles, was man sehen und hören und nach Form, Gestalt, Gewicht, Farbe, Ordnung, Zahl und mathematisch bestimmen, klassifizieren, beschreiben und erklären kann, verstehen sie, darüber können und wollen sie reden, für diese Gebiete lassen sie sich motivieren.

Viele der heutigen massgebenden Menschen besitzen diesen Stirnaufbau. Daraus ergibt sich der enorme Ausbau und die Verbreiterung der realen Naturwissenschaften, der Technik usw. Selbstverständlich haben diese Menschen nicht nur diese Denkschichten, aber das gesamte übrige Denken wird vom Realen bestimmt oder zumindest stark beeinflusst.

Abb. 54 *Der Stirnbau eines tüchtigen Chirurgen*

Das untere Stirndrittel ist ganz besonders stark und markant gebaut, es zeigt Kraft, ja eine gewisse Wucht. Das Beobachten, Vorstellen, Denken, Forschen und das Gedächtnis konzentrieren sich stark auf ein begrenztes naturwissenschaftliches Spezialgebiet, was daraus ersichtlich ist, dass die Plastik stark nach der Mitte, also der Einheit zu drängt. Auf Grund der Spannkraft im unteren Stirndrittel ergibt sich, dass die korrespondierenden Fähigkeiten sehr ausgeprägt sind und dass diesem Menschen lebhaftes und reges Denken eigen ist. Trotz ihres weiteren Zurückfliehens verrät die Stirn Zügigkeit und damit auch in den weiteren Fähigkeiten eine gewisse Kraft. Jedoch haben die Organe der Unterstirn das Übergewicht und sind dadurch herrschend. So ist auf Grund der Formbeschaffenheit der Unterstirn, in welcher sich grosse Kraft, aber geringere Feinheit zeigt, und des weiteren Stirnaufbaues zu schliessen, dass sein Urteil auf das eigene Spezialgebiet beschränkt bleiben sollte. Trotz qualitativem Ausbau seiner Arbeitstechnik ist das Denken ein recht einseitiges und leicht wird dem Fachgebiet zu grosse Bedeutung beigemessen.

Die auf das praktische Verwirklichen und das Faktenordnen ausgerichtete Denkschicht

Die Mittelstirn – Region 3 und 4
Das Potential des praktischen und philosophischen Denkens und Forschens

a) Die Art des kritischen Prüfens, Vergleichens und Schlussfolgerns
b) Die Art des selbständigen Urteilens und der praktischen Vernunft

Die Mittelstirn ist die Region des vermittelnden Denkens zwischen den kalten Verstandesdenkschichten der Unterstirn und den warmen Vernunftdenkschichten der Oberstirn. In ihrem unteren Teil (3) zeigt sich das aus der realen Auffassung und ihrem Gedächtnis hervorgehende, auf die praktische Verwirklichung ausgerichtete Denkvermögen, den *praktischen Instinkt.* In ihrem oberen Teil (4) kommt das zu den warmen Vernunftkräften der Oberstirn überleitende kritische, vergleichende, prüfende, faktenordnende und schlussfolgernde philosophische Denkvermögen zum Ausdruck.

Abb. 55 *Die eingebuchtete Mittelstirn*
Das praktische Denken, d. h. die Fähigkeit, aus den Erkenntnissen der realen Beobachtung und Naturforschung den besten Nutzen zu ziehen, ist schwach; es mangelt am praktischen Instinkt.
Entsprechend schwach sind seine Kritik, sein Unterscheidungsvermögen und das eigene Urteil. Ursache und Wirkung werden verkannt, Schaden und Nutzen verwechselt, und daher geht der in diesen Bereichen urteilsschwache Mensch leicht einen falschen Weg und schafft sich viel Tragik, besonders wenn er der geistigen Führung durch reifere Menschen entbehren muss oder sie ablehnt.

Abb. 56 *Die ausgebaute und breitplastische Mittelstirn*
Die damit sichtbare Anlage befähigt in Verbindung mit der guten Anlage, die an der Unterstirn zu erkennen ist, zu vortrefflichem praktischem Denken, d. h. zur bestmöglichen Verwertung der mit Hilfe der an der Unterstirn sichtbaren geistigen Kraft, gewonnenen Erfahrungen und der daraus hervorgegangenen

Abb. 55 Die eingebuchtete Mittelstirn

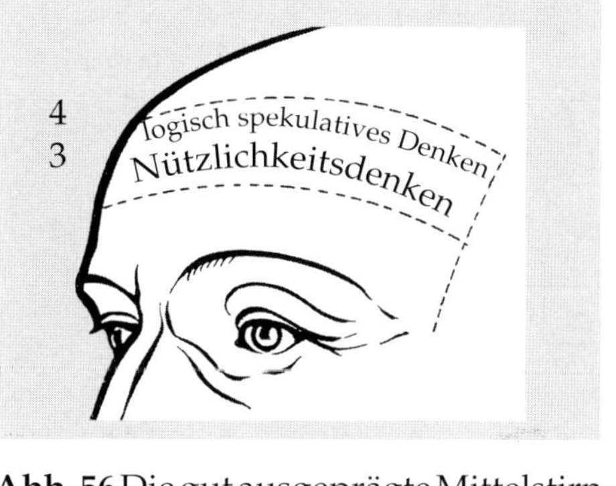

Abb. 56 Die gut ausgeprägte Mittelstirn

Abb. 57 Prof. Ludwig Erhard

Abb. 58 August Lämmle

Fähigkeiten. Darüber hinaus besteht vielseitige realsinnliche Urteilsfähigkeit, der Mensch kann logisch schlussfolgern, anschaulich und kontrastreich schildern und vielseitige selbständige Kritik üben. Es besteht also die Fähigkeit, Fakten, welche aus der realen Denkschicht resultieren, zu ordnen und darauf aufbauend tiefer zu forschen. Ist die Mittelstirn in Verbindung mit der Unterstirn stark gebaut und sind die Gesichtszüge dabei hart gespannt, verbissen oder schwer, so steht das praktische Denken ganz im Dienste der realen Denkkräfte, wie es an Abb. 47 deutlich wird. Der Mensch neigt dann zur Ausnutzung seiner Macht, zur Ausbeutung und zur Rücksichtslosigkeit. Die warmen Vernunftdenkkräfte der Oberstirnschicht bieten kein ausreichendes Gegengewicht.

Abb. 57 *Das wirtschaftliche Talent*

Sind dagegen die Züge des Gesichts freundlich belebt, von einer gewissen Schönheit und Harmonie, wie es bei Abb. 57, dem früheren Wirtschaftsminister *Erhard*, der Fall ist, dann paart sich mit dem starken realen Verstandes- und praktischen Vernunftdenken Menschlichkeit und Verbindlichkeit. Idealistischen Bestrebungen wird zwar kein besonderes Interesse entgegengebracht (so kann der Kunstgeschmack ein sehr nüchterner sein), aber sie erfahren wohlwollende Duldsamkeit.

Zieht sich die Mittelstirn höher hinauf, dann kommt das vergleichende, ordnende, schlussfolgernde, kritische und philosophische Denken schon voll zur Entfaltung. Man findet diese Anlage vielfach bei Schriftstellern, Künstlern, aber auch Gelehrten, Beamten usw., bei denen die Unterstirnanlage stark, das praktische Denken darüberhinaus von der kritischen, philosophischen Denkanlage mit beeinflusst oder übertroffen wird. Solche Leute sehen in der Erfüllung praktischer Erwerbs- und Lebensaufgaben, die sie ausgezeichnet bewältigen, nicht den alleinigen oder vornehmlichen Daseinszweck.

Abb. 58 *Das dichterische Talent*

Ein vorzügliches Beispiel hierfür bietet das Bild des schwäbischen Heimatdichters August *Lämmle,* der über Landschaft und Geologie, über Geschichte, Wirtschaft und Kunst und über den Menschen seiner Heimat, den Schwaben, in vielen Büchern und Erzählungen berichtet. Die Liebe zur Heimat gründet im hier nicht sichtbaren, gut gebauten mittleren und unteren Hinterhaupt. Er schildert seine Umgebung lebhaft und kontrastreich. Das wird offenbar durch sein Schriftstellerauge, das Vorstellungskraft und Denkfähigkeit (vorstellender und denkender Blick) verrät. An seiner hervortretenden Nase und der trotzdem ausgewogenen, feinen, langen und geraden Nasenform erkennen wir hervorragende Darstellungsfähigkeit und an der Nasenspitze die grosse Instinktsicherheit. Es prägt sich physiognomisch auch sein gutes und waches Gedächnis aus für alles, was beobachtet wird (Unterstirn), was er mit akzentuiertem eigenem Fühlen aufnimmt (eindrucksvolle Gewebe des Mittelgesichts), für alles, was er kritisch prüfend sichtet und durchdenkt, und woraus er seine philosophischen Folgerungen zieht (plastische Mittelstirn). Alle diese Fähigkeiten kommen in den Naturbeobachtungen von denen *Lämmle* berichtet zum Ausdruck .

Die Schichten für das gefühlsmässige und das intuitive Wahrheitserkennen oder das Schöpfen der Wahrheit aus dem Inneren

Die obere Stirn – Region 5, 6 und 7
Das Potential der höheren Vernunft und der bewussten Ethik

a) Intuitiv schöpferisches Neugestalten

b) Erkennen spiritueller Wahrheiten, psychologischen Feingefühls und Einfühlvermögens

An der Oberstirn, ein bis zwei Finger breit über der Mittelstirn, zeigen sich die Denkschichten zur bewussten Ethik. (Die unbewusste Ethik äussert sich in der Heliodastrahlung der Haut, der Augen und der Weichteile des Gesichtes, wie sie an den Abb. 46 und 58 zum Ausdruck kommt.) Es sind die Schichten der warmen, menschlichen Vernunftdenkkräfte.

Unterstirnmenschen suchen das Reale: es sind Tatsachenmenschen.

Unter- und Mittelstirnmenschen suchen scharf, logisch und vergleichend zu urteilen: es sind nüchterne Verstandesmenschen.

Oberstirnmenschen suchen den vernünftigen Überbau: es sind Vernunftsmenschen. Ihr Sammelsinn innerer, bester Erkenntnis hält sich sozusagen stets die Tür offen, um von Fall zu Fall auch abweichend von den Paragraphen, nach dem inneren, menschlichen Gefühl zu handeln und nach immer umfassenderen Erkenntnissen zu streben. Ihr Wissen ist mit der Liebe zum Guten und zur Wahrheit gepaart und wird deshalb weise. Daher ist der Ausbau der Oberstirn auch der Gradmesser der Menschenliebe und des Wohlwollens, sofern auch die unbewusste Ethik vorhanden ist.

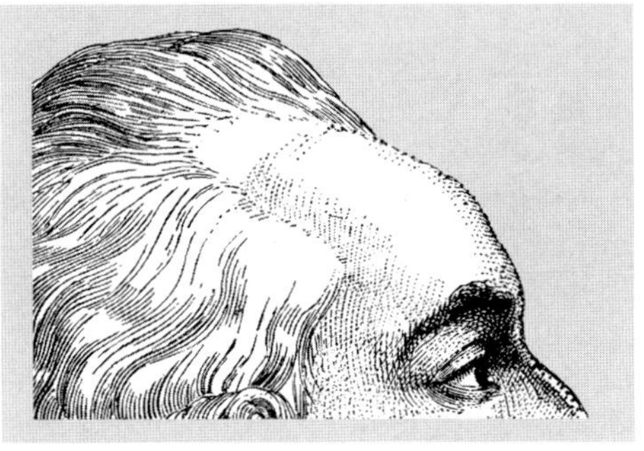

Abb. 59 Die praktisch nicht vorhandene Oberstirn

Abb. 60 Die schwache Oberstirn

Abb. 59 *Die praktisch nicht vorhandene Oberstirn*

Die Schichten der höheren warmen Vernunftsdenkkräfte fehlen, der Mensch denkt kalt, berechnend, nüchtern. Die Menschenliebe fehlt, das Wohlwollen ist schwach. Hat er innere Disproportionen, setzt er sich über alle Bedenken hinweg. Leicht leugnet er alles Höhere und Geistige ab, hängt extremen Anschauungen an, lässt nur die angeblich «nackten» Tatsachen gelten und kommt in tiefgreifenden Lebensfragen von einem Irrtum zum anderen.

Ist die Oberstirn nicht ausgeprägt, sind die übrigen Teile von Stirn und Gesicht hell durchstrahlt, dann ist eine unbewusste Ethik vorhanden, hervorgegangen aus einer grossen Heliodapotenz. Vernünftige Lösungen können dann wohl gefühlsmässig erkannt werden, aber es fehlt die Potenz zu schöpferisch-geistiger Tätigkeit auf diesem Gebiet. Befruchtung des Geisteslebens durch neue Ideen und dauerndes Führen der Mitmenschen in ideellen Lebensfragen ist weniger möglich.

Abb. 60 *Die schwache Oberstirn*

Ist die Oberstirn noch schwach entwickelt, aber offen und strahlend, zeigen auch Augen und Mittelgesicht heliodische Strahlung, dann beginnt im Denken die unbewusste Ethik zu wirken, die warmen Vernunftdenkkräfte regen sich. Es besteht mehr Einsicht, psychologisches Feingefühl und Eifer im Suchen nach Wahrheit, ohne hier schöpferisch zu sein. Einsicht und Weisheit sind nicht unerschütterlich und müssen ständig geschult werden, trotzdem können Einsichten versagt bleiben. Das Wohlwollen ist schwankend, wodurch der Mensch manchmal durch schwankende Treue und Zuverlässigkeit enttäuschen kann.

Abb. 61 *Eine gut ausgebaute Stirn, bei der man Region III als normalstark bezeichnen kann* (die punktierte Linie zeigt etwa den Verlauf einer stark ausgebauten Oberstirn)

Die bewusste Ethik ist, feine heliodische Strahlung an Stirn, Augen und Mittelgesicht vorausgesetzt, voll erwacht. Der Mensch handelt bewusst gut, und sein Denken wird von Wohlwollen und Menschlichkeit getragen. Er verfügt über Intuition, psychologisches Feingefühl, schöpferische Phantasie und vermag auch

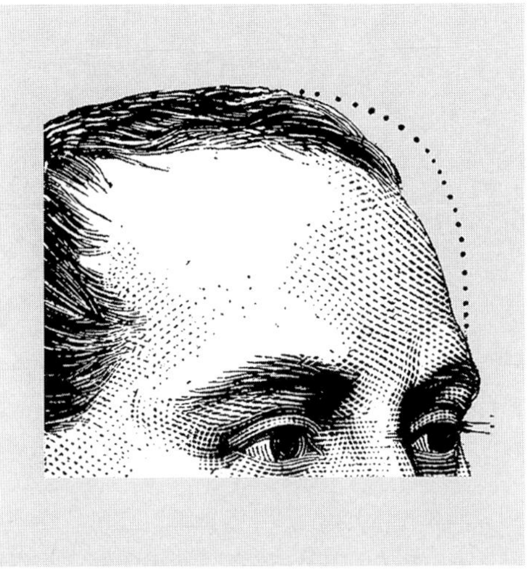

Abb. 61 Eine gut ausgebaute Stirn, bei der man Region III als normalstark bezeichnen kann

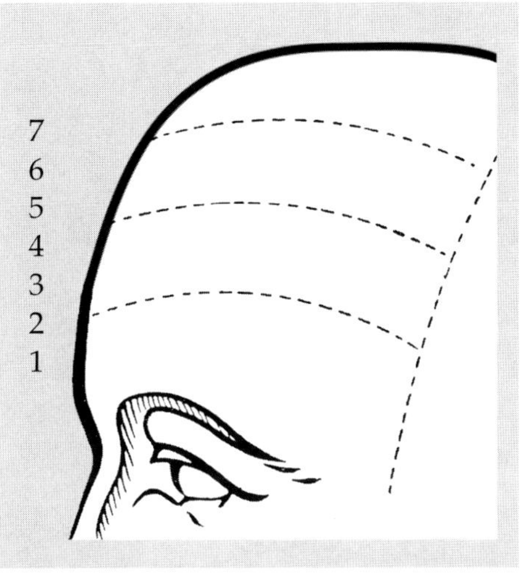

Abb. 62 Die hoch und breit gebaute Oberstirn

spirituelle Wahrheiten zu erfassen. Über allem Denken, Forschen und Erkennen steht krönend das religiöse Fühlen, sichtbar am gerundeten Oberhaupt.

Abb. 62 *Die hoch und breit gebaute Oberstirn*
Ist sie heliodisch durchstrahlt, ist das Auge gross mit leuchtend-warmem Ausdruck und zeigt das Gesicht den warmen Ton, dann haben wir das Erscheinungsbild hoher menschlicher Vernunft, Weisheit und Güte. Die Wahrheitssuche wird durch starke bewusste Ethik und intuitives Gefühl geleitet. Das Denken wendet sich den höchsten und umfassenden Fragen der Ethik- und Welterkenntnis zu. Der Mensch ist beherrscht durch starke intuitive und schöpferische Begeisterung, was zu Handlungen für Schönheit, Kunst und Religion führt. Das gesamte Wissen und Erkennen wird in den Dienst höchster menschlicher Belange gestellt. Es handelt sich um Bereiche von Erkenntnissen, die nicht wäg- und messbar sind, und weitgehend nur von dem inneren, intuitiven Schauen abhängen. Solche Persönlichkeiten können wir als Geistesmenschen bezeichnen. Sie sind Garanten einer aufbauenden Kultur.

Abb. 63 *Die plastisch gerundete Oberstirn und das hohe vordere Oberhaupt*
Der Dichter Prof. Dr. h.c. *Friedrich Lienhard.* Er schildert in dem Roman «Oberlin» jene prachtvolle, edle Menschlichkeit und Güte vorlebende und verwirklichende Gestalt des Pfarrers Oberlin, eines Zeitgenossen, Freundes und Verehrers *Johann Caspar Lavaters,* des berühmten Physiognomen des 18. Jahrhunderts.

Lienhard selbst war von ähnlichem Wesen wie Oberlin; er hat die hoch und frei aufsteigende und in ihrem oberen Teil plastisch gewölbte Stirn, in der sich hohes ideales Streben, starke Religiosität, eine hochstehende schöpferische

Abb. 63 Die plastisch gerundete Oberstirn und das hohe vordere Oberhaupt

Phantasie, menschliche Vernunft und feines psychologisches Einfühlungsvermögen offenbaren. Das grosse und schöne Auge, die prachtvolle Stirn-Nasen-Linie zeigt die Sprachbegabung und das Schilderungsvermögen des Dichters, der durch sein Schaffen das Edle und Gute im Menschen zu wecken, zu fördern und zu vertiefen wusste und der keinen engen, sondern einen freien und weltoffenen Lebensgeist besass. *Lienhard*, der Herausgeber des «Türmer», war auch ein Freund und Förderer der Psycho-Physiognomik *Carl Huters*. Er hat mit seinem feinen und klaren Geist, der gleichermassen von Verstand (Unterstirn), scharfem und kritischem Urteilen (Mittelstirn) und Tiefdenken (Oberstirn) geleitet wurde, die überragende Bedeutung praktischer Menschenkenntnis erkannt.

Gegenüberstellungen

Abb. 64 *Die stark entwickelte Unterstirn*

Der Mensch ist ein ausgezeichneter Naturbeobachter. Er kann das real Aufgefasste gut im Gedächtnis bewahren und es sich bildlich vorstellen, vorausgesetzt, dass die Stirn Kraft und Spannung zeigt.

Weil der mittlere und obere Teil der Stirn fehlt, bestehen in den vergleichenden, kritischen und in den warmen menschlichen Vernunftsdenkschichten ausgesprochene Schwäche. Trotz der vorzüglichen, aber mehr kalten Verstandeskräften ist das Erfassen von Fragen der praktischen Vernunft und der bewussten Ethik ausgesprochen schwach. Hier können keine gültigen schöpferischen Arbeiten erwartet werden.

Abb. 65 *Die gute Entwicklung des unteren und mittleren Stirndrittels*

Solche Menschen wollen alles verstandesmässig erfassen und nüchtern bewiesen haben; sie sind stark im realen Denken, in der praktischen Vernunft und im objektiven Urteilen und können damit die praktischen Lebensbereiche fördern.

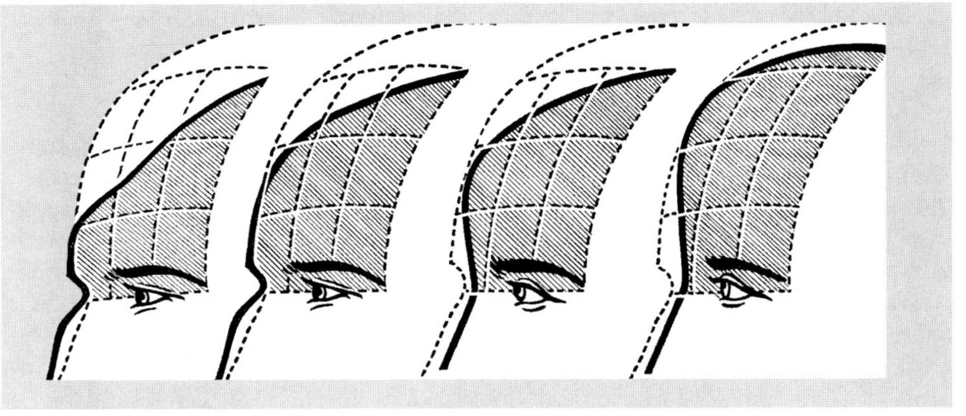

Abb. 64 **Abb. 65** **Abb. 66** **Abb. 67**

Es besteht wenig Begabung, Probleme mit bewusster Ethik zu verbinden.

Es sind lebenspraktische, auf realen Gegebenheiten basierende Lösungen zu erwarten.

Abb. 66 *Die schwache Unterstirn und die schwache Oberstirn*

Häufig können wir diese Form bei Kindern beobachten. Ihre Handlungen sind mehr instinktiv, ohne reale Bezüge und für Erwachsene nicht immer nachvollziehbar.

Zeigt diese Stirnformation bei Erwachsenen Spannung und feine Strahlung, dann besteht ein gutes instinktives Urteilen, Prüfen und Vergleichen, ohne dass ein entsprechend nüchternes Beobachtungs- und Auffassungsvermögen dafür die Grundlagen liefert, und auch ohne dass tiefergreifende Folgerungen daraus gezogen werden können. Die Handlungen sind mit realem Denken nicht immer nachvollziehbar.

Zeigen sich bei ähnlicher Stirnformation ein mattes Gewebe und kraftloser Augenausdruck, dann hat man es mit einem sehr einfachen und geistig anspruchslosen Menschen zu tun, der durch keine besonderen Leistungen hervortritt, der falsch beobachtet, der sich Vorstellungen macht, die mit der Realität kaum übereinstimmen und der für Arbeiten, die dauernde Geistesgegenwart erfordern, nicht geeignet ist.

Abb. 67 *Die schwache Unterstirn und die starke Oberstirn*

Diese ist dem schwärmerischen Idealisten eigen, der zu schwaches objektives Denken und zu wenig nüchterne, praktische Vernunft besitzt.

Er beobachtet die Natur kaum, denn er schwebt mit seinen Gedanken immer in unwirklichen Gefilden, stolpert über Stock und Stein.

Ein solcher Mensch ist wohl ein Schöngeist, aber wenig praktisch denkend. Er opfert sich aus Güte, lehnt sachliche Begründungen vielfach ab. Er ist idealistisch präsentierten Ideen irgend welcher Art zugänglich, ohne sie kritisch prüfen zu können.

Eine solche Schwäche könnte durch bewusstes Beobachten und aufschreiben des Beobachteten überwunden werden.

Beispiele von Menschen mit stark entwickelter Unterstirn und vorwiegend real-sachlichem Denkpotential.

Abb. 68 *Die niedrige und dabei schmale Stirn*
Region I geht in der Breite nur bis jeweils knapp über die Augenmitte hinaus. Die reale Beobachtung und Auffassung ist in diesem Bereich stark. Es herrscht ein nüchternes und kühles Denken, dem das Umfassende oder Vielseitige fehlt.

Die unbewusste Ethik und das Empfinden ist schwach, was an dem harten, kompakten und kühlen Gesichtsgewebe und dem Augenausdruck zu erkennen ist. Die engliegenden Augen zeigen, dass er sich auf bestimmte Gedanken versteift. Diese werden mit Leidenschaft verteidigt (breite Backenknochenpartie bei abstehenden Ohren). Solche Menschen versuchen ihre Probleme eher mit Gewalt zu lösen. Der Sinn für Philosophie, weises oder ethischen Denken fehlt. Das Leben verläuft in einfachen Bahnen.

Abb. 69 *Die stark fliehende Stirn*
Die Unterstirn ist stark vorgebaut, plastisch gespannt, mässig breit, an den Stirnecken abfallend. Die Stirn wird nach oben schmäler. Es besteht eine sehr gute Beobachtungsfähigkeit von realen Tatsachen. Der Stirnaufbau ist fliehend, die mittlere und obere Stirnregion schwach. Schon das praktische Denken ist schwach, das kritische, vergleichende und schlussfolgernde Denken ebenfalls. Weises Denken fehlt. Gleichzeitig ist der hintere Oberkopf hochaufgebaut. Das Selbstwertgefühl ist entsprechend stark und hat kein Gegengewicht im Vernunftdenken. Wohlmeinender Kritik ist er unzugänglich, der Verherrlichung seiner Person aber sehr zugänglich. Die eigenen Massnahmen werden masslos überschätzt. Weisheit, Ethik, Vernunft werden als Schlagworte gebraucht, ohne deren tieferen Sinn verwirklichen zu können.

Hitler vergeudete und vernichtete menschliches Leben, wirtschaftliche Werte und Kulturgüter und schuf wertlose Monumente des Grössenwahns. Ohne die physiognomische und psychologische Aufdeckung seiner Anlagen und die seiner Getreuen, bleibt *Hitler* und sein System den nachfolgenden Generationen menschlich unverständlich und Ähnliches kann sich morgen wiederholen.

Abb. 70 *Ernesto «Che» Guevara*
Guevara, ein kubanischer Revolutionär, unter *Castro* zunächst Direktor der kubanischen Nationalbank und eine Art Wirtschaftsdiktator und als solcher für die Verarmung des Landes hauptverantwortlich, später Aufständischen- und Guerillaführer in verschiedenen südamerikanischen Ländern und dort ums Leben gekommen. Er wurde eine Leitfigur nationalrevolutionärer Bewegungen.

Auch hier findet sich die Stirnbildung, bei welcher die Region 1 bemerkenswert plastisch und breit ist. Das Erscheinungsbild des ganzen Gesichtes zeigt hohe reale Intelligenz, bei einem starken Durchsetzungswillen und intensivem, leidenschaftlichem Einsatz für seine Ideen. Im Rahmen dieser Anlage besteht die Fähigkeit, vorzüglich zu planen, zu organisieren und alle Errungenschaften der modernen Technik möglichst in den Dienst seiner Ideen zu spannen. Die praktische Denkschicht ist wesentlich weniger ausgeprägt. Die Schichten für Philoso-

Abb. 68 Die niedrige und schmale Stirn

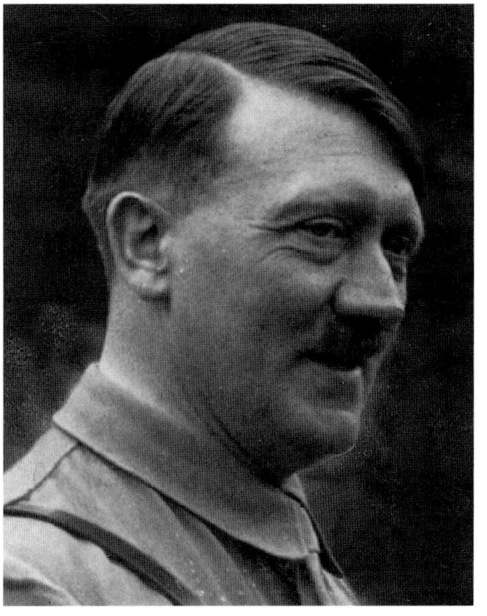

Abb. 69 Adolf Hitler. Ein Foto aus dem Jahre 1933

phie, Weisheit und Ethik ebenfalls. Etwas Diabolisches symbolisiert der in der Mitte spitz in die Stirn wachsende Haaransatz, wodurch Opposition und das rebellische Element zum Ausdruck kommen. Im Zusammenhang mit der übrigen Veranlagung und der Ausrichtung des Denkens auf Kampf und Aggression, tritt die Negierung echter ethischer und religiöser Fragen und die Ausschaltung der warmen menschlichen Vernunftdenkkräfte besonders krass hervor. Es ist ein Paradoxon, dass er von Heissspornen in Ost und West ohne menschenkundliche Einsichten, sozusagen als Heiliger und Märtyrer hingestellt wird. In Wirklichkeit war er ein vernunftschwacher Fanatiker, der sich stur seinen Ideen opferte, ohne Wesentliches für das Volk zu erreichen.

Abb. 70 Ernesto «Che» Guevara

Abb. 71 Stalin der Diktator

Abb. 72 Der Naturforscher Charles Darwin

Abb. 71 *Der Mensch ohne soziales Denken*

An diesem Gesicht fällt die fliehende Stirn auf. Die Unterstirn lässt ausgezeichnete Denkschichten des realen Erfassens erkennen. Bei *Stalin* fehlen aber die philosophischen, ethischen und religiösen Denkschichten. Humanistisches Denken interessiert so veranlagte Menschen nicht, sie sind in diesen Bereichen ohne Leistungsfähigkeit und ohne jeden Leistungswillen. Auch die seelischen Tiefenschichten unterstützen hier das reale, sachliche Denken (tiefsitzende Ohren). Das Kinn ist klein und zurückliegend. Solche Menschen sind geduldig. Stalin konnte abwarten. Während dieser Zeit hat er mit wissenschaftlicher Genauigkeit geplant (Nasenform), um dann gnaden- und gefühlslos seine Vorteile zu wahren.

Stalin schwang sich mit raffinierter, wendiger Intelligenz (kompaktes Gewebe zeigt hohes Leistungsniveau der vorhandenen Anlagen) zum Diktator auf. Durch präventive Liquidationen entledigte er sich jeder Opposition. Um bestimmte Ziele zu erreichen deportierte er ganze Völker und opferte seinem Grössenwahn 40 Millionen Russen. Menschen ohne jeden Sinn und ohne jede humanistische Begabung müssten von einer Regierungstätigkeit, bei welcher sie ihre Macht ohne Grenzen ausüben können, durch ein internationales Schiedsgericht frühzeitig ausgeschlossen werden können. Sie müssten nicht verurteilt, sondern erkannt werden. Dann könnte ihnen die für sie geeignete Arbeit zugewiesen werden.

Abb. 72 *Charles Darwin, der Begründer der Abstammungs- und der modernen Entwicklungslehre*

Während die vorangegangenen Bilder elementares Erfassen sowohl in den realen Denkschichten wie auch in den Gesichtern widerspiegeln, dadurch wurden die angestrebten Lösungen mit Gewalt verständlich, zeigen Gesicht und Stirn *Darwins* Feinheit und Ausbau besonders auch nach der Breite und Höhe der Region 2 und 3 hin. Diese Stirnbildung kennzeichnet Darwin als den genialen Naturforscher, bei dem alle übrigen Denkkategorien im Dienste dieser Anlage, der hervorragend starken Naturbeobachtungs- und Auffassungssinne, der Vorstellungskraft und ihrer spekulativen Durchdringung standen. Das Erscheinungsbild des ganzen Gesichtes lässt eine hohe unbewusste Ethik, Klarheit und Ehrlichkeit erkennen. Bei aller Festigkeit, die zum Ausdruck kommt, ist keine Sturheit vorhanden. (Bei *Guevara* ist der Blick auch intensiv. Es fehlt jedoch der den Lebewesen zugeneigte, weise, ruhig forschende Ausdruck.)

Kindliche Stirnformen

Immer wieder können wir beobachten, dass beim Kleinkind die Unterstirn sehr schwach gebildet, die Oberstirn hingegen vorgebaut ist, was **Abb. 73** anschaulich zeigt. Dementsprechend ist das Beobachtungs- und Vorstellungsvermögen noch schwach, das Gefühlsleben und die mit diesem einhergehende Phantasie dagegen ausserordentlich rege; es wird das ganze, in der Entwicklung befindliche Verstandesleben vom Gefühl her beeinflusst. Daher leben Kinder in der ihnen eigenen, dem Erwachsenen oft so völlig fremden, von Gefühlen beherrschten Vorstellungswelt, für die die reale Umwelt noch nicht als solche existiert. Es ist einleuchtend, dass man auf diese geistige Stufe am leichtesten und erfolgreichsten mit Liebe einwirkt, weil das Gefühlsleben dafür unmittelbar zugänglich ist, gegenüber anderen Einwirkungen sich aber leicht verschliesst. Daher kann man beim Kleinkind mit Liebe viel erreichen, mit Vernunft wenig bewirken und mit Strenge viel verderben.

Abb. 73 Das Kleinkind voller Gefühle und Träume

Für das Verständnis ähnlicher Stirnbildung bei Erwachsenen gibt uns der entsprechende Vergleich beachtenswerte Hinweise.

Abb. 74 und Abb. 75 *Zwei etwa achtjährige Kinder*

Auch hier ist die Unterstirn noch schwächer, die Oberstirn aber stark ausgeprägt. Dorthin, wo im Gehirn das Blut am stärksten pulsiert, und wo die aus allen Körperzellen aufsteigende Helioda ihre stärkste Sammlung findet, neigt sich die Kopfhaltung, und das Auge nimmt die entsprechende Richtung, daher haben die Kinder die leicht nach vorne geneigte Kopfhaltung und den hochgestellten Augapfel.

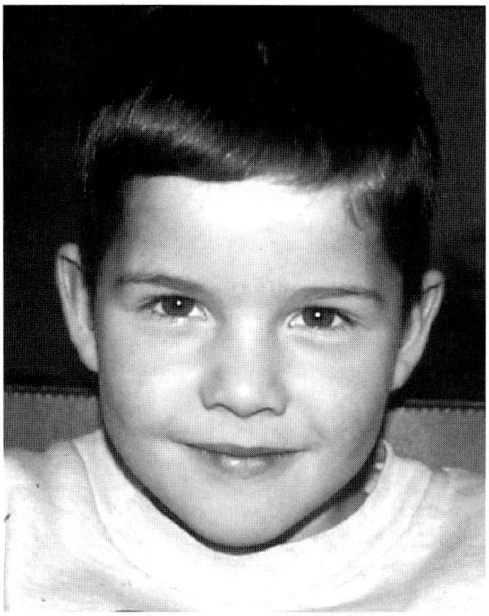

Abb. 74 Das erwachende Bewusstsein

Abb. 75 Das erwachende Bewusstsein

Bei genauem Hinsehen erkennen wir, bei dem Jungen stärker als bei dem Mädchen, dass die Region der Beobachtung und Auffassung, also unmittelbar über den Augen, sich feinplastisch abhebt. Und da das Auge beobachtend ist, zeigt dies, dass sich Beobachtung und Auffassung in voller, angespannter Tätigkeit und Entwicklung befinden, aber immer noch von den Gefühlen der vorgebauten Oberstirn geleitet werden.

Die Mittelstirn, insbesondere in ihrer unteren Region des praktischen Denkens, ist noch nicht voll entwickelt. Daher spielen oder arbeiten solche Kinder um des Spieles oder der Tätigkeit willen und verbinden damit irgendeine aus dem Gefühlsleben entspringende Vorstellung. Der Sinn für den praktischen Wert der Tätigkeit steht oft noch zurück und wird, wo dieser gefordert wird, nur ungern, zögernd und ungläubig angenommen.

Der Mund des Jungen zeigt, dass er prüft und sich anspannt um sich in der Erwachsenenwelt besser behaupten zu können. Bei beiden Kindern haben Mund und Augen den glücklichen und heiteren Ausdruck, zu dem ein liebe- und verständnisvolles Elternhaus verhelfen. Die Eltern können aber auch auf das vorhandene ausgezeichnete Potential vertrauen. Im Verlauf der Entwicklung werden, wie bei jedem Kind, gewisse Schwierigkeiten auftauchen. Anlage und Entwicklung lassen jedoch erwarten, dass beide ihren eigenen Weg finden.

Wenn wir das Vorherrschen der Oberstirn gegenüber der Unterstirn beim Kinde in etwas anderer Weise deuten, als die Beschreibungen von Abb. 41 und

Abb. 45 im ersten Moment vermuten lassen, so liegt darin kein Widerspruch. Beim Kinde wirkt sich die starke Oberstirnanlage zufolge der erfahrungsarmen und in der Entwicklung befindlichen realen Tatsachensinne mehr unbewusst aus und äussert sich in den starken Gefühlen, der ganz eigenen, nicht auf reale Tatsachen bauenden und sich daher wie in einem Traumland bewegenden Phantasie und vor allem in der starken Liebesneigung, die Liebe und Wohlwollen in starkem Mass braucht und gibt.

Kommt dann zu der Oberstirnanlage die Erfahrung und das Wissen hinzu, so wandeln sich die warmen Gefühls- in ebensolche, aber bewusste Vernunftdenkkräfte, und das Denken wird sowohl von der intuitiven, schöpferischen Erkenntnis und der bewussten Ethik gelenkt.

Abb. 76 *Dominante Oberstirnbildung*
Bleibt beim Kinde die Unterstirnbildung gegenüber der Oberstirnentwicklung länger oder überhaupt zurück, wie es das Bild eines 15jährigen Mädchens zeigt (Bildnis aus dem Carl-Huter-Museum), so ist Beobachtung und Auffassung, das verstandesmässige Erkennen, das reale Gedächtnis und das Wiedergabevermögen schwach. Schilderungen werden stark von der eigenen Phantasie gefärbt, was dann als Lügen ausgelegt werden könnte. Damit würde man aber der sensiblen Persönlichkeit des Kindes grosses Unrecht antun.

Das Mädchen hat auch einen warmen Augenausdruck, eine feine Nasen- und Mundbildung, es besteht ein starkes inneres Fühlen. Daraus entsteht der Drang zu liebevoller, wohltuender und verfeinerter, künstlerischer und geistiger Tätigkeit, zum Umgang mit Kindern und ganz allgemein zu einer mehr idealen Geistesrichtung. Solche Kinder erkennen schon früh ihr Lebensziel. Sie wollen Helfen und für schwächere Sorgen und werden dieses Ziel auch unter schwierigen äusseren Umständen verwirklichen. Bei starker Wirksamkeit der im hohen und gewölbten Oberhaupt tätigen höchsten Gefühls- und Verehrungssinne wird eine natürliche, konfessionsunabhängige, aber tiefe Religiosität entspringen.

Für solch feinfühlige Geschöpfe wird die Liebesfrage oft zur Lebensfrage. Der schwächere Tatsachensinn, grosses Wohlwollen, das zunächst immer Gutes voraussetzt, und Gutgläubigkeit anderen gegenüber lassen zu, dass diese Menschen leicht ausgenutzt werden. Sie erleben Enttäuschungen auf Grund ihrer Gutmütigkeit und Arglosigkeit. Praktische Menschenkenntnis würde den Tatsachensinn verbessern und Schutz bieten.

Die geringere reale Konzentrationsfähigkeit, die an einer verminderten Unterstirnbildung zum Ausdruck kommt, sollte schon frühzeitig verbessert werden. Dies kann durch entsprechende Übung geschehen. Kinder mit schwacher Unterstirn lasse man erst kleine, sehr einfache und dann grössere, praktische Arbeiten verrichten und halte darauf, dass diese, einmal angefangen, zu Ende geführt werden. Gibt man dem Kinde weiter die Möglichkeit, sich Spiele und Spielwerkzeuge selbst anzufertigen, so wird dadurch der praktische Sinn angeregt. Gleichzeitig wird das Kind vom oftmals grublerischen Sinnen abgelenkt,

Abb. 76 Dominante Oberstirnbildung. Liebe, Güte, Zuneigung

Abb. 77 Die schwach entwickelte Stirn

das besonders dann anzutreffen ist, wenn die Oberstirn im Verhältnis stark ausgebildet ist. Eltern, Lehrer, Erzieher sollten versuchen, diese Kinder dazu zu bewegen, ihre Beobachtungen an Tier- und Pflanzenwelt zu beschreiben. Damit wird die Konzentrations- und Beobachtungsfähigkeit gefördert, ohne das Gefühlsleben zu blockieren. Vielfach kann dann beobachtet werden, wie die schwächere Unterstirn zunächst in ihrem Ausdruck lebhafter wird, Spannung und Strahlung erhält und sich mit den Jahren auch in der Form entwickelt. Das zeigt, dass die entsprechenden Sinne stärker geworden sind.

In der Praxis ist es nicht immer leicht, die Schwerpunkte des Denkvermögens, wie sie die Stirnformen widerspiegeln, zu erfassen. Nicht immer ist eine markante Bildung vorhanden, die auf besonders hervorragende Fähigkeiten schliessen liesse. Häufig finden wir kein spezifisches Talent, sondern vielmehr auf mässige Erfüllung der Lebenspflichten deutende Anlagen. Da ist viel Geduld, liebevolles Verstehen und Einfühlen erforderlich, um die Anlagen und ihre Kraft möglichst zu fördern.

Abb. 77 *Die schwach entwickelte Stirn*

Die Stirn ist in der Höhe kurz und in der Breite schmal, dazu uneben, höckerig, das Gesicht ist ohne Spannkraft. Es ist das Erscheinungsbild einer allgemein schwächeren Geisteskraft. Bei solcher Veranlagung wird leicht Nächstliegendes übersehen und damit falsch aufgefasst. Es wird viel vergessen, der Zusammenhang der Dinge nicht erkannt, worunter auch das Vorstellungsvermögen leidet, und Schilderungen von Tatsachen und Begebenheiten können dann ungenau oder geradezu falsch sein. Daraus ergibt sich z. B. für die Bewertung von Zeugenaussagen vor Gericht, dass ein Mensch mit schwachem Tatsachensinn zu-

Abb. 78 Ausgleichende Charakteranlage

Abb. 79 Ausgleichende Charakteranlage

rückliegende Vorgänge, die scharfe und genaue Beobachtung, Merkfähigkeit und reproduzierendes Vorstellungsvermögen verlangen, gar nicht richtig beobachten konnte und daher auch nur entsprechend eingeschränkt zu schildern vermag. Trotz grösstem subjektivem Eifer kann deshalb objektiv die Unwahrheit gesagt werden.

Bei dieser Veranlagung werden begonnene Tätigkeiten nicht korrekt und konsequent genug zu Ende geführt. Schwierigere und vielseitigere Arbeiten lassen diesen Menschen leicht unruhig werden, auch fängt er am falschen Ende an und löst praktische Aufgaben fehlerhaft. Er wird dort versagen, wo Geistesgegenwärtigkeit und stete Präsenz der Sinne erforderlich sind.

Die zwei nächsten Bilder zeigen Personen unterschiedlichen Geschlechts mit der eine gewisse Norm darstellenden Stirnentwicklung, worin jeweils ein Ausgleich der verschiedenen Denkschichten zum Ausdruck kommt. Damit ist eine ausgeglichene aber spezifische Lebensrichtung gegeben, die zur Innerlichkeit tendiert.

Ausgleichende Charakteranlage

Beim Mann, Abb. 78, ist die Unterstirn betont und kräftig gebaut, bei der Frau, Abb. 79, dagegen tritt die Oberstirn im Verhältnis etwas stärker hervor. Die Stirn ist beim Mann breiter und kerniger in der Qualität, was auf bewussteres Denkleben hinweist, bei der Frau etwas schmaler und weicher im Ausdruck, was das gefühlsmässigere Denken anzeigt. Dementsprechend stützt sich beim Manne Wissen und Erkennen vornehmlich auf die reale Beobachtung der Umwelt (Unterstirn), sein Handeln wird vom praktischen Denken (Mittelstirn) bestimmt und von der Vernunft (Oberstirn) und einer starken Intuition (Gewebe) geleitet. Die Frau handelt mehr nach dem subjektiven Gefühl und Empfinden (Oberstirn) und ihr Wissen und Erkennen resultiert mehr aus dem Wirkungskreis der Fürsorge (schmalere Stirn). Beim Manne zeigen der Augenausdruck und die Nasenform den realitätsbezogenen Verwirklichungssinn, bei der Frau Gefühl und Anpassungsfähigkeit. Auch an der Mundform lassen sich diese Differenzen erkennen. Die Frau wird sich aber nicht einfach unterordnen, denn sie besitzt auch Selbstbehauptungssinn (Backenknochen und Mittelgesichtspartie).

Wir gewinnen auf Grund zweier «Normtypen», denen eine ausgeglichene harmonische Lebensrichtung eigen ist, eine neutrale Sicht für Abweichungen wie auch für besondere Leistungstypen bei Mann und Frau.

Hier ist eine Frau abgebildet, die alle Voraussetzungen in sich trägt, in der Betreuung einer Familie und der Erziehung der Kinder ganz aufzugehen. Diese für einen gesunden Staat lebenswichtige Aufgabe wird heute noch zu wenig unterstützt und ihrem Wert gemäss anerkannt. Viele Frauen suchen gemäss anderer Anlagen ihre Tätigkeit in einem bezahlten Beruf. Dies ist aber lediglich eine andere Möglichkeit, Mensch zu sein.

Nur wenn wir von einem «Normtyp» ausgehen, können wir der grossen Vielfalt der Anlagen beider Geschlechter gerecht werden, sie ohne Vorurteile einordnen und verstehen und so die rechtliche Gleichheit der Geschlechter, ohne Zwänge irgend welcher Richtung verwirklichen.

Die Denkschicht der praktischen Vernunft

Die folgenden Bilder zeigen die Stirn mit dem vollen Ausbau der Mittelstirn. Es ist die Stirnbildung, die bei Gegenwartsmenschen häufig anzutreffen ist. Auf dem realen, naturwissenschaftlichen Erkennen und Wissen (Unterstirn) aufbauend entwickelt sich hier die Fähigkeit, daraus praktischen Nutzen zu ziehen und alle Errungenschaften rationell zu beherrschen und zweckdienlich umzusetzen. Daraus resultiert eine praktische Vernunft.

Darüber hinaus flacht sich der Aufbau der Stirn ab. Die Anlagen für das Erstellen einer qualitativen Ordnung und ethisches Denken sind nur schwach entwickelt, die Motivation wird über die nüchternen Verstandeskräfte erreicht. Alles Praktische interessiert. Probleme der Weisheit, Ethik und des höheren Menschseins möchten so denkende Menschen auch mit ihrem auf reale Zweckmässigkeit ausgerichteten Sinn lösen. Besitzen sie eine starke unbewusste ethische Anlage, sichtbar an einer feinen Strahlung der Gewebe und einem weichen Augenausdruck, dann fühlen sie menschlich richtig, ohne dass Interesse oder die Fähigkeit zur bewussten schöpferischen Auseinandersetzung mit diesem Problemkreis vorhanden wäre.

Abb. 80 *Der frühere niedersächsische Ministerpräsident Heinrich Hellwege*

Dieser war ein sehr tüchtiger und erfolgreicher Kaufmann, der über weitreichende Handelsbeziehungen verfügte. Beim Naturwissenschaftler (vgl. Abb. 44) ist die Unterstirn vorgebaut und hat Eckenkraft. Dagegen sind bei *Heinrich Hellwege* Beobachtung und Auffassung wie ein Guss mit dem breitplastischen Seitenhaupt verbunden. (Im Seitenhaupt erkennt man die Wirtschafts- und Erwerbs-

Abb. 80 Der frühere niedersächsische Ministerpräsident Heinrich Hellwege

Abb. 81 Cecil B. de Mille

sinne.) Die Beobachtungsfähigkeit dient nicht in erster Linie dem Erwerb von neuem Wissen, sondern dem Erwerb von Gütern. Dann arbeitet hier das Vorstellungsvermögen (Region 2) mit dem praktischen Denkvermögen (Region 3) ausgezeichnet zusammen. Letzteres tritt fein- und breitgespannt und plastisch hervor. (Die genaue Höhenlage dieser Region erkennt man an der enorm gespannten Plastik, mit der sie sich ins mittlere Seitenhaupt fortpflanzt.)

Das praktische Denken ist in hervorragender Weise ausgebildet und beherrscht alle Sinne, was auch im realen, nüchternen, auf das Naheliegende ausgerichteten Augenausdruck zu erkennen ist.

Abb. 81 *Cecil B. de Mille*
Durch die Horizontalfalten der Stirn lassen sich die Regionen der Beobachtung (1), Vorstellung und Gedächtnis (2) und des praktischen Denkens (3) klar unterscheiden. Sie sind etwa gleich stark und sehr gut ausgebaut, an den Stirnseiten nicht so mit Eckenkraft vortretend wie bei Abb. 44 und nicht so breitrund wie bei Abb. 80, jedoch von bemerkenswerter Feinheit und Kraft. Noch einen Finger breit darüber im spekulativen Denken (4) aber gewinnt die Stirn jene Breite und plastische Rundung nach dem Seitenhaupt, welche an Abb. 80 ähnlich vorhanden ist, nur liegt sie dort einen Finger breit tiefer im praktischen Denken. Am Seitenhaupt selbst (Abb. 80) geht der Zug dann mehr nach unten als nach oben (worauf wir bei der Behandlung des Seitenhauptes zurückkommen). An Abb. 81 erhebt sich die Stirn nicht über ihre mittlere Region 4 hinaus, sie flieht oben abgeflacht zurück.

Das spekulative Denken steht also ganz im Dienste der Unterstirn und der darin wirkenden Denkkräfte, und in enger Verbindung mit dem mittleren und unteren Seitenhaupt. Es ist der Zug des Kaufmanns, der gewissermassen den gehobenen Kulturbedarf befriedigt, z. B. in Unterhaltung, Vergnügen, Kunst, also Literatur, Theater, Film usw. Und in der Tat, darin war der Abgebildete Meister. *Cecil B. de Mille* war einer der grossen Produzenten und Regisseure der Filmmetropole Hollywood, der über 70 Monumentalfilme (meist nach Themen der Antike und der Bibel) herausbrachte, der also alte Geschichten in neuem Gewande interessant und lehrreich gestaltete und damit eine neue Erlebniswelt vermittelte.

Am übrigen Erscheinungsbild erkennen wir den liebenswürdig-sprechenden Mundzug, ein starkes eigenes Fühlen (untere Nase), gefühlvolle Darstellungsfähigkeit (Nasenrücken), ein heiterverschmitzter Augenausdruck, Sinn für Form und Gestalt (breit in die Stirn verlaufende Nasenwurzel), und lebhaften, wendigen Geist in den erwähnten Stirnregionen. So kann man den Meister des künstlerischen Massenkonsums wohl würdigen, verstehen und erkennen.

Ein gewaltiger Unterschied zwischen seiner Beschwingtheit gegenüber der schwer wirkenden Physiognomie von *Hellwege.*

Abb. 82 *Der englische Reiseschriftsteller Rudyard Kipling*

Die stark ausgebaute Unter- und Mittelstirn hat besondere Kraft bis in Höhe des Haardreiecks, das vom Seitenhaupt her in die Stirn ragt. Bis knapp darüber reicht die Region des philosophischen Denkens; darüber ist die Stirn zwar noch offen und frei, aber doch stark zurückgehend. Daher hat die aus einer genauen Naturbeobachtung hervorgehende Schilderung der Bewegtheit und Buntheit des Lebens die Oberhand. Diese erfolgt beeindruckend, originell, kontrastreich, farbenfroh und mit Leidenschaft, wie aus dieser kompakten, breiten und mit Kraft vordrängenden Stirn mit den starken, buschigen Brauen zu schliessen ist. Aber der Kopf ist breit und niedrig, starke Massen- und Ansammlungssinne liegen im Seitenkopf, kraftvoller männlicher Tat- und Angriffssinn am Kinn, und so ist es verständlich, dass er fremde Länder und Menschen in erster Linie als Engländer und den Kolonialismus seiner Zeit als idealen Ausdruck britischer Lebensart sah.

Abb. 83 *Prof. Leyden, ein tüchtiger Arzt der alten Schule*

Er sah vor allem «Krankheiten» und «erkrankte Organe», weniger kranke Menschen. Er kam dazu durch seine hervorragende Beobachtungs- und Auffassungsgabe und das durch enge Lidspalten kleiner wirkende Auge, welches den scharfen Blick für Einzelheiten, nicht den offenen und weiten Blick für das Ganze charakterisiert. Dazu kommt die ebenfalls noch gut entwickelte Stirnregion 3 und 4 mit der praktischen Vernunft und dem logischen und kritischen Prüfen, Vergleichen und Schlussfolgern. Das versetzte ihn in die Lage, seine genauen analytischen Beobachtungen und Untersuchungen zu verfeinern, auszubauen und zu systematisieren.

Das ganze Erscheinungsbild zeigt gemäss der Feinheit und Milde der Strukturen eine gute unbewusste Ethik. Daher hatte er bei allem Realitätssinn eine hohe ethische Auffassung von seinen Berufsaufgaben und -pflichten. Aber das

Abb. 82 Der englische Reiseschriftsteller Rudyard Kipling

Abb. 83 Prof. Leyden, ein tüchtiger Arzt der alten Schule

bewusste psychologische Tiefendenken (Stirnregion 5–7) ist nur mässig entwikkelt; die Urteilskraft (Region 4) ganz im Dienste der realen, kalten Verstandeskräfte der Stirnregion 1–3, und entsprechend war sein Wirken von der gegenständlichen, naturwissenschaftlichen Auffassung her bestimmt.

Die Denkschicht der Idealität

Beim Ausbau der Oberstirn (vorderes Grosshirn), und damit der warmen, menschlichen Vernunftdenkschichten, ist die Evolution noch nicht überall abgeschlossen. Daher ist deren Ausbau noch nicht so häufig zu finden.

Die daraus resultierenden Denkfähigkeiten der Vernunft, Ethik, Weisheit und höheren Lebenserkenntnisse werden allgemein als menschliche Tugenden anerkannt. «Oberstirnmenschen» sind allerdings eher isoliert, werden verkannt oder gelegentlich als Aushängeschilder benutzt, wenn man «in Kultur machen will». Mehr Gewicht haben immer noch die «Unterstirnmenschen» und deren auch wichtigen realen Angelegenheiten. Selbst bei Antworten auf Fragen, über die sie auf Grund ihrer Veranlagung nicht abschliessend urteilen sollten, werden die Unterstirnmenschen anerkannt und sind massgebend. Die Folge sind die Unvollkommenheiten unserer Zeit mit allen ihren Unzulänglichkeiten und Fehlentwicklungen auf politischen, militärischen, ökologischen, wissenschaftlichen, künstlerischen, ethischen, religiösen, unterhaltenden und geniesserischen Gebieten. Wird erst der, gemäss psycho-physiognomischer Definition, vernunftbegabte Mensch demokratisch führen, dann werden alle unsere Möglichkeiten, Wissen, Energie, Bodenschätze und Kapital vernünftiger eingesetzt und verwertet. Dann wird auch Wirtschaftsethik keine leere Worthülse mehr sein. Bei aller Rücksicht und Wertschätzung der realen Gegebenheiten werden ethische Werte in vernünftiger Art bestimmend.

Abb. 84 Henry Dunant, der Begründer des Roten Kreuzes

Abb. 85 Fridtjof Nansen

Abb. 84 *Henry Dunant, der Begründer des Roten Kreuzes*
Ein schönes Beispiel des vernunftbegabten Menschen ist *Henry Dunant*, der Begründer des Roten Kreuzes, 1901 Friedensnobelpreis, gestorben 1910 in Heiden im Appenzeller Land im Alter von 82 Jahren.

Seit Menschengedenken wurden Kriege geführt und Schlachten geschlagen, und keiner der Fürsten, Politiker und Heerführer dachte daran, sich ausreichend um die armen, hilflosen Opfer ihres blutigen Geschäftes zu kümmern. Da führte 1859 das Schicksal den Kaufmann *Dunant* über das Schlachtfeld von Solferino, wo sich Franzosen und Österreicher gerade die erste Schlacht mit neuzeitlichen Feuerwaffen geliefert hatten. Über deren verheerende Wirkung war niemand so recht im Bild und die Schlacht forderte nicht zuletzt deshalb viele Opfer, derer sich niemand annahm. *Dunant* leistete tagelang aufopfernd erste Hilfe und organisierte einen Hilfsdienst, der aber gegenüber den fast 40 000 Toten, Verwundeten und Sterbenden, den Opfern eines einzigen Tages, nur wenig auszurichten vermochte.

Dunant widmete sich fortan einer grossen, selbstgestellten Aufgabe: in zahlreichen Schriften, Vorträgen, Eingaben, Petitionen forderte er die Aufstellung von Sanitätstruppen, deren Tätigkeit von allen kriegführenden Parteien respektiert werden sollte. Darüber hinaus erreichten seine Bemühungen das Zustandekommen der vier Genfer Abkommen zum Schutze der Kriegsopfer. Lange wurde *Dunant*, der «Laie», von Militärs verspottet, seine Ideen als utopisch abgetan, seine «Einmischung» zurückgewiesen. Aber sein unermüdlicher, selbstloser Einsatz, seine Mahnungen und Beschwörungen, seine Appelle an die Öffentlichkeit führten schliesslich zum Erfolg: zur «Genfer Konvention» und zur Gründung des Internationalen Roten Kreuzes, das seine grosse Bewährungsprobe im Geiste *Dunants* im Ersten Weltkrieg bestand und seither für die in die Kriege Getriebenen unendlich viel Linderung in der Not brachte.

Eine gerundete, hoch ausgebaute und breite Oberstirn zeigt sich bei *Dunant!* Das Erscheinungsbild wirkt belebt und milde durchstrahlt auf den Beschauer. Die Oberstirn ist auf die gut entwickelte Unter- und Mittelstirnpartien aufgebaut. Damit ist die Idee des Helfens von nüchternen Tatsachen und praktischer Vernunft getragen. Milde strahlen seine Augen, Empfindungsreichtum wird in den feinen und weichen Mittelgesichtspartien sichtbar. Kraft des Willens und die Unerschütterlichkeit des Charakters spricht aus der Nasenform !

Es sind Weisheit und Milde, starke bewusste und unbewusste Ethik, hohe menschliche Vernunft und Einsicht, eine wahrhaft humane Gesinnung, die auf Grund dieser Stirnbildung und des gesamten Erscheinungsbildes das Denken und Handeln beherrschen. Dabei ging *Dunant* praktisch, nüchtern und doch mit dem höchsten Idealismus vor. Dieses Vorgehen ist nur aus der Anlage und dem daraus wachsenden Geistesleben zu erklären. *Dunant* bleibt ein leuchtendes Vorbild für menschliche Ethik und der daraus wachsenden Gesinnung und Tatkraft. Er ist aber auch Zeugnis für die Wahrheit, dass der Geist aus den Formen spricht!

Abb. 85 *Fridtjof Nansen, ein grosser Polarforscher und ein noch grösserer Menschenfreund*

Es ist das Erscheinungsbild des unerschütterlichen, kraftvollen, ehrlichen, klardenkenden Idealisten. Grosse Tatkraft und Willensenergie, unerschütterliche Festigkeit auf dem Weg zum Ziel, erkennen wir am langen, festgefügten Kinn. Die Nase zeigt innere Kraft und eine unerschütterliche Persönlichkeit und das Ohr, ruhige, seelische Festigkeit.

Das Auge blickt uns klar, ehrlich und entschlossen an. Dazu kommt eine hoch und frei aufsteigende, breite und heliodisch strahlende Oberstirn. Dahinter arbeitet, denkt das Hirn menschlich und warm, die Schichten der Weisheit, der Vernunft und der bewussten Ethik kommen zum Tragen. Hier werden die inneren, scharfsinnigen und intuitiven Wahrheitserkenntnisse gestaltet, unterstützt durch psychologisch feines Einfühlungsvermögen. Alles gründet auf überragender Tatkraft und realer Erkenntnis mit dem Unterstirnhirn, was zu grossen humanitären Leistungen ansporne und befähigte.

Nansen organisierte 1920 die Rückführung der Kriegsgefangenen; innerhalb von zwei Jahren repatriierte er eine halbe Million Menschen in 26 verschiedene Heimatländer. Dann trat er für eineinhalb Millionen russische Flüchtlinge ein, die mittellos über ganz Europa zerstreut waren, schuf für sie einen besonderen Ausweis, den international anerkannten «Nansen-Pass», und sorgte dafür, dass sie Unterkunft und Arbeit fanden. Dann half er eine grosse Hungersnot in Südrussland bekämpfen, organisierte die Ernährung und Versorgung von eineinhalb Millionen Ukrainern, schuf in den Hungergebieten landwirtschaftliche Mustergüter unter Einsatz seines Privatvermögens. Er war seit 1918 unermüdlich mit grösstem diplomatischem Geschick und Dank internationalem Einfluss erfolgreich beim Überwinden der Kriegsfolgen im total verwüsteten Europa.

Seine berühmte Nordpol-Expedition von 1893, ein halbes Jahrhundert nach der *Franklin*-Katastrophe, führte er mit der drei Jahre lang im Eis eingefrorenen «Fram» zum vollen Erfolg. Er sah Eis und Zeit nicht als Feinde, sondern als notwendige Transport- und Hilfsmittel zur Durchführung seiner Pläne an. Er stellte sich, seine Mannschaft und Ausrüstung erfolgreich auf diese Tatsachen ein, die er nicht kennen konnte, die er aber in schöpferischer Phantasie und gefühlsmässiger Wahrheitserkenntnis intuitiv richtig voraussah. Nicht anders gründete er sein denkwürdiges Wirken nach dem Ersten Weltkrieg auf die tiefere Einsicht aus höherer menschlicher Vernunft, in der er alle nur nüchtern und kalt denkenden Unterstirnmenschen in Militär und Politik weit übertraf.

Auch *Nansen* ist ein Beweis für das segensreiche Wirken des Oberstirnmenschen, der sich hier auch durch Tatkraft und Tatsachensinn auszeichnet.

Abb. 86 *Friedrich von Bodelschwingh (1877–1946)*
Sein Vater war Gründer und Leiter der *Betheler* Anstalten, er folgte ihm in der Anstaltsleitung nach. Auch bei ihm sehen wir die gut ausgebaute, fein gerundete und mild strahlende Oberstirn. Zwar ist die Unterstirn nicht schwach, aber man darf mit Berechtigung sagen, dass die warmen Vernunftdenkschichten der Oberstirn die kalten Verstandeskräfte der unteren Denkschichten beherrschen. Das spricht auch aus Auge, Wangenzug und Mund. Wir können an diesem Bild ein bei Theologen und Theologinnen häufig anzutreffendes Merkmal studieren. Es ist die etwas flachere Unterstirn und die demgegenüber dominierende Oberstirn bei gleichzeitig verhältnismässig schwacher Mittelstirn. Das weist darauf hin, dass das naturwissenschaftliche Denken und die nüchternen, realen Denkenergien gegenüber der Ethik und dem inneren Suchen nach religiöser Erkenntnis zurückstehen. Die Handlungen sind demgemäss nicht von dem praktischen, oft egoistischen und gewinnstrebenden, materiellen Denken beherrscht, vielmehr stehen sie ganz im Dienste der humanitären Gesinnung.

Abb. 87 *Der Wiener Buchhändler, Okkultist und Menschenfreund Andreas Pichl sen. (gest. 1935)*
Er hatte ebenfalls die stark ausgebaute Oberstirn. Dem Naturell nach vorherrschend im Ruh- und Empfindungs-Naturell mit Harmonie liegend, war er nicht so tatkräftig nach aussen wirkend. Vielmehr war er einer jener bescheidenen Männer, die aus eigener Verantwortung, gefühlsmässig und intuitiv nach tieferer Wahrheitserkenntnis und göttlicher Offenbarung suchten, frei von aller Beengung und dogmatischer Strenge.

Er war mit Leib und Seele Buchhändler, und zwar in dem idealen Sinne des Propagandisten geistiger Leistung und Erkenntnis und als Mittler ethischer Bildung. Ganz so kennzeichnet ihn auch der Aufbau des breiten und hohen Seitenhauptes, worauf wir noch zurückkommen. *Pichl* gründete natur- und geisteswissenschaftliche Bildungsvereine, pflegte in seiner Buchhandlung vor allem okkulte Literatur, war stets zu Rat und Hilfe bereit und verhalf mit seiner klugen und ethisch gerichteten Wirtschaftlichkeit manchem tüchtigen jungen Menschen zu eigener Existenz.

So wirkte er in vorbildlicher Weise und nicht das strenge äussere Gesetz war ihm Richtschnur seines Denkens und Handelns. Aus eigener Erkenntnis und aus

Abb. 86 Friedrich von Bodelschwingh (1877–1946)

Abb. 87 Der Wiener Buchhändler, Andreas Pichl sen. (gest. 1935)

innerem Feingefühl kam er zu schöpferischem Neugestalten und die Fülle der warmen Denk- und Vernunftkräfte liess ihn nach dem eigenen inneren Gesetz (Innerlichkeitsmensch) ethisch und menschlich handeln.

Abb. 88 *Angehörige der Heilsarmee*
Starke, vortretende und breite Oberstirn und demgegenüber schwache Unterstirn. Ein Mensch, der das eigene innere Empfinden, die grosse Liebesfülle über das reale Gesetz stellt. Daraus resultiert ein eher schwärmerischer Idealismus bei zu geringem nüchternem und objektivem Denken. Es ist der Mensch, der grosse Hilfsbereitschaft, Nachsicht, Verständnis und Liebe aufbringt, der selbst leidet, um Leidenden zu helfen.

Abb. 89 *Annette von Droste-Hülshoff*
Eine ähnliche Stirnbildung findet sich an der Denkmalbüste der *Annette von Droste-Hülshoff* in Meersburg, die nach Vergleichen mit anderen Abbildungen der Wirklichkeit zu entsprechen scheint.

Die bedeutende Dichterin und Erzählerin hatte die steil aufsteigende und grosse Feinheit, Rundung und Breite aufweisende Oberstirn, welche die grosse dichterische Begeisterung, den Schönheits-, Kunst- und Religionssinn erkennen lassen, die hier das Denken bestimmen.

Allerdings ist die Stirn in Region 1 vortretender als bei Abb. 88 und in ihrer Feinheit und Qualität und damit im geistigen Gehalt weiter fortgeschritten. Daher die so bewusste, gepflegte, kultivierte und schöpferische Geistigkeit ethischer Richtung, während bei Abb. 88 alles mehr im Empfinden und im Gefühl wurzelt.

Abb. 88 Angehörige der Heilsarmee

Abb. 89 Annette von Droste-Hülshoff

Auch zeigt die Nase dieser Büste die ästhetische Bildung, die Beherrschung der Persönlichkeit und die feine Darstellungsgabe. Am Mund kommen die feinen, differenzierten Gefühle, grosse Bescheidenheit und Sinn für das Ästhetische zum Ausdruck. Die Feinheit der Mundpartie lässt die zurückhaltende Sinnlichkeit erkennen.

Gegenüberstellungen

Aus Vergleichen wird verständlich, wie politische oder wirtschaftliche, konservative oder revolutionäre Anschauungen und Handlungen entstehen, sich behaupten und ausbreiten können, oft wider alle Vernunft und sehr zum Schaden eines gedeihlichen evolutionären Geschehens. Erst wenn die naturgegebene Einschränkung des Denkvermögens von Unterstirnmenschen (die dabei sehr gebildet und sehr intelligent sein können) in Fragen der höheren Vernunft berücksichtigt wird, kann eine neue, die humane Ära der Menschheitsentwicklung einsetzen, in der die Gesetze mit Vernunft und Einsicht entwickelt und ausgelegt werden.

Abb. 90 *Das Erscheinungsbild einer ernsten Lebenseinstellung bei schwachem ethischem und religiösem Denkvermögen*

Der Mann ist ein primäres Tat- und Bewegungs-Naturell, wie die langen, asketisch wirkenden und knochigen Gesichtspartien zeigen. Das Kinn ist festgefügt, daraus spricht starke Tatenergie und körperliche Ausdauer. Der Mund zeigt Beherrschung der Gefühle und genügsame Lebensweise. Die kraftvolle Nase widerspiegelt grosse Dauer- und Willensenergie, Planmässigkeit und Gründlichkeit im Handeln, der Augenausdruck die ernster Lebenseinstellung.

Abb. 90 Das Erscheinungsbild einer ernsten Lebenseinstellung bei schwachem ethischem und religiösem Denkvermögen

Abb. 91 Das Erscheinungsbild einer ernsten Lebenseinstellung bei starkem ethischem und religiösem Denkvermögen

Das Streben nach Unabhängigkeit und Freiheit ist solchem Charakter eigen.

Die Stirn springt in ihrer untersten Region stark vor. Das Denken fusst demgemäss auf Gesehenem und Beobachtetem. Die realen Tatsachen, die harte Wirklichkeit haben Gewicht, werden anerkannt und zur Geltung gebracht. Für ruhiges, logisches Schlussfolgern, um für sich und andere den besten praktischen Gewinn aus den realen Erkenntnissen und der Arbeit zu erzielen, ist die Kraft bedeutend geringer.

Die Oberstirn ist fliehend, das zeigt schwankendes Wohlwollen. Das heisst, die Sympathie und das Wohlwollen auch für höhere Dinge kann stark ansteigen, um unvermittelt auf Null abzusinken, was zu übereilten, unüberlegten Taten führen kann. Alles wird mit der ihm eigenen Kraft, Zähigkeit und Planmässigkeit durchgeführt. Das bewusste ethische Denken ist schwach. Warme menschliche Vernunftgründe, nachsichtiges, liebevolles und geduldiges Handeln, gütige Belehrung dringen weniger in sein Denken ein. Sie werden beiseite geschoben und machen dem Recht des Stärkeren und des toten Buchstabens Platz. Härte, Strapazen und Genügsamkeit gelten als Ideale, werden von anderen verlangt und selbst ohne Klage ertragen.

Abb. 91 *Das Erscheinungsbild einer ernsten Lebenseinstellung bei starkem ethischem und religiösem Denkvermögen*

Eine beeindruckende, gewölbte und offene, in guter Strahlung und Spannung befindliche mittelbreite Oberstirn, die in eine lange und hochgewölbte Scheitel-

Abb. 92 Dem Dienst am Nächsten verpflichtet

partie übergeht. Demgegenüber ist die Unterstirn nicht schwach, aber die grösste Kraft des Denkens liegt nicht hier, sondern hinter der Oberstirn. Bei vielen Menschen in sozialen Berufen findet man diese Betonung der Oberstirn. Sie handeln aus starkem Wohlwollen und aus Menschenliebe, sie wollen wohltun, helfen, den Menschen und der Natur dienen; sie stellen die Liebe über das Gesetz. Unterstirnmenschen sind Gesetzesmenschen (Äusserlichkeitsmenschen), die den Paragraphen oft hart auslegen, Oberstirnmenschen sind Liebesmenschen (Innerlichkeitsmenschen), die das Gesetz zu Gunsten des Menschen zu interpretieren suchen. Bei der Krankenschwester spielt die reale, kühle, berechnende Erfassung der Umwelt keine wesentliche Rolle. Sie wird zugunsten des bewussten und gefühlsmässig intuitiven Suchens und Erkennens höherer Wahrheit, die hinter der Erscheinung liegt, eher vernachlässigt. Freilich wird damit die Wahrheit nicht ganz erfasst, denn die materielle Welt ist da, so gut wie die geistige. Aber das moralische Pflichtbewusstsein, das aus dem starken ethischen Denken des oberen Grosshirns erwächst, lässt den Menschen gütig, nachsichtig, verzeihend, mitfühlend denken, urteilen und handeln.

Bei solcher Veranlagung ist für die Handlung nicht das reale Wissen, sondern der fühlende Glaube entscheidend, und da die Gedankenbilder ideale Vorstellungen auslösen, richtet sich das Auge nicht auf den Gegenstand scharf geradeaus, wie bei Abb. 90 und 93, sondern der Augapfel hebt sich und der Blick weist nach oben. Im weiteren zeigt die breit und hoch herausgehobene Nasenwurzel Klugheit und Lebenserfahrung, gute Übersicht und natürliche Anlage zur Menschenkenntnis, die lange und gerade Nasenform Charakterstärke, Willenskraft und vorbildliche, beherrschte Lebensführung, in der die eigene Person hinter die gestellten Aufgaben und die Ideale zurückgestellt wird. Wir haben deshalb einen Menschen vor uns, der selbstlos, treu und vorbildlich wirkt.

Für Menschen mit entsprechender Anlage sind gedanklich und intuitiv erfasste innere Erkenntnisse fester, unverlierbarer Besitz. Sie sind in der Lage eine sogenannte höhere Wahrheit zu erfahren, die in ihrem Denken ein fester Bestandteil ist. Dieses hebt ihr Leben weit über den Alltag hinaus.

Materialistisches Denken und Forschen allein können Geist, Seele, Unsterblichkeit und Gottheit nicht entdecken und auch nicht erfahren.

Vollendung ist jedoch weder allein aus den Denkschichten, die sich uns in der Form der Unterstirn zeigen, noch in den Denkschichten, die an der Oberstirn beurteilt werden können, zu finden, sondern in der gleichzeitigen Ausbildung beider Anlagen. Die Resultate beider Erkenntnismöglichkeiten müssen in Zukunft vereinigt werden.

Abb. 92 *Dem Dienst am Nächsten verpflichtet*
Drei Frauen, die sich ganz dem Dienst am Nächsten verpflichtet haben, ohne die lebenspraktischen Gegebenheiten zu vernachlässigen. Die zwei lebensklugen Schwestern haben die kleinere in ihre Mitte genommen.

Abb. 93 *Ein Teilnehmer an einer Bauerndemonstration, der ein selbstgemaltes Transparent mit einer Parole vor sich her trägt (daher der Papierrand unter dem Gesicht)*
Wir haben es hier mit einem speziell veranlagten Menschen zu tun.

Er ist sehr tüchtig, arbeitsam, zuverlässig und sparsam. Wie dürfen von ihm aber nicht erwarten, was nicht in seinem Vermögen liegt. Die Veranlagung ist einseitig. Vorherrschend ist die reale Denkschicht. Die Unterstirn tritt mit Kraft und einer gewissen Wucht hervor, ohne dabei allerdings sonderlich in die Breite zu gehen und zeigt die vortreffliche Beobachtungs- und Auffassungsgabe für die reale, gegenständliche Umwelt. Die Auffassungskraft richtet sich mehr auf das Naheliegende, auf die praktische Seite des Lebens. Ferner liegende Dinge werden nicht genügend erkannt. (Siehe dagegen Abb. 72, den Naturforscher *Darwin,* breite Unterstirn und Eckenkraft.)

Die Schläfe ist eingefallen, der Ruhetrieb entsprechend schwach, die Ruhe wird vernachlässigt, der sehnige, muskulöse Körper (auf den aus dem Gesicht zu schliessen ist) braucht viel der produzierten Nervenenergie auf. So wird das Denken entsprechend den harten und straffen Konturen von Stirn und Gesicht kompromisslos, nüchtern, gewohnheitsmässig, neigt mehr zum harten Urteil als zum intuitiven Suchen und zu psychologischem Sehen.

Abb. 94 Die Schriftstellerin *Pearl S. Buck* hatte die über den Augen sehr breite und vorgebaute, mittelhohe Stirn. Die Stirn steigt steil an, ist auch oben breit und bis in die Ecken kraftvoll vorgebaut. Diese Gedrungenheit der Stirn ist Ausdruck der Kraft und Qualität der Konzentrationsenergie. Der Körperbau entspricht vorwiegend dem des Bewegungs-Naturells mit Harmonie. Dieses hat den starken und wohlproportionierten Körperbau, der das hinter dem gedrungenen Stirnbau wirkende Gehirn sehr gut ernähren kann. In der Tat hat die Schläfenpartie (die Region der Hirnsäfte) Spannkraft und Frische und zeigt den guten Ernährungszustand und die Leistungsfähigkeit des Gehirns. Von besonderer Kraft und Breite ist die Nasenwurzel. Sie geht ausserordentlich breitplastisch in

Abb. 93 Die vortreffliche Beobachtungs- und Auffassungsgabe

Abb. 94 Die starke Konzentrationsenergie

die Stirn über. Bedeutende geistige Ruhe und Übersicht spricht daraus. Auch Fernliegendes (Stirnbreite) kann konzentrisch umgesetzt, geistig verarbeitet und hervorragend wiedergegeben werden.

Dieses Bild zeigt, dass für die Psycho-Physiognomik die Beurteilung von Anlagen nicht in erster Linie aus den Abmessungen, sondern aus der Qualität des Ausdrucks hervorgeht. Abmessungen sind wichtig, das Erkennen der Qualität des Inhaltes ist wichtiger.

In der kaum mittelmässig hohen Stirn *Bucks* liegt Kraft, sie ist Ausdruck der Konzentrationsenergie und damit hoher Intelligenz, und zwar in bezug auf alle Stirnregionen, die sehr gedrängt sind und wenig Raum beanspruchen. Auch die warmen, menschlichen Vernunftdenkkräfte sind hier vorhanden, stützen sich aber auf die dominierende sinnlich-reale Geistesenergie. Der Geist, der in den Formen lebt, gestaltet frei und vielseitig, gemäss der natürlichen Kraftrichtungs- und Gestaltungsordnung. Die Tiefe der Seelenkraft, die Wärme des Herzens, das ruhige, klare, durchdringende Beobachten und Durchdenken kommt auch in den Augen zum Ausdruck und seelische Feinheit an Nasendach und Wangen. Es ist eine starke, vorbildliche Frau mit geistigem Weitblick, psychologischem Tiefensinn, schöpferischer Phantasie, Zugang zu inneren Wahrheiten, Fähigkeit zum Okkultismus bei gleichzeitig starker Erdgebundenheit.

Abb. 95 *Ein Mann, der sehr gute Proportionen aufweist*
Untergesicht, Mittelgesicht und Stirn sind ungefähr gleich lang und kräftig gebaut und zeigen, dass Körper-, Seelen- und Geistesleben auf etwa gleicher Höhe stehen. Es ist eine kraftvolle Natur, ein tüchtiger, zuverlässiger und umsichtiger Mann, der mit beiden Füssen fest auf dem Boden der Wirklichkeit steht, das zeigt die Unterstirn; der praktisch und umsichtig erwirbt und sich die Über-

Abb. 95 Ein Mann, der sehr gute Proportionen aufweist

sicht bewahrt, das zeigt die plastische Mittelstirn; der fest und unerschütterlich das Geistige und Ideale pflegt und hochhält, das zeigt die unbewusste Ethik der feinen Gewebe. Es ist eine harmonische Vollnatur, die für das Gute und Wahre eintritt und Einfluss im Gesellschafts- und Staatsleben haben sollte.

Ganzheitsdenken

Abb. 96 *Der griechische Weltweise Platon*

An diesem gewaltigen Erscheinungsbild erkennen wir die umfassende Erkenntnisfähigkeit. In dem von *Raffael* dargestellten Stirnaufbau erscheint die Genialität aller Geistesanlagen, bei der sich die verschiedenen Denkschichten in vollendeter Weise die Waage halten. Das gerundete Oberhaupt erklärt das göttliche Fühlen und die klassische Nase den unbeirrbaren Charakter.

Platon befasste sich mit vielerlei Themen, die er in von Sokrates geführte Dialoge fasste. Diese sind auch dem Laien zugänglich. Dabei verwendete er zahlreiche Myten. Seine Lehre umfasste unter anderem Erörterungen über die Erkenntnistheorie, Methaphysik, Ethik und Politik. Die Frage nach dem Guten und Bösen stelle *Platon* in das umfassende Umfeld des politisch-sozialen Handelns. Er lehrte, dass die falsche Art zu Leben (Unrecht tun) aus Unwissenheit, die richtige Art zu Leben, aus der Erkenntnis der Wahrheit über die letzten Dinge, das Gute ist das natürliche Ziel alles Seienden, hervorgeht. Er sah in der ethischen Schönheit das erstrebenswerte Lebensideal und in der Idee des «Einen-Guten-Schönen» Gott, was heute, auch gemäss den Erkenntnissen *Huters,* noch genau so berechtigt erscheint wie vor 2000 Jahren. Auf den Erkenntnissen seiner Zeit aufbauend, hat *Platon* schon Allgemeingültiges erkannt. Seine Kardinaltugenden: Weisheit, Einsicht, Tapferkeit und Gerechtigkeit sind grundlegend, auch wenn die heutige Zeit diese wenig lebt.

Abb. 96 Der griechische Weltweise Platon

Die Naturforschungsmethode, auf dem realen Denkvermögen aufgebaut, vernachlässigt zwangsläufig das Geistige und Okkulte. Anderseits übersieht die okkulte und religiöse Forschung, auf fühlendem, intuitivem Denken aufgebaut, vielfach die realen Naturtatsachen. Diese Vorgehensweisen isoliert vertreten und angewendet, ergeben ein Ungleichgewicht. Wir brauchen eine zwischen diesen Extremen ausgleichende Betrachtungsweise um ein Ganzheitsdenken zu erreichen. *Huter* hat diesen Ausgleich zwischen der Natur- und Geisteswissenschaft gefunden. Sein Wissen fusst auf den Idealen der alten Griechen, verbindet sie mit modernsten realen und neuesten okkulten Erkenntnissen. Er zeigt mit diesem Ganzheitsdenken einen Weg zu innerem Frieden und Ruhe. Sie kann vor geistiger und seelischer Zersplitterung, vor materieller Ruh- und Rastlosigkeit bewahren. Sie regt sowohl den kritischen Verstand als auch tiefes Fühlen an.

Abb. 97 *Prof. Carl Gustav Jung (1794–1864)*
Es ist das Erscheinungsbild eines vielseitigen Geistes, eines universell denkenden Menschen mit hoher Qualität aller Denkschichten.

Die Stirn ist breit und, wie beim «Platon» *Raffaels*, auch in der Höhe voll ausgebaut. Das Oberhaupt ist gerundet. Ein eigenes religiöses Fühlen leitet alle Handlungen. Das Seitenhaupt ist gleichmässig breit ausgebaut. Das Interesse an ökonomi-

Abb. 97 Der Ganzheitsdenker, eine lebensnahe Büste
Museum für Natur- und Völkerkunde Basel, Foto P. Schärer

schen Zusammenhängen ist gross und die Fähigkeit, sich richtig für den Erwerb des notwendigen Geldes einzusetzen, ist gegeben. Die Nase ist kraftvoll hervorspringend. Der Träger hat die Begabung, unermüdlich tätig zu sein und mit grosser Willenskraft für seine Ideen oder Erkenntnisse zu kämpfen und ist ein ausgezeichneter Organisator. Dieser Einsatz für die Idee ist aber nie hart und unerbittlich, denn am weichen und quellenden Mittelgesicht ist viel Gemütskraft und Gefühlstiefe zu erkennen. *Jung* kann auf Menschen zugehen, er ist kontaktfreudig und kommunikationsfähig. Am Mund sehen wir seine Entschlossenheit und den grossen, schon geleisteten Willenseinsatz, aber auch das feine differenzierte Fühlen. Unterkieferbogen und Kinn sind kraftvoll doch ohne Härte. *Jung* braucht zur Durchsetzung seiner Ideen also mehr seine guten Argumente als seine Ellbogen.

Was hat er nun geleistet? Während seiner mehr als 40jährigen Tätigkeit in Basel, hat er in unermüdlich-zähem Ringen mit Behörden und Kollegen die Reform des akademischen Unterrichts sowie den Ausbau der medizinischen Institutionen erreicht. Die medizinische Fakultät war nach der Französischen Revolution in ihrer Existenz bedroht. *C. G. Jung* hatte sich selber mit nahezu allen Teilen der vorklinischen und klinischen Medizin befasst. Er war Professor für Anatomie, Chirurgie, Geburtshilfe und innere Medizin.*

**Andreas Stähelin, «Professoren der Universität Basel aus fünf Jahrhunderten», Friedrich Reinhardt AG. Basel*

Die Breiteneinteilung der Stirn

Abb. 98 *David, von Michelangelo*

Bewegtheit, Kraft und ausserordentliche Konzentration scheinen den Kopf zu beherrschen. Es ist das Haupt der fünf Meter hohen Kolossalstatue des David, die *Michelangelo* von 1501 bis 1503 schuf und die zum Wahrzeichen der Stadt Florenz erkoren wurde.

David, der Hirtenknabe, jüngster Sohn des Isai, besiegte nach 1. Sam. 17, den Philister Goliath, den Riesen, dem bis dahin alle unterlegen waren und der zu einem Schrecken des Landes geworden war. David besiegte Goliath, indem er dem Riesen einen Stein an die Stirn schleuderte. Diesen Moment gesteigerter Anspannung, Konzentration und Erwartung, zwischen der Entscheidung und der Tat hat *Michelangelo* mit der ganzen Dramatik solchen Geschehens eingefangen und ein gewaltiges Bild der Heldengestalt Davids geschaffen.

Dieses Werk, von einem grossen Meister der Bildhauerkunst und der psychophysiognomischen Beobachtung echt und lebenswahr gestaltet, ist ein ausgezeichnetes Lehrmaterial.

Die sehnige Muskulatur des Halses zeigt Spannkraft und Gesundheit. *Michelangelo* brachte damit zum Ausdruck, dass sein David ein Vorbild an Elastizität ist, an gesunder jugendlicher Kraft.

Das quer abstehende Ohr verrät intensive Spannung der physiologischen Energie. Dadurch ist das blitzartige Handeln als Folge eines charakteristischen inneren Kräftezustandes und Potentials gekennzeichnet.

Betrachten wir nun als nächstes das Haar; wir kommen so unmittelbar zum Verständnis des Gestaltungswillens *Michelangelos,* der ihn hier leitet und den er uns in Stein gemeisselt hinterliess. Das Haar ist bewegt und kraftvoll dargestellt. Den Angriffsimpuls hat *Michelangelo* symbolisch mit den beiden Haarlocken über der rechten Schläfe gezeigt. Sie treten hervor wie zum Kampf vorbereitete Dolchspitzen. Das Vorderhaupthaar drängt nach vorne und in die Breite und umrahmt die Stirn. Es betont in besonderer Art die Kampfentschlossenheit. Alles, was an menschlicher Geistestätigkeit in der Oberstirn und in den Übergängen der Stirn zum Seitenhaupt zum Ausdruck kommt, das liebevolle Einfühlen, das Wohlwollen für den Nächsten, scheint dadurch wie ausgeschaltet, ja für den Augenblick überhaupt nicht vorhanden zu sein.

Um so gewaltiger und bewegter tritt die freie Stirnpartie hervor, die Unterstirn, eingeschlossen Augen und Nasenwurzel. Diese Gesichtspartie gewinnt dadurch an Monumentalität, an Spannung, Ausdruckskraft. Man kann nur staunen über das Gestaltungsgefühl *Michelangelos,* mit dem er das Wesentliche ins ungeheuer Dramatische steigert, den Blick zwingend darauf lenkt, und mit dem er das Geheimnis der Form immer mehr zu durchdringen vermochte.

Abb. 99 *Die Breiteneinteilung der Stirn*

Hier ist die Breiteneinteilung der Stirn nach der Neuphrenologie *Carl Huters* wiedergegeben. In der ganzen Breite der Unterstirn, direkt über beiden Augen, zeigt sich das reale Auffassungs- und Beobachtungspotential und unmittelbar

Abb. 98 David, von Michelangelo (Ausschnitt).
Jugendliche Kraft und Elastizität

darüber, einen schwachen Finger breit höher, die Vorstellungs- und Gedächtniskraft dieser Auffassungssinne.

Auch nach der Breite hin hat sich die Stirn im Evolutionsgeschehen folgerichtig immer weiter ausgebaut, besonders qualitativ.

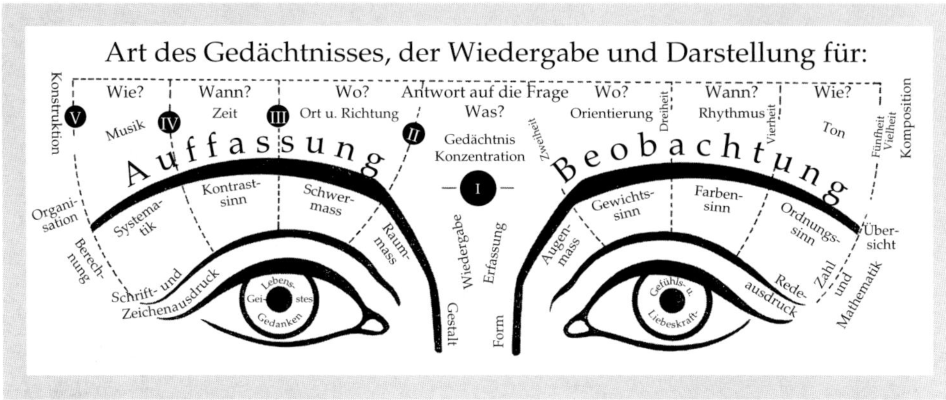

Abb. 99 Die Breiteneinteilung der Stirn

Die Eindrücke, die wir vornehmlich mit den Augen und dem Sehen wahrnehmen, gelangen auf dem Wege einer Art Strahlung ins Körperinnere und werden von dort, psychisch individuell umgewandelt und gefärbt und auf dem Wege der Strahlung wieder zurückgeleitet; Spannung und Kraft sammeln sich im Gehirn unmittelbar über beiden Augen an. Hier wird das Gesehene je nach Potential mehr oder weniger bewusst.

Den Vorgang des Zusammenwirkens von äusseren und inneren Reizen in einem Individuum unter Mitwirkung der negativ aufnehmenden und der positiv strahlenden Lebenskraft Helioda, wodurch das Geistige, aber auch das Äussere, die Physiognomie jedes Lebewesens, geprägt wird, haben wir im Kap. 4, S. 18 schon dargelegt.

Um aus den nachfolgenden Darlegungen von I-V möglichst viel Gewinn zu erzielen, ist zunächst Abb. 99 mit allen Inschriften zu studieren und dann jeweils mit Abb. 98 zu vergleichen.

Stirnmittelpartie I

Zunächst sind die Auffassungskräfte für die wichtigsten täglichen Begebenheiten, die nach Form und Gestalt erkannt werden, zu erfassen. Potential und Qualität zeigt sich an der seitlichen Dachung und dem Schwung der Nasenwurzel, die in Höhe beider Augen und etwas darüber in die Stirn überleitet. (Beim David ist es die Partie der Nasenwurzel unmittelbar unter deren Horizontalfalte.)

Zum Erkennen der Formen und Gestalten liegt eine grosse Bedeutung beim Augenmass, welches Raum und Entfernung und das Verhältnis der Grössen erfasst und bestimmt. Potential und Qualität von Augen- und Raummass zeigt sich in den beiden Winkeln oder Rundungen, die durch das Zusammentreffen von Nasenwurzel und Stirn entstehen, und in deren seitlicher Dachung, welche zu den Augenwinkeln herabzieht. (Beim David sind es die beiden Winkel, welche durch die Horizontalfalte und die beiden Vertikalfalten der Nasenwurzel gebildet werden.)

Das Vorstellungspotential und damit das Gedächtnis für diese Beobachtungen nach Form und Gestalt, Mass und Grösse zeigt sich in der (von der Seite gesehenen) gehobenen Plastik und der (von vorne gesehenen) Breite dieser Nasenwurzelpartie. Sie ragt nach oben in die Region der Vorstellung (beim David durch die drei Nasenwurzelfalten, eine horizontale, zwei vertikale, gekennzeichnet). Wenn die Stirnmittelpartie I plastisch gehoben und breit ist und lebendige Spannkraft (wie beim David) aufweist, dann hat diese Anlage ein starkes Potential. Formen und Gestalten werden genau gesehen, im Gedächtnis behalten und wiedergegeben. Es besteht ein gutes Personengedächtnis, Sinn für Raumeinteilen, Grössen- und Entfernungsschätzen und damit Talent zum richtigen Sehen beim Zeichnen und Modellieren und zu vielerlei sonstigen Geschicklichkeiten im Berufs- und Sportsleben, in denen geistige Konzentrationsfähigkeit erforderlich ist. Fragen auf «*Was* geschah und wurde gesehen?» können genau und zutreffend beantwortet werden. Ist die Stirnmittelpartie I schwach ausgebildet, eingefallen und schmal, dann sind die Potentiale zum Erkennen der Form (Formensinn) und das Augenmass schwach. Formen und Gestalten werden ungenau wahrgenommen, Personen nur schlecht und nach längerer Zeit gar nicht wiedererkannt, Talent zum Zeichnen und Modellieren besteht nicht und auf die Fragen mit «*Was?*» werden ungenaue oder falsche Antworten gegeben.

Bei solchen Personen sind präzise Zeugenaussagen weniger gut möglich.

Stirnseitenpartie II

Beobachtung und Erfahrung weiten sich aus, die Dinge werden nach ihrer besonderen Beschaffenheit, ob leicht oder schwer, ob flüssig oder fest usw. bewertet. Es bilden sich die Potentiale zu Einschätzung von Gewicht- und Schwermass aus, die an der Stirnseitenpartie II beurteilt werden können. (Beim David ist es die untere Stirnkante, die sich unmittelbar an das Nasenwurzeldreieck in etwa gleicher Breite anschliesst und sich nach innen bis zum Augenlid herabzieht.) Einkäufer und Spediteure, Handwerker und sonstige Bearbeiter von Materialien, Verkäufer und Händler arbeiten mit diesem Sinn.

Darüber, nach dem Areal der Vorstellung zu, liegt der Sinn für Orientierung, Ort und Richtung; es ist der Ausbau des Schwermasses und dieser Sinn erkennt die Dinge nach ihrer Beschaffenheit und Lagerung, Örtlichkeit und Richtung im Raum. (Beim David ist diese ganze Stirnseitenpartie II vom Augengrund her ungemein gespannt, gehoben und über die Stirnkante hinaus nach oben ebenfalls plastisch und gespannt, voller Leben und Kraft.) Viele Jäger, Lastwagenchauffeure, Reiseleiter, führende Kaufleute haben diesen Sinn stark ausgebildet. Sie können genaue und richtige Antwort auf die Frage «*Wo?*» geben.

Ist diese Formbildung schwach, wird unbefriedigende und falsche Antwort auf die Frage «*Wo?*» gegeben; Gewicht, Entfernung, Örtlichkeit werden nicht richtig im Gedächtnis gespeichert und der Mensch findet sich an fremden Orten nur schwer zurecht.

Diesen Sinn braucht es auch zur Warenkenntnis. Er ist besonders stark, wenn er sich mit einer plastischen Stirnmittelpartie I verbindet und wenn diese Stirnmittelpartie selbst sich bis hinauf ins praktische Denken (Stirnregion 3) zieht (wie bei Abb. 80).

Stirnseitenpartie III

Die Dinge der Umwelt unterscheiden sich auch nach Helligkeit und Farbe. Die Kontrolle und Unterscheidung erfolgt mit dem Farben- und Lichtsinn, dem Sinn für den Gegensatz oder Kontrast der Dinge. Es ist die Stirnseitenpartie III, die sich etwa von der Mitte des Augapfels nach aussen hin zieht, und welche beim David hervortritt durch aussergewöhnliche Bewegtheit der mittleren Braue (wo diese den kräftigen Schatten aufweist). Man beachte auch die Spannkraft der Weichteile darunter, die sich zum mittleren Oberlid herabzieht.

Unmittelbar darüber, nach dem Areal der Vorstellung zu und aus dem Kontrast sich in abstrakter Weise ergebend, lagert sich der Sinn für Rhythmus und Zeit. (Beim David ist es jene wulstartige Plastik über dem starken Brauenschatten. Ausserordentlich stark ist daher der Sinn für die Zeitberechnung und fasst die gesamten Stirnseitenareale bis hin zur Mitte, zur Einheit und damit zum gesteigerten Tatsachen- und realen Erkenntnissinn zusammen.)

Wo dieser Sinn stark ist, wird genaue Antwort auf die Frage «*Wann?*» gegeben.

Stirnseitenpartie IV

Im Wechsel aller Eindrücke nach Form und Gestalt, Raum und Schwere, Farbe und Kontrast, Tiefe und Zeit suchte der Mensch die Übersicht zu wahren. Er kam in der objektiven Erkenntnis und geistigen Vorstellung der Dinge, und damit der Bewahrung aller dieser Vorgänge im Gedächtnis, nicht ohne eine Ordnung, eine Systematik und Berechnung aus. Der Sinn für Ordnung und Berechnung zeigt sich in der Stirnseitenpartie IV. (Beim David ist diese sehr stark, die Weichteile der Braue unmittelbar über dem äusseren Augenwinkel drängen mit enormer Eckenkraft und mit Spannung und Lebhaftigkeit hervor.)

Darüber, wo sich die Stirnseitenregion IV zur Region der Vorstellungskraft hinaufzieht, und wo das Gedächnis für Gehörtes beeinflussend mitwirkt, liegt an der rechten Stirnhälfte das Areal des Musiksinnes, der, ausgehend vom Tonsinn an der linken Stirnhälfte, das Potential seiner Steigerung und Umsetzung zeigt. Einen einfachen Tonsinn hat wohl jedermann, beim David spielt er im Moment keine Rolle. Die gewaltige Anspannung der ordnenden Übersicht, die ganz im Dienste unmittelbarer konzentrierter Beobachtung und Auffassung steht, zeigt sich mimisch durch das zusammenziehen der Muskeln. Alle Sinne sind auf ein bestimmtes Ziel ausgerichtet.

Ist das Areal der realen Übersicht stark ausgebaut, so kann der Mensch gut auf die umfassendere, alle Auffassungskräfte beanspruchende Frage «*Wie?*» antworten.

Zieht sich die Stirnseitenregion IV höher hinauf, zur seitlichen Oberstirn und zum oberen Seitenhaupt, dann wird der Tonsinn bestimmend und steigert sich zu Musikalität und Komposition, wird zu einer Aussage über ein Kunstpotential (siehe Abb. 105, 106, 107, 108).

Stirnseitenpartie V

Baut sich die Stirn seitlich über den äusseren Augenwinkel und damit über die Vierheit hinaus aus, und bildet sich die Stirnecke erst in der Schläfenregion, dann entsteht die Stirnseitenpartie V, welche das Potential für die Auffassung der Vielheit kennzeichnet. Der Sinn für Zahl und Berechnung baut sich zu einer abstrakten Ordnung, zum Sinn für Mathematik aus. (Diese Stirnseitenpartie V ist beim David schwach bzw. sie fehlt; um das zu sehen, vergleiche man mit Abb. 112, wo die Anlage für Mathematik stark ist.)

Zieht sich die Eckenkraft im Bereich der Vielheit höher hinauf (bis in die Stirnregion 2 und 3, Vorstellung und praktisches Denken), so stossen wir auf das Areal für den Sinn zum Bauen und Konstruieren, es ist der technische Sinn.

Die Übergänge von der Dreiheit über die Vierheit zur Fünfheit und damit zur Vielheit sind ausserordentlich vielfältig. Die Sinne für Kontrast, Farbe und Zeit, für Ordnung, Ton und Musik, für Mathematik, Berechnung und Konstruktion und auch die Massen-, Erwerbs- und Ansammlungssinne des Seitenhauptes beeinflussen sich gegenseitig. Die Variabilität ist so vielfältig wie die Menschen. Im Rahmen dieses Buches lassen sich nur einige wertvolle Hinweise geben und typische Beispiele zeigen.

Sind die Areale der Gegenstands- und Tatsachensinne in der Stirnmittelpartie I (über der Nasenwurzel) stark und hat die seitliche Unterstirn Eckenkraft, dann ist die Anlage für naturwissenschaftliche Forschung gegeben (s. Abb. 44, *Otto Hahn*).

Ist diese Stirnmittelpartie I stark und die Schläfenpartie (Stirnseitenpartie IV-V) mehr gerundet bei gleichzeitig breitem unterem Seitenhaupt, dann richten sich Einheits- und Vielheitssinn auf wirtschaftliche Belange: es besteht Übersicht und Organisationstalent in praktischen Lebensdingen (s. Abb. 43).

Ist die Oberstirn stark und hat sie Breite und Eckenkraft (ähnlich wie bei Abb. 72 die Unterstirn) und zieht sich der Farben- oder der Tonsinn dort hinauf, dann ist mehr eine künstlerische Veranlagung gegeben. Ist dabei die Intuition (mittlere Oberstirn) stark, besteht dazu ein feines Gehör (Ohr) und Virtuosität, Geschicklichkeit und Feingefühl in Körper und Händen (diese Fähigkeit ist am Hinterhaupt zu ermitteln), dann haben wir den Musiker oder Komponisten vor uns, bei letzterem geht der Zug bis zur Komposition. Sind dagegen Formen- und Gestaltsinn stark, und was für jeden Künstler wichtig ist, auch die Darstellungsgabe, dann geht die Begabungsrichtung zum bildenden Künstler, zum Dekorateur, Graphiker, Kunsthandwerker usw.

Steigt aber die Stirn vom Areal der mathematischen Anlage über die Schläfe auf und erreicht in der Höhe der Region des praktischen Denkens besondere Breitenspannung in der Vielheit, dann geht die Denkrichtung zur Technik, Konstruktion und Erfindung.

Bei aller Vielheit und Verschiedenartigkeit der Geistestätigkeit kommt es auf das Konzentrationsvermögen an. Es ist die Fähigkeit, alles Wissen und Denken, und sei es noch so vielseitig, geistig gegenwärtig zu haben, zu übersehen, zu sammeln und konzentriert, unter mehr oder weniger geistiger Willensanspannung wiederzugeben. Diese Fähigkeit liegt im Einheitssinn (Stirnmittelpartie I). Hier spiegelt sich die Potenz des Erfassens und Wiedergebens, der Konzentrationsfähigkeit und des Gedächtnisses. Hier erscheint viel von der geistigen Verfassung eines Individuums. So viele Menschen es gibt, so viele verschiedene Ausdrucksformen der Nasenwurzel sind vorhanden. Durch qualitative Beobachtung und fühlendes Sehen, werden das geistige Potential und die Art der Wiedergabe von Gedanken erkennbar.

Die Einteilung der Stirn nach der Breite zu in zweimal drei und eine mittlere Partie (= sieben Partien) und seitlich noch in die Vielheit, ist jedoch nicht nur für die Unterstirn zu denken, sondern gilt sinngemäss für die ganze Stirnhöhe.

Entsprechend der Einteilung von der Einheit bis zur Vielheit fällt es uns verhältnismässig leicht, die Bedeutung einer insgesamt oder in besonderen Partien schmalen oder breiten Stirn richtig zu erfassen und zu deuten. Ganz allgemein zeigt, bei gleichem Niveau und gleicher Leistungsfähigkeit, die Breite der Stirn die Art des Erfassens der Vielheit und die Übersicht. Eine breite Stirn zeigt vielseitiges geistiges Interesse. Breite Stirn und starken Einheitssinn finden wir immer wieder bei vielseitigen Menschen, die geistige Ruhe und Übersicht bewahren und alle Faktoren im rechten Verhältnis zueinander berücksichtigen.

Die schmale Stirn zeigt die Konzentrationsfähigkeit auf ein Spezialgebiet. Der schmalstirnige Mensch ist deshalb der mehr zur Einheit neigende Spezialist.

Bei schwachem Einheitssinn ist geringere Konzentrationsfähigkeit vorhanden. Wenn eine breite Stirn eine schwache Mittelstirn zeigt, besteht die Gefahr, dass der Mensch abschweift, sich in der Vielfalt verliert, Nächstliegendes übersieht oder nicht genügend beachtet.

Betrachten wir nochmals die Unterstirn beim David (Abb. 98). Die Konzentration (die Sammlung im Erfassen), ferner Form-, Gestalt- und Raumsinn, Ortssinn, Zeitsinn und Berechnung treten im starken Ausdruck der Anspannung an der Nasenwurzel und den anschliessenden Stirnseitenregionen hervor. Man kann förmlich nachfühlen, mit welcher Sicherheit und Folgerichtigkeit, Genauigkeit und Schnelligkeit das Gehirn arbeitet. Diese Auffassungssinne sind von *Michelangelo* glänzend dargestellt. Scharf, ganz unverrückbar fest nimmt der Blick sein Ziel ins Auge. Bei David ist Sehen, Überlegen und Handeln zu einer Einheit geworden. Diese momentane Konzentration aller inneren Abläufe in eine Einheit, wird im Augenausdruck sichtbar. Die Fähigkeit, alles Tun in eine Einheit zu bringen, zwingt den Stein auf seine Bahn und in sein Ziel. Der Geist beherrscht die Materie.

Michelangelo hat alle diese inneren Gegebenheiten in den Stein gemeisselt und damit deutlich gemacht. Der Geist von *Michelangelo* formte und gestaltete auf Grund seines Wissens um innere und äussere Zusammenhänge. Er zeigt damit, wie diese inneren Energien der Materie ihren Willen aufzwingen und sie formend gestalten.

Grösste Aufmerksamkeit wird auch an den gepannten, wie vibrierenden Nasenflügeln des David erkennbar. Die Formen des Mundes offenbaren volle, weiche und differenzierte Gefühle. Im Moment sehen wir mit dem Zug der Unterlippe und dem Ausdruck von Kinn und Unterkiefer eine grosse Entschlossenheit und den starken Willen zur Tat.

Im Erscheinungsbild des David hat *Michelangelo* Mut, Entschlossenheit und Geistesgegenwart verkörpert.

Abb. 100 Höchste Qualität in der feinen Formenstruktur

Abb. 101 Feines psychologisches Einfühlungsvermögen bei grosser Tatkraft

Abb. 100 *Höchste Qualität in der feinen Formenstruktur*

Raffael wurde von *Huter* als der König der Malerei bezeichnet. Die geniale Begabung kommt in dem wunderbar klaren und reinen, qualitativ ausgebildeten Sinn für Form und Gestalt an der Nasenwurzel zum Ausdruck. Aber nicht nur hier, in der einzigartigen Schönheit der gesamten Brauen- und Augenpartie und der Augen selbst ist alles Form und Raum, Licht und Farbe, Übersicht und Komposition. Die künstlerische Fähigkeit, Schönheit darzustellen, lässt sich auch an der Nasenform erkennen. Ihre Form ist Ausfluss der hervorragenden Begabung, die aus der entsprechenden Gehirn- und Körperorganisation hervorgegangen ist. In diesen feinen Formen zeigt sich eine grosse Qualität. Es ist Genialität, ein riesiges Potential zum Erkennen der Lebenssprache in allen Formen und Farben und damit auch einer hervorragenden Menschenkenntnis.

Abb. 101 *Feines psychologisches Einfühlungsvermögen bei grosser Tatkraft*

Ganz anders wirkt dieses Bild des Schweizer Generals, der während des Zweiten Weltkrieges Wehrwillen und -fähigkeit seiner Landsleute mit seinen Ideen geistig motivierte, anspornte und steigerte. Sind es bei Abb. 100 ideale Begeisterung und geniales Können im Lichte der Schönheit, so sind es hier Festigkeit und Tatkraft, die unerschütterlich in sich selbst ruhen (Augen, Nase, Mund, Kinn), und deren Richtung aus der Breite und Bestimmtheit des Nasenrückens und der Kraft und Klarheit der breiten Unterstirn zu uns sprechen. Vorzüglich ist die Übersicht in der realen Erkenntnis und die Kraft in der konzentrierten Erfassung aller Gegebenheiten. Die Stärke General *Guisans* lag seiner Anlage zufolge auf psychischem Gebiet, wodurch er seine Aufgaben zu meistern verstand. Es ist ein Bewegungsnaturell mit viel Feinempfinden und Harmonie; ähnlich dem Grafen *Roon*, über dessen psychologische Begabung Carl *Huter* in seinem Hauptwerk berichtet.

Die grösste Spannkraft und Plastik der Stirn liegt in der Seitenpartie II. Das vom Sinn für Form und Gestalt, Raum und Entfernung gebildete Nasenwurzel-Stirn-Dreieck geht plastisch gespannt, geistig belebt und breit angelegt in die Stirnseitenregion II über, sodass sich der Sinn für Raum, Entfernung, Orientierung, Richtung und Ort sprechend deutlich abzeichnet. Das zeigt eine weit überdurchschnittliche, ins Geniale reichende Anlage. In Verbindung mit der Eckenkraft der Unterstirn und damit der weitgespannten Übersicht, kann man sich vorstellen, wie vor dem geistigen Auge dieses Mannes das Territorium seines Landes lebendig und klar erscheint. Am vorderen Oberhaupt, wo das Haar so fein und schlicht vom Scheitel auseinanderstrebt, also in der aufsteigenden Verlängerung und Krönung der Stirnseitenregion II, liegen die Gefühlssinne für nationale Interessen und die soziale Liebe. Das Erscheinungsbild ist hier fein und schlicht und wirkt gerade deshalb auch stark und frei. Man begreift, dass in dem Spannungsfeld von Ort und Übersicht, Nationalsinn (Heimatsinn) und Sozialliebe alles inbegriffen ist, was das Land an Städten und Dörfern, Menschen und Kultur umspannt, und wie dieser Mann, so ruhig und bescheiden, umsichtig und erfolgreich sein Volk zu begeistern wusste und alles daransetzte, um dieses Land zu schützen.

Beim Betrachten dieses Bildes kommt nicht nur der Formausdruck, sondern auch der tiefere Zusammenhang zwischen Orientierung und Sozialliebe (Liebe zur gesamten Natur), Ortskenntnis und Nationalsinn (Heimatsinn) zum Bewusstsein, die ja auf gleicher Breite der Stirn zu unterst und zu oberst liegen. Die reale, anschauliche Kenntnis der Heimat gipfelt in der höchsten Tugend, der Liebe zu ihr. Ohne starken Ortssinn ist kaum eine so starke Liebe und Hingabe für die Heimat, ihre Menschen und ihre Natur denkbar. Ohne starke bewusste soziale und nationale Ethik, nicht zu verwechseln mit Nationalismus, ist der Ortssinn eine einseitige Angelegenheit der kalten Verstandeskräfte. Das Territorium, worauf sich die Kenntnisse aus diesem Sinn beziehen, wird leicht ein Gegenstand der Ausbeutung, der Machtentfaltung und der kalten Verteidigung des Territoriums. Daraus erscheint klar, dass das einseitige Verstandesdenken nicht ausreicht, um dem Volke ein vollwertiger Führer zu sein. Leicht ergibt sich aus solch einseitigem Denken ein sturer Nationalismus, statt Wohlfahrt und Fortschritt, Zerstörung, Armut und Unterdrückung.

Abb. 102 *Form, Raum, Farbensinn*
Walt Disney, der Zauberer mit Formen und Farben, Licht und Schatten, Schöpfer von Zeichentrick- und von Naturfilmen, die seinen Namen weltberühmt machten.

Deutlich erkennt man das Hervortreten des Kontrast-, Farben-, Licht- und Zeitsinnes in der Stirnseitenregion III, dort, wo sich über dem rechten Auge die Braue nach oben schwingt. Aber auch die Stirnmittelpartie I (Form, Raum, Ort) ist stark ausgeprägt; die Spannkraft der Nasenwurzel zieht sich vom Formensinn geradenwegs zum Kontrast- und Farbensinn und zeigt, wo die Stärke der Sinnes-

Abb. 102 Form, Raum, Farbensinn

Abb. 103 Ein origineller Kopf eines originellen Menschen

tätigkeit liegt. Die Stirn ist darüber hinaus breit, hat Eckenkraft und lässt Übersicht und Organisationstalent, der Zug von hier zum oberen Seitenhaupt, Kunstsinnigkeit und Fortschrittlichkeit erkennen.

Der Nasenrücken ist breit und zeigt starkes und ausgeglichenes körperliches und geistiges Wollen, Kraft und Ausdauer, das Kinn grosse Tat- und Dauerenergie in Verfolgung seiner Ziele.

Abb. 103 *Ein origineller Kopf eines originellen Menschen*

Das Erscheinungsbild zeigt eine ausgesprochene Eigenständigkeit und das konzentrierte, kritische Erfassen und Suchen. Es ist *Olaf Gulbransson*, der durch seine Illustrationen im «Simplizissimus» viele Jahrzehnte lang bekannt war; er starb 1958. Hier sitzt er an der Sonne und zeichnet, zieht dabei die Stirn stark herunter. Fragend kritisch blicken die Augen, die ganze Augumrahmung zeigt parallelen Ausdruck, der Mund ist aufnehmend geöffnet und zeigt die kontrollierenden Gefühle. Von den beiden Kreuzen weg zieht sich ein Zug der Konzentration zum Formensinn. Es scheint, dass sich alle Kräfte des Fühlens und Denkens in der sich wie ein Schild von der Sonne beleuchteten Mittelstirn sammeln und zur Konzentration drängen. Die stärkste Anspannung zeigt sich dann an der Nasenwurzel und den Arealen der Sinne für Formen- und Gestalt. Wo die kleinen Kreuze eingezeichnet sind, ist der Sinn für Witz lokalisiert. Es ist dies die Stirnbreitenregion III, der Kontrastsinn in Höhe des philosophischen und weisen Denkens. Hier paart er sich mit dem Prüfen, Vergleichen und Schlussfolgern. Aus den Kontrasten entspringt wie aus Licht und Schatten der satirische Witz.

Abb. 104 Der Maler

Abb. 105 Der Komponist

Die Ohren stehen im oberen Teil quer ab. Sie zeigen die seelische Oppositionsfreude und Angriffslust, das vom Seelischen ausgelöste Streben nach geistigem Herrschen und Führen. Aus den vielen, feinen Fältchen im Gesicht, sprechen der Schalk und Humor eines gereiften, ernsten Mannes. Der nackte Oberkörper gibt Einblick in sein kraftvolles, unbeirrbar seinen eigenen Weg gehendes Wesen. Der innewohnende Lebensgeist gestaltet nicht nur die äussere Form des Körpers, sondern auch das aus diesem wachsende Werk.

Abb. 104 *Der Maler*
In anderer Richtung, aber nicht minder deutlich, zeigt sich die Anlage an diesem Bild: Vom Sinn für Form und Gestalt zieht sich die Nasenwurzelplastik kühn und schwungvoll zum Farben- und Lichtsinn. Es kommt in dieser Formbildung Sicherheit und Talent zum Ausdruck. Hinzu kommt die lange und etwas schmale Nasenform, die feingeistiges, aber nicht so umfassendes Wollen offenbart, und die grosse Sicherheit in einer ganz bestimmten Richtung der Darstellung erkennen lässt.

In dieser Art der Darstellung, die sich auf Farben und Formen richtet, liegt sicher viel Können und Ästhetik, aber auch viel Routine und nicht so ausgeprägt die Innerlichkeit und Tiefe (wie sie etwa aus der entsprechenden Formbildung und -beschaffenheit bei *Raffael* spricht). Es ist der chinesische Maler *David Kwok*, der die traditionelle Pinselmalerei seiner Heimat mit einer sehr modernen und freien individuellen Note verbindet, die ihre Ausdrucksmittel sowohl in den Formen wie in leuchtenden zarten Farben findet – so die kunstkritische Charakterisierung seines Stils, die durch seine Physiognomie und unsere Deutung derselben Bestätigung findet.

Wie schon weiter oben dargelegt, sind Kontrast, Zeit und Rhythmus stark miteinander verwoben, auch beim Sinn für Ordnung und Ton, und daher sind bildende Kunst und Musik miteinander eng verwandte Gebiete künstlerischen Gestaltens und somit auch physiognomischen Ausdrucks. (So ist von dem bedeutenden Bildhauer *Prof. Gustinus Ambrosi*, 24.2.1893–1.7.1975, in Wien bekannt, dass er, bevor er in seinem 7. Lebensjahr infolge Gehirnhautentzündung das Gehör verlor, ein geradezu phänomenales musikalisches Talent offenbarte.) Darüber hinaus sind Berechnung, Komposition und Konstruktion in beiden Richtungen der Kunst oft nicht minder beteiligt und stets sind Kunst- und Idealsinn (der Zug aufwärts an der Stirn) gleichzeitig mehr oder weniger stark. Das möge man bei den nächsten Bildern berücksichtigen, die trotzdem etwas für sie Typisches offenbaren.

Abb. 105 *Der Komponist*
Der Komponist *Richard Strauss* am Anfang seiner Laufbahn, 24jährig. Versuchen wir, den Ausdruck der Stirnmittelpartie und der Stirnseitenregion ruhig fühlend-sehend aufzunehmen und in ihrer Feinheit zu deuten, und vergleichen wir diesen Ausdruck auch mit dem des vorangegangenen Bildes. Das Ergebnis ist folgendes: Die Nasenwurzelregion bei Abb. 104 ist gespannt, lebhaft; hier ist Impuls, Betätigung, geistiges Geschehen sichtbar. Die Nasenwurzel bei Abb. 105 ist breit und sehr fein, also qualitativ gebildet, aber ganz ruhig im Ausdruck. Verfolgen wir nun die Stirnseitenpartien weiter über die Augen, entlang den Brauen: die Ruhe bleibt. Aber jetzt, über dem äusseren Irisrand des rechten Auges: hier gewinnt der Ausdruck Spannung, Lebhaftigkeit, im Gewebe zeigt sich Impuls und daraus entsteht Betätigung, das geistig schöpferische Geschehen. Genau das, was wir bei Abb. 104 am Formensinn erkannten, liegt hier am Tonsinn. Ich hoffe, der Leser bringe die Geduld auf, um diese Unterschiede fühlend aufzunehmen und umzusetzen. Bei *Strauss* zieht dann vom Tonsinn (genau über dem äusseren Irisrand beginnend) über die höchste Wölbung der Brauen die gespannte, lebensvolle Plastik hinauf zum oberen Seitenhaupt, wodurch die Oberstirn (mit der schöpferischen, aus dem Inneren aufsteigenden Intuition) breitgerundet, mit plastisch gefüllter Stirneckenpartie ins obere Seitenhaupt übergeht. Dieser Zug ist der Kunstsinn, der hier aus dem Tonsinn aufsteigt, sich mit der Kompositionsgabe verbindet und in den oberen Stirn- und Seitenhauptregionen ausläuft und die geniale Musikalität nachfühlen lässt. Natürlich gehört zum Musiker mehr, vor allem das entsprechende Gehör, welches wir an den Ohren* analysieren und die Geschicklichkeit und Virtuosität der Hände, die am Hinterhaupt abzulesen ist.

Bei Abb. 104 zeigt der Augenausdruck lebhaftes Sehen, Beobachten, Erfassen von Form, Raum, Fläche, Kontrast usw.; es ist ein «Augenmensch», könnte man sagen. Bei Abb. 105 ist der Augenausdruck weicher, mehr fühlend, man muss den Ausdruck richtig fühlend-sehend zu erfassen suchen. Er ist viel mehr vom Gehör beeinflusst, man möchte sagen lauschend, und dadurch wird der Ausdruck sehr fein. Die Aufmerksamkeit ist mehr nach innen gerichtet, alles ist auf die Welt der Töne, die von innen aus einem tiefen und verfeinerten seelischen Empfinden aufsteigt, abgestimmt.

**Kapitel 16*

Abb. 106 Die Musikalität.
Giacomo Puccini

Abb. 106 *Die Musikalität*

Bei *Giacomo Puccini*, dem grossen italienischen Musiker und Komponisten, zeigt ein Pfeil auf die Schläfenregion. Wenn wir auf dem Bilde in Pfeilrichtung noch 4 mm weitergehen und dort eine feine senkrechte Linie einzeichnen, dann begrenzen wir in dem dazwischenliegenden Feld den Musiksinn, der von hier aufsteigt und sich verbreiternd in die obere Stirn und das Seitenhaupt verläuft. Die ganze Stirnseitenpartie IV ist bis hinauf zur Oberstirn grossartig ausgebaut und in der mittleren Oberstirn, die plastisch gewölbt und feinstens durchlebt ist, zeigt sich das intuitive Schöpfen aus dem Inneren.

Auch bei *Puccini* finden wir das weiche, das weniger ausgesprochen sehende als vielmehr das fühlende Auge, welches – wie bei *Strauss* – gross und gerundet hervortritt. Das gerundet hervortretende Auge deutet auf Musikalität. Der Einheitssinn (Stirnmittelpartie) ist stark, ebenso der Sinn für Form und Gestalt und die Darstellungsgabe (Nasenform). Dies bei sehr feinen und weichen, volles und tiefes Empfinden ausdrückenden Gesichtsgeweben. Das Kinn ist kräftig, die Haltung aufrecht, und so kann man sich aus dem Kopf- und Gesichtstypus sowohl den Reichtum von *Puccinis* musikalischem Schaffen als auch die Kraft und Schönheit in der Gesamtgestaltung seiner grossen Opernwerke erklären.

Abb. 107 *Die Musikalität*

Bei *Anita Grolimund* ist die plastische Erhöhung am Übergang von der Stirn zur Schläfenregion, wie wir diese immer wieder bei Musikerinnen und Musikern sehen können, deutlich erkennbar. Die Plastik ist gegenüber dem Sinn für Mathematik, Abb. 112, leicht gegen die Stirnmitte verschoben. Aus der gefühlsdurchtränkten Denkschicht für die Töne auf der linken Stirnseite, auf dem Bild rechts

Abb. 107 Die Musikalität

Abb. 108 Eine junge Musikerin

zu erkennen, entstehen in der mehr durch den Verstand geprägten Denkschicht der Musik, an der rechten Stirnseite zu erkennen, die Tonfolgen, die zur Musik werden. Vergleichen wir die Areale der Musikalität mit den Arealen der Mathematik, dann können wir erkennen, dass beide Begabungen wohl getrennt zu erfassen sind, durch ihre Nähe aber auch ineinander fliessen können. Aus diesem Grund sind vielfach Musiker auch an der Mathematik interessiert oder umgekehrt. Die spezifische und stärkere Begabung wird sich aber immer wieder durchsetzen.

Zur Berufsvirtuosität für Musik und zu deren Ausübung gehören neben dem Gedächtnis und den Denkimpulsen, auch die Geschicklichkeit der Hände und die am Hinterhaupt zu analysierenden motorischen Schichten. Gerade an der Musikalität und an deren instrumentalen Umsetzung, erkennen wir die Vernetzung eines Talentes mit allen Schichten in Gehirn und Körper.

Abb. 108 *Eine junge Musikerin*
Anita Grolimund steht mit 19 Jahren am Anfang einer hoffnungsvollen Laufbahn. Die Feinheit, Strahlung und Spannung der Hautgewebe lassen eine qualitativ hochstehende, leistungsfähige, innere Grundstruktur erkennen. Sie ist ein Empfindungs-Naturell mit Harmonie, welches sich durch geistig rege, vielseitige Wesensart auszeichnet.

Am Stirnaufbau erkennen wir ein ausgewogenes, vielschichtiges Denkvermögen. Realitäten werden immer wieder mit den Erkenntnissen aus den sozialen, humanistischen Denkschichten verglichen. Menschlichkeit hat bei Entscheidungen einen hohen Stellenwert. So fein und bescheiden wie sich die Oberkieferpartie präsentiert, bringt sich *Anita Grolimund* in die Gesellschaft ein. Diese Anlage sowie die leichte Hemmung, die an der äusseren Ohrkrempe und an den kleinen Ohren zum Ausdruck kommt, hier nicht sichtbar, lassen manchmal zögern und am eigenen Können zweifeln. Doch das Resultat der Arbeit zeigt immer wieder die Wirklichkeit, an der sich *Anita Grolimund* orientieren kann.

An der Mundform sind feine Gefühle, aber auch der starke Wille zur Überwindung von Schwierigkeiten zu erkennen. Die kleine, feine Nase zeigt das psychologische Einfühlungsvermögen, aber auch etwas Bequemlichkeit und zu leichtes Nachgeben gegenüber den Wünschen und Begehren anderer. An den Backenknochen und am kräftigen Unterkieferbogen, sehen wir die Impulse zur Durchsetzung und den Ehrgeiz, welcher die an der Nase anklingende Bequemlichkeit immer wieder überwinden lässt.

Die feinen und trotzdem kraftvollen Hände sind Zeichen der starken Feinmotorik und auch Zeugnis vom Magnetismus, der zum Ausbau der Persönlichkeit nötig ist.

Das Naturell, das ausgezeichnete psychologische Einfühlungsvermögen, die angeborene Bescheidenheit führen zu einem spezifischen Führungsmodell. *Anita Grolimund* müsste diese Begabungen verwenden um ihre Mitarbeiter/Innen durch die Idee zu motivieren und in die gewünschte Richtung zu lenken, was ihr bei der vorhandenen Denk- und Kommunikationsfähigkeit wohl gelingen wird.

Sie ist Solistin und Konzertmeisterin des Basler Jugendorchesters und beginnt 1995, nach der Maturität, das Musikstudium am Konservatorium.

Der Sinn für Zahlen, Mathematik und Konstruktion

Prof. Dr. med. *P. J. Möbius* beschrieb im Buch über «Die Anlage zur Mathematik» sinngemäss folgende Erlebnisse: «In Wien war ein Schüler aus St. Pölten, der in der ganzen Gegend durch sein grosses Rechentalent bekannt war. Er war der Sohn eines Schmiedes, neun Jahre alt, und hatte keinen anderen Unterricht als seine Schulkameraden empfangen. Ich liess ihn nach Wien kommen und gab ihm die Aufgabe, drei Zahlen zu addieren, subtrahieren und multiplizieren und jede durch eine dreistellige Zahl zu dividieren. Jede Zahl bestand aus zehn bis zwölf Ziffern. Er rechnete alles im Kopf und hatte das korrekte Resultat früher als meine Zuhörer, die die Rechnung auf dem Papier ausgeführt hatten. Der Knabe war von selbst auf seine Methode gekommen und erregte Aufsehen in Wien.

Ein Rechtsanwalt beklagte sich bei mir über seinen fünfjährigen Sohn, der sich ausschliesslich mit Zahlen und Rechnungen beschäftigte, für nichts anderes Sinn habe, nicht einmal für die Spiele seines Alters. Ich machte einen physiognomischen Vergleich der zwei Knaben. Es war nur eine Ähnlichkeit zu finden, nämlich eine beträchtliche Vorwölbung am äusseren Augenwinkel. Bei beiden war das Auge im äusseren Teil durch das obere Lid verdeckt.

Dieses Zusammentreffen von ungewöhnlichem Rechentalent mit einer eigentümlichen Kopfbildung brachte mich auf den Gedanken, dass die Anlage für Arithmetik ein Grundvermögen sei und von einer besonderen Hirnbeschaffenheit abhängig ist. Ich suchte nun nach Männern, die sich durch besonderes Rechentalent auszeichneten. Zuerst beurteilte ich den Rat *Mantelli,* dessen Lieblingsbeschäftigung das Aufsuchen und Auflösen mathematischer, besonders arithmetischer Aufgaben war. Ich fand bei ihm die spezielle Gestaltung der Gegend des äusseren Augenwinkels. Dann ging ich zum *Baron von Vega*, Professor der Mathematik, dem Verfasser der Logarithmentafeln, der im übrigen ein sehr mittelmässig begabter Mensch war. Wieder fand ich dieselbe Kopfgestaltung. Ich durchmusterte Familien und Schulen, liess mir die Kinder zeigen, die sich durch ihr Rechentalent vor den anderen auszeichneten. Da ich nun immer dasselbe Kennzeichen fand, konnte ich annehmen, dass der Zahlensinn ein besonderes Vermögen ist und dass dazu eine besondere Organisation des Gehirns vorhanden ist.»

Es ist die Stelle, die bei Abb. 110 von den beiden vom rechten Bildrand kommenden Linien und vom äusseren Augenwinkel begrenzt wird.

Auch bei Abb. 111 wird diese Stelle im Übergang von der Stirn zur Schläfe durch die beiden Pfeilstriche bezeichnet und durch den von den beiden Augenlidern gebildeten äusseren Augenwinkel begrenzt.

In Übereinstimmung mit *Gall* hat *Möbius* zwei besonders charakteristische Merkmale an dieser Stelle des Kopfes beobachtet, die bei der Begabung für Mathematik feststellbar sind. Vor allem ist eine Verbreiterung der Stirn zu beobachten, wie sie bei Abb. 110 und 111, durch die Pfeilstriche hervorgehoben, deutlich sichtbar wird. Zum anderen weist oft die Augenbraue eine ganz charakteristische Gestaltung auf, wie sie Abb. 110 deutlich zeigt. Die Braue legt sich hier tief herabgezogen sackartig über das Auge, so dass dasselbe oben aussen mehr als sonst und zuweilen stark verdeckt wird.

Gall hat schon beobachtet, dass dort, wo diese Dachung der Augenhöhle seitlich sehr stark herabhängend ist, die Verbreiterung der Stirn über das Auge hinaus nicht so stark auftritt. Dort hingegen, wo dieser sich über das Auge legende Überhang fehlt, kann die Stirn weit über die Augen hinaus nach den Seiten ragen, die Stirnkanten förmlich wie ein seitliches Schutzdach nach aussen rückend. Das ist bei Abb. 112, der Büste eines antiken Mathematikers, sehr schön sichtbar gemacht.

P. J. Möbius erkannte, dass eine genaue Beschreibung der Formen der Mannigfaltigkeit der Natur gegenüber versagt. Eine Wortformel, die allen Variationen gerecht werde, sei schwer zu finden. Am besten wäre es zu sagen, der Ausdruck der mathematischen Anlage bestehe in einer starken Bildung der Stirnecke, die auf Vergrösserung des von der Stirnecke umschlossenen Raumes hinauslaufe. Nicht bei zwei Mathematikern sei die Stelle ganz gleich gebildet. Die Variabilität sei auch ein Grund, gegenüber Messungen misstrauisch zu sein; wenigstens könne er sich bislang keine Messmethode vorstellen, die für diesen Zweck auch nur annähernd brauchbar wäre. Man müsse immer wieder sagen: *Kommt und seht!*

Das Auge ist immer noch die beste Messmethode.

Wo der Sinn für Zahlen, Berechnung und Mathematik nach *Huter* zu suchen ist, zeigt Abb. 99.

P. J. Möbius hat zwei weitere Beobachtungen gemacht.

Erstens, dass die mathematische Anlage einseitig, und zwar in der Regel links, viel stärker zu erkennen sei als rechts. *Gall* sagte noch kein Wort von der Einseitigkeit, weder beim Zahlensinn, noch bei einem anderen. Die Feststellung ist aber von erheblicher praktischer Bedeutung, denn wenn wir darüber im Zweifel sind, ob wirklich eine mathematische Anlage oder nur eine ähnliche Bildung vorliegt, so spricht die Einseitigkeit, und zwar die linksseitig verstärkte, für die mathematische Anlage.

Zweitens, was *Gall* ebenfalls nicht beschreibt, dass nicht nur der Knochen, sondern auch die Weichteile an der Stirnkantenregion der Mathematiker verändert ist, und dass die Hervorragungen zum Teil auf verstärkte Hautentwicklung und verdicktes Unterhautgewebe zurückzuführen sind. Recht häufig finden sich auch auffallend starke Augenbrauen. *Möbius* meint, dass beides, vermehrte Weichteile und verstärkte Augenbrauen, durch die Übung der mathematischen Anlage verursacht sein könnten.

Wir erkennen, wie fein, richtig und genau *P. J. Möbius* schon gesehen hat, dass er Faktoren in seine Beobachtung einschloss, die weit über den Formbau des Schädels an sich, der ja für *Gall* massgebend war, hinausgingen. Es ist ein Sehen ganz in dem Sinne, wie es bei *Huters* Psycho-Physiognomik unumgänglich ist.

P. J. Möbius hat richtig gesehen, dass die Fähigkeit zum mathematischen Denken nicht Folge der Bildung ist, sondern auf einer besonderen Anlage beruht, wodurch die Grundentdeckung *Galls* «von der Vielheit der Zentren des Gehirns» sich an einem Areal bestätigte.

Die Beobachtung der seitlich unterschiedlichen Entwicklung wird durch *Huters* Forschungen, insbesondere auf Grund der Kraftrichtungsordnung, voll verständlich, denn diese weist die zwar ähnliche aber doch unterschiedliche Arbeit und Wirkungsweise der beiden Hirn- und Körperhälften nach. Wir erkennen danach linksseitig am Gesicht mehr die intuitive Anlage, rechtsseitig mehr die sich daraus ergebende praktische Umsetzung.

Jedoch hat *P. J. Möbius* noch zu wenig auf die Spannung und Belebtheit geachtet, die beim Mathematiker an der gekennzeichneten kleinen Stirnseitenpartie zu erkennen ist. Möbius sah zwar die Form und die Formveränderungen, aber noch nicht genügend Struktur und Qualität in der Form. Geist und Leben sind unmittelbar auch aus den Strahlungen und Spannungen der Gewebe zu erkennen.

Die Variabilität in der Formbildung müssen wir als eine Folge der Wechselwirkungen zwischen allen Anlagen erkennen. Um sie richtig zu verstehen und die Verhältnismässigkeit zu erkennen, müssen wir eine Anlage stets im Rahmen aller anderen Anlagen und der Gesamtheit des Gehirns sehen. Dazu ist es nötig, die Qualität der Form, die Strahlung der Haut und die Spannung der Gewebe und deren Züge (wohin sich ihre Form zieht) zu sehen und zu bewerten.

Möbius war ein sehr guter und genauer Beobachter. Das beweisen seine feinen Unterscheidungen; auch war er ein hervorragender Naturforscher und Gelehrter, das beweisen seine Werke. Sein ausgezeichnetes Formgefühl liess ihn, obwohl er nicht viel von Mathematik verstand, ein Buch über Mathematiker schreiben. Betrachten wir daraufhin sein Bildnis.

Abb. 109 *Die qualitative Anlage bei P. J. Möbius*

In der Klarheit und Durchstrahlung der breiten und hohen, markanten Stirn liegt ausserordentliche Qualität; ihre kraftvoll-ruhige Spann- und Kernkraft ist gar nicht zu verkennen. Darauf zu verweisen, ist sehr wichtig, denn es zeigt die hervorragende geistige Veranlagung dieses Gelehrten. Betrachtet man hingegen die Partie seitlich des Auges, auf die der Pfeilstrich weist, so erkennt man, dass hier die Spannkraft fehlt. Das Gewebe ist faltig, und locker. Es zeigt sich daran, dass die Anlage für Mathematik eher schwach und auch ungeübt ist. Etwas höher jedoch, nach der Stirn zu, finden wir Kraft und Anspannung; hier zeigt sich die ordnende Kraft des Denkens, die sich in die plastisch gespannte untere und mittlere Stirn und in den unteren Teil der Oberstirn fortpflanzt. Hier werden die sehr guten Anlagen für beobachtendes, vergleichendes und schlussfolgerndes Denken sichtbar. Die Anlage, Gedanken konzentrieren zu können, tritt in der Mitte und die zum richtigen Erkennen von Form und Gestalt in dem ausgeprägten seitlichen Schwung des breit und plastisch hervorgehobenen Stirn-Nasen-Überganges hervor. Es ist eine hervorragende Veranlagung für Physiognomik und die entsprechende Betätigung vorhanden. Dementsprechend hat auch das Auge den denkenden und fühlend-beobachtenden Ausdruck des Naturforschers und Künstlers.

Das Zahlengefühl und der Sinn für Mathematik geben, wo er vorherrschend für das gesamte Denken ist, dem Auge einen bestimmten Ausdruck (Abb. 110, 111, 112). Man beobachte weiter Menschen, die viel und gerne rechnen, so wird man dieses Typische feststellen.

Abb. 109 P. J. Möbius (1853–1907), die qualitative Anlage

Abb. 110 A. F. Möbius (1790–1868), der Grossvater von P. J. Möbius, der Mathematiker und Professor der Astronomie war

Da das Auge in seinem Ausdruck innere Vorgängen widerspiegelt, haben grosse Maler, Bildhauer, Musiker, Mathematiker, Berufsleute aller Art jeweils etwas Typisches, unverkennbares im Augenausdruck, in der Augenumgebung, in allen physiognomischen und mimischen Lebensäusserungen. So erklären sich die Toncharaktertypen, Typen mit einer ganz besonderen, spezifischen, den ganzen Menschen erfassenden Fähigkeit und Prägung, die von *Huter* entdeckt wurden.

Ohne die Beachtung solcher Feinheiten ist es nicht möglich, den Geist aus den lebenden Formen wahrheitsgetreu zu erkennen. Kritiker von *Galls* Phrenologie, die mit solchen Feinheiten und noch anderen Umständen nicht rechneten, suchten dessen Lehren mit den unwissenschaftlichsten Einwendungen herabzuwürdigen. Sie erhoben u. a. den Einwand, man könne nicht wissen, ob sich hinter einer hohen Stirne nicht ein Wasserkopf oder eine rachitische Anlage verberge.

Es gibt nun viele Debile mit hohen und breiten Stirnformen. Bei allen lässt sich jedoch an typischen festen und mimischen Ausdrucksformen, an Augen, Mund, Körperform und Haltung der wirkliche Zustand erkennen. Die Stirnform hat dann keine Aussagekraft mehr über Fähigkeiten im oben beschriebenen Sinn.

Die Quelle des Irrtums von unberechtigter Kritik liegt beim Unvermögen, fachmännisch (physiognomisch) zu sehen. Der Holzkenner z. B. unterscheidet nach Form, Farbe, Gewicht, Faserung usw. etwa 50 verschiedene Holzarten, während für viele andere eben alles nur «Holz» ist.

Der tüchtige Psycho-Physiognomiker erkennt die unterschiedliche Qualität der lebendigen Formbildung an ebenso sicheren Merkzeichen. Die Kritiker haben bis heute aus Unkenntnis und schlechter Umsetzung des Gesehenen in ihr Bewusstsein die bedeutendste und nützlichste «Wissenschaft vom Menschen» behindert.

Immer wieder erleben wir bei unseren Schülern die erkennende Reaktion: «Jetzt sehe ich es auch», nachdem die Formzeichen und ihre Differenzen an unterschiedlichen Bildern erklärt worden sind. Vorher hatte die Form für sie keine diesbezügliche Aussagekraft. Von der grossen Schwierigkeit, die lebende Form, die intensiv betrachtet wird, in ihrer inneren Bedeutung zu erkennen, hat auch *Prof. Dr. Konrad Lorenz*, Verhaltensforscher, geschrieben.

Betrachtet man Gehirn-, Schädel- oder Gewebepartien nur mit den Augen der Physik und der Biologie, dann offenbaren sie sich lediglich als Gebilde von Millionen höchst komplizierter Zellen mit noch viel mehr Atomen und Molekülen und noch kleineren Teilchen der Materie, eine Welt der Kleinheit und Feinheit von wahrhaft gigantischem Ausmass. In diesen Teilchen ist das noch feinere Empfinden und das Geistige konzentriert tätig und macht die Form erst zu einem lebenden Wesen.

Dieses Lebendige, welches in der durchstrahlten Form zum Ausdruck kommt und über den Qualitätsgehalt der Form und der dahinter wirkenden Energien Auskunft gibt, kann am besten mit einem geschulten Auge abgeschätzt und bemessen werden. Wohl können Messungen der Form zu vergleichenden Studien dienen, das Geistige aber lässt sich noch nicht messen oder wägen. Mit dem vollkommenen Instrument, dem Auge, können wir es sehen und mit dem dieses Sehen ergänzende und unterstützende Fühlen vertiefend erkennen und im Gehirn dann zum Bewusstsein bringen. Bewusst wird es uns aber erst, wenn wir auch wissen, welche Form- und Qualitätsmerkmale welche Erkenntnisse ermöglichen.

Abb. 110 *A. F. Möbius (1790–1868), der Mathematiker und Professor der Astronomie war, Grossvater von P. J. Möbius*

Wir erkennen, durch die beiden Pfeilstriche angedeutet, die Anlage für Mathematik ist stark ausgeprägt und legt sich in kraftvoller Plastik und Spannung über das Auge. Es ist, als dränge die ganze Kraft der Stirn, der Braue und auch der Augenlider nach dem Sinn für Mathematik hin.

Einen einfachen Sinn für Zahlen hat schliesslich jedermann; aber je breiter, plastischer und kraftvoller, den Ausdruck beherrschend, sich die Form ausbaut, um so mehr erkennen wir daraus der Sinn für Mathematik in allen erdenklichen Abstufungen.

Die Nasenwurzel zeigt in ihrer Breite und Kraft grosse Geistesenergie, Anstrengung und Konzentration; wohin diese geht, zeigt der Zug der Kraft zum mathematischen Sinn. Der einzelne Pfeilstrich weist auf den Formensinn, und in der Verlängerungslinie dieses Pfeiles, zwischen Nasenwurzel und Auge, hebt sich der Raumsinn ausserordentlich plastisch hervor, beides wichtig für den Astronomen.

Abb. 111 *Der Mathematiker und Astronom J. B. J. Delambre (1749–1822)*

Hier erkennen wir Kraft, Schnelligkeit und Ruhe des Geistes an der Nasenwurzel, und der kernige Schwung der Augenbraue, die vom Formen- und

Abb. 111 Der Mathematiker und Astronom J. B. J. Delambre (1749–1822)

Abb. 112 Die (wahrscheinliche) Büste des Archimedes, des grossen Mathematikers des Altertums

Raumsinn zum mathematischen Sinn wie ein beschützender Bogen zieht, zeigt die umfassende Art des Denkens. Die Stirn ist breit und hat plastische Eckenkraft. *Delambre* hat im sechsbändigen Werk «Historie de l'astronomie» die Geschichte und den Stand der Astronomie anschaulich und lebendig geschildert. Seine mit *P. F. A. Méchain* durchgeführte Erdvermessung, war Ausgangspunkt für die Festlegung des Urmeters.

Abb. 112 *Die (wahrscheinliche) Büste des Archimedes, des grossen Mathematikers des Altertums*

Hier hat der Künstler, physiognomisch, in der Region der Nasenwurzel ausserordentliche Kraft des Willens und der Konzentration dargestellt. Die Formkraft der Stirn pflanzt sich von der Nasenwurzel abwärts fort. Das zeigt die Kraft der Wiedergabe und Darstellung. Um klar zu machen, worauf es ankommt und welcher Tätigkeit diese gesteigerte Anspannung und Konzentration zugute kommt, hat wohl der Künstler eine gewaltig in die Breite ausgebaute Form, seitlich ausserhalb der Augenlider, besonders linksseitig, gestaltet.

Abb. 113 *Der Rechenkünstler*

Das Bild dieses achtjährigen Jungen ging vor einiger Zeit durch die Presse und es hiess, dass er ein Rechengenie sei. Sein Steckenpferd seien Physik und höhere Mathematik, und zum Vergnügen beschäftige er sich mit Integralrechnungen, Logarithmen und komplexen Zahlen. Er hat ein sehr helles Gewebe und

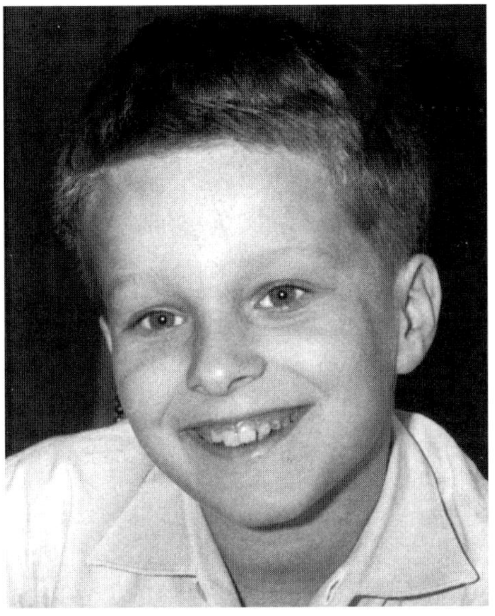

Abb. 113 Der Rechenkünstler

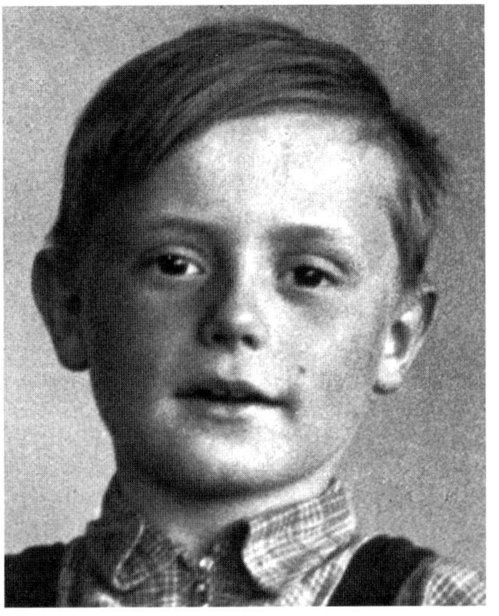

Abb. 114 Der mässige Rechner

an Augen, Nasenwurzel und Stirn erkennen wir wie aufgeweckt der Junge ist. Die Plastik seitlich über dem linken Auge tritt sehr fein, aber deutlich hervor und pflanzt sich schräg aufsteigend in Richtung des mittleren Seitenhauptes fort.

Abb. 114 *Der mässige Rechner*
Bei rechnerisch nicht besonders begabten Kindern fehlt gerade diese Verbindung, dieser Zug von der Stelle des mathematischen Organs nach oben, also die nach oben hin plastisch gefüllte Schläfe. Das Bild vermittelt eine gute Anschauung davon. Der Junge ist ebenfalls 8 Jahre alt, die Stirn ist bedeutend schmaler und hört vor der Vielheit, wo sie bei Abb. 113 Breite und Eckenkraft gewinnt, oder bereits nach der Dreiheit auf.

Der Konstruktions- und der technische Sinn

Der Konstruktionssinn, mit dem der Techniker ausgerüstet ist und der ihn befähigt, zu bauen und zu konstruieren, hängt eng mit dem Sinn für Berechnung und Mathematik zusammen. Während beim Mathematiker die Begabung eher eine theoretische und abstrakte ist, nimmt sie beim Konstrukteur eine mehr praktische Richtung. Häufig sind aber sowohl Berechnung als auch Konstruktion stark ausgebildet. Daher kommt es, dass z. B. Astronomen und Physiker, bei denen das mathematische Interesse wohl als das beherrschende bezeichnet werden darf, häufig die Instrumente, die sie für Beobachtung und Experiment benötigten, zunächst erdachten und dann auch selbst bauten. Andererseits sind Techniker, die sich mit Konstruktionsfragen auseinandersetzen, schon häufig zur Lösung mathematischer Probleme oder zu entsprechenden Entdeckungen gekommen.

Der Konstruktionssinn (man vergleiche mit Abb. 99) steigt aus dem Sinn für Berechnung und Mathematik auf, hat mit Ordnung, Systematik und Übersicht zu tun, und verbindet starke Beobachtungs- und Vorstellungskraft mit praktischem und logischem, spekulativem und schlussfolgerndem Denken.

Die Mittelstirn ist besonders breit gebaut und weist an den Stirnecken (Stirnseitenpartie V, Vielheit) in dieser Höhe besondere Spannkraft, Plastik, Fülle und Rundung oder eines dieser Merkmale auf. Dabei geht der Zug, der sich von dieser Partie zum Seitenhaupt fortpflanzt, meist weniger nach unten (wie bei Abb. 80), sondern mehr nach oben oder bleibt auf gleicher Höhe. Die Kraft liegt auch mehr in der rundplastischen oder eckigen, auf jeden Fall vorgebauten Stirnkante und weniger im Seitenhaupt (es sei denn, es liegen gleichzeitig gute ökonomische oder kaufmännische Anlagen vor).

Abb. 115 *Der Konstruktionssinn; Prof. Dr. ing. Walter Pflaum, ein in Theorie und Praxis hervorragender Maschinenbauingenieur*

Auf den ersten Blick erkennen wir einen ausserordentlich gereiften, charakterfesten und ernsten Mann. Auffallend ist die Breite und Eckenkraft der Stirn, die sich formenreich und lebendig bis seitlich neben das Auge herabzieht. Von hier zieht die Stirnbildung und Stirneckenkraft nach oben und erreicht in Höhe der Mittelstirn erstaunlichen Ausbau, Breite, Plastik, Spannkraft und Rundung, was gar nicht zu übersehen ist und zwischen den beiden eingezeichneten feinen Linien stärkste Ausbildung erlangt. Das also ist der technische Sinn. Auch für den Abgebildeten trifft zu, was *Möbius* vom mathematischen Areal sagt: «Er findet sich nicht zweimal in gleicher Weise, jedoch zeigt er oft eine erstaunlich charakteristische Ausprägung».

Die Stirnmittelpartie der Nasenwurzel ist kraftvoll und breit gebaut, und vermittelt den Eindruck ruhigen, geistigen Erfassens. Der Einheitssinn ist stark. In der Konzentration der Denkvorgänge auf einen Punkt hin besteht Kraft, aber auch Differenziertheit und damit Genauigkeit und Folgerichtigkeit bei Beachtung sowohl von Einzelheiten als auch in der Wahrung der Übersicht. Zugleich ist unverkennbar, wie der Zug der Augenbrauen, der von der Einheit ausgeht, direkt zum Formausdruck der Vielheit, der Übersicht, der Mathematik und der Konstruktion geht. Dieser Zug ist beherrschend, hier liegt Qualität, Lebendigkeit und damit Talent und Tätigkeit, und das spricht aus den Geweben, viel mehr als z. B. aus der mittleren Oberstirn, wo mehr Ruhe in den Geweben und damit schwächere Strahlung und Tätigkeit zu beobachten ist.

Auf Grund dieser Formbildung kann man sagen, dass mathematische und konstruktive Probleme mit grossem Talent und aus Freude am schöpferischen Vermögen, mit Ausdauer und Intensität und zugleich mit Ruhe durchdacht und ihrer Lösung zugeführt werden.

Abb. 116 *Der Konstruktionssinn*

Ein junger Mann, der bei der Entwicklung des sogenannten Rotaskop-Verfahrens, der Projektion eines Filmbildes auf eine kreisrunde, endlose Leinwand mit nur einem Bildwerfer, hervorragenden Anteil hatte.

Abb. 115 Der Konstruktionssinn

Abb. 116 Der Konstruktionssinn

Hier zeigt sich eine ganz ähnliche Bildung der Stirnseitenpartie V bis hinauf zur Stirnregion II und eine besondere Rundung und Spannung der Schläfenpartie in dieser Höhe.

Beide Aufnahmen sind etwas von rechts gesehen, so dass ihre linke Anlageseite nicht so gut sichtbar ist. Trotzdem erkennt man bei dem jungen Mann die starke Hervorwölbung der linken äusseren Braue, und so darf man nicht nur auf guten Konstruktionssinn, sondern auch auf gute Anlage für Mathematik schliessen.

Abb. 117 *Drei Männer aus dem Wallis und ein neuer Bob*

Der Schlitten existierte schon unter den «Naturvölkern» und das Schlitteln ist ein Vergnügen, das in schneereichen Gegenden alt und jung viel Vergnügen bereitet. Die zwei aussenstehenden Männer, *Peter Wenger,* der Erfinder, und sein Freund *Karl Bayard,* haben ein neuartiges Schlittelgerät entwickelt und zur Fabrikationsreife gebracht. Dazu braucht es den Konstruktionssinn, den wir bei den beiden an den Stirnecken sehr gut erkennen können. Damit ein Gerät auf dem Markt ankommt, muss es ein Aussehen haben, das den Käufern gefällt. Dazu suchten die zwei Konstrukteure einen Industriedesigner, den sie in *Sandro Comisso* fanden. Bei diesem, er steht in der Mitte, erkennen wir auch einen gut ausgeprägten technischen Sinn an den Stirnecken, vor allen aber fällt die kraftvolle Nasenwurzel auf, an welcher wir einen ausgezeichneten Formensinn erkennen können.

Alle drei sind Unternehmer-Naturelle, haben also das Flair und die Kraft aus einer Idee einen marktkonformen Gegenstand zu machen. Geeignete Materialien suchen, Patente anmelden, Verkaufsrechte sichern, an den richtigen Stellen prä-

Abb. 117 Das Konstruktions- und das Formentalent *(Foto: Thomas Andenmatten)*

sentieren und zuletzt die Suche nach einer Herstellerfirma wurden glänzend bewältig. Eine Deutsche Firma hat die Fabrikation übernommen und es ist zu hoffen, dass der «LemiBob» vorne auf dem Bild, so heisst das neue Gerät, schon bald alt und jung mit grossem Spass und sicher (TÜV geprüft) zu Tale sausen lässt. Der Bob fährt sowohl auf unberührten Neuschneehängen, wie auch auf harten Pisten.

Die Beurteilung der Stirnseitenpartie ist für die Ermittlung der Begabungsrichtung für Musik, Technik, Organisation und Mathematik besonders aufschlussreich. Es ist jedoch bedeutend schwieriger, eine spezielle Begabung, und meist weniger schwierig, den allgemeinen Charakter zu erkennen und zu beurteilen. Letzterer zeigt, wie mit einer Begabung umgegangen wird, wie sie sich in der Kommunikation mit anderen Menschen und Lebewesen auswirkt. Beide sind zur Gestaltung des Lebens wichtig. Je nach Einsatzfeld ist zur Erreichung eines bestimmten Zieles die Begabung oder der allgemeine Charakter wichtiger.

11. Das Hinterhaupt

Die motorischen Schichten

Bei der Abhandlung über Innerlichkeits- und Äusserlichkeitsmenschen wurde dargelegt, dass die motorischen Nerven hauptsächlich ins Hinterhaupt und damit ins Kleinhirn und ins hintere Grosshirn verlaufen. Demzufolge ist das Hinterhaupt Sammelbecken und Ausstrahlungsgebiet der motorischen Nervenkräfte und gibt insbesondere Aufschluss über die Art der Bewegungsenergie und im weiteren über die Triebe und Anlagen, die sich aus und mit diesen körperlichen Anlagen entfalten. In Abb. 118, 119 sind diese systematisch geordnet.

Es ergeben sich folgende Zusammenhänge mit den Kräften des Körpers.

Die Anlage, die Kraft und die sich daraus ergebenden Möglichkeiten und Fähigkeiten der magnetischen Gliedmassen, der Beine, spiegeln sich am entgegengesetzten Pol der magnetischen Längsachse des Körpers, am oberen Hinterhaupt. Diese Wechselwirkung ermöglicht eine physiognomische Beurteilung der körperlichen Fähigkeit auf Grund der Schädelform.

Im **unteren Hinterhaupt und Nacken** wirken besonders die Medioma und die aus dem Unterbewusstsein quellende Schöpferkraft des Lebens, die Helioda. Demgemäss ist hier neben der Form- und Quellkraft, der Rundung und der Tiefe, besonders die Strahlung des Gewebes, die Feinheit und Reinheit der Haut, die Kraft und Schönheit der Haare zu analysieren und zu beurteilen. Damit ergeben sich unterschiedliche Stufen des mit der Kraft verbundenen Feingefühls, die Art der Hingabe für das Kleine und der Gefühle gegenüber dem anderen Geschlecht.

Im **oberen Hinterhaupt** wirkt besonders der Magnetismus, der die Selbständigkeit und den Egoismus fördert. Hier ist neben der Form besonders auch Kopf und Körperhaltung und deren Spannung zu beobachten.

Im **mittleren Hinterhaupt** wirkt besonders die Konzentrationsenergie, die zur Sammlung, zur sinnvollen Verwertung der darunter und darüber und nach der Breite wirkenden Kräfte anregt und deren Gleichgewicht bedingt. Daraus resultiert die Körpergeschicklichkeit, die in allen manuellen Tätigkeiten, bei denen die Geschicklichkeit des Körpers eine massgebende Rolle spielt, wichtigste Komponente ist.

Seitlich im Hinterhaupt, insbesondere nach den Ohren zu, entfaltet sich die elektrische Energie mit ihrer Spannungskraft. Diese wirkt bewegend, verändernd und antreibend; wenn zu stark, wirkt die überstarke Veränderung zerstörend.

«Nicht nur das Gehirn und besonders die graue Rindensubstanz, also die Peripherie des Gehirns, sondern auch die harte Schädelmasse, ja der ganze Körper nimmt Anteil am geistigen Leben» («Hauptwerk», S. 702).

Die Einzeichnungen in dem Hinterhauptumriss (Abb. 118) betreffen die Lagerung der motorischen Impulsschichten. Am Hinterhaupt erkennen wir die Potenz der von hier ausgehenden Impulse, aber auch die Fähigkeiten, die Möglichkeiten und die Grenzen der betreffenden Körperareale: vom unteren Hinter-

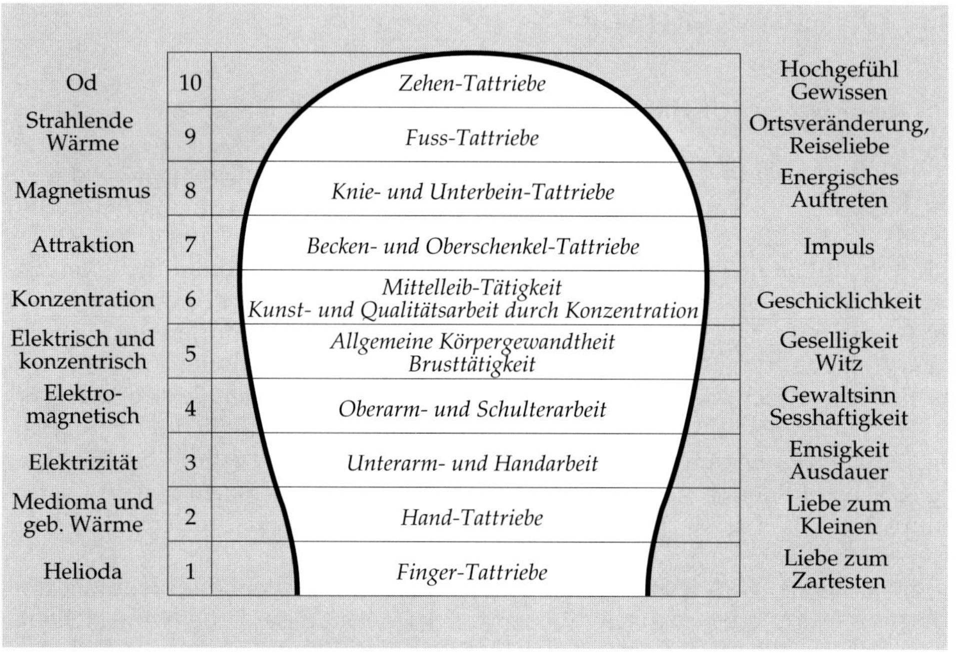

Abb. 118 Die Hinterhauptregionen

haupt werden die oberen Gliedmassen gesteuert, vom oberen Hinterhaupt die unteren, dem mittleren Hinterhaupt gehorcht der Rumpf.

Die Bezeichnungen rechts neben der Skizze (Abb. 118) weisen auf die geistigen Grundkräfte und Fähigkeiten hin, welche mittels der motorischen Anlagen Resultate formen.

Die links stehenden Bezeichnungen geben die in den einzelnen Regionen wirkenden Natur- und Lebenskräfte an. Art und Potenz dieser Energien, Kräfte und Fähigkeiten sind an Form und Spannkraft des Hinterhauptes und an der Körperhaltung zu erkennen.

Korrespondenzen des Hinterhauptes mit dem Körper

Unteres Hinterhaupt korrespondiert mit der Finger-, Hand- und Armtätigkeit;

mittleres Hinterhaupt korrespondiert mit der Brust-, Mittelleib- und Beckentätigkeit;

oberes Hinterhaupt korrespondiert mit der Bein-, Fuss- und Zehentätigkeit.

Diese Einteilung ergibt neben der aus Abb. 118 hervorgehenden Einteilung auch zwanglos die Unterteilung in drei Hauptregionen.

Auch für Seitenhaupt, Stirn, Oberhaupt und Gesicht ergibt sich diese Dreiteilung. Sie hat den Vorteil der Übersichtlichkeit und der leichten Merkfähigkeit und genügt den ersten Anforderungen in der Praxis. Wir halten uns im weiteren in der Regel an diese Dreiteilung. Wo feinere Unterscheidungen nötig sind, orientieren wir uns nach Abb. 118.

Abb. 119 *Die Dreiteilung des Hinterhauptes von hinten und von der Seite gesehen*
Zur Orientierung ist auch die Einteilung von Seitenhaupt, Stirn und Oberhaupt angedeutet. Diese Tafel ist eingehend zu studieren und insbesondere die auf gleicher Höhe stehenden Einzeichnungen sind miteinander zu vergleichen und in Beziehung zu bringen. Von unten nach oben entwickelt sich eines aus dem anderen: aus dem Niedern das Höhere, aus dem Körperlichen das Seelische und aus diesem das Geistige, aus dem Instinkt das Bewusstsein und aus diesem der Wille und das Höhergeistige (qualitatives Denken).

Das **untere Hinterhaupt** zeigt die Art des Wollens und Könnens aus körperlicher Liebe (Geschlechtsnerven, Ganglionen der Milz):

1. zeigt sich hier (von unten nach oben) die Art der Bewegungszentren für Finger-, Hand- und Armtätigkeit. Daraus geht Kraft, Geschicklichkeit und Ausdauer in Fingern, Händen und Armen, das Bewusstsein für deren Leistungsfähigkeit, Freude oder auch Unlust für ihre Betätigung, die Ausdauer bei körperlicher Anstrengung hervor. Die Art und Weise wie diese Fähigkeiten im Leben umgesetzt werden, sind an den Formen der Hände zu ermitteln (fein, grob, differenziert – kraftvoll, weich – praktisch, theoretisch).

2. zeigt sich hier die Liebes- und Zeugungskraft, der angeborene Grad der Geschlechtskraft und die Liebe zur eigenen Art, der gefühlsmässige Selbsterhaltungstrieb und der unbewusste Beglückungsdrang durch Hilfe und Schutz. Daraus geht Gatten-, Kinder- und Tierliebe hervor, die Liebe für Kleines und Zartes, es entfaltet sich die Emsigkeit und der Geselligkeitstrieb, der Wunsch nach freundschaftlicher Gebundenheit.

Das **mittlere Hinterhaupt** zeigt die Art des Wollens und Könnens aus seelischer Liebe. Es steht in Korrespondenz mit den Rumpf-Organen (Sonnengeflecht usw):

1. liegen hier (von unten nach oben) die Impulszentren für die Schulter-, Brust-, Leib- und Beckenregion, die Leistungsfähigkeit des Rumpfes und seiner Organe und die daraus hervorgehende Freude oder Unlust für deren Betätigung – zusammenfassend als Grad der allgemeinen körperlichen Leistungs- und Konzentrationsfähigkeit zu bezeichnen.

2. zeigen sich hier Heim- und Familiensinn, die Anlage zur Sesshaftigkeit und für die Gemeinschaft, die Heimat- und Vaterlandsliebe. Die Triebe, um die entsprechenden Werte zu schützen, lagern in dieser Region seitlich, nach der Breite hin.

Etwa eine Fingerbreite darüber zeigt sich die Berufsliebe, die Geschicklichkeit und die Virtuosität in der körperlichen Berufsarbeit.

Im Mittelpunkt des Hinterhauptes, und damit auch in seiner mittleren Region, liegt der eine Pol der (noch zu besprechenden) Konzentrationsachse, welcher die körperliche Konzentrationsfähigkeit anzeigt.

Das **obere Hinterhaupt** zeigt die Art des Wollens und Könnens aus geistiger Liebe und die Art der Einschätzung der eigenen Person und ihre Einstellung zur Umwelt.

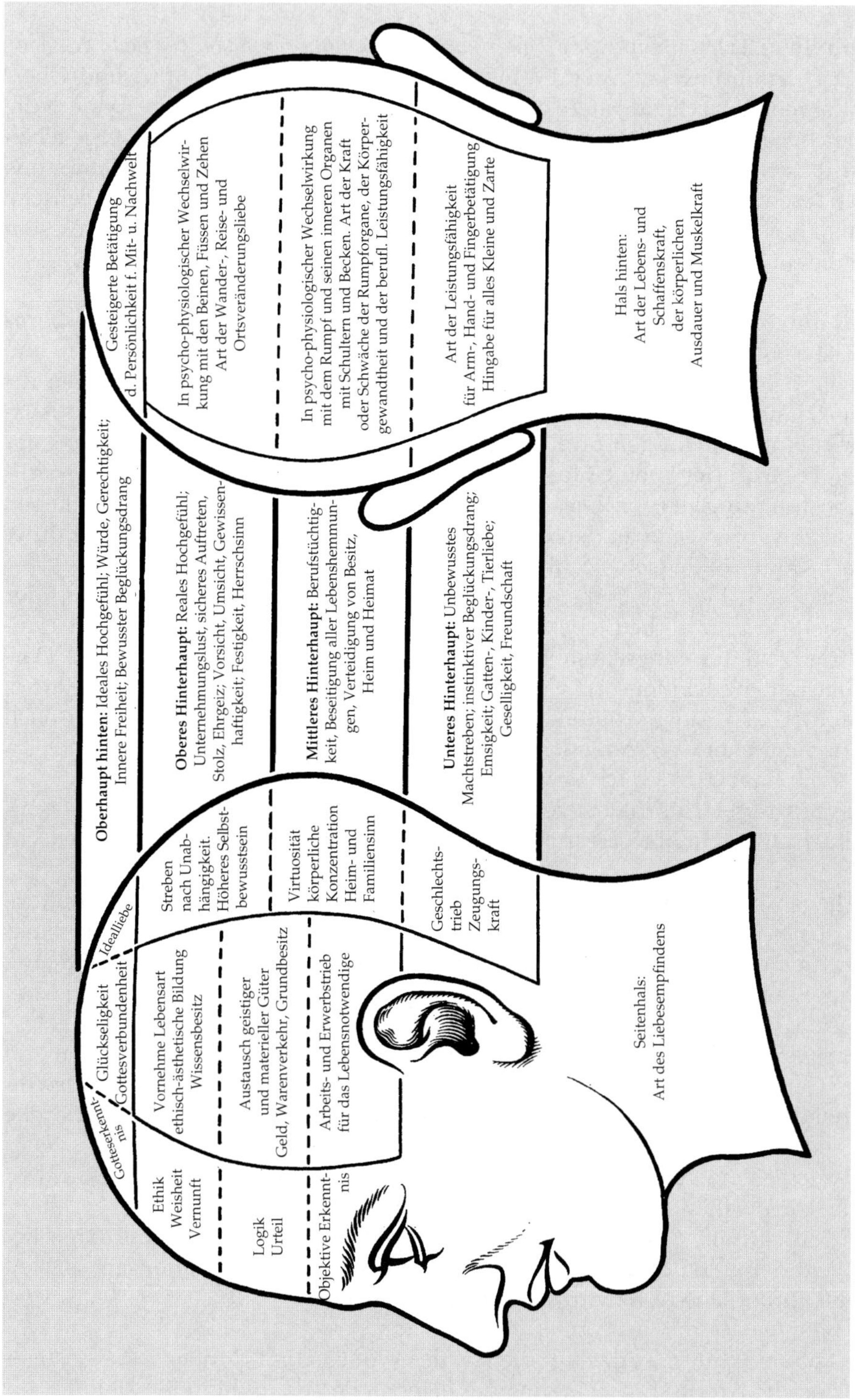

Abb. 119 Die Dreiteilung des Hinterhauptes

1. liegen hier (von unten nach oben) die Impulszentren für Beine, Füsse und Zehen und die Kraft, Geschicklichkeit und Ausdauer für ihre Betätigung. Damit einher geht die Freude oder Unlust zur Bewegung durch Fuss- und Beinarbeit, durch Gehen, Laufen, Springen, Tanzen.

2. steht in psychischer Korrespondenz mit diesen Fähigkeiten das Selbstbewusstsein als körperliches Kraftgefühl, und das geistige Selbstbewusstsein im Gefühl der Überlegenheit der eigenen Person, die Fähigkeit zu selbstgerechtem Handeln aus innerer geistiger Freiheit. Damit einher gehen sicheres Auftreten, Reiseliebe, Unternehmungslust und auch die Überschätzung der eigenen Leistungsfähigkeit. Hält die Leistung dann den geforderten Kriterien nicht stand, kann das zu Frustrationen führen.

Das Selbstwertgefühl verdichtet sich zum realen Hochgefühl der eigenen Person. Durch Beharrlichkeit, Festigkeit und aus Stolz strebt der Mensch bewusst nach Freiheit und Unabhängigkeit, sucht sich über andere zu erheben, entfaltet den Herrschsinn.

In der Breite des Schädels kommen neben dem Gefühl des eigenen Wertes, das Ehrgefühl und das Selbstgefallen, die Vorsicht und die Gewissenhaftigkeit zur Ausbildung. Je breiter die Partie ausgebildet ist, um so mehr werden auch andere Personen, die Gemeinschaft, in dieses Fühlen einbezogen.

Kurzgefasste vergleichende Hinterhauptstudien

Bevor wir uns den einzelnen Regionen des Hinterhauptes zuwenden, sollen uns die Skizzen der nachfolgenden **Abb. 120** Gelegenheit geben, durch vergleichende Studien das Formensehen zu üben.

Beachte bei diesen Studien, wie das Hinterhaupt mit der Kieferbildung und dem Kinn in Zusammenhang steht; *Huter* verstand es, lediglich aus Kinn und Unterkiefer die äussere Form des Hinterhauptes und umgekehrt aus diesem den Bau des Untergesichts zu berechnen.

Fig. I *Die ausgeglichene Form, der sogenannte Normkopf*

Ein Hinterhaupt, welches sowohl im unteren wie im mittleren und oberen Teil gut entwickelt und ausgewölbt ist, bei lebhaftem Schwung des Nackens.

Aus den belebten Gesichtszügen, dem kraftvoll-schönen Kinn, der Kopfhaltung und dem elastisch erscheinenden Hals können wir folgern, dass Spannung und Strahlung der Gewebe lebhaft ist. Ferner nehmen wir an, dass das Haar gesund in Konstanz, Farbe und Lage ist. Solche Menschen sind tat-, bewegungs- und arbeitsfreudig und haben gutes Geschick für körperliche und geistige Arbeiten. Sie drängen sich nicht übermässig vor, noch stellen sie sich zu sehr zurück. Sie haben gegenüber anderen Menschen und auch gegenüber der Tier- und Pflanzenwelt eine natürliche soziale Verbindlichkeit.

Fig. II *Der in der Mitte stark ausgewölbte Hinterkopf*

Daraus ersehen wir Körpergewandtheit und Geschick, Ausdauer und Emsigkeit in der körperlichen Tätigkeit. Die Konzentrationsachse ist gesamthaft lang, daher kann sich der Mann geistig und körperlich sehr gut konzentrieren.

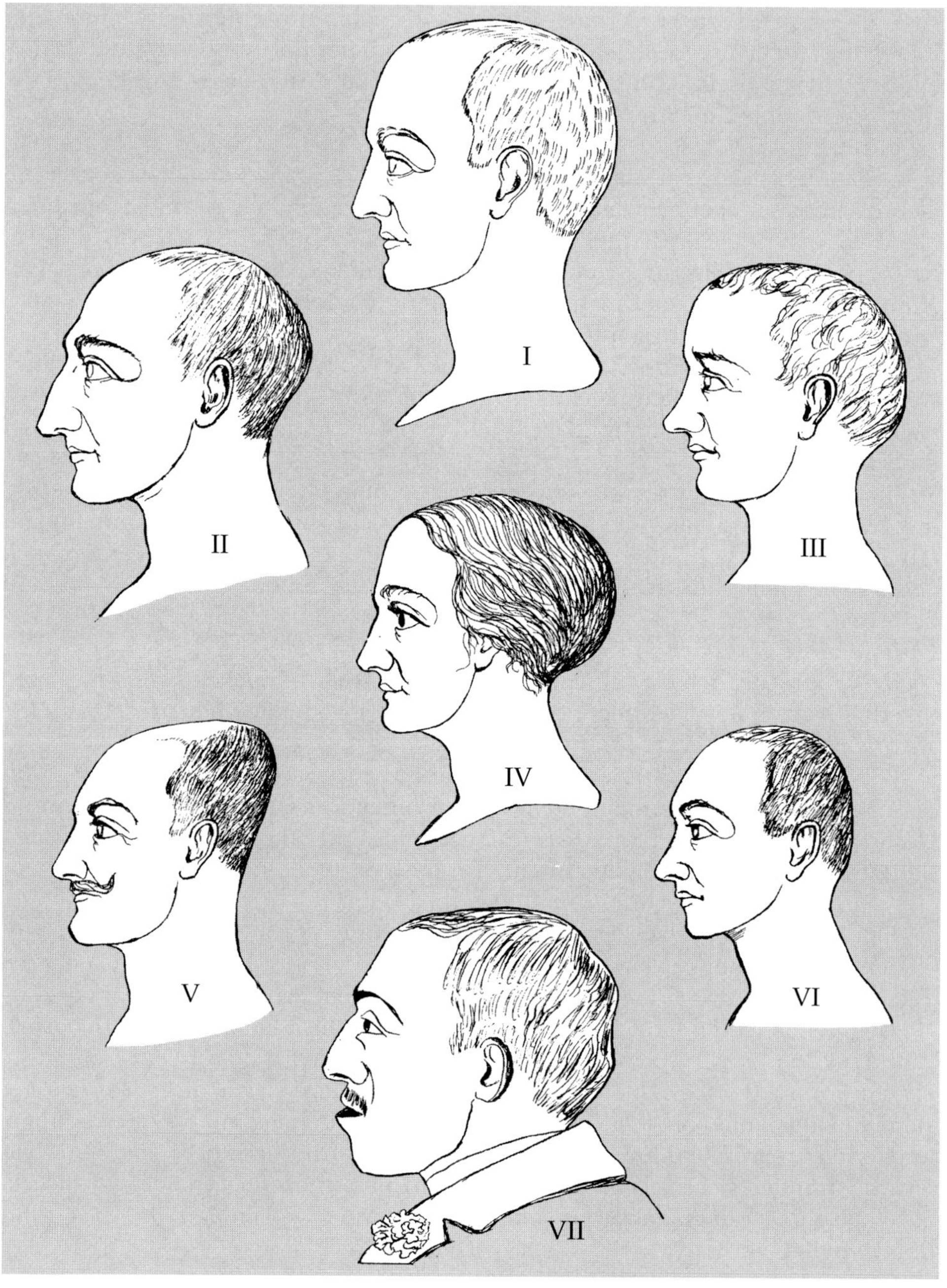

Abb. 120 Kurzgefasste vergleichende Hinterhauptstudien

Fig. III *Eine feine Form des stark entwickelten unteren Hinterhauptes*

Bei so wohlproportioniert ausgeformtem unterem Hinterhaupt besitzt die Person Handgeschicklichkeit und hat feines Gefühl in den Fingerspitzen. Sie ist geeignet für kunstgewerbliche Arbeiten, psychisch geht mit dieser Anlage eine Vorliebe für kleine, feine und zarte Dinge einher. Die ganze Kopfform mit der langen Liebesachse zeigt, dass sich dieser Mensch begeistert für Ideale und sich für schutzbedürftige Lebewesen opfert.

Wenn wir Kinder mit Puppen und kleinen Gegenständen spielen und sie üben lassen im Greifen, zarten Streicheln, Stricken, Zeichnen, Malen usw., dann entwickelt sich das Zartgefühl in den Fingerspitzen. Durch Üben der feinfühlenden Fingertätigkeit stärken sich auch die geistigen Zentren, welche aufgrund der Achsenlagen damit korrespondieren, und es entwickelt sich das obere Vorderhirn mit den psychologischen Geisteszentren der Vernunft, des Wohlwollens und der Menschenliebe, kurz die feinsten Lebenserkenntnissinne werden angeregt.

Werden Kinder zu wenig in der liebevollen zarten Kleinarbeit gefördert, dann können sich auch die Organe des unteren Hinterhauptes nicht so recht entfalten. Wird ein herrisches, rücksichtsloses Auftreten von Jugend an begünstigt, so kommen die oberen Teile des Hinterhauptes in Spannung, wodurch das Selbstwertgefühl bei mangelndem Feingefühl für das Kleine weiter entwickelt wird.

Fig. IV *Das starke untere und mittlere Hinterhaupt*

Das deutet auf grosse Liebe zu Kindern und Emsigkeit für Heim und Familie hin. Das obere Hinterhaupt ist nur mässig entwickelt. Der Mund ist fein und zeigt Bescheidenheit, das Kinn die feinen Bewegungsimpulse und die grosse Aktivität. Es ist der Ausdruck einer starken, aber feinen, qualitativen Empfindungsenergie. Solche Menschen können sich für eine Sache aufopfern und sehen das als selbstverständlich an.

Auch an der Kopfhaltung und der einfachen, schlichten Haartracht ist Bescheidenheit und ein starker Kinder- und Familiensinn zu erkennen. Die Kopfhaltung ist etwas dem Nacken zugeneigt und das Haar legt sich um das untere Hinterhaupt und den Nacken. Hier ist Spannung und Strahlung.

Fig. V *Die starke Entwicklung des oberen Hinterhauptes*

Hier herrschen Kraft und Geschick in der Bein- und Fusstätigkeit, das Auftreten ist selbstsicher, elegant und weltmännisch, was auch durch den nach oben zeigenden Schnurrbart angedeutet ist.

Ähnliche Erscheinungsbilder finden wir bei Männern, die das Leben geniessen wollen und mehr der Äusserlichkeit als der Innerlichkeit leben.

Menschen mit dem starken oberen Hinterhaupt sind für Berufe geeignet, bei denen die Beinarbeit dauernd verlangt wird. Mit dieser Tätigkeit hebt sich das Selbstbewusstsein, der Stolz, das Hoch- und Ehrgefühl, aber auch die Liebe für Pracht und Luxus und die Reiseliebe. Die zu schwache Entwicklung des oberen Hinterhauptes kann durch eine der Kraft angepasste konstante Bein- und Fusstätigkeit gestärkt werden, wodurch sich auch die entsprechenden psychischen Fähigkeiten stärken. Beim Ballettanz, Fussballspiel oder bei langen Märschen entwickeln sich diese Zentren ausserordentlich.

Das untere Hinterhaupt ist bei Fig. V im Verhältnis nur schwach entwickelt. Das deutet auf einen schwachen Familiensinn hin. Der Mann neigt dazu, unabhängig und frei zu sein. Hat er sich ehelich gebunden, so reist er gerne und hält sich viel ausserhalb seines Heimes auf. Er nimmt die Dienste seiner Lebenspartnerin als selbstverständlich in Anspruch.

Fig. VI *Das insgesamt schwach entwickelte mittlere Hinterhaupt*

Menschen mit dieser Kopfbildung haben nicht viel Freude an körperlicher Arbeit. Sie mögen zwar momentan körperlich zugreifen, aber es besteht wenig Geschick und noch weniger Freude und Ausdauer. Es ist der sog. Kurzschädel mit schwacher Tatkraft, dessen Träger sich weniger als selbständiger handwerklicher Unternehmer eignet. Bei breitem Seitenhaupt wird er als Kaufmann oder behütender Beamter Erfolg haben. Die Stirn ist zügig im Aufbau. Es besteht eine plastische Spannkraft der Stirnlinie. Dies macht auch geeignet für wissenschaftliche Tätigkeit. Das Kinn ist zurückliegend und zeigt wie geduldig er seine Arbeit erledigen kann.

Fig. VII *Ein wohl starkes aber ungleichmässiges, eckiges und hartes Hinterhaupt*

Damit verbunden ist ein schweres, hartförmiges und langes Untergesicht (Härte im Tatleben), schwere vorstehende Unterlippe (Unverbindlichkeit und Übelwollen), nach aussen gebogene harte Nase (harte Willens- und Charakterstruktur) und die auf eine schwächere ethische Denkschicht deutende Stirnform.

Es sind Zeichen einer disharmonischen Naturellveranlagung. Solche Menschen sind im Tatleben unberechenbar, sie durchbrechen die Harmonie durch dreistes Benehmen. Ihre Ansichten sind unausgewogen, wenn publizistisch tätig nicht ungefährlich und zuletzt auch unsozial. Ihre Äusserungen sind daher mit Vorsicht zu geniessen und ihre Ansichten dürfen nicht vorbehaltlos und unkritisch übernommen werden. Meistens sind sie nur in homöopathischen Dosen nützlich.

Diese Studien zeigen, wie das Hinterhaupt mit der schön ausgebauten Form und ausgewogenen Proportionsverhältnissen menschliche Würde, Fühlungnahme und soziale Verbindlichkeit erkennen lassen. Trotzdem dürfen wir sie nicht ohne Berücksichtigung der übrigen Gesichtsformen und deren Qualität und der Körperhaltung abschliessend beurteilen.

Die kurze, vergleichende Gegenüberstellung soll das Verständnis für die weiteren Darlegungen über die einzelnen Regionen des Hinterhauptes erleichtern.

Das untere Hinterhaupt und der Nacken

a) Korrespondenzen mit dem Körper
Finger-, Hand- und Armtätigkeit
b) Korrespondenzen mit seelischen und geistigen Impulsen
Liebestrieb, Familien-, Kinderliebe, Liebe für Kleines und Zartes, Geselligkeit.

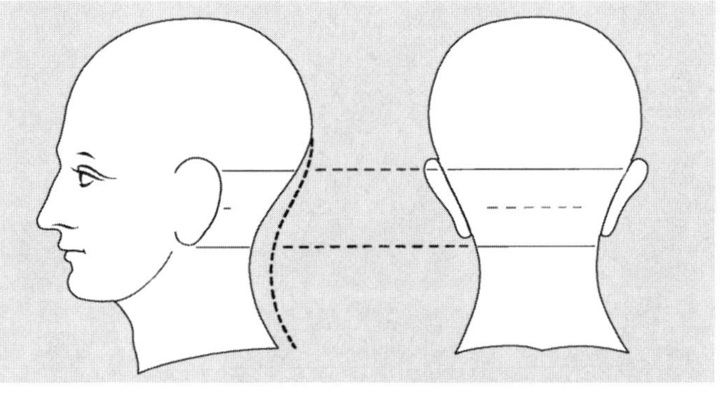

Abb. 121
Das schwache und schmale untere Hinterhaupt, dem schwache Plastik und geringe Spannung eigen sind

Diese Menschen zeigen nur geringes Interesse und Geschick für kraftvolle Handarbeit. Sie sind daher nur für leichte Finger- und Handarbeit geeignet. Auch die Armkraft ist schwach. Es besteht keine Neigung und nur geringe Eignung und Ausdauer für schwere körperliche Arbeit. Der Mensch mit dem schwachen unteren Hinterhaupt eignet sich wenig als Ringer oder Boxer.

Es besteht schwache Geschlechtskraft und daher nur geringes Interesse für das andere Geschlecht. Er zieht sich gerne zurück und kann enthaltsam leben. Es wird mehr Wert auf seelisch-geistige Liebe gelegt. Der Geselligkeitstrieb ist schwach, solche Menschen bindet sich nicht gerne an viele Freundschaften. Sie brauchen viel Schlaf und nach Anstrengung auch längere Ruhepausen, um Überreizung, Schwäche und Krankheit zu verhüten.

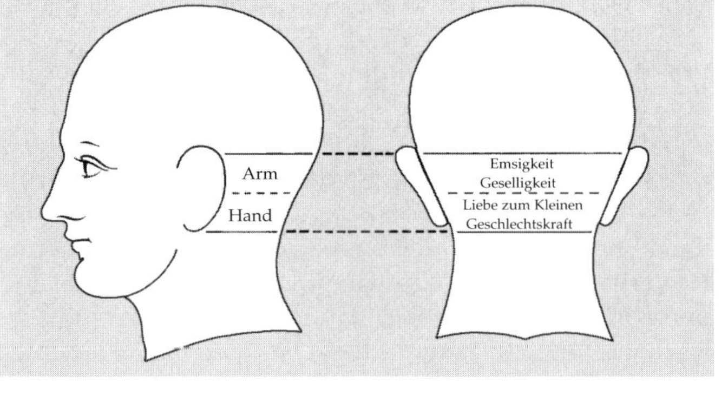

Abb. 122
Das mittelstarke untere Hinterhaupt mit guter Plastik (Rundung) und Breite bei lebhafter Durchstrahlung der Gewebe und Spannkraft in Haut und Haar entspricht unserem Normkopf

Solche Menschen haben gute Finger- und Handfertigkeit; Verständnis und Freude für Handarbeit; gute Armkraft und Befähigung zu ausdauernder körperlicher Arbeit. Sie entfalten Fleiss in diesen Dingen und Emsigkeit für alles, was hier genannt ist.

Es besteht mittelstarke Geschlechtskraft. Entsprechend ist die Aufmerksamkeit und Ritterlichkeit für das andere Geschlecht. Solche Menschen sind zärtlich, lieben Kinder und alles Zarte und Kleine, sie haben daher auch Verständnis für Tiere, Pflanzen, Blumen und kleine und feine Gegenstände. Sie sind zutraulich, lieben Geselligkeit, suchen Freundschaften und bleiben verbunden.

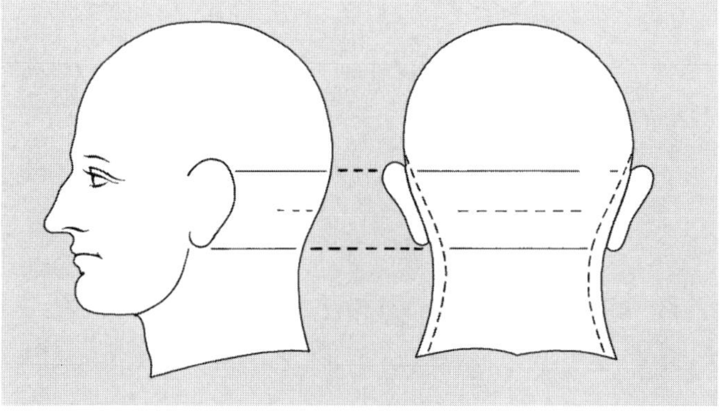

Abb. 123
Das sehr starke untere Hinterhaupt mit Plastik, Strahlung und Spannkraft

Diese Person kann schwere Hand- und Körperarbeit verrichten, ohne grosse Ruhepausen anhaltend intensiv tätig sein ohne zu ermüden. Sie kann Schlaf entbehren. Für Berufe und Sportarten geeignet, die grosse Muskel- und Körperkraft erfordern. Kann für viele sorgen. Hat Kraftbewusstsein und neigt aus diesem zu Übermut in der Betätigung dieser Kraft.

Es besteht eine starke Zeugungskraft und entsprechend grosses Interesse für das andere Geschlecht. Diesem gegenüber sind solche Personen grossmütig, freigebig und ritterlich. Sie können sexuell nicht enthaltsam leben. Aus dieser Kraft entsteht ein starker Hang zur Geselligkeit. Es besteht kein Talent um Einsiedler zu sein. Sie lieben und schätzen die Freundschaft, sind verlässlich und haben meist viele Freunde und ein grosses Netz freundschaftlicher Beziehungen.

Praktische Studien über den Lebensausdruck des unteren Hinterhauptes

Abb. 124 *Porträtskizze des Dichters Grabbe*

Er starb schon im Alter von 35 Jahren. Hier finden wir das *schwache untere Hinterhaupt*, auch der Nacken ist sehr dünn und zart. Das Grosshirn überwiegt und führt zu starker geistiger Tätigkeit. Entsprechend dem schwachen unteren Hinterhaupt sind die sinnliche Kraft, die Liebe für das kleine, zarte, die Familien- und Kinderliebe, aber auch Handgeschick, Armkraft, körperliche Ausdauer und Regenerationskraft nur gering. Diese schwache physische Anlage beeinflusst den ganzen Menschen. Er kommt mit sich und der Welt in Konflikt. wenn er kämpfen sollte und resigniert dann; die ganze Persönlichkeitsstruktur zeigt wenig Lebensenergie, sie hat kein Kraftbewusstsein. Das Lebensfundament ist tönern. Das kommt auch in den folgenden Zeilen *Grabbes* zum Ausdruck:

Abb. 124 Das schwache untere Hinterhaupt

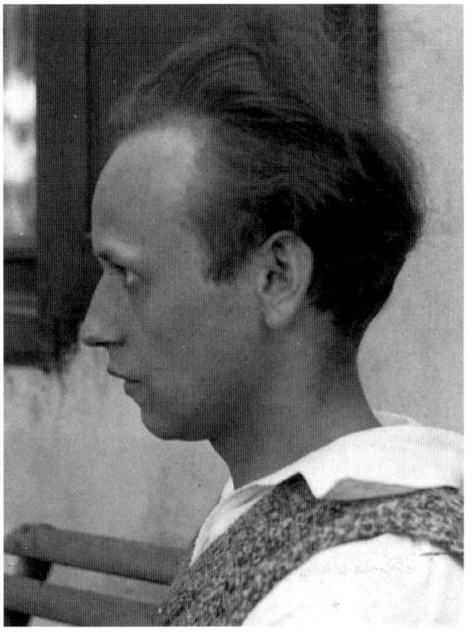

Abb. 125 Das schwache untere Hinterhaupt

«Die menschlichen Geschlechter sterben,
Sie sind Flocken, ausgesät in den Sturm,
Spurlos wie Schatten über eine Wand
Ziehn ihre Schatten über diese Erde.»

Abb. 125 *Das schwache untere Hinterhaupt*

Das Interesse für das andere Geschlecht ist bei diesem etwa fünfundzwanzigjährigen Mann sehr gering. Der unbewusste körperliche Beglückungsdrang ist schwach, er kann leicht geschlechtlich enthaltsam leben. Seine Kontakte äussern sich mehr in allgemeiner seelischer Zuneigung. Findet er hinsichtlich seiner Wünsche auch nur geringe Mängel, so gibt er leicht eine Verbindung auf. Solche Menschen haben es mit dem Lebenspartner nicht so leicht, denn der immerwährende, bindende Geschlechtsimpuls fehlt, was andere Eigenschaften des Partners als wesentlich erscheinen lässt.

Die motorischen Zentren für Finger, Hände und Arme sind schwach. Die Hand ist dementsprechend zart gebaut, es fehlt ihr vor allem an Kraft und Ausdauer zu kraftvollen manuellen Verrichtungen.

Die an sich geringe Kraft erschöpft sich auch leicht. Daher braucht er viel Schlaf und nach Anstrengungen längere Ruhepausen, um Überreizung, Schwäche und Krankheit zu verhüten.

Typisch für die Abb. 124, 125 und 126 ist das feine Untergesicht und das kleine Kinn. Wir kommen auf Zusammenhänge und Parallelen noch zu sprechen.

Abb. 126 Das schwache untere Hinterhaupt

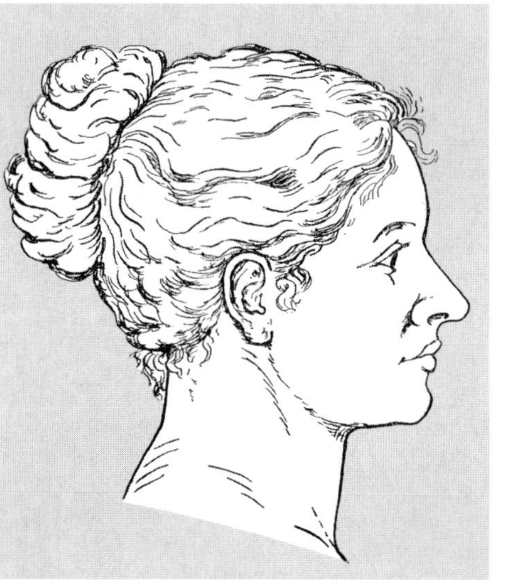

Abb. 127 Das normal starke untere Hinterhaupt

Abb. 126 *Das schwache untere Hinterhaupt*

Bei diesem neunzehnjährigen Mann ist die Entfernung vom Ohreingang in horizontaler Richtung zum Hinterhaupt und abwärts zum Nacken sehr kurz. Dementsprechend ist auch die geschlechtliche Neigung noch zart. Die Hinterhauptlinie hat schönen Schwung und vermittelt den Eindruck von Reinheit und Feinheit. Es besteht nur schwache Arm- und Schulterkraft und keine Neigung zu schwerer Handarbeit. Der Mann ist schüchtern und bescheiden, er wird leicht beherrscht. Der Lerneifer und die berufliche Ausbildung absorbieren noch alle Kraft. Nur wenn er eine partnerschaftliche Ergänzung findet, die ihn seelisch und geistig sehr stark sympathisch berührt, wird sein Interesse etwas geweckt; es kann aber auch rasch wieder abflauen. Der junge Mann hat gute Anlagen, viel Wohlwollen, Interesse für Philosophie und höhere Lebensfragen. Es wäre gut, wenn die Kraft der Zentren im unteren Hinterhaupt planmässig gestärkt würde. Neben seiner Berufsarbeit könnte eine Tätigkeit in Haus und Garten, oder eine andere körperliche Betätigung, Handgeschick und Armkraft stärken, die Freude an solcher Tätigkeit geweckt werden, und das untere Hinterhaupt käme mit der Zeit in Spannung. Gymnastik und Mannschaftsport würden neben der Kraft den Geselligkeitstrieb fördern. Kraft, Impuls und Triebe würden angeregt und die erkannte Schwäche durch angepasste Lebensweise langsam ausgeglichen.

Abb. 127 *Das normal starke untere Hinterhaupt*

Die Partie der Zeugungs- und Geschlechtskraft, ist gut entwickelt. Diese Frau empfindet Zuneigung zum anderen Geschlecht und entfaltet viel Aufmerksamkeit für dessen Wünsche und Bedürfnisse. Das Entgegenkommen und die Neigung zur Verbundenheit mit anderen Menschen sind vorhanden. Das Handge-

Abb. 128 Das normal stark ausgebaute untere Hinterhaupt

schick und Feingefühl in den Fingerspitzen ist gut entwickelt und damit die Liebe zum Kleinen und Zarten, die Kinderliebe und Fürsorge.

Die Armkraft ist ausdauernd. Die Frau kann lange für alles, was sie liebt, tätig sein. Sie schliesst sich nicht ab und findet durch den stärkeren Sinn für Freundschaft und Geselligkeit leichter Anschluss an die Gesellschaft.

Der Nacken zeigt Frische und Spannkraft, die physische Lebens- und Schaffenskraft ist entsprechend. Wenn daher die Arbeitszeit auch länger dauert und Anstrengung erfordert, so macht das ihr nichts aus, die Kraft verbraucht sich nicht so leicht, und es tritt kaum Überreizung, Erregung und Ermüdung ein. Die Grundanlage des ganzen Körpersystems, die Zeugungs-, Nerven-, Lebens- und Liebeskraft ist gut entwickelt. Bei einer für sie günstigen Ergänzung kann die Frau eine treue Gattin, tüchtige Hausfrau und Mutter gesunder, glücklicher Kinder werden, die sie entsprechend den übrigen Anlagen auf ganz natürliche Art erziehen kann.

Abb. 128 *Das normal stark ausgebaute untere Hinterhaupt*

Dieses Bild zeigt einen Mann mit feinen und ausgeglichenen Formen. Sein Denken, Fühlen und Handeln ist schnell, planend, konziliant aber bestimmt. Seine Wesensart ist freundlich und ruhig; fest und sicher steht er im Erwerbsleben und hat sich dabei seine ideale Gesinnung bewahrt.

Das untere Hinterhaupt ist etwa normalstark, aber sehr plastisch gerundet. Dessen oberer Teil weist die stärkste Rundung auf. In solchem Falle kann der Mensch gut mit den Armen schaffen; er baut auf seine Armkraft, und die darauf fussende Sicherheit und der Mut sind entsprechend gross. Bei dem Abgebildeten verbindet sich mit der daraus hervorgehenden natürlichen, kraftvollen Männlichkeit grosse Aufmerksamkeit, Ritterlichkeit gegenüber dem anderen Geschlecht, Treue, Fürsorge und Hingabe für seine Lebenspartnerin und die Kinder. Diese Form zeigt auch Heimatverbundenheit. Obwohl er schon vor Jahr-

Abb. 129 Das fein ausgebaute untere Hinterhaupt

zehnten auswanderte, verbindet ihn immer noch eine lebendige Anhänglichkeit und Freundschaft mit der alten Heimat und ihren Menschen. Den Beruf übt er in der Grossstadt aus, aber ausserhalb dieser hat er ein grosses Feld mit vielen Obstbäumen angelegt und bearbeitet diese mit seiner Gattin und den Kindern neben der Arbeit. Während der Ernte helfen ihm gute Nachbarn und Gelegenheitsarbeiter. Man kann ermessen, welcher Fleiss und welche Emsigkeit hier walten. Man erkennt, wie sich Geschick und Eigenkraftgefühl der Hand-, Arm- und Schultertätigkeit im Hinterhaupt ausprägen und damit sind Fleiss und Emsigkeit erklärbar.

Abb. 129 *Das fein ausgebaute untere Hinterhaupt*
Das untere Hinterhaupt zeigt sehr schöne, feinplastische Rundung. Es tritt diese Kopfpartie in Höhe des mittleren Ohres bemerkenswert betont hervor; auch das feine Haar zeigt die hier wirkenden Kräfte. Der Mann besitzt viel Feingefühl und Verständnis für das zarte Leben und eine grosse Tierliebe. Er entfaltet viel Fleiss und Emsigkeit, um sein Ideal, den Tierschutz und die Liebe zum Tier, vor allem unter der Jugend zu fördern. Das feine, aber markante Profil mit plastischer Oberstirn und Oberhaupt, der bestimmt gezeichneten Nasenlinie und dem milden Ausdruck des Gesichts, zeigt grosses pädagogisches Geschick und viel Wohlwollen.

Vertrauensvoll, kindlich, aber voller guter Gefühle, die der Mund zeigt, begibt sich das Affenkind in den Schutz des grossen, menschlich fühlenden Bruders. Das Bild ist ein Symbol des Verständnisses, der Liebe und Güte zum Tier, zu allem empfindenden, beseelten Leben. Es zeigt gleichzeitig den grossen Unterschied der Kräfte und Fähigkeiten der beiden, welche in den feinen, differenzierten Formen des Menschen und in den gröberen, einfachen Formen des Tieres zum Ausdruck kommen.

Gegensätze der Formbildung und der Persönlichkeitsstruktur

Abb. 130 *Das gut ausgebaute untere Hinterhaupt*
Zweifellos handelt es sich hier um eine harmonische Persönlichkeit, die zu kommunikativer Leitung und Führung befähigt ist. Das zeigen die harmonischen Gesichtsproportionen und der kraftvolle, gerundete, allseitig vorzüglich ausgebaute Schädel. Besonders stark tritt das untere Hinterhaupt hervor. Man darf sich bei dieser Gesamtformbildung nicht dazu verleiten lassen, etwa das obere Hinterhaupt für schwach anzusehen. Denn dieses, ferner Ober- und Vorderhaupt, sind voll, aber ausgeglichen ausgebaut. Das untere Hinterhaupt ist im Verhältnis noch stärker, besonders auch in seinem Übergang zum mittleren Hinterhaupt.

Der Leiter eines grossen Wirtschaftsunternehmens, *Georg Karg,* der aus Anlass des 75-Jahr-Firmenjubiläums eine bedeutende Stiftung für Bedürftige machte, die vor allem Kindern zugute kommen soll. Gleichzeitig wurde bekannt, dass die Firma einen grossen Neubau an traditionsreicher Stelle einer Grossstadt errichten werde. (Dadurch entstand innerhalb kurzer Zeit ein vom Kriege her noch völlig zerstörtes Viertel neu. Niemand hatte vorher gewagt, dort Neues zu beginnen.)

Georg Karg hätte ja eine wirtschaftliche, wissenschaftliche, politische oder auch sportliche Institution mit seiner Stiftung bedenken können. Er gab sie jedoch für bedürftige Kinder. Das geschah zweifellos aus seinem starken Sinn für das Zarte, Hilfsbedürftige; was lag da näher als seine Fürsorge Kindern angedeihen zu lassen. Wir können daher auch sicher sein, dass *Karg* einen starken Familien- und Freundschaftssinn hat, sich sehr um das persönliche Wohl seiner zahlreichen Angestellten kümmert und aussergewöhnlichen Fleiss, Emsigkeit und Können in allen Zweigen seines Unternehmens entfaltet. In seiner angeborenen Neigung zu Sesshaftigkeit und Heimatliebe, hat er auch das Risiko auf sich genommen, an der altvertrauten Stelle als Erster mit dem Neuaufbau zu beginnen.

Abb. 131 *Das schwache untere Hinterhaupt*
Es ist nicht schwer, hier die gegenteilige Formbildung zu erkennen. Aber es ist trotzdem manchmal schwer, die Menschen zur Beobachtung dieser Formunterschiede und auf die daraus sprechende innere Substanz und deren Bedeutung hinzulenken. Daher haben Vergleiche von Gegensätzen für den Lernenden hohen Wert und er sollte hier einige Zeit vergleichend und einfühlend verweilen.

Dieser Mann wanderte nach Amerika aus, wie der auf dem Abb. 128 gezeigte, denn er versprach sich dort Freiheit, Unabhängigkeit, Ungebundenheit. Die fand

Abb. 130 Das gut ausgebaute untere Hinterhaupt

Abb. 131 Das schwache untere Hinterhaupt

er. Aber er wurde durch einen starken motorischen Impuls immer weiter getrieben (oberes Hinterhaupt, wo auch der starke Glaube an die Wichtigkeit des eigenen Tuns sichtbar wird) und von keiner Neigung zur Sesshaftigkeit zurückgehalten. Der schwache Geschlechtsimpuls liess ihn auch keine Lebenspartnerin finden. Er machte dies, begann jenes, fasste momentan wohl wuchtig zu, aber Ausdauer und anhaltende Emsigkeit fehlten. Er kehrte nach Jahren zurück, hatte weder Zeit noch Gelegenheit gefunden, Heim und Familie zu gründen, war aber immer noch voller Unruhe und neuer Pläne. Er ist durchaus kein schlechter Mensch, jedoch hat seine Persönlichkeitsstruktur hier eine spezielle Schichtung, die sich prägend und dauernd auf seine spezifische Lebensgestaltung auswirkt.

Abb. 132 *Das starke untere Hinterhaupt*
Plastisch, voller Spannkraft und Frische zeigt sich hier das untere Hinterhaupt des noch jungen Handwerksmeisters. Der Mann gründete früh eine Familie, entfaltete grosse Geschicklichkeit, Kraft und Ausdauer in Hand- und Armarbeit, hat den starken Kleinsinn, viel Familien- und Kinderliebe, liebt die Geselligkeit, ist verlässlich und hält Freundschaften. Auch das übrige Hinterhaupt ist kräftig gebaut. Dieses Hinterhaupt zeigt starke motorische Tatkraft. Er hat auch einen kraftvollen Körper und das Gesicht zeigt waches geistiges Wollen. Das verbindet sich zu grosser körperlicher wie geistiger Ausdauer. Mit solchen Anlagen können aus Handwerksbetrieben solide und leistungsfähige mittelständische Unternehmen entstehen.

Abb. 132 Das starke untere Hinterhaupt

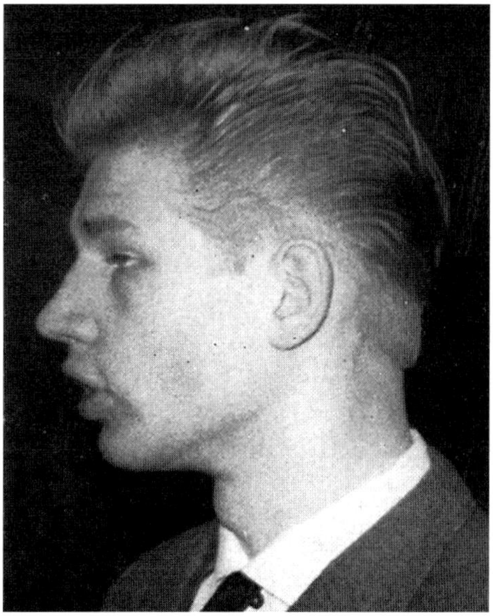

Abb. 133 Ein schwaches, kraftloses unteres und mittleres Hinterhaupt

Abb. 133 *Ein schwaches, kraftloses unteres und mittleres Hinterhaupt*
Der obere Hinterkopf ist schmal, spitz und hochstrebend. Den schwachen Liebestrieben, dem geringen Zartgefühl, dem kümmerlichen Heim- und Familiensinn, der fehlenden Emsigkeit (unteres Hinterhaupt) steht also ein starkes Selbstwertgefühl ohne Breitenentwicklung gegenüber. Das bewirkt viel Selbstgerechtigkeit ohne Vorsicht und Gewissenhaftigkeit und entsprechend schwaches berufliches Streben.

An diesem Erscheinungsbild ist weiter auffallend die glück- und lieblose Gesichtsphysiognomie. Die Physiognomie des Mundes kennzeichnet unbeherrschte Gefühle und Begehrlichkeiten, die kalt wirkenden flachen Wangen und die Augen eine eingefrorene Gefühlswelt.

Der junge Mann vergiftete seine Mutter und seinen Stiefvater beim sonntäglichen «Gesundheits»-Morgentee. Wie er nachher angab, aus Hass gegen die herrschsüchtige, launenhafte und lieblose Mutter (von der er offenbar viel geerbt hat) und aus Verachtung gegen den Stiefvater, der sich diesem Regiment beugte, wie der Junge behauptete, und der auch gegen ihn Stellung nahm.

Wo liegt hier Schuld? Das ist eine berechtigte Frage. Ist der in liebloser Umgebung aufgewachsene junge Mensch als solcher schuldig? Oder liegt mehr «Schuld» bei der Erbmasse, die zusammen mit lieblosen Eltern und dem Stiefvater, der Gesellschaft und ihren Gesetzen diese unglückliche Entwicklung ermöglichte?

Kinder der Liebe, in Liebe erzogen, sind Glückskinder. Sie bleiben unter normalen Umständen gesund an Körper und Geist. Wo die Liebe fehlt, da wird eine schwächere Anlage noch degenerieren; daraus entsteht schwere Disharmonie

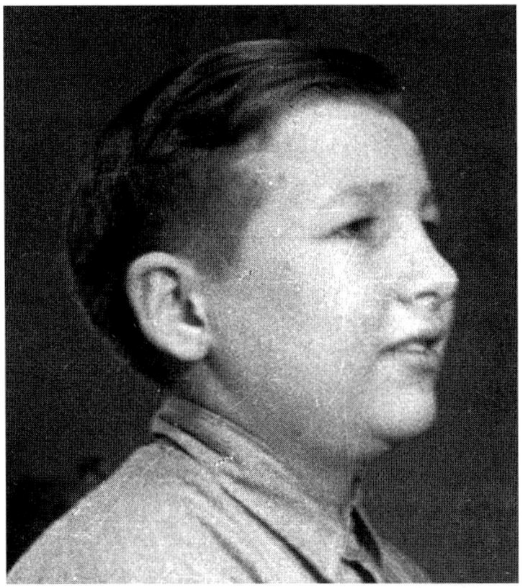

Abb. 134 Das kräftige, gerundete und volle untere Hinterhaupt

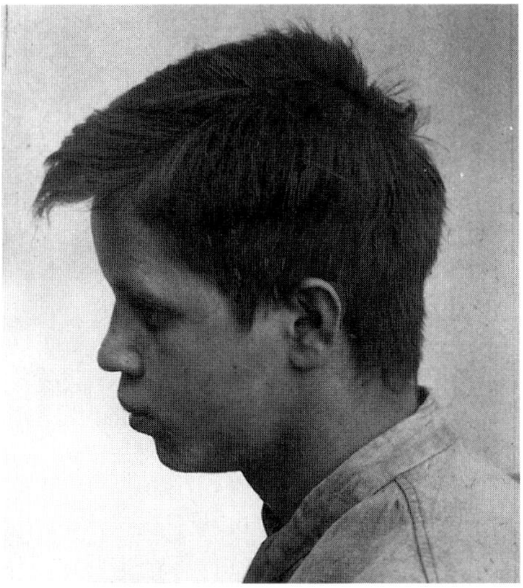

Abb. 135 Die unausgeglichene Bildung des unteren Hinterhauptes

und, vielfach aus Verzweiflung, ein Verbrechen. Daher darf man solch unglückliche Menschen nicht einfach verdammen (soweit sind wir heute; der Junge erhielt «nur» 10 Jahre Jugendstrafe). Aber das genügt nicht.

Aufgrund der Erkenntnisse, die uns die Ausdruckskunde zur Verfügung stellt, sollte aufgebaut werden. Diese Aufbau-Arbeit erfordert ein sach- und fachgerechtes Lebensumfeld mit entsprechend ausgebildeten, fähigen Menschen. Diese haben die schwierige Aufgabe, zuerst die Anlagen zu erkennen, deren Entwicklung zu beurteilen, dann Stärken zu fördern und Schwächen überwinden zu helfen. Das ist möglich durch eine Menschenkenntnis, die nicht der wissenschaftlichen Lüge aufsitzt, das Neugeborene sei ein unbeschriebenes Blatt, das sich beliebig konditionieren lässt, eine Menschenkenntnis, die angeborene Unterschiede der Reaktionsmöglichkeit erkennen und ihre Entwicklung kontrollieren kann. Mit Hilfe der Menschenkenntnis ist es auch möglich festzustellen, wie weit die Schwächen überwunden sind, oder beherrscht werden. Ohne diese Kontrolle dürfte ein Mensch mit bestimmten Anlagen nicht sich selbst überlassen werden.

Abb. 134 *Das kräftige, gerundete und volle untere Hinterhaupt*
Charakteristisch ist die Haltung des Kopfes, als wenn der Schwerpunkt desselben zum unteren Hinterhaupt verlagert wäre. Das Geschick in Händen und Fingern ist sehr gut. Damit einher geht der ausgeprägte Sinn für Kleines, die Liebe zu feinen Dingen, der Sinn für Schutz und Obhut für Tiere und alles zarte Leben. Die Formen des Gesichts sind weich und von einer gewissen Feinheit. Das Kinn deutet auf Würde und Interesse an geistigen Dingen. Es ist das Erscheinungsbild eines frischen, begabten, hoffnungsvollen, glücklichen jungen Menschen. Der Junge studierte und wurde Kinderarzt, ein Beruf, in dem er so

recht die Behutsamkeit und das Feingefühl verwerten kann, das in den Organen des Kleinhirns wurzelt.

Alles zarte Leben will mit viel Liebe und Fingerspitzengefühl behandelt werden. Man sollte daher Kinder viel mit Puppen und kleinen Dingen spielen lassen, das fördert das Feingefühl, den Liebessinn, die Emsigkeit; es entwickelt sich der Fleiss, und der Herrschsinn wird gemildert.

Abb. 135 *Die unausgeglichene Bildung des unteren Hinterhauptes*
Das untere Hinterhaupt ist nicht nur schwach, es lässt auch einen schönen Schwung vermissen, das Haar ist borstig und struppig. Es ist das Erscheinungsbild der unglücklichen Veranlagung und Entwicklung. Es mangelt an Geschicklichkeit und an der Freude für Kleines und Feines. Es fällt schwer, Kraft, Liebe und Ausdauer auch nur zur Erlernung der Grundbegriffe eines einfachen Handwerkes von sich aus aufzubringen. Der Mund ist grob und schwer, das Kinn matt, kraftlos und klein. Er möchte wohl auch gerne viel haben, aber der Wille zum Fleiss, zum Einsatz aller Kräfte fehlt fast ganz. Es ist eine ungünstige Veranlagung, und nur bestimmende, feste, jedoch verständnisvolle Erziehung und körperliche Arbeit kann hier das Reaktionsvermögen langsam bessern. Sich selbst überlassen, kann dieser Mensch weder die Kraft noch die Ausdauer entfalten, um zu einer ordentlichen Lebensführung zu gelangen. Er braucht Hilfe und Anleitung, er braucht Liebe und einen bestimmten Druck, sonst wird er sich gegen die Gesellschaft wenden und bleibt in der zerstörenden Opposition stecken.

Die Muskelkraft und die daraus resultierende Arbeitsenergie

Am unteren Hinterhaupt haben wir den Zeugungs- und Liebestrieb und den im Unbewussten liegenden Drang zu beglücken kennengelernt. Damit einher gehen Emsigkeit, Arbeitskraft, Ausdauer, und das aus den Körperimpulsen aufsteigende Eigenkraftgefühl. Der Übergang vom Hinterhaupt zum Nacken und dieser selbst geben darüber Aufschluss.

Abb. 136 *Ein Ausschnitt aus der lebensgrossen Studienbüste nach Huters Psycho-Physiognomik mit Einzeichnungen im Nacken*
Diese sind (von unten): Lebenskraft, Ausdauer, Leidenschaft, Empfinden, Schaffenskraft, Muskelkraft, Ernährungszustand; ferner darüber: Generosität und Geschlechtstrieb, und linksseitig daneben Fortpflanzungssinn, Liebeslust und Zärtlichkeit.

Das geistige Innenleben, sowie Impulse aus Gesundheit und Krankheit streben auf dem Wege der Strahlung nach aussen zur Peripherie des Körpers und besonders zu Hals, Kopf und Gesicht, und prägen in Formen und Farben, in Ausdruck und Mimik typische Besonderheiten. *Huter* fand, dass besonders der obere Teil des Rückenmarks, der in den Halswirbeln eingebettet liegt, für die chemischen Lebensprozesse, die funktionelle Chemie, stark wirksam ist. Das Mittelhirn wächst unmittelbar aus dem Rückenmark hervor und ist für viele unbewusste vegetative Lebensvorgänge massgeblich. Die vom Körper zum Kleinhirn aufsteigenden Energien und die hier gesammelten chemischen und ätherischen

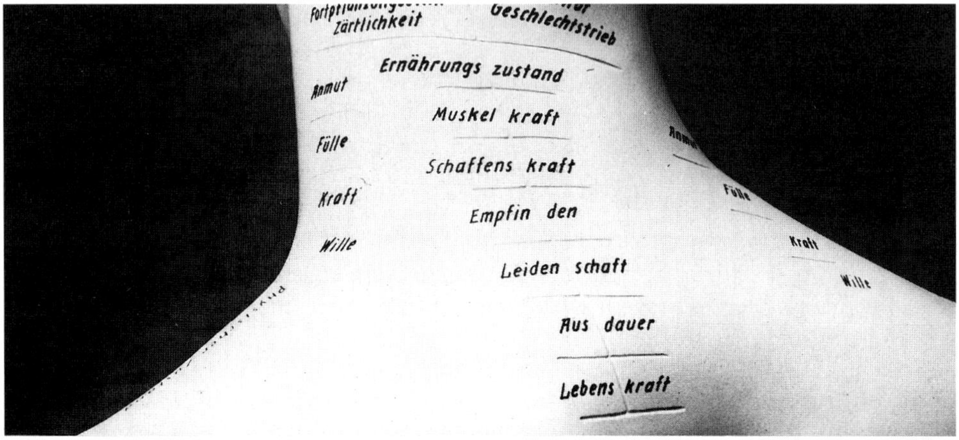

Abb. 136 Ein Ausschnitt aus der lebensgrossen Studienbüste nach Huters Psycho-Physiognomik mit Einzeichnungen im Nacken

Feinstoffe hinterlassen an Hals und Nacken charakteristische Merkmale und Ablagerungen. Die Beschaffenheit der Energien des Kleinhirns wirken auf Form, Struktur und Spannkraft des Nackens ein. So wird es verständlich, dass sich an der bezeichneten Nackenregion die Kraft der Körperimpulse und die stoffliche Elastizität und Qualität zu erkennen geben.

Abb. 137 *Ein Ausschnitt des Knochengerüstes in der Rückansicht mit den sieben Halswirbeln*

Der erste Halswirbel, der Atlas, schafft die Verbindung des Schädels mit dem Rumpf, der untere, der siebte Halswirbel, ist der vorspringendste tief im Nacken. Er liegt im Spannungs- bzw. Kreuzungsfeld der magnetischen Energie (die der Wirbelsäule Richtung und Festigkeit verleiht) mit der elektrischen Energie, die sich quer zur magnetischen Energie lagert und zahlreiche elektrische Querachsen bildet, deren stärkste durch den 1. Brustwirbel, Schultern, Arme, Hände und Finger, gekennzeichnet ist.

Eine kräftige Ausbildung des 7. Halswirbels und des 1. Brustwirbels und der sich daraus ergebende kräftige, plastische Schwung der Nackenlinie zum Rükken und zum unteren Hinterhaupt hin lässt auf eine starke Lebens- und Schaffenskraft schliessen. Der Mensch ist dann unermüdlich in seinem Schaffen. Die Tätigkeiten werden mit Leidenschaft, Ausdauer und Liebe gestaltet. Alle Liebe und Freude zur Tätigkeit aber wurzelt in Energie und Empfinden, die beide immer neue Impulse auslösen.

Abb. 138 und Abb. 139 *Antike Darstellungen des griechischen Sagenhelden Herkules mit der unbesiegbaren Körperkraft*

Die Körperkraft kommt – neben den entsprechenden Körpermerkmalen – vor allem in dem starken, gedrungenen, muskulösen und festen sogenannten Stiernacken zum Ausdruck. Im Nacken zeigt sich sowohl die Körper- als auch die Muskelkraft.

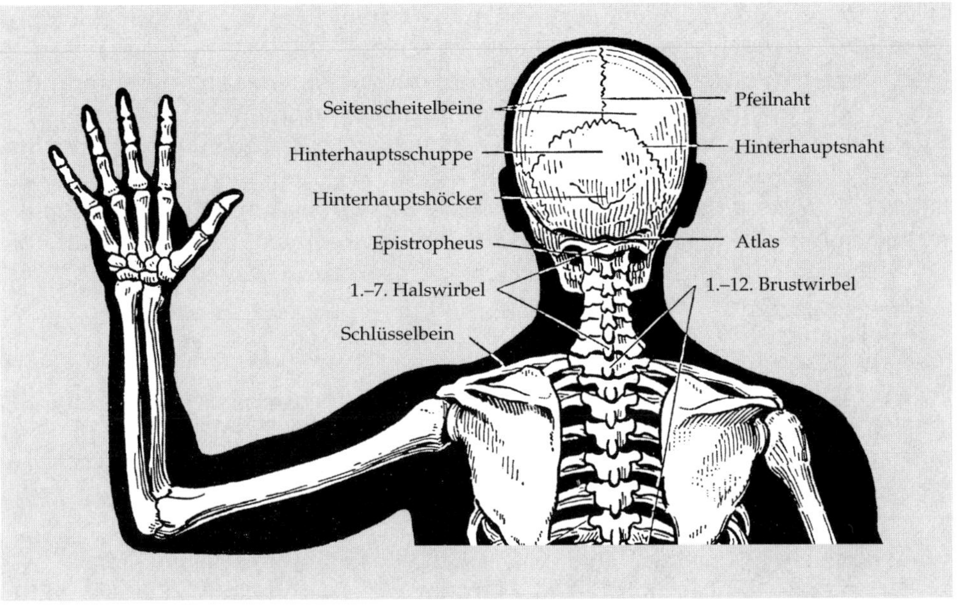

Abb. 137 Ein Ausschnitt des Knochengerüstes in der Rückansicht mit den sieben Halswirbeln

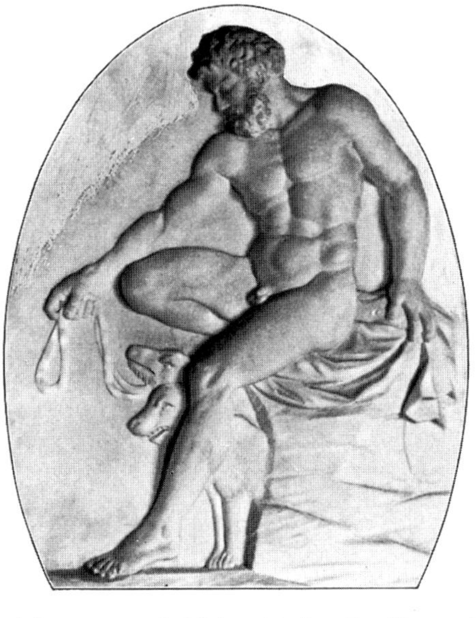

Abb. 138 und Abb. 139 Antike Darstellungen des griechischen Sagenhelden Herkules mit der unbesiegbaren Körperkraft

Solche Formen finden wir u.a. in den Sportarten: Schwingen (eine Schweizerspezialität), Schwergewichtsringen und -boxen.

Aber nicht nur im Nacken, auch in Kopf und Gesicht des Herkules prägt sich seine Körperkraft aus. In dem gehobenen und ausserordentlich breiten Nasenrücken zeigt sich die Stärke des Knochenbaues. Die Knochenmasse von Kinn, Kiefern und unterem Hinterhaupt übertrifft die des niedrigen Stirn- und Kopfbaues bei weitem. Darin kommt das Vorherrschen des Körpers und seiner elementaren Impulse zum Ausdruck. Haar und Bart nehmen in ihrer Form an diesen Merkmalen der aussergewöhnlichen Kraft sprechend Anteil.

Vergleichende Studien

Abb. 140 und **Abb. 141** *Die ausgewölbte untere Nackenpartie am VI, VII Hals- und 1. Brustwirbel*

Die schon betagte Dame, Abb. 140, ist noch unermüdlich in ihrem Wirken. Trotz der Widerwärtigkeiten des Lebens voller Schaffenskraft, Ausdauer und Lebensfreude. Sie ringt sich immer wieder durch. Abb. 141, eine hohe Lebenserwartung durch starkes Empfinden, Leidenschaft, Ausdauer und Lebenskraft.

Abb. 142 *Der freie, elastische und zarte Nacken*

Die Einzeichnung «Ernährungszustand» (Abb. 136) weist darauf hin, dass sich hier auch die Art des stofflichen Körperhaushaltes offenbart.

Der Nacken des Jünglings zeigt, dass sich das Ernährungsleben noch in der Entfaltung befindet, dass die Muskel-, Schaffens- und Lebenskraft noch nicht robust sind und auch die Leidenschaftlichkeit in der Tätigkeit erst noch wachsen muss; aber die Stoffe befinden sich in lebhaftem Austausch, frei von jeder Stauung oder Anschoppung, wie wir sie noch kennenlernen werden.

Abb. 143 *Die überquellende Nackenpartie*

Ein über 60jähriger Mann, der eigentlich noch «in den besten Jahren» sein könnte. Seine Nackenpartie quillt über dem Rockkragen als Wulst hervor. Der stoffliche Zustand ist durch eine Überfülle von chemischen Fremdstoffen und Ablagerungen gekennzeichnet. Diese behindern die volle Gesundheit, bremsen die Ausdauer, das Empfinden und die Schaffens- und Muskelkraft. Der Mann ist bequemer geworden, denn die Fülle zeigt wenig Spannkraft. Mit etwas mehr Körperbewegung, einer durchdachten Gesundheitsvorsorge und ausgewogener Lebensweise könnte viel Lebenslust und Energie zurückgewonnen werden.

Abb. 144 *Die Nackenlinie, die noch Schwung hat, elastisch ist und wie jugendfrisch erscheint*

Ein Empfindungs-Naturell. Bei diesen ist der Nahrungssinn schwächer, der Ernährungszustand zeigt keine Überfüllung, und eine stoffliche Belastung ist hier nicht vorhanden. Auch die Kopfhaltung wirkt, trotz eines hohen Alters, lokker und frei.

Abb. 145 *Die volle, gespannte Nackenform*

Ein Ernährungs-Naturell. Hier finden wir gegenüber Abb. 143 trotz Fülle und

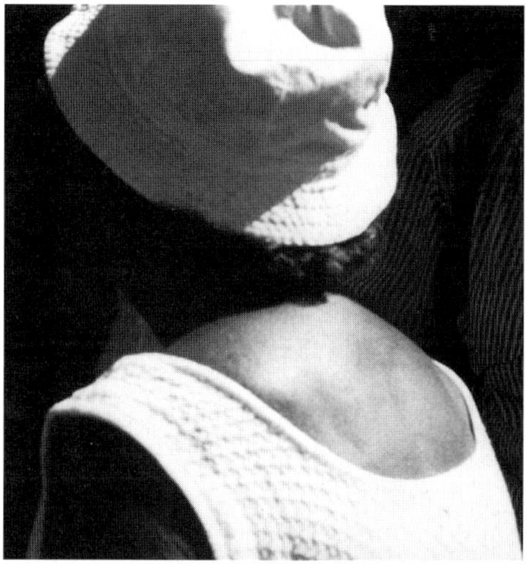

Abb. 140 Die kraftvoll ausgewölbte untere Nackenpartie

Abb. 141 Die feingespannte und ausgewölbte untere Nackenpartie

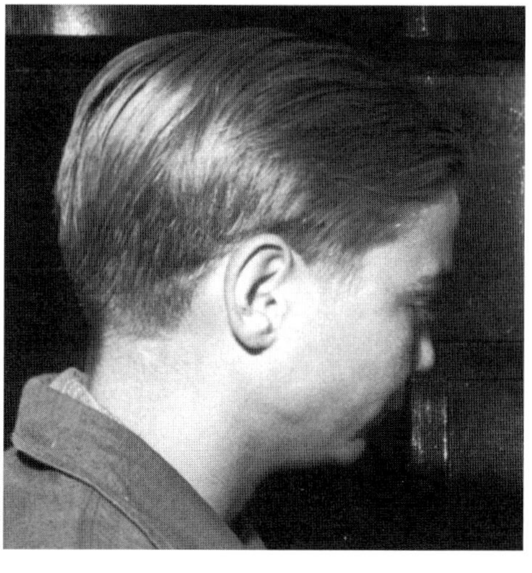

Abb. 142 Der freie, elastische und zarte Nacken

Abb. 143 Die überquellende Nackenpartie

Wulstbildung eine gespanntere Nackenform. Sie zeigt grosse Stoffülle und den Zustand reichlicher Ernährung, die auch entsprechend dem Naturell etwas zu stark ist. Die Kompaktheit der Form zeigt grosse Aktivität, Einsatzfreude und sehr viel Interesse am anderen Gechlecht.

Abb. 146 *Die Nackenlinie ohne stoffliche Überbelastung*
Ein Bewegungs-Naturell. Der Ernährungszustand ist mittelstark, die Nackenpartie zeigt Kraft und Frische. Entsprechend ist die Ausdauer der Schaffens- und Muskelkraft; der Mann kann noch viel Verantwortung auf sich nehmen. Er hat

Abb. 144 Die Nackenlinie, die noch Schwung hat, elastisch ist und wie jugendfrisch erscheint

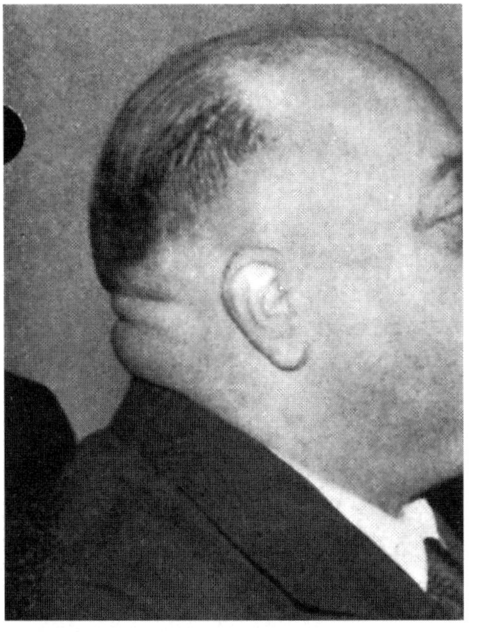

Abb. 145 Die volle, gespannte Nackenform

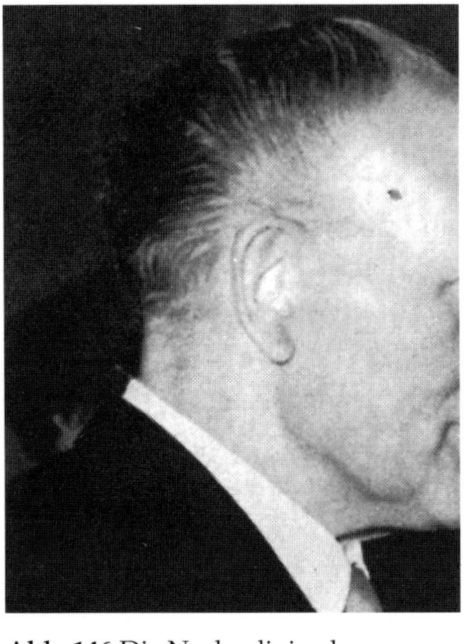

Abb. 146 Die Nackenlinie ohne stoffliche Überbelastung

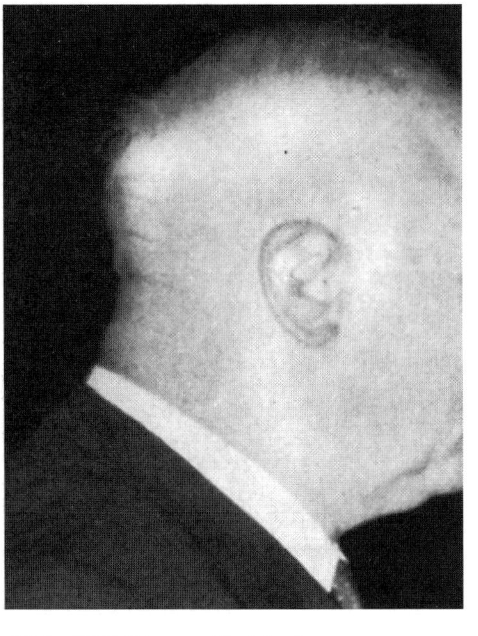

Abb. 147 Der steife Nacken

entsprechend seinem Naturell gelebt und sich dadurch die volle Lebenskraft erhalten.

Abb. 147 *Der steife Nacken*
Ein Bewegungs-Ernährungs-Naturell. Dieser Mann verfügt gemäss seinem Naturell über grosse Körperkraft. Aber die Nackenlinie wirkt steif, es haben sich hier belastende Fremdstoffe angesammelt, und die Elastizität ist verlorengegangen. Der Mann hat zu reichlich gegessen und die von Natur aus gegebene starke Bewegungsanlage vernachlässigt. Wenn die Ernährung gemässigt und die körperliche Tätigkeit erhöht wird, ist es möglich wieder auf das für den Naturelltypus zuträgliche, gesunde Normalmass zu gelangen.

Der in dieser Art steife Nacken zeigt auch Unbeweglichkeit im geistigen Bereich. Solche Menschen sind nicht mehr elastisch genug, um auf neue, von aussen kommende Ideen einzugehen.

Die Art des Liebeslebens

Die Lebensimpulsenergie Helioda, hat ihre Sammelpunkte in den Zentrosoma der Zellen, von wo aus sie strahlend und organisierend die Verbindungen von Zelle zu Zelle des Körpers herstellt, Organe bildet und zusammen verbindet. Es entstehen Leitungsnerven und schliesslich das Rückenmark mit seiner reichen Faserbildung und vielen Nervenknoten, aus dem sich das Mittelhirn, das Kleinhirn und schliesslich das Grosshirn – die zentralen Sammelorgane der Helioda und damit des Geistigen – entfalten. «Gehirn und Nerven sind nicht ausschliesslich Seelenorgane. Sie sind als Organe Werkzeug der Helioda (HW S. 877).» Wir können diesen Aufbau des gesamten Nervensystems durch die Helioda mit einem Baum vergleichen. Nur ist es bei diesem der Magnetismus, der den Gesamtorganismus stärker bestimmt, während im Menschen die Helioda die Organisation stärker festlegt. Ähnlich den Wurzeln eines Baumes, steigt aus den Körperorganen in feinsten Verzweigungen und Leitungswegen die Helioda auf, um sich im Rückenmark, dem Stamm, zu vereinen und im Gehirn, ähnlich dem Filigranwerk der Baumkrone und ihrer Blätter und Blüten, sich zu entfalten.

Wenn die inneren Körperorgane durch die strahlende Lebenskraft Helioda mit dem Gehirn in Wechselwirkung stehen, so wird es auch verständlich, dass die aus den Geschlechtsorganen und -nerven aufsteigende Helioda sich in Rükkenmark und Gehirn sammelt und entfaltet. Sie wird zunächst im Kleinhirn wirksam und arbeitet im Hinterhaupt in dessen unterer Partie als einfacher Geschlechtsimpuls, um daraus alle die körperlichen Triebe, seelischen Regungen und geistigen Grundhaltungen zu entwickeln, die wir beim Studium des Aufbaues des Hinterhauptes kennengelernt haben.

Mensch und Tier zeigen im unteren Hinterhaupt und dessen Übergang zur Nackenpartie die Art ihres Liebeslebens. Kraftvoll und leistungsfähig, gesund oder krank, grob oder fein, rein oder schmutzig.

Mit der geschlechtlichen Fortpflanzung hat die Natur die Möglichkeit geschaffen, das Erbgut in grosser Variation weiterzugeben. Der Fortpflanzungstrieb wurde zur Grundlage der körperlichen, seelischen und geistigen Entfal-

Abb. 148 Die Frische der Lebens- und Liebesfülle

Abb. 149 Die brüchige Lebens- und Liebesfülle

tung. Es ist der Wurzeltrieb des Werdens und Entwickelns aller Lebewesen. Daraus entsteht aus Liebe «der Himmel auf Erden», aus Hass und Gier Vergewaltigung und die «Hölle» für Körper und Seele.

Anlagen und Entwicklungen

Abb. 148 *Die Frische der Lebens- und Liebesfülle*

In dieser Darstellung sehen wir, die stolze und doch freie und ungezwungene Haltung. Die klare Linienführung aller Details an Auge, Nase, Mund und Ohr lassen uns eine grosse Feinheit der Lebens- und Liebesfülle erkennen. Das Haar wird vom Nacken her durch ein Band zusammengehalten, schützt aber trotzdem den Nacken und strahlt flammend nach unten zu aus.

Der Künstler hat durch diese Eigenart der Haartracht mimisch die innewohnende Tendenz zum Schutz des Kleinen, die insbesondere im Kleinhirn und Nacken erkennbar wird, charakterisiert.

Auf Grund der übrigen Formen kann man annehmen, dass unter den lebhaften Haaren das Hinterhaupt von grosser Feinplastik und gut entwickelt ist. Der Nacken ist mittelstark, kraftvoll geformt und gefüllt, ausserordentlich gespannt und elastisch, und die Nackenlinie zeigt die Grazie, die Schönheit, die Anmut, aber auch die Kraft des Körpers und der weiblichen Geschlechtsorgane.

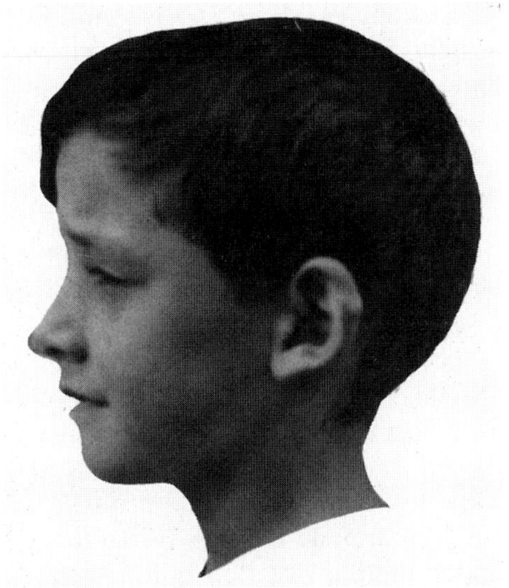

Abb. 150 Der zarte und wenig entwickelte Nacken

Abb. 151 Der entwickelte Nacken

Abb. 149 *Die brüchige Lebens- und Liebesfülle*

Das Erscheinungsbild einer weniger starken Lebens- und Liebesfülle. Das brüchige, spröde Gewebe zeigt die weniger lebensvolle organische Qualität; die unreine Haut, der durch Krankheitsstoffe belastete Körper. Das weist darauf hin, dass die inneren Organe und das sympathische Nervensystem in der Stoffmischung und Energie nicht optimal arbeiten.

Der Hals vorne unterm Kinn und der Nacken ist eingefallen, matt, kraftlos, ohne Frische und Spannkraft. Die geschlechtliche Säfteproduktion, die sich hier zeigt, ist schwach. Es fehlt insgesamt an Spannkraft und Frische der Gewebe und an ihrer lebenswarmen, hauchartigen Durchstrahlung, welche durch gesunde innere Impulse erzeugt wird.

Aus diesen Gegebenheiten können wir schliessen, dass die Frau trotz feinen Gefühlen, welche die Mundpartie zeigt, aus fehlender Kraft die körperliche Vereinigung nicht schätzt, sie sogar ablehnt. Der Unterschied zu Abb. 148 ist auffallend und bedeutend: hier wenig Kraft und Impuls, dort lebhafter Liebes- und Lebensimpuls bei grosser Feinheit der Gefühle, ein Ideal der Gesundheit und der weiblichen Schönheit.

Entsprechend dem Lebensalter und dem entwicklungsmässigen Ablauf der Lebensvorgänge verändern sich Form, Kraft, Fülle und Schönheit des Nackens und des unteren Hinterhauptes. Das Kleinhirn und die sich daraus ergebenden Impulse sind durch Krankheit und Alter Veränderungen unterworfen.

Abb. 150 *Der zarte und wenig entwickelte Nacken*

Ein Knabe im Wachstum. Durch intensive Bewegung kann er den Körper und damit das Kleinhirn mit seinen Organen entwickeln. Im gesamten Hinterhaupt erkennen wir die dazu nötigen Impulse, jugendliche Kraft und Spannung. Das Interesse geht hauptsächlich auf die körperliche Betätigung, die unbekümmert und lebhaft ist. Diese darf nicht unterbunden werden, soll sich das Kind normal und gesund entwickeln. Der Körper verbraucht dabei viele Kräfte und Säfte. Der Nacken ist noch ungefüllt, kindlich, unentwickelt, zart und zeigt noch wenig Reserveenergien. Das Interesse an der Geschlechtlichkeit ist noch nicht vorhanden.

Abb. 151 *Der entwickelte Nacken*
Ein junger Mann, bei dem das körperliche Wachstum abgeschlossen ist und bei dem sich das Liebes- und Geschlechtsleben bereits in voller Entfaltung befindet. Das Blut, das die Nerven ernährt, ebenso die überschüssigen Säfte und Energien pulsieren zum Kleinhirn, und damit füllt sich der Nacken, das Gewebe gewinnt an Spannung, Plastik und Strahlung. Es ist wie ein Wunder der Natur, dass bei den verschiedenen Menschen die unterschiedlichsten Abstufungen zu sehen sind. Die Impulse, die von der Anlage her zum Geschlecht drängen, sind bei dem abgebildeten Mann mässig und können mit dem starken Willen, den die übrigen Formen zeigen, lange beherrscht werden.

Abb. 152 *Der Nacken in voller Frische, Kraft und Schönheit*
Eine einfache junge Frau mit einer Kopfhaltung voller Spannkraft. Das füllig weiche Haar ist am unteren Hinterhaupt und Nacken zu einem Knoten geflochten. Die schlichte Haartracht und das Binden gegen das Kleinhirnareal symbolisiert mimisch das Hinwenden zum Schutz der Kinder, der Familie und zur Häuslichkeit. Solche Haartracht findet man heute selten, die Frauen schneiden sich die Haare ab. Gewiss, das ist Mode und herrschende Sitte zugleich. Dies zeigt aber auch, wie sich der Stellenwert von Häuslichkeit und Familienleben verändert hat: andere Dinge sind wichtig geworden.

Das Haar ist auch ein Nervenkraftspeicher – ist das Haar kurz abgeschnitten, so fehlt diese Reserve.

Abb. 153 *Der Nacken mit der erlahmten Spannkraft*
Eine ältere Frau, die getreulich ihres Lebens Pflicht erfüllte, ihre Kinder mit Herzlichkeit und nach bestem Vermögen erzog. Nun fliesst das Blut träge und langsam durch die Adern, die Impulse werden schwächer, die Frische ist geschwunden, die Spannkraft erlahmt; daher ist der Nacken nicht mehr lebhaft gefüllt, er ist faltig und welk geworden. Die Form bekommt wieder Ähnlichkeit mit der kindlichen, die entsprechenden Organe sind, könnte man sagen, nicht mehr aktiv, das Interesse am Geschlechtlichen ist weitgehend erloschen.

Das sind Gegebenheiten, die jeder beobachten und verfolgen kann. Diese Beobachtungen sind für das praktische Leben sehr bedeutungsvoll, denn nicht alle alten Menschen haben die Spannkraft verloren. Die Physiognomik lehrt uns, dass die Art der Liebes- und Geschlechtsimpulse nicht verborgen sind, sondern aufgrund anatomischer, physiologischer und biologischer Tatsachen in ihrer Kraft und Schönheit in allen möglichen Abstufungen in Erscheinung treten. Die Natur ist weise; sie zeigt uns das Angeborene und Erworbene in unzähligen Va-

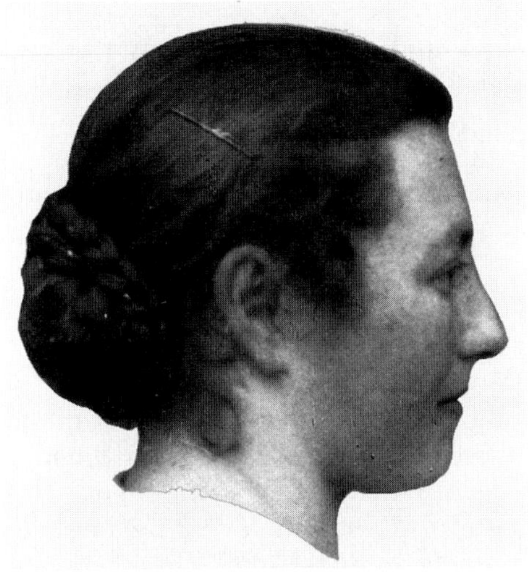

Abb. 152 Der Nacken in voller Frische, Kraft und Schönheit

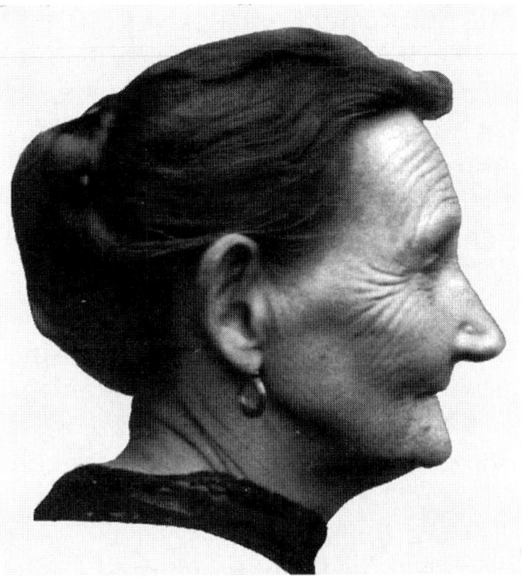

Abb. 153 Der Nacken mit der erlahmten Spannkraft

rianten. Wir können deshalb nicht bei dem Glauben stehenbleiben, die Liebesimpulse seien bei allen Menschen und in allen Lebensaltern gleich und könnten erzogen und auf jeden Fall mit dem Willen beherrscht werden. Praktische Erfahrungen zeigen, dass auf dem Gebiet der Geschlechtlichkeit und der Sexualität auch heute noch Unwissenheit und irrige Vorstellungen bestehen und saubere Aufklärung fehlt. Es ist nicht damit getan, dass wir wissen, dass Kondome Aids verhüten helfen. In der Veranlagung für körperliche und geistige Liebe sind die Menschen genau so individuell verschieden wie in allen andern körperlichen und geistigen Impulsen, Fähigkeiten und Neigungen. Das sollte sowohl bei der Eheschliessung wie auch in der Gesetzgebung und bei Berufen der Lebensberatung und bei der «Berufung» zum Amt eines Seelsorgers ernsthaft bedacht werden. Jeder von uns ist von Gott zum Leben berufen. Je mehr wir über das Leben wissen, umso eher gelingt es uns, so zu sein wie uns Gott geschaffen hat.

Eine glückliche Dauer-Ehe erfordert als eine wesentliche Grundlage ein harmonisches Verhältnis der Geschlechtskraft beider Gatten. Natürlich genügt dies nicht allein als Start zu einer im besten Falle lebenslänglichen Liebe und einer sich mit der Dauer der Ehe steigernden Zuneigung. Um den Startpunkt zu optimieren, müssen auch Niveau, bestimmte Charaktereigenschaften, Temperament, Naturell und Gefühlsimpulse in einem harmonischen Verhältnis zueinander liegen. Und zwei Menschen, die eine Lebensgemeinschaft gründen wollen, sollten sich auch noch lieben. Es sind hier also einige Schwierigkeiten vorhanden, die auch erklären, weshalb das Leben zu zweit nicht ganz so einfach ist wie das Optimisten, Verantwortungslose oder Unbedarfte wahrhaben wollen. Nach einem optimalen Start sind auch Entwicklungen verschiedener Art möglich, die ein Zusammenleben erschweren. Ist keine Harmonie mehr vorhanden, müsste ein vernünftiges Auseinandergehen möglich sein.

Die Stärke der Geschlechtskraft

Nach *Huter* berechnet sich die Geschlechtskraft nach sieben Graden. Die Stärke der sinnlichen Liebestriebe ist aus der jeweiligen Entfernung vom Ohreingang bis zum Nacken zu ersehen, angedeutet durch die entsprechende Einteilung an Abb. 154.

Die Kraft des Geschlechtsvermögens ermittelt sich aus der Stärke, Breite und Fülle des Nackens, wobei Spannung und Kompaktheit des Gewebes mit entscheidend sind.

Grad 1–2: sehr wenig Geschlechtsimpulse. Solche Menschen können ohne Schaden dem körperlichen Liebesaustausch entsagen.

Grad 2–3: die schwache Veranlagung. Wenig Impulse des Körpers.

Grad 3: etwas ausgeprägtere Veranlagung, jedoch vermag der so Veranlagte auch noch ohne Beschwerden längere Zeit geschlechtlich enthaltsam zu leben.

Grad 4: mittelstarke Veranlagung. Vermag sich zeitweise zu enthalten.

Grad 5: Starke körperliche Geschlechtsimpulse, die schwer zu beherrschen sind. Werden sie unterdrückt, können körperliche und seelische Schäden entstehen.

Grad 6: Enthaltsamkeit ist noch schwieriger zu leben, schwere seelische und körperliche Konflikte.

Grad 7: Vollständige Enthaltsamkeit macht krank und treibt den Menschen dem Wahnsinn entgegen, er kann daran sterben.

Der Mensch mit Geschlechtskraft Grad 7 kann in jungen Jahren dauernd dreimal täglich den Geschlechtsakt in voller Stärke und Lust vollziehen und erleben. Der Mensch mit Geschlechtskraft Grad 1, kann ohne Beschwerden enthaltsam leben. Das ergibt über ein Jahr gesehen eine Differenz von ca. 1 zu 1000. Diese riesigen individuellen Differenzen sind bei beiden Geschlechtern vorhanden. Sie sind weitgehend angeboren. Solche Anlagen nehmen wesentlichen Einfluss auf die individuelle Lebensphilosophie und Lebensart. Daraus entsteht bei gleichen Denkstrukturen (Stirnformation, gleiches Niveau) aus der starken Geschlechtsanlage eine dem Leben zugewandte Philosopie, nach welcher die geschlechtliche Betätigung als Gottgegeben dargestellt wird und deshalb ausgelebt werden soll und darf und aus einer schwachen Geschlechtsanlage entsteht die Lebenslehre der Enthaltsamkeit als Tugend.

Diese grosse Bandbreite der Geschlechtsanlagen darf nie in ein Gesetz gezwängt werden, das auf schmalster Basis und auf möglichst geringer Kraft fusst. Es ist weder ein Verdienst, wenn jemand mit geringer Geschlechtkraft enthaltsam lebt, noch ist es eine Sünde, wenn jemand mit starker Geschlechtskraft diese sauber ausleben will. Es müssen Lebensgesetze geschaffen werden, in denen alle die vorhandenen Möglichkeiten, deren Betätigung ein Menschenrecht ist, auf ethische Art ausgelebt werden können. Weder die Ansicht, alles Geschlechtliche sei sündhaft, und die Belehrung über das Geschlechtsleben sei unsittlich, noch die Behandlung des Geschlechtslebens auf frivole und gemeine Art, ergeben vernünftige Lösungen. Beide sind abzulehnen. Es sind Auswüchse der von der Natur (Gott) gewollten Differenzierung der Geschlechter, Auswüchse, die den Menschen daran hindern, höchste Liebesseligkeit zu erreichen (HW S. 460).

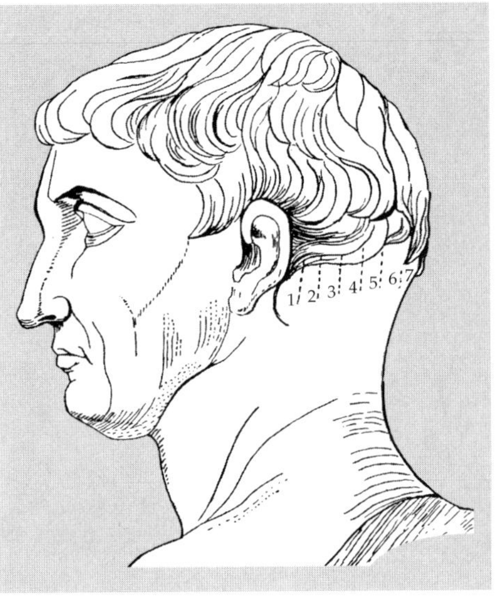

Abb. 154 Die geschlechtsstarke Natur

Der Mensch mit starken Geschlechtsimpulsen besitzt einen vollen, breiten, plastischen und starken Nacken, wie er auf dem Bilde des Trajan zu beobachten ist. «Eine grosse Rolle bei der Erzeugung geschlechtlicher Säfte und Reizfähigkeiten spielen auch die Schilddrüse und der Geschlechtsapparat selber» (HW S. 691).

Abb. 154 *Die geschlechtsstarke Natur*

Trajanus gehörte zu den geschlechtsstarken Naturen. Sein Körper war gesund, schön und kraftvoll, er hatte viel überschüssige Energie und eine starke Sinnlichkeit, das zeigt die Kopfhaltung und der starke Nacken. Das Gesicht ist schön geformt. An der kraftvollen langen Nase sind Kühnheit und Tatkraft, Vornehmheit, grosse Klugheit und Vorausberechnung sichtbar. Aus dem wuchtigen, qualitativen Stirnansatz spricht grosse, geistige Energie und Übersicht. Der Mund zeigt feine Gefühle, etwas von feinem Spott, Milde, Menschlichkeit und Bescheidenheit, das Ohr seelische Kraft und Tiefe. Man nannte ihn den Besten, den Vater des Vaterlandes.

Grosszügig und offen wie sein Gesicht, waren seine Taten. Festigkeit und Zuverlässigkeit zeichneten ihn aus. Literatur und Kunst blühten, neue Städte und Kolonien wurden gegründet.

Es wird dem Leser auffallen, dass die Stirn und die obere Kopfform sehr niedrig sind; es liegt in der Eigenart der Kunstrichtung jener Zeit begründet: die Künstler vernachlässigten die Nachbildung des Schädelbaues. In den Bädern, wo die vornehmen Römer sich täglich stundenlang aufzuhalten pflegten, bei kriegerischen und gymnastischen Wettspielen, hatten die bildenden Künstler jener Zeit die beste Gelegenheit, den nackten menschlichen Körper zu beobachten; sie gaben daher den Charakter vornehmlich im Körper- und Gesichtsbau vollendet wieder. Ausserdem hielt man das Zwerchfell für den Sitz der Seele, was den Körper ebenfalls wichtiger erscheinen liess als das Grosshirn. Das war eine einseitige Sicht.

Ganz im Gegensatz zu der Anschauung der alten Römer hielt *Gall,* der geniale Gehirnanatom und Begründer der Phrenologie, den Schädel, der das Gehirn umschliesst, für denjenigen Körperteil, der einzig und allein das geistige Innenleben des Menschen widerspiegelt. Hier liegt seine Einseitigkeit.

Der Lebensgeist des Menschen kommt überall zum Ausdruck: am Körper, am Schädel, am Gesicht und in allen Lebensäusserungen.

Zwei Gegensätze in der Geschlechtskraft

Abb. 155 *Der römische Kaiser Vitellius*

Der Nacken des römischen Kaisers *Vitellius* ist ausserordentlich stark, erscheint hart und roh. Der Hals ist dazu belastet und fettgeschwollen. Vitellius führte ein ausschweifendes Liebes- und Genussleben, er war ein Schlemmer und Geniesser, der in Köln am Rhein, seiner damaligen Residenz, ermordet wurde. Es ist das Erscheinungsbild des unerbittlichen und genusssüchtigen Herrschers, der auch seinen Vater ermordete und sich mit seiner Macht alle möglichen ausschweifenden Vergnügen, aber vor allem auch die Geschlechtlichen, auf Kosten anderer verschaffte.

Hals- und Kinnregion verraten einen aussergewöhnlichen Geschlechtsimpuls Grad 7, eine schnelle Regenerationsfähigkeit und beim Durchsetzen der eigenen Ideen eine grosse, zur Sturheit neigende Standfestigkeit. Daraus entsteht leicht ein Hang zum Übermass an physischen Genüssen, dessen Auswirkungen sich dann auch physiognomisch in einer starken, krankhaften Formverdickung zeigen, wie das hier hauptsächlich am Hals sichtbar ist. Die unteren Gesichtsregionen und der Mund zeigen den Sinn für Wohlgeschmack; doch ist dieser Mund auch typisch für den Fresser. Das tiefsitzende und einfache Ohr zeigt ein hartes Seelenleben. Vitellius lag im disharmonischen und im Ernährungs-Naturell, dem auch starke Tatkraft innewohnte.

Wir zeigen hier zwar einen verstorbenen Kaiser. Diese oder ähnliche Erscheinungsbilder sind aber nicht etwa ausgestorben, sie leben und wirken seit eh und je, in jeder Zeit, mit gleicher Energie.

Abb. 156 *Graf Leo Tolstoi*

Eine dem egoistischen kaiserlichen «Geniesser» völlig entgegengesetzte Entwicklung zeigt uns die Skizze des *Grafen Leo Tolstoi,* des grossen russischen Vorkämpfers für die Ideale der Menschlichkeit, dessen Leitmotiv es war, «ein besserer Mensch werden». Es ist das Erscheinungsbild der Bescheidenheit, der Sanftmut und der Geduld. Sein grosses Mitleid mit den Leiden anderer ergibt sich aus den geistigen Impulsen, die an der feinen, breiten Oberstirn zu erkennen sind; er hat selbst viel Leid erfahren und seelisch durchlebt, daher sind auch die Züge vom Sturm des Lebens gestaltet und durchfurcht. Er hatte in jungen Jahren auch eine mittelstarke Geschlechtskraft und entsprechende Impulse. Das Ehrwürdige, das wahrhaft Religiöse und die innere Feinheit dieses weise gewordenen Mannes, der dogmatische Theologie bekämpfte, der prophetisch in die Zukunft sah,

Abb. 155 Der römische Kaiser Vitellius

Abb. 156 Graf Leo Tolstoi

kommt jetzt in den Formen von Haar und Bart zum Ausdruck. Das hochgestellte Auge (Idealität) mit den tief hängenden Brauen (Gram und Leid) lässt es verstehen, dass Tolstoi nach langem innerem Ringen, in die Einsamkeit zog, auf seine Standesvorrechte als Graf und Gutsbesitzer verzichtete und als einfacher Bauer leben wollte. Er schilderte mit grosser Offenheit die moralischen Missstände in der herrschenden Gesellschaft, in der er selbst als Innerlichkeitsmensch nach seinen inneren Erkenntnissen handelte und Äusserlichkeiten negativ bewertete.

Tolstoi lehrte zuletzt die geschlechtliche Enthaltsamkeit als Tugend. Er ist im gezeichneten Zustand geschlechtlich sehr schwach, fast indifferent. Das zeigt der schwach entwickelte Nacken, der jetzt eingefallen und ohne Spannung ist. Ihm ist die überschäumende Sinnlichkeit, Geschlechtlichkeit und Lebensfreude bis zum Übergenuss des Trajan-Typs fremd geworden. Tolstoi ging bei seinen ethischen Forderungen von seiner persönlichen Entwicklung und Erfahrung aus, und wenn wir uns über diese aufgrund der Psycho-Physiognomik klar sind, wissen wir ihn in seinen wertvollen Gedanken zu schätzen und erkennen in welchen Punkten man ihm nicht rückhaltlos folgen darf.

Die physiognomische Psychologie kann tief in die Lebenswirklichkeit eingreifen, und daraus schöpfend lehrt *Huter*, die Rechte der Alten und der Jungen, der geschlechtlich Starken und der geschlechtlich Schwachen, die Lebenspflichten und die -rechte von Mann und Frau nach ihren unterschiedlichen Anlagen und die freien Liebesrechte verstehen und würdigen. Er fordert eine rechtliche Gleichstellung von Mann und Frau bei Erhaltung der von der Natur gegebenen allgemeinen und individuellen Möglichkeiten und Unterschiede.

Einige praktische Studien

Abb. 157 *Die starke Geschlechts- und Lebenskraft*

August II., der Starke, Kurfürst von Sachsen (1670–1733) (nach einem Gemälde von A. Manyoki), der zahlreiche Frauen liebte und mit ihnen viele Kinder zeugte. Er besass gewaltige Körperkräfte, brach Taler und Hufeisen mit den blossen Händen und war mutig, prachtliebend und geistreich. Aus dem Gesichtsausdruck, der Breite des Halses können wir auch auf eine entsprechend starke Geschlechtskraft schliessen, der auch ein entsprechender Körperbau zugrunde liegt. Das Gesicht hat den lebensstarken, genussliebenden, kraftstrotzenden und auch geistesstarken Ausdruck, seine Grossflächigkeit zeigt die ausgeprägten, intensiven physischen und geistigen Bedürfnisse, das Auge die Prachtliebe, der starke Mund und die gewaltigen Brauen die Leidenschaftlichkeit der Gedanken und Gefühle. Es war ein gewaltiger, teils rücksichtsloser und ehrgeiziger, teils ritterlicher Mann. Seine Stellung erlaubte es ihm, sich seinen Wünschen und Bedürfnissen ohne einschränkenden Zwang hinzugeben. Das führt bei dieser Anlage leicht zur Überbordung. Durch seine Hofhaltung, Prachtliebe und Grosszügigkeit brachte er Sachsen an den Rand des finanziellen Ruins.

Abb. 158 *Ein magerer, eingefallener und schmaler Nacken*

Die geringe Entfernung vom Ohreingang zum unteren Hinterhaupt, lässt schwache Geschlechtsimpulse erkennen, etwa 2. Grades. Daher ist das körperliche Interesse für das andere Geschlecht, aber auch die Generosität gegenüber diesem nur sehr mässig. Einem so veranlagten Menschen fällt es leicht, die Gattentreue zu halten, da er auch leicht enthaltsam leben kann und zum Beispiel bei anstrengender Berufsarbeit in dieser Genüge findet. Allerdings würde eine geschlechtsstarke Gattin nicht zu ihm passen und die Treue nicht halten können. So veranlagte Menschen heiraten meistens erst nach dem 30. Altersjahr.

Abb. 159 *Ein ausgemergelter, eingefallener Nacken*

Eine sehr kurze Entfernung vom Ohreingang zum unteren Hinterhaupt. Im Vergleich zu Abb. 158 ist aber nicht nur die Formbildung schwach, sondern das Gewebe an Nacken und Gesicht ist schlaff und eingefallen, was einen bedeutenden Kräfteverbrauch erkennen lässt. Die Regenerationskraft ist bei beiden Menschen schwach. Sie brauchen längere Ruhephasen um sich zu erholen. Diese Pause ist dem Mann Abb. 159 nicht gewährt worden.

Abb. 160 *Ein schöner, gesunder, frischer, jugendlicher Nacken*

Bei dem jungen Mann ist das Gewebe rein. Die mittellange Entfernung vom Ohreingang zum unteren Hinterhaupt zeigt die gut mittelstarke Geschlechtskraft (etwa 4. Grades). Hier erlahmt das Interesse für das andere Geschlecht nicht, und es werden immer wieder neue Reize entdeckt: das Zusammenleben gestaltet sich lebhaft, offen, gefühlvoll und schön.

Abb. 157 Die starke Geschlechts- und Lebenskraft

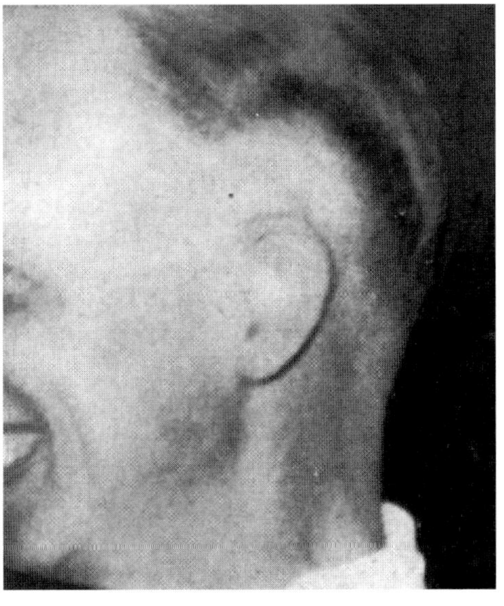

Abb. 158 Ein magerer, eingefallener und schmaler Nacken

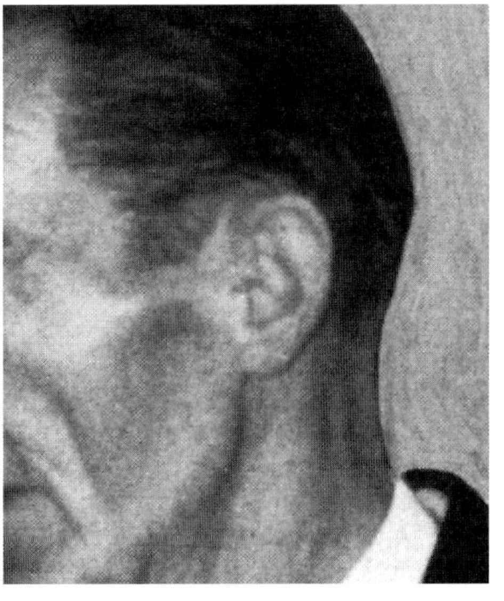

Abb. 159 Ein ausgemergelter eingefallener Nacken

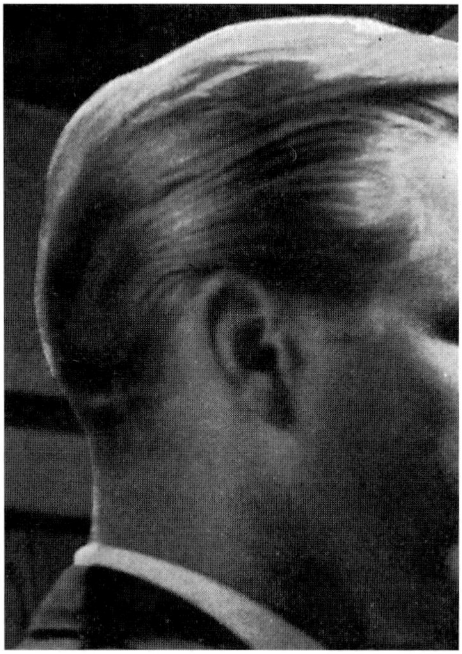

Abb. 160 Ein schöner, gesunder, frischer, jugendlicher Nacken

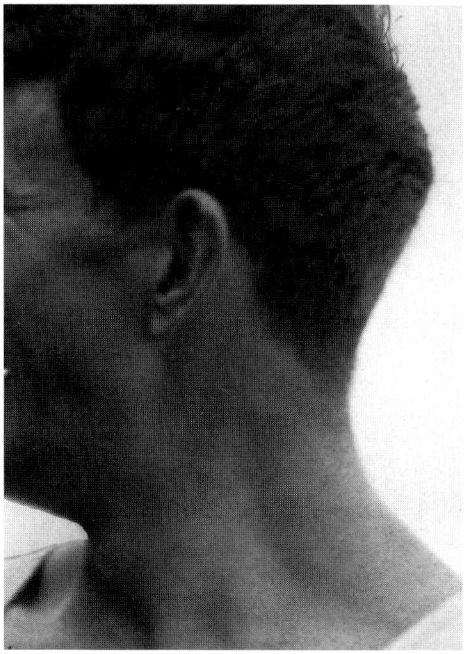

Abb. 161 Der kräftige Nacken

Abb. 161 *Der kräftige Nacken*
Im Vergleich zu Abb. 158 und 159 erkennen wir hier den kräftigen Nacken und das starke untere und mittlere Hinterhaupt. Bei dem Mann fehlt die Feinheit und Schönheit, die Elastizität, die Anmut und der Schwung in der Linienführung, wie sie Abb. 160 zeigt. Es ist ein Bewegungs-Naturell mit starker Arm- und Körperkraft. Der muskulöse Nacken, das straffe untere Hinterhaupt, das Haar zeigen weniger zarte Liebesgefühle als vielmehr robuste Kraft. Dementsprechend huldigt dieser Mann dem Kampfsport. Zarte Rücksichtnahme liegt ihm nicht. Seine Lebenspartnerin müsste die gleiche Veranlagung haben, soll das Zusammensein langdauernd sein. Ist eine Frau in den Lebens- und Liebesgefühlen zart, so sollte es auch der Mann sein. Wo das nicht der Fall ist, wird das Zusammenleben für den feiner veranlagten Partner eine arge Enttäuschung, die innere Beziehung welkt wie eine Blume dahin und stirbt allmählich ab.

Abb. 162 *Der zarte Nacken bei starkem Körperimpuls*
Die junge Dame zeigt einen schwächeren Geschlechtsimpuls. Das lebhaft vortretende Kinn lässt jedoch erkennen, dass sie körperlich impulsiv und daher sehr interessiert an Kontakten mit dem anderen Geschlecht ist. Sie flirtet und unterhält sich gern. Der körperliche Kontakt wird weniger gesucht oder angestrebt. Der Mann von Abb. 160 würde in Kraft und Gefühl etwa zu ihr passen. Der Mann von Abb. 161 mit der Kraft und dem geringen Feingefühl in der Liebe, würde sie unglücklich und krank machen. Sie würde sich ihm wohl gar nicht zuwenden.

Abb. 162 Der zarte Nacken bei starkem Körperimpuls

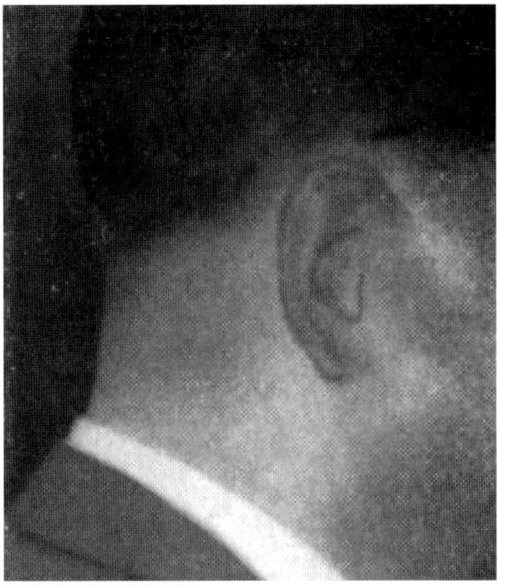

Abb. 163 Der feine kräftige Nacken

Abb. 163 *Der feine kräftige Nacken*
Auch eine Verbindung mit diesem Mann würde für die junge Dame von Abb. 162 punkto Geschlechtskraft und Feinempfinden passen. Die untere Hinterhauptregion ist plastisch, wohl 2 Grad mehr als bei der Dame, sie zeigt Frische und Feinheit. Die etwas stärkeren Geschlechtimpulse würden gut mit dem impulsiven Wesen der Frau harmonieren, denn es bliebe dem Mann genügend Kraft für seine Berufsarbeit, und zufolge der frischen und vollsaftigen Nackenpartie, die auch auf Generosität gegenüber der Frau schliessen lässt, könnte diese stets mit dem grössten Verständnis für ihre lebhafte Kontaktfreudigkeit rechnen.

Abb. 164 *Herzliche Zuneigung*
Zwei junge Menschen, die in ihrer Liebesanlage gut zusammenpassen würden. Es sind Schauspieler, die hier in den Hauptrollen des Filmes «Eine Frau fürs ganze Leben» zu sehen sind – ja, man möchte sagen, auch ohne die Illusion des Filmlustspiels könnte sein Titel hier zutreffen. Die quellenden, lockeren und warm durchhauchten Gewebe an Gesicht und Hals mit dem glücklichen Ausdruck an Augen und Mund, sowie die stark gefüllten unteren Augenlider, lassen auf eine feine sinnliche und seelische Zuneigung schliessen, die von der Künstlerin durch den reichen Haarschmuck im Nacken noch betont und symbolisch hervorgehoben wird.

Abb. 165 *Die kraftvolle, breite Nackenbildung*
Ist die Nacken- und Hinterhauptbildung breit und kraftvoll wie bei diesem Unternehmer, dann ist eine reichliche Säftebildung vorhanden. Das Gehirn wird demzufolge gut ernährt. Solche Menschen können Tag und Nacht arbeiten und

Abb. 164 Herzliche Zuneigung

erholen sich in jungen Jahren sehr rasch und sind nach kurzer Ruhepause wieder frisch. Sie sind demzufolge befähigt, nicht nur für sich und ihre Familie, sondern darüber hinaus noch für viele andere Menschen mitzusorgen, denen sie Arbeit und Verdienst geben. Die starke Geschlechtskraft, Grad 5, drängt solche Menschen in die Gesellschaft. Sie knüpfen viele Kontakte und halten diese Aufrecht. Der Ausbau eines Geschäftes verlangt vielfach diese Kontaktfähigkeit. Gegenüber Frauen sind solche Männer grosszügig und können ihnen viele Wünsche erfüllen, erwarten auch die Erfüllung ihrer eigenen Wünsche.

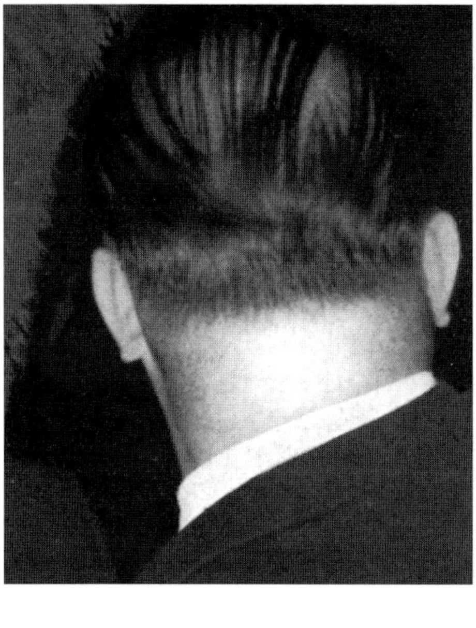

Abb. 166 *Die mittlere Nackenbreite*

Der Nacken ist seitlich nicht stark entwickelt, das untere Hinterhaupt ist breit und die Haare sind elegant und füllig. Dieser Mann kann gut für sich und die Seinen sorgen, er kann auch mit grosser Kraft seinem Beruf nachgehen, aber er braucht viel mehr Ruhe als der Mann von Abb. 165, um wieder frisch und auf der Höhe zu sein. Diese Anlage drängt weniger in die Gesellschaft. Er liebt eher die häusliche Ruhe und Erholung.

Abb. 165 Die kraftvolle, breite Nackenbildung

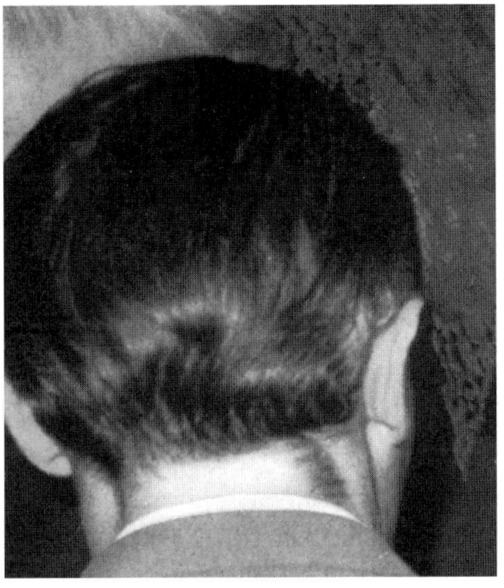

Abb. 166 Die mittlere Nackenbreite

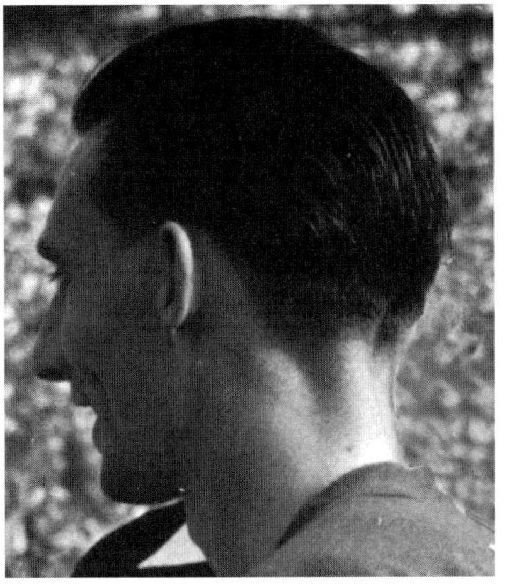

Abb. 167 Der sehnige schmale Nacken

Abb. 167 *Der sehnige schmale Nacken*
Der sehnige, aber weniger breite Nacken, weist auf die entsprechend schwächere Säfteproduktion hin. Es ist daher wohl eine starke Muskelkraft vorhanden, aber der nach der Seite eingefallene Nacken zeigt, dass wenig geschlechtliche Reserven und Impulse vorhanden sind. Der Mann huldigt aktiv dem Fussballsport, der ihn neben seinem Beruf sehr stark beansprucht. Auf die Dauer übersteigt dies, gemäss der Anlage, zweifellos die Kraft, und daher fällt es ihm schwer, allem gerecht zu werden, dem Beruf, dem Sport, der Familie. Auch noch unermüdlich für viele andere zu sorgen wie der Unternehmer von Abb. 165, das kann er nicht, dafür fehlt ihm die Kraft.

Das mittlere Hinterhaupt

a) Korrespondenzen mit dem Körper
Schulter, Brust, Leib und Becken
b) Korrespondenzen mit seelischen und geistigen Impulsen
Familie, Heim, Heimat, Vaterland, Beruf

Das mittlere Hinterhaupt korrespondiert mit den Rumpf- und den Brust- und Leiborganen. Als Norm zeigt die Form des Hinterhauptes in seinem mittleren Teil die stärkste Ausformung.

Das Empfinden, die Helioda in den Zellen, ist die Grundlage der Nerven- und Empfindungsimpulse aus den Leiborganen. In den Leiborganen ist das Empfinden tiefer und reicher als in den Gliedern. Die alten Griechen sahen deshalb das Zwerchfell als Sitz der Seele an. Nach *Huter* ist die Seele aber die Summe der Empfindungsenergie sämtlicher Körperzellen.

Aus dem Geschlechtstrieb, der Gatten- und Kinderliebe, dem Hand- und Armgeschick (unteres Hinterhaupt) entwickelt sich der Erhaltungstrieb für Familie und Heim und die Hingabe im Gesellschafts- und im damit verbundenen Berufsleben (mittleres Hinterhaupt).

Starke Heim- und Familienliebe führt zur Heimat- und Vaterlandsliebe, zum Sinn für die Gemeinschaft, zum Bemühen um gutes Einvernehmen und zum Willen, diese Werte zu schützen und zu verteidigen.

Gut entwickeltes Denkvermögen und genügender Kraft- und Stoffaustausch der Rumpforgane führt zur Steigerung der beruflichen Leistungen. Fleiss, Ausdauer und Hingabe führen zur Geschicklichkeit und Kunstfertigkeit. Es sind mehr die seelischen Impulse, die im Grosshirn des mittleren Hinterhauptes wirken.

Kraft- und Stoffaustausch sind davon abhängig, in welcher Qualität das Empfinden in den Rumpforganen sich sammeln und entfalten kann und ob es gesund ist. Wenn der Mensch dauernd schlechte, schädliche Luft einatmen muss oder schwerverdauliche Speisen und zu reizstarke Getränke zu sich nimmt, dann verhärten mit der Zeit die Gewebe der unmittelbar beteiligten Rumpforgane. Es tritt Belastung ein, und das Empfinden stumpft ab. Die Heliodastrahlung wird schwächer. Das hat zur Folge, dass auch die daraus wachsenden Impulse schwächer werden, die geistige Tätigkeit und Entfaltung im Gehirn zurückgeht. Die Höherentwicklung wird dann beendet. Es tritt Trägheit, Erschlaffung, Mangel an Konzentration, Gedächtnisschwäche, Sehschwäche u. a. ein. Die Qualitätsleistung geht entsprechend zurück.

Das seelische und das geistige Leben stehen also direkt mit der körperlichen Organtätigkeit und dem Stoffwechsel in Verbindung. Unsere Lebensweise und die sozialen Verhältnisse sind grundlegend für die Entfaltung der Energien im mittleren Hinterhaupt. Menschen mit schwachem mittlerem Hinterhaupt sollten in der Lebensweise darauf Rücksicht nehmen, dass ihre Rumpforgane weniger robust sind.*

Eine vernünftige Körperkultur fördert die Leistungsfähigkeit von Körper und Geist und damit das Lebensglück im Kreis der Familie und im Umfeld der Mitmenschen, in dem wir uns bewegen.

Bei den nachfolgenden Zeichnungen ist zu beachten, dass Lage und Formkraft des Haares die Aussage über die vorhandene Spannkraft unterstützt oder mindert.

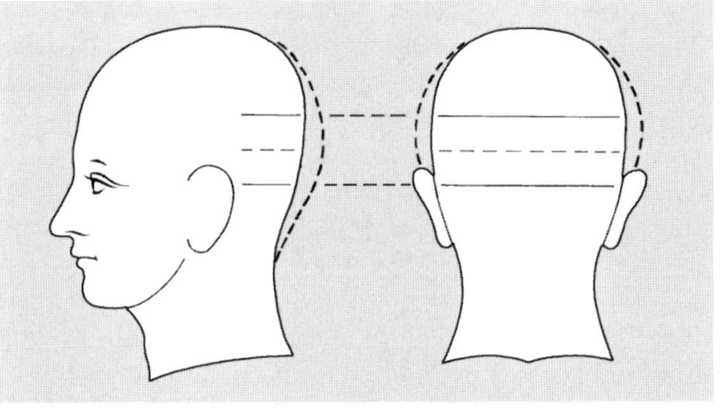

Abb. 168
Das schwache und schmale mittlere Hinterhaupt

Es besteht nur geringe Kraft und Ausdauer z.B. für Sportarten in denen Wendigkeit und schnelle Körperreaktion vom Rumpf aus Voraussetzungen sind. Vielfach sind so veranlagte Menschen sportlicher Betätigung abgeneigt. Kann in Ruhe sitzende Arbeit erledigen, kann nicht dauernd schwere Lasten auf der Schulter tragen. Weil hier auch das untere Hinterhaupt schwach entwickelt ist, werden Pflichten und Lasten für Familie und Gemeinschaft nicht gerne übernommen. Der Schutzsinn für das Kleine ist vom Gefühl her nicht stark. Solche Impulse kommen hier eher von der Denkschicht des bewussten ethischen Denkens (Oberstirn). So veranlagte Menschen kommen meistens erst spät zur Familiengründung, weil der Körper wenig Impulse zur Annäherung an das andere Geschlecht gibt und der Drang zur geschlechtlichen Betätigung nicht im Vordergrund der Interessen steht.

Es besteht geringere körperliche Konzentrationsfähigkeit, was für handwerkliche Berufsarbeit meistens eine ungünstige Voraussetzung ist, denn es fehlen die Ausdauer und das Streben nach körperlicher Leistung.

Ein schmales Hinterhaupt lässt dazu auf wenig Interesse an Grundbesitz und dessen Verwaltung oder Vermehrung schliessen.

Der Rumpf und seine Organe, die Brust mit Lunge und Herz und der Leib mit den Verdauungs-, Ausscheidungs- und Geschlechtsorganen haben gute motori-

** Das Hinterhaupt zeigt Kraft oder Schwäche der mittleren Rumpforgane mehr in der Anlage und im allgemeinen. Organischer Zustand, Gesundheit und Krankheit sind besser im Gesicht zu erkennen. Das Haar nimmt ebenfalls an allen Körpervorgängen Anteil.*

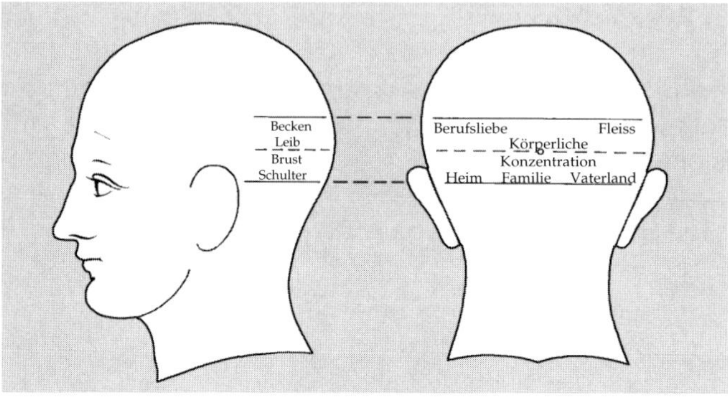

Abb. 169
Das mittelstarke oder normalstarke mittlere Hinterhaupt mit normaler Breite

sche Kraft. Daher ist der Mensch zu ausdauernder körperlicher Arbeit fähig. Er entfaltet körperliche Kraft und Geschicklichkeit, vertraut auf seine Kraft und sein Können.

Es besteht ein guter Familiensinn. Die Impulse zum Streben nach dem eigenen Heim und die Fürsorge für die Angehörigen sind gut entwickelt. Bei entsprechender Breite dieses Kopfteils strebt der Mensch nach Eigenbesitz, liebt diesen, hängt an seinem eigenen Land und zeigt Sinn für die Gemeinschaft. Er ist bemüht um gutes Einvernehmen und hat den Willen, diese Werte zu schützen und zu verteidigen. Er schliesst sich mit anderen zusammen, um gemeinsame Interessen zu fördern (daraus entstand im Mittelalter das Zunftwesen). Er liebt Heimat und Vaterland und ist fähig, Gefahren mutig und kraftvoll zu begegnen und sich und andere zu verteidigen.

Die Körperimpulse lösen Emsigkeit und den Drang zur körperlichen Tätigkeit aus. Der Mensch zeigt Ausdauer, Schnelligkeit und körperliche Konzentrationsfähigkeit. Er ist vielseitig talentiert.

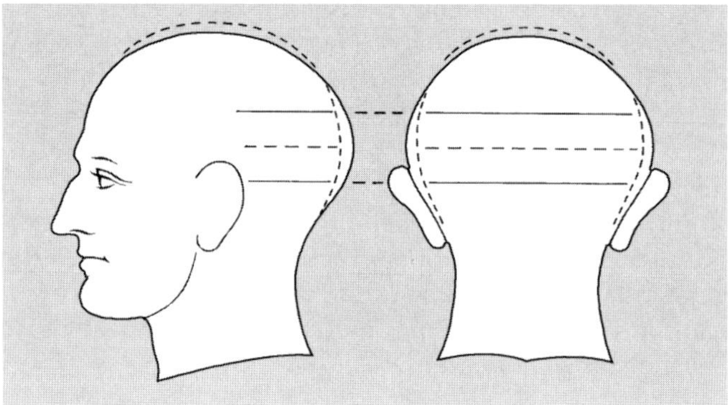

Abb. 170
Das sehr starke und breite mittlere Hinterhaupt mit starker Rundung und Auswölbung

Der starke Schulter- und Brustbau führt zu grosser körperlicher Kraft und Gewandtheit. Herz, Lungen und Rumpforgane sind gut gebaut und gestatten regen Stoffwechsel und Ausscheidung. Selbst Fehler in der Lebensweise gleicht der starke Körper aus. So veranlagte Menschen sind gesund und erreichen ein hohes Alter; sie haben eine starke körperliche Dauerkonzentrationsfähigkeit.

(*Dimitri*, der berühmte Clown aus Ascona in der Schweiz, hat den ausgesprochen starken Hinterkopf bei übrigen ausgezeichneten Anlagen, und er entwikkelt in seinen Nummern eine aussergewöhnliche körperliche Virtuosität.

Kinder mit ausgewölbtem Hinterhaupt und schmalem Körperbau, sind bewegungsaktiv. Sie brauchen immer wieder die Bewegung des Körpers, damit sie sich anschliessend geistig konzentrieren können.)

Es besteht ein sehr starker Familien- und Heimsinn. Deshalb gründen solche Menschen frühzeitig eine Familie, streben nach Eigenbesitz und Häuslichkeit, sind sesshaft und hängen an ihren Errungenschaften. Sie sind aufopferungsfähig für Angehörige, Freunde und Nachbarn, nehmen starken Anteil an gemeinsamen Angelegenheiten. Sie schützen sich und die ihren mit grosser Tapferkeit, gehen bei der Verteidigung der Heimat voran und haben starke Vaterlandsliebe.

Durch Rastlosigkeit, Ausdauer, Schnelligkeit und Kunstfertigkeit sind sie meistens besonders geschätzte Handwerker. Sie sind bemüht und fähig, die Produkte ihres Fleisses zu verbessern und zu vervollkommnen. So steigern sie die Berufstüchtigkeit zur Virtuosität.

Die Anlagen des mittleren Hinterhauptes sind auch mit dem übrigen Hinterkopf in Zusammenhang zu bringen.

Bei starkem unterem Hinterkopf tritt dazu die Geschicklichkeit der Arme und Hände und die Gatten- und Kinderliebe. Wir haben es dann gewissermassen mit dem Familienmenschen zu tun, der vorbildlich und aufopfernd für seine Familie und Angehörigen, aber auch für Freunde, Nachbarn oder Ortsbewohner sorgt und für sie tätig wird. Manche so veranlagte Menschen haben durch ihr engagiertes soziales Denken gemeinnützige Stiftungen gegründet oder karitative Werke geschaffen.

Geht die Kraft vom mittleren Hinterhaupt mehr zum ebenfalls starken oberen Hinterkopf, dann gesellen sich zu der Berufstüchtigkeit die Unternehmungslust, das sichere Auftreten, der Ehrgeiz und das Selbstbewusstsein, wie man es dort findet, wo sich jemand aufgrund seines Könnens erfolgreich selbständig gemacht hat.

Es ist interessant und informativ, Handwerker und Handwerksmeister auf die Beschaffenheit des mittleren Hinterhauptes hin zu beobachten. Wer weniger genaue handwerkliche Arbeit leistet, hat eher das flache Hinterhaupt; es besteht dann auch nicht so ausgeprägt die Lust und Freude zu solchen Arbeiten, sondern diese wird eher aus einem gewissen Zwang erledigt. Wer handwerkliche Arbeit mit Freude leistet, hat das gerundete Hinterhaupt. Wird bei gerundetem Hinterhaupt und kraftvollen Gesichtsformen die Arbeit ohne Freude geleistet, sollte das Arbeitsklima, oder die Gesundheit kontrolliert werden.

Wer erstaunliche Qualitätsarbeit leistet, wer zum Künstler in seinem Fach wurde, der Berufsvirtuose, hat als Voraussetzung dazu das ausserordentlich ausgewölbte mittlere Hinterhaupt mit den ausgewogenen Übergängen nach oben, unten und nach den Seiten. Menschen mit starkem Hinterhaupt sind die geborenen Arbeitsbienen, die Emsigen, die Rastlosen im Produzieren und Werteschaffen.

Praktische Studien über den Lebensausdruck des mittleren Hinterhauptes

Abb. 171 *Das schwache mittlere Hinterhaupt mit Disproportionen des Gesichtes*
Die nach dem lebenden Modell angefertigte Skizze zeigt das schwache, dabei flach abfallende mittlere Hinterhaupt, verbunden mit negativen Merkmalen im Gesicht. Es ist ein Erscheinungsbild, dessen Form und Ausdruck zur Vorsicht mahnt.

Dem Manne fehlen die Ausdauer, die Kraft und die Geschicklichkeit des Körpers und damit die Freude und Liebe zur handwerklichen Tätigkeit und Qualitätsleistung (mittleres Hinterhaupt). Damit einhergehend wird die Sorge für Heim, Familie und Gemeinschaft vernachlässigt (unteres Hinterhaupt). Das obere Hinterhaupt ist im Verhältnis und in der Form stark ausgebaut. Das Selbstwertgefühl ist dementsprechend stark und steht mit der Leistungsfähigkeit und dem Leistungswillen nicht im Einklang. Die im Gesicht zu erkennenden Charaktermerkmale zeigen, dass in der gesamten Charakteranlage und in der Entwicklung kein Ausgleich zu den oben beschriebenen Merkmalen vorhanden ist: die in die Mittelstirn ragende Haarspitze weist auf den Habsinn hin; das kleine, versteckte, nach unten gerichtete Auge auf Verstellung; der gebogene Nasenrükken zeigt harte Gefühle, der hochgehende Nasensteg, den oberflächlichen Charakter, das Untergesicht wenig Festigkeit, schwachen körperlichen Impuls, aber auch den Hang zum Wohlleben. Aus allen diesen Gründen werden die schwachen körperlichen Impulse des flachen mittleren Hinterhauptes zur Arbeitsscheue. Betrügerische Handlungen als Vertreter und angeblicher Kaufmann waren die Folge.

An sich ist ein schwaches mittleres Hinterhaupt nicht etwa ein Zeichen für Unehrlichkeit oder Faulheit. Doch beim geistig wenig aktiven Menschen unterstützt der schwache körperliche Impuls den Hang zu bequemerer, der aktiven Arbeit abgeneigterer Lebensart. Die Impulse aus dem ausgewölbten Hinterkopf aktivieren demgegenüber den Willen zu Tat und Arbeit.

Abb. 172 *Das gut gerundete, plastisch ausgewölbte mittlere Hinterhaupt mit harmonischem Gesichtsaufbau*
Es ist ein Landwirt, einfach, ehrlich, bieder, für den sorgsame, bedachtsame, ausdauernde Arbeit Lebensinhalt und -freude ist. Arbeitsliebe und nicht Arbeitsscheu spricht aus diesem gesamten Erscheinungsbild mit dem ausgeprägten Hinterhaupt. Es ist nicht übermässig stark, aber sehr fest und kernig in seiner Struktur, und es zeigt daher, wie der Körper beherrscht wird, dass er Leistung und Anstrengung gewohnt ist. Es wird bei dieser harmonischen Rundung des gesamten Hinterhauptes auch klar, dass *Carl Huter* sagen konnte: «Vom Hinterhaupt kommt das Gute», dann nämlich wenn es solche Impulse der Kraft, Ruhe und Ausgeglichenheit zeigt.

Dieser Mann ist vorbildlich als Gatte und Familienvater (unteres Drittel); verlässlich gegenüber Nachbarn und Freunden; sesshaft in der Liebe zur Heimat; unermüdlich tätig und nach Qualität und Leistung strebend (mittleres Drittel); voller Würde, aber nicht stolz und hochfahrend, und im Bewusstsein seiner Lei-

Abb. 171 Das schwache mittlere Hinterhaupt mit Disproportionen des Gesichtes

Abb. 172 Das gut gerundete, plastisch ausgewölbte mittlere Hinterhaupt mit harmonischem Gesichtsaufbau

stungen vorsichtig, gewissenhaft und nach Gerechtigkeit strebend (oberes Drittel des Hinterhauptes). Auch Gesicht, Kinn, Mund, Nase, Augen, Stirn, baut sich entsprechend auf. Den Wechselwirkungen zwischen Hinterhaupt und Gesicht wenden wir uns noch besonders zu.

Abb. 173 *Das Profilbild Heinrich von Brentanos, dem ehemaligen Bonner Aussenminister*

Das Hinterhaupt ist, besonders in der Mitte, verhältnismässig schwach, es hat jedoch eine gewisse Feinheit. Das Haar zeigt nicht viel Formkraft, aber Schwung und Eleganz. Es besteht bei einer solchen Hinterhaupt-Bildung und dem langen Schädel vor dem Ohr wenig Neigung zu körperlicher Arbeit, jedoch zu geistiger Tätigkeit, oder auch zur Verinnerlichung, zu Poesie oder Religion. Die Körperorgane sind schwächer, und der Mensch müsste daher sehr auf seine Gesundheit achten. Der Abgebildete war Kettenraucher, und seine Stellung brachte es mit sich, dass er bei Empfängen und ähnlichen Gelegenheiten vielem und gutem Essen und Trinken zusprach. Dieses körperliche Wohlleben zeichnet sich deutlich im Gesicht ab. Da der Willensimpuls zu energischem körperlichem Ausgleich bei dem schwachen Hinterhaupt nicht vorhanden war, die sonstige Tätigkeit kein genügendes körperliches Gegengewicht bot, entsprach diese Lebensweise nicht der organischen Kraft des Körpers. Die Folge war eine Belastung durch Krankheitsstoffe. Diese Belastung erkennen wir an den Halspartien unter dem Kinn und am Nacken. Von Brentano erkrankte an Krebs in den Organen des Vorderhalses, was den Zusammenbruch zur Folge hatte. Auf der Höhe seiner Kar-

Abb. 173 Das schwach entwickelte mittlere Hinterhaupt bei eleganter Gesichtsform

riere und verhältnismässig jung sah er nach einigen Wochen wie ein leidendes Empfindungs-Naturell aus.

Die Lebenskraft war gebrochen, und obwohl es hiess, er kehre nun bald in sein Amt zurück, starb er innerhalb weniger Tage. Der durchgeführten operativen Behandlung war der schon belastete, nur schwach widerstandsfähige Körper nicht gewachsen.

Eine Reinigungskur und radikale Umstellung der Ernährungs- und Lebensweise entsprechend seiner Körperanlage und -bedürfnisse hätte mit grosser Sicherheit lebensverlängernd wirken können.

Abb. 174 *Das sehr stark ausgewölbte Hinterhaupt bei einem erfolgreichen Radrennfahrer*

Bei starker Bein- und Armkraft (oberes und unteres Hinterhaupt) stehen hier die körperliche Kraft, Ausdauer und Gewandtheit im Vordergrund, also die Kraft in den Brustorganen, im Leib und Becken (mittleres Hinterhaupt). Dieser Hinterkopf ist gegensätzlich geformt zu der *v. Brentanos,* das Gesicht jedoch zeigt ebenfalls feine Qualitätsmerkmale.

In Sportarten, die viel körperliche Gewandtheit und Ausdauer erfordern (z. B. bei Radfahrern, Fussballern, Kunstturnern) findet man bei den Aktiven oft den mittleren Hinterkopf am stärksten ausgeprägt. Sie sind dann meist von etwas kleinerer Gestalt und die unermüdlichen, zähen, wendigen und auch eleganten Kämpfer und Schaffer. Natürlich finden sich hier und bei den vielen anderen Sportarten, in denen die Füsse intensiv betätigt werden, auch die starken oberen Hinterköpfe, das Talent für alle Fusstätigkeiten, ihre Träger wirken entsprechend anders.

Abb. 174 Das sehr stark ausgewölbte Hinterhaupt bei einem erfolgreichen Radrennfahrer

Abb. 175 Der feine Kopfbau beim Berufsvirtuosen

Abb. 175 *Der Berufsvirtuose*

Ein Mann mit einem äusserst fein und grazil gebauten mittleren Hinterhaupt, das hervorragend ausgerundet ist. Das Gesicht zeigt ebenfalls die feinen Qualitätsmerkmale.

Das gesamte Hinterhaupt hat schönen Schwung, aber die Hauptkraft liegt im mittleren Teil desselben. Der Abgebildete hat daher die ausgesprochen qualitative Anlage zu dauernder körperlicher Konzentration, was zur Qualitätsarbeit führt. Er hat die starke Berufsliebe, arbeitet ausdauernd, mit Freude, äusserster Genauigkeit und Konzentration, hat seinen Körper dabei vollständig in der Gewalt und aus diesen Gründen die Fähigkeit, sich zum Meister und Künstler in seinem Fach, zum Berufsvirtuosen zu werden. Da die Hauptkraft des mittleren Hinterhauptes sich besonders zum unteren Hinterhaupt hin fortpflanzt, so muss neben diesem hohen beruflichen Können auch noch eine vortreffliche Hand- und Fingergeschicklichkeit vorliegen, was in der Tat der Fall ist.

Es ist der finnische Goldschmied *Bertel Gardberg*, dem auf einem internationalen Kongress der Goldschmiedekunst der Ehrenring des Goldschmiedehandwerks, die höchste Auszeichnung, die sein Berufsstand kennt, verliehen wurde.

Abb. 176 *Zwei junge Menschen mit positiver Charakterrichtung*

Sie sind Mitglieder eines «Nationalen Jugend-Symphonieorchesters» und warten während einer Probe auf den Einsatz ihrer Instrumente, daher der ruhige und doch gespannt-aufmerksame Gesichtsausdruck. Beide haben das sehr plastisch gerundete mittlere Hinterhaupt. Es liegt darin grosse körperliche Ge-

Abb. 176 Zwei junge Menschen mit positiver Charakterrichtung

Abb. 177 Das Hinterhaupt, wie es beim Ernährungs-Naturell häufig ähnlich anzutreffen ist

wandtheit, mehr nach der Feinheit und Qualität hin, wie man es bei Musikern vielfach findet. Ihre Formen und der Gesichtsausdruck erinnern an den Goldschmied, Abb. 175.

Abb. 177 *Das Hinterhaupt, wie es beim Ernährungs-Naturell häufig ähnlich anzutreffen ist*

Es ist das starke untere und mittlere Hinterhaupt. Zu beachten ist, dass bei diesem Naturell das Können nicht in körperlichen Kraftleistungen sondern in wirtschaftlicher, lebenspraktischer Denkarbeit liegt. Daher ist das Hinterhaupt wohl voll, aber es zeigt nicht die Spannkraft wie bei dem Landwirt, Abb. 172, oder bei der folgenden Abb. 178. Die motorische Nervenkraft ist nicht so robust; sie ist durch das in den Leiborganen reichlich gespeicherte Od und dessen lindweichen Charakter beeinflusst. Daher prägen sich in diesem Hinterhaupt insbesondere die Kinderliebe, der Heim- und Familiensinn, die Emsigkeit, die Sesshaftigkeit und berufliches Können aus. Auch weist die Formbildung darauf hin, dass die Leiborgane kräftig, gesund und funktionsfähig sind. Daher war der Mann auch bis ins hohe Alter nie ernstlich krank. Das Gesicht ist gut strukturiert und das Doppelkinn für dieses Naturell passend.

Abb. 178 *Das in der Mitte sehr stark ausgeformte und gerundete Hinterhaupt*

Dieses zeigt auch im weiteren Verlauf Rundung und Spannung. Der junge Mann zeichnet sich daher durch grosse Kraft, Sicherheit und Gewandtheit aus. Dass hier alle Organe des Rumpfes in kraftvoller Tätigkeit sind und ein sehr starkes Eigenkraftgefühl besteht, zeigt sich auch in der Frische des Gesichtsausdrucks und der Spannkraft in der Gesamthaltung.

Abb. 178 Das in der Mitte sehr stark ausgeformte und gerundete Hinterhaupt

Er hat den starken Familiensinn, die Liebe zur Heimat, strebt nach Sesshaftigkeit und damit zu einer festen Grundlage im ganzen Lebensablauf. Als Ideal gilt nicht, die Körperkraft und die Intelligenz in sportlichen Höchstleistungen zu erproben, sondern sich mit Begeisterung dem Beruf und seiner Vervollkommnung zu widmen. (Das Bild entstand während eines Lehrganges in der 1. Schweizerischen Beiz- und Polierfachschule von A. Strohhofer in Baden.) Die ganze Profillinie einschliesslich Hinterhaupt zeigt grosse Klarheit und Festigkeit. Es ist vornehmlich das Bewegungs-Naturell mit harmonischer Lebensrichtung. Man findet diesen Typus bei fleissigen, tüchtigen und beliebten Handwerksmeistern, deren Betriebe oft sehr wachsen. Sie sind ausgezeichnet geeignet, Jugendliche anzulernen und zu erziehen.

Wir lernen aus diesen praktischen Gegenüberstellungen, wie wichtig es bei der Beurteilung der Formen auch des Hinterhauptes ist, die Spannkraft zu beachten.

Spannkraft experimentell erzeugen und beobachten:

1. Legen wir über ein Trinkglas ein Tuch, so ist nur wenig Spannkraft in dem Gewebe desselben vorhanden. Je stärker wir das Tuch allseitig anziehen, desto mehr Kraft müssen wir entwickeln. Der Stoff wird angespannt und zeigt in der Art der Spannung die Wirkung der aufgewendeten Energie, die den Stoff zuletzt überspannen und zerreissen kann.

2. Betrachten wir unseren Handrücken bei ruhig und flachliegender Hand. Wir erkennen keine Spannung, vielleicht sehen wir eine Strahlung an glänzenden Teilen des Handrückens. Jetzt beginnen wir die Finger zusammenzuziehen. Je mehr Kraft wir aufwenden und je mehr wir eine Faust bilden, desto grösser wird die Spannkraft der Hand. Über den Knöcheln wird die Spannung am stärksten sichtbar.

Das Experiment zeigt uns Lockerheit und Spannung als Zustand und gleichzeitig erkennen wir, dass es nicht möglich ist, Spannung ohne Kraftaufwand zu erzeugen. In den Formen von Schädel und Gesicht sind es nun die inneren Energien, die die Strahlungen und Spannungen erzeugen. Hier liegt die Möglichkeit, bei konstanten oder momentanen Zuständen auf die Leistungsfähigkeit des Menschen zu schliessen. Die angespannte und strahlende Form spricht viel mehr von Aktivität als die schlaffe, kraftlose Form.

Wie schon erwähnt, erwachsen positive Impulse aus einem harmonisch geschwungenen, kraftvoll gespannten Hinterhaupt, bei dessen Formausdruck auch die Haare beteiligt sind. Vom disharmonischen Hinterhaupt aber kommen keine solchen Impulse. Das sollen die folgenden Bildbeispiele verdeutlichen.

Abb. 179 *Das flache Hinterhaupt*
Es hat weder in seinem mittleren noch im unteren Teil Schwung, Kraft oder Feinheit. Die Gesichtsgewebe sind schlaff, hängend und hässlich. Das Bild eines Ladendiebs und Verführers, der vor allem bemüht war, der Arbeit aus dem Wege zu gehen.

Abb 180 *Das zu schwer wirkende mittlere und untere Hinterhaupt*
Es tritt in eckigen Konturen und gespannten seitlichen Wülsten hervor. Hier sehen wir zuerst sehr starke körperliche Impulse, die auf eine virtuose Körpergeschicklichkeit hindeuten. Im Gesicht fehlt aber die Sauberkeit und Klarheit im Gegensatz zu Abb. 172 und 174. Das ist Zeichen unberechenbarer, aus der Norm fallender Tattriebe.

Der Mann hat sich auf Geschäftseinbrüche mittels Deckendurchbrüchen spezialisiert. Seine Tätigkeit verlangt also Kraft, Ausdauer und virtuose Geschicklichkeit, die er leider zum eigenen Schaden und zum Schaden der Gesellschaft verwendete.

Abb. 181 *Die versteifte Kopfhaltung*
Die nach hinten geneigte Kopfhaltung ist an sich typisch bei starken Impulsen im Kleinhirn; hier ist sie aber versteift. Das untere Hinterhaupt ist stark und macht einen schweren, die Haare und das ganze Gesicht einen schmutzigen Eindruck. Die Ohren zeigen Mut und Hemmungslosigkeit, der Hals den Hang zum Einzelgängertum. Die hier sichtbaren Tat- und Triebimpulse sind deshalb als abnorm zu bezeichnen. Der aus dem Hinterhaupt ersichtliche Sinn der Kinderliebe usw. wurde fehlgeleitet: er entführte Kinder reicher Leute und verlangte dann hohes Lösegeld.

Abb. 182 *Das zu schwere, harte Hinterhaupt*
Das Haar liegt wie eine Pelzmütze schwer auf dem Kopf. Das Gesicht zeigt einen brütenden Ausdruck. Der Mann ist gefühlskalt.

Sein Tatleben ist unberechenbar, zu unsozialem Handeln und zur Durchbrechung gesellschaftlicher Normen veranlagt.

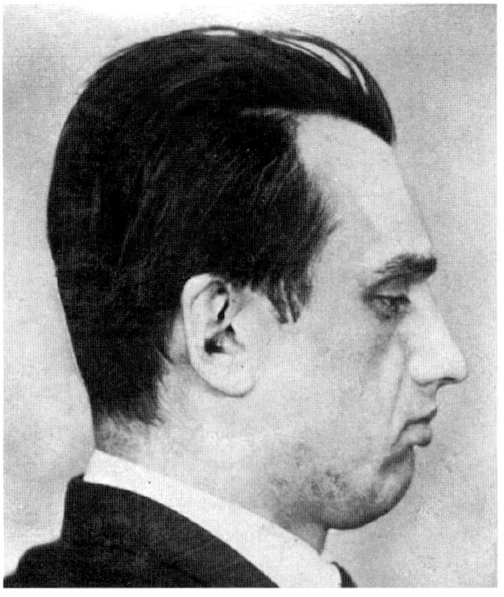

Abb. 179 Das flache Hinterhaupt

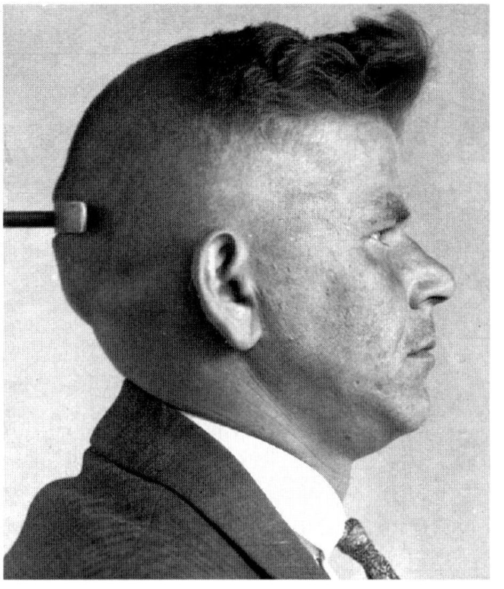

Abb. 180 Das zu schwer wirkende mittlere und untere Hinterhaupt

Abb. 181 Die versteifte Kopfhaltung

Abb. 182 Das zu schwere, harte Hinterhaupt

Zu den unsymmetrischen Hinterhauptbildungen bei diesen vier Bildern kommen zahlreiche disharmonische Merkmale an Augen, Nase, Mund, Ober- und Unterkiefer, Kinn, Wangen, Hals, Ohr und Haar. Nehmen Sie sich Zeit, die Bilder zu beobachten und mit den Abb. 174 und 178 zu vergleichen. Diese Menschen zeigen positive Erscheinungsbilder, diejenigen der Abb. 179 bis 182 negative.

Das obere Hinterhaupt

a) Korrespondenzen mit dem Körper
Beine, Füsse und Zehen

b) Korrespondenzen mit seelischen und geistigen Impulsen
Unabhängigkeit, auftreten, unternehmen, Selbstwert, Stolz, herrschen, Ehre, Vorsicht, Gewissen, Gerechtigkeit

Aus dem Schaffen und Wirken für Heim und Familie und der Berufstüchtigkeit (mittleres Hinterhaupt) wächst das Gefühl über das eigene Können, das Streben nach Anerkennung und Beförderung, nach Meisterschaft, Führerschaft, Freiheit, Herrschaft und Macht. Aus diesen Impulsen wird der Mensch aber auch vorsichtig, gewissenhaft, beständig und unbestechlich und stärker im Überwinden von inneren und äusseren Hemmungen. Er gelangt zu Selbstbeherrschung und sicherem Auftreten, zu Gelassenheit, Stolz und Würde, zu Zähigkeit und Festigkeit im Willen und in der Tat. Es erwacht der Ehrgeiz, eine mächtige Triebfeder in der Psyche des Menschen.

Aus diesen Impulsen ergibt sich auch das Mitverantwortlichkeitsgefühl für das Tun und Lassen der Mitmenschen, die aktive Moral der Persönlichkeit. Es bildet sich die Kraft aus, sich selbst im Grundsatz und in der Idee treu zu bleiben. Das ideale Hochgefühl, das unabänderliche, ideale geistige Wollen erwacht. Dieses ist gesteigerter Ausdruck der eigenen Persönlichkeit, die nur noch durch die Unterordnung unter das Höchste in der Natur, das Göttliche, übertroffen wird. Dies und der Grad der Gottesverbundenheit kommt im Oberhaupt zum Ausdruck.

Wie eine Krone des Selbstwertgefühls liegen die Impulse zum höchsten Persönlichkeitsstreben in der schönen und breiten Wölbung vom oberen Hinterhaupt zum Oberhaupt. Die menschliche und weise Art des Herrschers prägt sich in der vollendeten Form des oberen Hinterhauptes und des hinteren Oberhauptes aus.

Man lernt dadurch die Krone als Symbol des weisen Herrschers verstehen, ebenso aber auch den flachen Ordenshut als Symbol der absoluten Unterordnung der Persönlichkeit. Sicher liegt in diesem Symbol uralte Weisheit. In der Chakralehre wird z.B. das Scheitelchakra als das Krone-Chakra bezeichnet und Künstlerhände haben die weltliche Krone als den Schmuck geschaffen, der dem richtigen Herrscher würdig ist. Entwickelt sich das obere Hinterhaupt und das hintere Oberhaupt gerundet, breit und schön, dann entfaltet sich die Gefühlsschicht der aktiven Moral. Entsprechend auch die Vorsicht, die Gewissenhaftigkeit und das Gerechtigkeitsstreben und damit das Gefühl, für alles mitverantwortlich zu sein. Damit gelangen die Impulse des mittleren und unteren Hinterhauptes unter Herrschaft und Kontrolle der qualitativen Gefühle.

Ist das obere Hinterhaupt überentwickelt, so wirkt sich das Selbstwertgefühl als übertriebener Herrschsinn aus. Das Gefühl der eigenen Grösse und das Hochgefühl über eigene Ideen kann dann andere, auch berechtigte Ideen und richtige Erkenntnisse rücksichtslos unterdrücken.

Bei zu grosser Breite besteht eine übergrosse Vorsicht, die hemmend wirkt, oder eine Übergewissenhaftigkeit, die quälend, auch selbstquälend werden kann.

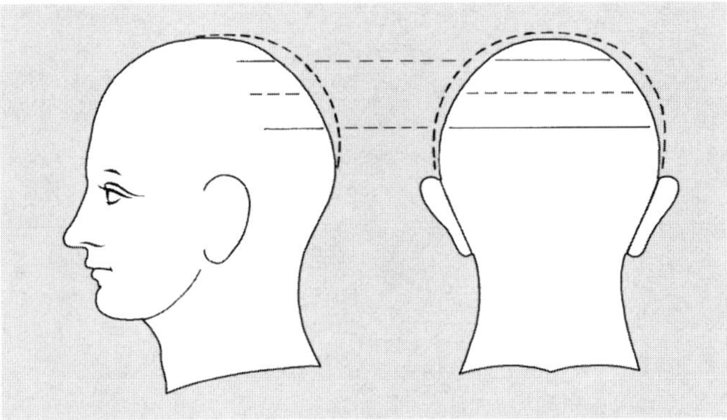

Abb. 183
Das schwache und schmale obere Hinterhaupt

Mit diesem gehen oft eine geneigte Kopfhaltung und weniger straffe Körperhaltung einher.

Die Kraft, Geschicklichkeit und Ausdauer in den Beinen und Füssen ist gering. Es besteht keine Neigung zu anstrengender Beinarbeit und daher geringes Talent z. B. als Läufer, Springer, Tänzer; auch die Wander- und Reiseliebe ist schwach. So veranlagte Menschen sind weniger geeignet für Berufe, die dauerndes Stehen erfordern. Das Auftreten ist unsicher, es fehlt an Selbstwertgefühl, an Schneid und Unternehmungslust. Das Persönlichkeitsstreben ist schwach, der Mensch unterschätzt sich selbst, nutzt deshalb seine Fähigkeiten nicht und strebt zu wenig vorwärts: er zeigt Willensschwäche und Nachgiebigkeit, legt nicht genügend Wert auf seine äussere Erscheinung und seine Ehre, er lässt sich leicht ausnutzen und unterdrücken und ist zu wenig vorsichtig. Durch kontrolliertes Training der Beine und Füsse, können der physiologische Magnetismus und damit die Impulse im Gehirn gestärkt werden. Als äusseres Zeichen des Erfolges, beginnen die Haare an den betreffenden Stellen vom Kopf abzustehen.

Wenig Gewissenhaftigkeit und mangelnde Festigkeit führen dazu, dass der so veranlagte Mensch wankelmütig wird. Er lässt sich leicht überreden, kann ungerecht und gegen sein inneres Empfinden handeln. Die Selbstbeherrschung ist schwach; er kommt daher leicht unter den Einfluss starker, selbstbewusster Persönlichkeiten. Wer sich nicht beherrscht, den beherrschen andere!

Der Mensch mit dem schwachen oberen Hinterhaupt findet nur schwer das richtige Mass im Auftreten und Benehmen und in seiner Einstellung zur Umwelt: teils ist er zu nachgiebig, teils zu aufdringlich, er kann unterwürfig sein, aber auch ungehobelt. Es mangelt an dem richtigen Distanz- und Ehrgefühl. Da er den Wert der eigenen Person nicht richtig einschätzt, kann er leichtsinnig, unvorsichtig handeln und sich und andere in Gefahr bringen. Die fehlende Gewissenhaftigkeit führt zur Vernachlässigung seiner Pflichten und der schwache Gerechtigkeitssinn zu unrichtigem Einschätzen des eigenen Rechts und des Rechts anderer. Ungerechtigkeiten nimmt er in Kauf und reagiert darauf gleichgültig.

Das obere Hinterhaupt kann auch breit, aber wenig hoch sein. Dann leidet der Mensch unter der Ungerechtigkeit, kann aber seine Meinung nicht genügend zur Geltung bringen (Abb. 186 und 187).

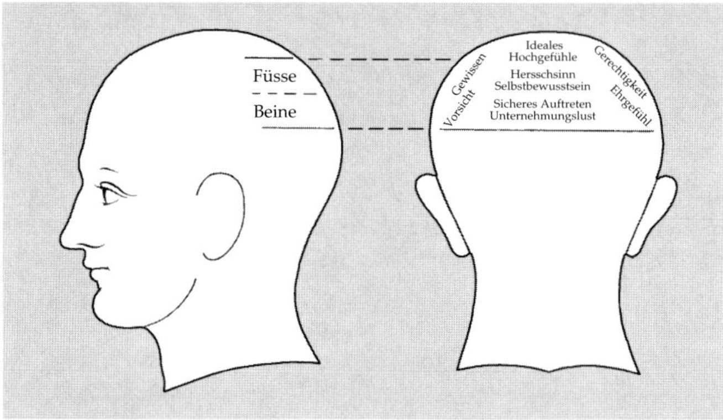

Abb. 184
Das mittelstarke oder normalstarke obere Hinterhaupt

Es ist gut gerundet und auch nach der Breite hin voll ausgebaut.

Hier besteht Kraft, Geschicklichkeit und Ausdauer in den unteren Gliedmassen. Der Mensch liebt die Kraftentfaltung mit den Beinen, geht gern zu Fuss, macht Wanderungen, liebt die zeitweilige Ortsveränderung, ist bei guter Musikalität ein guter Tänzer und verfügt über ein ausgewogenes, sicheres und energisches Auftreten.

Er besitzt einen starken Willen und ein gut entwickeltes Selbstwertgefühl. Er ist stolz auf seine Leistungen und das eigene Können, er strengt sich an, um vorwärts zu kommen, trachtet nach Selbständigkeit und Unabhängigkeit, hat Unternehmungslust und vertraut auf sich selbst. Er zeigt Festigkeit und Beharrlichkeit im Erstreben all dessen, was er als gut und notwendig erkannt hat. Die Gesichtsform lässt auf Beherrschen der sinnlichen Genüsse und auf Selbstbeherrschung schliessen.

Er möchte seine Ehre gewahrt wissen, vergibt sich nicht, ist verantwortungsvoll, schreitet angemessen gegen Unrecht ein, erfüllt gewissenhaft seine Pflichten und versucht, aktiv zu beseitigen, was lebenserschwerend und -verbitternd wirkt.

Der Mensch mit dem gut entwickelten oberen Hinterhaupt ist ausgeglichen im Durchsetzen seiner Person und seines Willens. Er ist für Gediegenheit im Auftreten, repräsentiert gut, macht aber Extravaganzen oder Torheiten in Mode, Kleidung, Sitte nicht mit. Er duldet keine Quertreibereien und versteht es, sich Ansehen zu verschaffen. In dem allseitig, also auch nach der Breite hin gut entwickelten oberen Hinterhaupt widerspiegeln sich die Intensität der Impulse zu Ehre, Vorsicht, Gerechtigkeit und Gewissenhaftigkeit. Kommt bei einer so starken Persönlichkeit die voll ausgebaute Stirn- und Oberhauptbildung hinzu, dann ist sein Herrschen sittlich und sozial gerechtfertigt. Herrschen muss der Allgemeinheit dienen, soll es ethisch gerechtfertigt sein. Und nur wer sich selbst überwindet, überwindet auch die Welt. Eine solcherart sittlich starke Persönlichkeit wird ihre Macht kaum missbrauchen sondern zum Segen der Mitwelt anwenden.

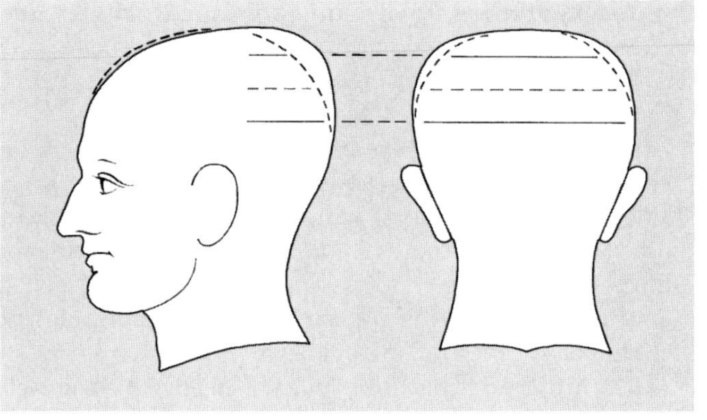

Abb. 185
Das sehr starke obere Hinterhaupt

Die allseitig starke Plastik und Spannkraft bei straffer, aufrechter Kopf- und Körperhaltung.

Ist der Hinterkopf hoch, so besitzt der Mensch den starken physiologischen Magnetismus. Der Haarwirbel am oberen Hinterhaupt ist der Strahlpol dieser Energie. Diese ist Richtkraft und ergibt die aufrechte und gerade Haltung, das entsprechende Auftreten und Selbstwertgefühl.

Die damit verbundene grosse Kraft und Ausdauer in Beinen und Füssen verleiht ein aussergewöhnlich sicheres und bestimmtes Auftreten. Der starke Magnetismus gibt den Impuls für das unbedingte Streben nach Freiheit und Unabhängigkeit. Daraus entsteht der Drang, durch Reisen andere Länder und Völker kennenzulernen. Es besteht die Kraft, Unannehmlichkeiten des Reisens zu überwinden.

Das Unabhängigkeitsstreben führt vielfach zum eigenen Unternehmen. So veranlagte Menschen fühlen sich in untergeordneter Stellung nicht wohl, daher sind sie ehrgeizig und strebsam. Aus ihrer Gewissenhaftigkeit und dem ausgeprägten Gerechtigkeitssinn erwächst grosses Mitverantwortungsgefühl für das Tun und Lassen der Mitmenschen. Aus der Anlage zum Herrschen ergibt sich das Streben nach Führerschaft.

Erreichen sie durch äussere Umstände oder eigene Unfähigkeit die gesellschaftliche oder berufliche Stellung nicht zu der sie sich berufen fühlen, dann bedeutet das in ihrem Leben eine Katastrophe, was zu seelischen Erkrankungen, zur Lähmung jeder Aktivität führen kann.

Häufig ist das obere Hinterhaupt wohl hoch, aber in der Höhe spitz und nach den Seiten mehr oder weniger schmal und abfallend. Dann thront das Hochgefühl der eigenen Person auf einsamer Höhe. Ehrenhaftigkeit, Vorsicht, Gerechtigkeit und Gewissenhaftigkeit beeinflussen das Leben kaum. Solche Menschen denken und handeln nicht sozial orientiert, sondern lediglich auf die eigene Person bezogen. Rücksichtslosigkeit, Selbstgerechtigkeit und Gewissenlosigkeit sind dann die Eigenschaften, die mehr oder weniger ausgeprägt die Gefühlsschichten dieses Herrschens begleiten. Der so veranlagte Mensch wird leicht zum Ausbeuter und Tyrannen, im grossen wie im kleinen.

Praktische Studien über den Lebensausdruck des oberen Hinterhauptes

Abb. 186 *Das schwache und abfallende obere Hinterhaupt bei guter Rundung des Oberhauptes*

Aus dieser Form ist zu ersehen, dass wohl innere Festigkeit vorliegt (hinteres Oberhaupt) und der Abgebildete sich und seinen Idealen trotz äusserer Widerstände treu bleibt. Aber er kann sich nicht genügend durchsetzen (oberes Hinterhaupt). Schneid und sicheres Auftreten liegen ihm nicht, denn er unterschätzt den Wert der eigenen Arbeit, das Selbstwertgefühl ist schwächer. Daher strebt er auch nicht nach Erhöhung der eigenen Person, kann und will nicht herrschen, steht lieber bescheiden zurück.

Das mittlere Hinterhaupt ist vollplastisch ausgewölbt und zeigt grosse Emsigkeit und Fleiss. Der Mann liebt seinen Beruf, sucht nach Verbesserungen und Erleichterungen in Technik und Arbeitsablauf und leistet mit Ruhe, Sicherheit und Ausdauer die verlangte Qualitätsarbeit.

Abb. 187 *Das gleiche Hinterhaupt von hinten*

Wir erkennen, dass das obere Hinterhaupt trotz der gekennzeichneten Schwäche im mittleren Bereich, sehr breit gebaut ist. Es zeigt Vorsicht, Sorglichkeit und Gewissenhaftigkeit, und so geht der Mann seinen Lebenspflichten nach. Auch der Gerechtigkeitssinn ist stark, und das Schlimmste für ihn waren Ungerechtigkeiten und Verdächtigungen, unter denen er schwer litt und denen er nicht streng, stolz und selbstbewusst genug entgegenzutreten vermochte.

Auch das untere Hinterhaupt ist bei ihm mittelstark ausgebaut. Es spricht daraus viel Handgeschick, Kinder- und Gattenliebe, Heim- und Familiensinn und Anhänglichkeit. Gerade darin wurde er jedoch arg enttäuscht.

Durch den Mangel an persönlichem Geltungstrieb und Selbstwertgefühl bei hoher Moral wird das Leben des Betreffenden oft sehr erschwert.

Der Mensch mit dem starken Selbstwertgefühl hat es leichter; er setzt sich über vieles hinweg, bringt sich und seine Sache energisch zur Geltung und versucht, sich nicht beherrschen zu lassen sondern seine Umgebung zu überzeugen. Liebe und Güte kommt aber durch Menschen, wie in Abb. 186 gezeigt, in die Welt.

Huters Erfahrungs- und Lehrsatz: «Ist das obere Hinterhaupt zu schwach, so vernachlässigt der Mensch leicht sich selbst und seine Interessen. Ist es aber zu stark, so wird der Mensch leicht herrschsüchtig, egoistisch und pflichtlos.»

Abb. 188 *Das starke obere Hinterhaupt*

Strebt das Hinterhaupt ohne mittlere Rundung gerade nach oben und ist es in seinem oberen Teil am stärksten ausgebildet, so verfügt der Mensch über ein starkes Selbstwertgefühl und neigt mehr zum Befehlen als zum Dienen. Er versteht es, seine Person in den Vordergrund zu stellen, besitzt Sicherheit und Eleganz im Auftreten und liebt Ortsveränderung und Reisen. Für regelmässige, intensive, berufliche Kleinarbeit besteht geringere Ausdauer.

Abb. 186 Das schwache und abfallende obere Hinterhaupt bei guter Rundung des Oberhauptes

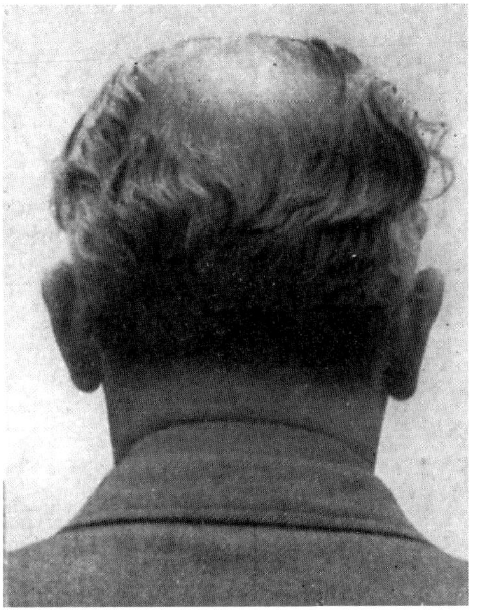

Abb. 187 Das gleiche Hinterhaupt von hinten

Ist die übrige Veranlagung und Entwicklung positiv, so wirken solche Menschen angenehm, sie haben eine grosse Festigkeit, auf welche man sich verlassen kann. Zeigen die übrigen Gesichtsformen disharmonische Impulse und Anlagen, so dulden sie keinen Widerspruch und werden zu kleinen oder grossen Tyrannen.

Abb. 189 *Wilhelm von Humboldt (1767–835), Politiker und Gelehrter, nach einer Büste von Thorwaldsen*

Obwohl eine Vorderansicht, ein interessantes Vergleichs- und Studienbild. In der Höhe und in der Breite des oberen Schädelbaues zeigt sich ein kräftiges und vor allem breites oberes Hinterhaupt. Es offenbaren sich darin Selbstsicherheit und Stärke der eigenen Person, die mit ausgeprägter Vorsicht und Moral (man versteht darunter die sittliche Haltung gegenüber der eigenen Person und der Gesellschaft), mit Gewissenhaftigkeit und Gerechtigkeitsstreben einhergehen. Menschen mit diesem Hinterhauptbau sind zuverlässig und fest, treten nachdrücklich für Gerechtigkeit ein und sind auch gegenüber sich selber von grosser Gewissenhaftigkeit und Sorglichkeit. So zeigt das voll ausgebaute Hinterhaupt, zusammen mit dem ungewöhnlichen Stirn- und Gesichtsbau, die hohen persönlichen Tugenden dieses Mannes. Es ist das Erscheinungsbild eines vorbildlichen Menschen.

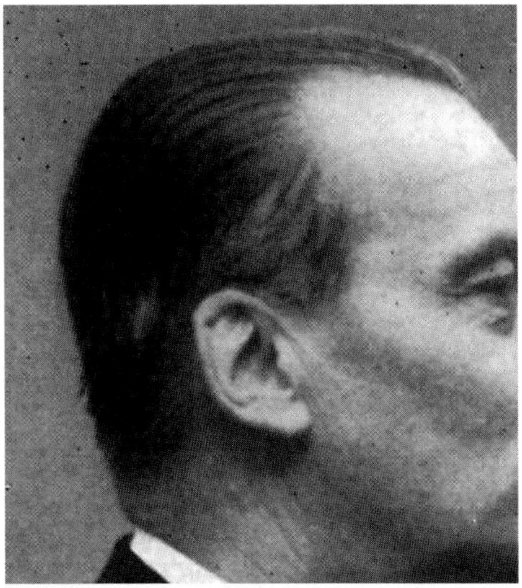

Abb. 188 Das starke obere Hinterhaupt

Abb. 189 Das allseitig gerundete obere Hinterhaupt

Abb. 190 *Das schmale obere Hinterhaupt*

Es ist das Gegenstück zu Abb. 189. Es fällt an beiden Seiten stark ab und mahnt zur Vorsicht. Ein so veranlagter Mensch ist wohl selbstgerecht, aber nicht vorsichtig genug: er begibt sich leicht in Gefahr, und er ist somit nicht nur unvorsichtig, sondern in vielem auch unzuverlässig. Die persönliche Moral ist vorhanden, wird aber zu wenig durch Gewissenhaftigkeit und Gerechtigkeitsstreben unterstützt.

Abb. 191 *Das verschobene Selbstwertgefühl*

Der Haarwirbel lässt etwas von der Art des Selbstwertgefühls erkennen. Er kann hoch sitzen oder tief, seitlich verschoben sein oder in zweifacher Ausführung auftreten. Das Haar kann fest oder weich sein, struppig und hart aufstehen oder mild und weich um den Wirbel liegen.

Bei einem Mann lag der Haarwirbel tief und seitlich, wie es die Skizze etwa veranschaulicht. *Huter*, der den Mann beurteilte, meinte: «Das Selbstbewusstsein ist verrutscht.» – Der Mann hatte Eigenarten im Auftreten und Benehmen, wodurch er vielfach «aus dem Rahmen» fiel, unangenehm auffiel und sich und anderen manchmal Peinlichkeiten bereitete.

Abb. 192 *Das starke Selbstwertgefühl*

Die obere Hälfte des mittleren Hinterhauptes ist ebenfalls kräftig ausgebaut. Dieser Mann kann dementsprechend sehr gut auftreten, er ist konziliant (Mundpartie) elegant, gewandt und fleissig. Darüber hinaus ist er sich seines Könnens und der Wichtigkeit seiner Arbeit voll bewusst. Er tritt sicher und energisch auf, hat das starke Selbstwertgefühl, neigt zum Herrschen und kann daher andere sehr gut anleiten und sich und seinen Ideen nutzbar machen. Auch Unterneh-

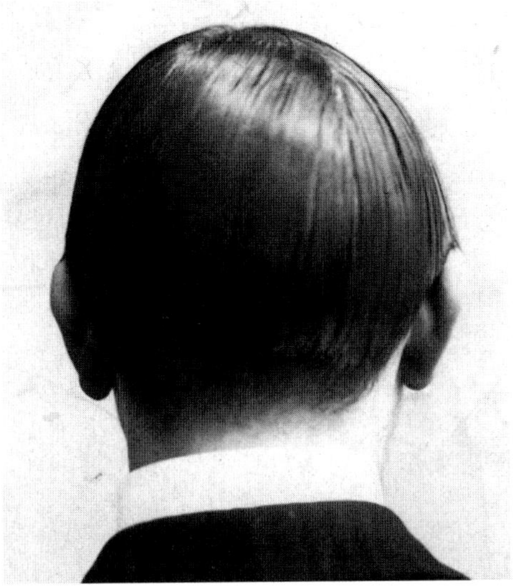

Abb. 190 Das schmale obere Hinterhaupt

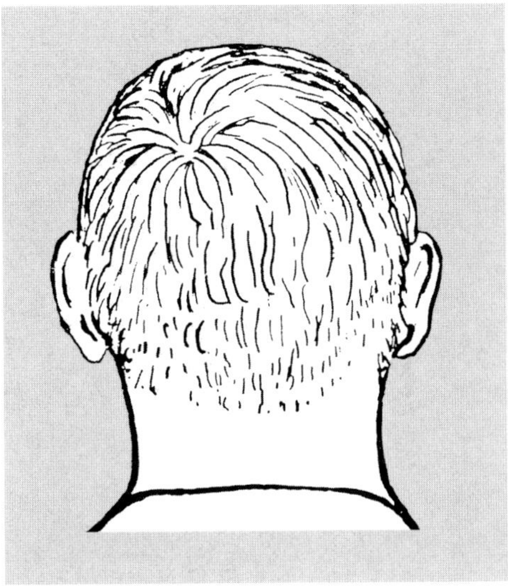

Abb. 191 Das verschobene Selbstwertgefühl

mungslust und Reiseliebe sind stark. Die Sesshaftigkeit und Gebundenheit an Heim, Familie und Heimat ist dagegen schwächer.

Typisch ist der Scheitel, der von der durch die momentane konzentrierte Aufmerksamkeit gedrungen wirkenden Stirn (die viel reale Denk- und Verstandeskraft zeigt) steil zum Hinterkopf ansteigt. Das ist stets ein Zeichen für starke Persönlichkeitsimpulse. Der Mann, ein leitender Ingenieur in einem grossen Industrieunternehmen, versteht es, seine Ideen in die Tat umzusetzen. Er hat Unternehmungslust und Tatendrang, bringt sich zur Geltung und ist viel und mit Freude unterwegs.

Abb. 192
Das starke Selbstwertgefühl

Abb. 193 *Das starke obere Hinterhaupt*

Bei diesen Männern handelt es sich um buddhistische Würdenträger, rechts der Fürstabt, Oberhaupt der 200 000 Mönche seines Landes, und links der Vorsteher der buddhistischen Fakultät an der Universität der Landeshauptstadt, zugleich Innenminister der Kirchenregierung.

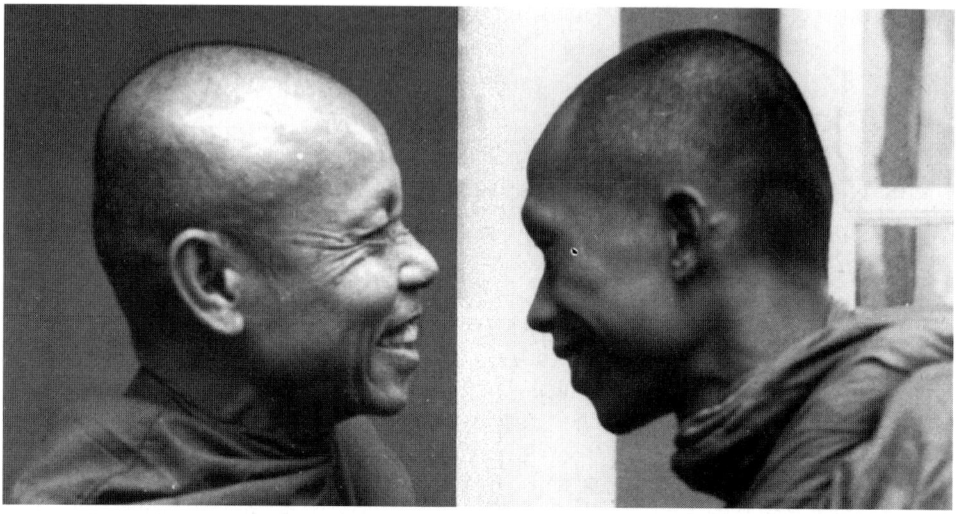

Abb. 193 Das starke obere Hinterhaupt

In beiden Fällen ist das Hinterhaupt ähnlich gebildet. Im unteren Drittel ist es schwach; Geschlechtstrieb, Gatten- und Kinderliebe, Heim- und Familiensinn spielen keine Rolle mehr.

Das mittlere Drittel ist flach. Berufs- und Arbeitsliebe, das fleissige, emsige Schaffen und Werken zum Wohle der Familie und Gesellschaft ist ausgesprochen schwach und beansprucht kaum Raum in den Überlegungen der beiden Mönche, insbesondere des rechts abgebildeten.

Das obere Hinterhaupt geht steil in die Höhe und zeigt, wie die Triebe des Körpers beherrscht werden, absolute Unterordnung unter den Willen erfahren, und wie sich alle Kraft auf Persönlichkeit und Moral konzentriert. Die Männer verstehen es, zu herrschen und ihrem Willen absolute Geltung zu verschaffen. Zwar ist es schwierig, die genaue Breite der oberen Hinterhauptregion an diesen Bildern abzuschätzen, aber sie scheint im Verhältnis zur Höhe nicht mehr als mittelstark zu sein. Daher stehen Vorsicht, Gewissenhaftigkeit, Gerechtigkeit ganz im Dienste der stärkeren Anlage und gehen genau so weit, als es deren Interessen verlangen.

Das Oberhaupt, welches die höchsten Gefühlsschichten zeigt, hat die grösste Höhe nach hinten zu. Das ideale Hochgefühl der eigenen Person, die eigene Moral, definiert nach den Grundsätzen ihres Glaubens, und der Unsterblichkeitsglaube sind mithin am stärksten und übertreffen die Gottesverbundenheit und Gottesliebe, eine beachtenswerte Tatsache bei diesen hohen geistlichen Würdenträgern.

Abb. 194 *Ein Meisterpaar für Gesellschaftstänze*

Beim Mann sehen wir das stark betonte obere Hinterhaupt. Von diesem strahlt Kraft aus. Diese liegt auch in dem festen und doch formenreichen, eleganten Haarfall. Einen eleganten Schwung erkennen wir in dem ganzen Kopfprofil.

Abb. 194 Ein Meisterpaar für Gesellschaftstänze

Diese Hinterhaupt- und Kopfform ist ein Erscheinungsbild der Gewandtheit des Körpers und der grossen Sicherheit und Eleganz der Beinarbeit.

Sehr typisch ist auch die Kinnbildung, die ja in Polarität mit dem Hinterhaupt steht und den Schwung und die Kraft des Hinterhauptes bestätigt und dazu grosse Impulsivität und Sensibilität aufzeigt.

Der Hinterkopf der Frau und auch das Profil haben ähnliche Formen. Typisch für die starken Impulse der magnetischen Energie, ist die Kopfhaltung. Die Polarität im Körper bilden die Füsse. Die Fussfesseln lassen erkennen, welche Kraft und Sicherheit in diesen wirken.

Es ist gesamhaft gesehen der Ausdruck der Freude und Fähigkeit zur eleganten, beherrschten Körperbewegung. Die Qualität und Feinheit der Form finden wir immer wieder bei Menschen, die körperliche Talente mit Hilfe von Musik umsetzen und damit auch mimisch zu seelischen Ausdrucksformen gelangen.

12. Das Seitenhaupt

Die Funktionen zur Lebenserhaltung

Die Aufteilung der einzelnen Partien des menschlichen Schädels entspricht dem entwicklungsgeschichtlichen Aufbau des Schädels und der damit einhergegangenen Ausbildung der einzelnen Schichten.

Ein gleicher Aufbau gilt auch für das Seitenhaupt.

Die aus dem Körper aufsteigenden Energien entwickelten vom Mittelhirn aus, in welchem sich die odischen und heliodischen Kräfte sammeln konnten, zuerst den Geschlechtsimpuls (dieser treibt die Lebewesen an, einen Geschlechtspartner zu suchen und mit ihm neues Leben zu zeugen), dann die Fähigkeit zu beobachten (das Sehen und das Bewusstwerden des Gesehenen) und der Trieb zur Lebenserhaltung (Verteidigung des eigenen Lebensraumes, abgrenzen des eigenen Territoriums). Diese ersten Ansätze zu erweiterten Lebensmöglichkeiten wurden im Kleinhirn und im Grosshirn des Hinterhauptlappens zu den motorischen Schichten aufgebaut, die im Oberhaupt in die Gefühlsschicht der Moral einmünden. Im vorderen Grosshirnteil entwickelten sich verschiedene Denkschichten und erreichten im ethischen und religiösen Denken und Fühlen ihre Höhepunkte. Diese Entwicklungen führten über viele Jahrtausende zu immer höheren und vielseitigeren Kulturstufen. Viele Kulturen gingen bei dieser Entwicklung zu Grund um anderen Platz zu machen.

Auch im Seitenhauptteil des Grosshirns bauten sich aus dem einfachen Wehrsinn und der reinen Lebenserhaltungsschicht (die Fähigkeiten, sich für das eigene Leben und das der Familie zu wehren) höhere Schichten des Veränderns, des Erweiterns, des Sammelns auf, aber auch das Einschätzungsvermögen der Werte und des Handels, das Vermitteln von Dingen. Dieser Aufbau mündete über dem Sammelsinn für höhere Güter im Oberhaupt in die Gefühle zur Verehrung der höchsten Güter im religiösen Bereich.

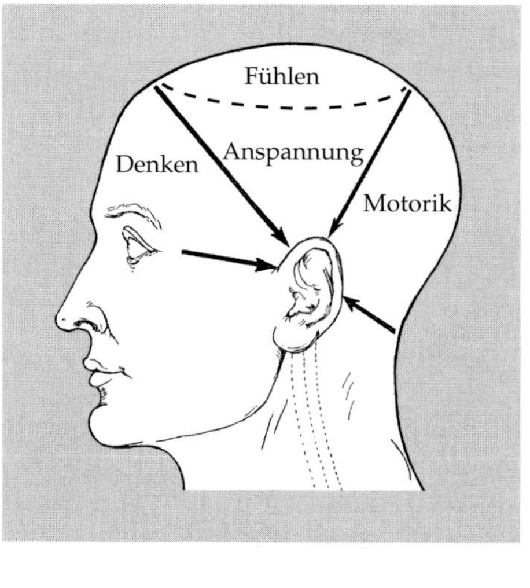

Abb. 195 *Das keilförmige Zusammentreffen der Grundkräfte*

Über den Ohren treffen die drei Grundkräfte Gefühl, Verstand und Tatkraft zusammen. Im Hinterhaupt sind die Tat- und Willensimpulse, im Vorderhaupt die Verstandesschichten und im Oberhaupt – welches noch behandelt wird – das Gefühlsleben vorzugsweise lokalisiert. Die Pfeile kennzeichnen das keilförmige Zusammentreffen von drei Teilen des Schädels, die drei Grundkräfte des Seelenlebens repräsentieren, in der Ohrengegend. Gleichzeitig treffen sich hier die aus dem Körper aufsteigenden Lebenssäfte und -kräfte, angedeutet durch die punktierten Linien unter dem Ohr.

Die Darlegungen über die Profilachsen im menschlichen Haupt (Kapitel 14) zeigen die Grundkräfte des Seelenlebens in einer anderen Art und geben gleichzeitig Anhaltspunkte für die Deutung der keilförmigen Dreiteilung.

Die körpereigene, physiologische elektrische Energie (man vergleiche auch mit dem 2. Kapitel im 1. Studienband) trägt den Charakter der Veränderung: sie treibt an, trennt und entäussert. Sie richtet sich stets rechtwinklig zum Magnetismus, welcher die Langformen bildet, und wirkt am stärksten in den Breitformen, wo der Magnetismus am schwächsten ist. Diese zwei Kräfte ordnen sich im Form eines Kreuzes. Dieses ist Symbol für das Naturgesetz der Wirkungen von Magnetismus und Elektrizität.

Denkt man sich beide Ohreingänge durch eine Linie verbunden, so schneidet diese das aus dem Rückenmark hervorquellende Hauptlebenshirn, das Mittelhirn. Im Mittelhirn, wo sich die magnetische und die elektrische Achse kreuzen, wirken diese beiden Kräfte neutral, daher kann sich hier das aus den Körperzellen und den Ganglien entlang den Leitungsbahnen aufsteigende Empfinden sammeln, sich organisieren und beim weiteren Aufbau der äusseren Sinnesorgane und des Grosshirns dienen.

An den beiden Polen der elektrischen Achse, beiderseits am Seitenhaupt in der Ohrgegend ist die stärkste Wirksamkeit der elektrischen Energie. Gleichzeitig kommt durch das keilförmige Zusammentreffen der drei Schädelteile mit den Grundkräften des Seelenlebens, in der Ohrengegend eine Sammlung stärkster psychischer und mechanischer Spannungen zustande, unter Einfluss der elektrischen Energie, deren Brennpunkt unmittelbar über dem Ohreingang zu suchen ist. Die geistigen Funktionen, die mit der stärksten mechanischen und elektrischen Anspannung einhergehen, sind davon beeinflusst und tragen dementsprechend den Charakter der Veränderung in sich. Hier ist der wirtschaftliche Wertmesser der geistigen und motorischen Impulse zu suchen. Je breiter der Kopf in der Ohrengegend ist, um so stärker sind die gekennzeichneten Energien, die nach Entladung drängen. An der Breite des Kopfes sind daher Kraft und Intensität der Erhaltungstriebe zu ermitteln. Dies sind die Wehr-, Widerstands- und Verteidigungskräfte des Individuums, welche die persönlichen Interessen wahren. Dazu kommt der Veränderungsimpuls. Dieser führt zur mehr oder weniger intensiven Veränderung der bestehenden Zustände. Veränderung im negativen Sinne führt zur Verneinung anderer Werte, zu deren Zerstörung und Vernichtung. Im positiven Sinne führt Veränderung zu intensivem, kontinuierlichem Aufbau durch Verbesserung vorhandener Einrichtungen und durch Erfindung neuer Möglichkeiten, was Fortschritt bedeutet.

Allgemein gilt:

– Wird der am Seitenkopf zum Ausdruck kommende Veränderungstrieb vom Verstand geleitet (was bei plastischer Stirn der Fall ist), so wird er zur Quelle der Forschung auf anderen als bisher bekannten Gebieten und mit anderen als den bisherigen Methoden. Erfindungen und Verbesserungen auf wissenschaftlichem, technischem und praktischem Gebiet sind die Folge.

– Ist das Gefühlsleben vorherrschend (bei hohem und starkem Oberkopf), so treibt der Veränderungssinn zu Reformen bestehender Religions-, Rechts-, Moraleinrichtungen und Staatsideen.

– Geht der Veränderungssinn mit starkem Hinterkopf einher, so dass die Tatimpulse vorherrschen, so neigt der Mensch zur Veränderung der Dinge durch Arbeit.

– Sind aber die Gefühlsschichten schwach und die Tatimpulse sehr stark oder herrschen egoistische Leidenschaften durch Suggestionen vor, ist Anlage und Entwicklung disharmonisch, so kann der Veränderungstrieb zu kriminellen Handlungen führen (HW, S. 697–700).

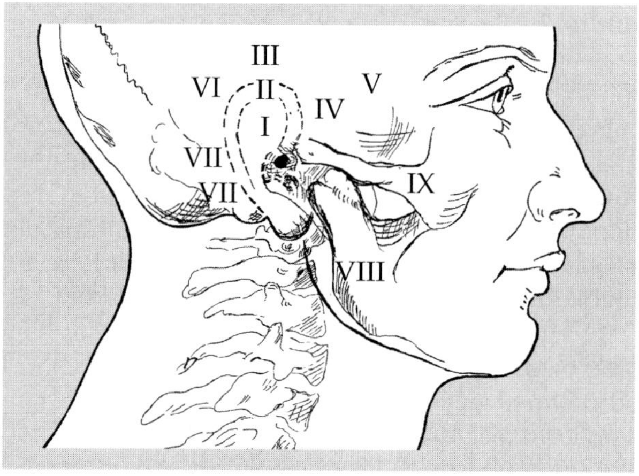

Abb. 196 *Veränderungstriebe und deren psychische Auswirkungen*

Zur besseren Orientierung sind die Knochenteile des Schädels und die äussere Form des Ohres skizziert. (Auf die Bedeutung der mannigfachen Formen der Ohren selbst, wird im 16. Kapitel eingegangen; zunächst wenden wir uns den um beide Ohren liegenden Seitenkopfteilen zu.)

***I** Der Anspannungstrieb*

Bei I liegt die Region des stärksten Anspannungsimpulses, der zur Umsetzung und zur Veränderung der Dinge im Gefühls-, Gedanken- und Willensbereich antreibt.

***II** Der Selbsterhaltungstrieb*

Der Anspannungstrieb richtet sich im weitern auf die Erhaltung des eigenen Lebens, und daher liegt folgerichtig unmittelbar über dem Anspannungstriebe der Selbsterhaltungstrieb bei II.

***III** Der Arbeits- und Veränderungstrieb*

Bei III ist die Art des Impulses zur Umsetzung der Dinge für die Lebenserhaltung zu suchen.

***IV** Der Nahrungssinn*

Zur notwendigen Lebenserhaltung gehört die Sorge für die Ernährung. In den Wangen verlaufen die Nerven der Ernährungsorgane. Der Impuls zur Sorge um die Ernährung, der Sinn für feste und flüssige Nahrung und der Feingeschmack für gewählte Nahrung, also der Nahrungssinn, ist erfahrungsgemäss in der Nähe der Wangenregion bei IV zu finden. Die Plastik und Fülle, aber auch die Spannung und Strahlung der Haut ist bei der Beurteilung der Quantität und Qualität dieser Triebe in Betracht zu ziehen, ebenso die Frische und Lebhaftigkeit des Gewebes und die Beschaffenheit der seitlichen Kopfhaare.

Der mit dem fühlenden Sehen arbeitende Physiognom erkennt die strahlende Helioda ähnlich sicher, wie jeder mit Hilfe der Sehorgane die Bedeutung der Schriftzeichen erkennt, wenn er sie vorher zu lesen gelernt hat.

Ein Erfahrungsbeispiel: Anlässlich eines Lehrabends in Stuttgart beurteilte Siegfried Kupfer einen ihm unbekannten Mann, der zum Schluss fragte, ob noch etwas Besonderes an ihm zu finden sei. Kupfer sagte ja, der Feingeschmack für gewählte Nahrung, der sich in ganz feiner Gewebsbeschaffenheit und lebhafter Strahlung der Region IV zeigt, müsse ganz besonders entwickelt sein. Der Mann anwortete ja, den Feingeschmack für Nahrung habe er besonders entwickelt, er sei praktizierender Arzt und sein Spezialfach sei diätetische Heilweise.

***V** Der Sinn für Ruhe und Schlaf*

Die Lebenserhaltung muss ferner dafür sorgen, dass das Gleichgewicht der Körperkräfte erhalten bleibt und verbrauchte Lebens- und Spannkräfte wieder ersetzt werden. Dies geschieht durch Ruhe und Schlaf. Der Sinn für diese Lebenstriebe kann nur da lokalisiert sein, wo der Anspannungssinn sich dem Ordnungs- und Gleichgewichtssinn zuneigt (der seitlich knapp über dem Auge liegt), also bei V unserer Figur. An dieser Schläfenregion sind Störungen des Lebensgleichgewichts zu ersehen. Entbehrung von Ruhe und Schlaf, lebensgefährdende Krankheit, auch Lebensmüdigkeit und Lebensüberdruss sind hier erkennbar. Menschen, die sehr viel Schlaf benötigen und diesem Bedürfnis nachgeben, haben hier meist eine lebhafte Plastik und Frische des Gewebes während anderseits Menschen, die den Schlaf leicht entbehren können, hier eine bestimmte Kernigkeit des Gewebes zeigen. Länger anhaltende Entbehrung von Ruhe und Schlaf führt zu eingefallenen Schläfen oder welkem Eindruck der Gewebe. Bei eingefallener Schläfe wird der nötige Schlaf z.B. zu Gunsten einer interessanten Diskussion leicht vernachlässigt.

***VI** Der Sinn für Wohnung und Grundbesitz*

Die Sinne für den Lebensschutz durch Wohnung, Grundbesitz usw. ordnen sich, folgerichtig vom Anspannungstrieb zu den Tattrieben des mittleren Hinterhauptes verlaufend, diesem bei VI an.

***VII** Der Wehrsinn*

In der Richtung zum unteren Hinterhaupt, wo die Armkraft zum Ausdruck kommt, bei VII, äussert sich der Anspannungs- und Lebenssinn als Fähigkeit, mit Mut und Kraft Widerstand zu leisten. Hinter den Ohren kann man oftmals eine starke Anspannung, grosse Härte und Festigkeit der Knochenteile beobachten und auch fühlen. (Der Volksmund sagt: «Der hat's faustdick hinter den Ohren». Es liegt darin eine durchaus richtige, aus der Erfahrung gefühlsmässig entstandene physiognomische Bewertung.) Ist dabei die elektrische Energie stark, zeigen sich dazu abstehende Ohren.

Bei extremer Spannung und entsprechend negativer Formstruktur des übrigen Gesichtes wird diese Fähigkeit gewalttätig umgesetzt.

Hat der Mensch eine starke bewusste oder unbewusste ethische Veranlagung, so setzt er sich um des Guten willen entschlossen zur Wehr.

Die Bildung der Knochenteile um beide Ohren kann auch schwächer sein und trotzdem kann das Ohr quer abstehen. Die elektrische Energie im Mittelhirn ist dann stark. Der Mensch neigt leicht zu einer negativen Sicht, was zur Verneinung führt, oder er regt sich momentan zu sehr auf, was auch zu einer heftigen, übertriebenen Opposition führen kann.

***VIII** Die Durchsetzung*

Die Bedeutung der seitlichen Unterkieferbogen, hier mit **VIII** gekennzeichnet, beim Kapitel 15 behandelt. Im Zusammenhang mit der elektrischen Breitenachse des Schädels wird die Bedeutung etwa der breiten, harten, schwer wirkenden, ungleichen Unterkieferbogen besser verständlich.

***IX** Die Widerstandskraft*

Mit IX ist das Jochbein bezeichnet. Es ist die Stelle, wo die Art der Eigengesetzlichkeit («Ich will so bleiben, wie ich bin, und kann mich nur schwer anpassen»), der Widerstandskraft und die Überwindungsfähigkeit ermittelt werden kann. Menschen mit ausgeprägten Jochbeinen machen eigensinnig, was sie wollen, widersetzen sich, verneinen. Auch in den Jochbeinen lässt sich das Volumen der elektrischen Energie erkennen, und aufgrund mechanischer und psychischer Korrespondenz wirkt sich die Beschaffenheit der auf gleicher Höhe liegenden Teile des unteren Hinterhauptes hier aus, vor allem seiner Breite nach.

Sind die Jochbeine breit, bei allgemein positiv zu beurteilenden Formen, so stehen die hier zum Ausdruck kommenden inneren Energien im Dienste der Arbeit. Diese Menschen haben unermüdlichen Arbeitseifer und Überwindungskraft, auch gegenüber schweren Schicksalsschlägen. Die hier sichtbaren Energien bringen den Menschen dazu, immer weiter zu streben und zu arbeiten, sie machen ihn unverwüstlich. Er kann noch so oft unterdrückt werden und Fehlschläge erleiden, er rafft sich immer wieder auf und ringt sich auch bei Krankheiten durch. Gegenüber einmal als wahr Erkanntem bleibt er innerlich treu und fest (s. Abb. 202). Treten die Jochbeine zu stark hervor, so deutet das auf Widerspruch und Eigensinn, ein solcher Mensch kann sich und anderen das Leben unnötig schwer machen.

Sind die Jochbeine zu schwach, dann ermüdet der Mensch leichter und es fällt ihm schwerer, sich zu behaupten. Er hat weniger Widerstandskraft, auch bei Krankheiten.

So mannigfaltig wie das Leben selbst, sind auch die Anlagen, die um beide Ohren zu erkennen sind. Einige charakteristische Gegensätze sollen anregen zu eigenem Schauen, Erkennen und Bewerten.

Abb. 197 *Die übergrosse Breite*

Die Porträtzeichnung zeigt *Heinrich VIII.*, König von England, nach einer zeitgenössischen Darstellung.

Die ganze Formstruktur zeigt mediomische Energien, grosse Intelligenz und das Ernährungs-Bewegungs-Naturell. Das ist der ausgezeichnete, selbstsichere Organisator. Dazu kommt das überbreite, fast viereckige Gesicht. Diese Breite offenbart eine sehr grosse elektrische Energie und damit einhergehenden, übermässigen Veränderungssinn. Der breite und wuchtige Körperbau zeigt ebenso wie das Gesicht, die starke Geschlechtskraft, den ausgeprägten Eigensinn, die Fähigkeit und den Willen, allein auf die eigene Kraft zu bauen. Solche Naturen reagieren sehr heftig auf Widerrede. Der Anspannungstrieb schafft dann Veränderungen, die krass und brutal sind und jede vernünftige Norm

Abb. 197 Die übergrosse Breite

Abb. 198 Der schmale Kopfbau

sprengen. Seine Taten, unerhörte Prachtliebe, sechsmal verheiratet, wer sich ihm widersetzte wurde enthauptet, sind für seine Anlagen kennzeichnend. Von zwei seiner Frauen liess er sich scheiden, zwei liess er hinrichten, eine starb und nur die letzte hat ihn überlebt. Als die Scheidung von der ersten Frau vom Papst abgelehnt wurde, löste er kurzerhand die engl. Kirche von Rom.

Die prunkvolle Kleidung zeigt Eitelkeit, der harte Blick und der Mund lassen erahnen, weshalb er ein grausamer Depot war, aber auch, dass er Prunk und Präsentation liebte. Trotzdem die Regierungstätigkeit von *Heinrich dem VIII.* auch positive Wirkung zeigte (wo zeigen sich diese nicht?), ist es wider jede Vernunft, solchen Menschen Macht und Königswürde zu geben oder zu lassen. Wohl entstehen durch solche Kraft viele Veränderungen, aber die dazu nötigen Opfer und Leiden sind zu hoch.

Abb. 198 *Der schmale Kopfbau**

Körper und Kopfbau von *Rainer Maria Rilke,* dem Dichter der «Seele», sind schmal, die elektrische Energie ist entsprechend schwach. Die Gesichtsgewebe sind sehr fein, die Stirn präsentiert sich offen, der Augenausdruck ist ernst und kritisch beobachtend. Oberhaupt und Oberstirn sind fein geformt. Er ist ein Innerlichkeitsmensch, dessen Denken trotz schwerem Schicksal, das ihn durch ganz Europa ziehen liess, und das ihn zuletzt zur geistigen und göttlichen Daseinsbejahung führte. Er ist ein zarter, geisterfüllter Mensch, vielfach geängstigt, der Zweifler, der Frager, der feinsinnige Schöngeist voller Empfindungsenergie, dem sich die Innerlichkeit voll öffnete. Seine Anspannungs-, Selbsterhaltungs- und Veränderungstriebe, der Nahrungssinn und der Sinn für Ruhe und Schlaf sind schwach. Im Gegensatz dazu: *Heinrich* der Macher, der Äusserlichkeitsmensch, der das Schicksal mit Gewalt zwingen will.

* *Ölbild von Ernst Theodor Goppelsröder, Basel 1942 (Schweiz. Literaturarchiv, Bern)*

Abb. 199 Der schwache Nahrungssinn

Abb. 200 Der starke Nahrungssinn

Paul Valéry, Dichter, 1871–1945 sagte von Rilke: «Teurer Rilke!... Ich sah in ihm den zartesten und geisterfülltesten Menschen der Welt, den Menschen, der am meisten heimgesucht war von all den wunderbaren Ängsten und allen Geheimnissen des Geistes.»*

Abb. 199 *Der schwache Nahrungssinn*
Die Partie vor dem Ohr (bei IV) zeigt in dem ganz dünnen und zarten Gewebe den schwachen Nahrungssinn, besonders auch für Flüssigkeiten besteht nur geringes Bedürfnis. Aber die Schläfenpartie (bei V) ist sehr plastisch und lebendig, was ein lebhaftes Tempo zum Ausdruck bringt. Darüber hinaus zeigt die Nasenwurzel rasche Auffassung und Wiedergabe, das Kinn lebhaften Impuls. Die Frau ist sehr aufmerksam, flink und anstellig. Der sehr zarte Hals lässt auf geringe chemische Reservestoffe und ein kleines Reservepotential schliessen. Berücksichtigt man dazu die erwähnte Schläfenpartie V, so ergibt sich, dass hier Schlaf sehr wichtig ist, er ist für sie ein Lebenselixier, vor allem der vielgerühmte Schlaf vor Mitternacht. Bei nervlicher Überreizung tritt leicht Schlaflosigkeit ein.

Abb. 200 *Der starke Nahrungssinn*
Hier sehen wir Kraft, Spannung und plastisch quellende Fülle insbesondere unmittelbar vor dem Ohr, vor dem Haaransatz und an der Wangenpartie. Ein starker Nahrungssinn bewirkt reichliche Zuführung von fester und flüssiger Kost. Die Leistungsfähigkeit, die natürlich ganz im Rahmen des Naturells liegt und aus den weiteren Kopf-, Gesichts- und Körperformen erkennbar wird, ist dadurch bedeutend. Die Mundpartie ist feingebildet, das Genussleben ist massvoll und ästhetisch. (Kommt zu dem guten Nahrungssinn aber eine über-

**Gedenken und Abschied, 1927, Hans Egon Holthus, «Rilke», Rowohlt Taschenbuch, Hamburg)*

Abb. 201 Der eingefallene Nahrungssinn

Abb. 202 Der ausgeglichene Sinn für Ruhe und Nahrung

mässige Genussfreudigkeit hinzu, dann tut der Mensch leicht des Guten zuviel.) Bei V ist die Schläfe plastisch gefüllt, aber ganz ruhig gespannt. Das Tempo ist daher mässig und ruhig. Ruhe und Schlaf schätzt er sehr und schöpft daraus Erholung und Kraft zu ausdauernder naturellgemässer Tätigkeit.

Abb. 201 *Der eingefallene Nahrungssinn*

Mahatma Gandhi in mittleren Jahren. Ohne auf die physiognomischen Besonderheiten und Verdienste dieses Mannes näher einzugehen, wollen wir aus dem Bilde einiges zu unserem Thema lernen. Der Anspannungstrieb über dem Ohr, der zur Veränderung der Dinge führt, ist sehr stark. Die Region vor dem Ohr, sowohl dort, wo der Nahrungssinn liegt wie besonders auch nach der Schläfe und zum Auge hin, ist stark eingefallen. Die Ergänzung der verbrauchten Energien des Körpers durch Ruhe und Schlaf und auch durch ausreichende Ernährung ist also ganz mangelhaft. Diese Kopfpartien sehen aus wie bei einem Menschen, der Not, Elend, Hunger und Entbehrung, ja selbst schwerste Krankheit durchgemacht hat. *Gandhi* hat diese Entziehungen des Lebensnotwendigen an sich freiwillig durchgeführt und als richtig propagiert. Dass dies kein erstrebenswerter Idealzustand für alle ist, zeigt sich an Unschönheiten neben den gekennzeichneten Regionen, wodurch sich Unausgeglichenheiten und nicht Lebensharmonie kundgeben.

Abb. 202 *Der ausgeglichene Sinn für Ruhe und Nahrung*

Der Mann ist eine Persönlichkeit der niederländischen und amerikanischen Zionistenbewegung, der, ähnlich wie *Gandhi*, einem Ideal zustrebte, um damit seinem Volk zu dienen. Aber es ist eine ganz andere Natur als *Gandhi*. Breit und plastisch wölbt sich die Schläfe und zeigt neben dem lebhaften Tempo, das er in seiner Tätigkeit entfaltet, dass er den Wechsel zwischen Arbeit und Ruhe, zwischen Wachen und Schlafen lebt und eine gesunde Ernährung als normal betrachtet. Es ist in dieser Hinsicht ein sehr gutes Lebensgefühl vorhanden.

Die breite Nasenwurzel zeigt den ausgezeichneten Sinn für Form und Gestalt, die lange und breite, aber fein geschwungene Nase die vortreffliche Darstellungsgabe, die vorgebaute, plastisch gerundete Unterstirn starke reale, nüchterne Denkkräfte, die zügige und offene Oberstirn einen freien, dem Neuen gegenüber aufgeschlossenen Geist und das warme menschliche Vernunftstreben, welches das reale Denken beeinflusst, ohne philosophisch zu sein. Er erkannte auch den Wert der Psycho-Physiognomik und trat für diese in Wort und Schrift ein.

Die Form der unteren Augenlider zeigt eine Störung im Blasen und Nierenbereich. Die sehr kräftigen und auch verhältnismässig breiten Jochbeine passen sehr gut in den Rahmen dieses Gesichts. Sie zeigen starke Überwindungskraft, Arbeitseifer und Selbstbehauptung, aber auch eine eigenwillige und dem Hergebrachten unbequeme Persönlichkeit.

Die wirtschaftlichen Anlagen und Fähigkeiten des Menschen

Um die Vermittlung der Dinge zu erleichtern, wurde das Geld geschaffen, das dann ein Kapital repräsentiert.

Kapital ist Ansammlung von Lebensgütern im Interesse der Lebenserhaltung, des Lebensfriedens und des Lebensglückes. (Huter HW, S. 737)

Des Menschen Begabung, das Kapital in dem definierten Sinn anzuwenden, soll anhand der Formen des Seitenhauptes besprochen werden. Die Fähigkeit, die daraus entsteht, resultiert aus einer bestimmten Anlage und der darauf aufbauenden Bildung.

In den Breitformen, die aus den Wirkungen der elektrischen Energie entstehen, sind die Anspannungs- und Veränderungsimpulse zu erkennen.

In jenen Rund- und Breitformen aber, die aus dem Bestreben nach rundlicher, ruhiger, der Kugelgestalt angenäherter Formbildung entstehen (wie es bei den Ruh- und Ernährungs-Naturellen der Fall ist), wirken und gestalten die den chemischen und stofflichen Aufbau fördernden, teils weichen odischen und teils härteren mediomischen Kräfte (vgl. Kapitel 2 im 1. Studienband). Diese vermitteln den Stoffwechsel, fördern die Beharrung in den Stoffen, tragen den Charakter der Ruhe und wirken psychisch zunächst als Ansammlungstriebe für stoffliche Massen, sind aber nicht so eindeutig gerichtet wie Magnetismus und Elektrizität.

Aus dem Impuls der Natur drängt es den Menschen einerseits nach Verwertung und Bewirtschaftung der Dinge, zu ihrer Ansammlung, Lagerung und Veräusserung, zu Handel und Wandel jeglicher Art. Der Impuls äussert sich einerseits in Anspannung und fortwährender Veränderung, anderseits in Beharrung, Ruhe und Ansammlung stofflicher Massen.

Dadurch wird es verständlich, warum im Seitenhaupt die Art der wirtschaftlichen Interessen des Menschen zum Ausdruck kommt. Die ökonomischen Impulse und Fähigkeiten sind teils realer und teils idealer Natur. Das Seitenhaupt ist gleichsam wirtschaftlicher Gradmesser der übrigen seelischen und geistigen Impulse und Fähigkeiten, und deren Brennpunktenergien, über dem Ohr sichtbar, wirken gemäss der Breite und Höhe des Seitenhauptes. Stets aber ist der Anspannungs- und Veränderungsimpuls elementarer Antrieb zur Lebenserhaltung. Er treibt zur Umsetzung und zur Sammlung von Zielen, die aus den Gefühlen, dem Denken und dem Wollen entstehen.

Die Frage ist nun, in welche Richtung und wie weit der Anspannungs- und Veränderungsimpuls den Menschen drängt und wozu wir uns anspannen sollen. Hier hat der Mensch vielfach das gesunde Mass nicht gefunden. Auf der einen Seite wurden grosse materielle und ideelle Werte zerstört, und anderseits solche nicht genügend oder einseitig gefördert. Einerseits herrscht Reichtum und Wohlleben, andererseits Armut und Not. Neben der Aufopferung für das Ideale besteht Indifferenz, Zynismus und Zerstörung.

Der Aufbau des Seitenhauptes lehrt eine neue Art der Betrachtung von Anspannung und Veränderung im Wirtschafts- und Erwerbsleben. Auf Grund des evolutionären Aufbaues unserer Begabungen können wir erkennen, was die Natur anstrebt und dass der Mensch, will er sich in dieses Streben der Natur einordnen, sich auch wirtschaftlich entwickeln müsste. Wie das geschehen soll, zeigt auch das Grundgesetz der Moral: «Wir sollten nur verändern, wenn wir Besseres schaffen, wenn wir höhere Werte produzieren als da sind.»

So ist die Betrachtung der verschiedenen Formen des Seitenhauptes nicht nur von grossem praktischem Wert, sie wird zum Wegweiser für den Umgang mit ideellen Werten.

Abb. 203 *Die einfachen Impulse zum Erhalten und Verändern*

Schimpansen gehören den höheren Affenarten an (vgl. auch Abb. 37). Direkt über und neben dem Ohr und nach der Schläfe zu, wo sich die Impulse für die Lebenserhaltung, für das Nahrungs-, Ruhe- und Schlafbedürfnis, das Tempo zeigen, ist der Schädel ziemlich breit, in guter Plastik und Spannung, ebenso auch nach dem Hinterhaupt zu, wo der Wehr- und Geheimsinn liegt, der Sinn, den Besitz zu wahren und das Territorium zu verteidigen.

Beim Schimpansen ist jedoch kein eigentliches Seitenhaupt vorhanden, wie dies beim Menschen zu erkennen ist, der Schädel ist flach und niedrig. Das Tier strengt sich nur zur unmittelbaren und momentanen Befriedigung seiner Bedürfnisse und Triebe an, sammelt nur in Ausnahmefällen primitive Vorräte, benutzt wohl auch schon harte Früchte als Wurfgeschosse und herumliegende Stöcke als Werkzeug und Waffe, bricht Zweige ab, richtet sich ein Nachtlager her und baut in der Gruppe eine Hierarchie auf, aber damit hört die vorsorgliche Befriedigung der Lebensbedürfnisse auf.

Wirtschaftliche Fähigkeiten sind kaum vorhanden.

Hingegen ist an der Entwicklung der unteren Stirnregion und am wachen Augenausdruck eine ausgezeichnete Beobachtungsfähigkeit zu erkennen.

Abb. 203 Die einfachen Impulse zum Erhalten und Verändern

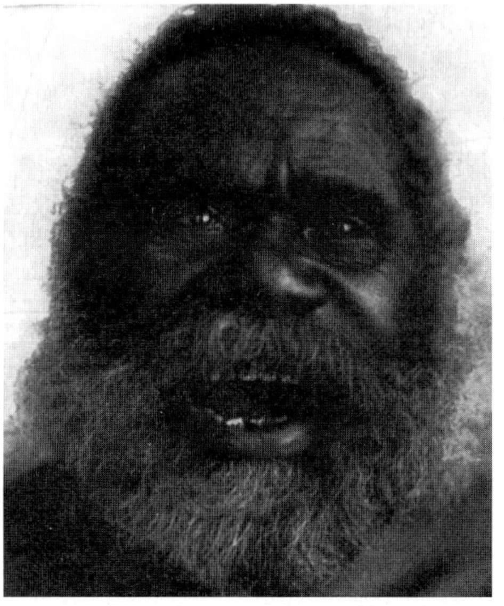

Abb. 204 Die mässigen Veränderungsimpulse und die geringe wirtschaftliche Anlage

Abb. 204 *Die mässigen Veränderungsimpulse und die geringe wirtschaftliche Anlage*

Ein Angehöriger der Urbevölkerung Australiens, die sich bis heute erhalten hat. Hier ist der Schädel schon bedeutend gehoben und auch das Seitenhaupt ist gegenüber dem des Schimpansen höher gewachsen, der übrige Schädel-, Gesichts- und Körperbau zeigt jedoch noch eine robuste, urtümliche Form. An diesen Formen und ihrer Robustheit erkennen wir eine ausgezeichnete Begabung, sich den vorhandenen nicht leichten Lebensumständen anzupassen und damit auch zu überleben. Die Naturbeobachtungsfähigkeit und die Fähigkeit, nur aus der umgebenden Natur zu leben, übertrifft die unsere bei weitem.

Kampf ums Dasein, sagte *Darwin*, Zuchtwahl, lehrte *Lamarck*, brachte den Menschen zur Entwicklung. Beides stimmt nur zum Teil, die ganze Wahrheit lehrt uns die Evolution, sichtbar am Schädel- und Gehirnbau. Der Schädel des Ur-Australiers ist bedeutend gehoben, das Gemüt, das Gefühl, ist reicher geworden gegenüber dem des Menschenaffen, wenn die Formen auch noch grob und schwer sind.

Im Kampf ums Dasein, wenn schlechte Zeiten kamen, besonders in den höheren Breitengraden, wenn Eis und Schnee herrschten, musste der Urmensch, umgeben von Gefahren, sehr oft hungern und frieren. Die Not hat den Menschen erfinderisch gemacht – und ihn auch beten gelehrt. Er lernte es, sich Vorräte an Nahrung zu schaffen, sich zu bekleiden, er suchte Schutz in Höhlen und baute sich Hütten, er formte sich Werkzeuge und erfand Waffen. Damit gleichlaufend erweiterte sich das Gehirn, es bildeten sich neue Gehirnareale, Stirn und Schädel hoben sich, und auch das Seitenhaupt trat mehr und mehr hervor, gewann Plastik und Spannkraft. Schritt für Schritt der Evolution der Aussenwelt entsprechend, entwickelte sich das Gehirn, formten sich Schädel und Gesicht und der gesamte Körperbau um.

Es gab für den Urmenschen auch glückliche Zeiten, die Natur kam ihm entgegen und bot ihm zeitweise alles in Hülle und Fülle. Er wurde friedlicher und glücklicher, sein Gefühl entwickelte sich. Er träumte in hellen Mondnächten wohl auch von Glück, Liebe und grösserer Macht – er fürchtete die Naturgewalten, lernte die hellen Gestirne und die Sonne anbeten und die eigene Schöpfungs- und Zeugungskraft heiligen. Höchst wahrscheinlich wählte er für sich die schönste Gefährtin aus, kämpfte um sie, setzte für sie und ihre Jungen sein Leben ein. Er entwickelte den Heroismus, die ersten Tugenden und den Idealsinn; er glaubte an sich selbst und seine höhere Bestimmung; er lernte sich schmücken, verschönerte seine Behausung und fühlte seine Macht; er lernte herrschen, sorgte für Gerechtigkeit und schuf, wenn auch zunächst aus einfachen Vorstellungen, einen religiösen Kultus. Dieses Höhere, Göttliche, der Idealsinn, der über sich hinaus Höheres und Besseres schaffen will als da ist, das Heiligkeitsgefühl im primitiven Menschen ist mitverantwortlich gewesen, für das Herausheben aus dem tierischen Zustand. Es hat ihn zum Herrn der Erde gemacht und ihn bis zum heutigen Entwicklungsstand reifen lassen. Gleichlaufend entwickelten sich Gehirn und Schädelbau.

Diese Entwicklungsimpulse durch religiöse Gefühle und geistige Erkenntnisse sieht *Huter* als wesentliche Grundlage für die Evolution. Er hat damit die Erkenntnisse von *Lamarck, Darwin* und *Haeckel* grundlegend erweitert.

Der Kampf ums Dasein macht den Menschen wohl klug, raffiniert und auch hart, aber erst der Ideal- und Heiligkeitssinn des ewigen und unvergänglichen eigenen Wertes und das Erkennen eines göttlichen Impulses hat ihn vorwärts und aufwärts gebracht und zu dem gemacht, was er heute ist. Und nur das bewusste Erkennen der im Menschen angelegten idealen Fähigkeiten oder das Erkennen, dass solche fehlen und der bewusste spezifische Einsatz der Begabungen und deren optimale Entwicklung wird ihn in Zukunft in eine friedliche Zeit führen.

Die Einteilung des Seitenhauptes

Abb. 205 *Die Einteilung des Seitenhauptes nach der Neuphrenologie Huters*

Nach dieser Einteilung hat das Seitenhaupt sieben Regionen, jedoch wurde von *Huter* auch die vereinfachte, übersichtliche Dreiteilung gelehrt.

Es zeigt sich im unteren Seitenhaupt die Art der Wirtschafts- und Erwerbstätigkeit für einfache, lebenserhaltende Güter, im mittleren Seitenhaupt die vermittelnde Wirtschaftlichkeit und damit vor allem das kaufmännische Geschick, im oberen Seitenhaupt die Wirtschafts- und Erwerbstätigkeit, die zum Sammeln höherer Kulturgüter führt.

Die Erwerbsanlage entwickelt sich Stufe um Stufe. Was der Mensch körperlich erarbeitet und geistig durchdacht hat, sucht er wirtschaftlich zu verwerten. Er sammelt zuerst materielle Lebensgüter, bringt sie in den Handel und gelangt

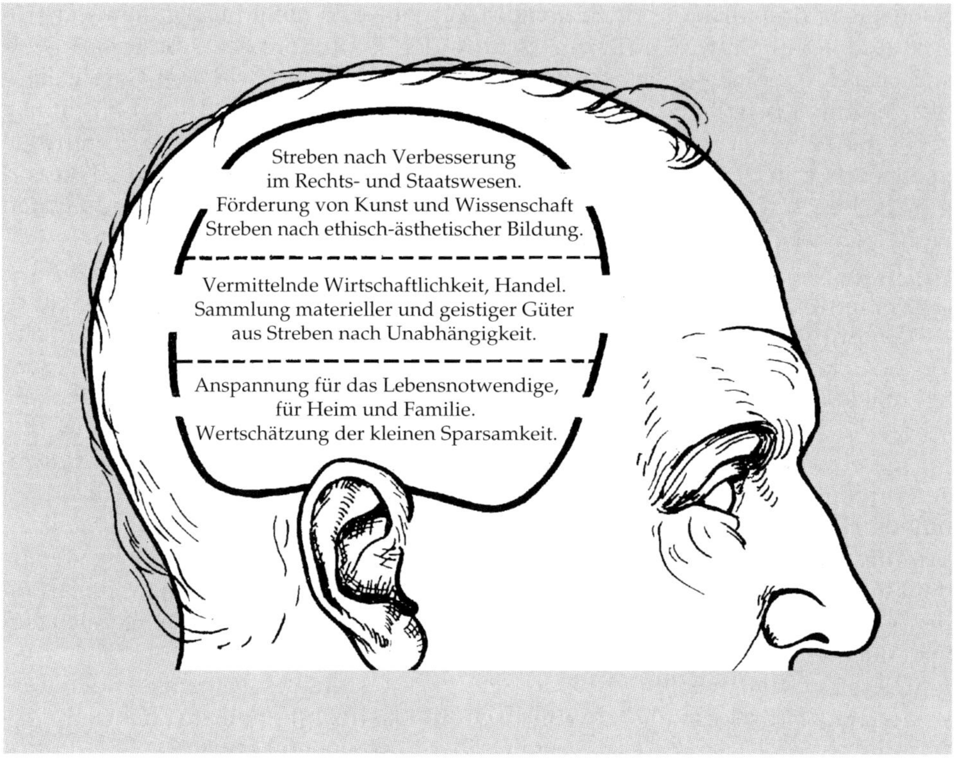

Abb. 205 Die Einteilung des Seitenhauptes nach der Neuphrenologie Huters

damit zu Kapital und Wohlstand. Nun strebt er nach einer verfeinerten Kultur, entwickelt feinere Umgangsformen, strebt nach Wissen, fördert die Bildung und bereichert Kunst und Dichtung, macht Stiftungen für soziale Einrichtungen, Wissenschaft und Religion. Das alles gehört zu dem weiten Feld praktischer und idealer Lebensmöglichkeit. Die ökonomische Anlage ist dabei von grösster Wichtigkeit. Ein Mensch mit schwachem Seitenhaupt bleibt meist in Abhängigkeit von erwerbsstarken Menschen; er hat nur schwache Ansammlungs- und Besitzsinne; auf sich gestellt versteht er nicht, ausreichend zu erwerben und hat wenig Sinn für äusseren Wohlstand. Tüchtige Arbeiter und Angestellte ohne Erwerbssinn können das verdiente Geld nicht richtig verwerten, sie geben es aus ohne oder in falschem Gewinnstreben. Ein tüchtiger Gelehrter oder Künstler ohne Erwerbssinn lässt sich durch Erwerbsfragen nicht in seinem Denken und Schaffen stören. Die wirtschaftlichen Sorgen überlässt er gern seiner Frau, einem «Faktotum» oder seinen Freunden (*R. M. Rilke*, Abb. 198).

Grosse Erwerbstalente erkennt man an kraftvoll ausgebautem, wuchtigem oder feinem Seitenhaupt. Ob jemand voraussichtlich reich werden kann, ist am Seitenhaupt zu erkennen. Mancher hat durch sein Erwerbstalent sozusagen aus dem Nichts grosse Werte geschaffen, ein anderer trotz vieler Mittel alles verloren. Daher sollte man sich über die eigenen Erwerbsanlagen im klaren sein.

Aus der Beurteilung der Erwerbsfähigkeit ergibt sich auch eine vernünftige Sozialpolitik, welche die Ertragskraft der Wirtschaft nicht überfordert. *Ludwig Erhard*, ein harmonisches Ernährungs-Naturell, hat das so formuliert: «Nichts ist unsozialer als ein Wohlfahrtstaat, der die menschliche Verantwortung erschlaffen und die individuelle Leistung absinken lässt».

Erwerbsschwache Menschen müssten einen ihren Begabungen entsprechenden Beruf erlernen und sich hier möglichst gut ausbilden lassen, so dass qualitative und gutbezahlte Arbeit möglich wird. Damit könnten sie glücklich und zufrieden ihren Fähigkeiten gemäss leben, ohne sich allzusehr um den Erwerb kümmern zu müssen.

Sich selber und andere erkennen ist aber grundlegend für richtige und entsprechende eigene Lebensgestaltung, aber auch um die Bedürfnisse anderer Menschen zu begreifen.

Die Naturelle lehren uns, dass der Körperbau des Menschen schon das Prinzip zeigt, nach welchem Gehirnanlagen aufgebaut sind und in welche Richtung das Wesen und die damit zusammenhängende Lebensgestaltung geht. Schädel- und Gesichtsbau geben dann weiter Auskunft über die ganz spezifische und individuelle Begabung, Fähigkeit und Entwicklung eines Menschen.

Das untere Seitenhaupt

a) Anspannungs- und Arbeitsimpulse zur Sorge für das leibliche Wohl, besonders für Nahrung, Kleidung und Wohnung;
b) Ansammlungs- und Erwerbsimpulse im Dienste der Lebenserhaltung, die Sachen- und Besitzliebe;
c) der Sinn für die Wertschätzung des Kleinen, Sparsamkeit und Geiz;
d) der Sinn zum Selbstschutz, zur Verstellung, zur Geheimhaltung und zur Diplomatie aus Furcht vor Verlusten und Misserfolgen.

Im unteren Drittel des Seitenhauptes kommen die Anlagen für den Erwerb des Lebensnotwendigen zum Ausdruck, es sind die Wirtschaftsimpulse zur einfachen Lebenserhaltung. In der gleichen Höhe sehen wir die Unterstirn mit den Denkschichten der realen Tatsachen und das mittlere Hinterhaupt mit der Körpergewandtheit, dem Familien- und Gemeinschaftssinn und der Hingabe, Ausdauer und Tüchtigkeit im Berufsleben.

Abb. 206 *Die Beziehungen des unteren Seitenhauptes zu anderen Schädelteilen*
Das Verständnis dieser Beziehungen gestattet uns eine Beurteilung der Richtung nach welcher die Erwerbstalente am besten eingesetzt werden.

Bei der Beurteilung des Seitenhauptes achten wir von vorne gesehen auf seine Breite und von der Seite gesehen auf seine Länge.

Ist das untere Seitenhaupt in Verbindung mit einem starken Hinterhaupt, dann stehen seine Anlagen im Dienste der körperlichen Arbeit. Ist das untere Seitenhaupt in Verbindung mit der Unterstirn, dann stehen die Erwerbssinne im Dienste der realen Auffassungssinne und bei entsprechender Form der Stirnecke

	Zum mittleren Seitenhaupt			
	Seitenhaupt hinten	Seitenhaupt mitte	Seitenhaupt vorne	
zum mittleren Hinterhaupt: Motorik	Geheimsinn Verstellung	Sachenliebe	Habsinn	zur Unterstirn: Komposition
Familiensinn	Selbstschutz	Arbeitsliebe Anspannung	Erwerb des Lebensnotwendigen	zur Schläfe Hirnsäfte
	zum unteren Hinterhaupt: Wehrsinn	zum Ohr: Veränderung Verbesserung	zum seitlichen Gesicht: Nahrungssinn	

Abb. 206 Die Beziehungen des unteren Seitenhauptes zu anderen Schädelteilen

im Dienste der Berechnung. Der Erwerb des Lebensnotwendigen und die Sachenliebe werden dann mehr durch kluges berechnendes Handeln als durch körperliche Arbeit befriedigt.

Hat das untere Seitenhaupt nach vorne und hinten Verbindungen, dann ist der Mensch sehr erwerbstüchtig und gewinnstrebend.

Die Anspannungs-, Erwerbs- und Erhaltungsimpulse müssen auch in einen Bezug zum übrigen Gesicht beurteilt werden. Hier kommt das Ziel ihres Einsatzes zum Ausdruck. Bei mangelndem ethischem Empfinden und Denken können die Erwerbsimpulse rücksichtslos umgesetzt werden. Das kann zur gewissenlosen Beseitigung und Zerstörung all dessen führen, was den Erwerb hindert oder die Besitzerhaltung materieller Güter gefährdet.

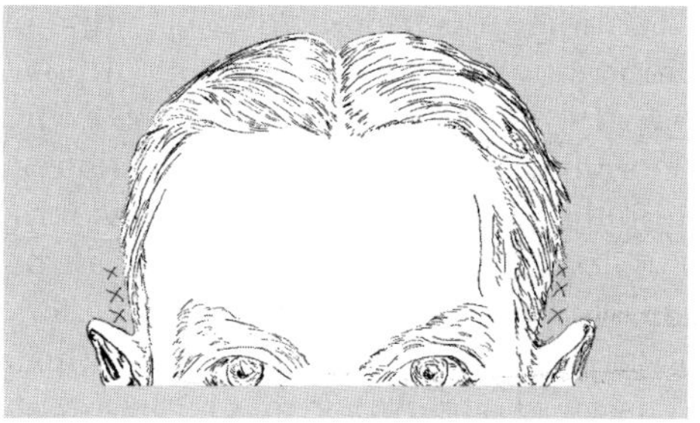

Abb. 207 *Das schmale untere Seitenhaupt*

In der ganzen Proportion dieses Kopfes ist der Bau des unteren Seitenhauptes schmal. Solche Menschen haben einen schwachen Selbsterhaltungstrieb, zu wenig Erwerbsimpulse und geringen Habsinn für das Lebensnotwendige. Sie neigen dazu, erst dann für wirtschaftliche Grundlagen zu sorgen, wenn äussere Umstände dazu zwingen. Ein so veranlagter Mensch sollte daher den Erwerb des Lebensnotwendigen und die Bedürfnisse für sich und die Seinen mehr beachten als seine innere Stimme ihm sagt. Dazu gehört eine optimale berufliche Ausbildung.

Das schmale untere Seitenhaupt zeigt wenig Sinn zum Selbstschutz und schwache Impulse zur eigenen Fürsorge. Der Mensch achtet in ökonomischen

Belangen zu wenig auf sich selbst. Er neigt dagegen zu extremen Experimenten bei der Ernährung und der Lebensweise, die geschickt propagiert werden und schadet sich so unnötigerweise selbst. Er kann nur schlecht selbständig erwerben, wirtschaftliche Unternehmungen missglücken, denn er hat einen zu geringen Impuls zur energischen Verfolgung seiner Rechte und der notwendigen ökonomischen Ziele. Weil der Selbsterhaltungstrieb zu schwach ist, schützt er sich und sein Geschäft zu wenig. Er hält wichtige Dinge, deren Bekanntwerden ihm schaden kann, nicht geheim genug, er kann sich kaum verstellen, wenn er in die Lage kommt, sein eigenes Interesse zu wahren.

Er lebt, wenn nicht günstige, gut aufgebaute berufliche Fähigkeiten es anders fügen, sozusagen von der Hand in den Mund, ist zu wenig bestrebt, das, was er hat, zu erhalten und verwertet es nicht genügend, um seinen Besitz zu vermehren. Er lässt sich leicht zu sogenannten guten Taten oder zu Spekulationen überreden und er entäussert sich noch seiner weniger Habseligkeiten, wenn z. B. die Denkschichten der Oberstirn, wie das bei unserem Beispiel der Fall ist, und damit das ethische Denken und das Mitgefühl stark ist. Erkennt aber ein so veranlagter Mensch durch praktische Menschenkenntnis seine schwache Erwerbsanlage, dann kann er Fehler vermeiden, er kann dem Erwerb erhöhte Aufmerksamkeit zuwenden und so mit der Zeit seine schwache Anlage stärken, womit das untere Seitenhaupt Spannung erhält.

Huter lehrt: *Erwerb durch Qualitätsarbeit und Tüchtigkeit ist Tugend*

Wie wir vernünftig erwerben sollen, ist am ausgeglichenen, in seiner ganzen Höhe gut ausgebauten Seitenhaupt zu erkennen. Wenn wir leben wollen, brauchen wir eine Philosophie oder Lebenslehre, die darauf aufbaut, ökonomisch lebensnah zu sein. Wer nicht erwirbt durch handwerkliche oder geistige Arbeit oder Handel bleibt abhängig und kommt leicht unter den Zwang erwerbsstarker Menschen. Wenn er Ideale hat, so kann er sie ohne materielle Mittel und Macht weder fördern noch verwirklichen. Sie bleiben vielfach Wunschträume.

Darum lautet eine einfache Lebensregel: «Fleissig arbeiten, nüchtern und sparsam sein, die Gesundheit beachten und versuchen, in ausgeglichener Art zu erwerben».

Abb. 208 *Das normal entwickelte untere Seitenhaupt*

Ist das untere Seitenhaupt im Verhältnis zum übrigen Kopfbau normal stark entwickelt, dann ist der Selbsterhaltungsimpuls, die vorbauende Fürsorge und der Sinn für den Erwerb notwendiger Güter entsprechend. Der Mensch versteht zu erwerben und sich im Konkurrenzkampf zu behaupten. Er beugt der Not vor und sucht in den Besitz all der Güter zu gelangen, die das Leben angenehmer, bequemer, schöner, leichter und materiell gesichert gestalten; er sorgt auch schon durch eine praktische und gute Erziehung seiner Kinder vor, dass ihnen das Erwerbsleben erleichtert werde. Ein solcher Mensch widersetzt sich stärker den materiellen Lebensschwierigkeiten, er entfaltet Tatkraft, Arbeitsliebe und Strebsamkeit, um die materiellen Dinge zu verändern und zu verbessern. Er sucht eigenes Heim und Haus zu erwerben und zu erhalten und mit Berechnung und Klugheit sich materiell weiterzubringen. Er übersieht auch nicht die kleinen Faktoren und kalkuliert genau, ist also sparsam; auch lässt er sich nicht so leicht bereden und übervorteilen. Er kann Geheimnisse bewahren, wenn dies seine Selbsterhaltung erfordert und ihn wirtschaftlich weiterbringt. Wie der Stirnaufbau zeigt, hat der Mann unseres Beispieles eine voll ausgebaute Stirn. Das bedeutet, er nimmt auch Rücksicht auf andere und wird sein Erwerbstalent nicht dazu Nutzen, um andere zu hintergehen.

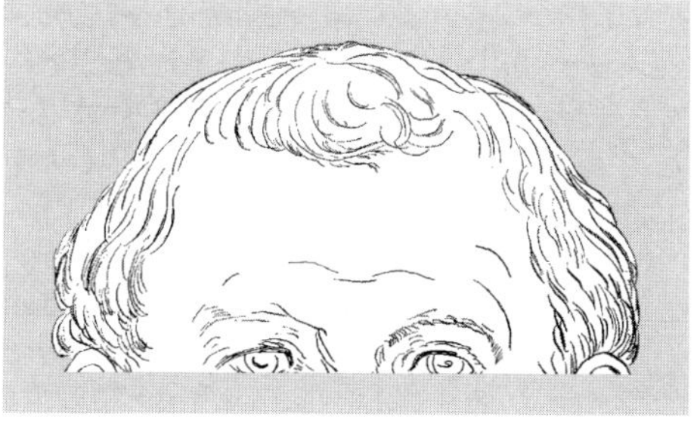

Abb. 209 *Das sehr stark entwickelte untere Seitenhaupt*

Hier ist der Impuls und die Anspannung, Lebensnotwendiges zu erwerben, sehr stark. Es ist die Anlage des nur Erwerbers. Solche Menschen haben den starken Sinn, sich und die Seinen vor Not zu schützen. Die Liebe zum materiellen Besitz ist die mächtige Triebfeder ihres Handelns. Bei unserem Beispiel ist die Stirn nur im unteren Teil stark entwickelt. Das Denken ist in erster Linie auf Reales, Sachliches, Greifbares gerichtet. Im Du-Bereich ist das Denken schwach, dauerndes Mitgefühl ist nicht vorhanden. Die starken Erwerbsimpulse können ohne Hemmungen durch ethische Überlegungen umgesetzt werden. Das gesamte Sinnen und Trachten richtet sich auf Erwerb und den Besitz von Eigentum und wird rücksichtslos kalt und berechnend verwirklicht. Leicht geht dabei die Sparsamkeit in Geiz über; der Wert des Kleinen und Geringen wird dann ebensosehr überschätzt, wie es bei zu schwacher Bildung des unteren Seitenhauptes unterschätzt wird. Wissenschaft, Kunst und geistigen Lebensgütern steht er verständnislos, oft sogar feindlich gegenüber, wenn daraus kein Gewinn resultieren kann. Er stellt keine höheren geistigen Ansprüche und hat hier wenig Fähigkeiten.

Ein Lebensbeispiel

Ein Zuhörer meiner Ausführungen über Erwerbsfähigkeiten zweifelte an der Glaubwürdigkeit des Vorgetragenen. Er sagte: «Ich kenne einen Mann, der hat ein breites, sehr breites Seitenhaupt und hat trotzdem Konkurs gemacht, also können ihre Ausführungen nicht stimmen.»

Zuerst war ich enttäuscht, denn das war ja ein schlagender Beweis gegen meine Aussagen und gegen meine bis heute gemachten Erfahrungen mit der Physiognomik.

«Was hat denn dieser Mann für einen Beruf?» war meine Frage. «Er war Garagenbesitzer.» «Was macht er denn heute?» Jetzt stutzte der Zuhörer und begann zu lachen: «Er hat jetzt eine grössere Garage als vor seinem Konkurs.» Nach kurzem Nachdenken folgte die Erkenntnis des Zuhörers: «Auch aus einem Konkurs kann ein sehr erwerbstüchtiger, kalt rechnender und rücksichtlos handelnder Mensch noch ein Geschäft machen. Der Lehrinhalt der Physiognomik ist also doch richtig.»

Das mittlere Seitenhaupt

a) die ausgleichende Wirtschaftlichkeit, Waren-, Güter- und Kapitalaustausch;
b) ökonomisches Streben aus Drang nach geistiger und leiblicher Unabhängigkeit;
c) Gelderwerb, Wissenserwerb, Habsinn, Grundbesitzliebe und Verwaltungstalent.

Am mittleren Seitenhaupt zeigt sich die vermittelnde und ausgleichende Wirtschaftlichkeit, die kaufmännischen Anlagen und Fähigkeiten. Es ist die Fähigkeit, Bedürfnisse zu erkennen und diese nach kaufmännischen und marktbezogenen Grundsätzen erfolgreich zu befriedigen. Durch Vermittlung und Austausch von Waren und Kapital werden Mängel der Lebenshaltung beseitigt.

Überflüsse an einem bestimmten Ort werden dadurch verwertet und können an einem anderen Ort in hohem Masse zur Lebensbereicherung beitragen.

Diese Art der Ökonomie ist höher zu bewerten als die reine Befriedigung eigener Bedürfnisse.

Beim Schimpansen, Abb. 203, und beim Urmenschen, Abb. 42, fehlt diese Seitenhauptregion so gut wie vollständig, beim Ur-Australier, Abb. 204, ist sie nur schwach vorhanden.

Abb. 210 *Das schwache mittlere Seitenhaupt*
Dieses ist gekennzeichnet durch das schraffierte Feld. Die unterbrochene Umrisslinie deutet eine voll entwickelte Schädelbildung an.

Dem Dargestellten genügt die Befriedigung elementarer Lebensbedürfnisse, wofür Abb. 68 ein Beispiel ist. Die als kaufmännischer Sinn bezeichnete Anlage, der Drang, durch Warenaustausch zu Kapital zu kommen und damit auch zu einer vielfältigeren und leichteren Bedürfnisbefriedigung beizutragen, steht zurück.

Abb. 211 *Das starke mittlere Seitenhaupt*
Immer wieder kann bei tüchtigen Kaufleuten das starke mittlere Seitenhaupt beobachtet werden. Hier zeigen sich Impulse zum Erwerb von Kapital durch Handel mit Waren des täglichen Gebrauches und mit Land und auch die Fähigkeit, das Erworbene zu erhalten und das Wissen darüber zu vermehren. Oft ist das Seitenhaupt an seiner Basis, über den Ohren, breiter und im mittleren Seitenhaupt liegt grosse Spannung und Kraft. Das ist bei Abb. 80 der Fall, was über das Gesagte hinaus entsprechend starken Veränderungsimpuls und grossen Arbeitsantrieb bedeutet.

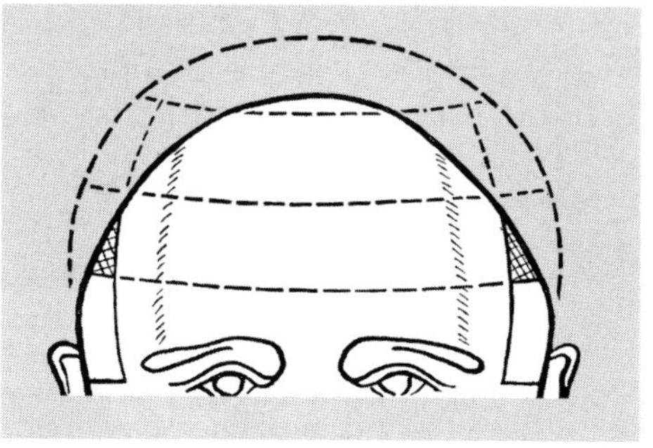

Abb. 210 Das schwache mittlere Seitenhaupt

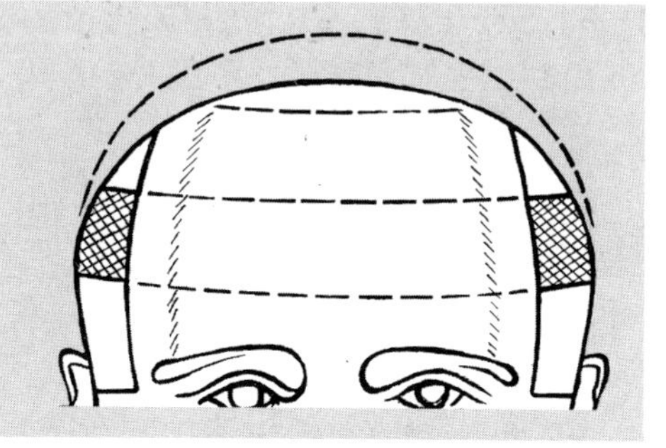

Abb. 211 Das starke mittlere Seitenhaupt

Die Fähigkeiten des mittleren Seitenhauptes sind entsprechend dem evolutionären Aufbau des Gehirns eine Weiterentwicklung der Anlagen, welche sich im unteren Seitenhaupt ausdrücken. Im Ausbau des mittleren Seitenhauptes zeigt sich eine Begründung der menschlichen Kulturentfaltung, des Wunsches, das Leben zu erleichtern, es bequemer, angenehmer, schöner und aussichtsreicher zu gestalten. Immer mehr Waren und Gebrauchsgegenstände wurden produziert. Handel und Wandel wurden vielseitiger und umfangreicher. Die Erkenntnisfähigkeit und Impulskraft des Gehirns baute sich weiter aus.

Zur Erleichterung des ursprünglichen Tauschhandels wurde das Geld erfunden. Dieses erleichterte den Warenverkehr und wurde auch selber zur Ware. Den Erwerbsimpulsen waren keine Grenzen gesetzt. Aber Geld und Ware allein genügen dem suchenden Menschen nicht. Er suchte nach Wissensbesitz, nach Waren- und Kapitalmarktkenntnissen, nach technischen und organisatorischen, nach wissenschaftlichen, theoretischen Kenntnissen. Das führte zur Bereicherung der Bildung und zu neuem Fortschritt. Und schliesslich waren für die unzähligen verfügbaren Güter alle möglichen Transportmittel nötig, Lagerhäuser, Plantagen, Fabriken, Organisationen und Verwaltungen. Die Impulse wurden vielfältiger, teilweise auch spezialisiert und verteilten sich auf spezifische Zentren.

Abb. 212 *Die Beziehungen des mittleren Seitenhauptes zu seiner Umgebung*
Am mittleren Seitenkopf, zur Stirn hin, im Übergang zu der Region des praktischen Denkens, erkennen wir den Gelderwerbssinn, darüber, in Höhe des spekulativen Denkens, den Drang nach Wissensbesitz. Über dem Ohr, aus der Sachenliebe aufsteigend, gibt sich der allgemeine kaufmännische Verkehrssinn für Waren und Kapitalgüter zu erkennen. Nach dem mittleren Hinterhaupt zu, wo aus der Heim-, Familien- und Vaterlandsliebe sich Berufstüchtigkeit und Arbeitsliebe zum Handwerk herausbilden, kommt die Grundbesitzliebe zum Ausdruck, und etwas höher, wo sich die Tattriebe des Hinterhauptes zur Sicherheit und Unabhängigkeit modifizieren, liegt der Verwaltungssinn.

Zeigen sich Kraft und Plastik am unteren Teil des mittleren Seitenhauptes vorne, im Übergang zur Stirn auf der Höhe des praktischen Denkens, dann ist

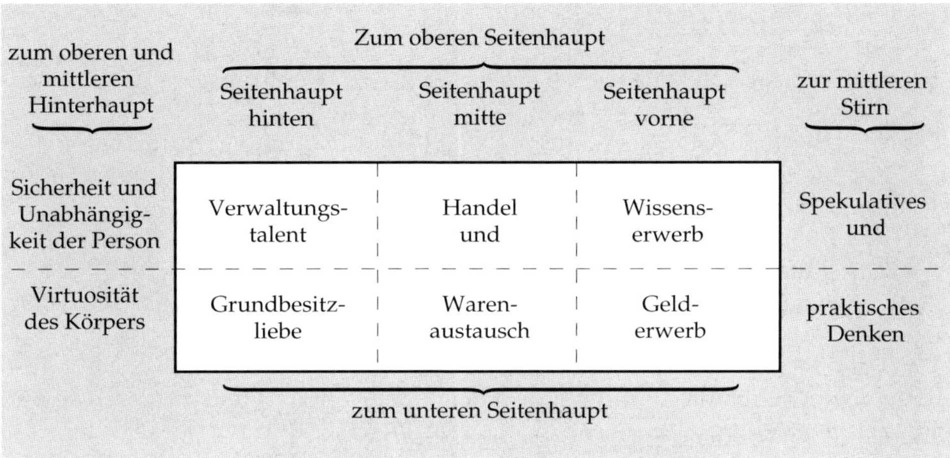

Abb. 212 Die Beziehungen des mittleren Seitenhauptes zu seiner Umgebung

der Gelderwerbssinn sehr stark. Solche Menschen eignen sich sehr für Arbeiten in Bankbereichen.

Ist der untere Teil des mittleren Seitenhauptes hinten breit und plastisch, entsprechend den Partien Berufstüchtigkeit und Arbeitsliebe des Hinterhauptes, dann richtet sich das Interesse mehr auf den Umgang mit Naturprodukten und Grundbesitz. Solche Menschen kaufen mit dem ersten erworbenen eigenen Geld vielfach zuerst Land.

Ist der obere Teil des mittleren Seitenhauptes vorne breit und plastisch, im Übergang zur Stirn auf der Höhe des spekulativen Denkens, dann geht der Impuls mehr nach Ansammlung und Bereicherung in Wissens-, Kultur-, Kunst- und ähnlichen Gütern.

Ist der hintere Teil des mittleren Seitenhauptes oben breit und plastisch, im Übergang zu den Partien Sicherheit und Unabhängigkeit des Hinterhauptes, dann ist eine Begabung für Verwaltungsarbeiten zu erkennen.

Diese Sinne und die aus dem Unbewussten aufsteigenden Impulse sind nicht isoliert zu betrachten, müssen aber isoliert benannt werden. Es ist die Tendenz des ökonomischen Impulses zu suchen und zu erkennen und festzustellen, ob der Erwerbsinn auf Gelderwerb oder auf Grundbesitz ausgerichtet ist, oder ob der Impuls sich der Verwaltung zuwendet. So können wir den physiognomischen Ausdruck des Seitenhauptes in den Rahmen der übrigen Anlagen einordnen.

Ist das mittlere Seitenhaupt von vorne bis hinten kraftvoll gerundet, im Verhältnis zur ganzen Kopfform besonders plastisch und voll Spannkraft, dann liegt eine vortreffliche vielseitige kaufmännische Erwerbs- und Verwaltungsanlage vor, die sehr geschickt Güter und Kapital erwirbt, ansammelt, verwaltet und vermehrt.

Das obere Seitenhaupt

a) die Fürsorge für das eigene seelisch-geistige Wohl und das der Mitmenschen;
b) das Streben nach Verbesserung der Lebensbedingungen durch sozialen und religiösen Fortschritt im Rechts- und Staatswesen und Begeisterungs- und Fortschrittssinn;
c) das Interesse an kulturnaher Wirtschaftlichkeit, für Kunst, Wissen und an kulturell unersetzlichen Gütern;
d) finanzielle Förderung religiöser, ethischer, wissenschaftlicher, künstlerischer, pädagogischer und anderer kultureller Bestrebungen.

Im oberen Seitenhaupt finden die Anlagen des unteren und mittleren Seitenhauptes eine weitere Wertsteigerung. Es zeigt sich hier die Fähigkeit, die Impulse und das Können der einfachen und der vermittelnden Wirtschaftlichkeit solchen Zwecken dienstbar zu machen, die nicht nur das eigene Wohlergehen fördern, sondern das menschliche Zusammenleben und die Kultur bereichern.

Abb. 213 *Das schwache obere Seitenhaupt*
Dieses ist gekennzeichnet durch das schraffierte Feld. Die unterbrochene Umrisslinie deutet eine voll entwickelte Schädelbildung an. Dieser umfassende Ausbau der Wirtschaftlichkeit ist noch nicht erreicht. Der Mensch erhebt sich noch nicht über die materielle Lebenserhaltung und über eine der äusseren Lebensverbesserung dienende Gesinnung hinaus. Er ist in seinen Anlagen gefangen, so, wie es der Form des vorherrschenden unteren und mittleren Seitenhauptes entspricht.

Abb. 214 *Das voll entwickelte gesamte Seitenhaupt*
Es hat sowohl nach oben, zum Oberhaupt hin als auch zum unteren Seitenhaupt und zu Stirn und Hinterhaupt volle Rundung, Plastik und Spannkraft.

Dieser Mensch erkennt, dass es kein dauerndes Lebensglück gibt ohne die Pflege all dessen, was weiser, edler, opferbereiter und gerechter macht und in der Verehrung des Höchsten gipfelt. Aus der gleichmässigen Entfaltung des unteren, mittleren und oberen Seitenhauptes ergibt sich die ausgeglichene Verbindung des Realen mit dem Idealen. Bei grossem persönlichem Einsatz und Anspannung verbindet sich das gute kaufmännische Denken mit dem Drang, damit auch höhere Lebensbedürfnisse abzudecken und zu unterstützen.

Abb. 215 *Das in seinem oberen Teil sehr starke und in seinem unteren Teil schwächer entwickelte Seitenhaupt*
Hier zeigt sich das Überwiegen des oberen Seitenhauptes mit dem Idealsinn. Demgegenüber sind die realen, lebenserhaltenden Anspannungs-, Selbsterhaltungs- und Wirtschaftstriebe des unteren Seitenhauptes zu schwach, die ausgeglichene Verbindung des Realen mit dem Idealen ist nicht gegeben. Wegen mangelndem materiellem Verwirklichungsvermögen können so veranlagte Menschen meist die auf das Ideale gerichteten Ziel nicht voll erreichen. Die leibli-

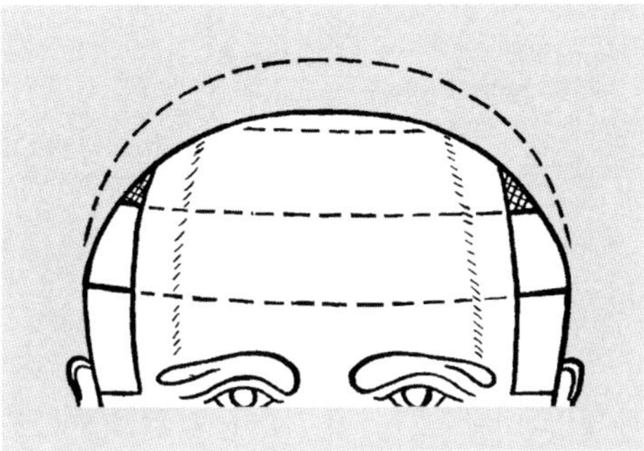

Abb. 213 Das schwache obere Seitenhaupt

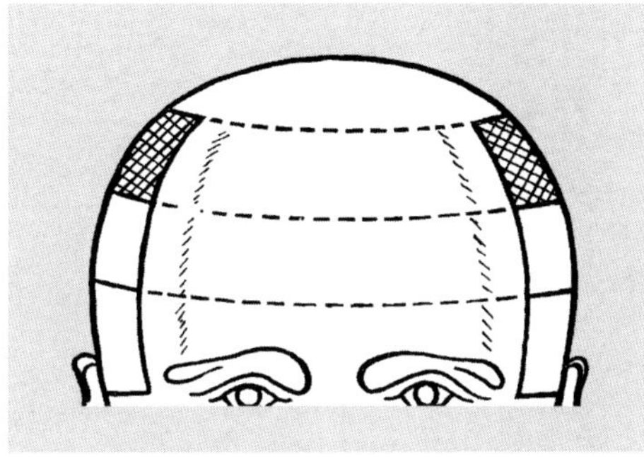

Abb. 214 Das voll entwickelte gesamte Seitenhaupt

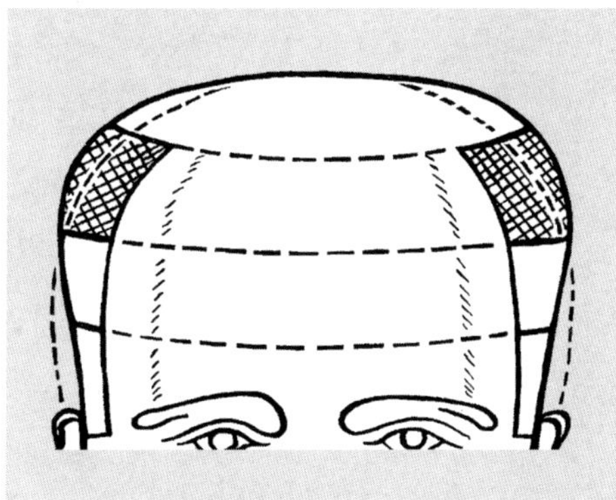

Abb. 215 Das in seinem oberen Teil sehr starke und in seinem unteren Teil schwächer entwickelte Seitenhaupt

che Lebenserhaltung wird leicht vernachlässigt und der sittlich-ideale Lebenskampf bevorzugt. Diese Kopf- und Seitenhauptbildung weist auf den feinfühligen Idealisten hin.

Abb. 216 *Die Beziehungen des oberen Seitenhauptes zu seiner Umgebung*

An der Form, Spannung und Strahlung der oberen Stirn erkennen wir die Denkschichten der Vernunft. Daher deutet das mehr nach der Stirn zu entwickelte obere Seitenhaupt auf eine Verbindung der ökonomischen Sinne mit Kunst und humanistischer Bildung, häufig auch auf Begeisterung für Dichtung oder auch schöpferische Fähigkeit in diesen Richtungen.

Am hinteren Oberhaupt erkennen wir das vergeistigte Selbstbewusstsein (Moral und Festigkeit) und daher zeigt sich im oberen Seitenhaupt nach hinten zu auch die Liebe zum Berufs- und sozialen Stand.

Am oberen Hinterhaupt sind die Art des Selbstwertgefühls und der Stolz zu erkennen und im Übergang vom oberen Seitenhaupt zum oberen Hinterhaupt der Sinn für Gerechtigkeit, die Anlage zu gewissenhaftem und vorsichtigem Handeln.

In der ganzen Breite des oberen Seitenhauptes zeigt sich die Begabung, das seelische und geistige Wohl für sich und für andere Menschen zu fördern. Das kann als ideale Wirtschaftlichkeit bezeichnet werden.

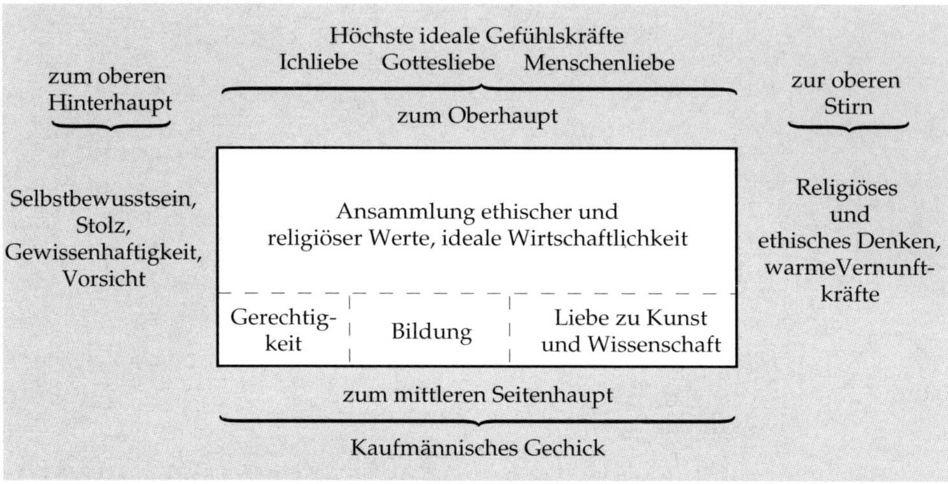

Abb. 216 Die Beziehungen des oberen Seitenhauptes zu seiner Umgebung

Schlussfolgerungen zum Aufbau des Seitenhauptes

Die Anlagen im oberen Seitenhaupt sind generell verantwortlich für das Interesse an der Kultur und gewissermassen Garanten des menschlichen Willens für das Engagement, unvergängliche Werte zu erhalten, und für den Drang nach idealer Bereicherung.

Es sind dies:
- die Liebe zu Kunst und Wissenschaft,
- das Streben nach feinen Umgangsformen,
- das Suchen und Ringen um humanistische Bildung,
- das Bemühen um Sicherung, Verbesserung und Pflege des Rechts, sozialer Verwaltung und weiser Staatsführung.

Diese Anlagen können als Höhepunkt der evolutionären Entwicklung bezeichnet werden. Vom einfachsten Sinn der Selbsterhaltung ging die Entwicklung über die Fähigkeit zum Güteraustausch zu der Fähigkeit, die Wesentlichkeit des Kulturellen zu erkennen und in einen ökonomischen Zusammenhang zu bringen. Man kann zufolge dieses Aufbaues des Seitenhauptes wohl sagen, dass materieller Besitz und alle ökonomischen Tätigkeiten und Überlegungen zu einer kulturellen Weiterentwicklung führen müssen, sollen sie zukunftsweisend sein.

Wir können aber auch erkennen, dass Erwerb als solcher lebenswichtig und notwendig ist. Wer die Gabe hat, seine Erwerbsfähigkeiten auch zum Wohle der Gemeinschaft einzusetzen, sollte aus dem Gesagten hervorgehen.

Abb. 217 *Die voll entwickelte Stirn, Seitenhaupt- und Oberhauptbildung*

Das Seitenhaupt ist in seinem unteren, mittleren und oberen Teil voll entwikkelt und schön geformt. Ein so veranlagter Mensch fördert unablässig das Ideale in Kunst, Wissenschaft und Religion mit ganzer Kraft; er kann sich dafür aufopfern aus innerem Drang, aus Liebe und mit Begeisterung. Er hat dazu eine um-

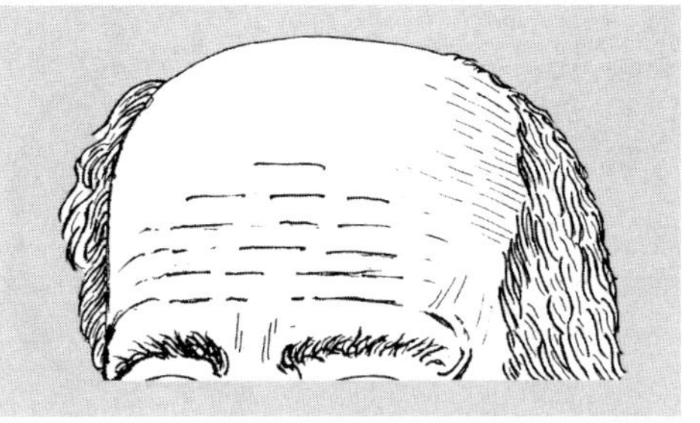

Abb. 217 Die voll entwickelte Stirn, Seitenhaupt- und Oberhauptbildung

fassende Denkfähigkeit, in welcher sowohl das Reale wie das Ideale seinen Platz findet. Er sucht die geistigen Güter zu erhalten und zu mehren; er wahrt die idealen Rechte in Wirtschaft, Wissenschaft und Kunst aus einer umfassenden Erkenntnisfähigkeit heraus. Schöpferische Menschen, die oft wegen neuen Ideen und Erkenntnissen verfolgt und bedroht wurden, haben immer wieder bei Menschen mit den umfassenden und tiefen Intelligenzstrukturen Schutz, Hilfe und Förderung gefunden.

Praktische Studien über Seitenhaupt und Erwerbsleben

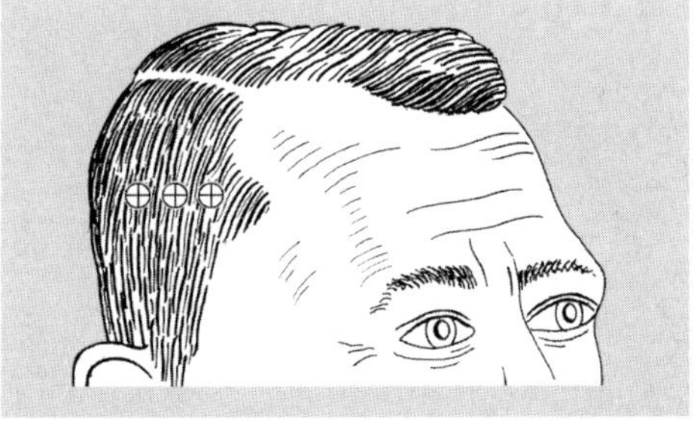

Abb. 218 *Das schwache Seitenhaupt, bei starker Denkschicht für Beobachtung, Naturwissenschaft und Technik*

Das Seitenhaupt ist im Verhältnis zur übrigen Kopfform in der Mitte schmal und flach und ohne Spannung. Diesem Menschen fehlt das Interesse an kaufmännischen Belangen. Sein Interesse gilt, gemäss der stark entwickelten Unterstirnpartie, der Naturbeobachtung, den Naturwissenschaften und der Technik. Er versteht es nicht, mit Geld und Waren zweckmässig und erfolgreich umzugehen, sein Sinn steht gar nicht danach, und er kommt im Leben nur zu ökonomisch befriedigenden Verhältnissen, wenn er seine Stärke, z.B. die technische Anlage, ausbaut und als Angestellter mit Geschick, neuen Ideen und grossem Interesse arbeiten kann. Der Erfolg auf diesem Gebiet kann ihn voll befriedigen, das Einkommen ist gesichert. Solche Menschen müssen lernen, dass jede noch so gute Konstruktion nur verkauft werden kann, wenn schon bei der Konstruktion, bei der Materialwahl und der Herstellungsart die kaufmännischen Belange berücksichtigt werden, was durch Teamarbeit möglich ist. Durch physiognomische Erkenntnisse kann das Verständnis für den kaufmännischen Bereich und für die Zusammenarbeit mit kaufmännisch Begabten geweckt werden. Von selbständiger Tätigkeit ist einem so veranlagten Menschen abzuraten, es sei denn, er verbinde sich mit einem Erwerbstüchtigen.

Bei den eingezeichneten Kreuzen ist eine gute Plastik erkennbar; hier liegt der Ansammlungssinn für Wissensgüter. Dies führt wohl zu einer umfangreichen

Büchersammlung über alles, was Technik und Naturwissenschaften betrifft. Die Spannung zieht sich weiter zum oberen Seitenhaupt, zum Fortschrittssinn. Der so Begabte wird sich daher auch für Neuerungen auf den ihn interessierenden Gebieten einsetzen. Demgegenüber ist der Sinn für das Bestehende und dessen Erhaltung nur schwach.

Lebensbeispiel
Ein so veranlagter Mensch erbte einen Bauernhof. Bald schaffte er allerlei Maschinen an, modernisierte den Betrieb, ohne genügend auf das Kosten-Nutzen-Verhältnis zu achten. Nach einiger Zeit verkaufte er den Hof mit allem Inventar und zog in die Stadt, angeblich um seinen Kindern bessere Bildung und Erziehung geben zu können. Tatsächlich aber fehlten ihm die Beständigkeit, die Freude an ökonomischen Zusammenhängen und damit die Anspannungsimpulse, um mit Warenhandel Geld zu verdienen. Auch die Grundbesitzliebe fehlte ihm und damit der Impuls zum Festhalten am Grundbesitz und zum Kampf für diesen.

Abb. 219 *Das mittelstarke mittlere Seitenhaupt*
Hier ist das mittlere Seitenhaupt mittelmässig entwickelt und dementsprechend hat solch ein Mensch Freude an kaufmännischen Belangen, erledigt sie bei erhöhter Aufmerksamkeit mit entsprechendem Geschick. In unserer Skizze zeigt die Plastik und Spannkraft den Zug nach dem unteren Seitenhaupt und nach der Unterstirn zu, wogegen das obere Seitenhaupt und die entsprechende Rundung zur Stirn abfallend sind. Die kaufmännische Betätigung bewegt sich daher in einfachen Bahnen, ohne sich auf die Dauer darüber erheben zu können.

Lebensbeispiel
Ein so veranlagter Mann war als Inhaber eines kleinen Handels- und Verkaufsgeschäftes in seiner Arbeit ganz aufgegangen und hatte es zu Wohlstand gebracht. Er lieferte einem Schriftsteller 30 Jahre lang Waren, ohne auch nur einmal auf den Gedanken zu kommen, dem Schriftsteller auch ein Buch abzukaufen. Dazu aufgefordert, entschloss er sich schweren Herzens und jammerte über diese Ausgabe, denn er hätte erst ein neues Lastauto angeschafft und seine Frau sei sicher auch ungehalten, wenn er Geld für eine unnötige Sache ausgebe.

Auf Grund des Formenausdrucks kann man eine solche Denk- und Verhaltensweise besser verstehen.

Abb. 220 *Das sehr plastische mittlere Seitenhaupt*
Die breite, umfassende Rundung des mittleren Seitenhauptes mit grosser Spannkraft ist unverkennbar und lässt das ausgesprochen kaufmännische Talent erkennen. Das Seitenhaupt verläuft plastisch in die gerundete Mittelstirn, wo das praktische und spekulative Denken zum Ausdruck kommt. Die Stirn mit ihrer Rundung und Spannung und die plastische Nasenwurzel zeigen wendiges, schnelles Denken. All dies ergibt die Fähigkeit, umfassende Warenkenntnis zu erwerben, das Geschick, Bedürfnisse zu erkennen oder zu schaffen, und die Orte zu finden, wo der günstigste Einkauf möglich ist. Die Ware wird wirkungsvoll

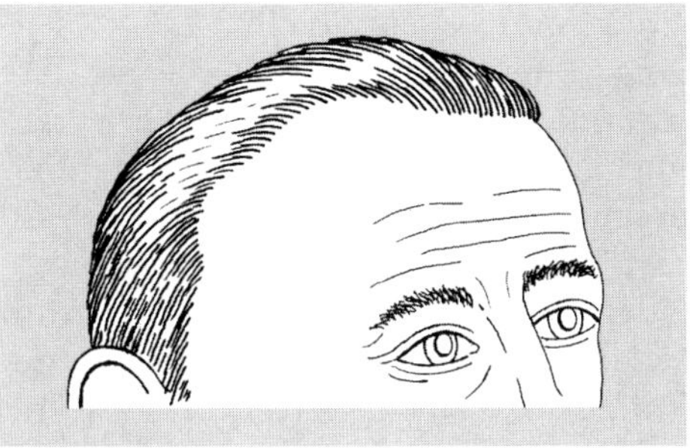

Abb. 219 Das mittelstarke mittlere Seitenhaupt

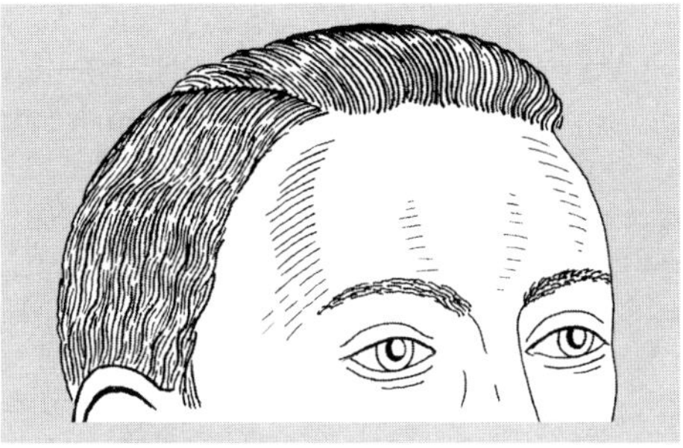

Abb. 220 Das sehr plastische mittlere Seitenhaupt

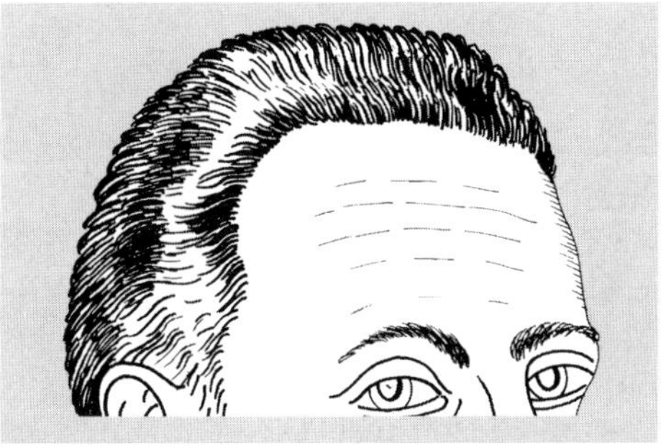

Abb. 221 Eine spezielle Ausformung

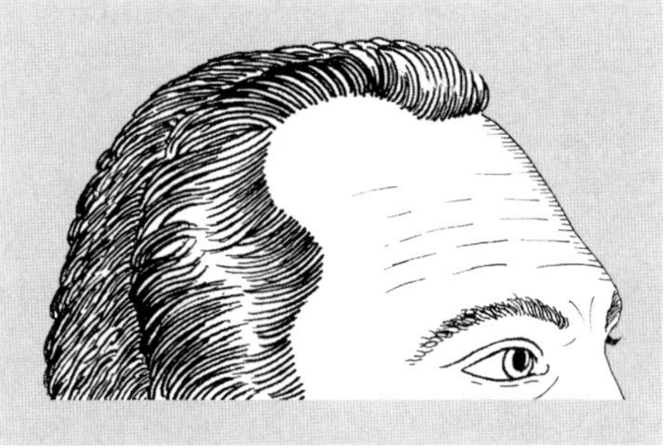

Abb. 222 Das breite vordere und das schmälere hintere Seitenhaupt

angepriesen und vorteilhaft verkauft. Der Erlös wird ebenso vorteilhaft weiter verwertet. Alle Faktoren wie Zeit, Ort, Bedarf, Trents, Werbung, Risiko, Gewinn usw. können überblickt, richtig berechnet und aufeinander abgestimmt werden. Es kommt bei dieser Anlage nicht so sehr darauf an, womit der Mensch handelt, sondern dass und wie er es macht, woraus sich die typische Fähigkeit des Kaufmannes erklärt. Er kann das Sortiment und selbst die Branche wechseln, seine Handlungen können wagemutig sein, er behält den Überblick und trotz Hindernissen bleibt er erfolgreich.

Abb. 221 *Eine spezielle Ausformung*
Das mittlere, aber auch das obere Seitenhaupt ist hier plastisch gespannt und zeigt einen gerundeten Übergang zur Mittel- und Oberstirn und zum Oberhaupt. An der Oberstirn erkennen wir das ethische und religiöse Denken, am Oberhaupt die Sinne für das Okkulte und Spirituelle. Bei diesem Mann neigt das Interesse neben dem Ökonomischen zu okkulten Forschungen. Er wird sich mit seinem guten kaufmännischen Talent das Geld verschaffen können, um sich eine umfangreiche Bibliothek mit Werken über Okkultismus und Spiritismus aufzubauen. Eigene Experimente auf diesem Gebiet sind von der Anlage her mit Erfolg möglich.

Abb. 222 *Das breite vordere und das schmälere hintere Seitenhaupt*

Wir sehen hier einen plastischen Übergang von der Mittelstirn in das mittlere Seitenhaupt und Plastik und Spannkraft zum unteren Seitenhaupt. Das lässt den starken Gelderwerbssinn erkennen. Die Stirn ist im unteren Teil vorspringend. Die realen Denkschichten sind dementsprechend stark. Das Streben, bedingt durch die Impulse dieser Anlagen, geht nach Ansammlung von realen Gütern, die ein angenehmes, auf Repräsentation gerichtetes Leben möglich machen und materiell sichern. Dementsprechend wird viel Wert auf elegante Kleidung, gediegene Wohnungseinrichtung, schönes Auto und ähnliches gelegt. Die Plastik und Spannkraft des mittleren und unteren Seitenhauptes lässt nach hinten zu nach. Für Verwaltung oder den Erwerb von Haus- und Grundbesitz besteht wenig Interesse. So kann man verstehen, dass sich der Dargestellte eine, seinen Bedürfnissen entsprechende Stadtwohnung einrichtete und kein Interesse an Landerwerb oder einem Eigenheim hatte.

Abb. 223 *Das schmale untere Seitenhaupt*

Mittleres und unteres Seitenhaupt sind schmal und daher wird das Wirtschaftliche vernachlässigt. Der Selbsterhaltungstrieb, der Selbstschutz und der Erwerbssinn für das Lebensnotwendige sind schwach. Die Oberstirn ist stark entwickelt und läuft breit ins Seitenhaupt. Das ethische Denken und der Wissensdrang sind entsprechend stark. Der Mann ist begeisterungsfähig und meint es sehr gut, aber er ist erwerbsschwach und kann seine Ideale nicht genügend verwirklichen, hält aber trotz Entbehrungen an diesen fest. Das Denken wird nicht vom Erwerb der lebensnotwendigen Dinge beansprucht, es wendet sich (zufolge der breiten Oberstirn) mehr fernliegenden, der realen Gegenwart entrückten Dingen zu. Man möchte diese Kopfform mit einem Gebäude vergleichen, dessen Unterbau nicht breit und fest genug ist.

Die Augen blicken etwas traurig und grüblerisch, der Mund ist weich, zeigt viele Gefühle, eine feine Kreativität und hat den prüfenden Ausdruck. An Nase und Nasenwurzel sehen wir auch Festigkeit. Der kräftig gebaute Hals zeigt die jugendliche Kraft.

Der Mann legt auf seine äussere Erscheinung wenig Wert. Das Haar legt sich natürlich, weich und frei, der Hemdkragen ist offen; er will frei sein und unbeschwert durch Konventionen. Er richtet sich eher nach seinen inneren Gefühlen und weniger nach äusseren Normen; er ist Innerlichkeitsmensch.

Der junge Mann wurde auf seine Anlagen aufmerksam gemacht und erhielt damit eine wesentliche Selbsterziehungshilfe für sein ganzes Leben. Er ist jetzt darauf bedacht, sich mehr anzustrengen, sparsam zu sein, den notwendigen Lebensbedürfnissen gebührende Beachtung zu schenken, auf den Erwerb zu achten, sich selber zu schützen und sich dadurch mehr der Wirklichkeit zu- und von träumerischen Wunschgebilden abzuwenden und so einen gewissen Lebensausgleich zu erreichen. Er hat sich deshalb zunächst einer praktischen Arbeits- und Erwerbstätigkeit zugewendet. Das fällt nicht leicht, aber die Kraft, seine Ideale auch materiell zu stützen wird dadurch wesentlich gestärkt.

Abb. 223 Das schmale untere Seitenhaupt

Abb. 224 Das breite untere Seitenhaupt

Abb. 224 *Das breite untere Seitenhaupt*

Ein Mann etwa desselben Alters wie Abb. 223. Die Augen blicken nüchtern, der Hinterkopf ist hoch, die Ohren sind gross und tief angesetzt. Die Unterstirn ist breit und geht breitrund in den Seitenkopf über. Die Oberstirn ist schmal und der obere Seitenkopf nur nach hinten zu etwas stärker. Das Seitenhaupt ist unmittelbar über den Ohren breit und kräftig. Die Veranlagung ist in diesen Punkten entgegengesetzt wie bei dem vorangegangenen Bild.

Die Denkschicht der realen Verstandeskräfte (Unterstirn) ist ausgezeichnet ausgebildet. Das gegenständliche Denken, die Sinne für Ordnung und Berechnung sind gut ausgebildet, gehen unmittelbar ins Seitenhaupt über. Die Anspannungsimpulse sind stark. Er ist sparsam, nüchtern, fleissig. Das Streben nach Erfolg und Ansehen (oberer Hinterkopf) sind ausgeprägt, die Haltung und Kleidung sehr korrekt, das Haar sorgfältig gescheitelt. Er ist sehr auf die äussere Erscheinung bedacht und will damit Eindruck machen. Auch das hängt mit dem breiten unteren Seitenhaupt und dem hohen Hinterkopf zusammen. Er ist ein Äusserlichkeitsmensch.

Auf seine Eigenschaften und die Schwierigkeiten, die er damit sich selber schafft, aufmerksam gemacht (Überschätzung der eigenen Person, Vernachlässigung des psychologischen Einfühlens, starke Oppositionsneigung und momentane Unruhe aufgrund der intensiven Anspannung, Augenausdruck, abstehende Ohren), versuchte der Mann sich psychologisch auf sich und seine Umgebung einzustellen und war hocherfreut, dadurch ein harmonischeres Zusammenleben und -arbeiten in seinem Lebenskreis gewonnen zu haben.

Abb. 225 Das schwache mittlere Seitenhaupt

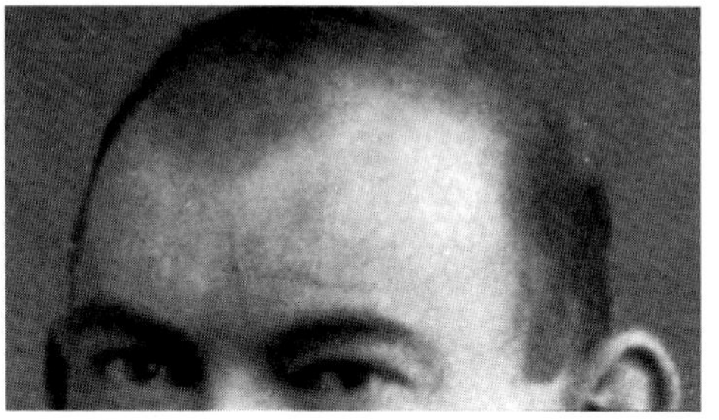

Abb. 226 Das schwache mittlere Seitenhaupt

Abb. 227 Das gut ausgebaute Seitenhaupt

Abb. 228 Das Seitenhaupt mit sehr starker Spannung im unteren und mittleren Teil und im Übergang zum praktischen Denken in der mittleren Stirnregion

Abb. 225 *Das schwache mittlere Seitenhaupt*
Matt und spannungslos ist die Partie, die Auskunft über das Talent für das praktische Erwerbsleben gibt. Der Mann hat entsprechend dieser Anlage zeitlebens kein kaufmännisches Talent entfaltet. Die Plastik direkt über dem Ohr zeigt Anspannungssinn und weshalb er ein tüchtiger, fleissiger Handwerker war. Er lebte sparsam und hat sich stets angespannt, um seine Arbeit korrekt zu erfüllen. Auf ihn konnte man sich verlassen.

Abb. 226 *Das schwache mittlere Seitenhaupt*
Flach ist das Seitenhaupt, die Stirn und das Oberhaupt. Im ausdruckslosen Auge zeigt sich nur wenig geistiger Impuls. Es ist das neutrale Naturell, das stets abhängig und in untergeordneter Stellung bleibt. Er ist nicht in der Lage, wesentliches zur eigenen Situation, zu Erhalt, Vermehrung und Verbesserung materieller und geistiger Güter beizutragen.

Abb. 227 *Das gut ausgebaute Seitenhaupt*
Der Handwerksmeister mit dem starken Gelderwerbssinn; siehe den plastischen Zug der Stirn über den äusseren Augenwinkel zum untern Teil des mittleren Seitenhauptes und die Fortsetzung dieses Zuges nach hinten.

Der Augenausdruck zeigt den wachen aber realistischen Geist.

Er arbeitet und erwirbt fleissig, sammelt praktische Werte und Grundbesitz an. Die Kraft geht aber vom mittleren zum unteren Seitenhaupt. Das obere Seitenhaupt geht in der Formkraft zurück, das Interesse für Kultur, ein idealer Fortschrittssinn sind schwach entwickelt. Die Stirn zeigt in der Mitte oben noch Strahlung, wird aber nach den Seiten zu schmal. Er ist daher wohlwollend für die Seinen und seinen Handwerkerstand, darüberhinaus hat er wenig Interesse und Verständnis.

Abb. 228 *Das Seitenhaupt mit sehr starker Spannung im unteren und mittleren Teil und im Übergang zum praktischen Denken in der mittleren Stirnregion*

Der Mann hat dazu den nüchternen, berechnenden, kühlen Blick. Er ist ein sehr fleissiger Handelsmann, dessen Denken in erster Linie von Tatsachen und vom Erwerb beherrscht wird. An der Oberstirn und am Oberhaupt fehlen Kraft und Kernigkeit, die im mittleren und unteren Seitenhaupt zu sehen sind. Seine Ideale liegen deshalb in sehr fleissigem, nüchternem Einsatz und dem daraus resultierenden materiellen Erfolg und Einfluss.

Eine Gegenüberstellung aus vergangener und neuerer Zeit

Abb. 229 *Der typische Zug des Kaufmannes*

Ein einheitlicher plastischer Zug geht über die plastische Mittelstirn mit dem starken praktischen und spekulativen Denken zum mittleren Seitenhaupt. Alle Formen sind gerundet und zeigen lebhafte Spannung und Strahlung. Auch die Frisur nimmt an diesem Ausdruck der Eleganz und Wendigkeit teil und baut sich auf einem ebenfalls plastisch gerundeten unteren Seitenhaupt und einer gefüllten Schläfenpartie auf.

Das grosse Ohr lässt seelischen Mut und Unternehmungsfreude, die lebhaften Augen einen wachen, wendigen Geist, die vortretende Unterstirn gute Beobachtung, Vorstellungskraft und Konzentrationsfähigkeit erkennen. Freundlichkeit und Sprachgewandtheit zeigt sich an Mund und Augen, gespannte Aufmerksamkeit und Lebhaftigkeit im ganzen Gesichtsausdruck, der planende Charakter und das psychologische Einfühlungsvermögen an der Nase. Die Freundlichkeit hört dann auf, wenn er seine Ziele gefährdet sieht. Dann wird er mit grosser Intensität (Augenbrauen), Konsequenz (Nasenform) und Schärfe (Mundschnitt) seine Meinung durchsetzen.

Dieser Mann trat in einen heruntergekommenen Betrieb ein und brachte ihn trotz ungünstiger Lage innerhalb weniger Jahre hoch und war so erfolgreich, dass er an die Stelle des früheren Inhabers treten konnte.

Abb. 230 *Der Typus des Kaufmanns*

Beide Bilder haben grosse Ähnlichkeit, jedoch stammt das Abb. 229 aus der heutigen Zeit, dieses aus dem psycho-physiognomischen Lehrmuseum *Huters;* es hat deshalb auch historischen Wert.

Die untere und mittlere Region des Seitenhauptes sind breit und plastisch entwickelt. In der breiten Querachse des Kopfes zeigt sich die enorme An-

Abb. 229 Der typische Zug des Kaufmannes

Abb. 230 Der Typus des Kaufmanns

spannungsfähigkeit, und wir erkennen die vorzüglichen plastisch gerundeten Übergänge vom Seitenhaupt zu den Schläfen und zur unteren und mittleren Stirn, wobei auch das obere Seitenhaupt gute Ansätze zeigt. Dabei ist das Gewebe des Gesichts hell, licht und frei, voller Spannungs- und Strahlungskraft, wodurch, neben dem Augenausdruck, Aufgewecktheit und Intelligenz zum Ausdruck kommen. Es ist der Kaufmann aus angeborener Anlage, der unter einigermassen guten Bedingungen und aus eigener Kraft und Tüchtigkeit ein blühendes Unternehmen aufbauen kann und in diesem Falle auch aufgebaut hat.

Die Gegenüberstellung lässt erkennen, dass der Lebensausdruck, abgesehen von der Kleidung, zu allen Zeiten das Typische zeigt, daher wird die praktische Menschenkenntnis auch eine grosse Bedeutung bei der Erforschung geschichtlicher Wahrheit erlangen. Diese ist ohne Menschenkenntnis nicht zu erschliessen, und der Mensch konnte deshalb, nach dem einzigen bis heute gesicherten Ergebnis aus der Friedensforschung, aus der Geschichte nichts lernen.

Die Begabungen und deren Entwicklung ist Grundlage für jede Arbeit. Sie ist auch Grundlage für die Arbeit der jeweiligen führenden Schicht. Diese Schicht ist hauptverantwortlich für die Taten der Völker. Je nach Anlage führt sie diese zum Frieden oder hetzt sie in den Krieg. Durch fundamentalistische Suggestionen verschiedenster Art (wirtschaftlich, territorial, religiös), werden Feindbilder aufgebaut, Völker oder Volksgruppen gegeneinander aufgewiegelt und Völkermorde erst möglich. Menschen, die gestern noch friedlich nebeneinander lebten, werden zu Todfeinden.

Erst die Analyse der Begabungen und deren Entwicklung wird uns zeigen, weshalb bis heute immer wieder die gleichen Fehler gemacht wurden und immer noch werden. Immer führten die gleichen Handlungen, die gleichen Ungeheuerlichkeiten zu den gleichen schrecklichen Leiden. Allein der vielseitig begabte Mensch, gemäss den Definitionen der physiognomischen Psychologie erkennbar, kann diese «unendliche Geschichte», diese schon «ewig» dauernden Schrecklichkeiten, die kein Volk wirklich will, unterbinden.

Aus diesem Grund muss die Wissenschaft der Zukunft die Wissenschaft über den Menschen sein (*Theilhard de Chardin*).

Dazu hat *Huter* einen praktisch verwertbaren Grundstein gelegt.

Ein Vergleich unterschiedlicher Anlagen

Abb. 231 *Der ausgezeichnete kaufmännische Sinn*

Der verstorbene westdeutsche Finanzminister *Fritz Schäffer* war berühmt für seinen «Juliusturm», eine aus Steuereinnahmen gebildete Reserve seiner Regierung in Höhe von damals 5 Milliarden Mark, die er gegen alle Abbauversuche verteidigte und mit der dann der Wiederaufbau in den 50er Jahren finanziert wurde.

Das Seitenhaupt ist in seinem unteren und mittleren Teil breit, besonders unmittelbar über den Ohren. Die Anspannung und der Trieb, Güter und Kapital anzusammeln und festzuhalten, ist stark. Hinzu kommt ein sehr nüchterner Gesichtsausdruck, kleine, verschmitzt blickende Augen und grosse, tief sitzende Ohren, welche auf Mut und eine nüchterne und reale Denkweise schliessen lassen. Diese Merkmale kennzeichnen Nüchternheit und Sparsamkeit als die hervorragenden Charakterzüge. Dazu tritt Verschwiegenheit (kleines Auge, eingebuchtete Nasenwurzel, feste Lippenformen), Geheimsinn (das auch nach hinten starke untere Seitenhaupt) und starkes Selbstbewusstsein und Hochgefühl der Idee (hohes und spitzes oberes Hinterhaupt). Man kann sagen: ein Mann nicht nur der Nüchternheit und Sparsamkeit, sondern auch der Verschwiegenheit, der Geheimhaltung und der Festigkeit. Ein ausgezeichneter Finanzminister.

Abb. 232 *Das schwache Seitenhaupt*

Ein höherer diplomatischer Beamter. Er liegt hauptsächlich im Bewegungs-Naturell und hat schon aus diesem Grunde ein geringes ökonomisches Talent. Dieses Naturell besitzt den starken Magnetismus. Wie das grosse und vortretende Auge und die gewisse Eleganz der Erscheinung zeigen ist er diplomatisch und wortgewandt und wirkt mit seinem Magnetismus beeinflussend auf seine Umgebung. Er legt grossen Wert auf sein Ansehen, ist ein voller Äusserlichkeitsmensch.

Er bezog ein beträchtliches Gehalt. Trotzdem verbrauchte er innerhalb weniger Jahre auch noch das bedeutende Vermögen seiner Frau und machte dazu noch hohe Schulden.

Der physiognomische Laie mag sich zunächst wundern, macht doch der Mann einen anscheinend würdevollen und respektablen Eindruck. Wer aber physiognomisch schon etwas sehen gelernt hat, entdeckt auffallende Disharmonien. Man nehme sich Zeit, um das Gesagte nachzuvollziehen, zu sehen, und ins Bewusstsein zu bringen.

Abb. 231 *Der ausgezeichnete kaufmännische Sinn*

Abb. 232 *Das schwache Seitenhaupt*

Das ganze Erscheinungsbild wirkt wie unwirklich-maskenhaft. Die Nasen-Stirn-Augen-Region zeigt Asymmetrie. Die Nasenwurzel ist unregelmässig gebildet, die Brauen ebenfalls, sein linkes Auge richtet sich starr geradeaus, das rechte sinkt herab. Die Nase hat eine grobe plumpe Form und ist schief. Die Gesichtsgewebe sind teils grob, teils schlaff und kraftlos. In der beherrscht erscheinenden Mundmimik zeigt sich die Sprachgewandtheit und die Fähigkeit, mit schönen Worten zu sprechen. Damit werden die aus den vorher erwähnten Merkmalen sprechenden, widerstreitenden Denk-, Willens-, Gefühls- und Charakterzüge überdeckt, er gibt sich bieder und vornehm. Das Ohr ist grob geformt und vom Kopf abgetrieben, stärkere innere Spannungen und Gegensätze offenbarend. Die Oberstirn ist matt, sie macht einen verkümmerten Eindruck, das ethische Denken ist vernachlässigt. Unmoralische Handlungen sind geradezu zu erwarten. Da er auch bei einem ausländischen Diplomaten tief «in der Kreide» stand, wurde er aus der selbstgeschaffenen Zwangslage heraus zum Geheimnisverräter an seinem Lande.

Nachdem wir ein generelles Charakterbild gewonnen haben, studieren wir noch das Seitenhaupt. Es ist flach, eingefallen und spannungslos. Direkt über dem Ohr erkennen wir das Fehlen des Anspannungssinnes. Er hat keinen Impuls, um sich selber anzustrengen, um das seinen Ansprüchen Genügende zu erwerben. Auch das mittlere Seitenhaupt ist schmal. Es ist sehr wenig praktische Lebensökonomie, Anspannung und Sparsamkeit zu erwarten. Diese schwachen Impulse, mangelnder Sinn für den Wert der Dinge, führte den Mann in angesehener Stellung (Führungsschicht) zur Grosszügigkeit und zu Angebertum. Die

Oberkieferpartie ist lang und das Gewebe verhärtet, daher hat er viele Bedürfnisse und Wünsche (die der sparsame Mensch überhaupt nicht kennt), und sein beträchtlicher Egoismus drängt ihn, sich ja nichts entgehen zu lassen, nicht zu kurz zu kommen. So kam es zu Grosszügigkeit gegenüber der eigenen Person und die gesamte Lebensökonomie geriet aus dem Gleichgewicht. Das könnte nun die eigene Angelegenheit dieses Mannes sein. Aber man vertraute ihm. Die Folgen wurden dadurch für ihn peinlich und für sein Land sehr nachteilig. Möchte man doch daraus lernen, dass disharmonische oder in gewissen Charakterzügen labile Menschen nicht für Vertrauensposten geeignet sind. Es würde dadurch, nicht zuletzt für die Betroffenen selbst, manches anders und besser werden.

Abb. 233 *Der starke Erwerbssinn und das ehrliche Streben*

Es ist das Erscheinungsbild der kompakten ökonomischen Kraft, der Sauberkeit und Beständigkeit.

Dieser Mann arbeitete sich in einem Werk mit vielen tausend Beschäftigten, vom Schlosser zum Werkmeister und zum Direktor empor. Er musste aus Bauern Spezialisten für die Herstellung technischer Präzisionsartikel heranziehen. Es wird von ihm gesagt, dass er dabei mit Güte und unbeugsamer Kraft vorging.

Er züchtete Bienen und liebte Hunde, denn Bienen sind fleissig, und fleissige Leute hatte er gern, und Hunde sind treu, und er hatte auch treue Menschen gern, beides war er auch selber. Versuchen wir, ihn in seinen Stärken und Grenzen zu verstehen und damit zu würdigen.

Es ist unverkennbar das Bewegungs-Ernährungs-Naturell.

Körper-, Tat- und Willenskraft vereinigen sich mit Ruhe und praktischer Ökonomie zum Organisationstalent mit einem ausgezeichneten Sinn für lebensnotwendige und naheliegende Dinge.

Der Kopfbau ist kompakt, starke Konzentrationsenergie, in der Ohrengegend sehr breit, was zeigt, dass die Kräfte und Anlagen, die hier zum Ausdruck kommen, sein Wesen dominieren. Trotzdem fügt sich der Seitenhauptbau proportional gut zu den Gesamtformen. Unteres und mittleres Seitenhaupt sind plastisch gerundet und nach vorne und hinten zu lang. Der Anspannungssinn, Antrieb zur Tätigkeit, Veränderung und Verbesserung, ist ausserordentlich stark und vielseitig. Der Mann strengt sich unermüdlich an, übersieht auch Kleines und Geringes nicht, ist sehr wirtschaftlich und sparsam.

Urwüchsigkeit und Kraft der Denkschichten sprechen auch aus der Form der Unterstirn bis in die Höhe des praktischen Denkens. Und wie gerundet, plastisch gespannt ist die gesamte Schläfenpartie. Der Konstruktionssinn ist stark, und da sich derselbe so stark ins Seitenhaupt fortpflanzt, muss alles, was er ersinnt, praktisch, nützlich, dauerhaft sein, muss Kosten und Arbeitskraft lohnen, die Arbeitsvorgänge erleichtern, ökonomisch sein.

Nach oben hin lassen Stirn und vorderes Seitenhaupt nach, werden schmaler und sind schwächer gegenüber den sich darunter spiegelnden Fähigkeiten, aber sie sind nicht schwach an sich. Daher kann er Wohlwollen entfalten (Oberstirn), soweit es den Interessen der Unterstirndenkschichten dient (und daher konnte er seine Bauern, die er durch seine eigene Art sehr gut zu verstehen mochte, mit Güte und Strenge anlernen). Er ist fortschrittlich und begeisterungsfähig, soweit

Abb. 233 Der starke Erwerbssinn und das ehrliche Streben

seine technischen und praktischen ökonomischen Interessen dadurch unterstützt werden. Aber sein warmes Vernunftdenken und der Fortschrittssinn gehen keinen Schritt weiter. Stark wird das mittlere und obere Seitenhaupt erst wieder nach hinten zu. In dieser Breite kommen Vorsicht und Gewissenhaftigkeit, aber auch Lauterkeit und Gerechtigkeitssinn zum Ausdruck. Aus seiner eigenen Anlage heraus schätzte er Treue und Gewissenhaftigkeit besonders, und wo er sie antraf, war auch der Punkt in seiner gewaltigen, herrischen Seele (siehe das grosse Ohr), wo er weich und gütig werden konnte.

Kraftvoll tritt die Nase hervor, sie ist von einer Länge und Bestimmtheit, von einer Breite von der Nasenspitze über den Rücken bis zur Wurzel, wie sie gewiss selten zu finden ist. Hier kommt die urwüchsige Kraft im Wollen und in der Erfassung zum Ausdruck, dazu praktische Klugheit und Erfahrung, die staunenswert sind. Die Nase zeigt aber auch den ausgeglichenen und beherrschten Charakter. Darin kommt der Erzieher zum Vorschein, nicht von Kindern, sondern von rauhen Männern, denn in der Breite und Kraft dieser Nase, am Kinn und dem breiten Untergesicht liegt auch die Fähigkeit, Lösungen mit unbeugsamer Kraft durchzusetzen.

Auch das Genussleben ist stark und dem kraftvollen Körper angepasst, das zeigt die gerundete, volle Nasenspitze. Doch am Mund zeigt sich Genügsamkeit und persönliche Bescheidenheit (aber auch das Kritisch-Prüfende und Befehlende), und sicher wagte es niemand in seiner Gegenwart am Arbeitsplatz zu bummeln.

Was solch ein Mann für die Wirtschaft und als Vorbild seiner Mitarbeiter bedeutet, der fähig, fleissig, treu, ehrlich und unerschütterlich ist, wird deutlich im Vergleich mit den beiden nächsten Bildern.

Abb. 234 und 235 *Der Erwerb auf Abwegen*

Von dieser Person sind zwei Bilder nötig, um besser hinter die Geheimnisse des Charakters und des Seelenlebens zu kommen.

Abb. 234 Der Erwerb auf Abwegen

Abb. 235 Der Erwerb auf Abwegen

Das erste Bild zeigt gewissermassen den von der Masse wahrgenommenen Schein, das zweite die Wirklichkeit.

Ein Erfahrungs- und Lehrsatz von *Huter* lautet: «Wenn das Denken zu stark vom Erwerb beherrscht wird, gerät es auf Abwege».

Das trifft hier buchstäblich zu. Das erste, das glanzvolle Bild zeigt den «erfolgreichen» grossen Geschäftsmann, Sportmäzen und Boxveranstalter, Vorsitzenden eines bekannten Fussballklubs. Wir lassen uns vom Schein aber nicht ablenken, sondern erfassen den Ausdruck der auch hier sichtbaren Formen.

Alle Kraft des Denkens drängt zu den Impulsen des Seitenhauptes. Am Haaransatz über dem Brillenbügel ist grosse Spannung, der Habsinn ist sehr stark. Die Stirn ist fliehend, schon die praktische Denkschicht ist schwächer. Der Erwerbssinn dominiert, wiegt schwer, beherrscht das ganze Denken; dieses wird sozusagen missbraucht und der positive Aspekt der praktischen Denkschicht kehrt ins Gegenteil. Die Stirn ist schmal, es fehlt an der Übersicht und am Denkvermögen, das den Erwerbssinn vernünftig leiten könnte. Nach oben hin wird der Schädel überall flach und schliesslich spitz. Die Anlagen zum ethischen Denken und wirtschaftlich vernünftigen Handeln fehlen.

Die betont schwere Brille soll wohl Eindruck machen, tatsächlich aber ist sie Tarnung. Sie dient dazu, die wahren Gedanken besser zu verbergen. Die Augen sind ungleich, sein rechtes ist ganz klein, etwas gekniffen und typisch für Schlauheit und Unaufrichtigkeit des Denkens. Die Nase ist hart, unten plump und zeigt die einfache Art, wie seine Anlagen umgesetzt werden. Der Mund hat den Ausdruck von Sarkasmus und Spott, wirkt unangenehm in der Form und zeigt keine warmen Gefühle.

Das zweite Bild lässt an seinem linken Seitenhaupt gut erkennen, wie alles zum Habsinn drängt, der etwa 3 Finger breit über dem Ohr förmlich hervorquillt, während die Kraft fehlt, die über dem Habsinn positioniert sein sollte. Daher herrscht nur Habgier, die weder durch Vorsicht, Gewissenhaftigkeit oder Vornehmheit gezügelt wird. Auch auf dem zweiten Bilde erkennen wir das gekniffene rechte Auge (die Verstellung) und der aktiv stark schief gezogene Mund, links herab, rechts hinauf. Daran erkennen wir die emotionalen Gegensätze zwischen Gedanken und Gefühlen und die Verachtung, die er für Leistungen anderer übrig hat. Gönnerhafte Freundlichkeit wird vorgespiegelt, jedoch sind die wahren Gefühle und Pläne ganz andere. Dadurch entsteht ein Widerstreit zwischen den inneren Gefühlen und dem, was er nach aussen zeigen will, und genau das verrät die Mundmimik. Der ganze Kopfbau ist zu breit und nach oben zu flach. Auch das fleischige Ohr zeigt in seiner schweren Form, dass das Materielle in der seelischen Tiefenschicht grosses Gewicht hat.

Als Vorsitzender eines Fussballvereins und Boxveranstalter machte er sich beim Volk populär, verschuldete sich gleichzeitig in seinem Grosshandelsgeschäft mit Millionenbeträgen und schädigte Hunderte von Arbeitern, Angestellten und Rentnern, deren Sympathie er sich als Sportmäzen erworben hatte. Er bot ihnen Radio- und Elektrogeräte günstig an, indem er zunächst kein Geld verlangte und nur Blankowechsel unterschreiben liess, in die dann nachträglich hohe Phantasiesummen eingesetzt wurden.

Zu der psychologischen Erfahrungstatsache «wenn das Denken zu stark vom Erwerb beherrscht wird...» liessen sich zahlreiche weitere Beispiele zeigen. Es kann sich in solchen Fällen und zunächst um anscheinend durchaus respektable Geschäftsleute handeln, die sich irgendwie verrechnet oder «übernommen» haben, die anspruchsvollen Frauen oder Familien oder eigenem Geltungs- oder Genussstreben unterliegen. Ist nun das Willens- und Tatleben gleichzeitig stark (z. B. an Nase, Kinn, Ober- und Unterkiefer erkennbar) und bieten Moral, Vorsicht und bewusste Ethik demgegenüber kein genügendes Gegengewicht, so kommt letztlich der beherrschende Erwerbs- und Besitztrieb zum Durchbruch. Die Folge davon ist Erwerb durch Betrug und Diebstahl, in schweren Fällen durch Gewalt. Gerade die erstgenannte Form, Erwerb durch Betrug, ist gar nicht so selten. Schutz davor bietet das praktische Anwenden der Menschenkenntnis und vernünftige Überlegungen ökonomischer Art. Anderseits können Personen, die mit entsprechenden Anlagen leben müssen, durch Selbsterkenntnis und durch Unterstützung und Hinführen fähiger Menschenkenner solchen überstarken Neigungen entgegenwirken.

Man muss stets berücksichtigen, dass jeder Mensch aufgrund seiner Anlagen bestimmte Neigungen hat. Für die Anlagen kann er zunächst nichts. Sie können bei innerer Unausgeglichenheit und fehlendem ethischem Fühl- und Denkvermögen kaum beherrscht werden. Neigungen werden oft aus Unwissenheit falsch umgesetzt und in ungeeignete Richtung gelenkt. Schuld ist und bleibt daher stets sehr relativ. In dem gleichen Masse, in dem diese Tatsache anerkannt wird, nimmt auch die Einsicht über die entsprechende Verantwortung der Gesellschaft gegenüber den Betroffenen zu.

Abb. 236 Starker Habsinn

Abb. 236 *Starker Habsinn*

Bei diesem 24jährigen Mann ist der Habsinn am rechten und linken Seitenhaupt, unregelmässig verschoben, zu beobachten. Die beiden eingezeichneten Linien deuten auf die beiden Felder der Hauptspannung hin, an welchen ein zu starkes Überwiegen dieser Impulse zu erkennen ist. Diese Neigung wird gemäss dem übrigen Erscheinungsbild, an welchem eine kühle Berechnung zum Ausdruck kommt, ausgelebt.

Bei dem Mann ist der Anspannungssinn schwach, unmittelbar über den Ohren zu erkennen. Das weist darauf hin, dass die Ausdauer um mit Arbeit den Erwerb des Lebensnotwendigen zu gestalten (die bei Abb. 233 so stark und stetig ist) nicht ausreicht, den starken Habsinn zu befriedigen.

Das Auge hat einen Ausdruck, der erkennen lässt, dass die Gedanken versteckt werden. Die breiten Jochbeine zeigen starke Eigengesetzlichkeit, der grosse Mund unbeherrschte Begehrlichkeit und in Verbindung mit den gefüllten Unterlidern starke Sinnlichkeit, aber auch Willensdurchsetzung. Das Mittelgesicht ist flach und macht die Kälte des Gemütes erkennbar. Die ungleichen Unterkieferbogen (durch schwarze Linien gekennzeichnet) sind Neigungszeichen zu unbedingter und harter Durchführung der geplanten Aktionen. Daraus entsteht bei der vorhandenen Gemütskälte Brutalität und Körperverletzung. Die Nase geht schief nach links, das Kinn ist demgegenüber nach rechts verschoben, und so ergibt sich eine beträchtliche Asymmetrie im Verhältnis der beiden Gesichtshälften zueinander. Solche Asymmetrien sind recht häufig zu beobachten und wirken sich meistens lediglich in einer unausgeglichenen Lebensführung aus, ohne allzuviel Schwierigkeiten zu bereiten. Bei diesem Beispiel kommt dazu Gemütskälte und Gesellschaftsfeindlichkeit (Augen, Mittelgesicht und

Mundausdruck). Die Anlagen der Asymmetrie und ihre Entwicklung führen zu negativer Wirkung.

Unter sehr schlechten Einfluss gekommen (was aus der Veranlagung und der wohl durch fehlende Wärme bei der Erziehung und Bildung noch entwickelten Gesinnung leicht möglich ist), beendete er seine «Laufbahn» nach Gaunereien, Betrug und Diebstahl zunächst mit einem gemeinschaftlich begangenen Raubmord.

Gleichheit und Gegensätze

Abb. 237 und Abb. 238 *Die übermässige Massenansammlung und die zu starke elektrische Energie*

Die antike Büste des *Nero* (vgl. auch Abb. 425) zeigt die überstarke Breite des Seitenhauptes. Dieser Ausdruck wird durch die abstehenden Ohren, die Breite bei den Jochbeinen, die Breite des Unterkiefers und dem verdickten Hals in geradezu klassischer Art deutlich. Es liegt darüber hinaus eine Versteifung und Verhärtung in allen Formen vor, die abstossend wirkt.

Abb. 238 *Das Gemälde des Nero zeigt die gleichen Formen aus einer anderen Perspektive**

Das Erscheinungsbild des vergnügungs- und prunksüchtigen, gewalttätigen Despoten, der aus Rom ein Ort des Schreckens und der Misswirtschaft machte. Es ist das überbreite, schwer wirkende Gesicht, dessen Formen einerseits auf ausgezeichnete Talente deuten (Unterstirn) und andererseits starke Gegensätze und überstarke, krankhafte Entwicklungen zeigen: Mundform, brutales Geniessen; Kinn, Aktivität im Gegensatz zur Ruheenergie; überstarkes Ohrläppchen, starke Lymphdrüsentätigkeit und Neigung zur Bereicherung; grobe Ohrform, wenig seelisches Feingefühl; verdickter Hals, starke Belastung des Körpers durch zu grossen Genuss; Kopfhaltung, Frechheit und Unverschämtheit; zu starke Breitenachse, die hier sichtbare Explosivität durch überstarke elektrische Energie ist ein massiver Gegensatz zur Ruheenergie, welche in der Körperform und in der grossen Masse des Gesichts zum Ausdruck kommt.

Abb. 239 *Die übermässige Massenansammlung und die zu starke elektrische Energie*

Ähnliche Formen wie bei *Nero*. Die Eigenschaften wurden durch äussere Umstände in ihrer weiteren Entwicklung brutal verhindert. Der Mann ist mehrfacher Einbrecher, der bei einem Banküberfall den Inhaber erschoss und den Kassierer schwer verletzte. Verhaftet, beging er Selbstmord.

Das Seitenhaupt ist beim Erwerbssinn übermässig breit, das Gesicht ist schwer und klobig, genau wie bei *Nero*. Moralisch ist der Mann wie verblödet, aber seine Habgier ist unbezähmbar. Brutalität, Frechheit, und sinnliche Gefühle zeigt der Mund. Breit, sozusagen nahtlos geht das Kinn in die breitharten Unterkiefer über. Bei der Kälte und Frechheit, die auch an der Kopfhaltung sichtbar wird, führt die kraftvolle Durchführungsenergie zu Brutalität, und Körperver-

**Aus Personenlexikon 2, Bodo Harenberg, Westermann Verlag GmbH, Braunschweig*

Abb. 237 Die übermässige Massenansammlung und die zu starke elektrische Energie

Abb. 238 Die übermässige Massenansammlung und die zu starke elektrische Energie

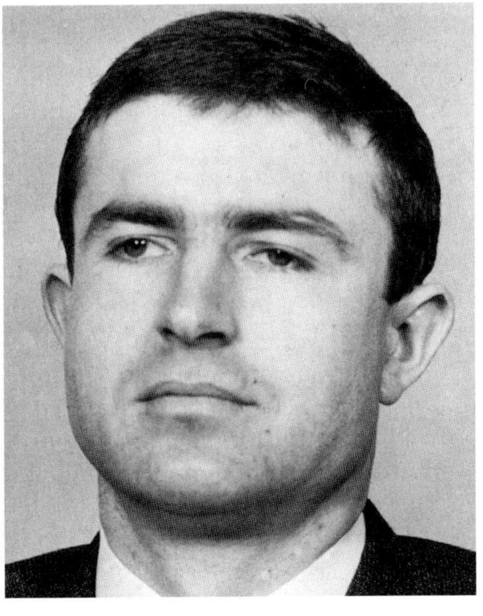

Abb. 239 Die übermässige Massenansammlung und die zu starke elektrische Energie

Abb. 240 Naturwissenschaftliche und ökonomische Begabung bei ehrlicher Gesinnung

letzung. Die Nase ist hartförmig, kurz, in der Wurzel kernig (vgl. mit Abb. 389). Der Blick ist entwertend, zeigt harte Geisteshaltung. Die gesamte Mittelhirnpartie des Gesichts wirkt verhärtet, wie leblos erscheint sein linkes Auge, das Gemüt und damit jedes Empfinden ist daraus verschwunden. Der dicke, noch nicht so geschwollene Hals wie bei *Nero* weist schon auf die Überlastung des Körpers durch Genuss hin. Die Ohren sind wenig ausgeformt und ungleich hoch angesetzt, im oberen Teil quer vom Kopf abgetrieben, und der obere Ohrrand ist eigenartig hängend, als würde er über das übrige Ohr herabfallen. Das ist, besonders in Verbindung mit den sonstigen Unausgeglichenheiten, Neigungszeichen zum Selbstmord und bei *Nero*, der auch durch Selbstmord endete, ähnlich.

Abb. 240 *Der harmonische, ehrliche und fähige Ökonom*
Hier sehen wir das Erscheinungsbild eines mit beiden Beinen im Leben stehenden, kulturell interessierten, behäbigen und trotzdem sehr aktiven, gradlinigen, Harmonie ausstrahlenden Menschen. Der breit gerundete Unterbau des Schädels zeigt die grosse Aufnahmefähigkeit für Naturwissenschaften, die immerwährende Anspannung und Arbeitsfreude und die Umsicht in wirtschaftlichen und organisatorischen Belagen.

Der Augenausdruck ist klar und offen. Sein gradliniges Denken ist verbunden mit viel Menschenliebe. Die Mundform, die feine Strahlung der Gewebe und die feinen Haare lassen erkennen, dass die Empfindungsenergie sein auf realem Wissen ruhendes Denken und Handeln leitet. Voller Optimismus und Lebensfreude (Mundform), kontaktfreudig und mutig (Mittelgesicht und Ohr) geht er an seine Aufgaben heran. Gleichzeitig sucht er in allen Auseinandersetzungen mit dem Leben den Ausgleich. Gelassen und in Ruhe kann er geniessen (runde Formen des Untergesichtes, Mund und volle Nasenspitze).

Abb. 241 und Abb. 242 *Das mittelbreite Seitenhaupt mit ehrlichem Gesichtsausdruck*
Seitenhauptpartien, die links im oberen Drittel und rechts in der Mitte am breitesten sind. An beiden Köpfen zeigt sich das Streben nach Wissen und Verbesserung des Bestehenden, die Liebe zu Kunst und Wissenschaft. Unteres und mittleres Seitenhaupt lassen den guten Erwerbssinn und die gute kaufmännische Anlage erkennen, aber materielles Erwerbs- und Besitzstreben stehen nicht allein im Vordergrund ihrer Denkstrukturen. Diese erhalten von den Denkschichten der Oberstirn und den Fühlschichten des Oberhauptes starke Impulse und stellen sich deshalb auch in den Dienst der Allgemeinheit. Solche Menschen streben nach einer guten Ausbildung, nach ethischen und sozialen Rechts- und Staatsreformen, sie sind vorsichtig und gewissenhaft; Lauterkeit kennzeichnet alle Handlungen. Die Lebensfreude wird aus der geleisteten Qualitätsarbeit geschöpft. Aus der Erfahrung können wir sagen: «Wenn die wohlwollenden Denkschichten und eine starke Empfindungsenergie den Erwerbssinn führen, dann ist der Mensch aktiv, aber ehrlich im Erwerb lebensnotwendiger Güter.»

Verweilen Sie beim Vergleich dieser Gegensätze. Sie üben dabei das fühlende Sehen.

Abb. 241 Das mittelbreite Seitenhaupt mit ehrlichem Gesichtsausdruck

Abb. 242 Das mittelbreite Seitenhaupt mit ehrlichem Gesichtsausdruck

Lebensbeispiele

Abb. 243 *Der harmonische Ausgleich*

Ein ehrlicher und tüchtiger Mann, der in einem schweizer Industriewerk einen handwerklichen Beruf erlernte und dank seiner Tüchtigkeit und seiner Weiterbildung später eine leitende Stellung innehatte. In diesem Betrieb konnte er das 60-Jahr-Arbeits- und Betriebs-Jubiläum begehen. So viele Jahre an der gleichen Arbeitsstätte zu verharren, ist heute nicht mehr aktuell, ist aber ein Zeugnis von grosser Standhaftigkeit, Ausdauer und auch von sehr guter Gesundheit bis ins hohe Alter.

Das Erscheinungsbild zeigt die harmonische Naturell-Anlage. Alle Formen sind gut aufeinander abgestimmt. Der offene, klare Blick, die Kernkraft und Feinheit der Gewebe bei gleichzeitiger warmer Tönung derselben sind weitere Merkmale, die den ausgleichenden Charakter erkennen lassen. Hier kommt auch die grosse Lebenskraft zum Ausdruck. Das Seitenhaupt ist breit und hoch aufgebaut. Es zeigt in seinem unteren Teil die Anspannungsimpulse und den Sinn für den Erwerb des Lebensnotwendigen, in seinem oberen Teil den Sinn für Wissen und Fortschritt. Die ökonomische Anlage ist ausgeglichen, das Interesse geht weit über das Lebensnotwendige hinaus und erstreckt sich auch auf das Wohlergehen der Mit- und Nachwelt.

Durch vorbildliches Können und grossen Arbeitseinsatz war er in der Lage, sich auf freier Bergeshöhe ein Haus zu bauen, um welches er einen schönen und ertragreichen Garten anlegte. Bei vielen Menschen erschöpft sich damit der Einsatz. Nicht so hier.

Abb. 243 Der harmonische Ausgleich

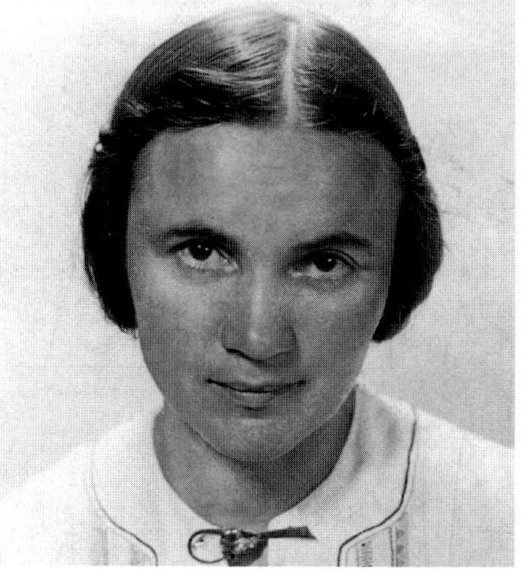

Abb. 244 Der harmonische Ausgleich

Unser Mann war jahrzehntelang eine treibende und führende Kraft in der Schweizerischen Volksgesundheits-Bewegung. Er baute mit grossem finanziellem und organisatorischem Risiko die erste Schwimmanlage seiner Stadt und führte sie zum Erfolg.

Eine Leistung, die durch sein praktisches, organisatorisches, ökonomisches Talent und einer idealen Gesinnung möglich wurde.

Er hat dank seinem Talent für die Formerkennung (Nasenwurzel) und seinen Fähigkeiten, philosophische und ethische Fragen richtig zu verarbeiten, die Psycho-Physiognomik als wesentlich erkannt und auch hier vorbildlich gewirkt. So wurde *J. Wiesmann* 1948 Herausgeber des heute vergriffenen Buches «Menschenkenntnis - Physiognomische Dokumente» von *Amandus Kupfer*.

Immer dort, wo Menschen mit ähnlicher Kernkraft der Gewebe, ähnlicher Ebenmässigkeit der Kopf- und Gesichtsformen und ähnlicher Stirn-, Seitenhaupt- und Oberhauptbildung in Erscheinung treten, wird Besseres, Schöneres und Höheres angestrebt und Reformen werden tatkräftig unterstützt. Menschen mit diesen Begabungen sollten dem Stimmvolk zur demokratischen Wahl zur Verfügung stehen. Sie sind in der Lage, aus sich heraus schöpfend, das Wissen der Zeit optimal zum Wohle des Volkes umzusetzen.

Abb. 244 *Der harmonische Ausgleich*

Die Vortragskünstlerin *Frieda Wolfrum*. In der ebenmässigen Kopf- und Gesichtsbildung kommt die harmonische Naturell-Veranlagung zum Ausdruck. Daraus erklärt sich das ausgleichende, vermittelnde Wesen dieser Frau, das überall, wo sie wirkt, Freude hervorruft und tief empfunden wird. Das Seitenhaupt ist in seinem oberen Teil am stärksten, sehr schön breit und voll ausgebaut und hat die breite und plastische Verbindung zur oberen Stirn. Hatten wir weiter vorne den Begriff «plastischer Zug des Kaufmanns» verwendet, so könnten wir hier diese Formbildung als den «Zug idealer Kunstbegeisterung» benennen. Hier sind die Impulse zum Sammeln von Wissen stark ausgeprägt, der Drang zur Bildung der Tiefenschichten der Seele, zu ethischer Vervollkommnung, zur Nachahmung idealer Vorbilder, zur Lebensbereicherung und -beglückung durch Kunst und Dichtung sichtbar.

Das grosse, ausdrucksvolle und «sprechende» Auge, die Plastik und Bestimmtheit des Zuges seitlich zwischen Augen und Brauen (wo bei Abb. 99 der «Schrift- und Redeausdruck» verzeichnet ist) zeigen die Ausdruckskraft der Sprache. Voll ist die Atmung (plastisch gespannte Nasenflügel), kräftig ist die Mund- und Kinnmuskulatur, was körperliche Ausdauer und Leistungsfähigkeit kennzeichnet. Diese individuellen Begabungen in Verbindung mit der harmonischen Naturell-Veranlagung bilden gewissermassen den Resonanzboden, der ihre Stimme klar, tragend und wohltönend macht. Immer wieder ist es die Begeisterung für die Kunst und für Wahrheit und Schönheit, welche *Frieda Wolfrum* jung an Körper und Geist hält und ihr die Kraft gibt, vorbildlich und mit Rat und Tat in einem grossen Freundeskreis zu wirken. Durch ihre Rezitationsabende klassischer und zeitgenössischer deutscher Dichtung verbindet sie persönliche Freundschaft mit zahlreichen lebenden Dichtern. Stets hat sie ihre Vorträge frei aus dem Gedächtnis gestaltet, nie hat sie abgelesen und erreichte dadurch ein besonderes, inniges Verhältnis zur deutschen Dichtung. Hunderte von Zeitungsberichten lassen die tiefe Einwirkung und seelische Beglückung erkennen, die ihre künstlerische Gestaltungskraft bei den Zuhörern hervorruft.

Abb. 245 *Der Sinn für Technik, Forschung und Wissenschaft im Gleichklang*

Auguste Piccard (rechts), der bekannte schweizer Forscher für den charakteristisch war, dass er, um die Ziele seiner wissenschaftlichen Wissbegierde zu erreichen, völlig neuartige Geräte konstruierte. Es entstanden dabei viele Schwierigkeiten technischer und finanzieller Art, aber er hielt unbeirrt an seinen Plänen fest, verwirklichte sie und benutzte die von ihm konstruierten Geräte in wagemutigen Unternehmungen. Unvergessen bleibt der erste Stratosphärenflug im Jahre 1932, den er mit einem überdimensionalen Ballon ausführte, an den er eine Leichtmetallkugel als Ballon-«Korb» angehängt hatte (Vorläufer der heutigen Weltraumkapseln). *Piccard* erreichte die Rekordhöhe von 16 201 Metern, und alles verlief glatt und wie vorausberechnet. Nach dem Kriege konstruierte *Piccard* ein ballonähnliches, freischwebendes Tiefseetauchgerät, mit welchem er wiederum selbst 3150 Meter Tiefe erreichte (das gleiche Gerät tauchte später auf 10 900 Meter Meerestiefe), was wegen der in diesen Tiefen herrschenden Druckverhältnisse vordem als unmöglich galt.

Piccard ist ein Bewegungs-Empfindungs-Naturell, der Typus des erfolgreichen Gelehrten. Er war sehr schlank und von beachtlicher Körperlänge. Das Bild zeigt ihn zusammen mit seinem Assistenten, Ing. *Kipfer* (links), der ihn seinerzeit beim Bau des Stratosphärenballons unterstützte. Bei *Piccard* fällt zunächst der hochstrebende Schädel auf, bei dem sich auch das Seitenhaupt breit und hoch aufbaut. Das Seitenhaupt hat seine grösste Kraft und Breite im oberen Drittel; der Begeisterungs- und Fortschrittssinn, das Streben nach idealer Bereicherung, der Forscherdrang sind daher stark. Das untere Seitenhaupt ist dagegen schmäler.

Abb. 245 Der Sinn für Technik, Forschung und Wissenschaft im Gleichklang

Materielle oder kaufmännische Erwägungen beschwerten ihn nur insoweit, als er sie zur Verwirklichung seiner Ideen unbedingt nötig hatte. Auch der Sinn für materielle Vorsorge und der materielle Selbstschutz (über dem Ohr) stehen nicht im Vordergrund. Daher wagte er sich an einmalig tollkühne Unternehmen. Unbeachtet dessen war die geistige Vorsicht und Gewissenhaftigkeit stark (oberes Seitenhaupt nach hinten zu). Alles hatte er bis ins kleinste Detail bedacht und mit seinem ausgeprägten Sinn für Zahlen und Technik berechnet (plastische Stirn über den Augenecken). Es traten keine Fehler in den von ihm berechneten komplizierten Systemen ein. Auch löste er nebenher auftauchende Probleme oft auf höchst einfache Weise. Als sich z. B. herausstellte, dass er wegen seiner Körperlänge in der Ballonkapsel fortwährend mit dem Kopf anstossen würde, brauchte er keinen schweren, teuren, womöglich erst noch zu konstruierenden Schutzhelm, sondern stülpte sich einen kissengepolsterten Korb auf den Kopf – der Raumfahrerhelm war fertig und leistete ihm bei seinem Flug vorzügliche Dienste. Dieses schöpferische Improvisationsvermögen, das sich zur Lösung auftauchender Schwierigkeiten grosszügig der einfachsten Mittel bedient, aber unbeirrt das aus Idee, Wissen und Erkennen kristallisierte Ziel im Auge behält und hier minutiös arbeitet, ist das Kennzeichen genialer Köpfe. Solche Menschen sind echte Verbesserer und Neuerer auf allen Gebieten. Sie steuern ihr Ziel ohne Zeitverlust an, ohne sich durch die Unkenrufe der notorischen Zweifler und Neider vom eingeschlagenen Weg abbringen zu lassen. *Auguste Piccard* war ein genialer Kopf.

Auch bei Ing. *Kipfer* ist das obere Seitenhaupt breit (siehe den dorthin weisenden Pfeil). Der Sinn für Neues ist daher auch bei ihm stark, und es besteht Begeisterungsfähigkeit für den Fortschritt. Insoweit waren Anlage und Streben beider Personen ganz ähnlich. *Kipfer* vermochte den weitgespannten, völlig neuen Plänen (und anderen phantastisch anmutenden Plänen) *Piccards* zu folgen und war selbst davon begeistert. Jedoch ist bei *Kipfer* der technische Sinn bedeutend stärker (untere bis mittlere Schläfenpartie, plastische Erhöhung über dem äusseren Augenwinkel). Daher vermochte er den in der Idee vorauseilenden *Piccard* technisch-praktisch vortrefflich zu ergänzen.

Die Nase ist bei *Piccard* sehr lang (Planmässigkeit und Gründlichkeit), im oberen Rücken breit (grosser Fleiss und Willenskraft), in der Spitze stark nach vorne gehend und dabei fein (starkes eigenes Fühlen und wissenschaftliche Neugierde), im Rücken aber insgesamt etwas konkav und weich (nicht steif, sondern anpassungsfähig im Wollen).

Piccards Kinn ist lang und breit und bemerkenswert kräftig, ebenso der Unterkieferbogen. Daher war er kein Phantast, diese Formbildung zeigt im Gegenteil die Impulsivität, mit welcher die Ideen in die Tat übergehen, und die Ausdauer, mit der er kühn und unerschrocken sein Ziel verfolgt. Auch in dieser Hinsicht finden sich ähnliche Merkmale und Züge des Charakters und des Wollens bei dem Assistenten *Kipfer.*

Gegensätze des Planers und des Dichters

Abb. 246 *Der ausgezeichnet und kühl rechnende Planer*

Ernest Oppenheimer, der südafrikanische «Diamanten-König», wanderte als junger Mann von Deutschland nach Südafrika aus und wurde zum Beherrscher des Welthandels mit den kleinen und im Rohzustand so unscheinbaren Steinchen, die durch den Schliff zu kostbaren glitzernden Brillanten werden.

Das untere und mittlere Seitenhaupt sind breit, der Zug des Kaufmanns ist beherrschend, der Anspannungssinn über den Ohren, wo die Wertschätzung des Kleinen und Unscheinbaren liegt, ist ausgeprägt. Mit diesem kaufmännischen Talent verbindet er grosse Planmässigkeit und Gründlichkeit. Er ist jedoch nicht kleinlich, sondern grosszügig und vorausberechnend, das zeigen Nase, Augen und Stirn. Sein unbeugsamer Willen und seine Tatkraft, lassen sich sowohl an der Nasenform als auch am breiten Kinn und am kraftvollen Untergesicht erkennen. Der Berechnungssinn, das praktische Denken, der Habsinn, die kleinen Falten neben dem Auge, der Zug vom Jochbein her, alles spannt und zieht zu der Plastik über dem Ohr. Diese Kräfte, die die Formen vor und über dem Ohr prägen, lassen nicht das Kleinste, Geringste ausser acht und mit diesen Anlagen und ihrer Ausprägung wurde *Oppenheimer* zu einem unumschränkten Herrscher, zu einer Art Diktator auf einem ganz speziellen Handelsgebiet.

Ein bemerkenswerter Wesenszug an ihm ist sicher der Geheimsinn. Dieser zeigt sich im ganzen Erscheinungsbild, in dem die kühle Beherrschung ausdrükkenden Mund (der kein Wort zu viel sagt), in der Selbstbeherrschung, welche an der Nase sichtbar wird, und den trotz des Hervortretens und der Lebhaftigkeit der Augen etwas zusammengedrückten Lidern. Die treibenden Kräfte dieser im Laufe der Jahre entstandenen Züge ist die hohe Intelligenz und der sehr starke materielle Impuls, der sich im wulstartigen Hervortreten des unteren Seitenhauptes zu erkennen gibt. Bei diesem Mann ist alles kühl berechnende Wirtschaftlichkeit und der bewusste Idealsinn ist schwach. Das feine Gewebe zeigt aber eine unbewusste Ethik. Er war Gegner der Rassentrennung.

Abb. 246 Der ausgezeichnet und kühl rechnende Planer

Abb. 247 Der zerbrechliche Mensch ohne Schutz- und Wehrsinn

Abb. 247 *Der zerbrechliche Mensch ohne Schutz- und Wehrsinn*

Torquato Tasso, ein bedeutender italienischer Dichter des 16. Jahrhunderts. Er ist ein Empfindungs-Naturell, mit grossen, vom Oberlid überdachten Augen, langer zarter Nase, schmalem Untergesicht und sehr feinem Mund. Solche Menschen haben eine tiefe Sensibilität und sind immer auch Hinterfrager der vorhandenen Meinungen und Gebote. Er hat das schmale untere Seitenhaupt. Entsprechend gering ist der Anspannungs-, Veränderungs- und Schutzsinn für die eigene Person. Tasso klagte sich denn auch selber bei der Inquisition der Häresie an. Solche Menschen brauchen und suchen Schutz und Anteilnahme. Wenn sie dies nicht finden, geraten sie in Verzweiflung. Das breite obere Seitenhaupt lässt erkennen, dass neben dem starken Kunst- und Idealsinn das Streben nach Lauterkeit, nach Gerechtigkeit und Gewissenhaftigkeit ausgeprägt ist. Unrecht, das anderen bedeutungslos oder geringfügig erscheint, ist für sie schwerwiegend, sie leiden darunter und lassen sich aus dem seelischen Gleichgewicht bringen. So veranlagte Menschen machen sich auch viel mehr Sorgen als nötig wäre.

Das dünne, wie durchsichtige Gewebe des Gesichts, der sehr schmale Nasenrücken und der feine Mund zeigen die empfindsamen Tiefenschichten der Seele, die zarte Lebenskraft und die geringe Robustheit des motorischen Nervensystems. Solche Menschen schwanken zwischen «himmelhoch jauchzend und zu Tode betrübt». Die anscheinend labile geistige Verfassung des Dichters erklärt sich aus dieser Anlage. Sie wäre bei einer gleichbleibenden, verständnisvollen und liebevollen Anteilnahme seiner Umgebung nicht so stark hervorgetreten. Sein tragische Züge aufweisendes Schicksal wird verständlich, beim Betrachten des oft launenhaften, wechselvollen Verhaltens der Menschen seines Lebenskreises, der durchsetzt war mit Individuen, die sinnlichen Genüssen und der vielfach groben realen Machtentfaltung zugetan waren.

Bei *Torquato Tasso* ist nichts von dem Realitätssinn des *Ernest Oppenheimer* zu finden. Die gesamten Formen und die Proportionsverhältnisse von Kopf und Gesicht sind annähernd umgekehrt, die Anlagen und Begabungen und die daraus resultierenden Stärken und Schwächen entsprechend.

Abb. 248 *Das kraftvoll entwickelte Seitenhaupt*

Der italienische Freiheitsheld *Giuseppe Garibaldi* (gest. 1882). Sein Ideal war die staatliche Einheit seines Landes, für die er zeit seines Lebens unerschrocken, todesverachtend, unbestechlich und erfolgreich eintrat und kämpfte. Er lag im Bewegungs-Naturell mit Harmonie, was aus den länglichen, kraftvollen und zugleich würdevollen und abgeklärten Zügen des Gesichts hervorgeht.

Das auffallend hohe und breite Seitenhaupt und das starke Oberhaupt bedeuten intensives Streben nach Verbesserung im Sozial-, Rechts- und Staatswesen. Gleichzeitig sind hier auch die übrigen Anlagen diesem Naturell entsprechend ausgebildet. Wenn die obere Seitenhauptregion schwach ist oder doch mehr oder weniger fehlt, führt das zur Beseitigung oder Zerstörung von vorher errungenen Sozial- oder Rechtsnormen und Staatsformen und damit zur Verschlechterung der bestehenden Verhältnisse (*Adolf Hitler*, Abb. 69).

Garibaldi war seinem Naturell gemäss kämpferisch, aber auch stets zur Versöhnung und Unterordnung bereit, wenn das seinem Ideal, der nationalen Wohlfahrt Italiens, zu dienen versprach. Sein kämpferischer Geist war nicht Selbstzweck zur Erhöhung eigener Macht und des Grössenwahns, sondern diente einem höheren Zweck und allgemeiner Wohlfahrt.

Die zur Harmonie neigenden Naturelle sind immer wieder die Gewähr für eine den Völkern dienende Arbeit. Solche Menschen haben neben den spezifischen Fähigkeiten, die aus der Naturell-Anlage resultieren, die Begabung ausgleichende Lösungen zu finden, denn sie besitzen auch die den Ausgleich suchenden Denkschichten. Zweifellos haben im wesentlichen solche Staatsmänner im Sozial-, Rechts- und Staatswesen Bedeutendes geleistet. Machiavellistisches Denken ist ihnen fremd.

Abb. 249 *Das wirtschaftlich organisatorische Talent*

William McKinley, der von 1897–1901 Präsident der USA war. Ein Bild aus dem Lehrmuseum *Huters*.

Auch *McKinley* hatte das hohe Seitenhaupt. Jedoch war er das Bewegung-Ernährungs-Naturell (der Typus des erfolgreichen Unternehmers) mit einer harmonischen Richtung. Dazu passt die grosse und kräftige Nase mit dem starken geistigen, motorischen und körperlichen Wollen ebenso wie das lange und in seiner Breite machtvolle Untergesicht. Der Mund zeigt Kraft und zugleich Feinheit und die allseitig ausgebaute Stirn und das entsprechende Seitenhaupt zeigen einen Mann, der Macht und Kultur ansammelt und repräsentiert. Nasenform und Untergesicht lassen erkennen, dass er seine Sache mit ganzer Kraft zur Geltung bringt. Entsprechend dem starken und breiten Seitenhaupt besteht eine An-

Abb. 248 Das kraftvoll entwickelte Seitenhaupt

Abb. 249 das wirtschaftlich organisatorische Talent

lage zu umfassender Betrachtung der Wirtschaftlichkeit, die materielle und geistige Dinge umspannt.

Er trieb im Geiste seiner Zeit Machtpolitik, und diese war auf Grund seiner Willens- und Durchführungskräfte auch erfolgreich. Er dehnte die amerikanische Herrschaft auf die Philippinen, Hawaii und Puerto Rico aus, brachte aber auch Gewerbe und Industrie und dem Welthandel seines Landes bedeutenden Aufschwung. Die Aera *McKinley* wandelte die USA zur Grossmacht, die 1918 weltpolitisch entscheidend wirksam werden konnte. *McKinley* war ein bedeutender, berechenbarer Staatsmann, wenn auch nicht das Ideal eines solchen. Wie anders, aber trotzdem höchst interessant, lautete die brisante Beurteilung der Physiognomie von *Richard Nixon* aus dem Jahr 1968, dem Jahr vor der Präsidentschaftswahl. *Nixon* wurde gewählt. Die kurze Beurteilung von *Siegfried Kupfer* 1968 lautete:

Abb. 250, 251, 252 *Der ungenügende Präsident*

«Bei *Nixon* kann man nur sehr bedingt von einer Anlage für Staatswissenschaft sprechen, weil Vorder- und Seitenhaupt nicht hoch und breit genug sind und weil das Untergesicht zu stark und unregelmässig ist. Sein Wesen birgt daher innere Gegensätze und Spannungen, ja beträchtliche Disharmonien, die durch zeitweise Leidenschaftlichkeit der Gedanken und Gefühle kritische Höhepunkte erreichen können. Auch ist er von Stimmungen abhängig, neigt zur Unentschlossenheit, kann aber andererseits überraschend aus sich heraustreten, rücksichtslos und mit unvorhergesehener Härte handeln. Er ist im Denkleben nicht so durchdringend und weitblickend, um fernliegende und zukünftige Faktoren genügend zu berücksichtigen, eher durchschnittlich und Beeinflussungen

Abb. 250 Der ungenügende Präsident

Abb. 251 Richard Nixon als Präsidentschaftskandidat

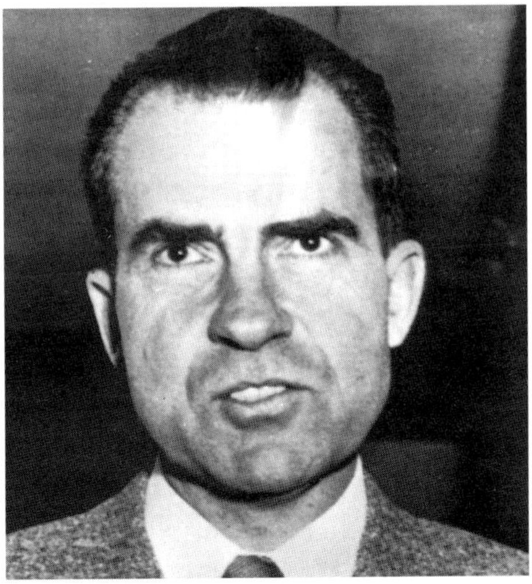

Abb. 252 Richard Nixon als Präsidentschaftskandidat

zugänglich. Insbesondere ist mit dem Einfluss seiner Frau zu rechnen, die sehr eigenwillig, ehrgeizig und selbstbewusst, wenig diplomatisch abwägend und stark impulsiv vorgehend ist.»

Schon 1958 hatte der gleiche Autor in der Zeitschrift «Der gute Menschenkenner» zwei Bilder des damaligen Vizepräsidenten *Nixon* beurteilt, hier Abb. 251 und 252:

«Bei Betrachtung der Kopf- und Gesichtsformen fällt auf, dass die Proportionen nicht sehr fein aufeinander abgestimmt sind; man kann also nicht von einer harmonischen Anlage sprechen, wie sie für einen Menschen in hervorragender und verantwortungsvoller Stellung wünschenswert wäre. Es sind: das insgesamt schwer wirkende, unterhalb der Ohren stark in die Breite gehende Untergesicht, die etwas gepressten Ohrformen, die unten stark vortretende Nase, der Augenausdruck, die buschigen Brauen und das etwas drahtig wirkende Haar, die besonders auffallen.

Die starken buschigen Augenbrauen zeigen Leidenschaftlichkeit und Heftigkeit der Gedanken und Gefühle, die Augen gleichlaufend eine starre, nicht so elastische und natürlich-freie Geisteshaltung. Dabei ist der Kopfbau hoch, die Stirn nach oben zu aber schmäler und das Kopfhaar kraus. Er ist sehr religiös – was natürlich gut ist – aber gleichzeitig besteht die Neigung, Lieblingsideen nachzugehen, die durch die Wirklichkeit vielleicht überholt sind oder die sich als verhängnisvoll erweisen könnten.»

Mit zwei Beurteilungen wurde auf die psychopathische Disposition in der Veranlagung *Nixons* rund 17 Jahre vor seiner erzwungenen Abdankung hingewiesen. (Diese Abdankung eines Präsidenten war ein einmaliger Vorgang in der damals rund 200jährigen Geschichte der USA.) Dass er tatsächlich unter geistigen Störungen litt, wurde während dieser Phase seiner 2. Amtszeit, welche der Watergate-Affäre folgte, offenkundig.

Die eigenartigen Aktivitäten, die *Nixon* entfaltete, und sein wenig gefestigter, labiler Charakter wurden durch die Watergate-Affäre, die 1974 zu seiner Abdankung führte, und durch die klägliche Rolle, die er gegen Ende seiner Präsidentschaft spielte, allgemein bekannt. Nur 2 Jahre vorher, Ende 1972, war er mit grosser Mehrheit als Präsident wiedergewählt worden, weil eine geschickte Wahlpropaganda dem Volk die irreführende Suggestion gab, *Nixon* sei ein grosser Präsident mit lauterem Charakter – eine Suggestion, die aus Mangel an Menschenkenntnis im ganzen Lande geglaubt wurde. Tatsächlich aber war durch Menschenkenntnis frühzeitig – vier und siebzehn Jahre vorher – der disharmonische, zwiespältige Charakter dieses als Staatspräsident eigentlich ungeeigneten Mannes erkannt worden.

Die demokratische Staatsform kann zum Glück verhindern, dass negative Anlagen voll zum Durchbruch kommen, wie das bei Diktaturen immer wieder der Fall ist.

Abb. 253 *Der Diktator Gamal Abd el Nasser*

Das Bild zeigt unausgeglichene Proportionen im Kopf- und Gesichtsbau. Stirn und Seitenhaupt werden im oberen Drittel schmal; die Denkschichten für Weisheit und Ethik, die zu Voraussicht und Menschlichkeit und zum Streben nach Verbesserung im sozialen, Rechts- und Staatswesen führen, sind schwach entwickelt. Hingegen lässt das massige, wuchtige Untergesicht und die lange Willensachse starke Durchsetzungsenergie erkennen, die grosse Nase den planenden, unerbittlichen Willen. Das Gesicht könnte mit einer tonnenschweren Strassenwalze verglichen werden. *Nasser* schaltete unerbittlich und schlau (Gesichtmimik) aus, was seinen Ideen im Wege stand und wirkte diktatorisch.

Die natürliche Ethik im Erwerb von Besitztum

Im Anschluss an unsere Studien über die Bedeutung des menschlichen Seitenhauptes für die Beurteilung des wirtschaftlichen Leistungsvermögens ist wohl die Frage berechtigt: «Gibt es eine natürliche Ethik im Erwerb?»

Die Beantwortung dieser Frage lehnt sich an Ausführungen *Huters* über seine Neue Ethik an.

Wie kann man erwerben?*

1. durch Erfindung und qualitative Arbeit.

Die Erfindung ist schöpferische Arbeit und sollte als höchstes Gut behandelt werden. In der qualitativen Arbeit liegt das Glück der Arbeit überhaupt, gleichgültig, welche Arbeit ausgeführt wird.

2. durch Macht.

Ein Mächtiger, z. B. ein kapitaler Geldgeber oder ein Konzern, kann durch die Macht des Kapitals fast alles an sich ziehen, was er will. Macht führt meistens dazu, dass das System erstarrt. Dann kann es von anderen überholt und verdrängt werden. Erwerb durch Macht führt leicht zur gewaltsamen Unterdrükkung von Unangenehmem, zu Zensur und Diktatur.

3. durch Betrug.

Wenn die Besitzgier gross, die Moral und das ethische Denken schwach sind, dann sinnt der Mensch auf Betrug. Verbrechen in kleinerem oder grösserem Massstab sind die Folgen.

Was ist Ethik im Erwerb?

Eine erste Antwort erhalten wir aus dem Aufbau des Seitenhauptes.

Über dem Areal der Anspannungsenergie liegt am Seitenhaupt das Areal des Selbsterhaltungstriebes. Diese von der Natur gegebene Entwicklung lässt erkennen, dass jeder Mensch ein Recht hat, für seine Lebenserhaltung und die seiner Angehörigen einzutreten. Er ist auch berechtigt, Mittel anzusammeln, die ihn vor zukünftiger Not und Lebensgefahr schützen, die ein glücklicheres Dasein und Lebensfreude verschaffen.

Huter bekämpft deshalb die Irrlehre, Kapital sei Diebstahl. Er meint im Gegenteil, Kapital sei Tugend. Jeder Mensch soll Kapitalist werden. Jeder Arbeiter sei Kapitalist, denn Kapital ist Ansammlung von Lebensgütern im Interesse der Lebenserhaltung, des Lebensfriedens und des Lebensglückes. Daher bekämpfe man lediglich den lebensfeindlichen Kapitalismus (Macht- und Raubkapitalismus), nicht aber das Kapital an sich, da es die grösste Lebenserleichterung bringt. Man schaffe Gesetze gegen die Machenschaften solcher Menschen, die mit Kapital menschenfeindlich umgehen und Menschenglück zerstören.

Die individuelle Persönlichkeit kann nicht von der Sache getrennt werden. Denn die Liebe zur Sache und zur Erhaltung ihres Wertes geht stets von Personen aus, daher lässt sich niemals alles Gut eines Volkes durch Verstaatlichen her-

* *Gedanken aus «Reformen für eine schönere, freiere Welt», Carl Huter, Carl-Huter-Verlag, CH-4142 Münchenstein*

renlos machen, ohne den Wohlstand des Volkes zu ruinieren. Der Güterverkehr darf keine Hindernisse haben, weder im Staate noch im Volkswirtschaftsleben.

Arbeite jeder fleissig und verdiene sich materiellen Wohlstand, denn dadurch wird er materiell frei und unabhängig und kann auch die idealen Güter, Kunst, Wissenschaft, gute Werke, Tugend und Religion unterstützen.

Alles materielle Gut ist in den Dienst des Idealen zu stellen, sobald die Lebenserhaltung gesichert ist. Das ganze Leben ist sinnlos, wenn es nicht ermöglicht, ideale Güter zu fördern.

Der Mensch kann aber nur so wirken wie es den inneren Energien und Impulsen entspricht, was physiognomisch als Anlage und Entwicklung zum Ausdruck kommt. Nur der geistig reife Mensch scheint zugleich reif zu Reichtum und Güterverwaltung! Der Entwicklung durch Bildung beider Geschlechter, in humanistischen, fachlichen und ökonomischen Belangen, ist deshalb auf allen Stufen hoher Wert beizumessen.

Aus ethischen Erwägungen heraus hätte der Mensch moralisch kein Recht, die Dinge zu verändern, ohne Besseres zu schaffen, ohne höhere Werte zu produzieren als vordem da waren. Vermag man Besseres zu schaffen, so tue man es mit Einsatz aller seiner Kräfte.

Das Erwerbsleben kann aus vielerlei Gründen (Arbeitssucht, Geldgier, Machtstreben) vom ursprünglichen Zweck der Lebenserhaltung abgleiten. Das Leben gipfelt dann im rücksichtlosen Erwerbs- und Machtstreben, was kaum eine glückliche Entfaltung zulässt; weder kulturell, geistig oder körperlich.

Nachfolgende Bilder erzählen etwas davon.

Immer sind es die Karikaturisten, die es verstehen, vorhandene Eigenschaften zeichnerisch zu übertreiben und so auch den Laien die Formensprache besser sichtbar zu machen. Die humoristisch-satirischen Zeichnungen amerikanischer Trustmilliardäre, hatte *Huter* in sein psycho-physiognomisches Lehr- und Unterrichtsmuseum in Leipzig aufgenommen. Sie zeigen Anlagen und Entwicklungen, bei denen Lebensglück kaum sichtbar wird.

Abb. 254 *Trustkönig Rockefeller*
Er hat eine Haut und ein Gewebe wie Leder, aus dem alle Gefühle, totenkopfähnlich, gewichen sind und Augen, die einen kalten, erbarmungslosen Intellekt zeigen. Das Kinn ist hart wie Elfenbein und der Mund blutleer und kalt wie Stein, er hat fast keine Lippen. Menschen, die diesen lippenlosen, scharf gezeichneten Mund haben, und die Kälte des Gefühles wie das hier der Fall ist, können äusserst hart handeln. Mit diesem Bild ist eine Entwicklung sichtbar gemacht, in welcher ein wesentlicher Teil der Empfindungsenergie zerstört worden ist.

Abb. 255 *Trustbegründer Morgan*
Finster und Furcht einflössend blickt er uns an. In dem patriarchalisch gescheitelten Haar drückt sich so etwas wie ein Apostel des Mammons aus. Die tiefliegenden, stechenden Augen verraten eine letztlich kleinliche, einseitig nach Macht sinnende Gedankenwelt. Eine enorm entwickelte sachliche Denkschicht, verbunden mit einer gewaltigen körperlichen und geistigen Kraft, sind an der

Abb. 254 Trustkönig Rockefeller

Abb. 255 Trustbegründer Morgan

unteren Stirnmitte und an der breiten Nase zu erkennen. Daraus entwickeln sich die Prinzipien der Trusts. Der Kiefer zeigt ungeheure Durchführungsenergie. Die Unterjochung und Ausbeutung menschlicher Arbeitskraft durch Macht und Gewalt wird an dieser Zeichnung auch psychisch spürbar.

So kann man sich einen Mafiaboss vorstellen. Wer im Film (durch Schauspieler dargestell) und am Fernsehen (das wirkliche Leben zeigend) solche Menschen beobachtet, wird feststellen, dass die vom Karikaturisten überzeichneten Formen im grossen und ganzen mit den im Film Dargestellten und mit den Lebenden gut übereinstimmen. Im Film ist es der Regisseur, der mit angeborener Menschenkenntnis Schauspieler und ihre Masken auswählt.

Abb. 256 *Ryan, Gas-Trust*

Dieses Bild könnte gleichsam den Charakter des giftigen Gases zum Ausdruck bringen. Den Augenausdruck können wir als den bösen, magi-

Abb. 257 Belmond, Strassenbahn-Trust

Abb. 258 McCarren, Bedienter der Trusts

schen und hypnotischen Dauerblick bezeichnen. Hier kommt eine Energie zum Ausdruck, die Menschen willenlos macht. Die lange und breite Gesichtsform mit dem breiten und flachen Schädel zeigt den nur elektromagnetisch-mediomischen Formtypus. Die Augenbrauen und deren Knick zum unteren Seitenhaupt zeigen den vollendeten Mephistozug, der sich im Erwerbsleben auswirkt (auch bei *Morgan* zu beobachten), ein gerissenes, berechnendes Denken, das zuletzt doch falsch ist. Die dicke untere Nase zeigt die äusserst robuste Genussfähigkeit. *Ryan* erträgt riesige Mengen an Flüssigkeit und fester Nahrung. Der harte Mundzug, das gewaltige Kinn und der breite Unterkiefer lassen die Unerbittlichkeit und die Rücksichtslosigkeit in der Durchführung erkennen.

Abb. 257 *Belmond, Strassenbahn-Trust*

Hier ist der schlaue, erst schmeichelnde und dann einwickelnde ausbeuterische Geist gekennzeichnet, der mit ausgesuchter Raffiniertheit und angeblicher Staatsfreundlichkeit immer mehr Eigentumsrechte an sich reisst. Die ganze Gefährlichkeit dieses Gesichts zeigt sich in der Asymmetrie der Formen und dem hartbreit herausgetriebenen unteren Seitenkopf über dem linken Ohr.

Abb. 258 *McCarren, Bedienter der Trusts*

Er hat ein langes, hageres Gesicht mit eingetrockneten Wangen, breite Jochbeine, hartförmige Ohren, einen verschlagenen Augenausdruck und einseitig hochgezogene Augenbrauen. Während die ersten drei Bilder offene Augen zeigen, die unheimlich real, nüchtern und fest den Gegenstand ins Auge fassen, so ist hier der Blick verschlagen, ausweichend und heuchlerisch. Die Wangen mit den scharfen Einschnitten und der Hals zeigen den Asketen, der sich nichts

Abb. 259
Heinrich Schliemann (1822–1890), ein sehr reicher Mann, der das Kapital zur Forschung einsetzte

gönnt, die langen, trockenen, blutleeren, schmalen und heruntergezogenen Lippen den gefühllosen Geist, der um des Geldes willen alle Wünsche der Trustkönige skrupellos erfüllt. Biegsam nach oben, unerbittlich nach unten.

Abb. 259 *Heinrich Schliemann (1822–1890), ein sehr reicher Mann, der das Kapital zur Forschung einsetzte*

Er begeisterte sich als Kind an den Berichten über Kunst und Kultur des alten Griechenlands, besonders durch Winckelmann. Dies war sein Schlüsselerlebnis, das ihn als Erwachsener dazu führte, die Ruinen von Troja zu suchen und auszugraben. Er lernte Kaufmann mit der Absicht, viel Geld zu verdienen, reich zu werden und dann seinen Jugendtraum zu verwirklichen. Er gründete Handelshäuser und Niederlassungen in Petersburg und an anderen Welthandelsplätzen und kam zu grossem Reichtum.

Aber er erwarb nicht nur um des Besitzes willen, sondern blieb seinem Jugendziel treu, lernte alte Sprachen und betrieb eingehende archäologische Studien. 1870, im Alter von fast 50 Jahren, begann er an der von ihm ausgewählten Stelle – von den Fachgelehrten verspottet, weil nach wissenschaftlichen Untersuchungen dort nichts zu finden sei – auf dem Hügel Hisarlik an der kleinasiatischen Küste zu suchen, fand die sagenhafte Stadt Troja und verwirklichte den Traum seiner Jugend. Allmählich wurde er anerkannt, machte mit grossem Erfolg Ausgrabungen auch an anderen Stätten der griechischen Historie, verfasste zahlreiche Schriften darüber.

Das Seitenhaupt *Schliemanns* ist die das Erscheinungsbild beherrschende Form. Es weist an seiner Basis über den Ohren bedeutende Kraft und Breite auf, steigt nach allen Seiten kraftvoll gerundet hoch auf und geht breit ins Oberhaupt über. In seinem oberen Teil erreicht es die grösste Kraft und hat einen runden

Übergang zur Stirn. In der ausgeglichenen Form von Seitenhaupt, Stirn und Gesicht ist ein Mensch zu erkennen, der so wirkte wie es die Ethik von Wirtschaft und Besitztumserwerb fordert.

Schliemann erwarb, um einem Ziel dienen zu können, das der Allgemeinheit dient. Er begeisterte sich an der Grösse und Schönheit der griechischen Kultur, um damit seinen Geist, seine Zeit, seine Mitmenschen und die Nachwelt zu bereichern. Er sammelte Reichtum an, um sein Ideal um so besser und vollkommener verwirklichen zu können, und er scheute keine Last, keine Mühe, keine Gefahr, er überwand Hohn und Verachtung. Er gab seinen Reichtum mit grosser innerer Befriedigung für das Ideal aus, in der Erkenntnis, ihn damit für alle Zeit nutzbringend anzulegen und blieb sich damit, ebenfalls in einem idealen Sinne, selbst treu.

Stets sollte der Erwerb und die Ansammlung materieller Reichtümer der Förderung von Kultur, Kunst, Wissenschaft und Religion dienen, und wer selbst nur oder vor allem in der Ansammlung materieller Güter stark ist, sollte sich diese Ethik des Erwerbs besonders zur Richtschnur nehmen, der höheren Wirtschaftlichkeit dienen und das Ideale fördern.

13. Das Oberhaupt

Die Gefühls- und Verinnerlichungsschichten

a) Soziales: Der Glaube an das Gute im Mitmenschen, die Art der Verbindung mit der geistigen Welt
b) Lebenssinn: Der Glaube an das Göttliche im All, die Art des Vertrauens zu einem idealen Leben
c) Lebenszweck: Die Festigkeit im moralischen Streben des Ich.

Aus den Beobachtungs- und Auffassungsschichten des Bewusstseins die an der Stirn zum Ausdruck kommen, hat sich das Verstandesleben Schicht für Schicht von den sinnlich-erkennbaren Dingen über Vorstellung und abstraktes Denken hinaus zum warmen höheren Vernunftdenken gesteigert. Die im Körper wirkenden energetischen Prozesse und die aus diesem aufsteigenden Energien, geleitet von der Liebesenergie, bringen das Tatleben und körperliche und berufliche Tüchtigkeit zur Entfaltung und steigern sich zum Bewusstsein über den Wert der eigenen Persönlichkeit. Dies geschieht vorzugsweise durch Ausbau des Kleinhirns und des hinteren Grosshirns.

Durch das Zusammenwirken von Verstandes- und Tatkräften mit den inneren Gefühlskräften erwachen die Anspannungs-, Erwerbs- und höheren Wirtschaftstriebe, die im idealen Verbesserungsstreben gipfeln. Dies vollzieht sich vorzugsweise durch Ausbau des seitlichen Grosshirnteils.

Die durch Ausbau und Verfeinerung immer umfassenderen und qualitativ gesteigerten Tat- und Verstandeskräfte und die aus dem Unbewussten aufsteigenden Empfindungsenergien, es ist der zunächst unbewusste Drang nach religiöser Betätigung, suchen und verlangen nach einem allseitig verbindenden und krönenden Abschluss. Diese Krönung aller Fähigkeiten wird im Oberhauptteil des Grosshirns als Gefühlsschicht aufgebaut. Die Nerven des inneren Gefühls- oder sympathischen Nervensystems sammeln sich im Mittelhirn. Von hier aus breiten sie sich kelchartig insbesondere im oberen und vorderen Grosshirn und damit im Ober- und Vorderhaupt aus. Je qualitativer und feiner die aus dem Körperinneren aufsteigenden Empfindungsenergien sind, um so reicher verzweigen sich auch die Endungen des Nervensystems in den bezeichneten Grosshirnpartien, und das Oberhaupt wird entsprechend breit, hoch und gerundet gestaltet. Sind die gesammelten Gefühls- und Empfindungskräfte des Körpers schwach, dann kann sich das Oberhaupt nicht so ausbauen, es bleibt schmal, flach, eckig, oder zeigt sich spannungslos, strahlungsarm, dumpf, leblos. Das Haar ist entsprechend fein oder gröber.

Vom Hinterhaupt, hinteres Grosshirn, her steigern sich die Persönlichkeitstriebe im Oberhaupt zum Gefühl des unvergänglichen Wertes der eigenen Wesenheit und damit zur Moral und zum Glauben an die Unvergänglichkeit und Unsterblichkeit des Ichs, auch höheres Selbst genannt, das in diesem Glauben höchste Steigerung und Idealisierung findet.

Von der Stirn, vorderes Grosshirn, her steigern sich die warmen Vernunftkräfte im Oberhaupt zum Gefühl vom Wert des Sozialen, des eigenen Volkes (Verbundenheitsgefühl), des ethisch Schönen und für den Glauben an die Unvergänglichkeit des Guten im Mitmenschen und in der Sozietät.

Aus diesen Idealbegriffen kristallisiert sich an der höchsten Stelle des Hauptes, dem mittleren Oberhaupt, die qualitativste Gefühlsschicht aus Denken (Stirn), Wollen (Hinterhaupt) und Werteschaffen (Seitenhaupt).

Diese Schicht ist wie ein Abschluss. Sie erscheint als das Ziel der Entwicklung: es ist der Sinn zum Erkennen umfassendster Zusammenhänge im Kosmos. Mit diesem Sinn können die allem Sein übergeordneten Ideale, eine höhere Welt, in die das Ich, die Mitmenschen, die ganze Natur eingebettet sind, erfühlt werden. Je tiefer und feiner das Empfinden mittels der Empfindungsenergie ist, umso stärker erschliessen sich Sein und Wirken der göttlichen Welt. Sein und Wirken wird zu eigenem Erleben und Erfahren und prägt sich unumstösslich auch ins Bewusstsein so veranlagter Menschen. Sie werden sich durch keine äusserlichen Argumente von dieser erlebten Wirklichkeit abbringen lassen und opfern sich wenn nötig für diese Wahrheit. Die von der vergeistigten Gefühlsschicht ausstrahlenden Empfindungen durchdringen den ganzen Menschen und geben ihm eine spezielle, hoheitsvolle Lebensart, jedoch keine Überheblichkeit und kein Herabsehen auf andere. Diese Energie wirkt bei solchen Menschen wie ein Schutzmantel gegen Unwürdiges, Gemeines, Niederreissendes. Von hier geht das Staunen über die Wunder der Natur aus, das viele, sachlich denkende und forschende Naturwissenschaftler erfahren und beschreiben. Es ist das Fühlen, das ihnen über ihren streng naturwissenschaftlichen Bereich hinaus höhere Ahnungen erschliesst und zur naturwissenschaftlich meist unbegründbaren Tatsache werden lässt. Ihre Erkenntnis und das Wissen vom Göttlichen in uns und um uns und auch jenseits alles dessen, was wir sinnlich wahrnehmen, also in der geistigen Welt, führt zur Verehrung alles Schönen und Vollkommenen und zum Streben nach dauernder Bindung mit dem Gipfelpunkt des Seins im All. Daraus entsteht eine natürliche Demut gegenüber der grossartigen Schöpfungskraft und der Vorsehung, eine natürliche Religiosität, die unabhängig ist von konfessionellem Denken.

Die Feinheit, Tiefe und Kraft der aus dem Körperinneren aufsteigenden Empfindungs-, Lebens- und Liebesenergie Helioda erschafft sich im Oberhaupt ihren Ausdruck. Ein voll entwickeltes Oberhaupt ist, bei entsprechendem übrigem Erscheinungsbild, somit auch Zeichen eines mit reicher Helioda-Quellkraft ausgestatteten sympathischen Nervensystems und eines zu voller Entfaltung gelangten Grosshirns.

Durch die inneren Gefühlskräfte gelangt der Mensch zu der Erkenntnis, dass nur durch die reale Steigerung und Entfaltung der eigenen Persönlichkeit der höchste Stand des Lebens erreicht wird, und dass die letzten Wahrheiten mit dem Verstand allein nicht erfasst werden können. Er fühlt, dass noch Höheres im All waltet, gelangt zu Glaube und Hoffnung, sucht nach Gotteserkenntnis und ordnet sein Ich in Ergebenheit einer höheren überirdischen Wesenheit unter. Das Erkennen einer höheren Macht stimmt ihn milde und weckt Mitgefühl und Hilfsbereitschaft gegenüber den Mitmenschen und allem Leben.

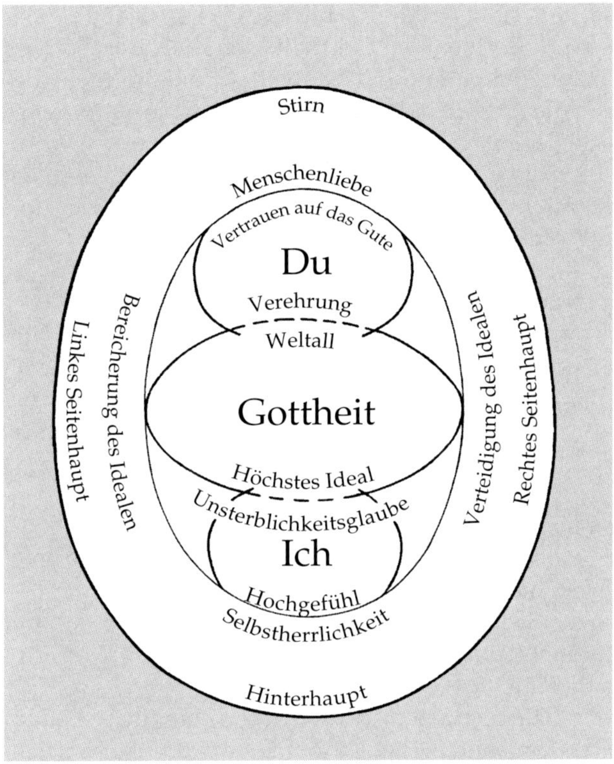

Abb. 260 Das Oberhaupt und die anschliessenden Schädelteile

Überblick über die Neuphrenologie des Oberhauptes

Abb. 260 zeigt das Oberhaupt mit den höchsten Gefühlskräften von oben. Im vorderen Oberhaupt kommen die sozialen Gefühlsschichten zum Ausdruck. Daraus ergibt sich das Vertrauen auf das Gute im Mitmenschen. Gegen die Mitte zu erkennen wir den Verehrungssinn. Mit diesem kann sich der Mensch in alles, was er als schön oder gut erkennt, versenken. Er verehrt die Natur oder geschaffene Werke und damit Gott. Am hinteren Oberhaupt können wir das Gefühl eigener innerer Grösse lokalisieren. Daraus ergibt sich das Moralstreben eines Menschen. Hier erkennen wir auch die Art der Anlage für den Unsterblichkeitsglauben. Am mittleren Oberhaupt, der natürlicherweise höchsten Stelle, erkennen wir den Sinn für Grösse, Überlegenheit und Macht des Höchsten, die Gottesliebe. (Stirn, Hinterhaupt und Seitenhaupt sind in Abb. 260 als Fläche projiziert und schliessen daher ringförmig um das Oberhaupt an.)

Aus der Art der Oberhauptbildung wird sichtbar, ob das persönliche, das soziale oder das religiöse Ideal vorherrscht, ob diese sich harmonisch verbinden und ausgleichen, oder ob diese Schichten mehr oder weniger unentwickelt sind.

Die Neuphrenologie Carl Huters sieht ein dreifaches Ideal: das Ideal des Ichs, das Ideal der Umwelt, das Du, und das Ideal der Gottheit. Das Ideal der Gottheit steht über dem der eigenen Persönlichkeit und der Umwelt. In diesem Ideal gipfelt alle geistige Entwicklung. Alle Erfahrung der Psycho-Physiognomik lehrt, dass der Glaube an das Göttliche aus der Art der Entwicklung der Gehirnorganisation und deren Geistestätigkeit hervorgegangen ist. Dieser Glaube ist ein natürlicher, sein Inhalt entspricht der Hirnentwicklung und untersteht deshalb einer noch andauernden Evolution.

Abb. 261 *Das Oberhaupt von vorne*
Die Art des Verstehens aus Weisheit und Liebe. Der Grad der Nachsicht, Milde, Sanftmut und Güte, des Mitleids und der Geduld. Der Glaube an das Gute im Mitmenschen, im Bestehenden und im Kommenden. Liberalität und Friedensliebe. Nachahmung und Verehrung idealer Vorbilder und Glaube an gute, helfende Geister und an die geistige Welt. Daraus entsteht Seelengrösse.

Abb. 262 *Das Oberhaupt von hinten*
Der Glaube an das höhere Selbst. Die Heldengrösse im Überwinden des niederen Selbsts. Der Grad der erreichten inneren Moral, Freiheit, Würde und Gerechtigkeit und des bewussten Beglückungsdranges. Das Todesahnen, der Teufelsbegriff und das Unsterblichkeitsbewusstsein. Daraus entsteht die Einsatzart der eigenen Person.

Die Zeichnungen Abb. 263 bis 264 zeigen auch die unterschiedliche Bedeutung der rechten und der linken Kopfseite. Diese kann manchmal unberücksich-

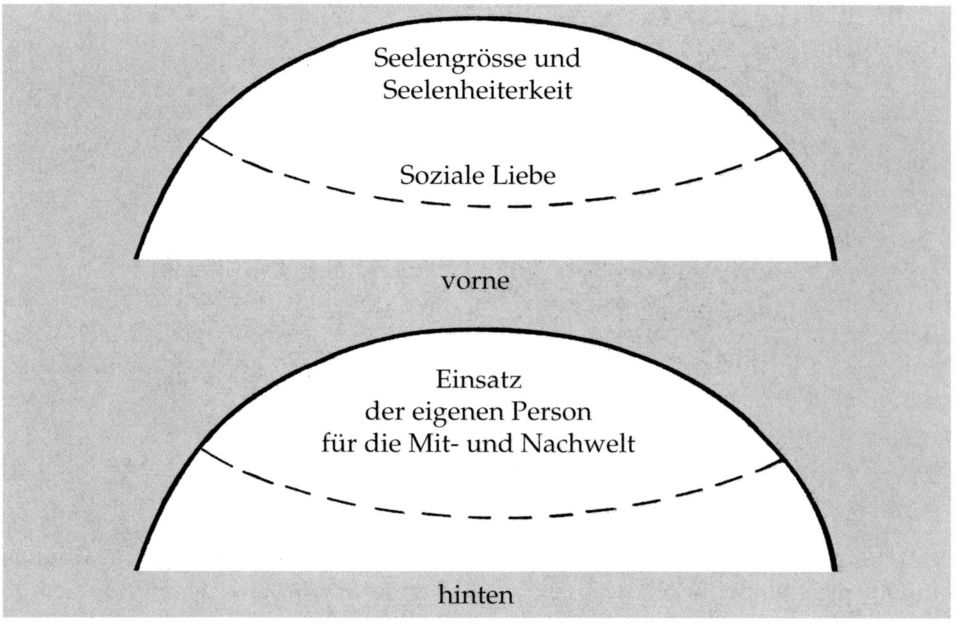

Abb. 261, Abb. 262 Das Oberhaupt von vorne und von hinten

tigt bleiben, klärt aber besondere psychologische und physiologische Sachverhalte besser auf.

Die linke Kopf-, Gesichts- und Körperhälfte des Menschen zeigt vorzugsweise die sensiblen, sympathischen und freien schöpferischen Liebes- und Gestaltungstriebe. Sie ist Ausdruck der rechten Gehirnhälfte. Die linke Seite ist demgemäss mehr Ausdruck der Verinnerlichung, der Liebe und des Glaubens.

Die rechte Kopf-, Gesichts- und Körperhälfte des Menschen zeigt vorzugsweise die Wehr- und Widerstandsgrundkräfte des physischen und geistigen Lebens. Sie ist Ausdruck der linken Gehirnhälfte. Die rechte Seite ist demgemäss mehr Ausdruck der Durchführung, der Erhaltung, der Kraft, des Schutzes und der Verteidigung.

Abb. 263 und Abb. 264 *Das Oberhaupt von links und rechts*

Das mittlere Oberhaupt offenbart die Gottesliebe und die Gottesbegeisterung, die Ehrfurcht vor dem Schönen und dem Göttlichen in allem, was lebt. Aus Glückseligkeit, Bereitschaft zu freudiger und umfassender Hilfe, zum uneigennützigen Ertragen der daraus entstehenden Unannehmlichkeiten. Aus Gottesverehrung durch Gebet und innerer Sammlung, Meditation, entsteht eine bewusste Verbindung mit dem kosmischen Allgeist. Daraus entsteht ein uner-

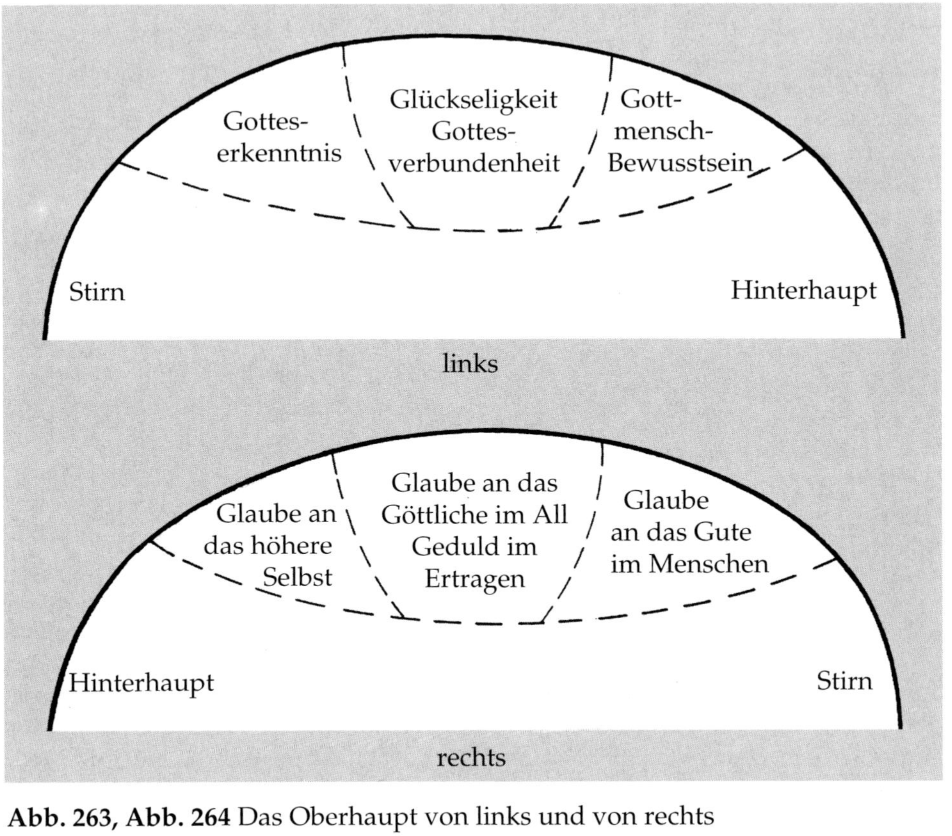

Abb. 263, Abb. 264 Das Oberhaupt von links und von rechts

schütterlicher Glaube an die allumfassende Liebe der geistigen Welt und der Vorsehung und es erwächst eine unendliche Geduld im Ertragen von Schwierigkeiten auf dem eigenen Lebensweg.

Einige Skizzen zum Oberhaupt

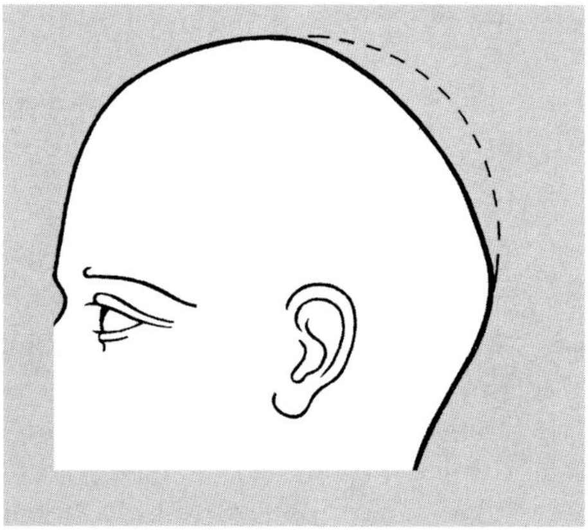

Abb. 265 *Die volle Entwicklung des vorderen und mittleren Oberhauptes*

Diese Form deutet auf starkes Wohlwollen, Mitgefühl und Teilnahme hin; es herrscht Idealität im Denken und ein starker Glaube an das Gute im Mitmenschen und im All. Jedoch ist das hintere Oberhaupt demgegenüber schwach und wenig ausgewölbt. Es besteht Mangel an Würde und am Gefühl der eigenen Grösse. Das Selbstvertrauen ist schwach, das Vertrauen in die Mitmenschen stark; von diesen wird mehr Leistungsfähigkeit erwartet als von sich selbst. Es besteht Neigung zur Unterordnung im Geistigen.

Ist bei diese Anlage das reale und kritische Denken (Unter- und Mittelstirn) nicht stark genug, dann besteht Vertrauensseligkeit, in welcher sich der Mensch materiell ausnutzen lässt und geistig durch Nachahmung dessen, was ihm kräftig genug suggeriert wird, in Abhängigkeit und Unfreiheit gerät.

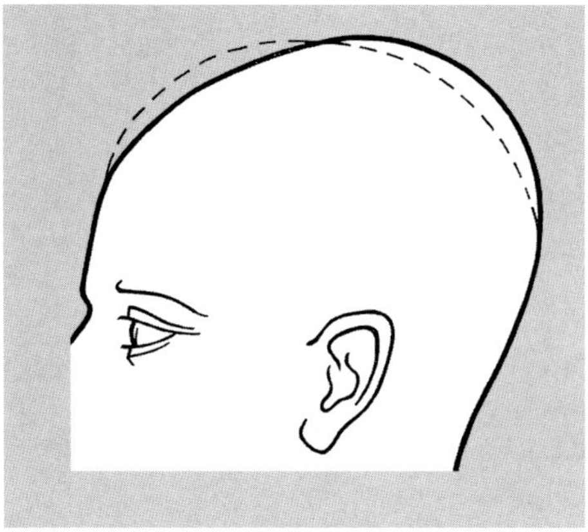

Abb. 266 *Das kräftig entwickelte hintere Ober- und obere Hinterhaupt das verhältnismässig starke mittlere Oberhaupt und das schwache vordere Oberhaupt*

Hier ist das persönliche Hochgefühl stark und auch das Vertrauen in das eigene Können und Wissen. Daraus entwickelt sich das Bewusstsein des eigenen unvergänglichen Wertes und der intensive Drang, andere durch die eigenen Ideen zu beglücken. Wie das mittlere Oberhaupt zeigt, ist auch das religiöse Fühlen vorhanden. Dieses wird vom starken inneren und äusseren Ich beeinflusst. Der persönliche Unsterblichkeitsglaube steht im Vordergrund, er ist stärker als der Glaube an die Gottheit, er ist auch stärker als das aktive soziale Gewissen, die sich aufopfernde Hilfsbereitschaft und die Menschenliebe.

Gott wird weniger als liebend, gütig, verzeihend aufgefasst, sondern als herrschend und mehr oder weniger als strafend, rächend, verdammend usw. So ist zu verstehen, dass mancher Theologe, mit dem starken vorderen Oberhaupt, mehr von dem alliebenden, allgütigen, alles verstehenden und alles verzeihenden Gott spricht, ein anderer, mit dem schwachen vorderen Oberhaupt, hingegen von einem unumschränkt herrschenden, strengen, Gehorsam und Unterordnung fordernden Gott, der Höllenstrafen und ewige Verdammnis für diejenigen bereithält, die nicht gehorsam an ihn glauben.

Auch die religiösen Vorstellungen sind an die innere Organisation des Menschen gebunden. Vielfach werden deshalb Vorstellungen aus alten Zeiten übernommen, da Herren und Knechte waren und entsprechende Normen der Gewalt und der Unterordnung herrschten. Solche Vorstellungen haben mit einem umfassenden religiösen Weltbild nichts zu tun, nichts mit der Gesamtheit höchster Erkenntnisse, die sich aus Gefühlsschichten entwickeln werden, wie sie in einem lang, hoch und breit ausgebauten Oberhaupt zum Ausdruck kommen.

Bei Abb. 193 finden wir das Überwiegen des persönlichen Unsterblichkeits- und Höherentwicklungsglaubens. Der Unsterblichkeitsglaube z. B. des Buddhismus drückt sich daher in der Wiederverkörperungslehre mit einer stufenweisen Höherentwicklung der Persönlichkeit aus. Der Gipfelpunkt dieser vorgestellten Entwicklung aber ist nicht die Gottesgemeinschaft wie bei *Huter,* sondern das Aufgehen im Nirwana.

Bei *Gandhi,* Abb. 201, ist die «gesteigerte Betätigung für die Mit- und Nachwelt» in der gespannten Wölbung des hinteren Oberhauptes sehr stark; es ist der beherrschende Charakterzug, der die Gesamtpersönlichkeit prägt und dem sich die weiteren Organe nachordnen.

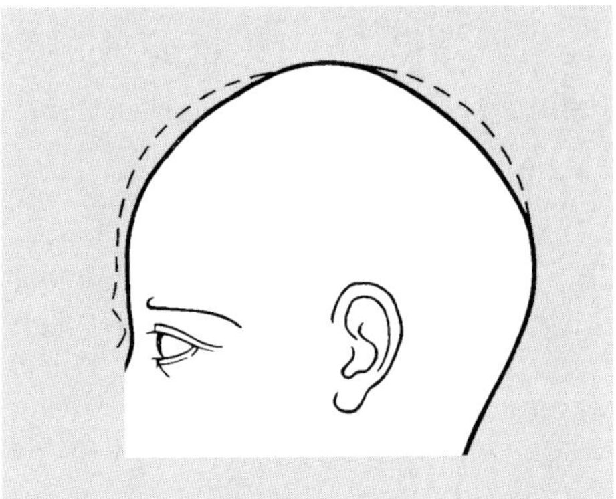

Abb. 267 *Das in der Mitte hohe und nach vorne und hinten schwache Oberhaupt*

Hier ist das religiöse Fühlen stark. Leicht kommt der Mensch bei solcher Veranlagung zu einer Gläubigkeit, bei welcher einseitige oder sektiererische religiöse Anschauungen die Oberhand gewinnen. Das ist besonders dann der Fall, wenn das Oberhaupt von vorne gesehen nicht breit genug ist.

Soziales, gesellschaftlich menschliche Gegebenheiten, und die eigene Persönlichkeitsentwicklung, bei schwachem Seitenhaupt auch die wirtschaftliche Entwicklung, werden vernachlässigt, oder gar satanisiert.

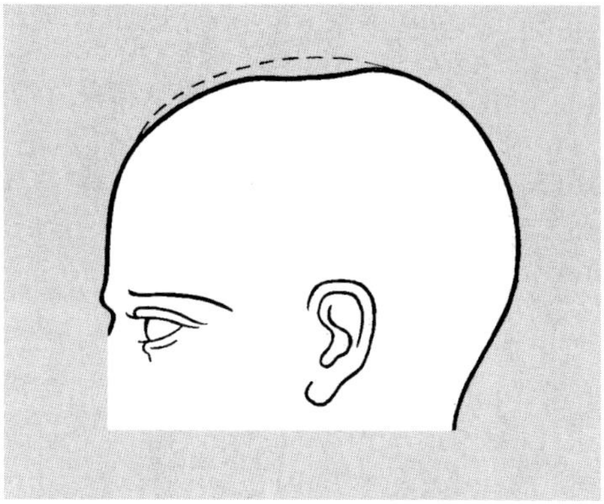

Abb. 268 *Das flache mittlere Oberhaupt*

Diese Formbildung weist darauf hin, dass positives Wohlwollen und aktive Sozialliebe (Vorderhaupt) vorhanden sind, die von der bewussten Ethik unterstützt werden, ebenso ist das Selbstvertrauen und die Gewissenhaftigkeit (hinteres Oberhaupt) gut entwickelt. Aber es bestehen wenig Möglichkeiten an der Existenz der Gottheit durch eigenes Erleben teilzuhaben; es mangelt an tiefer andauernder Begeisterungsfähigkeit z.B. beim Betrachten schöner Dinge oder dem Gefühl der starken Verbundenheit mit der geistigen Welt. Daraus kann Zweifel an der Existenz der Gottheit entstehen. Die Wahrheit über die Gottheit muss mit dem Verstand und durch Aussuchen geeigneter Vorbilder, denen man folgen kann, erarbeitet werden.

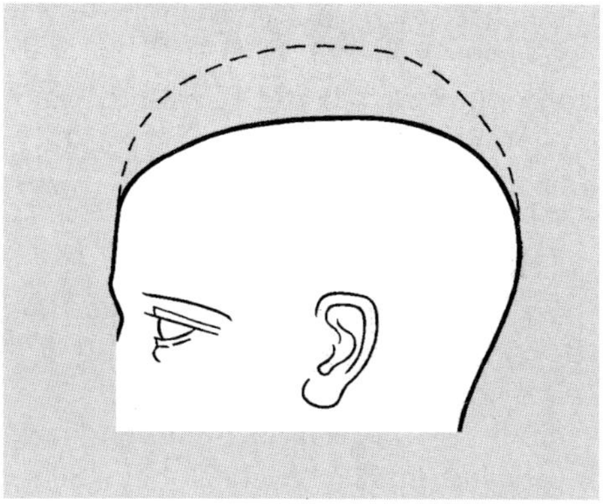

Abb. 269 *Der niedere Schädel mit dem schwachen Ausbau des gesamten Oberhauptes*

Hier fehlt zunächst das Gefühl des Verbundenseins mit dem All. Gefühlmässige Gotteserkenntnis und ideale Hochgefühle sind schwach, das Denken ist real und nüchtern. Gottesverehrung wird, wenn überhaupt, im Rahmen vorhandener Organisationen verwirklicht.

Vielfach entsteht aus solcher Veranlagung materialistisches Denken und eine Neigung zum Zynismus gegenüber dem Religiösen. Innere Wahrheiten, Gutes und Schönes wird entwertet. Es sind nicht nur die Leugner des Religiösen, sondern sie bestreiten und verachten auch alle höheren Werte. Durch Schicksalsschläge, Krankheiten können sie zum Nachdenken angeregt werden, was zum Suchen nach umfassenderem Denken und zum akzeptieren eines Vorbildes mit allseitig entwickelten Anlagen führen kann.

Kommen dazu zu grobe, schwere, breite, unausgeglichene Kopf- und Gesichtsformen, dann ist das ein Zeichen, dass der Mensch die warmen höheren Gefühlskräfte vollständig ausschalten kann. Wo nur die Potentiale roher Triebe der Tat und Gewalt wirken, da herrscht die Kriminalität (Abb. 237 und 239).

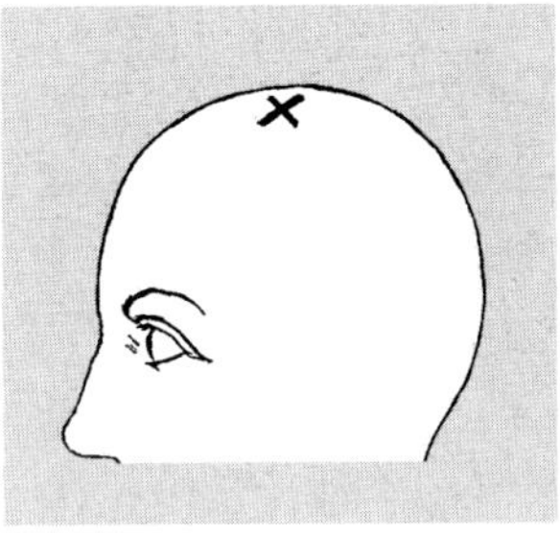

Abb. 270 *Das hohe, gewölbte Oberhaupt, bei dem das mittlere Oberhaupt die höchste Stelle ist*

Das Gefühl mit einer höheren Wesenheit verbunden zu sein ist hier stark. Daraus entsteht ein tiefe Religiosität und die Neigung, höchsten Idealen nachzustreben. Dabei ist der Persönlichkeits- und der Sozialsinn ebenfalls stark, aber sie sind der Allliebe nachgeordnet. Abb. 91 ist dafür ein Beispiel. Es ist das Erscheinungsbild des religiösen und frommen Menschen mit viel Festigkeit in der Überzeugung und mit starkem Sinn zur Verehrung des göttlichen Wirkens überall in der Natur. Solche Menschen sind bei allen Tätigkeiten immer irgendwie mit dem Göttlichen verbunden. Ihr Leben ist ein ständiges Gebet oder ständige Meditation.

In der darstellenden Kunst finden wir bei Madonnendarstellungen vielfach ähnliche Oberhauptbildungen. Das ist ein Hinweis, dass auch Künstler die höchsten Gefühlssinne der Verehrung und der Unterordnung unter das Göttliche im gerundeten Oberhaupt sehen. Bildende Künstler haben häufig ein tiefes und feines Gefühl für Zusammenhänge zwischen Form, Farbe, Strahlung und deren Aussagekraft. Sie erkennen damit intuitiv die innere Wahrheit des Formausdrucks.

Die künstlerische Gestaltungsart und ihre Betrachtungsweise ist immer auch Ausdruck der jeweiligen Anlage und Entwicklung.

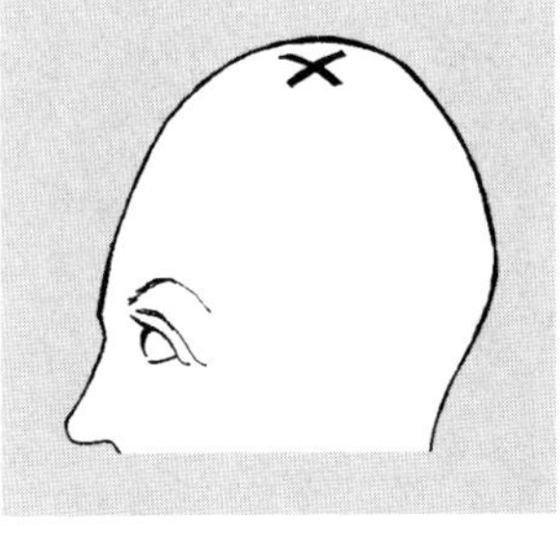

Abb. 271 *Die Höhe des mittleren Oberhauptes ist zu stark*

Es ist der sogenannte Turmschädel. Hier wird der religiöse Beglückungsdrang leicht zum menschenfeindlichen Fanatismus, dem sich alles unterordnen soll. Es werden fanatische, missionarische Ideen entwickelt und verfolgt. Ist dabei das Denkvermögen schwach, wird der Mensch zum blindlings glaubenden und folgenden Kirchen- oder Sektenanhänger.

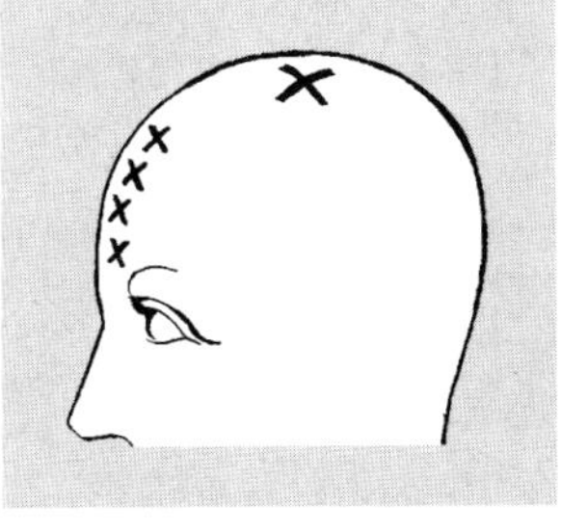

Abb. 272 *Eine gute Stirnbildung, bei starkem Oberhaupt, das von vorne gesehen breit ausgebaut ist*

Hier sucht der Mensch im Vergleich das richtige Urteil und die grundlegende Wahrheit in den Religionen und in der höchsten und letzten Erkenntnis; er ist duldsam, sucht sich das Beste aus den bestehenden Glaubenslehren heraus und macht nicht mit, was ihm ethisch nicht gerechtfertigt oder mit der Würde der Persönlichkeit nicht vereinbar oder unnatürlich erscheint. Der griechische Weltweise *Platon,* ist dafür ein hervorragendes und ideales Beispiel.

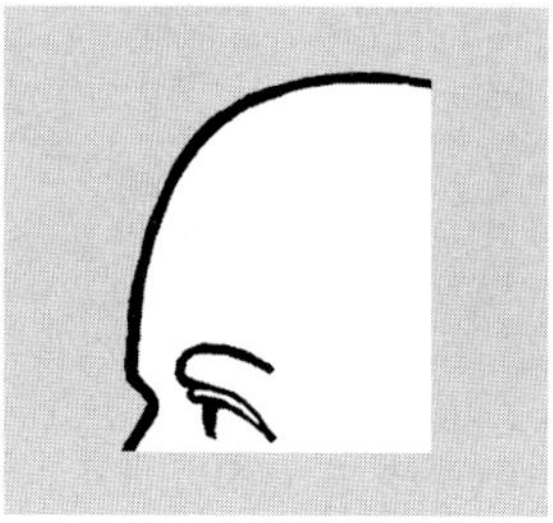

Abb. 273 *Das vordere Oberhaupt ist gut entwickelt*

Die sozialen Gefühle sind intensiv. Solche Menschen beschäftigen sich gerne mit sozialen Problemen aller Art. Das Interesse richtet sich auf Personen, Gesellschaften und ihre Kultur, z. B. Archeologie, soziale Zustände und Gegebenheiten. Dies entspringt einem starken unbewussten ethischen Streben, aus dem heraus innere Werte höher eingeschätzt werden als Äusserlichkeiten. Auch die Stirn ist in allen Schichten gut entwickelt. Das bedeutet, dass hier auch mit den Bewusstseinsschichten intensiv erkannt wird und die Gefühle, die schon eine starke innere Gewissheit vermitteln, die wissenschaftlichen Forschungsresultate unterstützen.

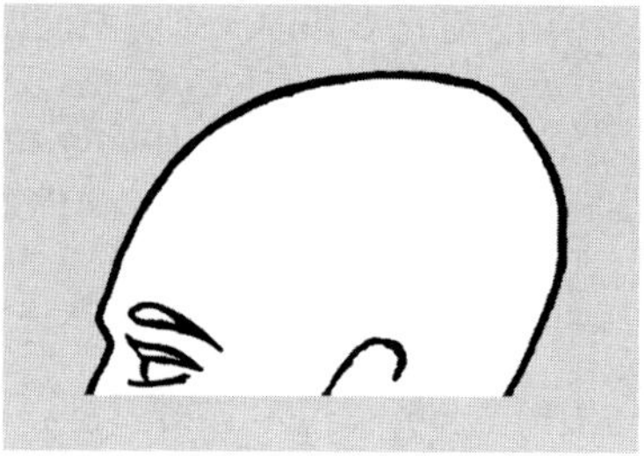

Abb. 274 *Das hintere Oberhaupt ist stark*

Das Streben ist auf die Vervollkommnung und Erhöhung der eigenen Person ausgerichtet. Der Beglückungsdrang ist stark. Das ist so zu verstehen, dass aus dem Hochgefühl und den eigenen Ideen der Wille entspringt, andere an den eigenen Ideen teilnehmen zu lassen, sie davon zu überzeugen, sie damit zu «beglücken». Ob solches durch liebevolle Belehrung, Beeinflussung oder mehr oder weniger durch Zwang und Gewalt versucht wird, darüber geben Vorderhaupt und Gesichtsbildung Aufschluss. Bei *Friedrich Lienhard,* Abb. 63, erfolgt der Beglückungsdrang liebevoll und ohne Zwang. Menschen ohne soziales Fühlen und ethisches Denken zwingen anderen die eigenen Ideen mit Gewalt auf. Im letzteren Fall ist der Beglückungsdrang gewissermassen in das Gegenteil verkehrt, es ist ein Drang, das «Glück» auch unter Zerstörung bester Werte durchzusetzen. Jesus lehrte die Liebe als das Höchste; die mittelalterliche Inquisition aber verübte im Namen dieser Lehre die schrecklichsten Verbrechen. Gewalt und Unfreiheit sollten Menschen zum Glück verhelfen, welch ein Anachronismus!

Es ist ein Irrtum, dergleichen ausschliesslich als Zeiterscheinung erklären zu wollen. Zu jeder Zeit lag es in erster Linie am Menschen mit seinen Anlagen und deren Entwicklung! Es ist immer der Mensch, der das Wissen der Zeit gemäss seinen Reaktionsmöglichkeiten zum Wohle oder zum Schrecken anderer einsetzt.

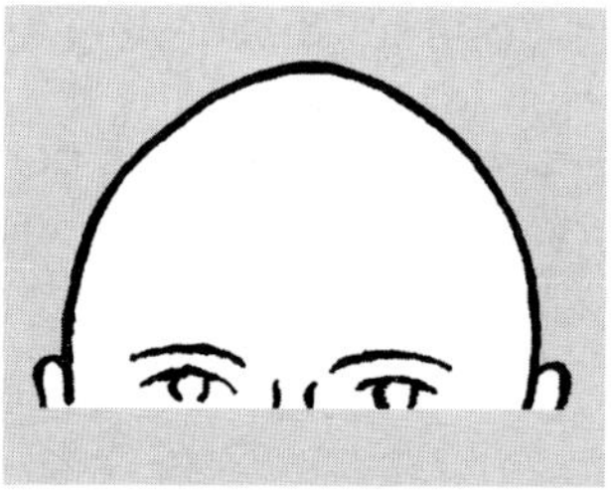

Abb. 275 *Der von vorne schmale und mehr spitz zulaufende Oberkopf lässt gewissermassen wenig Spielraum*

Der Mensch neigt zum Einheitsglauben und zum Glauben an einen isolierten Eingott. Ist dabei die höchste Erhebung am hinteren Oberkopf, dann ist die Selbstgerechtigkeit stark, Gewissen und Vorsicht aber sind eng begrenzt. (Abb. 231: Der Abgebildete, über dessen Lauterkeit an sich kein Zweifel besteht, machte sich in den fünfziger Jahren als Vorkämpfer für die Wiedereinführung der Todesstrafe einen Namen.)

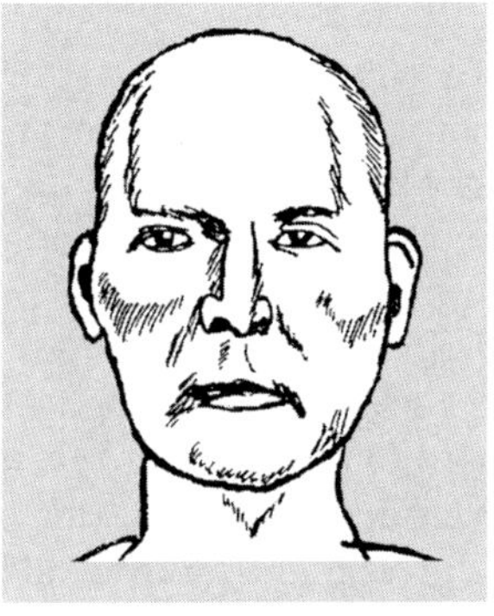

Abb. 276 *Ein Krimineller mit hohem Oberkopf*

Bei solchen liegt meist ein Verbrechen aus Hang zum Abenteuer vor (bei Abb. 422 und 499 zutreffend). Das kriminelle Element des Charakters ist im Gesicht zu suchen (Augen, Mund, Mittelgesicht, Untergesicht, dumpfe Gewebe, Ohrform).

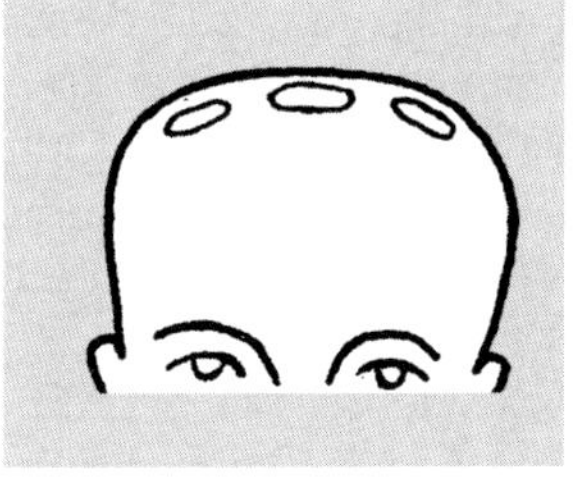

Abb. 277 *Das breite Oberhaupt*

Hier zeigt sich Mitgefühl und Teilnahme. Im vorderen Oberhaupt sind das Vertrauen auf das Gute, Wohlwollen und Mitgefühl breit angelegt, daher sind «Friedensliebe, Liberalität» und der «gute Glaube an das Kommende» stark. Nach dem Hinterhaupt zu ist, bei gleicher Breite, die Gefühlsanlage für Gerechtigkeit, zur Vorsorge und zur Gewissenhaftigkeit gegeben. Es besteht ein grosser Unterschied zur Anlage der Abb. 275.

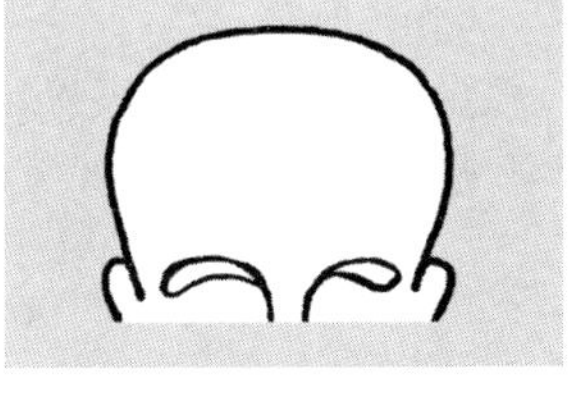

Abb. 278 *Bei Dichtern finden wir häufig den breiten Oberkopf*

Im breiten Oberkopf zeigt sich ein vielseitiger, weltoffener und wohlwollender Geist, reiche Phantasie und Seelenheiterkeit. Der Vermehrungstrieb für ideale Güter ist stark, aber auch der Übermut gegen Feinde und Gefahren. Aus solcher Anlage wurden Dichter zu grossen Helden und Förderern von Frieden, Freiheit und Menschlichkeit (Abb. 247).

Abb. 279 Gleich neben dem Verehrungssinn (○) liegt das Areal für Hoffnung und Seelenheiterkeit (●). Beide hängen eng zusammen und haben auch Beziehung zu dem «guten Glauben an das Kommende». Daher haben Menschen mit breitem vorderem Oberhaupt Hoffnung, Glauben an die Vorsehung, an Bestimmung und den Schutz durch Engel und gute Geister.

Materialisten fehlt der Verehrungssinn meist. Sie werden leicht Pessimisten, haben geringes Vertrauen in die Vorsehung und sichern sich daher materiell gerne doppelt und dreifach ab. Sie vernachlässigen jedoch die Sorge um die geistigen Werte und das ethische Wohlergehen.

Abb. 280 *Eine Oberhauptstudie nach einem Gemälde «Die Kirchgängerin»*
Der Kopf ist geneigt, die Oberlider senken sich ganz herab – der Künstler hat darin die Abkehr von der materiellen Aussenwelt und die Hinwendung auf das innere seelische Erleben zum Ausdruck gebracht. Der Scheitel betont das hohe und gewölbte Oberhaupt mit dem starken Verehrungssinn für das Höchste in der Natur und zeigt die Anlage für das religiöse Fühlen. Auch das vordere Oberhaupt ist sehr schön gebaut. Durch das feine, schlicht zur Seite fallende Haar ist die differenzierte Belebtheit dieser Partie besonders betont. Die bewusste Ethik ist stark und damit die Bereitschaft zu bewusst gutem tugendhaftem Handeln, zur Nachahmung edler Vorbilder und zum Glauben an die Vorsehung und das Wirken guter geistiger Wesen.

Mit dem Haar, das die seitliche Oberstirn bedeckt und nur deren mittlere Partie freigibt, hat der Künstler zum Ausdruck gebracht, dass sich das Fühlen und Handeln ganz auf die Verehrung des Höchsten konzentriert. Die Stirnbildung und das Gesicht zeigen, dass exaktes Wissen und Erkennen über die Vielfalt und Tiefe von Leben und Geist wenig interessiert. Rein gefühlsmässige Erkenntnisse stehen im Vordergrund des Seins.

Vollendung und ein intellektuelles hohes Niveau, etwa wie bei *Platon*, Abb. 96, ist in dieser Erscheinung nicht zu finden. Das gefühlmässige Erfassen der inneren Wahrheiten ist aber vorbildlich entwickelt und in den Formen dargestellt.

Abb. 280 Eine Oberhauptstudie nach einem Gemälde «Die Kirchgängerin»

Der Thorwaldsen-Jesus

Albert Thorwaldsen, der grosse dänische Bildhauer des 19. Jahrhunderts, hat neben vielen anderen innig und schlicht empfundenen Bildwerken (auch die Venus, Abb. 4, stammt von ihm) eine prachtvolle, überlebensgrosse Christusgestalt in Marmor geschaffen.

Jesus war der bedeutendste Geistesmensch, den die Welt gesehen hat, nicht in der realen Erkenntnis der Natur, sondern in der Erkenntnis des göttlichen Geistes. Nur die tiefe Liebe kann die Menschen echt glücklich machen. Im Streben nach dieser Liebe werden sie zu würdigen Gotteskindern. *Jesus* war nach der Definition *Huters* ein Gottmensch.

Die bildende Kunst hat nun ein Recht zur Idealisierung solch seltener Menschen. Die Gestalt des Thorwaldsen-Christus strahlt die Physiognomie der göttlichen Natur und ihre lichtvolle Erhabenheit aus, zugleich aber auch die Demut und Ergebenheit in das Schicksal und in die göttliche Vorsehung.

Die Abb. 281 und 282 zeigen, dass der Künstler das Oberhaupt in höchster Vollendung gebildet hat. Das Höchste ist fraglos die Gottheit. Diese zu erleben und innerlich zu fühlen geschieht mit dem Gehirnteil an der höchsten Stelle des Oberhauptes. Hier zeigt sich, wie sich der Mensch innerlich mit dem Weltall und der Gottheit verbunden fühlen kann.

Huter schrieb sinngemäss: «Wie man an Köpfen und Gesichtern von Kriminellen das Dumpfe, Kalte, das Unsymmetrische und Verzerrte wahrnimmt, was dem Sehenden jedes Vertrauen auf das Gute nimmt, so wirkt das Jesusgesicht *Thorwaldsens* vertrauenerweckend; es ist edel, schön, feingeistig, hoheitsvoll und das Oberhaupt geradezu vollendet schön.»

Die hohe Wölbung des Oberhauptes, sowie die volle Breite desselben, auch die Länge des gewölbten Scheitels lassen verstehen, dass *Jesus* sich bewusst und intensiv mit der Gottheit verbunden fühlte, er fühlte sich als ein Kind Gottes, und lehrte seinem untrüglichen Wahrheitsempfinden nach, dass alle Menschen Kinder Gottes sind und daher zur höchsten Entwicklung bestimmt.

Ganz wunderbar entspricht das schön geformte Vorderhaupt der Geisteshaltung und Lehre *Jesu*: darin kommt die umfassende Liebe und Sorge und das Interesse für die sozialen Gegebenheiten aller Menschen zum Ausdruck.

Auch das hintere Oberhaupt, in welchem die Sinne für das Wohlergehen des eigenen geistig-körperlichen Ichs liegen, wohl zu unterscheiden von dem materiellen körperlichen Ichgefühl – oberes Hinterhaupt – ist sehr schön und breit entwickelt. Das Wohl des körperlichen Ichs ist dem Wohl des geistigen Ichs in folgerichtiger Wertung unterstellt. Alle Formen sind abgewogen und unter sich in grosser Harmonie. Dies zeigt die Ausgewogenheit des Denkens und Fühlens. Das mittlere Oberhaupt ist höher, plastisch wunderbar schön geformt. *Jesus* ordnet sein eigenes Ich, seinen eigenen menschlichen Willen einem höheren Willen, dem Willen Gottes unter. Sein Vertrauen in die göttliche Führung ist so unendlich und unerschütterlich, dass er alles Leiden dulden und ertragen kann. *Thorwaldsen* drückt dies aus im breit gewölbten Oberhaupt und in der Gestik der Demut eines wahren Gottmenschen und des allumfassenden Beschützers.

Abb. 281 Jesus nach Thorwaldsen

Menschen mit qualitativen Gehirnzentren im mittleren Oberhaupt können um ihrer Ideale willen alles erdulden und tragen. Sie opfern, wie es Beispiele vieler Märtyrer zeigen, ihr eigenes Leben und entfalten für ihre religiösen Ideale einen Heldenmut sondergleichen.

In dem breiten Oberhaupt und der hohen Qualität der Form zeigt sich der unumstössliche Wille und die gespannte Kraft, für das Selbsterfahrene zu kämpfen und zum Schutze der idealen Güter alles zu tun, um abzuwehren, was diesen hinderlich ist.

Carl Huter schrieb: «Alle heiligen Menschen waren religiöse Genies, die sich am engsten an das Göttliche angeschlossen haben, welche die Welt, die Familie, den Wohlstand, die Ehren, den Rang und alles hingegeben haben, um zum Höchsten und Heiligsten, zur Gottheit zu gelangen. Solche Menschen sind bewundernswert, sie erwecken die tiefste Verehrung aller guten, aber auch den ärgsten Hass aller niedrigen Menschen. Bei allen den heiligen Menschen finden wir dann das Grossartige, Wunderbare: Je mehr sie verfolgt, geschmäht, verleumdet und verklagt wurden, desto weltverachtender, welterbarmender und gottseliger wurden sie. Ihre Seele nahm eine Hoheit und Reinheit an, welche nur der begreifen kann, der das Wesen des Göttlichen zu verstehen vermag.

Abb. 282 Jesus nach Thorwaldsen

Zu diesem Verstehen gehört nun eben die höchste Bildung, die Vollendung der geistigen Entwicklung. Da diese im Oberhaupt ihre Vollendung findet, so vermag das wahrhaft Erhabene, das letzte Geheimnis nur der zu erleben, welcher ein allseitig voll ausgebautes, plastisch ausgerundetes Oberhaupt hat. Jemand, der dieses nicht hat, ist ein religiös inkompetenter Mensch, für den es nichts Wichtigeres gibt, als diese Schwäche durch religiöse Wahrheitsforschung zu beseitigen.»

(Zitat aus «Illustr. Handbuch der Menschenkenntnis», Carl-Huter-Verlag, Münchenstein, S. 188.)

Thorwaldsen zeigt uns mit den Mitteln der bildenden Kunst das höchste Ideal von Natur, Leben, Mensch und geistiger Entwicklung. Er kennzeichnet damit auch *Jesus* als eine der Autoritäten, an welche Menschen sich halten sollten. Er ist ein Vorbild, das sich weniger durch Wissen in der Naturwissenschaft auszeichnet, aber das höchste Wissen das es gibt, *die Liebe ist zentral,* erkannt und erfahren hat.

14. Die Verbindungsachsen

Das Verhältnis von Anlage und Verwirklichung
Liebes-, Konzentrations, Tätigkeits-, Willens- und Moralimpulse

Die Impulse, welche bei der Analyse an Ober- und Hinterhaupt erkannt werden können, müssen in einen Zusammenhang mit dem Gesicht gebracht werden. Die Kunst des Physiognomikers besteht darin, Merkmale irgend welcher Art im Zusammenhang mit anderen Merkmalen und dem ganzen Potential und seiner Entwicklung zu sehen.

Huter hat mit der Kraftrichtungsordnung die hauptsächlichsten Verbindungsachsen und ihre Korrespondenzen bestimmt, und dargestellt. Diese Achsen erleichtern es, die einzelnen Eigenschaften in Art und Auswirkung richtig zu bewerten. Wir erhalten damit ein Verhältnis zum Gesicht und seinen Aussagen und sehen gewisse Schwerpunkte, die bei der Gesamtanalyse zu berücksichtigen sind.

Die Achsen sind gedachte Linien durch das von der Seite gesehene menschliche Haupt. Abb. 283 zeigt deren Verlauf an einem in den Formen ausgeglichenen sog. Norm-Kopf. Am einen Pol der Korrespondenzachse erkennen wir eine bestimmte Anlage, am anderen Pol die Art wie diese ausgelebt wird. Durch die Achsen im menschlichen Haupt ergeben sich Schwerpunkte der Fühl-, Denk- und Umsetzungsschichten. Die von den Achsen bezeichneten Vorderhauptpartien korrespondieren mit Tatimpulsen, die vom Hinterhaupt ausgehen. Die Achsenverhältnisse zeigen demgemäss Gewichtsverhältnisse der einzelnen Schichten.

Achsenverlauf:

1. die **Liebesachse** verläuft vom unteren Hinterhaupt zum vorderen Oberhaupt.

2. die **Festigkeitsachse** verläuft vom hinteren Oberhaupt (also höher als die Willensachse) zum unteren Kinn.

3. die **Willensachse** verläuft vom oberen Hinterhaupt zum vorderen Kinn.

4. die **Tätigkeitsachse** verläuft vom unteren Teil des oberen Hinterhauptes zum oberen knöchernen Teil der Nase, dem Nasenbein.

5. die **Konzentrationsachse** verläuft vom Mittelpunkt des Hinterhauptes zum Mittelpunkt des Stirn-Nasen-Übergangs, unmittelbar über der Nasenwurzel.

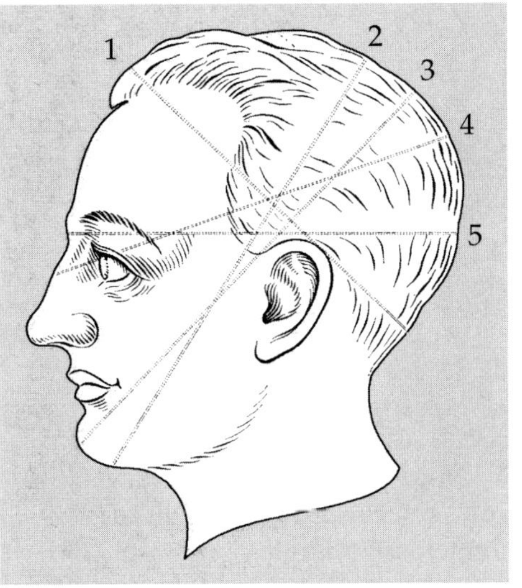

Abb. 283 Die Achsenlagen

Bei der Beurteilung bewerten wir in erster Linie das proportionale Längenverhältnis der Achsen. Ist eine der Achsen so lang, dass sie gegenüber den anderen auffallend hervortritt (das ausgeglichene Proportions-Verhältnis ist durch den Normkopf gegeben), so zeigt sich damit ein besonderes Gewicht dieser sich hier spiegelnden Wesensart.

Achsen in ihren Charakteristiken und deren Bedeutung

Die Liebesachse

Es handelt sich bei den Endungen der Liebesachse um zwei Bezirke des menschlichen Seins, in denen sich vor allem die Art der sozialen Beziehungsschicht zur Umwelt ausdrückt. Wenn sich diese ethisch auf hohem Niveau befindet, ist die soziale Beziehungsschicht von tiefer Liebe getragen. Die Bezeichnung «Liebesachse» für diese gedachte Linie zwischen unterem Hinterhaupt und vorderem Oberhaupt zieht alle diese Möglichkeiten zu einem Ausdruck zusammen.

Am unteren Hinterhaupt bewerten wir den Sinn zur Freude am Kleinen, die Handgeschicklichkeit, die Geschlechtskraft, die Gatten- und die Kinderliebe und die Geselligkeitstriebe. Am vorderen Oberhaupt erkennen wir die stärke der Gefühlswelt, die zum «Du» führt, die Menschenliebe, das Wohlwollen, die Herzensgüte, die Hilfsbereitschaft, die zu humaner, sozialer, nationaler und internationaler Gesinnung des Menschen führt.

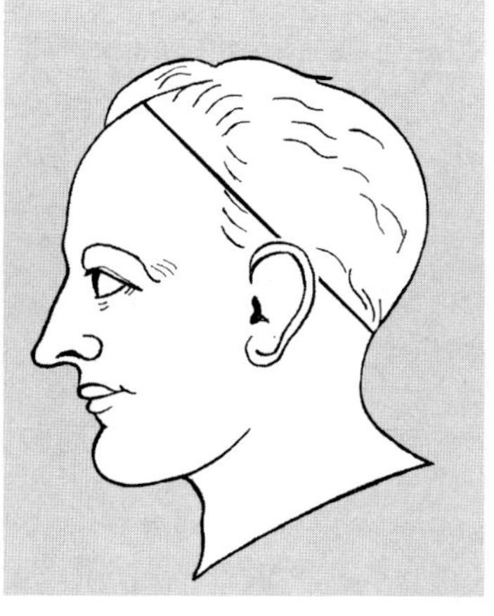

Abb. 284 *Ein harmonisches, in allen Teilen gut ausgebildetes Profil*

Die Liebesachse ist im Verhältnis zu den übrigen Achsen normal lang. Entsprechend hält sich die Liebesbetätigung in einer ausgeglichenen Form.

Abb. 285 *Die lange Liebesachse*

Diese entsteht durch eine starke Ausbildung der um beide Pole der Achse gruppierten Schädelpartien des unteren Hinterhauptes und des vorderen Oberhauptes.

Mit dem gut entwickelten Sinn für das Kleine, Feine und Schutzbedürftige (unteres Hinterhaupt) geht das entsprechende Mitgefühl (vorderes Oberhaupt) einher; die Gatten- und die Kinderliebe verbindet sich mit Herzensgüte und Hilfsbereitschaft. Der Sinn für die Gemeinschaft wird von bewusster humaner Gesinnung und von viel Wohlwollen unterstützt. Die mehr triebhaften Liebes-

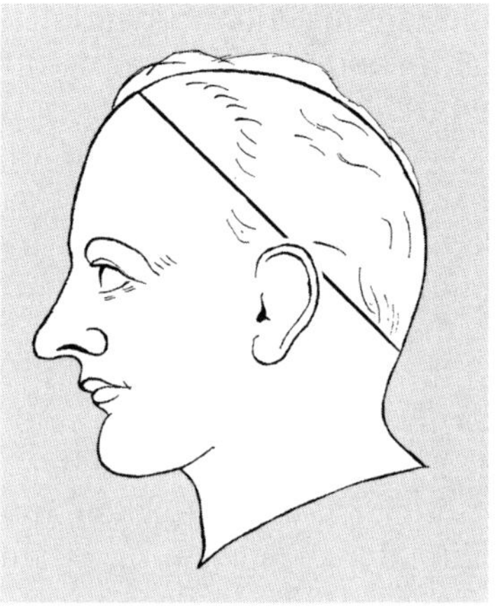

impulse, die am untern Hinterhaupt zum Ausdruck kommen, und das ethisch fühlende Liebesleben sind etwa gleich stark entwickelt. Der Mensch ist in diesem Falle gutmütig und hilfsbereit, sein Denkleben wird von menschlicher Güte bestimmt, er ist einsichtig und friedliebend. Er tut Gutes um des Guten und nicht um eines Vorteils oder einer Gegenleistung willen.

Seine Gütigkeit kann auch ausgenutzt werden. Er neigt leicht zu der irrtümlichen Annahme, bei allen anderen Menschen würden die Handlungen ebenso wie bei ihm aus innerer Anlage, in selbstverständlicher Liebe getragen. Er muss Andersartigkeit bewusst erkennen lernen, will er sich infolge seiner Erwartungshaltung vor zu grossen Enttäuschungen bewahren. Daher ist für ihn Menschenkenntnis nötig. Liebe kann sich nur dort dauernd entfalten, wo sie auch empfunden wird. Die Basis und die Anlagen für das Gedeihen der Liebe sind physiognomisch erkennbar.

Man kann den Menschen mit der langen Liebesachse mit Recht als den «Liebesmenschen» bezeichnen. Er hat grosses Verständnis für alles Lebendige und Schutzbedürftige, liebt Pflanzen (vor allem Blumen), Tiere und Menschen und kann niemandem ein Leid zufügen ohne dies selber als schmerzlich zu empfinden. Männer mit der langen Liebesachse entfalten grosse Güte und dauerndes Verständnis für Kinder und sind daher besonders als Erzieher geeignet. Häufiger findet man die lange Liebesachse bei Frauen. Diese sind dann sehr mütterlich, fürsorglich und erziehen in Liebe.

Menschen mit dieser Anlage sollten sich Sozialberufen, der Pflege, der Erziehung und den vielen Möglichkeiten der Säuglings-, Kinder-, Jugend- und Erwachsenenfürsorge zuwenden.

Ihr für sie richtiges Führungsmodell gründet auf Motivation durch Verständlichmachen von Ideen und in der Kontrolle von gemeinsam mit Mitarbeiterinnen und Mitarbeitern vereinbarten, leistungsbezogenen Zielsetzungen.

Immer wieder gibt es Menschen mit kurzer Liebesachse, die trotz ihrer deutlich erkennbaren Indisposition sozial ausgerichtete Berufe und Berufe mit pflegerischen Aufgaben ergreifen. Dafür gibt es gemäss den Erkenntnissen aus der Tiefenpsychologie* entsprechende Gründe. So wird manchmal versucht, Erfahrungen und Erlebnisse aus der Kindheit auf diese Weise zu verarbeiten, oder Erwartungshaltungen geliebter Personen zu befriedigen. Doch anstatt Lebensfreude, Lebenslust und Lebensmut zu geben, überfordern diese Berufe solche Menschen, die aus innerer Anlage besser für andere Berufe geeignet gewesen wären: Ohnmacht, Trotz, Lebensfeindlichkeit und seelische Entbehrungen, Überforderung und Neurosen sind die Resultate für die Betroffenen. Verantwortungsvolle

* *Eugen Drevermann, «Kleriker» dtv*

Eltern, Vorgesetzte und Berater ermutigen nur Anlagenmässig entsprechend disponierte Menschen zu einem sozialen Beruf. Auch jeder andere Beruf kann, mit Talent ausgefüllt, tiefe innere Zufriedenheit auslösen.

Diese Ausführungen weisen deutlich darauf hin, dass auf Grund praktischer Menschenkenntnis eine segenbringende Art der Berufsberatung möglich ist. Das Erkennen der eigenen inneren Struktur gibt sichere Lebensgrundlagen, auf denen mit Überzeugung und Kraft eine Berufsausbildung gestaltet und aufgebaut werden kann.

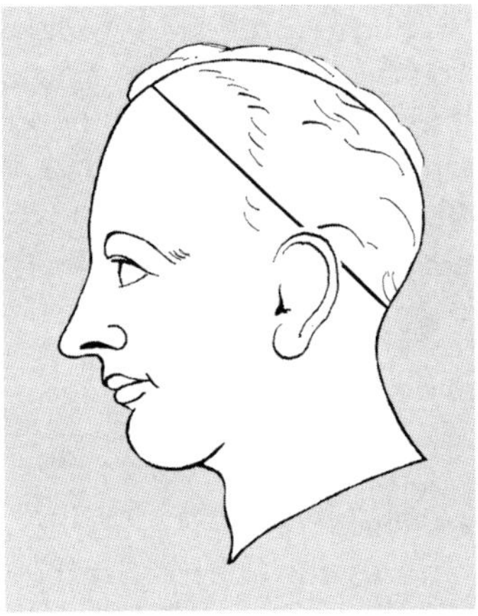

Abb. 286 *Die in ihrem oberen Teil lange Liebesachse*

Sie ist zum zart ausgebildeten Nacken hin kurz. Hier überwiegt der bewusste, geistige Liebesimpuls, wie er aus der Betonung der ethischen und sozialen Denk- und Gefühlsschichten des vorderen Oberhauptes und der Oberstirn abzuleiten ist. Menschen mit dieser Veranlagung sind fähig, ihre Lebensaufgabe ganz in der Fürsorge für andere zu sehen und dabei die eigenen Lebensbedürfnisse und -erwartungen weitgehend zurückzustellen. Es ist die Veranlagung der glücklichen, selbstlosen, bescheidenen, stets liebes- und hilfsbereiten Kinder- oder Krankenschwester, der Ordensschwester, die aus innerer Anlage auf vieles verzichtet, des Fürsorgers oder des allgemein beliebten Pfarrers, der das gesprochene Wort der Liebe, ohne grosse Bedrängnis durch körperliche Triebe, selber leben kann.

Blättern wir zurück und betrachten Abb. 125, so erkennen wir die nach vorne lange Liebesachse, die nach hinten gleichzeitig kurz ist. Man kann also nur noch bedingt von einer vorherrschenden Liebesachse sprechen, da ja die Anlagen des einen Pols schwach sind. Stark sind das Wohlwollen, die Menschenliebe, das Mitfühlen und die Hilfsbereitschaft. Da aber die Tatkraft gleichzeitig schwach ist, so erschöpft sich das Wohlwollen mehr im Mitleid. Dieser Mensch neigt allerdings auch zur Selbstaufopferung und zu Fehlern aus Güte.

Abb. 287 *Der Begründer der SOS-Kinderdörfer, Hermann Gmeiner*

Leicht ist die lange Liebesachse zu erkennen. Die Anlagen, die sich rund um die Pole der Liebesachse zeigen, sind besonders stark, so dass sie dem ganzen übrigen Wesen des Menschen ihren Stempel aufdrücken. In allen seinen Handlungen kommt die grosse Kinderliebe, der starke Heim- und Familiensinn, das grosse Wohlwollen, Güte, Menschenfreundlichkeit, Fürsorglichkeit und sozialer Sinn zum Ausdruck.

Die SOS-Kinderdörfer sind nach den Ideen *Gmeiners* gegründet und so aufgebaut, dass mehrere Häuser dorfähnlich zusammengefasst sind. Die Bewohner, heimatlose Kinder und Vollwaisen, leben unter Obhut und Leitung einer «Hausmutter». So sind die Familien zu Familiengemeinschaften pro Haus, einzelne

Abb. 287 Der Begründer der SOS-Kinderdörfer, Hermann Gmeiner

Häuser zu Dorfgemeinschaften zusammengefasst. *Gmeiner* wollte mit seiner Idee den Kindern eine Bleibe geben und gleichzeitg zu einem weitgehend echten Familienleben mit Bezugspersonen verhelfen. Zweifellos brachte ihn seine entsprechende eigene starke Anlage auf diese Idee, und die starke bewusste Ethik und das ausgeprägte soziale Gewissen zur beharrlichen Verwirklichung.

Die lange Liebesachse findet sich auch bei den Abb. 129 und 130. Dagegen ist die Liebesachse bei den Abb. 131 und 133 kurz und die gekennzeichneten Anlagen sind schwach, der Mensch hat nicht die starke Liebesfähigkeit und den Du-Beglückungs-Drang.

Die Willensachse

Die Willensachse hat den ersten Pol am oberen Hinterhaupt, hier bewerten wir das Persönlichkeitsstreben, den Willen zur Tat, der Drang nach Unabhängigkeit, das Selbstwertgefühl, das reale Hochgefühl, das Streben nach Erhöhung der eigenen Person.

Am vorderen Kinn (zweiter Pol), erkennen wir den körperlichen Impuls, die Angriffsenergie und den Willen. Diese Anlagen sind also Gradmesser der Willensschicht der eigenen Persönlichkeit, die von Huter gewählte Bezeichnung «Willensachse» konzentriert diese Anlagen in einem Ausdruck.

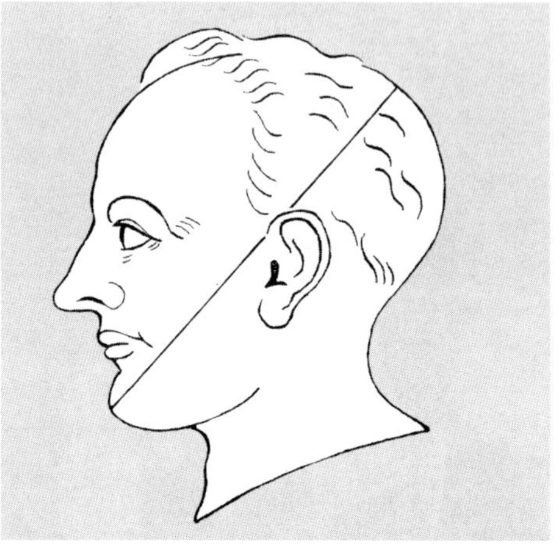

Abb. 288 *Die ausgeglichenen Proportionen und eine im Verhältnis normal lange Willensachse*

Es ist gut, wenn man sich diese Norm einprägt und vor Augen hat, so sind die Abweichungen von dieser am sichersten zu erfassen.

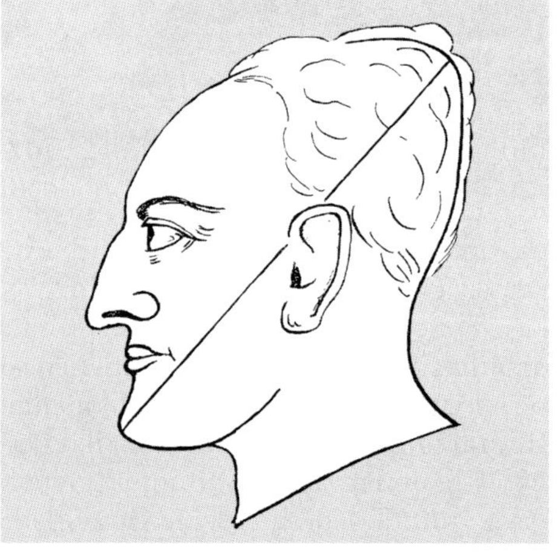

Abb. 289 *Die lange Willensachse*

Der Mensch mit dieser Kopfform ist stark und unnachgiebig in der Durchsetzung seines Willens. Er zwingt diesen anderen auf, er kann sich nicht unterordnen, sondern will unbedingt herrschen. Die Liebesachse ist im Verhältnis kurz. Die Eigenschaften, die daraus entstehen, sind daher umgekehrt wie die dort gekennzeichneten: nicht Demut und Hingabe, sondern Stolz und reales Hochgefühl vom Wert und von der Bedeutung der eigenen Person leiten den Menschen. Ist die Oberstirn flach, dann kann das Selbstwertgefühl zur Überheblichkeit werden. Die Kontrolle darüber, wo die eigene Person in der Gesellschaft in Wirklichkeit steht, geht leicht verloren. Sein Führungsmodell besteht aus harten Befehlen, die Situation beherrschen, Diktieren ohne Widerrede, sich mit Kraft durchsetzen.

Die lange Willensachse entsteht auch durch das kräftige und vortretende Kinn. Fortwährend gibt der auch hier sichtbare starke Impuls den Antrieb zur Betätigung der Persönlichkeitsimpulse. Die Erhöhung der eigenen Person ist Hauptanlass zu dieser Tätigkeit, Voreiligkeit ist oft die Folge. Hat man Gelegenheit, den Menschen mit der langen Willensachse einige Zeit zu beobachten, so ist man erstaunt, mit welcher Selbstverständlichkeit er Gefälligkeiten, Freundlichkeiten, Hilfeleistungen entgegennimmt. Er bedankt sich nicht, sondern lässt sich nur huldvoll herab, etwas anzunehmen und glaubt, bei ihm in Gunst zu stehen, bedeute Dank genug.

Das übrige Hinterhaupt ist bei langer Willensachse meistens flacher. Dann sind Tüchtigkeit, Fleiss, Arbeitsfreude, Emsigkeit für handwerkliche Arbeiten eher mittelmässig, werden aber bei weitem ersetzt durch das Bewusstsein des eigenen Wertes, des Standes, des Titels oder irgendeines Privilegs. Der Betreffende unterscheidet sich damit von seinen «gewöhnlichen» Mitmenschen. Eine gehobene Stellung erreicht er rasch, da der Ehrgeiz die Handlungen beherrscht, und alles Streben nach äusserer Anerkennung der eigenen Person geht. Man kann sich so auch die Mentalität der Ordensträger und Titelmenschen erklären, denen diese Dinge fast alles bedeuten. Früher war die Schädelbildung mit der langen Willensachse häufig bei Vertretern des Adels zu finden. Durch die Vernachlässigung von Handarbeit und gewerblicher Tätigkeit, durch das Wohnen in Schlössern und auf Burgen, und auch das Reiten war ein Ausdruck des Herrschens «auf das Volk herab sehen». Das Wohlwollen, die Güte, die Hilfsbereitschaft, die Bescheidenheit des eigenen Ichs traten nur momentweise oder vorübergehend auf.

Dadurch wurden die Pflichten, die für den echten Adel selbstverständlich sind, vernachlässigt, die Pflichten, mit seinen guten Fähigkeiten dem Volk zu dienen, es zu schützen und ihm als echtes Vorbild zu erscheinen. Der Sturz des plichtvergessenden Adels war dann nur noch eine Frage der Zeit. Zum echten Herrschen gehört die entsprechende Anlage, die lange Willensachse genügt bei weitem nicht.

Durch das Erkennen der beiden Achsen erhalten wir die Grundlage zum Verständnis der unterschiedlichen Charakterimpulse und der Fähigkeitspotentiale bei den Liebes- und bei den Willensmenschen, bei den «Du»- und bei den «Ich»-Menschen. Wir erkennen auch, dass das Übergewicht der einen Achse das Gewicht der anderen mehr oder weniger ausschliesst. Finden wir eine Achse im Proportionsverhältnis besonders ausgeprägt, dann wissen wir, dass der Mensch bestimmte hervorstechende Eigenschaften hat, denen sich alle anderen Anlagen gewissermassen erst zugesellen und bei- oder unterordnen.

Abb. 290 *Ein Vertreter des eben geschilderten Adels*

Die sehr lange Willensachse beherrscht besonders typisch das Profil. Das obere Hinterhaupt ist sehr stark hochgetrieben, aber mehr spitz und weniger breit. Gleichzeitig ist das Kinn sehr lang und kräftig und zeigt Eckenkraft und Härte. (Diese Härte liegt auch am Mund, an der grossen, nach aussen gebogenen Nase, an der abgeflachten Stirn und in den Geweben.) Demgegenüber ist die Liebesachse sehr kurz. Solche Menschen stellen die eigenen Interessen unbedingt in den Vordergrund. Sie gehen mit grosser Willens- und Tatkraft vor, sind hart, rücksichtslos und unverbindlich und finden es selbstverständlich, dass ihr Wille herrscht. Demgegenüber sind die Liebesimpulse zu schwach, und das allgemeine Wohl der «gewöhnlichen Bürger» findet in ihren Überlegungen wenig Raum.

Abb. 291 *Die sehr lange Willensachse*

Ein Mann aus einer asiatischen Rasse. Er gehört der herrschenden Klasse eines ostasiatischen Landes an. Wir erkennen bei diesem Mann an den beiden Polen der Willensachse eine ausserordentliche Spannkraft, man möchte sagen, eiserne Härte. Das Streben nach hoher, einflussreicher Stellung ist selbstverständlich. Er geht dabei mit nicht erlahmender Tatenergie vor. Dies lässt auch der hart und breit gespannte Unterkiefer erkennen. Der Mensch mit der langen

Abb. 290 Die lange Willensachse

Abb. 291 Die sehr lange Willensachse

Willensachse nimmt es durchaus in Kauf, nach oben zu gehorchen, wenn er nur in seinem Bereich herrschen kann.

Interessant ist der im Verhältnis flache mittlere Hinterkopf und ein kraftvolles unteres Hinterhaupt welches entsprechende Triebimpulse zeigt. Trotzdem ist die Liebesachse verhältnismässig kurz. Das Wohlwollen ist schwankend und wird zuerst von den Liebesimpulsen aus dem unteren Hinterhaupt (Kleinhirn) genährt. Die gerade Linie des Hinterhauptes zeigt auch Unbeweglichkeit und entsprechendes Festhalten an den eigenen Ideen. Die allgemeine Körpergeschicklichkeit ist nur mässig entwickelt. Die Fusstatimpulse sind hingegen stark. Nicht die eigene Geschicklichkeit ist für den Berufserfolg massgebend, sondern die Fähigkeit, andere zu dieser Arbeit anzuhalten und ihre Resultate mit würdigem Dank entgegenzunehmen. Das erscheint den stark Ich-bezogenen Willensmenschen hinsichtlich ihrer Karriere nicht als Mangel, sondern als Führungsqualität und sie schieben sich nach vorne und oben, gebend den Ton an und das wird meistens akzeptiert.

Abb. 292 und **Abb. 293** *Gegensätze der Liebes- und der Willensachse*

Die Einzeichnungen zeigen die hervorstechenden Merkmale des Charakters.

Entwicklungsgeschichtlich könnte der gegensätzliche Formbau etwa so erklärt werden: dem alten Adel waren andere Arbeiten aufgetragen als körperlich zu arbeiten. Solche Arbeit galt bald als nicht standesgemäss. Der «Herr» ging aufrecht und stolz erhobenen Hauptes einher, und entwickelte hauptsächlich die Beintätigkeit. Damit stärkten sich die entsprechenden Impulszentren des oberen Hinterhauptes, das Gefühl eigener Grösse oder das Selbstwertgefühl, der Stolz, die Festigkeit und der Wille zum Herrschen. Der Adel hat als Führer und Beschützer seiner Untergebenen viel geleistet und zum Teil Grosses vollbracht. Die Vertreter des Adels mit den hoch entwickelten Hinterköpfen verstanden zu herr-

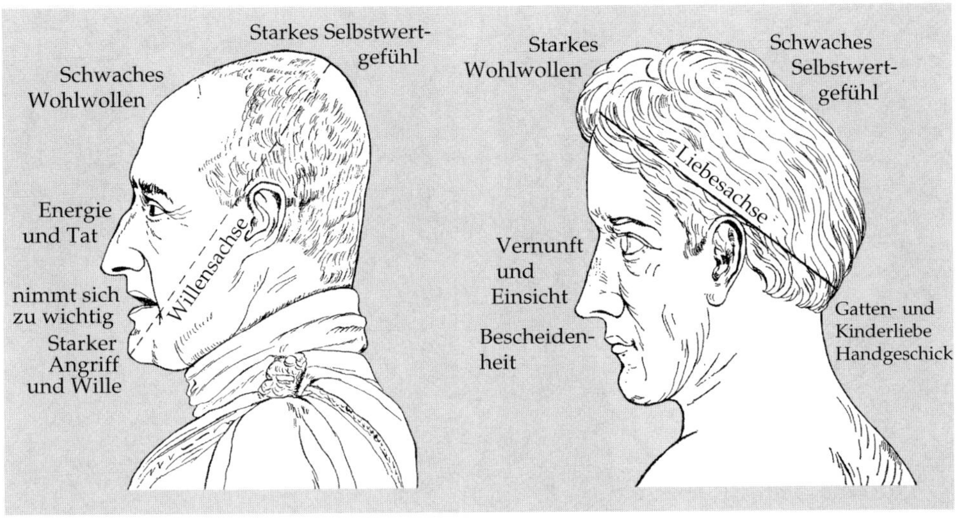

Abb. 292 Der Ich-Mensch **Abb. 293** Der Du-Mensch

schen und sich zu behaupten. Doch im Laufe vieler Generationen, der Adel heiratete nur unter sich, wurde die Erbmasse einseitig, häufig hat sich daraus eine Überentwicklung herausgebildet, der sogenannte «Feudalschädel», was bei Abb. 290 sichtbar ist. Dies ist gleichbedeutend mit starker Einseitigkeit, das Mitgefühl ist degeneriert, die Pflichten des Adels wurden vergessen, was viel zu seinem Verschwinden beigetragen hat. Leider hat das Volk bei der demokratischen Wahl seiner neuen Vorgesetzten nicht immer eine glückliche Hand gezeigt.

Der Leibeigene, der Knecht und der Bauer musste sich ducken und bücken und fleissig mit den Händen und Armen arbeiten. So entwickelten sich oft einseitig die Schulter-, Arm- und Handgeschicklichkeit und damit der untere und mittlere Hinterkopf. Dabei blieb das Selbstbewusstsein zu schwach, und in der energischen Wahrnehmung der eigenen Interessen für Selbsterhaltung und Selbstbehauptung waren diese Volksteile durch Veranlagung und Vererbung den Herrschernaturen unterlegen. Das zu schwache Selbstbewusstsein ist auch eine Einseitigkeit, ein Charaktermangel. Solche Menschen vernachlässigen sich selbst und ihre eigenen Interessen, und dadurch auch die ihrer Angehörigen, trotz übergrosser Güte. Sie sind bescheiden, stehen zurück und fördern damit auch nicht gerade das Allgemeinwohl. Im Gegenteil: in ihrer unangebrachten Bescheidenheit fördern sie auch noch, wenn auch unbewusst, die Disharmonie in ihrem eigenen Stand und unterstützen die Ausbeutungssucht der selbstherrlichen Menschen.

Das rechte Mass liegt daher auch hier in der Mitte. Menschenkenntnis führt dazu, die Art des Selbstwertgefühls bei sich und anderen zu erkennen und durch geeignete körperliche Betätigung (Beintätigkeit) zu stärken oder durch geistige Arbeit zu dämpfen. So könnte eine ausgeglichene Zusammenarbeit zum Wohle der gestellten Aufgabe und der Gesellschaft entstehen.

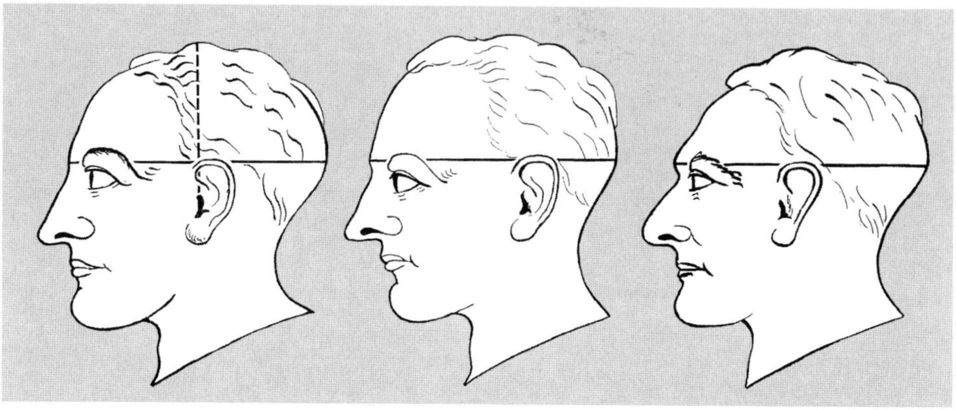

Abb. 294 **Abb. 295** **Abb. 296**

Die Konzentrationsachse

Die Konzentrationsachse hat ihre Pole am mittleren Hinterhaupt, wo Kraft und Geschicklichkeit des mittleren Körpers sichtbar werden, und an der Nasenwurzel, wo die konzentrierte Erfassungskraft, geistige Ruhe und Übersicht zum Ausdruck kommen.

Die Konzentrationsachse wird in einen vorderen und einen hinteren Abschnitt geteilt. Der Teilungspunkt ist der Ohreingang. So bildet sich zusätzlich ein Verhältnis von Vorder- und Hinterhaupt zueinander. In Abb. 294 ist die horizontale Konzentrationsachse durch eine vertikale Hilfslinie geteilt. Nach vorn zu – von der Senkrechten ausgehend – zeigt sich die Fähigkeit zur Bewusstseinskonzentration, nach hinten zu die körperliche Konzentrationsfähigkeit.

Abb. 294 Die lange Konzentrationsachse entsteht durch die plastische Auswölbung des Hinterhauptes und durch die stark Bildung der Unterstirn und den plastischen Bau der Nasenwurzel. Sie zeigt, dass der Mensch zufolge dem starken motorischen Impuls körperlich gewandt ist und dank der starken Bewusstseinskraft geistig leistungsfähig. Er kann die etwa gleichstarke körperliche und intellektuelle Leistungsfähigkeit ausgezeichnet miteinander verbinden. Er entfaltet grosse körperliche und geistige Ausdauer; es fällt ihm leicht, sich auf beide Arten der Tätigkeit zu konzentrieren und ausdauernd geistig und körperlich zu arbeiten.

Abb. 295 *Die vom Ohreingang aus nach vorne lange, nach hinten kurze Konzentrationsachse*

Dies zeigt eine bevorzugte Entwicklung des vorderen Grosshirns und demgegenüber eine schwächere Ausbildung des Kleinhirns und des hinteren Grosshirns. Der Mensch eignet sich für geistige Tätigkeit, auf diese kann er sich gut konzentrieren, dahin geht sein Interesse, dafür hat er Lust und Liebe. Dagegen interessiert ihn körperliche Arbeit wenig, er empfindet daran wenig Freude, entfaltet dabei nur wenig Geschick, und es fehlt auch an der entsprechenden Kraft.

Abb. 297 Der Physiker Prof. Karl F. v. Weizsäcker

Abb. 298 Die nach hinten lange, nach vorne kurze Konzentrationsachse

Abb. 296 *Die nach hinten sehr lange, dagegen nach vorne verhältnismässig kurze Konzentrationsachse*

Hier besteht das umgekehrte Verhältnis im Bau von vorderem Grosshirn, vom Kleinhirn und hinterem Grosshirn. Der Mensch bringt weniger Kraft, Ausdauer, Geduld und Lust für geistige Tätigkeit auf. Um so besser eignet er sich für körperliche Arbeit. Er hat die nötige Kraft dazu, Ruhe und Sicherheit, er weiss, wo er anfassen muss, und mit Lust und Liebe geht er an schwierige, Ausdauer und körperliche Konzentration erfordernde Aufgaben. Der Abgebildete hat eine sehr gute Beobachtungsfähigkeit und würde sich ausgezeichnet als Landwirt, Förster oder Bauarbeiter eignen.

Abb. 297 *Der Physiker Prof. Karl F. v. Weizsäcker*

Er hat die nach vorne sehr lange Konzentrationsachse. Das zeigt die Kraft des vorderen Grosshirns, die Neigung zu geistiger Arbeit und die Fähigkeit, sich in dieser stark zu konzentrieren – ein geistiges Problem ausdauernd und gründlich zu durchdenken. Gleichzeitig ist der zum oberen Vorderhaupt verlaufende Teil der Liebesachse lang; es besteht daher auch eine Vorliebe, menschliche Probleme philosophisch und ethisch zu bearbeiten und sie mit viel Wohlwollen und einer gewissen Sorge zu durchdenken.

Abb. 298 *Die nach hinten lange, nach vorne kurze Konzentrationsachse*

Den Gegensatz zu dem vorhergehenden Bild zu erkennen, fällt nicht schwer: die Konzentrationsachse ist nach hinten lang und nach vorne kurz. Dementsprechend liegt die Hauptkraft im hinteren Hirn, und es besteht Kraft, Ausdauer, Neigung und Konzentrationsfähigkeit zu körperlicher Arbeit. Hierin kann er sich voll einsetzen und hat Erfolg.

Während bei Abb. 297 der vordere Gehirnschädel gross ist und das Gesicht im Verhältnis klein, sehen wir bei Abb. 298 das grosse Gesicht und den kleinen vorderen Gehirnschädel.

Auch bei der Beurteilung der Konzentrationsachse kommt es darauf an, den übrigen Schädelbau, Strahlung und Spannung in den Geweben des Gesichtes, der Haare und der Augen und die Haltung des Körpers zu sehen und zu bewerten. Wo es an Strahlung und Spannkraft mangelt, fehlt auch die innere Kraft zu entsprechender Betätigung. Ist die Form nur mässig, aber grosse Spannkraft darin, dann zeigt sich dort Leben, Betätigung und die Bewertung ist entsprechend. Menschen mit insgesamt langer Konzentrationsachse bezeichnet man auch als Langschädel, es sind vielfach Tatmenschen. (Leistungsvergleiche wie immer auf gleichem Niveau vornehmen.)

Die Tätigkeitsachse

Die Tätigkeitsachse hat ihre beiden Pole am oberen Hinterhaupt, jedoch unterhalb der Willensachse, dort, wo Abb. 184 «Sicheres Auftreten – Unternehmungslust» verzeichnet und wo aus der Berufstüchtigkeit das Bewusstsein über den Wert des eigenen Könnens erwächst, und am Nasenhöcker, wo Tätigkeit und Fleiss und einerseits der geistige Impuls, anderseits die Stärke des Knochensystems und das motorische Wollen zum Ausdruck kommen.

Abb. 299 *Die lange Tätigkeitsachse*

Dieser Mensch will mit ganzer Kraft, sowohl körperlich wie intellektuell tätig sein. Starker motorischer Impuls und energischer geistiger Antrieb paaren sich und lösen grosse Ausdauer in der Tätigkeit aus. Der Mensch ist fleissig. Auf Grund der durch die Achse angedeuteten Korrespondenz mit der Berufstüchtigkeit und dem Bewusstsein des eigenen Könnens und der Wichtigkeit seiner Arbeit, wird das Auftreten sicher.

Der Mensch mit der langen Tätigkeitsachse ist ein Vorgesetzter mit rastlosem Einsatz. Er ist z. B. in Industrie- und Gewerbeunternehmen durch die geschilderten Eigenschaften und den energischen Willen zur Tätigkeit gut in der Lage, anderen Vorbild zu sein und sie zu begeistern und anzuleiten. Er ist aus innerem geistigem Antrieb tätig und kann sich frei und ohne Zwang von aussen mit grosser Hingabe seinen Aufgaben widmen; daher kann er auch eine Sache gut nach aussen hin vertreten, denn er bringt sich und seine Angelegenheiten energisch zur Geltung.

Abb. 300 *Die lange Tätigkeitsachse*

Dr. Kreyssig setzt sich mit grosser Hingabe für seine Sache ein, ist ausserordentlich fleissig und tätig und nach aussen hin wirksam. Es liegt eine gewisse Leidenschaftlichkeit des Willens vor, nicht um zu herrschen – wie bei Menschen mit der langen Willensachse –, sondern um die übernommene Aufgabe richtig zu bewältigen und um der Sache willen energisch zu vertreten.

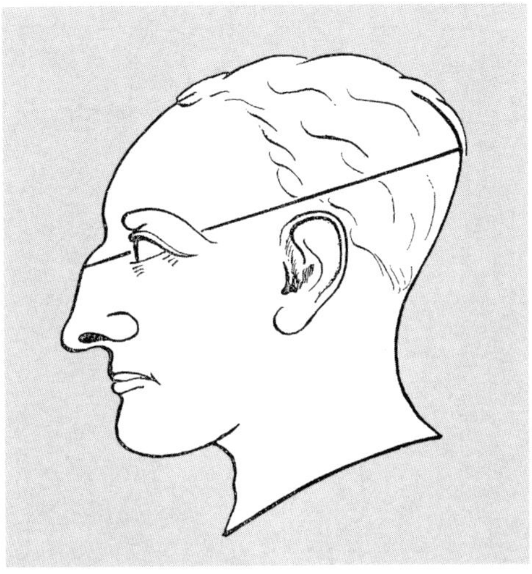

Abb. 299 Die lange Tätigkeitsachse

Abb. 300 Die lange Tätigkeitsachse

Die Festigkeitsachse

Die Festigkeitsachse hat ihre Pole am hinteren Oberhaupt, wo das ideale Hochgefühl, die Festigkeit der Grundsätze, der Stolz der Idee, der errungenen inneren eigenen Überzeugung und Moral und damit das höhere Wertbewusstsein der eigenen Person, aber auch die Selbstzucht, d. h. die Unterordnung unter das Walten der Natur und die göttliche Vorsehung zu erkennen sind, und am unterm Kinn, wo *Huters* Gesichts-Kanon (Abb. 400) Festigkeit verzeichnet. Unmittelbar darüber steht Würde und unmittelbar darunter der sensible Pol.

Abb. 301 *Die lange Festigkeitsachse*

Neben der typischen Formung des hinteren Oberhauptes hat das Kinn Rundung und Plastik nach unten und der sensible Pol zeichnet sich durch feinen konkaven Schwung aus.

Am besten kommen wir zum Verständnis über die Aussage der Festigkeitsachse, wenn wir uns an die Bedeutung der Willensachse als Gradmesser des realen Persönlichkeitsstrebens erinnern und demgegenüber unter Festigkeit das ideale Persönlichkeitsstreben verstehen.

Bei langer Festigkeitsachse ist der Mensch sehr empfindlich gegenüber unberechtigter, herabsetzender oder gar übelwollender Kritik an seiner weltanschaulichen Überzeugung. Er kann für die erkannte Wahrheit in Natur und Leben mit grosser Treue und innerer Kraft eintreten und wird durch Verunglimpfung und dergleichen nicht wankend, sondern nur fester. Ähnlich so kann ihn wohlwollende Kritik und Anerkennung seiner oder der von ihm als gut erkannten Bestrebungen innerlich sehr befriedigen.

Er hält Menschen Treue und Freundschaft, auch über lange Zeit und weite Entfernung. Es verbindet ihn das seelisch-geistige Band der Zusammengehörigkeit viel stärker als es z. B. Blutsverwandtschaft könnte; diese gilt ihm demgegenüber geringer.

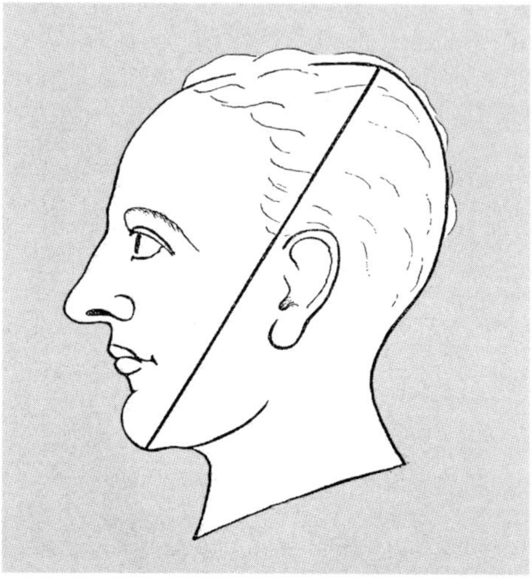

Abb. 301 Die lange Festigkeitsachse

Abb. 302 Die lange Festigkeitsachse

Abb. 302 *Die lange Festigkeitsachse*

Es sind nicht Stolz, Überheblichkeit und unbedingte Willensdurchsetzung oder Herrschsinn, die ihm bei langer Willensachse eigen wären, sondern vielmehr ruhige Sicherheit und Festigkeit, die ihn auszeichnen. Er will nicht seinen Willen aufzwingen, sondern bewahrt sich seine Ideen und moralischen Grundsätze, seine Persönlichkeit und Überzeugung.

Auch an Abb. 128 kann man die gut betonte Festigkeitsachse sehen, die am starken hinteren Oberhaupt dort ansetzt, wo der Scheitel endet (das obere Hinterhaupt ist demgegenüber schwächer), und die in der feinen Ausbuchtung unter dem Kinn ausläuft, während sich etwas weiter halswärts der feine konkave Schwung des sensiblen Pols abzeichnet. Das Kinn geht leicht nach unten, was die Würde erkennen lässt.

Durch die Achsenverhältnisse können die Proportionen von Hinterhaupt, Oberhaupt und Gesicht im Verhältnis und in ihren Beziehungen zueinander gesehen werden. Die Verbindungsachsen zeigen uns, welche Impulse durch innewohnende Kräfte, durch Spannung und Strahlung aufeinander wirken und in enger Beziehung zueinander stehen. Wo der Achtlose bedeutungs- und zusammenhanglose Form wähnt, erkennt der Wissende in den Formen den Ausdruck von Geist, Seele und Leben.

15. Die Physiognomie des Gesichtes

Die Ausformung von Stirn, Nase, Mund und Kinn sind typische Merkmale der menschlichen Natur, es sind die festen Grundbestandteile des Antlitzes, das der Spiegel der Seele genannt wird. Seit Urzeiten versucht man mit mehr oder weniger Erfolg mittels dieses Spiegels die Seele zu erforschen. Es ist schwer die unendlich vielen Möglichkeiten seiner Formen in eine systematisch gegliederte Richtlinie zu bringen. Für eine anschauliche, lehrfähige und lernbare Menschenkenntnis ist deshalb das Wissen um einige Grundformen des Ausdrucks und ihre Bedeutung unerlässlich. Von hier aus kann dann der Reichtum und die Vielfalt im Spiel der konstanten und der wechselnden Formen, der Physiognomik und der Mimik, erschlossen werden. Eine sehr gute Grundlage für ein geordnetes System ist die vorerst grobe Einteilung des Gesichts in bestimmte Areale.

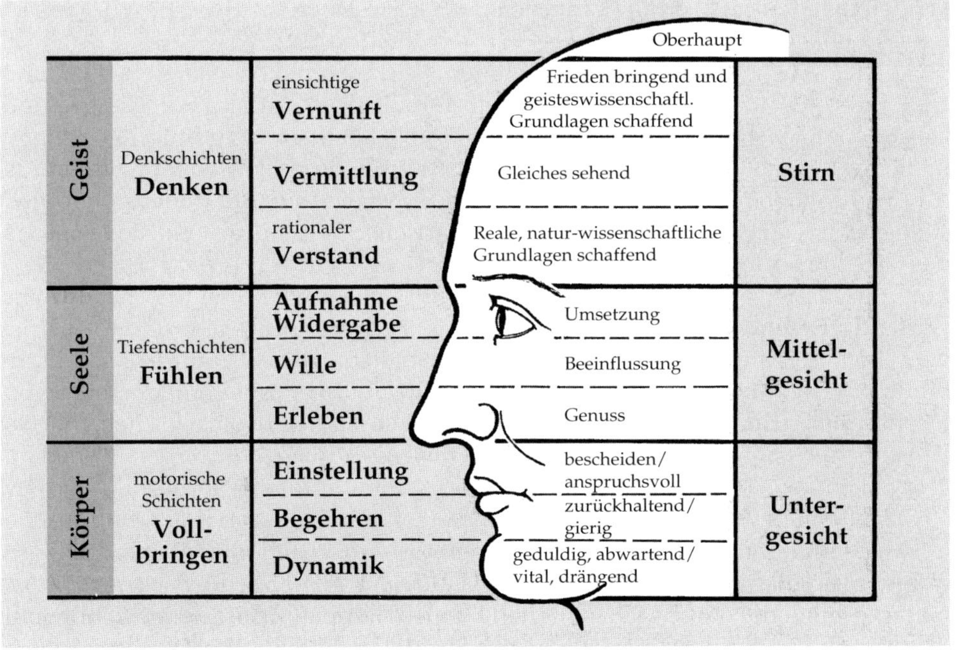

Abb. 303 *Die Dreiteilung des Gesichts*

Wir unterscheiden drei Hauptregionen, die uns über Körper, Seele und Geist Aufschluss geben:

das Untergesicht mit Kinn, Mund und Oberkiefer: die körperliche und die Gefühlsschicht,

das Mittelgesicht mit Wangen und Nase: die seelische und die Verwirklichungsschicht und den Augen: die Art der geistigen Intensität und Zielrichtung, die Stirn, dem Schädel zugeordnet, mit Unter-, Mittel- und Oberstirn: die Bewusstseinsschichten des geistigen Erkennens und die Art des geistigen Potentials.

Die Nasenform als Endglied und Ergebnis des körperlichen und geistigen Wachstums

Die Kraftrichtungsordnung führt zur natürlichen Erklärung aller Formbildung. Die Form wird zu ihrem Schriftzeichen und offenbart Ursache, Entwicklung und Ziel unseres Daseins.

Gemäss Kraftrichtungsordnung bildet die magnetische Energie die Langformen und wirkt vornehmlich in den Knochen und Muskeln und hat in der Wirbelsäule die magnetische Achse. In den Nerven, Ganglionen und besonders im Gehirn sammelt sich vorwiegend die Lebens- und Geisteskraft Helioda.

Unter dem Einfluss der Grosshirn-Helioda-Energie wird ein Teil der dem Strahlpol zustrebenden magnetischen Kraft zur Bildung der harten Schädeldekke nutzbar gemacht. Unter dem Schädeldach, im Schutze der das eigene Ich stärkenden magnetischen Kraft, kann sich das Geistesleben im Grosshirn organisieren und feinstens entfalten.

Letzter Ausläufer der wechselseitigen Wirkungen von Magnetismus und Helioda, von Knochenbildungs- und Selbsterhaltungskraft und von Gehirn- und Geistesenergie ist der Nasenknochen. Deshalb besteht ein anatomischer Zusammenhang zwischen Wirbelknochen, Schädelknochen und Nasenbein.

Am Nasenbein und dessen knorpeliger Fortsetzung findet die aus dem physiologischen Magnetismus und dem motorischen Nervensystem, der Helioda des Grosshirns und dem sympathischen Nervensystem hervorgehende Entwicklung ihren Endpol. In der Nasenform kommt der magnetische und heliodische Zustand, die Entwicklung und ihr derzeitiger Stand zum Ausdruck. Dieser ist dem Wechsel und der Entwicklung unterworfen. Daher kommt die Nasenbildung nicht zum Stillstand; der Nasenknochen wächst und verändert sich zeitlebens, und auch die Weichteile der unteren Nase sind, dem organischen Geschehen entsprechend, Veränderungen unterworfen.

Abb. **304** *Der Energiefluss am Schädel*

Aus der Nasenwurzel, in welche die motorischen und psychischen Energien münden, wächst die Nase hervor und die Ziffern I–IV bezeichnen die möglichen Nasenformen, die daraus hervorgehen können. Die eingezeichneten Achsen der Konzentration und der Tätigkeit weisen auf die besonderen Spannungsfelder in den beiden oberen Nasenregionen hin.

Während die obere Nase den erreichten geistigen Entwicklungsstand anzeigt, zeigt die untere Nase den Stand der Atmung und des übrigen Stoffwechsels. Diese äusseren Zeichen, hervorgegangen aus intensivem Stoff- und Kraftaustausch, machen es verständlich, weshalb die Nasenform eine wesentliche physiognomische Bedeutung hat.

Am Anfang der körperlichen und geistigen Entwicklung ist der in die Nase mündende Kräftefluss noch schwach. Daher ist die Nasenwurzel noch wenig entwickelt und die gesamte Nasenform eingebuchtet. Linie IV. Bei der körperli-

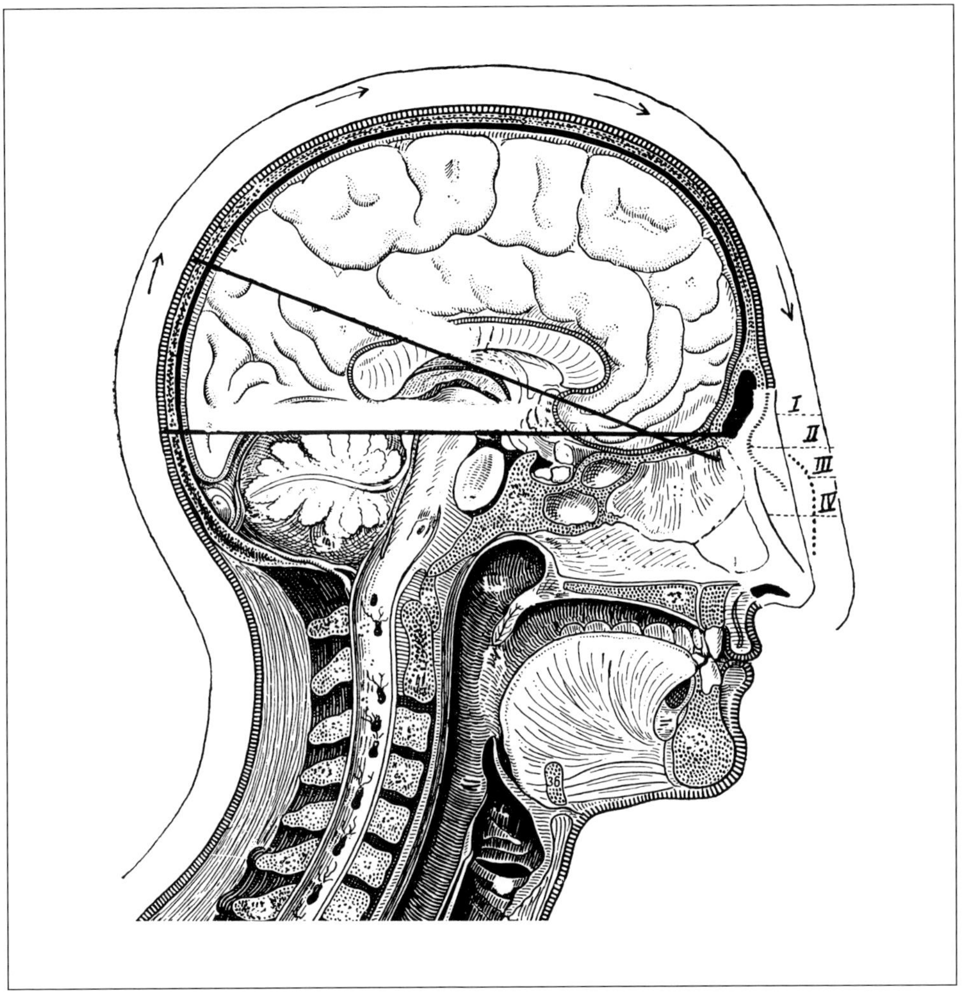

Abb. 304 Der Energiefluss am Schädel

chen und geistigen Entwicklung, werden die Energien stärker, die Nase kann sich innerhalb einiger Jahre auffallend verändern. Die inneren Energien wirken sich auf den Charakter aus und entwickeln die Nasenform.

Hat der Mensch einen starken Willen, der sich aus starken motorischen Kräften entwickelte, dann ist die Nase vor allem im Nasenhöcker kraftvoll gehoben, wie es die Linien II und III zeigen.

Ist das gesamte physische und motorische Wollen geistbeherrscht, dann tritt vor allem die Nasenwurzel plastisch hervor, so dass Stirnansatz und Nasenrükken annähernd gradlinig verlaufen, wie bei Nasenlinie I.

Sind die Energien auf den Lebensgenuss ausgerichtet, entwickelt sich die untere Partie der Nase stark.

Nasenform und Charakter

Die Verwirklichungsschichten
Die geistige, die motorische, die seelische und die stoffliche Verwirklichung.

In der anatomisch und physiologisch geordneten, systematischen Darstellung der Formvariationen hat auch die Nasenform eine wesentliche Bedeutung. Aus der Form- und Funktionseinheit eines Organs ergibt sich auch dessen psychologischer Ausdrucksgehalt. Das Psychische ist nicht etwas neues oder anderes sondern Teil dieser Einheit.

In der einfachen Dreiteilung des Gesichts, siehe Abb. 304, liegt die Nase im mittleren Bereich, wo sich das Wollen oder die seelische Kraft ausprägt. Das, was der Mensch will – triebmässig aus dem dunklen Drange eines geistig noch unfreien Seins oder aber aus seiner geistig freien und überlegenden Kraft – kann man in einem engeren Sinn als seinen Charakter bezeichnen, und die Art und die Energie, wie dieser Charakter sich verwirklichen will, prägt die Nasenform.

Während das Kinn nach der Psycho-Physiognomik mehr vom Kleinhirn beeinflusst wird, steht die Nase eher mit Mittel- und Grosshirn in Zusammenhang.

Bei keinem Tier tritt die Nase besonders hervor. Tiere haben nur Nasenlöcher mit geringen Erhöhungen, aber keine Nase mit solch charakteristisch hervortretenden Formen wie der Mensch. Völker mit weniger Verwirklichungskraft weisen vermehrt flache Nasenformen auf. Bei Völkern mit grösserer Verwirklichungskraft sehen wir vielfach hervorstehende Nasen. Die mehrheitlich vorhandene Nasenform gibt einem Volk ein bestimmtes Gepräge, einen Volkscharakter. In jedem Volk erkennen wir jedoch bei individueller Betrachtung die unterschiedlichsten Formen. Diese anthropologischen Gegebenheiten lassen den Schluss zu, dass die Nase in Zusammenhang mit der Grosshirnentwicklung und -tätigkeit steht.

Abb. **306** *Nasenausschnitt aus Huters Kanon*

Die Einzeichnungen des Kanons sind folgerichtige Erweiterungen der einfachen Einteilung. Für den Studierenden und auch für die Praxis der Menschenkenntnis hat sich die einfache Einteilung der einzelnen Kopf- und Gesichtsregionen bewährt und als gutes Hilfsmittel erwiesen. Auch bei der Nase hat *Huter* diese Unterteilung durchgeführt. Sie stützt sich auf anatomisch klar abzugrenzende Teile: die weiche Spitze, den knorpeligen unteren und den knöchernen oberen Teil des Nasenrückens und die vierte Region, die des Augenfeldes, in welches die Nase hineinragt. Diese vierte Region, der Stirn-Nasen-Übergang, hat in der deutschen Sprache eine den gestaltbildenden Zusammenhang erfassende Bezeichnung erhalten. Es ist die Nasenwurzel. Alles Werdene, alles sich Entwickelnde wächst aus seiner Wurzel hervor. Wenn wir daher auch zunächst den Aufbau der Nase von unten nach oben darlegen, so kommen wir später auf die durch die Nasenwurzel gekennzeichnete Form zurück.

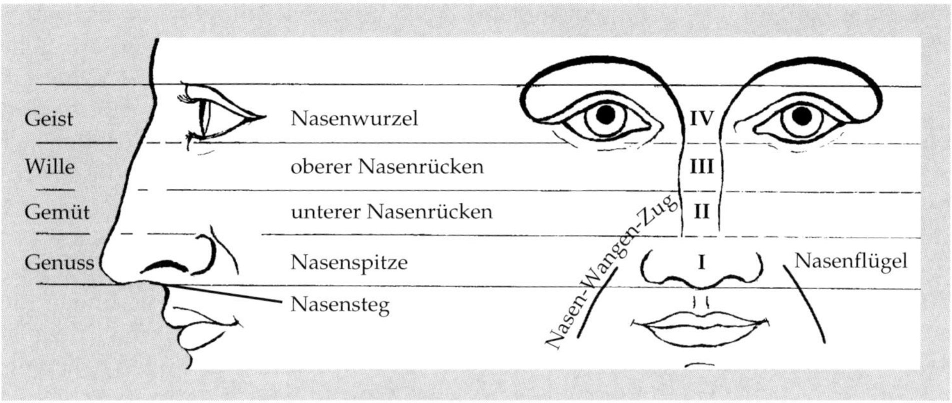

Abb. 305 Bezeichnungen und einfache Einteilung

Die hauptsächlichen psycho-physiologischen Korrespondenzen der vier Regionen gehen aus den Einzeichnungen hervor. Die in Abb. 305 links vermerkten Daten, markieren die charakterologischen Bedeutungen der Nasenregionen und sind leicht zu merken.

Mit der Atmung wird der elektrisch belebende, stärkende, reinigende und entgiftende Sauerstoff dem Körper zugeführt und nutzbar gemacht. Durch die immer feiner werdenden Verästelungen der Lunge gelangt der Sauerstoff ins Blut und weiter durch die Blutgefässe zu allen Körperzellen. Der Sauerstoff be-

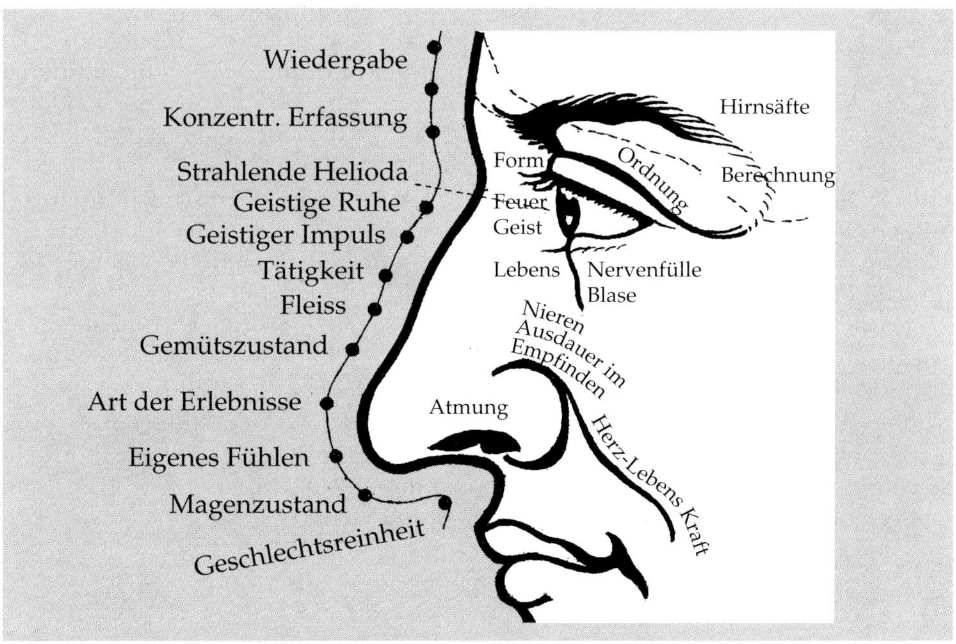

Abb. 306 Nasenausschnitt aus Huters Kanon

wirkt die Zellatmung, ohne welche kein Zellstoffwechsel möglich ist und ohne die das Leben innerhalb von Minuten zugrunde geht. Durch das individuelle Zellempfinden wird die zugeführte gasförmige Nahrung nach ihrer Qualität, nach ihrer Bekömmlichkeit für den Organismus gewertet. Je angenehmer und wohliger das Zellempfinden reagiert, desto tiefer und kräftiger wird sich der Atmungsvorgang wiederholen, während unangenehme Düfte oder sonst nachteilig wirkende Luft das Zellempfinden abschrecken und die Atmung schwächer und oberflächlich werden lassen. Der Austausch frischer und verbrauchter Gase, diese äussere und innere Atmung, und die damit einhergehenden Reaktionen, auch auf weitere chemische, physikalische und psychische Reize, bedingen die Art der Lebensbejahung. Aus dem Empfinden der Zellen und aus ihren Erlebnissen geht daher ihr Wollen hervor. Die Arten der Willensimpulse aller Zellen ergeben die Verwirklichungsschichten des Willens, die sich ganz verschieden äussern, was in der Nasenform zum Ausdruck kommt. Aus dem chemisch-materiellen Wollen zur Lebenserhaltung (Region I) entwickelt sich das unbewusste sympathische Wollen (Region II), daraus das bewusste motorische (Region III) und das freie geistige Wollen (Region IV).

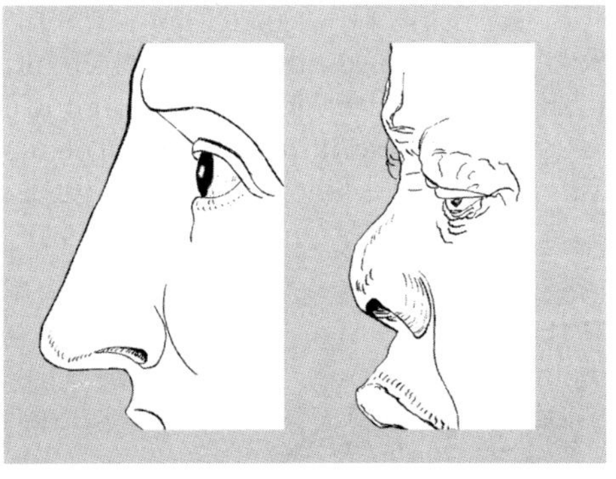

Abb. 307 und 308 *Weit auseinanderklaffende Verwirklichungsmöglichkeiten*

Es sind grosse Entwicklungsunterschiede, die sich in den zwei Nasenformen spiegeln. Neben der Nasenform sind aber immer auch die übrigen Aussagen der individuellen Formen zu beurteilen, miteinander zu vergleichen und in ein Verhältnis zu setzen. Abb. 307 veranschaulicht eine gute Verwirklichungsmöglichkeit menschlicher Körper- und Geisteskultur. Abb. 308 zeigt wenig Impulse, um zu einer hochstehenden Kultur zu gelangen und wenig Fähigkeiten zum Verändern und zum Verwirklichen. Ein Mensch, der auf ein sehr naturnahes Leben bei gleichbleibender Umgebung ausgerichtet ist.

Diese Spannweite menschlicher Anlagen und Formentwicklung zeigt uns, weshalb wir in Zukunft nicht mehr über die Menschen als Art sprechen sollten (wir Menschen tun das oder das), sondern immer über den Menschen als Individuum: dieser Mensch handelt aus inneren und äusseren Gegebenheiten so oder so. Damit könnte auch die Diskussion über Rassenzugehörigkeiten individualisiert und versachlicht werden. Wir könnten das sagen: «Dieser Mensch ist nicht besser oder schlechter, sondern aus diesen und jenen Gegebenheiten andersartig».

Region I – Nasenspitze

a) Die Art des physiologischen Feingefühls, des Wollens für die stoffliche Lebenserhaltung, der Kraft oder der Schwäche der Atmung und der Lungen, der Ernährung, des Magens und der Verdauung
b) Die Art des eigenen sinnlichen Fühlens, Riechens und Schmeckens
c) Die Art der Erlebnisse

1. Nasenflügel und Atmung

Aus dem physiologischen Feingefühl der Körperzellen, welches die vorstehend geschilderten Vorgänge auslöst, geht das Wollen für die leibliche Fürsorge hervor. Die Nase ist Aufnahmeorgan für die gasförmige Nahrung, ist das äussere Hauptorgan der Lungenatmung, und abgesehen von Not- und Krankheitsfällen ist die Nasenatmung die natürliche und daher auch die beste. Durch die feinen Härchen und Schleimhäute in der Nase wird die Luft gereinigt und entstaubt, angefeuchtet oder getrocknet, erwärmt oder gekühlt, damit sie trotz unterschiedlicher atmosphärischer Beschaffenheit möglichst körperfreundlich in die Lungen und zur weiteren Verwertung gelangt. Je nach der qualitativen Beschaffenheit der Luft, nach der Fähigkeit zu atmen und der Art der Arbeit, erfolgt die Atmung tiefer oder oberflächlicher. Schliesslich gelangen mit der Ausatmung verbrauchte Luft und Auswurfstoffe aus dem Körper.

Der Vorgang der Ein- und Ausatmung findet seinen Anfang und Abschluss an den Nasenflügeln. Dabei bewegen sich die Nasenflügel, sie vibrieren unausgesetzt, dehnen und weiten sich, ganz so, wie die Atmung abläuft, ob sie stark, voll und tief oder matt und oberflächlich ist. An den Nasenflügeln lässt sich daher die *Art der Atmung* erkennen. Da aber die Atmung unmittelbar mit der Lungentätigkeit und -beschaffenheit zusammenhängt, zeigt sich an den Nasenflügeln auch Kraft und Gesundheit oder Schwäche und Krankheit der Lunge.

Abb. **309** *Die kraftvollen Nasenflügel*
An ihrer lebhaften Spannung zeigt sich das gesunde Gewebe, die kräftige Atmung und der gesunde, kraftvolle Brustbau. Gleichlaufend dazu zeigt auch das gesamte Gesichtsgewebe Frische und eine gesunde, kernige Haut. Daraus erwächst ein starkes Lebensgefühl, Wagemut und Unternehmungsfreude sind die Folge. Der Mann liegt im Bewegungs-Naturell, scheut nicht Wind und Wetter und der grosse körperliche Kraftanstrengung fordernde Rudersport ist sein Berufsausgleich.

Abb 310 *Die kleinen, «zusammengepressten» Nasenflügel*
Der Unterschied im Vergleich zu dem Abb. 309 ist deutlich. Die Spannung an den Nasenflügeln ist schwach, und schwach und oberflächlich ist demzufolge die Atmung. Daher fehlt auch die Frische und Kernkraft der Gewebe. Es ist kein pulsierendes, unbeschwertes Lebensgefühl sichtbar. Auch dieser Mann liegt im Bewegungs-Naturell, hat aber keine ausreichende körperliche Betätigung bei seiner Büroarbeit. Er müsste in der Freizeit für den Ausgleich sorgen, durch Bewegung (Wandern, Gartenarbeit) in frischer Luft, durch Singen oder Spielen eines

Abb. 309 Die kraftvollen Nasenflügel

Abb. 310 Die kleinen, «zusammengepressten» Nasenflügel

Blasistrumentes. Damit wird das Zellempfinden angeregt, die Atmung voll und tief, und die körperliche und die geistige Leistungsfähigkeit gestärkt. Menschen mit schlechter Atmung sind leicht erkältet. Allerlei weitere Krankheiten, besonders der Atemwege und -organe, sind die Folge der schwachen Atmung. Diese Ursache bleibt ohne praktische Menschenkenntnis meist unbeachtet und unerkannt. Das Rauchen ist für Menschen mit schwacher Atmung und schwächerer Lungenkraft das Verkehrteste für ihre Gesundheit. Das Lebensgefühl ist schon durch die schwache Atmung herabgesetzt und im Rauchen ist dafür kein Ersatz zu finden. Der Mensch mit der kräftigen Atmung und dem gesunden Lebensgefühl empfindet das Rauchen vielfach als störend und schränkt es ein oder unterlässt es.

Durch die schwache Atmung entsteht leicht Ängstlichkeit, physiologisch bedingtes Gehemmtsein. Kleine Nasenflügel zeigen auch eine Abneigung gegen öffentliches Auftreten, Reden usw. Erst durch den Vergleich der starken und gespannten mit den matten und kraftlosen Nasenflügeln wird uns bewusst, dass schön geschwungene Nasenflügel von gesunder Farbe und lebensvoller Frische die freie und gesunde Atmung und eine einwandfrei funktionierende Lunge zeigen.

Sind die Nasenflügel verhärtet, geschwollen, gerötet oder sonstwie buntfarbig oder krankhaft verändert, dann deutet das auf schlechte Atmung, häufig auch auf Mundatmung, auf Anfälligkeit für Erkältungskrankheiten und auf die Disposition zu Lungenleiden oder auf eine bereits bestehende entsprechende Erkrankung. Bei Lungentuberkulose z. B. sind die Nasenflügel wie leblos, bei Asthma und Bronchitis verlieren sie die Elastizität; sie dehnen sich wohl, können sich

Abb. 311 Die schwache Atmung und die schwache Lunge

Abb. 312 Zu Lungenleiden disponiert

aber nicht entspannen und kennzeichnen so die durch die Erkrankung entstandene physiologische Situation.

Abb. **311** *Die schwache Atmung und die schwache Lunge*

Der junge Mann pflegt durch den Mund zu atmen. Die matten, dabei etwas verdickten und geschwollenen Nasenflügel und der leicht geöffnete Mund zeigen mangelhafte Atmung. Darüber hinaus sind aber auch die Gesichtsgewebe blass und locker, etwas gedunsen und schwammig, zu weich. Der Nasen-Wangen-Zug ist matt, die unteren Augenlider zart und wie brüchig, weit entfernt von dem gesunden, kernigen Gewebe von Abb. 309. Es ist auch Ausdruck einer schwachen Lebenskraft. Dabei war der Junge intelligent und eifrig, was man an der plastischen Stirn und den Augen erkennt. Aber er konnte sich nicht recht entfalten. Es liegt etwas teils Ängstliches, teils Erstauntes an Augen, Mund und Gesichtsausdruck. Das Bild zeigt sehr gut, dass enge Zusammenhänge bestehen zwischen der Atmung und der hier unzureichenden Entfaltung der körperlichen, seelischen und geistigen Energien. Im Bürodienst konnte der junge Mann seine Pflichten voll erfüllen, da er sich vor Anstrengungen und Witterungsunbilden schützen konnte. Er wurde dann als Soldat eingezogen. Ein anstrengender Ausmarsch brachte ihm eine Erkältung mit Lungenentzündung, der er innerhalb weniger Tagen erlag. Menschenkenntnis und Krankenphysiognomik könnte schwache Atmung und schwache Lebenskraft erkennen, und durch entsprechende individuelle aktive Gesundheitsvorsorge auch Leben retten.

Der junge Mann war unehelich geboren, sein Kommen war nicht erwünscht. Seine Mutter litt deswegen seelisch sehr während der Schwangerschaft. Darin könnte eine Erklärung für die vorhandene Schwäche liegen. Spätere Kinder derselben Mutter, die unter glücklichen Umständen unter dem Herzen getragen und geboren wurden, waren gesund und lebensstark.

Abb. 312 *Zu Lungenleiden disponiert*

Das Bild stammt noch aus der krankenphysiognomischen Lehrsammlung *Huters* und ist in diesem Sinne als klassisch zu bezeichnen. Beim Vergleich mit dem vorangegangenen Bild ist eine gewisse Ähnlichkeit im Erscheinungsbild zu erkennen. Die Nasenflügel sind schwach und matt, ohne Spannung und wie geschwollen, die Öffnung der Nasenlöcher klein und schmal. Die Atmung ist schwach und die Lunge wenig widerstandsfähig.

Augen und obere Nase zeigen etwas Formkraft und Spannung. Auch das Ohr ist schön geformt und zeigt starke seelische Kraft. Die Dame war sehr fleissig und eifrig. Die gehemmte Atmung und die schwache Lunge liessen aber die guten Anlagen nicht recht zur Entfaltung kommen.

Wenn man weiss, wie wesentlich die Atmung für den Menschen ist, kann man vorbauen, Schädliches vermeiden und die Atmung systematisch stärken. Das wirkt sich positiv auf die Entwicklung des ganzen Menschen aus.

Bei der Dame besteht neben der Anlage zu Lungenleiden auch eine Schwäche der Unterleibsorgane. Die Partie der unteren Nase und des Oberkiefers ist verdickt und geschwollen, der Mund zu weich und zu locker. Das weist auf zu geringe Kraft und Widerstandsfähigkeit der Unterleibsorgane hin. Darauf sollte durch eine vorbeugende Lebensweise und richtige Gesundheitspflege ebenfalls Rücksicht genommen werden.

2. Nasenspitze und Magenzustand, Verdauung und Art des Genusses

In der Nasenspitze liegen äusserst feine, nervenreiche Schleimhäute, die von den feinsten Geruchsnerven durchzogen sind. Es ist gewissermassen ein Stückchen Gehirn, das hier in der Nasenspitze liegt und für den Geruch, besonders für den Wohlgeruch der Speisen und Getränke und des Nahrungsmittels Luft tätig ist.

Das Wasser läuft im Munde zusammen, wenn uns der Geruch von einem besonders guten Essen in die Nase steigt. Wie sehr kann dem Raucher der Duft einer Zigarre behagen, beim Nichtraucher erfolgt das Gegenteil. Mancher geniesst auch den Wohlgeruch einer Tasse Kaffee oder eines aromatischen Tees. Es stehen also die Geruchsnerven der Nasenschleimhäute mit den Geschmacksnerven und Drüsen des Mundes und der Zunge in Verbindung und diese wiederum mit den Magensäften und der Magentätigkeit. Der Wohlgeruch der Speisen regt die Magentätigkeit wesentlich an, während üble Gerüche Übelkeit auch des Magens nach sich ziehen können. Köche, Feinschmecker, Weinkenner haben die «feinsten Nasen», womit die komplexe Funktion der Nasenspitze im Dienste des Genusslebens grob umrissen ist. Bei Berücksichtigung all dieser physiologischen Tatsachen überrascht es nicht, dass die Nasenspitze auch Spiegelbild der Magen- und Verdauungstätigkeit des Menschen ist.

Abb. 313 Das starke physiologische Fühlen, Riechen und Schmecken

Abb. 314 Das grobere physiologische Fühlen, Riechen und Schmecken

Abb. 313 *Das starke physiologische Fühlen, Riechen und Schmecken*
Die grosse kugelige, dabei weiche Nasenspitze zeigt, dass der Impuls für die stoffliche Lebenserhaltung stark ausgeprägt ist. Das Untergesicht ist weich und füllig. Hier sehen wir die Energien der Medioma verbunden mit dem Od. Solche Menschen sorgen sich sehr um ihr leibliches Wohl. Das Erscheinungsbild dieser weichen und vollen, gerundeten Nasenspitze lässt erfühlen, wie sehr der Mann auf Feingeschmack und Wohlgeruch der Speisen und Getränke achtet, und wie sehr der Charakter von der Sorge um das leibliche Wohl beherrscht wird. Auch am Mund liegt der Ausdruck der Freude am feinen Genuss. Der Magen und die Verdauungsorgane sind bei dieser Nasenbildung gross, aber trotz ihres bedeutenden Volumens weich, weniger hartwandig und muskulös. Daher besteht das Bedürfnis nach reichlicher Kost, die aber gut aufgeschlossen und leicht verdaulich sein muss.

Abb. 314 *Das grobere physiologische Fühlen, Riechen und Schmecken*
Diese grosse, rundliche Nasenspitze, hat grobe Gewebe und feste Struktur. Das Untergesicht zeigt feste, robuste Formen, das ist Ausdruck der mediomischen Energie. Auch hier ist das Wollen für die stoffliche Lebenserhaltung, das physiologische Fühlen sehr stark, aber grob. Der Magen ist gross, hartwandig und wenig empfindlich. Daher wird viel und auch derbe und einseitige Kost gut vertragen. Auch besteht ein grosses Flüssigkeitsaufnahmebedürfnis, oft Vorliebe für alkoholische Getränke und die Fähigkeit diese auch zu verdauen. Der gesamte Charakter wird von den starken leiblichen Bedürfnissen beeinflusst, es besteht aber die Neigung zu groberem, weniger ästhetischem Lebensgenuss, was auch am Mund zum Ausdruck kommt. Die Menge ist wichtiger als die Qualität.

Abb. **315** *Die verhältnismässig spitze, kleinkugelige Nasenspitze*
Das ganze Untergesicht hat das feine, kleinporige Gewebe. Dies und die Nase zeigen ein zartes physiologisches Feingefühl und damit feines sinnliches Wahrnehmen, Fühlen, Riechen und Schmecken. Die Kraft der Magen- und Verdauungstätigkeit ist sehr mässig. Daraus entsteht das Bedürfnis nach abwechslungsreicher und gewählter Kost. Gleichlaufend mit der feineren Beschaffenheit der

Abb. 315 Das feine Fühlen, Riechen und Schmecken

Abb. 316 Das kräftige Gewebe an der Nasenspitze

Ernährungsorgane besteht das Bedürfnis nach Qualität – nicht nach Quantität – und nach ästhetischem – nicht nach grobsinnlichem – Lebensgenuss. Alles weitere materielle Genussstreben ist ähnlich geartet, wie es auch der Mund zeigt, es wird leicht beherrscht und spielt eine untergeordnete Rolle im gesamten Charakter- und Willensleben.

Manchmal finden wir auch bei zur Ernährungs-Anlage hinneigenden Menschen eine feinere Nasenspitze oder sehr feine rundliche Nasenspitze und eine solche Mundform. Das sind die ausgesprochenen Feinschmecker, erfinderisch in der feineren Gastronomie.

Abb. **316** *Das kräftige Gewebe an der Nasenspitze*

Das Gewebe an der Nasenspitze ist kompakt und fein, wie feines Leder. Die Magenwände sind entsprechend widerstandsfähig. Bei dem Mann spielen gemäss dem feinen Mund die physischen Bedürfnisse und Genüsse aber weniger eine Rolle. Er braucht nur kleine Portionen. Was er isst, ob hart oder weich, kalt oder heiss, gut oder weniger gut gekocht, passend oder schlecht zusammengestellt, wird aber ertragen. Daher wird auf die Art der Ernährung wenig Wert gelegt und die Probleme des leiblichen Wohlergehens beeinflussen Charakter und Willen kaum. Er findet überall, was er benötigt.

3. Die Geschlechtsreinheit

Bei der Darstellung des Äusserlichkeits- und des Innerlichkeitsmenschen lernten wir den Ausdruck des sympathischen Nervensystems und Mittelhirns in den Weichteilen des mittleren Gesichts, besonders an unterer Nase, Wangen und Mund beobachten und bewerten. Die untere Nase liegt in der Zentralzone des Mittelhirnausdrucks im Gesicht. Die Geschlechtsnervengruppe bildet die Wurzel, den Grund, aus dem das sympathische Nervensystem hervorwächst. (Die anatomische Darstellung des sympathischen Nervensystems, Abb. 22.)

Daher stehen auch Atmung und Verdauung mit dem Unterleib, den Gebär- und Geschlechtsorganen, in innigem Zusammenhang. Letztere finden ihren Pol im menschlichen Gesicht insbesondere an dem feinen Übergang vom Nasensteg zur Oberkieferpartie (wo der Kanon, Abb. 306, «Geschlechtsreinheit» verzeichnet), beeinflussen aber weiterhin auch die ganze untere Nasen- und die Mundregion.

Diese etwas verborgene Stelle des menschlichen Antlitzes zeichnet sich bei sauberer Anlage und gesunder Funktion durch feine Linienführung und Reinheit aus. Ist die Bildung unter der Nase sehr fein, dann besteht feines Geschlechtsempfinden, aber auch sonst viel feines Empfinden und Lebensvervollkommnungsstreben, in gewisser Hinsicht auch Kunstsinn.

Ist die Bildung der unteren Nase bei einer Frau sehr fein, so sollte auch der Mann entsprechend veranlagt sein, weil sonst die Frau in der Ehe enttäuscht wird. Eine sehr feine Form dieser Partie zeigt Abb. 516. Auch Abb. 4, die*Venus* von *Thorwaldsen,* und Abb. 302. Es sind reine und schöne Formen und entsprechend ist das Gefühl und das Geschlechtsempfinden.

Verformt, und daher auf Krankheit deutend, ist diese Region bei Abb. 497, der unterleibsleidenden Frau. Bei Abb. 498 ist der Ausdruck dieser Nasen-Mund-Region grob und unfein und entsprechend sind Gefühl und Geschlechtsempfinden.

Abb. 317 und 318 *Negativstudien*

Dieser 20jährige Mann zeigt das Erscheinungsbild einer frechen, groben und disharmonischen Innenstruktur. Der Mund zeigt sehr starke negative und auch gemeine Gefühle, die Formen der unteren Nase, der Mundpartie, der anschliessenden Wangenpartie und das Kinn sind verbildet, grob, schwer. Weitere disharmonische Merkmale sind Stirnstruktur, Ohrform, Haare und Augenausdruck. Das alles zeigt ein starkes kriminelles Potential. Trotz seiner Jugend war er schon wegen mehrerer Vergehen und vor allem wegen Sittlichkeitsdelikten bestraft worden und hat zuletzt ein gemeines und rohes Verbrechen an einem Kinde begangen. Die Anlagen dazu sind aber nicht verborgen, sondern erkennbar, und daher müsste unsere Gesellschaft sich auch im Interesse dieser Menschen ihrer rechtzeitig annehmen.

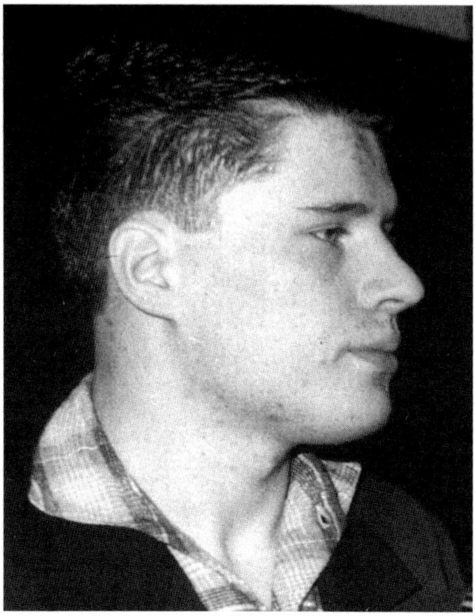

Abb. 317 Eine Negativstudie

Abb. 318 Eine Negativstudie

Region II – unterer Nasenrücken

a) Die Art des eigenen Fühlens und die Art der Erlebnisse
b) Die Art des Gemüts und der passiven Moral – die Beschaffenheit des sympathischen Nervensystems
c) Die Art des psychologischen Feingefühls

Aus dem physiologischen Feingefühl (Nasenregion I) und dem seelischen Zustand geht die Art der Gemütsumsetzung hervor. Es ist die Art der Lebensbejahung und der passiven Moral. Nasenregion II hängt eng mit dem Zustand des sympathischen Nervensystems zusammen, aus welchem das psychologische Feingefühl entsteht.

Je nachdem, wie Geruch und Geschmack und die Nahrungsbedürfnisse durch feste, flüssige und gasförmige Stoffe und das Geschlechtsempfinden befriedigt werden, entfaltet sich der seelische Zustand des Menschen, der das eigene Fühlen und die individuelle Art des inneren Erlebens bedingt und unmittelbar aus dem physiologischen Erleben hervorgeht. Es zeigt sich daher auch an der Nasenspitze (man vergleiche die Einzeichnungen am Kanon) und im Übergang zu der Nasenregion II.

Abb. 319 *Das noch ungetrübte eigene Fühlen*
Das eigene Fühlen ist noch weich und unerfahren, durch keine schlechten Erlebnisse getrübt. Man kann aus solcher Nasenspitze auch auf eine gute und behütete Jugendzeit schliessen. Die Frau ist leichtgläubig, voller Optimismus, neigt aber auch zu Naivität und Oberflächlichkeit.

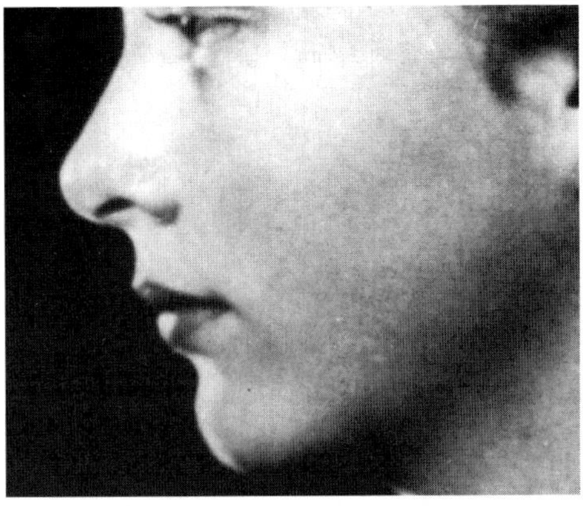

Abb. 319 Das noch ungetrübte eigene Fühlen

Abb. 320 Erlebnisse verformen die Nase

Oft wird die Nase in ihrer zweiten Region im Laufe des Lebens durch die Erlebnisse, Erfahrungen und den Lebenskampf fester oder breiter (das Gemüt wurde, bildlich gesprochen, durch das Leben immer und immer wieder geschlagen und wehrt sich), die Form wird, im Profil betrachtet, gerade oder sogar etwas nach aussen gebogen und tritt konvex hervor.

Abb. 320 *Erlebnisse verformen die Nasenspitze und den unteren Nasenrücken*
Die Nasenspitze ist flach gedrückt und die Gewebe erscheinen hartförmig. Das Gewebe des ganzen Untergesichtes ist mediomisch fest. Die untere Nasenregion ist aber noch kompakter. Die Region des Gemütsausdruckes ist verdickt und nach aussen gebogen Das eigene Fühlen hat die Gemütskraft verhärtet. Die Erfahrungen haben misstrauisch gemacht. Der Mensch neigt zum Pessimismus und zu vorsichtiger Diplomatie; er ist erfahrungsreich und berechnend geworden, er ist tiefgründig und kann den Genuss zurückstellen.

Abb. 321 *Feine Gemütskraft*
Die Nase weist in Region II (vergleiche mit Abb. 324) die nach innen gebogene Linienführung und feines und weiches Gewebe auf. Die Feinheit und Leuchtkraft der Gewebe ist im ganzen Gesicht zu beobachten. Diese Formbildung geht aus der empfindungsreichen, heliodischen Beschaffenheit des sympathischen Nervensystems hervor. Es besteht ein weiches Gemüt, starkes Mitfühlen und Empfinden. Solche Menschen können gegenüber allem Leben keine Härte entwickeln. Sie nehmen starken inneren Anteil und möchten auf Grund des ausgeprägten ethischen Fühlens und Denkens helfen. Man kann dies als eine gefühlsmässige, oder passive Moral bezeichnen. Es besteht bei dieser Formbildung auch ein gutes Gefühl für die Innenstrukturen von Personen und den damit zusammenhängenden Gegebenheiten, also psychologisches Einfühlungsvermögen. Der Abgebildete schildert in seinem Buch «Die unsichtbare Brücke» das Schicksal von Kriegsgefangenen. Schon der Titel weist auf ein feines Einfühlungsvermögen hin, das mit Dingen rechnet, die für weniger feinfühlende Beobachter überhaupt nicht existent sind.

Abb. 321 Feine Gemütskraft

Abb. 322 Die feine Gemütskraft

Abb. 322 *Die feine Gemütskraft*

Ein junger Theologe, bei dem der feine konkave Schwung der Gemütsregion der Nase sehr schön sichtbar ist und die herrschende Weichheit und Milde der Durchsetzung seiner Ideen deutlich werden lässt. Das Gemütsleben ist fein und weich, lässt ihn tief empfinden und mitfühlen. Bei entsprechender weiterer Veranlagung, die hier gegeben ist, besteht ein starkes Mitfühlen und grosse Hilfsbereitschaft. Dem Mann war ein ideales Streben eigen, er hatte ein feines psychologisches Verständnis und arbeitete mit der physiognomischen Psychologie als Mittel zum Verständnis und als Grundlage seines Helfens. Er wurde ein Opfer des Zweiten Weltkrieges.

Abb. **323** *Die Fähigkeit, Härte zu entwickeln*

Bei diesem Mann ist die Nasenregion II gerade und bestimmt geformt, die Profillinie ist nicht weich, sondern wirkt kühl. Das ganze Gesicht weist die gleiche Kühle auf und das Ohr ist tiefsitzend. Alle diese Formen bringen zum Ausdruck, dass das Gemüt verschlossen, bestimmt, kühl ist. Es besteht nicht der Empfindungsreichtum und die Gemütskraft wie bei den vorangegangenen Beispielen. Das gemütvolle Wollen ist zurückgedrängt. Der Mensch kann Schmerz verbeissen und eine gewisse Härte gegen sich und andere zur Geltung bringen. Er ist sehr beherrscht, lässt sich nicht gehen, das Handeln ist berechnend und sachlich. Vieles, was ihn innerlich bewegt, kann er nicht nach aussen tragen, er bleibt verschlossen.

Abb. 323 Die Fähigkeit, Härte zu entwickeln

Abb. 324 Die Fähigkeit, hart zu sein

Abb. **324** *Die Fähigkeit, hart zu sein*
Dieses Bild zeigt einen Bereiter. Die Gemütsregion der Nase tritt sehr gespannt und etwas nach aussen gebogen hervor. Es besteht daher kein gemütvolles, empfindsames Wollen, sondern der Wille wird mit Härte durchgesetzt, und diese Härte macht auch vor der eigenen Person nicht halt. Es ist interessant, dass viele Spring- und Turnierreiter eine ähnliche Nasenbildung haben, ein Zeichen dafür, dass sie einen Sport ausüben, der im gegebenen Moment Härte gegen sich und gegen das Tier verlangt.

Man findet die harte Gemütsregion – die konvex hervortretende Nasenregion II – in vielfältigen Abstufungen, manchmal auch recht aus der Norm fallend. Sie kennzeichnet die Fähigkeit, das Gemüt zurückzustellen und Empfindungen zu unterdrücken.

Abb. **325** *Die Verhärtung der Gefühle*
Ein Erscheinungsbild der Kühle und Härte, mit einer Nasenbildung, bei der das Areal, wo die Art der Gemütskraft sichtbar ist, aus der Norm fällt. Aus dem Mittelhirn steigt nicht jene feine, warme und milde Seelenstimmung auf, die zu gemütvollem Handeln geneigt macht. Dieser Mensch kann seinen Willen hart, manchmal auch brutal durchsetzen; den Appell an Gefühl oder Gewissen bezeichnete er als «Gefühlsduselei». Ein so veranlagter Mensch kann äusserlich als gutmütig, jovial und sogar fromm erscheinen. Doch das täuscht. Mit Gegnern seiner Ideen wird er hart umgehen.

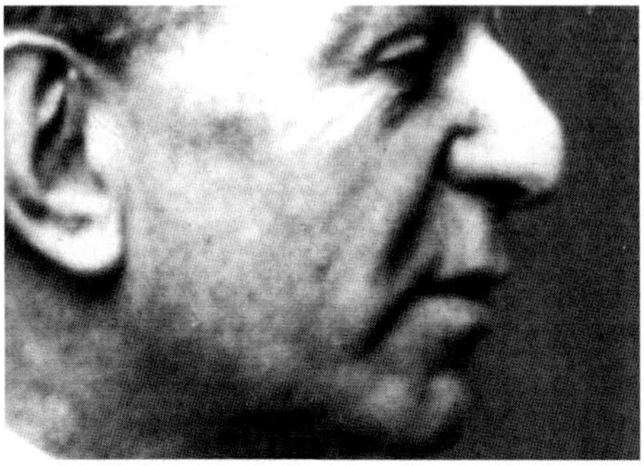

Abb. 325 Die Verhärtung der Gefühle

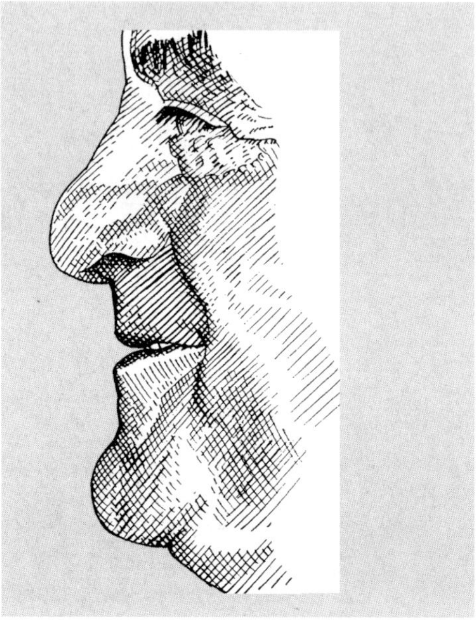

Abb. 326 Das pfiffige sich Durchboxen

Abb. 326 *Das pfiffige sich Durchboxen*
Es ist das Erscheinungsbild, bei dem Kinn-, Mund-, Nasenform und der Augenausdruck zusammenpassen. Wir finden dies häufig bei Männern, die im öffentlichen oder Erwerbsleben stehen und sich «emporgeboxt» haben und sich behaupten. Solche Leute können gute Familienväter sein und rechtschaffene, biedere Menschen. Und doch ist das Gemütsleben verhärtet. Sie können wohlmeinende Ratschläge geben und eindrucksvolle Reden führen und nehmen zuletzt ihren Vorteil rücksichtslos wahr. Mit ihresgleichen haben sie schlechte Erfahrung gemacht und sind daher misstrauisch. Sie sind kontaktfreudig und zugänglich, oft geschickte Diplomaten oder Advokaten, die zunächst weich und nachgiebig erscheinen und doch ihren Willen hart und rücksichtslos durchsetzen.

Region III – oberer Nasenrücken

a) Die Art des Fleisses aus innerem Antrieb, die Willenskraft
b) Die Art der motorischen Kraftentfaltung, die aktive Moral

Die innere schöpferische Kraft drängte den Menschen schon immer dazu, glücklichere Lebensbedingungen zu suchen und zu schaffen. Dies gelingt nur durch bedingungslosen Einsatz und Hingabe für das Berufs-, Familien- und Gesellschaftsleben. Daraus entwickelt sich der Fleiss, die Zähigkeit und die Ausdauer im motorischen Wollen, das von Geist und Willen geleitete aktive Handeln, durch welches gegen Lebenserschwernisse aller Art Widerstand geleistet wird. Das führt den Menschen von der passiven Moral (Nasenregion II) zur aktiven Bestimmung des sittlichen Verhaltens (Nasenregion III).

Abb. 327 Die schwach entwickelte Aktivität

Abb. 328 Die schwach entwickelte Aktivität

Abb. **327 und 328** *Die schwach entwickelte Aktivität*

Die Nasenregion III ist nach innen gebogen, wodurch eine konkave Linienführung des Nasenrückens entsteht. Diese Form lässt erkennen, dass die magnetische Energie, die zu eigenem innerem Antrieb führt, nur schwach ist. Demgemäss ist der Wille zur Tat schwach. Die motorische Kraftentfaltung ist mässig und erlahmt rasch. Auf von aussen gegebene Anregungen erfolgt nur schwache Reaktion. Der Mensch strengt sich nicht gerne an. Die Arbeit geschieht mehr aus Zwang als aus innerer Freude. Aus mangelnder Willenskraft und schwacher Reaktionskraft wird keine aktive Moral entfaltet. Solche Menschen dulden lieber, anstatt zu kämpfen, sie wählen den Weg des geringeren Widerstandes. Die Willensschwäche macht von Stimmungen abhängig und führt zu Launenhaftigkeit und Trägheit. Ist dazu die Nasenregion III von vorne gesehen schmal, dann sind die motorischen Nerven schwach, und es besteht eine geringe körperliche Ausdauer.

Abb. **329** *Der starke, aktive Wille*

Drängt der Nasenhöcker (Region III) nach aussen gebogen hervor, dann ist die magnetische Energie vorherrschend, daraus entsteht ein starker Wille. Aus innerem Antrieb ist der Mensch fleissig, ausdauernd, strengt sich an, arbeitet aus Lust und Liebe zur Tätigkeit und will mit ganzer Kraft. Er schreckt vor Hindernissen nicht zurück, sondern überwindet sie dank seiner Willenskraft. Er ist ein Kämpfer, ringt sich durch, bringt sich und seine Sache zur Geltung, wirkt erfolgreich nach aussen und dies auch in grösserem Umkreis.

Durch das starke motorische Wollen und den prägenden, bewussten Willen, der in dieser Nasenform zum Ausdruck kommt, wird das Leben aus dem mehr

Abb. 329 Der starke, aktive Wille

Abb. 330 Starke motorische Nerven

kindlichen, launenhaften Zustand (wie ihn Abb. 328 zeigt) herausgehoben. Der Mensch beherrscht sich willensmässig, er will etwas leisten, das Leben gestalten, er hat eine starke aktive Moral, passt sich aber nur wenig an und will herrschen.

Abb. **330** *Starke motorische Nerven*

Ist der Nasenhöcker von vorne gesehen breit, dann sind die motorischen Nerven und die Knochen stark. Es besteht ein kraftvolles Wollen zur Überwindung von Lebensschwierigkeiten und grosse Zähigkeit und Ausdauer. Ausdauer wird auch am Zug sichtbar, der von der Region III seitlich über das Nasendach herab nach den Wangen zu geht und auf dem Bilde deutlich ausgeprägt ist. Sehr gut erkennt man auch die Spannung in der Haut über dem Nasenhöcker und damit die Energie, die in dem darunter liegenden knöchernen Teil und im ganzen Körper wirkt. Befühlt man bei solcher Nasenbildung diese Stelle, so wird man die starke Kraft des Knochens gewahr. Man beachte auch den Zusammenhang der Nasenregion III mit der Tätigkeitsachse, Abb. 299.

Region IV – Nasenwurzel

a) Das geistige Wollen und der geistige Impuls, die Geisteskraft und Geistesruhe.

b) Die Selbstbeherrschung und die innere Sammlung

c) Die Art der subjektiven Auffassung, Wiedergabe und Darstellung

Der Nasenwurzelknochen steht in engem Zusammenhang mit der Entwicklung des Grosshirns und damit mit der Gehirntätigkeit.

Der Geist, der sich im Hirn konzentriert, hilft bei der Entwicklung der Persönlichkeit, bei der Ausbildung des höheren, durchgeistigten Selbstbewusstseins

Abb. 331 Schwache geistige Ruhe- und Erfassung

Abb. 332 Schwache geistige Ruhe- und Erfassung

und zur Überwindung von Lebenserschwernissen. Dieses geistige Wollen kommt in der oberen Nasenregion IV zum Ausdruck. Hier spiegelt sich das Wachstum im Erkennen und Wissen.

Alles Leben wurzelt im Geschlechtlichen, aus diesem steigt das leibliche Wollen auf (Nasenregion I), aus dem leiblichen das seelische Wollen (Nasenregion II), aus dem seelischen das motorische Wollen (Nasenregion III) und aus diesem das geistige Wollen (Nasenregion IV). Aus der Bildung der Nasenwurzel ersehen wir, wie das geistige Ich Körperleben, Kraft, Gemüt und Genuss zu Taten führt.

Die Nasenwurzel ist auch im Zusammenhang mit der Konzentrationsachse zu sehen, die hier ihren vorderen Pol, den geistigen Konzentrationspunkt, bildet. An diesem Pol kommt die gesamte Gehirn- und Geistesenergie zur Sammlung in die Einheit. Der Kanon, Abb. 306, verzeichnet hier konzentrierte Erfassung und Wiedergabe, darunter, genau zwischen beiden Augen, die geistige Ruhe, und noch etwas tiefer, wo schon die Tätigkeitsachse mit wirksam wird, den geistigen Impuls. Je stärker das ideale geistige Wollen ist, um so mehr wird das körperliche Wollen und das seelische und geschlechtliche Empfinden durchgeistigt und zu verfeinertem Tun geführt.

Abb. 331 *Schwache geistige Ruhe- und Erfassung*
Die Nasenwurzel hat im Profil betrachtet eine Einbuchtung. Das und das geringe Niveau kennzeichnen die langsame geistige Erfassung. Eindrücke werden oft nicht richtig oder ungenau aufgenommen und ungewollt falsch oder unvollständig wiedergegeben. Die Konzentrationsfähigkeit, um richtig zu erfassen, richtig zu urteilen und richtig zu handeln, ist schwach. Das Gedächtnis, besonders für Formen und Gestalten, ist schwach.

Abb. 332 *Schwache geistige Ruhe- und Erfassung*

Ist die Nasenwurzel von vorn betrachtet schmal, dann besteht vielfach geringe Geistesruhe, d.h.: bei Gefahren übersehen solche Menschen die Gesamtlage nicht in Ruhe und Gelassenheit sondern werden nervös. Sie sind vielfach weniger konzentriert, weniger schnell im Erfassen der Gegebenheiten und bei der Diskussion langsam und lange überlegend. Diese Aussagen sind mit dem Gesamterscheinungsbild und dem allgemeinen Niveau zu vergleichen. Bei der Dame ist das Niveau wenig hoch, die geistige Kraft und Leistungsfähigkeit entsprechend schwächer, was auch an der Nasenwurzel zum Ausdruck kommt. Die gemachte Aussage kommt hier voll zum Tragen.

Bei hohem Niveau und schmaler Nasenwurzel, bleibt nur die langsamere Reaktion bei Gesprächen bestehen. Die Gedankenfolge entspricht aber der an der Stirn zu analysierenden Denkfähigkeit.

Abb. **333** *Die schnelle und ruhige geistige Reaktionsfähigkeit*

Ist die Nasenwurzel im Profil betrachtet plastisch und hervorgehoben, so dass Stirn und Nasenrücken fast eine gerade Linie bilden, dann besteht eine schnelle geistige Erfassungsfähigkeit, intensives geistiges Wollen und starke geistige Impulse. Der Mensch kann sich gut konzentrieren, hat ein schnelles Wiedergabe- und Darstellungsvermögen.

Das Bild zeigt die stark plastisch hervorgehobene Nasenwurzel. Es handelt sich bei dem Abgebildeten um einen britischen Seeoffizier, der unter dem Beinamen «Yangtse Hero» (Held vom Jangtsekiang) berühmt wurde. Die Fregatte, auf der er (nach dem 2. Weltkrieg) Dienst tat, war 3 Monate lang weit stromauf im Fluss festgehalten worden. Beim Ausbruchversuch aus der Artillerie-Blockade der Chinesen entstand eine ernste Lage. Die Fregatte erhielt schwere Treffer, der Kommandant und etliche Besatzungsmitglieder fielen und das ganze Schiff und seine Besatzung war in tödlicher Gefahr. In dieser Situation übernahm «Yangtse Hero» Kommando und Gefechtsleitung, durchbrach die Blockade vollends und führte das Schiff auf die offene See, in die Sicherheitszone.

Bei der so stark vorgebauten Nasenwurzel sind Beobachtung, Auffassung, Entschluss und Handeln eins. Je grösser die Gefahr, je mehr die Unruhe, Nervosität oder Ratlosigkeit bei den Personen seiner Umgebung ansteigt, um so ruhiger, entschlossener, geistesgegenwärtiger und damit überlegen handelnd wird dieser Mann. Er hat eine starke Willenskraft, die aus der planenden Willensnase und der sehr langen Willensachse (langes Untergesicht und hohes hinteres Oberhaupt) spricht. Unerschütterlich sind Selbstvertrauen und Kraft (hohes und starkes oberes Hinterhaupt). Der ausgesprochene Langschädel (lange Konzentrationsachse) zeigt die Tatnatur.

Abb. **334** *Die schnelle und ruhige geistige Reaktionsfähigkeit*

Die Nasenwurzel ist, von vorne betrachtet, kräftig und breit gebaut. Auch das ganze Erscheinungsbild strahlt Ruhe, Gelassenheit und Übersicht aus. Es besteht grosse Geisteskraft, Geistesruhe und Geistesgegenwart. Das Formengedächtnis ist sehr gut. Eine Anlage zum Zeichnen, zum Formenbilden und zur praktischen Menschenkenntnis. Menschen werden auch nach längerer Zeit wiedererkannt.

Abb. 333 Die schnelle und ruhige geistige Reaktionsfähigkeit

Abb. 334 Die schnelle und ruhige geistige Reaktionsfähigkeit

Der Abgebildete behält die Übersicht auch über viele Dinge, bewahrt dabei die Ruhe und kann klar und richtig entscheiden. «Kopflosigkeit» wird nie auftreten. Die breitplastische und vortretende Nasenwurzel und ihre Ausformung zeigt grosse praktische Erfahrung und Klugheit, sie zeigt, dass Wissen und Erfahren gesammelt, festgehalten und aus klarer geistiger Erkenntnis verwertet und neu gestaltet wird.

Spezifische Nasenformen

Carl Huter fand, dass bei manchen Völkern bestimmte Nasenformen häufig anzutreffen sind und dass vorherrschende Züge des Volkscharakters sich aus den in gehäuftem Mass vorkommenden Naturellen, Temperamenten, Kopfformen und aus der häufig vorkommenden Nasenform erklären lassen.

Um den Formenbau der Nase rasch und treffend zu charakterisieren wählte *Huter* Namen von Völkern in denen, zu seiner Zeit, eine typische Nasenform gehäuft vorgekommen ist. Mit dem charakteristischen Formbau etwa der «deutschen» oder der «englischen» Nase verband er ein ganz bestimmtes Charakterbild, wodurch dieser Formbau rasch und genau richtig zu erfassen ist.

Es ist selbstverständlich, dass nicht alle Engländer etwa «englische» und alle Deutschen «deutsche» Nasen haben. Man findet sie dort jeweils häufig, aber man findet jede Nasenform bei allen Völkern. Das ergibt sich schon aus der Tatsache, dass die verschiedenen Naturelle, denen auch jeweils typische Nasenformen eigen sind, unter allen Rassen und Völkern anzutreffen sind.

Aus den Bezeichnungen mit Volksnamen kann leicht eine Diskriminierung eines Volkes abgelesen werden. Dies ist nicht Ziel dieser Bezeichnungen, denn *in der physiognomischen Psychologie zählt das Individuelle stärker als das Allgemeine,* trotzdem daraus eben ein Volkscharakter entstehen kann. Um solchen Irrtümern vorzubeugen, wurde hier versucht mit anderen Bezeichnungen das Charakteristische einer bestimmten Nasenform einzufangen.

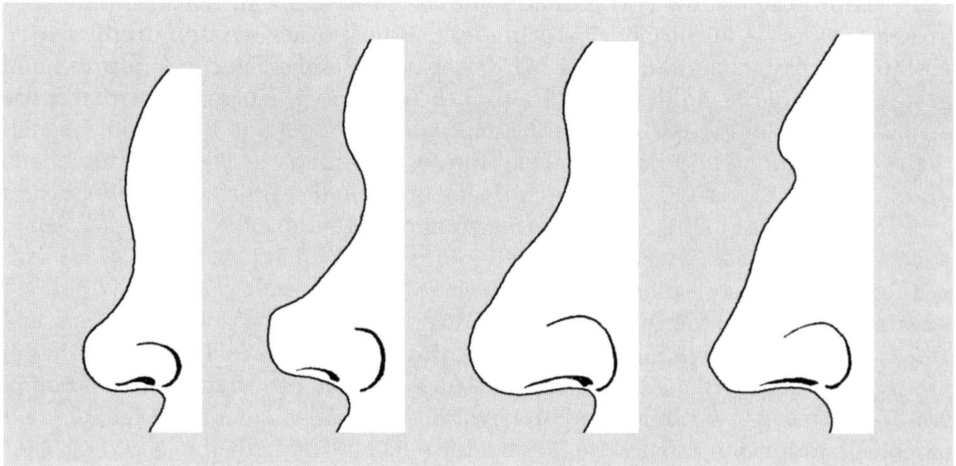

Unentwickelte Nase Sattelnase Geniessernase Milde Nase

Abb. 335

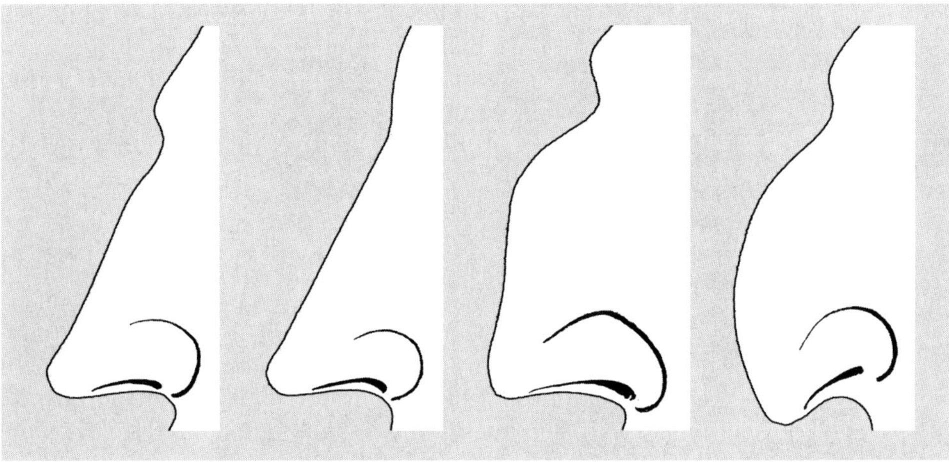

Nase der Planmässigkeit | Nase der Ästhetik | Willensnase | Krummnase

Abb. 336

Die unentwickelte Nase

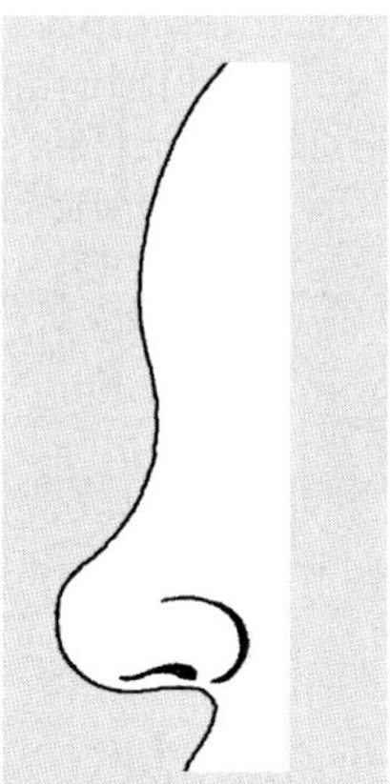

Diese Form finden wir beim Kleinkind besonders typisch. Sie ist klein, weich, im oberen Teil stark nach innen gebogen (von der harten knöchernen Partie des Nasenhöckers ist noch wenig vorhanden) und am unteren Ende rundlich, stumpf, verhältnismässig dick.

So wie sich der Nasenrücken einbiegt, schmiegt sich das Kind an. Es führt noch ein Leben wie im Traum, ist gemütvoll und empfindsam, es ist verspielt, wankelmütig, der momentanen Stimmung nachgebend. Es ist weder realgeistig aktiv, noch entfaltet es Selbstbeherrschung, Tatkraft oder ausdauernden Fleiss. Es ist launisch, lebt sorglos in den Tag, lacht und freut sich an Kleinigkeiten und kann im nächsten Moment in Tränen ausbrechen. Dabei ist es naschhaft und sehr für die geniesserischen Seiten seines jungen Lebens empfänglich. Das ist der kindliche Charakter. Dieser festigt sich mit der Entwicklung und damit nimmt die Nase andere Formen an. Oft erhält sich die Kindesnase über längere Zeit. Der kindliche Charakter ist dann immer noch vorhanden, was bei der Erziehung und den Erwartungen, die man vom Kind hat, berücksichtigt werden muss.

Abb. 337 *Das kurze, kleine und weiche Näschen des Kleinkindes*
Hier wirkt der eben geschilderte Charakter. Die Frische der Gesichtsform und das Interesse, welches am Augenausdruck sichtbar ist, zeigt, wie ausserordentlich bildungs- und entwicklungsfähig dieses Kind ist. Die Eltern solcher

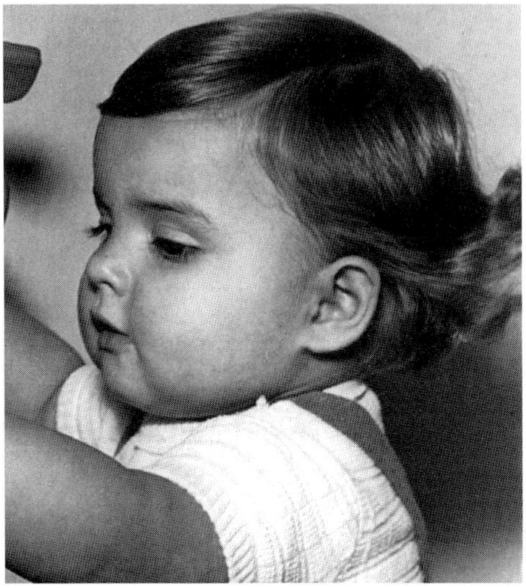

Abb. 337 Das kurze, kleine und weiche Näschen des Kleinkindes

Abb. 338 Ein etwa zwölfjähriges Mädchen mit der noch ausgesprochen kindlich geformten Nase

Kinder sollten auf diese starke, schon sichtbare innere Energie vertrauen und versuchen als Vorbild wirkend, das Kind zu sich selber zu führen. Kleinkinder kann man sehr gut von einer Tätigkeit, die nicht richtig oder gefährlich ist, durch Ablenken wegführen. Die Ablenkbarkeit ist dann positiv verwertet. So wie jede Pflanze Zeit braucht um zu gedeihen, so braucht jedes Kind Zeit, um sich selber zu werden. Hier haben viele Eltern keine Geduld und auch wenig Vertrauen in die inneren Kräfte eines Kindes. Sonne, Licht und Wasser, die jede Pflanze zur optimalen Entwicklung braucht, können die Eltern durch Liebe, Geduld und entsprechende Führung und Anleitung für ihr Kind sein.

Abb. **338** *Ein etwa zwölfjähriges Mädchen mit der noch ausgesprochen kindlich geformten Nase*

Ein solcher Mensch ist noch spielerisch, geniesserisch, sorglos kindlich, weich und bildungsfähig. Lediglich die Nasenwurzel hebt sich schon recht gut hervor. Das zeigt gute Auffassung und Wiedergabe, das Mädchen hat ein gutes Gedächtnis und lernt leicht und so stört sie die Schule nur wenig in ihrem sorglos-kindlichen Leben, das auch in dem weichen, gefühlvollen Mund und dem Wuschelhaar sich ausprägt.

Solche Kinder wählen gerne den Weg des geringeren Widerstandes.

Bei wichtigen Entscheidungen müssten die Eltern das Kind aufklären über die vorhandene Entwicklungsmöglichkeiten, sie müsste es zum Weg des grösseren Widerstandes ermuntern und so den positiven Lebensweg vorbereiten helfen. Solche Kinder brauchen diese Hilfe.

Abb. 339 Eine junge afrikanische Frau mit der kleinen, weichen Nasenform

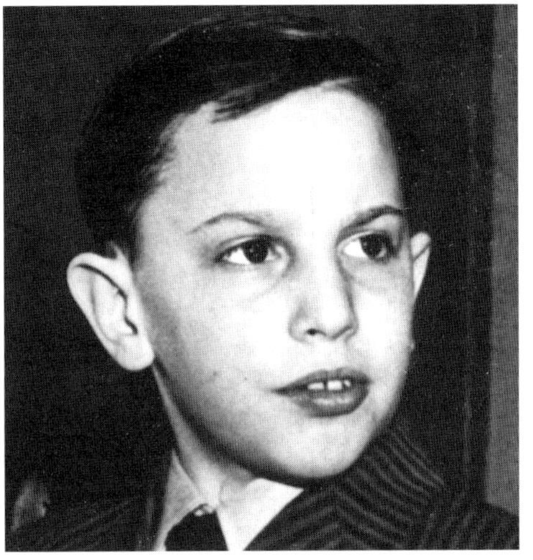

Abb. 340 Ein zehnjähriger Junge mit stark entwickelter Nasenform

Bei Völkern, welche seit Jahrtausenden in Naturparadiesen lebten, wo die gütige Natur alles, was zum Leben nötig ist, überreichlich gab, findet man noch häufig diese Nasenbildung. Solche Völker sind dann weniger planmässig, sie reagieren spontan, sind voll Gemüt und Lebensfreude.

Abb. 339 *Eine junge afrikanische Frau mit der kleinen, weichen Nasenform*
Sorglos, lebensfreudig, etwas neckisch, aber auch vertrauensselig, gefühlvoll aber ganz glücklich zeigt sich der Charakter. Solche Menschen sind nicht für einen harten Lebenkampf geeignet. Sie möchte möglichst sorglos leben. Ist das nicht der Fall, haben sie nur wenig Dauerenergie um die Situation energisch zu ändern. Keinesfalls darf man solche Menschen wegen ihrer Anlage hart behandeln, ihnen harte Arbeit auferlegen. Sie spielen gerne mit kleinen Kindern und könne diese sehr gut betreuen, denn sie sind in der Lage, sich in die kindliche Art und ihre Bedürfnisse einzufühlen.

Abb. **340** *Ein zehnjähriger Junge mit stark entwickelter Nasenform*
Der kindliche, launische, wenig ausdauernde, nachgiebige Charakter ist bereits weitgehend überwunden. Solche Kinder wissen schon genau, was sie wollen und lassen sich nicht gerne von Erwachsenen dirigieren. Sie können sich ihren Weg weitgehend selber suchen und werden ihn auch konsequent gehen. Es ist nun möglich, dass in der gleichen Familie Kinder unterschiedliche Nasenformen zeigen. Die Kinder müssen dann entsprechend individuell behandelt und geführt werden.

Eine Gleichbehandlung des Kindes Abb. 338 wie das Kind Abb. 340 wäre nicht nur falsch sondern auch noch ungerecht. Gerechtigkeit liegt nicht in der gleichen Erziehung, sondern im individuellen Eingehen auf Anlage und Entwicklung. Beiden sollte aber die gleiche Liebe zuteil werden.

Die Nasenwurzel bei dem Jungen zeigt grosse geistige Fassungskraft, rasche Auffassung und Wiedergabe und die Bildung zur Region III hin lebhaften geistigen Impuls, Fleiss und zielstrebiges Wollen. Der Augenausdruck ist aufmerksam, geistig geweckt.

Die Entwicklung der Nase zu bestimmter, charakteristischer Form verläuft individuell unterschiedlich, beim einen Menschen schneller, beim andern langsamer. Stets aber ist sie Gradmesser des jeweiligen Entwicklungsstandes seiner Verwirklichungsschichten.

Die Sattelnase

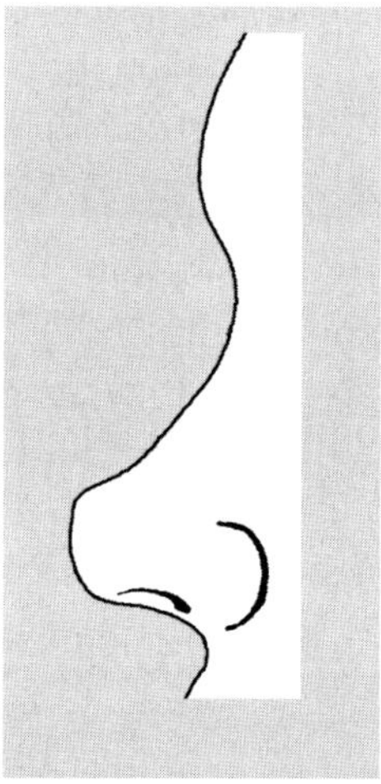

Es ist eine auch noch unentwickelte Nase, die man in verschiedenen Abstufungen mehr oder weniger häufig sieht. Sie weicht von der unentwickelten Nase durch härtere und festere Konturen ab und hat Nasenwurzel und Nasenrücken mässig stark ausgebildet. Gegenüber der noch zu beschreibenden ästhetischen Nase könnte man von dieser Nasenform als der unästhetischen sprechen. Sie hat gröbere Formen und kennzeichnet, bei gleicher übriger Veranlagung auch weniger feine Eigenheiten der Lebensverwirklichung. Bei einer an sich guten Veranlagung sind Charakter und Wille anpassungsfähig. Deshalb lassen sich solche Menschen beeinflussen und zu spontanen, manchmal auch unkontrollierten Handlungen hinreissen. Sie können aber die Sonne und das süsse Nichtstun voll geniessen. Afrikaner weisen vielfach eine kleine Nase auf. Sie können aus den verschiedensten für uns manchmal unbegreiflichen Anlässen spontan musizieren, singen und tanzen und so ihrer Lebensfreude Ausdruck verleihen. Ihre Lebensweise wäre geeignet den ausschliesslich planenden, humorlosen und ernst denkenden Menschen als Vorbild zu dienen und könnte ihnen zu mehr Lebensfreude verhelfen.

Der stark eingebuchtete Verlauf der Nasenwurzel in Region IV kennzeichnet zunächst einen Mangel an geistiger Ruhe und Übersicht. Das führt bei unerwartet auftauchenden Schwierigkeiten zu Planlosigkeit und Ungewissheit. Die Region III, der obere Nasenrücken, ist eingebogen. Solche Menschen kämpfen nicht gerne, der Antrieb zur Arbeit ist gering, aus eigener Kraft und innerem Impuls wird wenig verwirklicht. Eine mächtige Triebfeder hingegen ist das materielle und körperliche Wollen. Um seine Wünsche und seine Bedürfnisse zu befriedigen, strengt sich dieser Mensch an. Generell braucht er einen gewissen äusseren oder inneren Druck (Verantwortung, spezifische Begabung) um eine Leistung zu vollbringen. So ist oft der Anstoss, der von aussen kommt (durch Vorbild, Erziehung, Zwang) für die weitere Entfaltung der Persönlichkeit entscheidend. Bleibt er aus, tritt leicht Stillstand in der Entwicklung ein. Von sich aus wird eher der Weg des geringeren Widerstandes gewählt. Die Gemütsregion II, wo der Nasenrücken eingeknickt ist und sich zur mehr plumpen, nach vorne springenden Spitze, Region I, formt, kennzeichnet schwankende Gefühle, Neugierde, Naivität und auch Unverschämtheit. An der Nasenspitze zeigt sich Genussliebe, die leicht

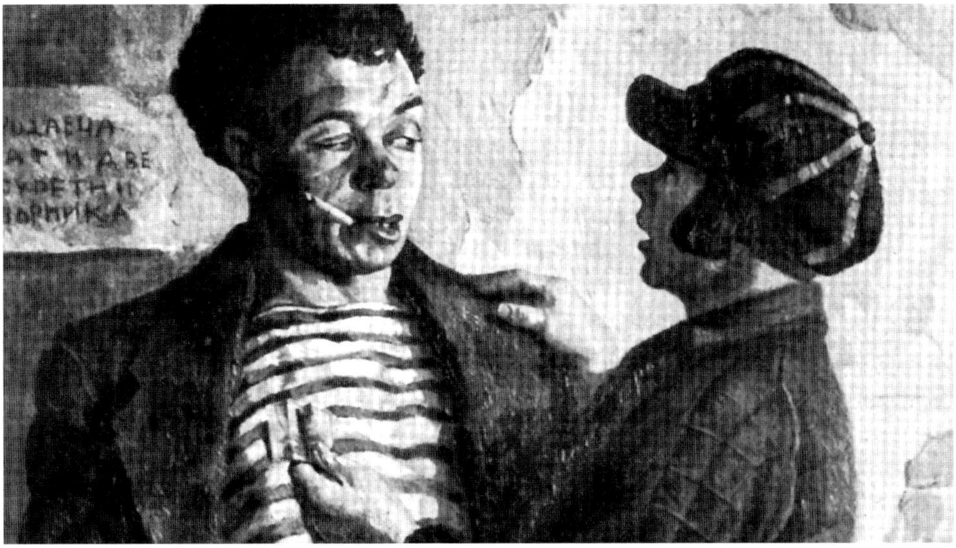

Abb. 341 Die Sattelnase verbunden mit negativem Charakter

zu ausschweifendem Lebensgenuss und zu Unfeinheit der Gesinnung im sexuellen Bereich ausarten kann. Es besteht die Neigung zu Unbeherrschtheit und, wenn die Macht und dazu eine primitive Gefühlsschicht vorhanden sind, zu Grausamkeiten gegen jede wehrlose Kreatur, auch zu wehrlosen Menschen. So veranlagte Menschen sind meistens nicht in der Lage, Freiheit sinnvoll zu gestalten und auszufüllen. Die Charakterbildung und -erziehung braucht eine starke Hand, welche mit Liebe, Strenge und Konsequenz leitet und überwacht. Hier wird die Grenze einer wirklichen Demokratie sichtbar.

Abb. 341 *Die Sattelnase verbunden mit negativem Charakter*
In dieser Moskauer Strassenszene ist die Sattelnase von einem russischen Maler trefflich festgehalten, und der in ihr zum Ausdruck kommende Charakter findet Unterstreichung und Ausschmückung durch die weitere Physiognomie, durch Mimik, Haltung und Kleidung des dargestellten Paares und durch die gesamte Milieuschilderung. Man kann die negative Seite der gegebenen Charakterbeschreibung ohne weitere Erklärungen damit illustrieren. Dazu kommt noch die gemeine, herabwürdigende Mimik des Mannes.

Abb. 342 *Die Sattelnase und ein ganz einfacher Charakter*
Trotz der eingebuchteten Form erscheint die Kontur des Nasenrückens hart. Nasenspitze, Mund und Augen haben den Zug ins Gemeine, zeigen grosse Begehrlichkeit und die Freude am ausschweifenden Genuss. Das ganze Erscheinungsbild ist sehr plump und schwer und entsprechend ist der Charakter. Der Stiernacken lässt die grosse Geschlechtskraft, die sture Beharrlichkeit erahnen.

Abb. 343 Die Sattelnase bei hohem Leistungsvermögen

Abb. 344 Die Sattelnase bei hohem Leistungsvermögen

Abb. 343 und 344 *Die Sattelnase bei hohem Leistungsvermögen*

Georg H. Endress ist ein Unternehmer-Naturell mit Harmonie, das ausgezeichnet organisieren und durchsetzen kann. Die Art wie er das tut ist u. a. an der Nase analysierbar. *G. H. Endress* zeigt die eingebuchtete Nase mit der nach vorne springenden Nasenspitze. Solche Menschen sind einfühlend, ständig nach Neuem suchend und in der Lage durch das Eingehen auf die Mitarbeiter ein familiäres aber voll leistungsbezogenes Klima zu schaffen, das jedem Mitarbeiter auch Identifikationsmöglichkeiten bietet. Eine ganz andere Art der Führung als die, welche immer wieder bei Unternehmern mit der Willensnase zu sehen ist. Diese wollen hart zwingen und haben häufig einen autoritären Stil.

Im weiteren erkennen wir bei *G. H. Endress* feine Formstrukturen am Mund und am Ohr (feine seelischen Tiefenschichten, die auf das geistige Ergründen des Lebens ausgerichtet sind). Das Seitenhaupt ist entsprechend dem Naturell breit (ökonomisches Talent). Wir erkennen auf der Abb. 344 auch einen starken Konstruktionssinn (siehe auch Abb. 115 und 116). Stirn und Seitenhaupt sind hoch aufgebaut. Die Nasenwurzel ist kernig, die Augen haben einen wohlwollenden Ausdruck. Alle diese Formen sind Erklärung für sein umfassendes Denken. Der Erfolg gründet wohl auf Technik, Organisation und Ökonomie, das Denken dieses Mannes ist aber umfassend und menschlich. Ein Vorbild unternehmerischen Handelns. Für solche Menschen ist Wirtschaftsethik keine Worthülse, sie repräsentieren eine echte Elite.

G. H. Endress der ein weltweit wirkendes Unternehmen mit Hauptsitz in CH-Reinach/BL aufgebaut hat, wurde in der Schweiz, in Deutschland und in Frankreich für seinen vorbildlichen Führungsstil und seine technischen und unternehmerischen Erfolge ausgezeichnet.

Die Geniessernase

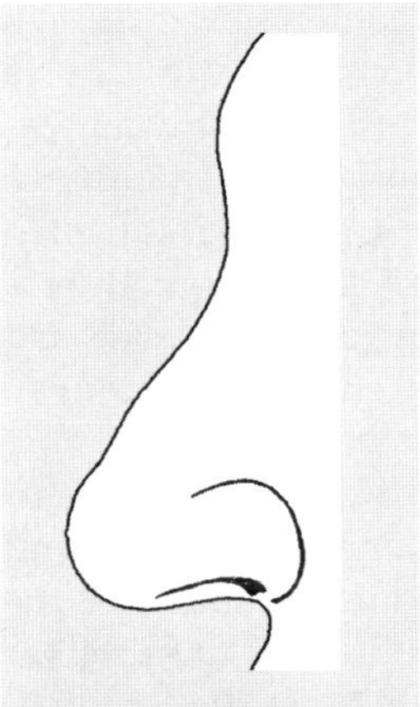

Diese ist fleischig, kurz und dick, in den beiden oberen Regionen leicht hervortretend. Es besteht also schon eine gute geistige Auffassungs- und Wiedergabefähigkeit, Tatkraft, Willensstärke und Fleiss. Aber der Mensch mit dieser Nase hängt noch sehr an materiellen Genüssen, lässt sich dadurch vielfach ablenken. Die Geniessernase kennzeichnet eine Geistes- und Charakteranlage, die sich in voller Entwicklung befindet, die obere Nase wird sich mit der Zeit mehr herausentwickelt. Die Geniessernase kennzeichnet also auch einen Charakter, der noch wesentlich verfeinert und weiterentwickelt werden kann.

Abb. 345 *Die etwas verfeinerte Geniessernase*

Die Nase dieses Mannes entspricht der eben besprochenen im positivem Sinn. Sie zeigt gute Ansätze der Charakterentwicklung, jedoch noch ohne volle Klarheit und Festigkeit. Region III und IV heben sich schon gut, und es besteht daher das Wollen, sich körperlich und geistig zu betätigen und auch anzustrengen. Nur sind die leiblichen Impulse noch stärker, das zeigt die untere Nase; und dieses lenkt des öfteren zum Geniessen, wodurch die Beständigkeit und Verlässlichkeit des Willens geschwächt werden. Unter der Führung eines langnasigen Menschen z. B., der planmässig, beherrscht und mit starkem Willen vorgeht, folgt dieser Mann willig und bewährt sich. Auch Abb. 331 zeigt die etwas verfeinerte Geniessernase.

Die ersten drei Nasen der Abb. 335 sind als kurze Nasen zu bezeichnen.

Die milde Nase

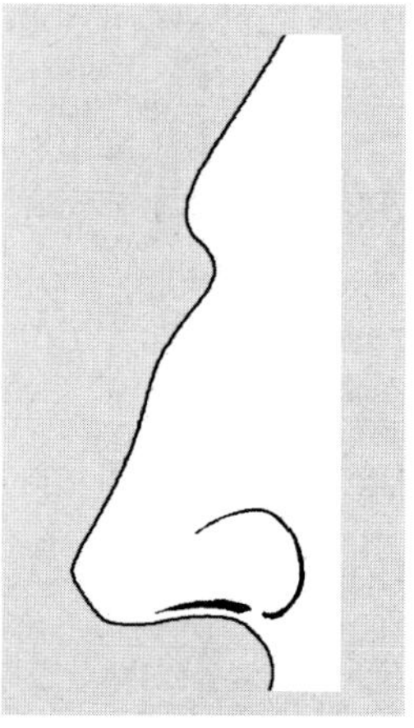

Diese Nasenform ist nicht mehr zu den kurzen Nasen zu rechnen, sie ist mittellang. Man findet diese Form vielfach in Deutschland, Holland und der Schweiz – es ist, selbstverständlich mit Abweichungen, individuellen Verschiebungen und Besonderheiten, die am häufigsten anzutreffende. Sie ist in allen ihren Teilen gut durchgebildet. Es ist die Luther-Nase, in der sich Kraft und Milde paaren. Gegenüber den kurzen und den langen Nasen ist sie als gemischter Typus zu bezeichnen.

Bei IV, wo die Nasenwurzel in die Unterstirn übergeht, ist die Form vorgebaut und deutet auf rasche und sehr gute Auffassung. Darunter findet sich eine typische Einbuchtung. Das Denken (Stirn) geht nicht unmittelbar in die Verwirklichung über (Nase). Je tiefer die Einbuchtung ist, desto langsamer ist die Umsetzung des Denkprozesses in Worte, der Mensch überlegt lange, bevor er spricht oder handelt.

Die Nasenwurzel ist kernig gebaut und gehoben. So denkt der Mensch wohl lange nach, dafür ist er aber auch gründlich und tief. Was er einmal erfasst hat, hält er fest, und daher sind Wissenschaft und Forschung oft seine starke Seite.

Bei III ist die Nase kraftvoll vorgebaut und meist auch breit, dies zeigt den lebhaften geistigen Impuls und bei 4 den starken motorischen Antrieb, welche grossen Fleiss und den Drang zur Tätigkeit auslösen. Es liegt hier viel schlummernde Kraft, die Grosses vollbringen kann, wenn sie voll erwacht. Oft ist die milde Nase von vorne gesehen auch sehr breit gebaut, was eine starke Knochenkraft erkennen lässt

Bei II findet sich eine weich verlaufende Einbuchtung, sie zeigt viel Gemüt, viel weiches Empfinden und Mitfühlen und eine gute passive Moral. Dies ist eine menschlich positive Seite, die bewahrt werden sollte. Immer dann, wenn so veranlagte Menschen glauben, hart sein zu müssen, wenn sie ihr weiches Gemüt verleugnen, bekommt es ihnen schlecht. Sie hören gerne auf üble Nachreden, sind auch neidisch oder Suggestionen zugänglich. Dadurch können sie von kalt berechnenden Naturen missbraucht werden und lassen sich vorübergehend von ihrem Weg abbringen.

Bei I ist die Nasenspitze schön voll und rund und zeigt, dass dieser Mensch ein Freund von gutem Essen und Trinken ist, und in Verbindung mit II auch ein Freund der Geselligkeit und stimmungsvoller Gemütlichkeit. Hier, im Persönlichen und Materiellen ist er also auch stark und muss aufpassen, dass dieser Zug nicht der beherrschende des Charakters wird.

Abb. 346 *Die milde Nase*

Die Nasenspitze ist etwas feiner und das ganze Gesicht zeigt Willensenergie. Das Genussleben ist daher beherrscht.

Abb. 346 Die milde Nase

Abb. 347 Martin Luter nach dem Gemälde von Lucas Cranach

Abb. 347 *Martin Luter nach dem Gemälde von Lucas Cranach*
Er hat die kraftvolle Nasenform der Milde, die viel kernige geistige Kraft, unermüdlichen Fleiss, weiches und tiefes Gemüt und starke Impulse zu Genuss und Sexualität erkennen lässt. Aus dieser Nasenform, dem grossen vollen Gesicht und dem kraftvollen Körperbau kann man Luthers Charakter- und Willensrichtung und seine manchmal auch derbe Art verstehen: «Und wenn die Welt voll Teufel wär und wollt' uns gar verschlingen, so fürchten wir uns nicht so sehr, es soll uns doch gelingen».

Abb. 348 *Philipp Melanchthon, ein Stich von H. Schmid, Lipsice*
Es scheint uns, dieses Bild zeige viel von den wirklichen Eigenschaften und Fähigkeiten Melanchthons. Wenn wir mit Abb. 347 vergleichen, stellen wir fest: er hatte nicht die gleiche Körperform wie *Luter*, eine unterschiedlich aufgebaute Stirn und eine andere Nasenform.

Die Stirn, breit und hoch aufgebaut, zeigt das Talent für religiöses und ethisches Forschen und Denken. Es ist das Erscheinungsbild des Ethikers. Solche Menschen sind ständig auf der Suche nach philosophischer, ethischer und religiöser Wahrheit. Sie werden nie Fundamentalisten. Die Nase ist bestimmt geformt, was uns zeigt, dass er nur durch sehr gute Argumente von seiner Sicht der Welt abgehen wird. *Huter* nennt diese Form die Nase des Gelehrten und möchte damit zum Ausdruck bringen, dass solche Menschen ständig auf der Suche nach weiteren Erkenntnissen sind. Die breite Nasenwurzel offenbart die Kraft und Energie, mit welcher Gedanken in eine Einheit gebracht werden können, und die Ruhe und Übersicht bei der Betrachtung der Welt, der Menschen, ihrer Lebensart und ihrer Bedürfnisse.

Abb. 348 Philipp Melanchthon, ein Stich von H. Schmid, Lipsice

Melanchthons Wirken war für die gleiche Sache ein völlig anderes als dasjenige von *Luter*. Er erarbeitete die wissenschaftliche Formulierung der reformatorischen Theologie, ihre innere Ethik. Seine theologischen Formulierungen haben selbst auf seine Gegner tief gewirkt. Er verfasste das Augsburger Bekenntnis, das er auf der ständigen Suche nach Wahrheit auch wieder veränderte. *Melanchthon* wurde nie Fundamentalist und betonte die Bedeutung des freien Willens und die Wichtigkeit der guten Werke.

Luter glaubte unverrückbar an sein Werk. Dies kam auch in seinem wuchtigen Körperbau zum Ausdruck: er vermochte andere durch sein blosses Dasein zu überzeugen. *Melanchthons* feiner Körperbau dagegen lässt erkennen, wieso er nicht wie *Luter*, in sich ruhend, dastehen konnte. Seine Überzeugungsweise ging über Argumente. Er tolerierte im Gespräch auch andere Meinungen (Naturell, Stirnformation und Augenausdruck) und machte deshalb aus seinem menschlichen und echt religiösen Denken und Fühlen heraus Zugeständnisse, die vielfach sofort gegen ihn ausgenutzt wurden. Er war in seiner Art ein ausgezeichneter und kompetenter Berater im wissenschaftlichen, religiösen, ethischen und menschlichen Bereich, aber selber nicht in der Lage, das Werk der Erneuerung mit der Kraft *Luters* und durch einfache, populäre Überzeugungsarbeit fortzusetzen. *Luter* und *Melanchthon*, zwei Welten in der gleichen Sache, die sich ausgezeichnet ergänzten.

Die Nase der Planmässigkeit

Diese Nase ist erheblich länger als die deutsche, in Region IV stärker gehoben, in Region II weniger weich geschwungen und dadurch insgesamt mehr gerade.

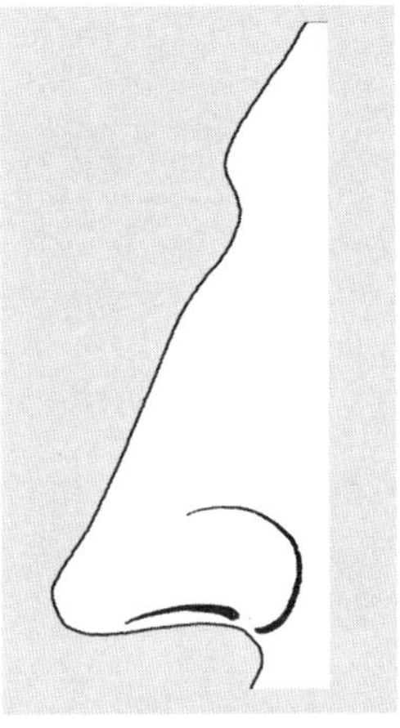

Sie hat Ähnlichkeit mit der noch zu besprechenden Nase der Ästhetik. Der Charakter, der dieser Nasenform entspricht ist abgeschlossen, er zeichnet sich durch Planmässigkeit und Grosszügigkeit aus. Er besitzt die Schnelligkeit im Erfassen und Handeln, die dem Menschen mit der Nase der Kraft und Milde oft fehlt. Er hat viel Einsicht und einen guten praktischen Blick, ist beherrschter, aber auch kühler in seinem Wesen und zeigt viel Persönlichkeitsbewusstsein.

Aus dem Charakter dieser Nase, die wir vielfach bei Engländern finden, ist die alte britische Doktrin zu verstehen: «Teile und herrsche». Dieser Charakter der Planmässigkeit, der Grosszügigkeit, der Selbstbeherrschung und dem grossen Selbstvertrauen, führte die Engländer zu Macht und Grösse. Kulturen und Staaten, in denen viele Menschen mit der Nase der Planmässigkeit leben, sind anderen, bei denen diese Formen fehlen, vielfach überlegen.

Strebten z. B. die Deutschen, das «Volk der Dichter und Denker», wo viele Nasen der Kraft und Milde zu finden sind, nach politischer Weltmachtstellung, so war dies stets verfehlt. Ihre Stärke liegt auf wissenschaftlichem und erfinderischem Gebiet und in fleissiger Arbeit, darin sollten sie sich betätigen und darin können sie erfolgreich sein.

Abb. 349 *Die Nase der Planmässigkeit*
Sir *Christopher Steel* (früher britischer Botschafter in Bonn) hat die typische, kraftvoll ausgeprägte lange Nase. Die Nase ist lang und verhältnismässig ausgeglichen. Es trifft hier genau zu, was für diese Nasenform als charakteristisch gekennzeichnet wurde.

Abb. 350 *Die Nase der Planmässigkeit von vorne*

Lord Hailes, britischer Generalgouverneur (d. h. Vertreter der Krone) in einem der ehemals kolonialen überseeischen Gebiete, das selbständig wurde, aber über das Commonwealth und durch die Anerkennung der Königin als Souverän der ehemaligen Kolonialmacht verbunden blieb. Selbst bei der Liquidation des Weltreiches erwies es sich, dass die britische Politik – die zweifellos Ausdruck des vorherrschenden Volkscharakters ist – die Voraussetzungen für eine weitere enge Zusammenarbeit mit vielen der nunmehr selbständigen und unabhängigen Gebiete schuf. Das wurde nicht von heute auf morgen erreicht, sondern war Ergebnis langer und sorgfältiger Bemühungen d. h. die Briten wurden weniger als Herrscher und Ausbeuter, vielmehr als Berater und Helfer betrachtet. Tatsächlich waren sie beides, Herrscher und Helfer und das liegt in dem Volkscharakter, der sich in der Nase der Planmässigkeit ausprägt, begründet.

Umsicht und Klugheit, Geistesruhe und Tatkraft, verbunden mit einer gewissen Kühle und Gelassenheit – Distanzgefühl sozusagen –, und nicht minder Selbstsicherheit und Selbstbeherrschung, Planmässigkeit und Grosszügigkeit wirkten dabei zusammen. Es sind die Charakteranlagen und -fähigkeiten, die den Abgebildeten eigen sind.

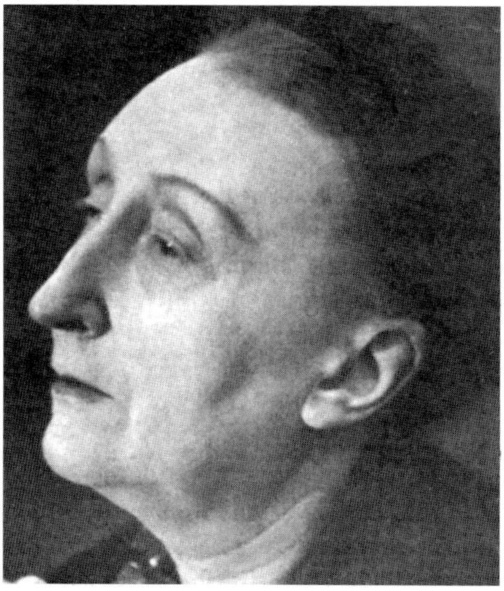

Abb. 351 *Planmässigkeit und Kunstsinn*

Die englische Dichterin *Edith Sitwell*. In dieser Nase kommt grosse geistige Ausdauer und Willensdurchsetzung, eine hervorragende Darstellungsgabe, das durchdenkend und planend aufbauende Schilderungsvermögen zum Ausdruck. Feingefühl, grosse Kultur- und Kunstsinnigkeit, der geistigen Überlegenheit entspringendes Selbstbewusstsein, Planmässigkeit und nicht zuletzt viel Lebensbejahung sprechen aus dieser Form.

Die Nase der Ästhethik

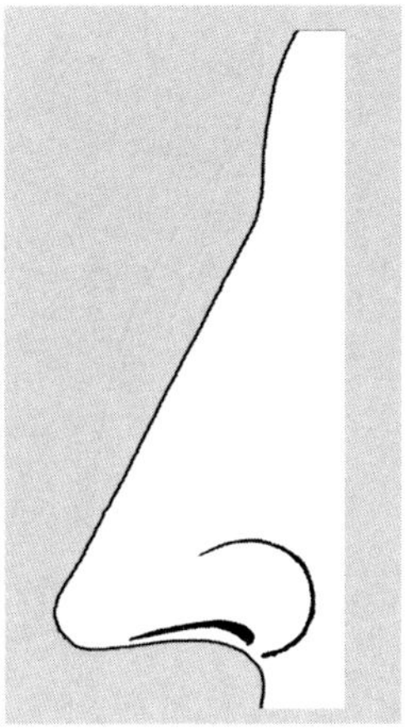

Diese Nase ist lang, gerade und in allen ihren Teilen stark vortretend. Sie vereint Kraft und Schönheit. An der Nasenwurzel weist sie keine oder fast keine Vertiefung auf; der Übergang von der Stirn zur Nase ist im Profil fast oder ganz gerade. Man findet sie an altgriechischen Kunstwerken und bezeichnet sie auch als klassische Nasenform. In ihr kommt hohe Körper- und Geisteskultur zum Ausdruck. Man findet diese Nasenform vielfach bei Menschen, die auf hoher Kultur- und Entwicklungsstufe stehen.

Die breite und gehobene Nasenwurzel ist das Zeichen für die schnelle und vortreffliche Auffassung, besonders der Formen, und bei der Länge und dem Hervortreten der Nase zugleich ein Zeichen der guten Denk- und Darstellungsgabe und eines starken ästhetischen Gefühls. Daher besteht auch künstlerische Begabung, Talent für Plastik, Zeichnen, Darstellung u. a.

Aus der Gesamtform der Nase der Ästhetik sprechen Grosszügigkeit, Planmässigkeit und zielbewusstes Handeln. Ferner sprechen daraus Selbstbeherrschung, Selbsterziehung und pädagogisches Talent, Objektivität und Vorausberechnung. Alle Naivität ist überwunden und hohe Charakterbildung, Einsicht und Lebensweisheit erreicht.

Da auch Region II, die Gemütsregion, gerade verläuft, zeigt sich, dass der Mensch Schmerz verbeissen und momentan das Gefühl zurückdrängen kann. Daher können Menschen mit der Nase der Ästhetik auch sehr konsequent sein. Es sind gute Aufsichtspersonen, die gerecht tadeln und objektive, der Sachlage entsprechende, klare Anweisungen geben. Die Nase der Ästhetik ist schöngebildet, selber eine ästhetische Nase. Menschen mit dieser Nasenform pflegen Künste und Wissenschaften.

Abb. 352 *Der Hermes des Praxiteles*
Die vollendete, klassische Nasenform in ihrer ganzen Schönheit. Wunderbar breit und plastisch gehoben tritt die Nasenwurzel hervor und zeigt die Gewandtheit und Schnelligkeit des Geistes und die Beherrschung des Körpers, die Hermes, dem Götterboten, zugleich dem Gott des Windes und der Leibesübungen, zugesprochen wurde. Kraft und Schönheit, vollendete Körper- und Geisteskultur kommt in dieser Nasenform zum Ausdruck.

Abb. 353 *Die Nase der Ästhetik*
Eine junge Dame, die aus einem Leistungswettbewerb in ihrem Fach, der Photographie, als Bundessiegerin hervorging. Sie lacht und freut sich und ist auch ein wenig verschämt, da ihr gerade der Preis von älteren würdigen Herren überreicht wird.

Abb. 352 Der Hermes des Praxiteles

Abb. 353 Die Nase der Ästhetik

Hier ist richtige, rasche Auffassung, Konzentration, Geistesruhe, Wiedergabe und Darstellung, alles sozusagen eins. Hinzu kommen Planmässigkeit, Übersicht, Arbeit an sich selbst – und so wundert man sich nicht, dass sie ihre Alters- und Berufskollegen alle überrundete.

Hinzu kommt auch der lebhafte körperliche Impuls, den das Kinn zeigt, und so ist sie auch sehr eifrig und aufmerksam. Manchmal erscheint bei solchem Geschöpf mit der raschen Aufnahme und Wiedergabe das Wesen etwas vorlaut eben weil alles so rasch geht, sie schon alles weiss, begriffen hat und handelt oder spricht, bevor ein anderer auch nur fertig gedacht oder gar gesprochen hat. Aber man sollte das von der richtigen Seite und vom Vorteil her sehen – und wer so rasch ist, kann ohne Schaden auch mal selber bremsen, ist doch auch die Selbstbeherrschung mitgegeben! Übrigens: wer die plastische Nasenwurzel und damit die Nase der Ästethik hat, ist auf Grund seiner schnellen Reaktionsfähigkeit, Geistesruhe und Übersicht ein guter, aber auch ein schneller Autofahrer. Und leider liegt die Anlage der Vorsicht nicht auch in dieser Nasenform begründet, sondern im breiten oberen Hinterhaupt und kann nur dort ermittelt werden.

Die Willensnase

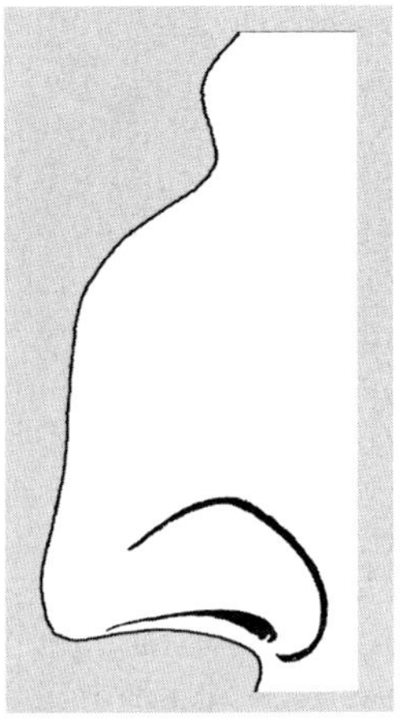

Die Nase des Willens, auch Adler-Nase genannt, ist in Region III, dem Nasenhöcker, stark nach aussen gebogen. Die in ihr zum Ausdruck kommende Kraft liess ein Volk, das viele dieser Nasen aufgewiesen hat, die Römer, zur Weltmacht gelangen.

Menschen mit dieser Nase besitzen Angriffslust und grossen Unternehmungsgeist. Es sind kühne, willensstarke Naturen. Sie sind sehr tätig, drängen sich vor, verschaffen sich Geltung, handeln logisch, können disponieren und werden auch rücksichtslos. Sie wollen unbedingt herrschen und befehlen.

Es fällt ihnen schwer, sich zu unterordnen, und wenn sie es tun, dann nur mit Vorrechten gegenüber Untergebenen. Der frühere preussische Adel zeichnete sich durch häufiges Vorkommen dieser Nasenform aus. Er diente dem König, sicherte sich aber Herrenrechte über das Volk.

Menschen mit der Adler-Nase treten energisch auf, sind geradlinig, halten aber oft dogmatisch am Alten und Bestehenden fest. Das motorische Nervensystem ist stark, daher die Ausdauer, aber auch die starke Eigenpersönlichkeit und Repräsentationsgabe. Sie brauchen oft nur wenig Schlaf und sind Spielereien und Witzbolden abhold. Der Verstand, der Wille zu herrschen und nicht das Gefühl entscheiden bei ihnen.

Abb. 354 *Die Nase des Generals*

Wie die kühn nach aussen gebogene, grosse Nase, genau so kühn und draufgängerisch ist sein Charakter. Und so hart und bestimmt in der Form wie sich der Nasenhöcker vorschiebt, so hart und zwingend ist sein Wille und die Tatenergie, die er rücksichtslos einzusetzen vermag.

Es ist der Typus, wie er dem mittelalterlichen Landsknecht und dem römischen Legionär eigen gewesen sein mag, der nicht nur Soldat war, sondern auch recht unsanft in die Politik eingriff, wenn ihm diese nicht passte, d. h. seiner unsanften Kriegernatur nicht entsprach.

Abb. 355 Die Willensnase

Abb. 355 *Die Willensnase*
Diese Nase findet sich auch bei *Papst Pius XII.* und bei vielen anderen hohen Würdenträgern der römischen Kirche in alter und neuer Zeit. Es mag dies mit darauf zurückzuführen sein, dass es sich dabei häufig um Vertreter alter und hervorragender Familien Roms handelt. Natürlich ist die Nase hier anders zu beurteilen als etwa bei dem im Bewegungs-Naturell liegenden General, denn im Gesicht zeigt sich eine andere Lebens-, Geistes- und Gedankenrichtung. Trotzdem zeigt auch hier die Willensnase den grossen Unternehmungsgeist, die Kühnheit und die willensstarke Natur, die sich und der von ihr vertretenen Sache mit ganzer Kraft Geltung verschafft. Solcher Mensch ist nicht dazu geschaffen, sich unterzuordnen, sondern zu herrschen.

Dass dieser Papst fest und bestimmt, teilweise mit dogmatischer Strenge, am Bestehenden festhielt, ist nicht verwunderlich. Dass er eine starke Eigenpersönlichkeit und eine hervorragende Repräsentationsgabe besass, ist ebenso bekannt wie die Tatsache, dass er ausserordentlich fleissig war, sich nur wenig Schlaf gönnte und von tiefem Lebensernst beseelt war.

Die Krumm-Nase

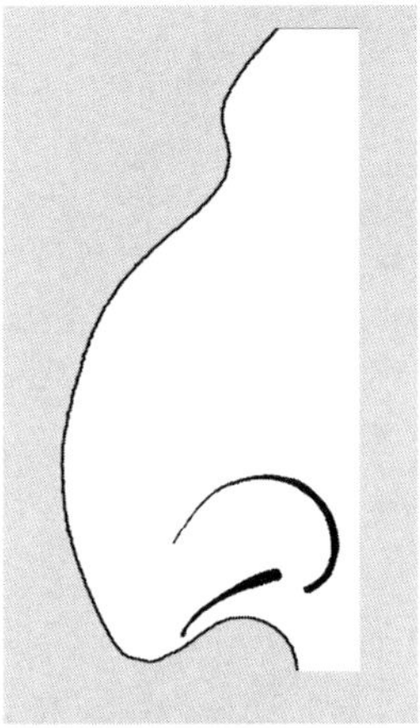

Für die Krumm-Nase gab *Carl Huter* folgende Hinweise: diese Form ist überentwickelt und deutet auf Abstammung von uralten Völkern mit grosser Vergangenheit. Sie zeigt dann eine Degeneration wenn sie mit einem schwachen oder verkümmerten oberen Vorderhaupt und starkem Hinterhaupt einhergeht. Sie ist ein Zeichen ausgeprägten Familiensinnes, starker Geschlechtskraft und grosser Sachenliebe. Menschen mit dieser Nasenform geben sich weich und energielos und umschmeicheln diejenigen, die sie für ihre Pläne gewinnen wollen. Aber sie können umschlagen, werden rücksichtslos und habsüchtig und entfalten dabei Dauerenergie. Sie rechnen mit dem Kleinsten, sind fleissig, sehr ökonomisch und materiell tüchtig. Sie sind aber oft menschenfeindlich und wahrer Kultur abhold. Sie suchen sich unbedingt zur Geltung zu bringen und drängen – offen oder geheim – zur Herrschaft.

Natürlich darf auch hier nicht nur die Nase beurteilt werden. Ist die Stirnbildung gut, das Auge mild, das mittlere Gesicht weich, der Mund harmonisch, dann ist die ähnlich hervortretende Nase ein Zeichen alter Kultur und langer Vergangenheit (viele Generationen) und eines starken, ausgeprägten, ausgereiften Charakters, der sehr gut organisieren kann, der seine Fähigkeit, hart sein zu können, aber massvoll dosiert und nur bei seltenen Fällen anwenden wird.

Abb. 356 *Die Krumm-Nase*

Ein Angehöriger einer der ältesten Familien eines vorderasiatischen Volksstammes mit grosser Vergangenheit. Er erreichte die höchste Staatsstellung und behauptete sich in dieser jahrelang mit Zähigkeit und Schlauheit, Rücksichtslosigkeit und allerlei Ränken.

Er vermochte bei jeder Gelegenheit in Tränen auszubrechen, war angeblich stets krank und empfing – seine Hinfälligkeit zur Schau stellend – Besuche vielfach im Bett liegend. Er war immer für Verhandlungen, hörte sich fremde Meinungen mit Geduld an, war entgegenkommend – und machte immer nur das, was er wollte. Gerühmt wurde sein Fleiss, bekannt war sein Reichtum; die Familie ging ihm über alles. Zunächst geheim, und als er sich stark genug fühlte auch offen, strebte er nach absoluter Herrschaft. Als er diese – auf Kosten eines anderen – schon er-

Abb. 357 Die Krumm-Nase

Abb. 358 Martin Buber

reicht zu haben schien, wurde er von einem Manne mit der Nase der Ästhetik kaltgestellt, den er aus Naivität unterschätzt, ja mit dem er überhaupt nicht gerechnet hatte und der überraschend und blitzschnell handelte.

Abb. 357 *Die Krumm-Nase*
Die überentwickelte Nase ist leicht zu erkennen. Dass sie auch zur Überentwicklung gelangte Besonderheiten des Charakters offenbart, ergibt sich aus den bisherigen Darlegungen.

Typisch ist auch für diesen Mann, dass er sich nicht unterordnete, sondern unbedingt zu herrschen suchte und tatsächlich herrschte. Dabei gab er sich oft weich, krank, hilfsbedürftig, Rat suchend – behauptete sich mit Klugheit und Rücksichtslosigkeit und mit einer stets misstrauischen, ränkevollen Diplomatie, mit der er die Schwächen und Rivalitäten anderer für sich ausnutzte.

Abb. **358** *Martin Buber, israelitischer Religionsphilosoph*
Allgemein bekannt ist, dass auch unter Angehörigen des jüdischen Volkes des öfteren die mehr oder weniger nach aussen gebogene Nase anzutreffen ist. Man spricht im Volksmund daher auch von der «jüdischen Nase», ohne damit eine physiognomische Deutung zu verbinden.

Nun finden wir bei *Martin Buber* ein sehr feines, seidenweiches Haar, das auf ein feines, empfindungsreiches Nervensystem hinweist. Auch erkennen wir ein ausgebautes Oberhaupt und eine sehr milde Abtönung der Gewebe an Augen und Wangen und auch des Barthaares und können verstehen, dass sich *Buber* vor allem mit religiösen und sozialen Problemen beschäftigte. Und auch an der Nase liegt trotz ihrer charakteristischen Form viel Feines – ganz anders als etwa an der harten Kopf-, Stirn- und Nasenlinie von Abb. 356. Wir erkennen daher zunächst den Angehörigen eines alten Kulturvolkes mit selten grosser Vergangenheit und

Abb. 359 David BenGourion

Geschichte, bei dem der Charakter zu ausserordentlicher Reife gelangte. Die persönliche Eigenart wird unter allen Umständen beibehalten. Damit lernt man den hervorragenden jüdischen Wesenszug verstehen: die eigene Kultur, Sprache und Sitte zu behaupten bei gleichzeitiger weitgehender Anpassung an die wechselvollen äusseren Umstände. Anders ist die einzigartige Tatsache, dass das jüdische Volk zwei Jahrtausende lang seine nationale Kultur ohne eigenen Nationalstaat erhalten hat, gar nicht zu erklären oder zu verstehen. Dass diese Eigenart – ebenso wie etwa die Unreife eines in paradiesischer Umgebung lebenden Naturvolkes – sich physiognomisch ausprägt, und zwar am deutlichsten in der Nasenform, welche den erreichten körperlichen und geistigen Entwicklungsstand offenbart, ist selbstverständlich. Dass diese Nasenform ferner ein gewisses Misstrauen, diplomatische Vorsicht und grosse Erfahrung, aber auch tiefen Ernst spiegelt, ist ebenfalls einleuchtend.

Abb. 359 *David BenGourion, ehemaliger israelischer Ministerpräsident*
Er hat ähnlich wie *Buber* eine ganz typische Nasenform. Wir können das dort Gesagte auch hier als charakteristisch bezeichnen und erkennen. Betrachten wir in Verbindung damit das sehr stark ausgebaute, von feinem Haar umrahmte untere Hinterhaupt *BenGourions*, so wissen wir auch, dass ein sehr starker Heim- und Familiensinn vorliegt. Ohne diesen ausgeprägten Familien- und auch starken Geschlechtssinn wäre das kulturelle Eigenleben der Juden in fremder Umwelt und durch die Jahrtausende hindurch ebenfalls nicht denkbar. Auffallend ist bei *BenGourion* weiter die lange Liebesachse, das grosse Ohr und die breite, untersetzte Gestalt. Er wurde als ein streitbarer und furchtloser Geist bekannt, der in allen seinen Handlungen zutiefst von der Sorge um die Familie und die soziale und nationale Wohlfahrt und damit der friedlichen Entwicklung seines Landes bestimmt wurde.

Abb. 360 Jude aus Saloniki

Abb. 361 Die Krumm-Nase

Die Psycho-Physiognomik dringt tief in die Entwicklungs- und Kulturgeschichte der Menschheit ein und vermittelt Aufschlüsse über verborgene Zusammenhänge. Sie zeigt nicht nur Entwicklung und Geschichte, sondern auch die Zukunft.

Huter verwies darauf, dass es im jüdischen Volk auffallend viele Menschen mit der klassischen Nase der Ästhetik gibt, die wir ja schon charakterisiert haben. Das bedeutet, dass in diesem Volke nicht etwa nur die alte Kultur und grosse Vergangenheit und damit teilweise auch Überentwicklung anzutreffen sind, sondern auch auf hoher Entwicklungsstufe stehende Menschen mit beherrschtem, grosszügigem Charakter und bemerkenswert umsichtigem und zielbewusstem Wollen.

Abb. 360 *Jude aus Saloniki* (nach einer Büste aus dem ehemaligen Carl-Huter-Museum, die von Bildhauer *Prof. Schmidt* anlässlich einer Weltreise an Ort und Stelle modelliert wurde)

Huter beschrieb diese Büste wie folgt: «Dieser Jude ist ein Bewegungstypus mit klarem Verstande und hohem Empfinden. Er hat ein sehr schönes, ebenmässiges Gesicht, an welchem die wohlgebaute Stirn auffällt, das sprechende, wohlwollende Auge und die klassisch schöne, lange, hervorstehende grosse Nase. Wir haben es hier daher mit einer der höchststehenden Rassen zu tun. Eine Religion und Kultur, die solche hevorragende, planmässig denkende und handelnde Menschen hervorgebracht hat, muss dem Kulturforscher Achtung abzwingen. Wohl gibt es auch Überentwicklung in der jüdischen Rasse, aber es gibt auch Höhenmenschen von seltener Begabung in derselben. Das zeigen uns Moses und die jüdischen Propheten, Salomo, Johannes, Jesus, Paulus und die Makkabäer und auch viele spätere Dichter, Komponisten, Naturforscher, Ärzte, Juristen, Kaufleute und Industrielle. Die Juden zählen zur semitischen Rasse, deren Heimat Arabien ist. Menschen mit vorstehendem Auge sind redegewandt, mit gut entwickelter, breiter, vorstehender und mindestens mittelmässig hoher Stirn verstandestüchtig, im Verein mit langer, vortretender Nase planmässig vorgehend im Denken und Handeln.»

Abb. 361 *Die Krumm-Nase*
Wer fein zu beobachten und zu vergleichen versteht oder es mit Liebe und Einfühlungsvermögen zu erlernen bestrebt ist, wird den Gegensatz zwischen den vorangegangenen Abb. 358–360 und diesem Bilde erfassen. Hier zeigt die Krumm-Nase die harte Kontur und zusammen mit Augen- und Mundausdruck und der fliehenden Oberstirn typische Denk-Eigenschaften. Es ist der Vertreter eines Landes, in dem die Angehörigen anderer Länder verfolgt, entrechtet und gedemütigt werden, was von neutralen Beobachtern als «rassischer Terror und Verfolgung» gekennzeichnet wurde. Das sucht dieser Herr nun vor dem hohen Rat der UNO wortreich zu beschönigen; dabei entstand das Bild. Leider gilt ja auch in der Institution der UNO das Wort noch alles, die Physiognomie nichts.

Wie bei den Naturellen reichen die idealtypischen Formen der Nase nicht aus, um das bunte Leben ganz zu erfassen. Es sollen deshalb noch einige spezielle Formen besprochen werden. Damit kann auch gezeigt werden wie, von den idealtypischen Formen ausgehend, weitere Charaktereigenschaften erfasst werden können.

Unterschiedliche Formen und ihr physiognomischer Gehalt

Der Nasenrücken

Der breite Nasenrücken, mit oben und unten etwa gleich breiter Nase, zeigt kraftvolle und ausgeglichene körperliche und geistige Impulse, grosse körperliche und geistige Kraft und Ausdauer und ein zuverlässiger, unerschütterlicher Charakter.

Abb. 362 *Zeus, Gott der Griechen – Jupiter, Gott der Römer*

Beide wurden mit der langen und breiten Nase dargestellt. Damit kennzeichneten die Künstler herkulanische Körperkraft, klare Erkenntnis und Übersicht, Überwindung von Schwierigkeiten bei grosser Geistesgegenwart und überlegener Geistesruhe. Unerschütterlich sind Charakter und Wille dieser Götter.

Die Künstler der Antike wussten ihre höchste Gottheit überzeugend darzustellen, und dem heutigen physiognomischen Sehen erschliesst sich die alte Kunst in neuer Grösse.

Abb. 363 *Leonardo da Vinci nach dem Selbstbildnis*

In Natura finden wir wenige Menschen mit der Nasenbildung, welche jenem gewaltigen Formbau, wie er beim Zeus dargestellt wurde, gleichkommt. *Leonardo,* das Universalgenie mit unverwüstlicher physischer Kraft, hat bei sich die ähnlich kraftvolle, lange und breite Nase gezeichnet, die zugleich grosse Feinheit und eine ausgeglichene Proportion zeigt und auch von dem Ernst und den Erfahrungen eines langen, immens arbeitsreichen und vielseitigen Lebens spricht.

Abb. 364 Johann Heinrich Lavater

Abb. 365 Ein kritischer, feinsinniger Journalist

Der schmale Nasenrücken, der markant hervortritt, zeigt mehr feingeistiges Wollen. Wenn gleichzeitig die Nasenwurzel schön ausgebildet ist, herrscht das geistige Interesse vor. Ist die Nase lang, dann besteht grosse Ausdauer für geistige und planende Arbeiten.

Die körperliche Ausdauer ist bei Menschen mit schmalem Nasenrücken nicht so gross wie bei solchen mit dem breiten Nasenrücken.

Abb. 364 *Johann Heinrich Lavater*

Arzt und Nachkomme des Zürcher Physiognomen *J. C. Lavater.* Hier finden wir die schmale, lang und fein gebaute Nase. Das motorische Nervensystem ist feiner, das sensible stärker. Es ist die Lebensenergie der Helioda, welche diese Form als Ausfluss der Gehirnentwicklung und -tätigkeit bestimmt und auch die leiblichen Bedürfnisse leitet.

Für körperliche Anstrengung ist solcher Mensch nicht geeignet. Er entfaltet dagegen grosse Ausdauer in geistiger Tätigkeit, und das gesamte Wollen ist auf eine feine, differenzierte Lebensbetätigung gerichtet. Hervorragende Geistesgrössen wie *Blaise Pascal, Spinoza, Johann Caspar Lavater, Carl Maria von Weber, Johann Friedrich Oberlin* aus Strassburg, *Annette von Droste-Hülshoff* hatten ähnliche Nasenformen.

Abb. 365 *Ein kritischer, feinsinniger Journalist*

Neben der feinen, langen, schmalen und leicht konkaven Nase fallen die warm blickenden Augen und der feine, prüfende Mundzug auf. Hier herrschen ganz eindeutig feingeistiges Wollen, viel Planmässigkeit und geistige Ausdauer, die sich mit natürlicher Menschenkenntnis paaren.

Abb. 366 Das pädagogische Geschick

Abb. 367 Grosse Planungsenergie

An der Feinheit und Qualität der Nasenform zeigt sich die sehr feine, leicht und rasch arbeitende und geistreiche Darstellungsgabe, die sich durch psychologisches Einfühlungsvermögen auszeichnet.

Abb. 366 *Das pädagogische Geschick*
Die feinen, leuchtenden Formen und die lange Nase, die wir am Porträt von *Maria Knirr* sehen, zeigen das Talent für Unterricht und die Schulung anderer. Die Nasenwurzel und der fühlend-sehende Augenausdruck, zeigen das Talent für Menschenkenntnis. Es ist das Erscheinungsbild einer Idealistin, die unter grossem körperlichem und geistigem Einsatz die von ihr erkannte Wahrheit, dass menschliche Potentiale in der Form zu erkennen sind, unerschütterlich vermittelte.

Abb. 367 *Grosse Planungsenergie*
Die feinen, geistbelebten Gesichtzüge sind Ausdruck von künstlerischen Interessen und der Anlage dazu. Aber die starken Jochbeine, die markante Nasenbildung und das gerundete Kinn zeigen auch die eigenwillige und charakterfeste Natur, die sich tatkräftig und furchtlos durchsetzt und behauptet.

In der langen Nasenform prägt sich hervorragende Fähigkeit zum Planen und die geschulte, nach ästhetischem Ausdruck drängende Darstellungs- und Gestaltungsgabe und der in diesem Sinne erzieherisch wirkende Charakter aus. Die fein, plastisch und breit aus der Unterstirn hervorwachsende Nasenwurzel zeigt den hervorragenden Sinn für Form und Gestalt, und das Auge in Verbindung mit der Nasenbildung den Kunstsinn und die Liebe zum Schönen. Schwung und Eleganz liegen, von der Nasenwurzel ausgehend, in der weiteren

Linienführung des Nasenrückens! Die feine Nasenspitze lässt den vom Geistigen beherrschten physischen Genuss erkennen, Kunst und Kultur stehen beim Geniessen im Vordergrund. Intelligenz, geistige Präzision, feine Willensdurchsetzung sprechen aus dem scharfgeschnittenen Mund.

Solchen Menschen ist es erst in einer schönen, mit Kunstwerken aller Art, mit Formen und Farben geschmückten Umgebung richtig wohl.

Während die vorstehend besprochenen Nasenformen hohe Kultur, überlegenes, geistbeherrschtes Wollen und einen bestimmten, zuverlässigen Charakter offenbaren, finden wir in den folgenden Studien Gegensätze dazu.

Die volle Nasenspitze

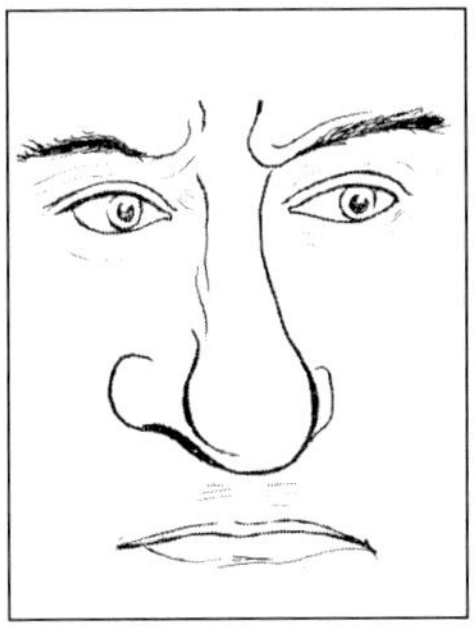

Abb. 368 *Der starke Genuss*

Die unten breite und starke, oben schmale und schwache Nase zeigt starkes körperliches und schwaches geistiges Wollen. Kraft und Bedürfnisse der Verdauungsorgane sind gross; die Geisteskraft ist gering und steht im Dienste des Einfachen und Materiellen. Als Folge entwickelt sich oft eine egoistische Schlauheit dahin, sich Mittel und Möglichkeiten zur Befriedigung der materiellen und sinnlichen Genüsse zu verschaffen. Der Ausdruck der Augen und der Augumrahmung lassen gieriges Sinnen erkennen, der Mund die abweisenden Gefühle. Zusammen mit der groben unteren Nase zeigt sich damit die Neigung zum groben Genuss; weder im Essen und Trinken, noch kulturell oder sinnlich ist der Mensch wählerisch, einer feineren Kultur nicht zugänglich.

Die Nase, welche unten sehr dickfellig und stumpf erscheint, deutet auf Rücksichtslosigkeit bei der Befriedigung der materiellen Bedürfnisse. Es herrscht ein starker materieller Egoismus. Die kontrollierende geistige Kraft ist viel zu schwach, um diesen materiellen Drang zu bremsen. Vor einer Ehe sollte daher auch auf diesen Charakterteil geachtet werden. Ein Mensch mit der oben breiten und unten feinen Nase mit Sinn für Kultur, passt nicht zu einem Lebenspartner mit der oben schwachen und unten plumpen Nase und zu seiner einfachen Lebenseinstellung. Der Partner mit der feineren Anlage wird der stark leidende und damit unglückliche Partner werden.

Abb. 369 *Der einfache Genuss*

Das Bild zeigt den Finanzminister eines jungen afrikanischen Staates, eines Landes, das von der vormaligen Schutzmacht mit vorbildlich aufgebauter Verwaltung in die Selbständigkeit entlassen wurde.

Es ist das Ernährungs-Naturell mit einem engen Horizont. Die untere Nase ist dick und rund, grobfleischig und gespannt und zeigt die vorherrschende Energie der Medioma, die auch im ganzen Gesicht zu beobachten ist. Diese Form zeigt die enorme Kraft der Verdauungsorgane. Der obere Nasenteil ist weniger stark ausgebildet. Der Nasenhöcker ist nicht vorhanden. Daher ist die geistige Fähig-

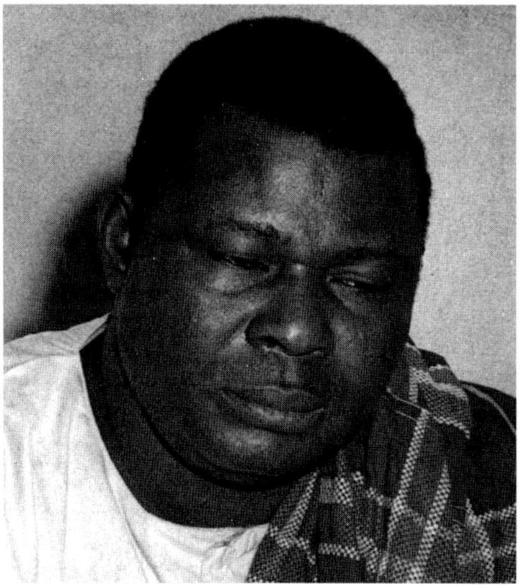

Abb. 369 Der einfache Genuss

Abb. 370 Colin Powell (Foto Keystone)

keit und der Wille, aus sich zu schaffen, nur schwach. Fleiss und dauernder energischer Einsatz sind unbekannte Begriffe. Die kleinen Augen kennzeichnen den engen Horizont des Denkens und Fühlens. Der Mund lässt Unwilligkeit und die starke Neigung zum unbeherrschten Geniessen erkennen.

Es herrscht gemäss dem Naturell und der eingebuchteten Nasenwurzel auf der Höhe der Augen Bedächtigkeit in den Überlegungen, gemäss der Gewebestruktur das egoistische Prinzip und die versteckt in den Ecken liegenden Augen zeigen suchendes Überlegen. Da der Geistesimpuls vom Körperimpuls beherrscht wird, ist das Denken und Fühlen ganz auf das Materielle gerichtet. *Huter* sagt: «Wenn bei plumper unterer Nase das untere Seitenhaupt (Ausdruck des Erwerbstalentes) breit ist, dann ist der Mensch rücksichtslos egoistisch im Erwerb». Diese Merkmale treffen hier zu.

Der Finanzminister bereicherte sich hemmungslos an den Entwicklungshilfemillionen, die sein Land zugesprochen erhielt, und liess sich von ausländischen Firmen für erteilte Aufträge bestechen. Eine vernünftige Planung konnte nicht verwirklicht werden. Kein Wunder, dass die ursprüngliche Ordnung zu einem desolaten Zustand verkam und allgemeiner Unzufriedenheit Platz machte. Der Finanzminister war in Wirklichkeit ein Meister der Korruption und wurde deshalb eines der ersten Opfer der Volkswut. Solche Führer können die vom Volk und von der Entwicklungshilfe in sie gesetzten Erwartungen nie erfüllen, denn sie handeln gemäss ihrer Anlage und Entwicklung in erster Linie für eigene Zwecke.

Abb. 370 *Colin Powell*

Hier haben wir auch einen Menschen aus der schwarzen Rasse.

Im ersten Moment könnte der Betrachter meinen, das seien ja die gleichen Gesichtsformen. Dem ist aber nicht so. Es sind wohl feine Unterschiede, für den

Physiognomen aber in die Augen springende und zur Beurteilung der Leistungsfähigkeit wesentliche Merkmale.

Powell ist ein Ernährungs-Bewegungs-Naturell, das Unternehmernaturell. Die ganze Erscheinung ist kompakter, feiner und zeigt grössere Qualität und damit auch eine wesentlich bessere Leistungsfähigkeit als diejenige von Abb. 343. Vom Naturell her ist ein starkes Organisationstalent zu erwarten. Die Augen zeigen den wachen Geist und die Beherrschung der Gefühle, die an der gut betonten unteren Nase und am schön geformten Mund zum Ausdruck kommen. Die Nase ist wohl unten stärker geformt als oben, aber die ganze Struktur ist fein und von guter Qualität, ähnlich wie bei Abb. 344. Die Stirn zeigt schnelles Erfassen von Realitäten und eine starke Konzentrationsenergie. Ein in vielen Beziehungen vorbildlicher Mensch.

Powell amtete 1989–1993 als Generalstabschef der amerikanischen Armee und hatte hier die Vorbereitung zu Führungsentscheidungen zu leiten und wurde auch als Präsidentschaftskandidat genannt.

Liebe Leserin, lieber Leser versuchen Sie an diesem Beispiel, durch vergleichendes Betrachten und durch Einfühlen in die Form, den grossen Unterschied der Qualitäten bei an sich ähnlicher Form zu erkennen. Es sind hier wesentliche individuelle Unterschiede des Denkens und Handelns in der gleichen Rasse sichtbar. Dieser Vergleich zeigt, dass bei der Beurteilung der Aussage einer weichen Nase und einer vollen Nasenspitze unbedingt auch das übrige Erscheinungsbild betrachtet werden muss. In jeder Rasse gibt es die unterschiedlichsten Fähigkeiten.

Huter sah, dass Gemüt, Mitleid und Zutrauen, also ein weicherer und entgegenkommenderer Charakter eher bei fleischigen, gerundeten und farbenfrischen Nasen anzutreffen ist als bei bleichen, trockenen und scharf geschnittenen.

Abb. 371 *Die volle Nasenspitze*

Die Nase zeigt weiche, volle, gerundete und doch feste Formen. Breit und feinplastisch ist das Areal des eigenen Fühlens und der Art der Erlebnisse. Schönheit, Kraft und Ruhe erkennen wir an der Region des Fleisses und an der des Geistes. Es ist nicht die scharf hervortretende Nase, sie ist ausgeglichen und zeigt damit harmonischen Impuls in Charakter und Wollen. Plastisch quellend, weich und mild kommt der Nasen-Wangen-Zug von der Gemütsregion der Nase her und zieht sich über das Nasendach weiter nach den Wangen. Es ist die Form, die Kontaktfreudigkeit und ein gemütvolles, menschliches Herz zeigt. Dieser Mann hat viel Gemüt, daraus wächst das Mitgefühl; zu ihm ist Zutrauen berechtigt! In dieser Nasenform zeigt sich Festigkeit, Verlässlichkeit und Güte des Charakters. Harmonische, ausgeglichene körperliche und geistige Impulse, offenbaren sich in der gerundeten, in allen ihren Teilen wohlproportionierten Nase. Der Augenausdruck und die Form des Mundes zeigt kritisches Denken und Fühlen.

Abb. 371 Die volle Nasenspitze

Abb. 372 Gemüt und Zuneigung

Die Augenbrauen zeigen die intensive Naturverbundenheit und das originelle, eigenständige Denken.

Es ist das Erscheinungsbild der ausgeglichenen Kräfte bei vorherrschender Heliodaenergie.

Abb. **372** *Gemüt und Zuneigung*

Eine gütige, wohlwollende Frau, tüchtig im Beruf und als Erzieherin ihrer Kinder. Die Nase ist feiner und zarter als bei Abb. 371, aber sie hat auch den ausgeglichenen Formbau. Ähnlich ist der Mittelhirnausdruck am Mittelgesicht. Der Augenausdruck und die feine Form des Mundes zeigen Menschlichkeit und feinstes Fühlen. Man erkennt hier im Gegensatz zu Abb. 369 und 370 bei ähnlicher Form Gleichheit von Charakter, Gedankenart und Gefühlswelt. Diese Gleichheit ist wieder im Ausdruck und Inhalt der Form zu finden. In ihrer grundsätzlichen Lebensart sind beide gleich.

Auch die Frau ist in ihrem Wollen ausgeglichen, pflichttreu und zuverlässig. Die starke Oberstirn zeigt dazu eine sehr grosse Zuneigung und Fürsorge für alles Leben, die bewusste Ethik. Es ist die Oberstirn, die wir vielfach bei Kranken-, Gemeinde- und Ordensschwestern finden (vergleiche Abb. 91 und Abb. 92).

Die zwei Bilder (371 und 372) zeigen den guten, fleissigen, strebsamen, beherrschten, zuverlässigen und doch gemütvollen und lebensfrohen Charakter, und es ist immer eine Freude, solch bescheidenen Menschen, die das Wesentliche erfasst haben, zu begegnen.

Starker Persönlichkeitsdrang und grosses Persönlichkeitsgefühl

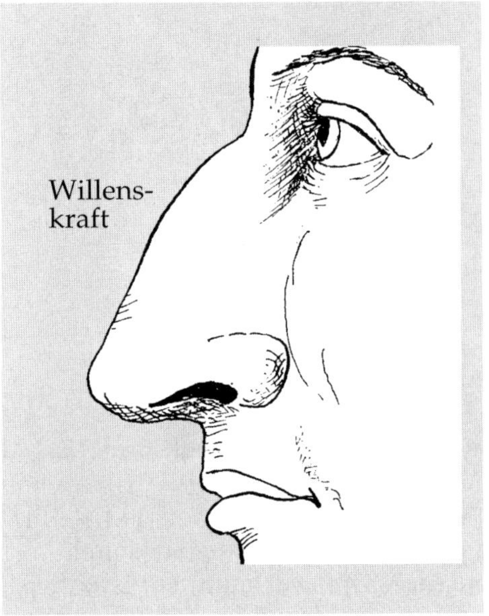

Abb. 373 Das starke Persönlichkeitsgefühl

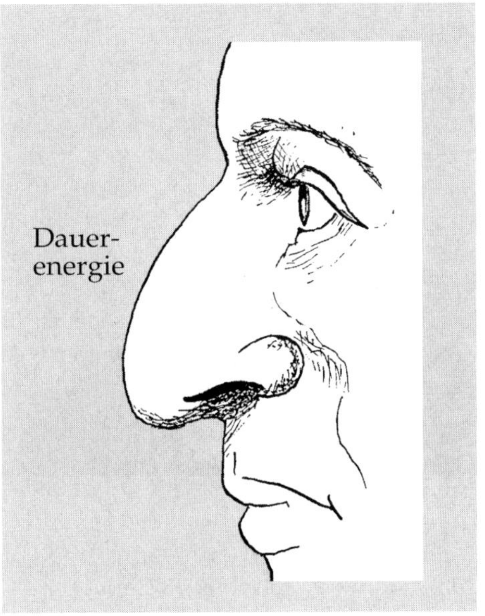

Abb. 374 Die starke Dauerenergie

Abb. 373 *Das starke Persönlichkeitsgefühl*

Bei grosser Nase tritt das Gefühl für die eigene Persönlichkeit stark hervor. Bei leistungsfähigen Verstandesschichten ist eine wirkungsvolle Planmässigkeit, starke Willens- und Tatkraft zu erwarten. Solche Menschen sind sehr von sich und ihrer Leistung überzeugt, sie lassen sich nur schlecht von der einmal gefassten Meinung abbringen. Der französische General *de Gaulle* ist dafür ein typisches Beispiel.

Ist das Kinn bei grosser Nase klein und das Untergesicht fein, dann will der Mensch mehr als er kann.

Bei fliehender Stirn besteht Neigung zur Überschätzung der realen, messbaren Gegebenheiten, die mit Kraft und unnachgiebig verteidigt werden. Das Wohlwollen ist stark schwankend, Wohltaten werden leicht vergessen.

Die grosse Nase deutet auf grosse Geschlechtsorgane.

Sind die Augen klein, dann herrscht aus kleinlicher Sicht oft Zynismus.

Abb. 374 *Die starke Dauerenergie*

Die Nase ist stark entwickelt und tritt kraftvoll und nach aussen gewölbt in Erscheinung. Sie zeigt einen in sich ruhenden Charakter, der nur schwer zu beeinflussen ist. Alle Formen sind kennzeichnend für hohe Intelligenz.
Wesentliche Charaktermerkmale:

a) starke Nasenwurzel: Klugheit, schnelles und aktives Reagieren und starker geistiger Impuls;

Abb. 375 Eine starke und harte Persönlichkeit

b) kräftiger Nasenhöcker: starker Wille, grosser Fleiss, grosse Ausdauer;

c) hart nach aussen gebogene Gemütsregion: Schmerz kann verbissen werden, Härte gegen sich und andere ist möglich, gemütvolles Empfinden kann völlig zurückgestellt werden;

d) tiefgehender Nasensteg: Vorsicht, Verschlossenheit und berechnendes, gründliches Handeln; kluge Anpassung bei viel Misstrauen durch Erfahrung.

Aus diesen Eigenschaften ergibt sich ein selbst- und zielbewusstes Handeln. Er kann andere gut in seine Dienste einspannen und ist selber rastlos aktiv. Er liebt auch Leistungen, die mit Abenteuern verbunden sind. Der Sieg bringt ihm ungemeine Freude, Niederlagen verkraftet er schwer.

Abb. 375 *Eine starke und harte Persönlichkeit*

Das ganze Erscheinungsbild ist charakteristisch für eine stark nach aussen wirkende Persönlichkeit, mit ausgeprägten realen Verstandeskräften, grosser Tat- und Willenskraft und der Einstellung, dass Untergebene hart geführt werden müssen. Man nannte ihn den «ungekrönten König» seines Landes.

Das Untergesicht wirkt schwer und hart, das Kinn ist lang, vorstehend und breit in den Unterkiefer auslaufend, die Willensachse ist lang. Darin zeigen sich harte Tat- und Durchführungsimpulse. Hier konzentriert sich all sein Wollen und Können und führt zur unbedingten Durchsetzung des Willens. Der reale Augenausdruck stimmt mit diesem Charakterbild voll überein.

Es ist der typische Vertreter einer Epoche der Geld- und Schwertmacht. Weisheit und Liebe, die Formen verfeinern und veredeln und an feinen Formen zum Ausdruck kommen, sind nicht sichtbar. So veranlagte Menschen sind leicht geneigt, weniger begabte und weniger harte Menschen als minderwertig anzusehen, nur geeignet, um als Sklaven zu dienen, welche, wie bei vielen Tierhaltern die Tiere, zu unterdrücken und auszubeuten sind.

Wissensdurst

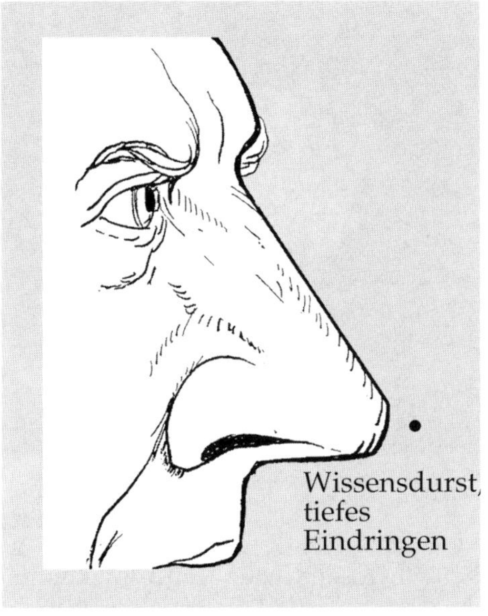

Abb. 376 Die strenge und bestimmte Linienführung

Abb. 377 Das Erscheinungsbild der Strenge

Abb. 376 *Die strenge und bestimmte Linienführung*
Diese Nasenform deutet auf Aktivität und strenge Willensdurchsetzung hin. Daraus entsteht meist wieder harte Lebenserfahrung. Die fest gespannten Nasenflügel zeigen Anstrengung. Es besteht Abneigung gegen Geniesser- und Spiessertum, ein starker Wissensdurst und er möchte in alle Geheimnisse seiner Umgebung eindringen.

Abb. 377 *Das Erscheinungsbild der Strenge*
Ein hoher Offizier mit der strengen und bestimmten Linienführung an der Nase. Bestimmtheit und ein kühler, befehlender Zug sind an Augen-, Mittelgesicht- und Mundausdruck zu erkennen. Es ist eine Soldatennatur. Disziplin ist ihm alles. Auf ihn kann man sich aber verlassen. Die Willensachse ist sehr lang, die Liebesachse kurz. Die harte Schule des Soldaten macht nach seiner Ansicht Jugendliche zu Männern. Er vermag hier aber auch Grenzen zu erkennen.

Abb. **378** *Die Gelehrtennase*
Eine mässig lange, feine, unten vorspringende und oft etwas spitze Nase, von *Huter* als «Gelehrtennase» bezeichnet.

Bei dieser Nase kommt viel Feinempfinden zum Ausdruck. Der Mensch ist fähig, Eindrücke und Wahrnehmungen auch mit dem Gefühl aufzunehmen und zu verarbeiten, es ist das starke eigene Fühlen. Das Leben wird mit Klugheit, Gründlichkeit und grossem Wissensdurst (die höhere Art der Neugierde) ange-

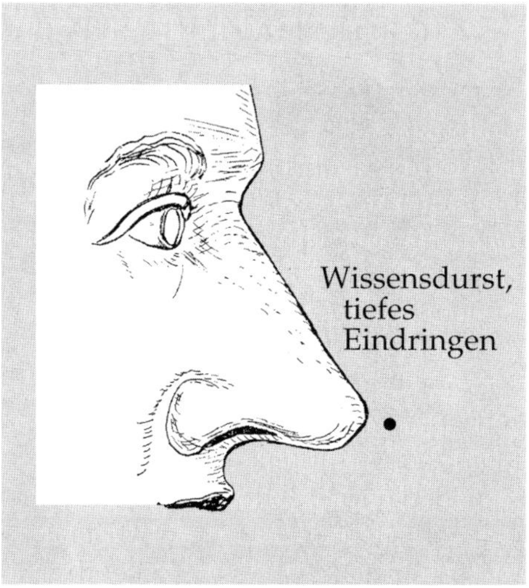

Abb. 378 Die Gelehrtennase

Abb. 379 Die Gelehrtennase

gangen. Solche Menschen wollen tief in die Geheimnisse der Natur eindringen und tun das mit scharfer und genauer Beobachtung auch kleiner, feiner und unscheinbarer Dinge und Vorgänge. Oft geht damit eine besondere Fachbegabung einher und Entdeckungen und Erfindungen werden gemacht.

Abb. **379** *Die Gelehrtennase*
Erasmus von Rotterdam, der bedeutende Humanist, Kirchen- und Kulturkritiker und Philologe, 1466–1536, hatte die nur mittelgrosse, feine Nase und die weit vorspringende Nasenspitze. Es ist der Gelehrte, der überall (im guten Sinne) «die Nase hineinsteckt», also der Mann des Wissensdurstes und der wissenschaftlichen Forschung. Sein Feingefühl befähigt ihn, verborgenen Vorgängen, kleinen und unscheinbaren Dingen nachzuspüren und nachzudenken. Feinfühlend und -forschend, nachdenkend, in sich gekehrt und entsagungsvoll hat Holbein seinen *Erasmus* dargestellt.

Oberflächlichkeit – Gründlichkeit

Abb. 380 *Die kurze, im Steg hochgehende Nase*
Die Nasenspitze ist ebenfalls vorspringend. Hier ist aber kaum gründliches Forschen zu erwarten, jedoch viel Eigenliebe und Egoismus. Menschen mit solcher Nasenform betrachten vielfach ernste Lebensfragen (etwa über Moral, Ethik, Sitte, Recht, Religion) zu oberflächlich, jedoch Alltäglichkeiten (Mode, Kleidung, Genuss und Vergnügen) viel zu wichtig. Sie sind launisch und klatschsüchtig (negative Neugierde) vielfach unzuverlässig, nehmen die Genüsse des Lebens wie sie kommen, ohne gross die Konsequenzen zu überlegen; es resultiert daraus das Gegenteil von Weisheit.

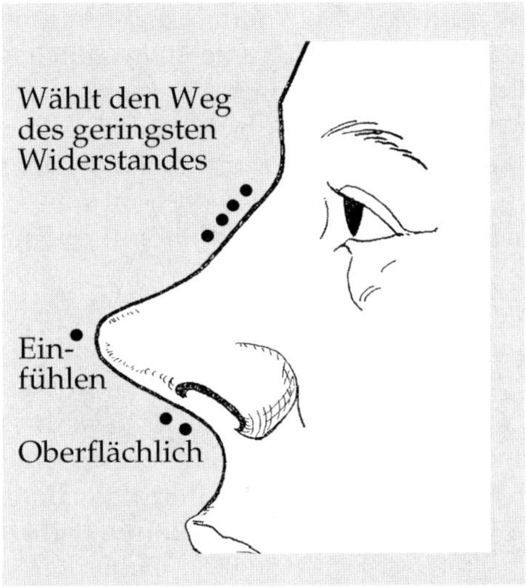

Abb. 380 Die kurze, im Steg hochgehende Nase

Abb. 381 Beeinflussbarkeit

Abb. 381 *Beeinflussbarkeit*
Im Volksmund wird diese Form auch «Himmelfahrtsnase» genannt. Die oben schwache und stark hochgehende Nase passt gar nicht gut zu dem Empfindungs-Naturell der Dame, daher liegt eine gewisse Disharmonie vor. Der Charakter ist zu wenig ernst und gründlich, ihr Leben ist von momentanen Stimmungen und von Ausseneinflüssen abhängig. Dazu tritt Genussfreude und Naivität, welche sich leicht in Flirt erschöpft und zur Unbeständigkeit auch in der Liebe führt. Die obere Partie der Nasenwurzel ist fein in der Form. Der Sinn für Formen und Gestaltung, die Auffassung, die Wiedergabefähigkeit und das Gedächtnis sind gut – aber unmittelbar darunter, etwa auf Augenhöhe, fehlt es an Kraft, hier ist die schwächste Stelle der Nase. Und noch etwas tiefer, wo Fleiss und Willen zu analysieren sind, da ist das Näschen auch nicht hervortretend und zeigt nur geringe Spannkraft im Gewebe – man vergleiche die Lebhaftigkeit im Gewebe an der Nasenspitze. Es fehlt ihr an Tatkraft, sie wählt den Weg des geringeren Widerstandes. Äusserlichkeiten, die Mode, der Genuss, das Reisen, das Vergnügen, das materielle Wohlergehen, bestimmen die Lebensrichtung. Etwas mehr innere Schönheitspflege, d. h. Geisteskultur würde sie auch innerlich reifer machen, sie könnte die Innerlichkeit von der Äusserlichkeit besser trennen.

Wir können den bisherigen Darlegungen entnehmen, dass Menschen mit grosser, knochiger Nase Willenskraft und Tatenergie besitzen. Aber es ist ihnen lange nicht das Feinempfinden eigen, wie es bei kleinerer, etwa mittellanger und weicher geformter Nase zu finden ist. Daher haben bedeutende Forscher, Entdecker, Ethiker, Philosophen und Künstler vielfach nicht die grössten, wohl aber die feinsten Nasen. Die feine Nase zeigt auch den Psychologen, der sich in das Wesen eines anderen gut einzufühlen vermag. *Huter* hatte eine mittelgrosse Nase an welcher viel Feinheit und Lebenswärme zum Ausdruck kam, die Stirnhöhe überragte die Nasenlänge bei weitem. Daher hatte er ein aussergewöhnliches Feinempfinden und fand mit seinem Einfühlungsvermögen und einer umfassenden Denkfähigkeit Wahrheiten und Zusammenhänge, die bislang verborgen oder unbeachtet geblieben waren und die der noch nicht sehende Mensch leicht übergeht oder einfach leugnet.

Die tiefgehende Nasenspitze

Diese deutet auf Lebensernst und Gründlichkeit, die tief in eine Sache eindringt, auch in menschliche Schwächen und Leidenschaften. Daraus kann sich Misstrauen und Pessimismus entwickeln. Wenn ein Mensch diese Nasenform aufweist, ist die Breite des hinteren Ober- und Seitenhauptes, wo Gewissenhaftigkeit und Vorsicht zum Ausdruck kommen, zu kontrollieren. Ist diese Stelle breit, wird der Mensch mit der tiefgehenden Nase leicht haarspalterisch gründlich, pedantisch, selbstquälend und er wird jede Arbeit zu weit über 100% erfüllen.

Abb. 382 *Die tiefgehende Nase*

Dante Alighieri nach dem Gemälde von Raphael.*

Es ist die verbissene Gründlichkeit, die zu immerwährendem Suchen zwingt. *Dante* hat die Hölle besser geschildert als den Himmel und das Paradies.

Perfektionismus

Abb. 383 und 384 *Der Perfektionismus*

Hier sehen wir den gespannten Nasenrücken der nach aussen springenden Nase. Das bedeutet Fleiss und die Fähigkeit, harte Entscheidungen treffen zu können. Der Nasensteg geht mit einer leichten Wölbung in den feinen Bereich des Oberkiefers über. Auf dem linken Bild diese Form in Ruhestellung, rechts beim strengen Prüfen einer Arbeit. An dem feinen Bereich des Überganges

* *Physiognomik und Mimik, von und nach* Carl Huter, *Carl-Huter-Verlag, CH-4142 Münchenstein.*

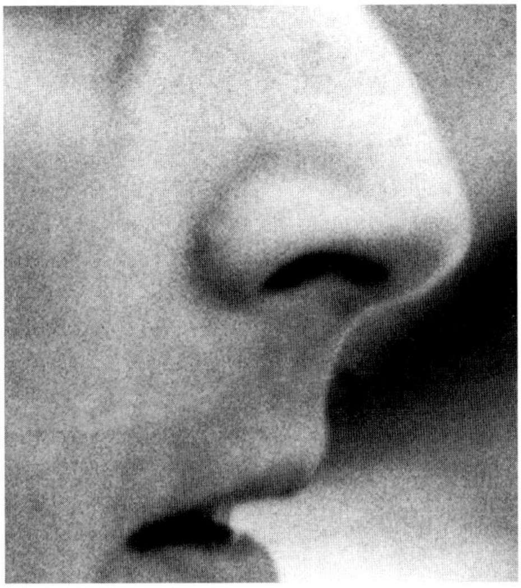

Abb. 383 Der Perfektionismus

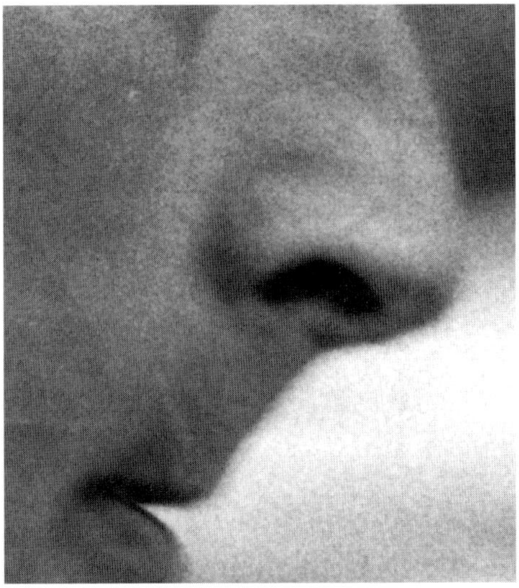

Abb. 384 Der Perfektionismus

Nasensteg-Oberkiefer sehen wir die Anlage zu perfektionistischem Betrachten aller Gegebenheiten. Solche Menschen können bei sich und anderen keine Halbheiten akzeptieren. Alles muss ganz genau den Vorgaben entsprechen. Durch diese Anlage erschweren sie sich das eigene Dasein und das anderer sehr. Toleranz ist beinahe ein Fremdwort. Als Vorgesetzte sind sie streng, was dann von den Untergebenen als Sadismus empfunden und beurteilt wird. Solche Menschen sind sehr pflichtbewusst, der Arbeitseinsatz ist vorbildlich, sie sind im allgemeinen Umgang konziliant, aber bestimmt. Ein so veranlagter Mensch muss lernen zu beurteilen, ob eine Arbeit so wie sie abgeliefert wurde, den Zweck erfüllt, auch wenn nicht alles ganz genau so ausgeführt worden ist, wie vorgegeben wurde.

Skizzen aus dem Gerichtssaal

Die drei nächsten Bilder sind Skizzen aus dem Gerichtssaal. Es waren Übergriffe geschehen, die gemeinhin als «Schleiferei» bezeichnet werden, die aber hier Todesopfer gefordert hatten. Es handelte sich um Erniedrigungen und ins Sadistische ausartende Überforderungen und Quälereien an solchem Tun hilflos ausgelieferten Rekruten.

Von den Angeschuldigten wurde alles als dienstlicher Übereifer dargestellt. Die tiefen Ursachen liegen im Zusammentreffen typischer Anlagen im Charakter der Verantwortlichen.

Abb. 385 *Gefühlshärte und Hang zum Perfektionismus*

Am Profil des verantwortlichen militärischen Einheitenführers sehen wir eine stark aus dem Gesicht herausstossende, hart nach aussen gebogene, im Verhältnis übergrosse Nase. Hier zeigt sich eine ungewöhnliche, schneidende Härte, bei starkem Persönlichkeitsgefühl. Solche Menschen verlangen unbedingten Gehor-

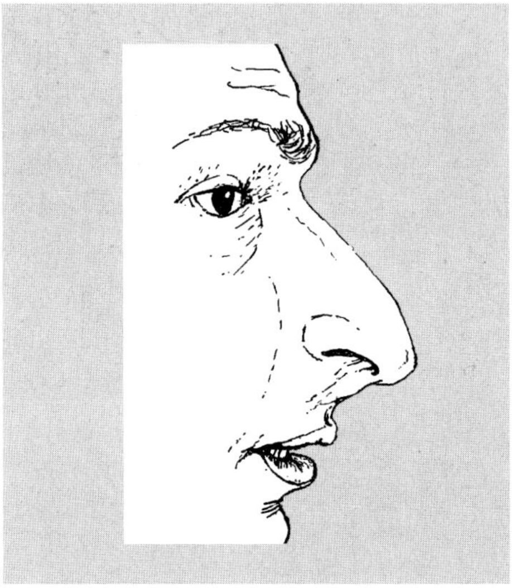

Abb. 385 Gefühlshärte und Hang zum Perfektionismus

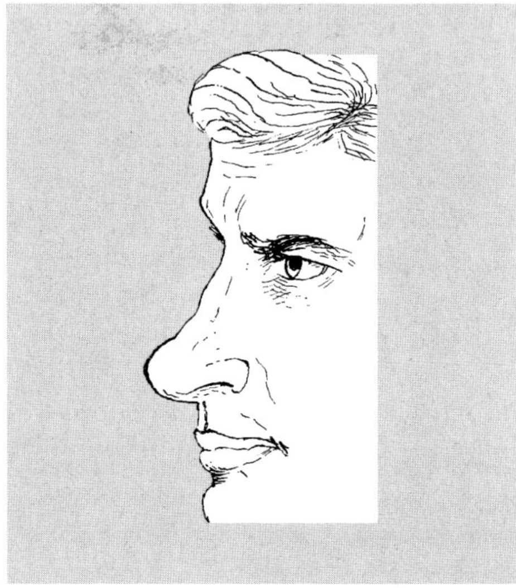

Abb. 386 Das pflichtbewusste Unterordnen

sam, was durch die Position und das militärische Denken noch unterstützt wird. Das ganze Profil ist unausgeglichen, teils elegant und fein (Mund), damit blendet er mit elegantem Auftreten, teils gross und hart (geierschnabelartige Nase), das führt zu grosser, unbegreiflicher Härte gegenüber Untergebenen.

Die Formbildung unter der Nase, die vortretende, verlängerte und herabgezogene Nasenscheidewand ist Zeichen eines erdrückenden, pedantischen Perfektionismus, der hier schon psychopathische Züge annimmt. Mit dieser Härte und dem überstarken Perfektionismus fordert er nun von seinen Untergebenen das äusserste, was von diesen mit Recht als Sadimus empfunden wird und was hier Leben kostete. Die natürliche Toleranz und das Zurückhaltende hat hier aufgehört zu sein. Gesetze und Vorschriften werden bis zum äussersten zu Gunsten eines unbedingten Gehorsams ausgeschlachtet und damit in gewisser Weise umgangen. Geeignete, willfährige Menschen, die sich in solchem Falle mit instinktartiger Sicherheit finden lassen oder sich zufällig zugesellen, werden zu Helfershelfern aus pflichtbewusster Unterwürfigkeit.

Abb. 386 *Das pflichtbewusste Unterordnen*

Das Halbprofil eines der Ausführenden, der als «Schleifer» traurige Berühmtheit erlangte und sich im Schikanieren der ihm anvertrauten Rekruten – unter der Aufsicht oder der Duldung des Vorgesetzten – besonders hervortat.

Die typische Sattelnase. Der Mann passt sich an, geht den Weg des geringsten Widerstandes, ist von einfachem Gemüt, nicht arbeitsam und fleissig, sondern bequem. Er möchte sich mit möglichst wenig eigenem Aufwand hochdienen. In der Gemütsregion hat die Nase den Knick nach innen, und die Nasenspitze wird im weiteren Verlauf dick und unschön, im Ausdruck unangenehm. Die unvorteilhaften Auswirkungen des Charakters, die durch die Sattelnase gekennzeich-

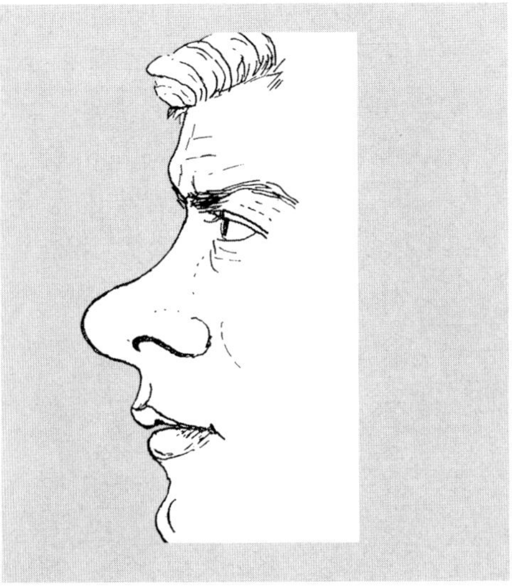

Abb. 387 Die primitive Neugier

net sind, treten krass hervor. Vor allem die Launenhaftigkeit, die Freude am Umsetzen der vom Vorgesetzten vorgegebenen Härte gegenüber anderen und die Genussliebe, sichtbar an Nase und Mund (die vielfach im Militär übliche Art der Kameradschaftspflege mit viel Alkohol liegt ihm), sind kennzeichnend. Das ist kein positives Vorbild. Ein hohes oberes Hinterhaupt, auf der Skizze nicht dargestellt, also ein ausgeprägtes Selbstwertgefühl, macht bei solchem Charakter hochfahrend und herrisch.

Abb. 387 *Die primitive Neugier*
Ein weiterer Beteiligter. In Nasenform und Charakter dem Vorstehenden ähnlich, jedoch einfacher und noch anpassungsfähiger, bei schwacher geistiger und mässiger Willenskraft. Die Nase wirkt plump, die Nasenspitze ist hochgehend, eine Variante zu dem Thema dicke untere Nasenspitze. Die über der Nasenwurzel zusammengewachsenen Augenbrauen lassen ein stures Festhalten an einem einmal gefassten Gedanken, Leidenschaftlichkeit und Heftigkeit erkennen. An der Nasenform können wir entnehmen, dass die Leidenschaftlichkeit nicht beherrscht werden kann.

Es ist erschütternd, was sich da für Eigenschaften zusammengefunden haben, mit denen der Auftrag erfüllt werden soll, andere Menschen auszubilden und zu führen. Leicht wären solche Anlagen zu erkennen und deren Wirksamwerden zu vermeiden. Auch im militärischen Bereich sollte Menschenkenntnis Grundlage jeder Personalpolitik sein, denn der Befehl fordert Gehorsam – und viele qualifizieren sich bei den herrschenden Systemen zum Befehlen, die diese Macht nicht ausüben dürften!

Militär braucht Gehorsam und Disziplin. Wie dieses Ziel auch erreicht werden könnte, zeigt das Beispiel am Abb. 377.

Nasenformen und Kriminalität

Abb. 388 Das blitzschnelle Reaktionsvermögen

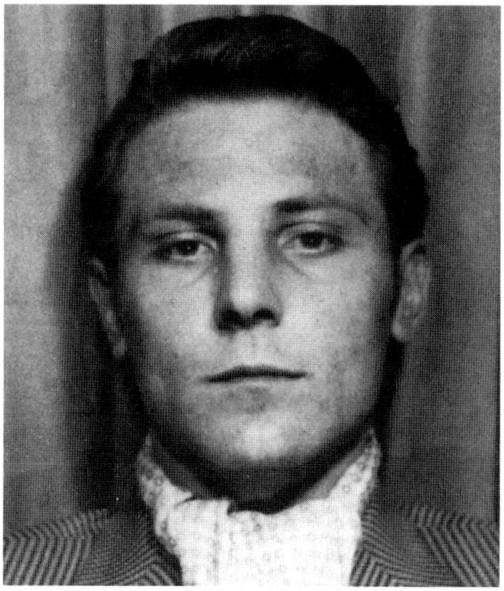

Abb. 389 Das blitzschnelle Reaktionsvermögen

Auch bei kriminellen Handlungen wird sich der Kriminelle gemäss seinen Anlagen verhalten. Es ist deshalb interessant, seine Nasenform und die daraus resultierende Handlung zu betrachten. Kriminelle handeln oft für viele überraschend, schnell und unter verblüffend kluger Nutzung gegebener Umstände. Eine grosse Gefahr ist der blitzschnelle und rücksichtslose Waffengebrauch.

Abb. 388 und 389 *Das blitzschnelle Reaktionsvermögen*
Ein Zwanzigjähriger, der nach anderen Straftaten auch einen Raubüberfall auf ein Lotteriegeschäft in einem belebten Innenstadtviertel beging, dabei eine Angestellte mit dem Revolver erschoss und flüchtete. Am gleichen Tag schoss er zwei Polizeibeamte, die ihn kontrollieren wollten, auf belebter Strasse mit einem abgesägten Schrot-Drilling an, den er inzwischen aus einem Waffengeschäft entwendet hatte. Er entfloh abermals. In der darauffolgenden Nacht entdeckten ihn ein Kriminal- und zwei Polizeibeamte in einem Geräteschuppen. Er schoss auf die drei, traf den Kriminalkommissär tödlich und entkam abermals. Obwohl bekannt und trotz der schon vorher angelaufenen Grossfahndung konnte er erst mehrere Tage später etwa 600 km vom Tatort entfernt festgenommen werden.

Der Kriminelle zeichnete sich also durch Kaltblütigkeit, Brutalität und durch blitzschnelles Handeln und überlegene Nutzung der Gegebenheiten aus.

Wenden wir das bisher Gelernte auf die beiden Bilder an, so erklären sich die Geschehnisse physiognomisch folgendermassen:

Blitzschnelles Handeln:

Die Nasenwurzel ist enorm breit, und der Stirn-Nasen-Übergang von der Seite gesehen ohne die geringste Unterbrechung. Es ist die geradezu klassische Form. Sehen, beobachten, erfassen, kombinieren, handeln, und zwar alles blitzschnell und richtig, sind hier eins. Kälte und eingetrocknete Gefühle; auch an der Nasenspitze ist nichts von der Gemütlichkeit sichtbar wie dies auf Abb. 371 zu erkennen ist.

Kaltes Erfassen und Umsetzen:

Die Unterstirn ist gut entwickelt, der Stirnaufbau fliehend und von vorne gesehen hauptsächlich im mittleren Teil stark. Das bedeutet: rasches Erfassen realer Gegebenheiten ohne Hemmung durch Gedanken, die als ethische oder moralische Bremse wirken könnten, oder durch ein umfassendes Denken. Der Mittelhirnausdruck am Mittelgesicht (vom Nasendach abwärts, an den Wangen und bis zum Mund) lässt erkaltete, leblose Gefühle erkennen, ein Zeichen der Verrohung des seelischen Zustandes. Der Mundausdruck ist kühl prüfend, alles Empfinden und Mitgefühl scheint daraus gewichen zu sein. Das Auge ist real beobachtend und hat einen kalten Ausdruck. Alle Formen zeigen also den gleichen Zustand und nirgends ist ein Gegengewicht in positiver Hinsicht zu erkennen.

Weshalb dieser junge Mann zu diesen Taten gekommen ist, kann hier nicht untersucht werden. Es sind hier lediglich die Tatsachen der Handlung als Grundlage zur physiognomischen Analyse des momentanen Zustandes und der Anlage wesentlich.

Abb. 390 *Verkommenheit der Gefühlswelt*

Ein 25jähriger Raubmörder, der einen etwas älteren, körperlich kraftvollen und entschlossen sich wehrenden Mann mit einem Hammer erschlug und ausraubte. Auffallend breit und plastisch gehoben ist auch hier die Nasenwurzel: Sie zeigt wieder das blitzschnelle Erfassen und Handeln. Die Nase ist kurz, was hier auf spontanes unbeherrschtes Handeln hinweist. Die Handlungen werden von wilden und instinktartigen Trieben und Begierden ausgelöst, wie sie am Mund sichtbar werden. Das Bild ist zwar vor der Tat aufgenommen worden, aber der Augenausdruck zeigt schon den irren, von wahnwitzigen Ideen beherrschten Geist und das wild auseinander strebende Haar mit dem Vorderhauptwirbel die entsprechende Phantasie.

Abb. 391 *Sehr disharmonische Form der Nase und des ganzen Gesichtes*

An den Asymmetrien und seitlichen Verschiebungen der Gesichtsorgane, besonders von Nase, Mund und Kinn, zeigt sich schwere Disharmonie mit verschiedenen gegensätzlichen Formmerkmalen. Nicht immer tritt die kriminelle Veranlagung derart krass hervor.

– Die *beiden Gesichtshälften* sind unsymmetrisch verschoben; daraus resultiert ein unausgeglichenes Denken (Stirn) und Handeln (Unterkieferbogen).

– Starke *Augenbrauen*, die ungleich sind; leidenschaftliche Auseinandersetzung mit den jeweiligen Situationen (wird durch die übrigen Anlagen nicht kontrolliert).

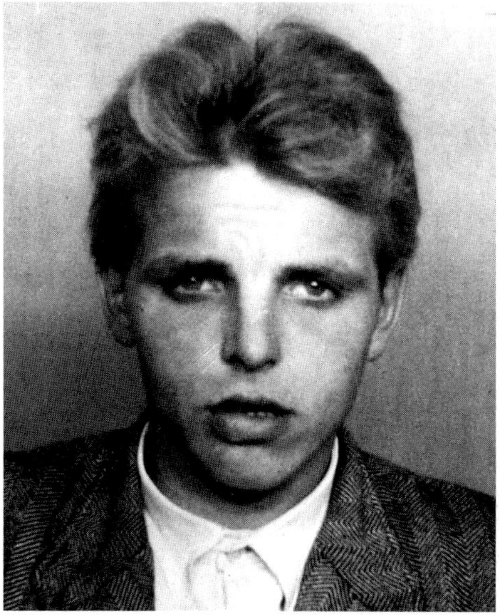

Abb. 390 Das blitzschnelle Reaktionsvermögen

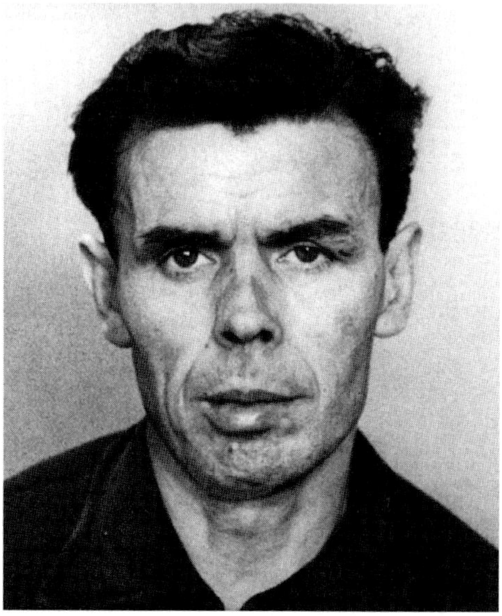

Abb. 391 Disharmonische Formen und gleichlaufender Ausdruck

– *Stechender Blick;* hartes, kaltes Beobachten und Denken; sein rechtes Auge zeigt aktives Handeln; es ist als glimme ein böses Feuer darin; sein linkes ausdruckloses Auge lässt das wie abgestorbene Gemüt erkennen.

– Eine hässliche *Verbildung der Nase;* die Nase ist wie zerschlagen und entbehrt jeder Feinheit, sie ist klobig, klaterig, der Rücken in sich verkrümmt und die Spitze verbreitert und verhärtet; die Art und Weise wie die übrigen Anlagen umgesetzt werden ist entsprechend; körperlich, seelisch und geistig in hohem Masse unausgeglichen.

– Ungleiche *Backenknochen;* Reaktionen auf seine Umgebung sind unberechenbar.

– Flaches *Mittelgesicht* mit kaltem Ausdruck; das Gemüt ist kalt, er empfindet Schmerzen anderer nicht, ist auch unempfindlich gegen eigene Schmerzen.

– Langer *Oberkiefer;* stellt seine eigene Person in den Vordergrund und verfolgt egoistisch seine Ziele.

– Hässliche *Mundform;* der Mund ist gross und plump und passt gar nicht zu dem mageren und langen Gesicht; er zeigt ungezügelte Begehrlichkeit, die durch seine Leidenschaftlichkeit (Augenbrauen) unterstützt wird.

– *Kinn und Unterkiefer* sind verschoben; das Kinn ist lang, sackartig hängend, die Unterkieferbögen sind asymmetrisch, das Tatleben ist entsprechend plump, und unberechenbar. Bei dieser Veranlagung müssen Handlungen mit Körperverletzung anderer erwartet werden.

– Das ganze *Gesichtsgewebe* ist teigig; darin spiegelt sich das Fehlen der seelisch-geistigen Energie, die eine solche Anhäufung von unausgeglichenen und negativen Impulsen etwas zügeln könnte.

– Die *Schulterpartie* ist verschoben; hier kommt zum Ausdruck, dass der ganze Körper an der Unausgeglichenheit dieses Menschen beteiligt ist.

Alle diese Formen zeigen einen sich im Widerstreit befindenden, vor allem elektrisch und magnetisch beeinflussten Kräftecharakter. Von einem ausgleichenden heliodisch-odischen Formcharakter ist nichts zu finden. Daraus resultieren die ungewöhnlich tiefe ethische Qualität und die Unausgeglichenheit von Form und Charakter. Es ist deshalb mit unberechenbaren, spontanen, explosiven Handlungen zu rechnen. Der Hintergrund dieser Handlungen ist ein Denken ohne Mitleid und der fehlende Sinn für das Leiden anderer. Das Gefühl ist wie abgestorben; ungerührt vom Leben um ihn geht er seinen Ideen nach. Solche Menschen lassen sich ausbilden zu Terroristen, Eintreibern von Schutzgeldern usw. Sie können sich kaum noch in einer vernünftigen Art in die Gesellschaft integrieren.

Man kann bei sonst gut veranlagten Menschen die seitlich nach rechts oder links verschobene Nasen auch beobachten. Das bedeutet dann, dass diese Menschen nicht immer das tun, was sie versprechen, oder die Handlung folgt nicht immer den Worten. Das geschieht unbewusst ohne schlechte Absicht, ist bei einer Beurteilung zu berücksichtigen, aber in keiner Weise kriminell.

Unser Bemühen, die Nasenformen psycho-physiognomisch verständlich zu machen, soll nun mit vier Bildern abgeschlossen werden.

Abb. 392 *Der formbare Charakter*
Eine Afrikanerin mit lachendem Gesicht und lebhaft quellenden und gespannten Mittelgesichtpartien, worin das lebhafte, gesunde und ungehemmte Lebensgefühl zum Ausdruck kommt. Die Nase zeigt also Ansätze der Persönlichkeits- und Charakterentfaltung, die sehr entwicklungsfähig sind. Die Nasenspitze ist gespannt, voll Kraft und Energie sind die Gewebe unmittelbar an der Spitze und an den Nasenflügeln. Die Verdauungskraft ist enorm, das physiologische Fühlen, Riechen und Schmecken und die Atmung ebenso – sie befinden sich gewissermassen in einem Urzustand unverbrauchter Kraft und Elastizität. So elementar wie das physiologische und sinnliche Fühlen, so ist das Wollen, sind die Bedürfnisse, ist der Charakter. Obere Nase und Nasenwurzel kommen im Sinne von Kraft und Spannung und damit aktiver körperlicher und korrespondierender geistiger Betätigung nicht mit. Ruhig und glatt ohne besondere Spannung, liegt die Haut über Nasenwurzel und oberer Nase: der Geist schlummert, willig folgt er den Gefühlen, die sich durch Ausseneinflüsse stark beeindrucken lassen. Der Wille ist schwach, steigt nur, entfacht durch die Gefühle, zeitweise an.

Die Frau ist Landarbeiterin auf einer afrikanischen Farm, lebt nach ihren Gefühlen und ein einfaches, naturnahes Leben erhält den Körper gesund und die Seele froh. Welche Weisheit liegt doch in der Natur und dem Leben, die ihren Geschöpfen durch Anlage und Wollen Lebensglück und -erfüllung ermöglichen. Die Natur erschaffte unendlich viel Möglichkeiten der Lebensgestaltung, und

Abb. 392 Der formbare Charakter

Abb. 393 Der bestimmende Charakter

dass all dies klar und deutlich aus den Formen spricht, ist ihre herrlichste Offenbarung.

Abb. 393 *Der bestimmende Charakter*
Ein Tat- und Bewegungs-Naturell mit Harmonie, wirtschaftlich, politisch und kulturell voller Aktivität und Willenskraft. Die Nase ist lang, gerade, harmonisch ausgewogen – nichts zu viel, nichts zu wenig. Hier zeigt sich eine andere Entwicklung und eine andere Art der Lebensgestaltung als bei der Afrikanerin. Kraft des Geistes, des Selbstbewusstseins, der Selbstbeherrschung und des aktiven Willens, eine ausgewogene Beherrschung des Gemüts und des physiologischen Wollens!

Abb. 394 *Die gehemmte Entwicklung*
Ein Bewegungs-Empfindungs-Naturell. Durch ungünstige äussere, gesellschaftliche und soziale Lebensumstände in seiner Entfaltung gehemmt. Eingefallen sind die Wangen, statt jugendlicher Kraft, Frische und Freude liegt hier ein dürrer Zug, Entbehrung und ausgehungertes Gemüt offenbarend. Die Nase ist lang, feinplastisch und gerade, an der Wurzel breit, an der Spitze fein und zart. Das Leben wird planmässig angegangen, der Geist beherrscht das physiologische Wollen.

Aber die Nasenflügel sind klein, matt und spannungslos und die Nasenlöcher eng. Hier offenbart sich der Kern des Leidens. Durch Entbehrung und ungesunde Wohnung wurde der Körper geschwächt, Atmung und Lunge sind krank. Der Geist versucht den Körper zu erhalten und die feindliche Umwelt zu bezwingen. Aber dies geht über seine Kraft, daher die Sorge im Blick und die Unru-

Abb. 394 Die gehemmte Entwicklung

Abb. 395 Die hoffnungsvolle Anlage

he an Stirn und Nasenwurzel. Das Empfinden aller Körperzellen, das sich in Ganglien, Rückenmark und Mittelhirn zur Seele, zum unterbewussten Fühlen, Erleben und Gestalten sammelt und im Grosshirn zu geistigem Bewusstsein und aktivem Wollen erwacht, leidet durch das Unvermögen, sich weiter zu entwikkeln. Trotz Zivilisation und vielen realen wissenschaftlichen Erkenntnissen ist unsere Kultur noch unfähig, solch individuelles Unglück zu erkennen und zu verhindern.

Vergleiche den fröhlichen, lebhaften Ausdruck der Afrikanerin oder die Kraft im Abb. 393.

Abb. 395 *Die hoffnungsvolle Anlage*

Ein 15jähriger Knabe mit harmonischer Naturellanlage und voll jugendlichem Elan. Schlummernde Kraft am Kinn, Bescheidenheit und Verhaltenheit am Munde, geist- und seelenvolle Augen, die wach forschend, suchend, prüfend in die Welt blicken, offenbaren einen weiten und freien Geist, der sich auch in der breitgewölbten plastischen Stirn kundgibt. Der Formbau der Nase zeigt Feinheit des Fühlens und Klarheit des Gestaltens.

Klarheit und Reinheit aller Formen lässt eine auf hohem Niveau stehende Anlage und eine der Anlage entsprechende bisherige Entfaltung erkennen. Solche Menschen wollen Grosses und Schönes erstreben, sie lassen uns sehend und wissend vieles erhoffen!

Es ist ein Jugendbildnis des Grafen *Zeppelin*, des Erbauers des lenkbaren Luftschiffes, eines Autodidakten, Pioniers der Luftfahrt; von den Fachgelehrten und den Zeitgenossen verspottet als der «verrückte Graf», und sie alle an Voraussicht und Wagemut und in der unerschütterlichen Kraft des Willens übertreffend!

Gewaltig, Jahrmillionen umspannend ist die Entwicklung des Menschen.

Alles Wollen des Körpers, der Seele und des Geistes findet Ausdruck in der Peripherie, und Spiegelbild des in Jahrmillionen geprägten und in wenigen Lebensjahren gewachsenen individuellen Charakters ist die Nasenform!

Unsere Abhandlung über Nasenform und Charakter ist umfangreich, und doch nur Fragment gegenüber der Wirklichkeit des Lebens.

Die Formen ersehnen seit urdenklichen Zeiten
eine Erlösung aus finsterem Sein.
Sie harren auf jene, die ihr Wesen erleben
und diesem ihre Liebe geben.
Greife hinein in die Fülle des Lebens,
erkenn das Geheimnis von Form und Gestalt!
Erschliess dir die Einsicht des inneren Wesens
unserer lieben Mutter Natur.
Erschliesse die Höhen, die Tiefen, die Weiten
dieser schon ewig lebenden Welt.
Gelange zuletzt zu jenen Gestalten,
die leben und streben im himmlischen Zelt.

Paul Schärer

Das Untergesicht

Kinn und Unterkiefer

Ausdruck der Durchführungsschicht

Das Untergesicht findet seine natürliche Begrenzung in der Horizontalen durch die untere Kinngrenze und durch die Linie, welche den Nasensteg schneidet (in Abb. 303 durch die Hauptregion Untergesicht, gekennzeichnet). Die vorangegangenen Studien über das Hinterhaupt und über die Achsenlagen im menschlichen Haupt geben gute Ausgangspunkte für die Beurteilung des Untergesichts.

Das Untergesicht, insbesondere Kinn und Unterkiefer, stehen durch die Willens- und Festigkeitsachse mit dem Ober- und Hinterhaupt in Verbindung. Es spiegelt somit den dort zu analysierenden Magnetismus, die Eigen- und Selbsterhaltungskraft des Körpers und das egoistische Prinzip und die damit einhergehende Kraft der eigenen Persönlichkeit. Wenn Höhe, Breite und Wölbung ausgeglichen entwickelt ist, wird auch das Kinn eine ähnlich ausgeglichene Bildung aufweisen und diese Person kann in der Selbsteinschätzung allseitig die Harmonie wahren. Aus der Form des Kinns kann man umgekehrt auch auf den Formbau des Ober- und Hinterhauptes schliessen.

Durch physiologische und teils mechanische Reize und deren Übertragung findet darüber hinaus auch die Spannkraft des Kleinhirns und damit des unteren Hinterhauptes ihren Gegenpol im Untergesicht. Umgekehrt wirkt eine starke Kiefer- und Kinnbildung durch die innewohnende Energie auf das Kleinhirn zurück. Auch die mechanischen Kräfte, welche durch Kau- und sonstige Kieferbewegungen entstehen, übertragen sich über die knöcherne Brücke des Schläfenbeins auf das Hinterhauptbein und das darunter liegende Kleinhirn.

Ähnlich wie die beiden Hirnhälften normalerweise im Hinterhaupt sanft aneinanderstossen, so finden beide Unterkieferbogen ihre Vereinigung im Kinn. Je harmonischer die beiden Hirnhälften sich in ihrer Tätigkeit ergänzen, desto ausgeglichener bildet sich auch das Kinn. Das Untergesicht ist aber nicht nur Spiegelbild der bewegenden, motorischen Kräfte des Hinterhauptgrosshirns, sondern auch der Geschlechtsimpulse im Kleinhirn. Es kommt am Untergesicht neben den motorischen Kräften – wie der Grundton in einem Musikakkord – auch die Art des Geschlechtslebens mit zum Ausdruck.

Wie sich die körperlichen und sinnlichen inneren Impulse ausleben, wie die Instinkte der Selbsterhaltung und die Sexualtriebe, die Kraft, der Wehrsinn und der Egoismus gerichtet sind, tritt in der Form des Untergesichts zutage.

Je grobstofflicher, wuchtiger und knöcherner der untere Gesichtsbau wirkt, um so kraftvoller und wuchtiger ist die physische Kraft und die Lebensbejahung, sind der Egoismus und die Umsetzung der Geschlechtskraft. Die motorischen und chemischen Impulse aus den Zeugungs- und Gebärorganen sind robust und intensiv.

Je grazieler die Formen, je weicher die Gewebe und die Muskeln an Kinn, Ober- und Unterkiefer, um so sensibler die innere Organisation. Die Gefühle und Impulse sind ausgeglichen, vom Geist beherrscht und ihr Träger ist leichter für differenzierte kulturelle Gegebenheiten zu begeistern. Die motorischen und chemischen Impulse aus den Zeugungs- und Gebärorgane sind fein.

Gegensätze

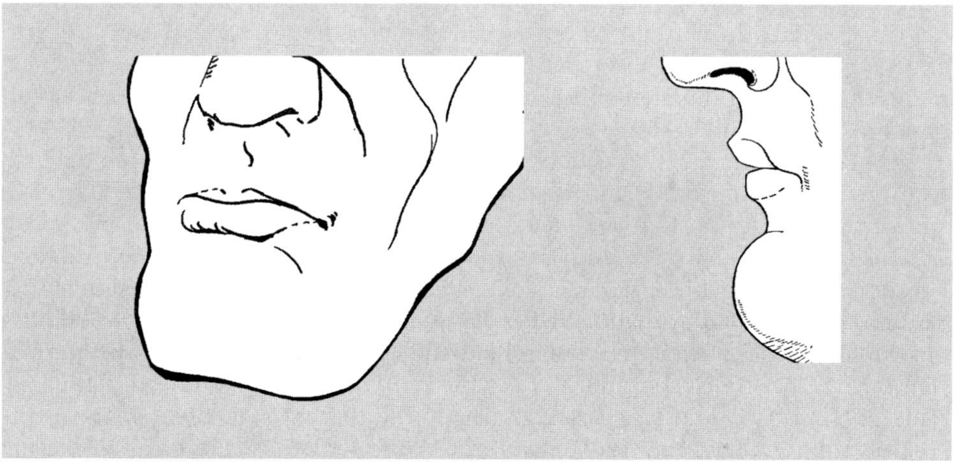

Abb. 396 Das elementare Untergesicht **Abb. 397** Das verfeinerte, ausgeglichene Untergesicht

Abb. 396 Die Formen sind knöchern, hart und schwer; es sind kraftvolle, harte Impulse und auch Egoismus, rohe körperliche und sinnliche Kräfte, die darin zum Ausdruck kommen.

Abb. 397 Die differenzierte, abgerundete jugendliche Kraft. Eine feinsinnige, vornehmere Lebens- und Liebesart wird bevorzugt verwirklicht. Die körperlichen Impulse werden von einem feinen Fühlen kontrolliert.

Abb. 398 und **399** *Gegensätze aus dem täglichen Leben*
Abb. 398, der Führer einer aufständischen Volksbewegung im Bewegungs-Naturell. Das Untergesicht ist lang, breit, wuchtig und übermittelt den Eindruck schwer zu sein. Elementares Wollen und harte Unnachgiebigkeit bestimmen das Wirken dieser Persönlichkeit. Wenn nötig kommt auch der Körper zum Einsatz. Das reale und nüchterne Denkleben herrscht vor, was an der ausgeprägten unteren und der nur mässig entwickelten oberen Stirn zu erkennen ist. Die Nase ist lang und springt nach aussen. Dieser Mann ist hart im Nehmen und Geben, unerbittlich gegen sich und andere.

Abb. 399, ein ungarischer Maler. Das Untergesicht ist, im Vergleich zu dem vorhergehenden Bild, sehr fein geformt. Es übermittelt den Eindruck, leicht zu

Abb. 398 Gegensätze aus dem täglichen Leben

Abb. 399 Gegensätze aus dem täglichen Leben

sein und zeigt Empfinden, Wärme und Sensibilität. Dieser Mensch lässt sich nicht von Machtimpulsen und -trieben beherrschen, sondern wird diese kontrollieren, denn der Willensimpuls ist verfeinert. Auch der Körper ist fein, was sensible Empfindungen zeigt. Der Mund lässt Konzilianz und Einfühlungsvermögen erkennen, die feine Nase psychologisches Geschick. Die Stirnbildung entspricht dem Empfindungsnaturell.

Beim Vergleichen der beiden Bilder sollten wir versuchen, die Schwere im Bild links und die Leichtigkeit im Bild rechts zu erfühlen. Damit üben wir die Fähigkeit, Form- und Qualitätsunterschiede mit dem fühlenden Sehen zu erkennen und in eine Aussage umzusetzen; wir erarbeiten eine natürliche, in ihren praktischen Ergebnissen erstaunlich treffsichere Menschenkenntnis.

An der Kinnform ermitteln wir die Knochen- und Muskelkraft, den Impuls zur Tat und zur Initiative, das Potential an Willensenergie in bezug auf das körperlich umzusetzende Geschehen und – im Unterton – die Geschlechtskraft, in dem seitlichen Unterkieferbogen der Grad der Fähigkeit zur Durchführung und die Art der Zielerreichung.

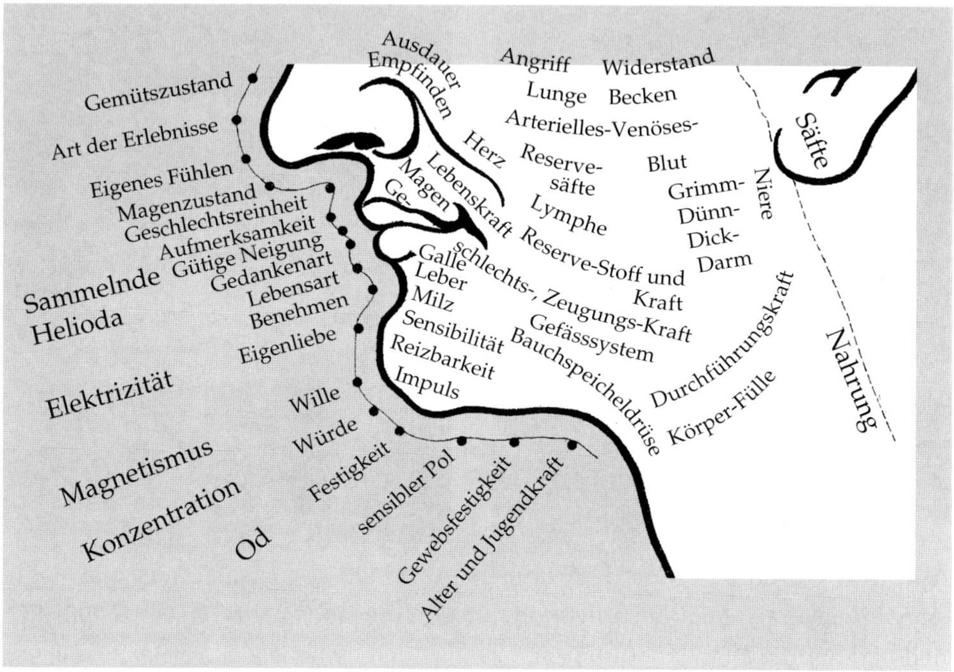

Abb. 400 Ausschnitt der Untergesichtsregion aus Huters Kanon

Abb. 401 *Das lange und breite Kinn*
Das gesamte Untergesicht wird dadurch lang. In diesem Erscheinungsbild sehen wir wuchtige Kraft und Festigkeit der Knochen und Gewebe. Darin offenbart sich starke Muskelkraft, ein kräftiges Kleinhirn, starke Geschlechts- und auch starke Herzmuskelkraft. Daher verfügen solche Menschen über ein grosses Potential an Tat- und Willensenergie. Sie warten nicht ab, sondern geben Impulse und greifen selber ein. Sie entfalten grosse Zähigkeit im Durchführen und in der Überwindung von Hindernissen.

Abb. 402 *Das schmale und kurze Kinn*
Hier ist die Knochen- und Muskelkraft nur mässig stark. Das Kleinhirn ist entsprechend schwächer und auch die Geschlechtskraft ist mässig, das Empfinden und die Sensibilität sind tief. Solche Menschen setzen sich nie brutal durch. Sie sind aber auch nicht fähig, grosse Hindernisse mit Kraft und Ausdauer zu überwinden, sie sind eher nachgiebig. Um vorgegebene Ziele zu erreichen, brauchen sie oft Hilfe.

Abb. 403 *Das kleine, zurückliegende Kinn*
Hier ist das Kinn klein, zart und zurückliegend. Das zeigt schwachen körperlichen Impuls. Der Mensch ist abwartend, anlehnungsbedürftig und unterliegt leicht im harten Lebenskampf. Das Kleinhirn ist schwach, die motorische Kraft und Ausdauer gering, ebenso die Geschlechtskraft. Menschen mit solcher Anla-

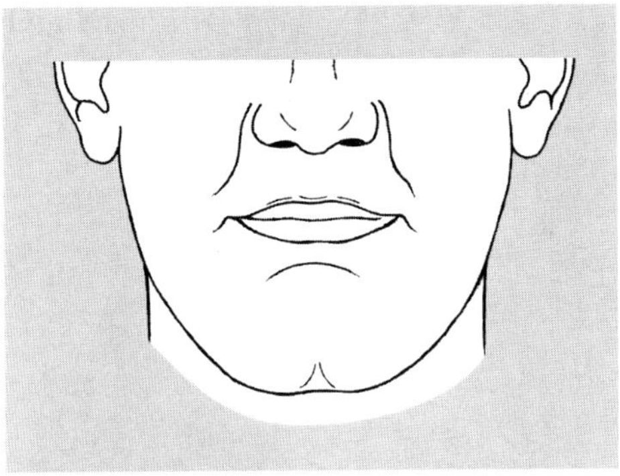

Abb. 401 Das lange und breite Kinn

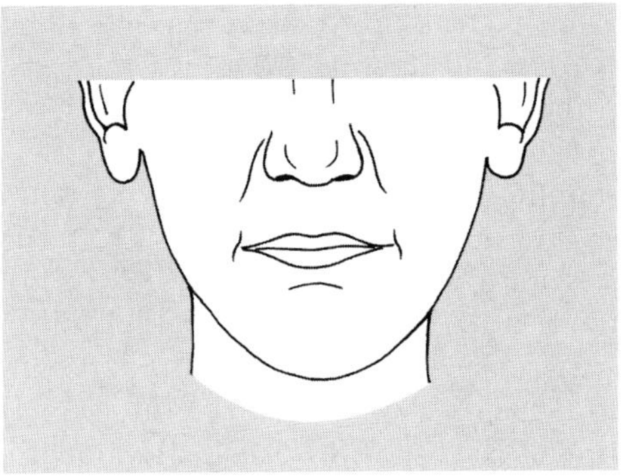

Abb. 402 Das schmale und kurze Kinn

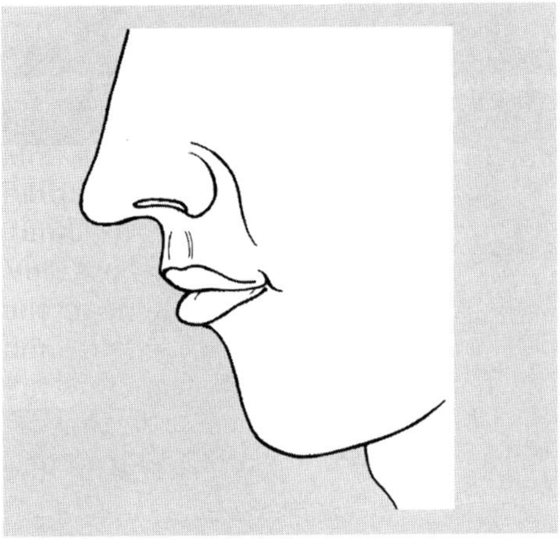

Abb. 403 Das kleine, zurückliegende Kinn

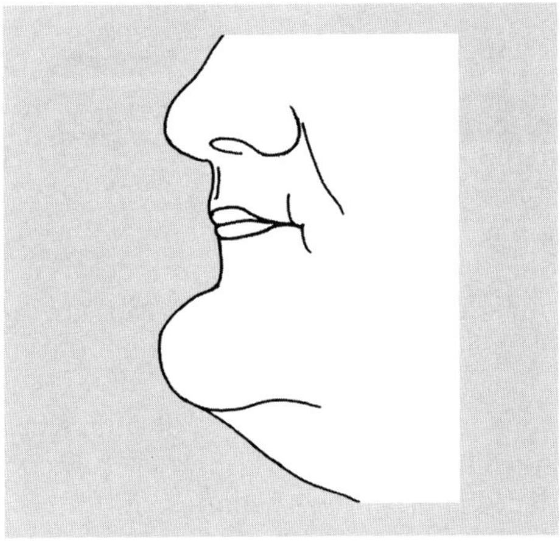

Abb. 404 Das stark vorstehende Kinn

ge sind sehr geduldig und zuvorkommend mit Kindern und ihrem Lebenspartner. Sie besitzen wenig körperliches Durchsetzungsvermögen, ihre Waffe ist das psychologische Geschick.

Abb. 404 *Das stark vorstehende Kinn*
Das stark vorstehende Kinn mit kugeliger, dabei sehr gespannter Form, überragt das Oberkiefer- und Mundprofil. Das zeigt einen sehr starken körperlichen Impuls, ein lebhafter innerer Antrieb zur Tätigkeit. Es besteht die Neigung zu offensivem Vorgehen, der Mensch wartet nicht ab, sondern übernimmt die Initiative. Wird sein Interesse geweckt, dann reagiert er mit raschen, intensiven, eigenen Impulsen; er ergreift Partei. Oft handelt er ungeduldig, vor- und übereilig, auch dort, wo es besser wäre noch abzuwarten. Er setzt sich mit ganzer Kraft ein, schiesst aber leicht übers Ziel hinaus. Die starken Impulse durchkreuzen damit oft die feine Geistigkeit, die am Mund zum Ausdruck kommt.

Abb. 405 Das kraftvolle, gerundete Kinn

Abb. 406 Das feine, lange, breite und vorspringende Kinn

Trotzdem das Potential und die Art der Impulse, die sich in der Spannkraft, der Breite, der Rundung und dem Vor- oder Zurücktreten des Kinns zeigen, sehr unterschiedlich sind, ist im allgemeinen das Kinn beim Manne kräftiger gebaut als bei der Frau. Das ergibt sich daraus, dass im allgemeinen die Knochen- und Muskelkraft bei der Frau geringer ist. Ihr vielfach feineres und tieferes Empfindens zeigt sich am fein geformten Kinn. Das Kinn ist also Gradmesser der Art der Aktivität in der Berufs- oder der Erziehungsarbeit, der Willens- und Tatkraft und der körperlichen Ausdauer.

Abb. 405 *Das kraftvolle, gerundete Kinn*
Bei *Dr. Paulussen,* früher Präsident der deutschen Arbeitgeberverbände, finden wir das lange, breite und gerundete Kinn, welches auf Körperkraft, Ausdauer und Diplomatie, auf grosse Zähigkeit und Willensstärke schliessen lässt. Mit Mut, Tatkraft, Ausdauer, Willensfestigkeit vertritt er die Interessen seines Verbandes. Gleichzeitig sind ihm Würde und ruhige Festigkeit eigen (das nach unten gehende Kinn), aber nicht der übersteigerte Impuls, wie er aus Abb. 404 spricht.

Abb. 406 *Das feine, lange, breite und vorspringende Kinn*
Eine Ärztin, die in einem grossräumigen Gebiet Südarabiens ein Hospital und Gesundheitsdienst für 25000 Einwohner aufgebaut hat und nur mit einheimischen Helfern betreut. Das ist eine Leistung, die nur durch aussergewöhnliche Tat- und Willenskraft, verbunden mit Körperkraft, Zähigkeit und Ausdauer möglich ist, die in ganz typischer Weise in dem langen und breiten Kinn zum Ausdruck kommen. Dieses weist eine besonders starke Spannkraft der Gewebe auf, und in dieser Spannkraft zeigt sich der starke, von innen, also aus eigenem

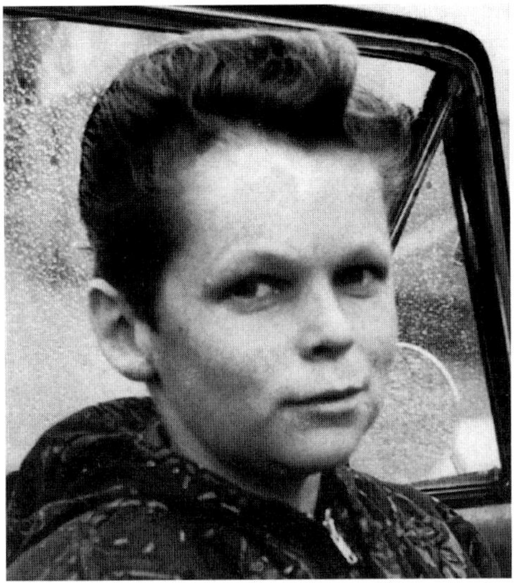

Abb. 407 Feine körperliche Impulse

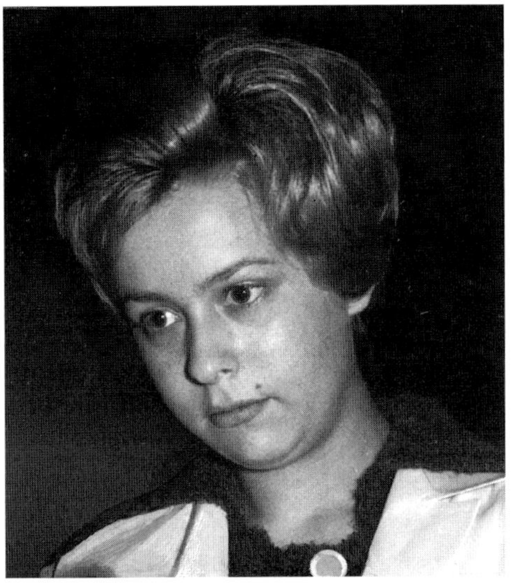

Abb. 408 Feingefühl und Intuition

Antrieb kommende Impuls. Es sind kraftvolle, aber nie grobe Tat- und Willensimpulse. Dazu kommt eine grosse Geistesgegenwart und Übersicht, das vorausschauende, planmässige Handeln und die ausgeprägten erzieherischen Fähigkeiten, die sich an der Nasenform zeigen. Viel Menschlichkeit, bei grosser geistiger Bestimmtheit und Klarheit sehen wir im Augenausdruck. Ein nachhaltig prägender, bestimmender und positiver Einfluss geht deshalb von einer solchen Persönlichkeit aus. Es ist das Erscheinungsbild der ausgesprochen starken Führungsqualitäten.

Abb. 407 *Feine körperliche Impulse*

Der junge Mann, von kleiner und zierlicher Gestalt, ist Uhrmacher, was dieser Anlage sehr gut entspricht. Der freundliche Mundzug mit den leicht gehobenen Mundwinkeln, was Optimismus bedeutet, zeigt angenehme und freundliche, mehr heitere Gefühle, woraus man mit Sicherheit folgern kann, dass der Beruf mit Lust und Liebe erfüllt wird.

Abb. 408 *Feingefühl und Intuition*

Bei dem Mädchen ist das kurze und schmale Kinn weich; es zeigt feine Rundung und weniger die Spannkraft, wie sie etwa aus dem Kinn von Abb. 406 spricht. Daher sind Wille und Tatkraft nur mässig stark, es besteht grosses Einfühlungsvermögen und die Bereitschaft, sich anzupassen, zu lernen und das Gelernte auch weiterzugeben. Beruflich ist das Mädchen geeignet für leichte, künstlerische Arbeit mit den Händen. Es ist musikalisch, besitzt grosses Feingefühl und Intuition, es kann auf andere Menschen mit grosser Geduld eingehen und vor allem auch kleine Kinder durch seine Art und seine Phantasie anregen und begeistern.

Abb. 409 Pädagogisches Geschick

Abb. 410 Die unentwickelten Kinnformen

Abb. 409 *Das kleine, zarte und zurückliegende Kinn*
Hier besteht nur schwache körperliche Kraft und Ausdauer, die Knochen- und Muskelkraft, die motorische und Geschlechtskraft sind zart. Es würde der Frau sehr schwer fallen, etwa für einen geschlechtlich kraftvollen Mann und zahlreiche Kinder zu sorgen und allen dabei entstehenden Lebenspflichten nachzukommen. Sie würde in einem rohen Lebenskampf unterliegen. Sie hat die feine Nase, was mit den übrigen Formen zusammen zeigt, dass sie pädagogisch geschickt ist und ausgezeichnet geeignet zum Erziehen von Kleinkindern. Auf diese kann sie mit Geduld und Planmässigkeit positiv einwirken.

Abb. 410 *Die unentwickelten Kinnformen*
Zwei Erstklässler am ersten Schultag. Noch klein, zart, zurückliegend ist hier das Kinn. Auch die Nase ist noch klein und eingebuchtet. Darin zeigt sich das ausgesprochen kindliche Wesen, noch weit entfernt von kraftvoller, ausdauernder Willensentfaltung und körperlicher Betätigung. Solch kleine Persönchen erlahmen rasch; sie können im Moment grossen Eifer entfalten, der aber bald wie weggeblasen ist, um bei nächster Gelegenheit erneut zu entflammen und auch wieder abzubrechen. Sie sind noch stark ablenkbar. So zeigt die Natur den momentanen Entwicklungsstand. Manche Menschen wachsen zeitlebens nicht über diesen hier noch kindlichen Zustand hinaus. Meist aber stärkt sich die Kraft mit der Entwicklung. Wo sie noch zu schwach ist, braucht der Mensch von aussen immer wieder gewisse Anstösse. So wird sich der noch schwache Impuls mit der Zeit steigern.

Bei Persönlichkeiten, die im öffentlichen Leben stehen, findet man oft das vorstehende, den starken Impuls zeigende Kinn, weil solche Menschen aktiv in das Geschehen eingreifen müssen und viel Unternehmungsfreude entfalten.

Abb. 411 Differenzierte Tatkraft

Abb. 412 Der nordrhein-westfälische ehemalige Innenminister Weyer

Abb. 411 *Ausgeglichene Impulse*

Der französische Abgeordnete und frühere Ministerpräsident *Guy Mollet*, jener Mann, der im Jahre 1956 mit dem britischen Premier Eden zusammen das militärisch Eingreifen ihrer Länder im Suez-Konflikt beschloss, weil beide die ständige, aggressive Gewalttätigkeit des ägyptischen Staatschefs Nasser erkannt hatten und sie beseitigen wollten (Abb. 253). Bei *Mollet* ist das Kinn fein, aber von beachtlicher Länge und zeigt damit sehr viel Tatkraft und grosse Zähigkeit im Überwinden von Hindernissen. Gleichzeitig tritt das Kinn gerundet, aktiv und impulsiv und von vorne gesehen auch breit hervor. Es besteht daher ein sehr starker innerer Antrieb und die Neigung zu offensivem Vorgehen. Der Mensch entfaltet grossen Eifer und setzt sich mit ganzer Kraft ein. Das Gesamtprofil – Untergesicht, Nase, Stirn – zeigt gleichzeitig in jedem dieser Teile eine sehr gute Abstimmung und damit eine harmonische Richtung der Veranlagung. Diese spiegelt die impulsive Tatkraft, die Beharrlichkeit und der grosse Eifer im Dienste des Guten wider.

Abb. 412 *Der nordrhein-westfälische ehemalige Innenminister Weyer*

Die lange Vorbereitungszeit zu einer Landtagswahl hatte die Parteiführer und Minister arg mitgenommen. Alle waren froh, dass der anstrengende Wahlkampf endlich vorüber war. Nur *Weyer* äusserte: «Ich hätte gut noch 4 Wochen so weitermachen können.» Das glaubt man diesem Manne mit dem plastisch gerundeten, vortretenden und grossen Kinn aufs Wort. Es liegt darin eine Impulsivität, ein Eifer und eine Rastlosigkeit in der Tätigkeit, die auch einem Wahlkampf mit einem Dutzend Reden an einem Tag gewachsen ist. Dass der Eifer manchmal in Übereifer übergeht und zu raschem Handeln drängt, muss man – bei allem sonstigen Respekt – erwähnen. Doch der helle, geistesgegenwärtige Gesamtausdruck lenkt den Impuls entsprechend und berührt sympathisch.

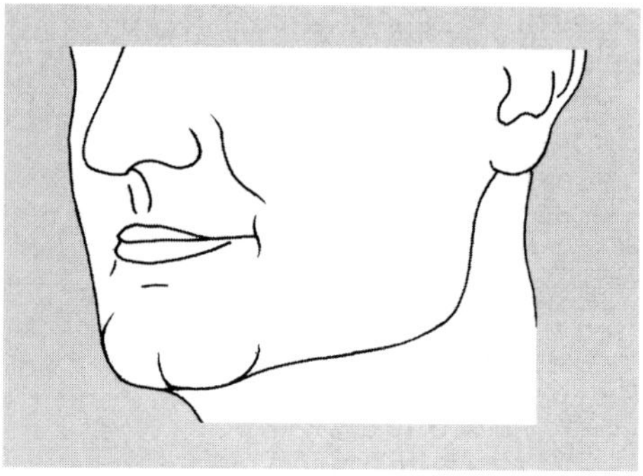

Abb. 413 Der kraftvolle, gespannte, breite Unterkieferbogen

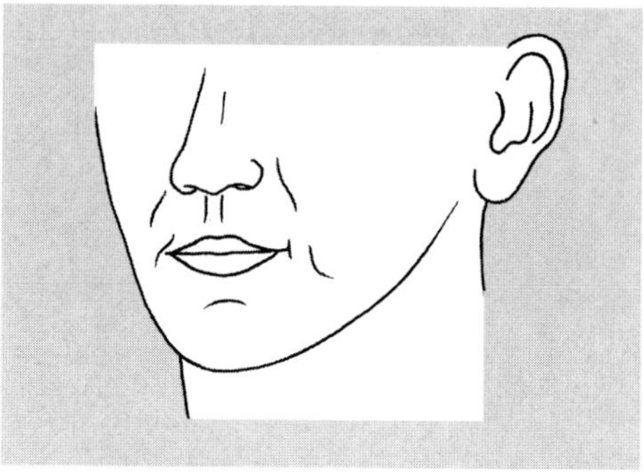

Abb. 414 Der weiche Unterkieferbogen

Ist aber das Untergesicht mit überstark vortretendem Kinn im Spiel der sonstigen Anlagen und Kräfte herrschend (wie z.B. bei Nasser), halten ihm die seelischen und geistigen Kräfte, welche im mittleren und oberen Gesicht zum Ausdruck kommen nicht die Waage. Es wäre dann für die Gesellschaft besser, solche «Führer» würden von einflussreichen Stellungen ferngehalten.
Ihre Problemlösungen sind zu oft mit Gewalt verbunden.

Abb. 413 *Der kraftvolle, gespannte, breite Unterkieferbogen*
Hier tritt die der Form zugrundeliegende, festgefügte Knochenmasse gewissermassen sichtbar zutage. Daran erkennt man die starke Durchführungskraft und grosse körperliche Ausdauer. Wenn sich so veranlagte Menschen etwas vornehmen, dann bringen sie es mit immenser Zähigkeit auch zum Abschluss. Hindernisse schrecken sie nicht, sondern aktivieren sie zu entsprechend grösserer Anstrengung und Ausdauer.

Abb. 414 *Der weiche Unterkieferbogen*
Das Gewebe tritt nicht fest gespannt hervor wie bei Abb. 413, vielmehr sind die Gewebe weich und lassen den viel kleineren, zarter gebauten Unterkiefer in seinen Konturen nur unklar oder andeutungsweise erkennen. Hier fehlt der Impuls zum Kampf und die Ausdauer zur unbedingten Durchführung. Treten Hindernisse oder Schwierigkeiten auf, dann wird diese Person nachgiebig, fühlt sich «der Aufgabe nicht gewachsen» und ist demzufolge mehr Stimmungsmensch, auch mehr Innerlichkeitsmensch, der sich von seinen Gefühlen leiten lässt.

Abb. 415 *Der starke Unterkiefer*
Ein Sergeant der britischen Armee, der einen einzigartigen Fussmarsch quer durch den amerikanischen Kontinent, von San Francisco nach New York, hinter sich hat. Hier liegt aussergewöhnliche Spannkraft im Gewebe und Festigkeit und Zähigkeit im Formbau des Unterkiefers, was die enorm starke Durchführungskraft, die zähe körperliche Ausdauer, die unbedingte Willensdurchsetzung kennzeichnet. Der Augenausdruck und der vorgebaute Stirn-Nasen-Übergang zeigen den Willen, sich ganz auf sein Ziel zu konzentrieren. An der

Abb. 415 Der starke und wuchtige Unterkiefer

Abb. 416 Der schwache Unterkiefer

bestimmt strukturierten vortretenden Nasenform und am feinen, aber scharf geschnittenen Mund ist die starke Willensenergie ebenfalls zu erkennen. So veranlagte Menschen haben grossen Ehrgeiz, wollen ein gestecktes Ziel unbedingt erreichen und erreichen es auch.

Abb. 416 *Der schwache Unterkiefer*
Der Mann ist Archivar. Es ist einleuchtend, dass sich der britische Sergeant bei einer solchen Arbeit nicht wohlfühlen könnte, er ginge nach kurzer Zeit «die Wand hoch». Hingegen ist der Mensch mit dem kleineren Kinn, das einen mässigen, gleichbleibenden körperlichen Antrieb, aber viel Geduld zeigt, und mit schwachem Unterkiefer, der nur wenig Ehrgeiz und Durchführungskraft bei mässigen körperlichen Impulsen erkennen lässt, für diese Tätigkeit ausgezeichnet geeignet. Die Nase ist klein, zeigt mehr psychologisches Einfühlungsvermögen und Neugierde als Willensenergie. Dadurch ergibt sich das Interesse an geistiger Tätigkeit, die Geistesenergie kann sich entfalten, sie verfeinert sich, der Mensch neigt zur Verinnerlichung und kann mit grossem Interesse seine mehr wissenschaftliche Aufgabe erledigen. Die Körperkraft und der Drang, diese in harten und gefahrvollen Unternehmungen zu erproben, tritt in den Hintergrund, seine Zielsetzung ist eine andere und das gefühlsreiche Innenleben bedingt die jeweiligen Stimmungen.

Kriminalität

Kinn und Unterkiefer können in der Form unserem Normkopf entsprechen, sie können stärker oder schwächer gebaut sein. Ist der Formbau aber übermässig stark oder schwach ausgeprägt oder sehr unregelmässig, was besonders im Bau der Unterkieferbogen auffallend ist, dann handelt es sich um mehr oder weniger stark disharmonische Merkmale, die zu gesellschaftsfeindlichen Handlungen führen können.

Der Turiner Kriminalanthropologe *Lombroso*, 1836–1909, hat schon auf die überstarken, harten und wuchtigen Kinn und Kiefer, und ihre verbildete äussere Form bei gewalttätigen Menschen hingewiesen und erkannt, dass bei solchen Menschen ein angeborenes Potential an innerer krimineller Energie vorhanden sein muss. Diese Ansicht war lange Zeit umstritten, glaubten doch gutgläubige Forscher immer wieder, dass der Antrieb zu gesellschaftsschädigenden Taten dieser Gesellschaft angelastet werden muss. Dass die Gesellschaft teilweise mitschuldig ist, soll nicht bestritten werden. *Huters* Forschungen zeigten aber klar den Zusammenhang zwischen Form und innerer Energie. Was auch für die Betrachtung von Untergesicht und Tatleben gilt. Die Messungen *Lombrosos*, die er an zahlreichen Häftlingen durchführte, erscheinen in neuem Licht. Er registrierte die Tatsache, dass Überformungen und Verformungen des Untergesichts bei Verbrechern in gehäuftem Mass vorkommen. *Huter* gelang es durch seine psycho-physiologischen Forschungen, die entwicklungsgeschichtliche und charakterologische Bedeutung dieser abnormen Formen und ihrer Spannungen zu ergründen.

In grauer Vorzeit trotzte der Mensch viel härteren Lebensbedingungen und vielfältigen Gefahren. Er hatte nur primitive Mittel, sich zu schützen und war auf seine Körperkraft angewiesen, um sich im Kampf mit den Naturgewalten, mit wilden Tieren und auch mit seinesgleichen zu behaupten. Daher finden sich bei Urmenschenschädeln grosse Untergesichtsknochen. Das sind stumme Zeugen der körperlichen Kraft und der elementaren Impulse und Instinkte die einst, gemäss dem Entwicklungszustand seiner Gehirnteile, diesen Lebensformen entsprachen.

Je leichter sich im Laufe der Zeit die Lebenserhaltung gestaltete, Sitte und Kultur sich wandelten, je mehr entwickelte sich das Gehirn und parallel verfeinerte sich auch der Bau von Ober- und Unterkiefer, Zahnbildung und Kinnform. Es gibt aber heute noch Erbmassen, die ähnliche Formen und Energie-Inhalte hervorbringen, wie es *Lombrosos* Beobachtungen lehren und wie wir selber diese immer wieder beobachten können. Menschliche Formen haben sich im Laufe der Zeit verfeinert, aber nicht allgemein und in gleicher Weise. Darum gibt es immer noch grosse Unterschiede in den Anlagen und in deren Entwicklungsmöglichkeiten. Fortschritt und Kultur sind deshalb nicht generell abgesichert. Sie sind im Gegenteil vielfach gefährdet, und darum ist Menschenkenntnis zum Schutz und zur Sicherung einer kontinuierlichen Entwicklung notwendig.

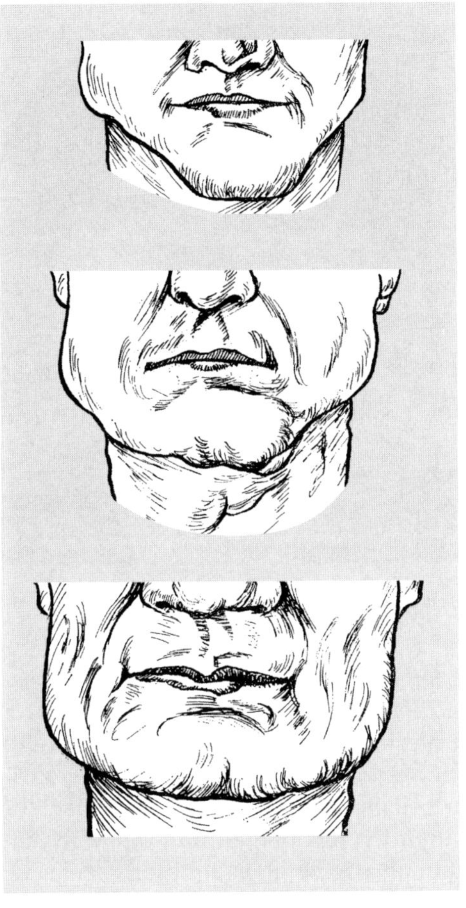

Abb. 417, 418 und **419** *Stark asymmetrische, harte Oberkiefer-, Kinn- und insbesondere Unterkieferbildungen bei gleichzeitig harten Gefühlen*

Die Asymmetrie ist ein Zeichen dafür, dass die beiden Hirnhälften im Hinterhaupt ungleich stark arbeiten und sich ihre Impulse nicht harmonisch ergänzen oder ausgleichen, daher wirken sie entsprechend auf das Tatleben ein. Die harten Formen lassen erkennen, dass die Gefühle kalt und Gemütskraft kaum vorhanden ist. Die körperlichen Impulse und Instinkte werden von hier wenig kontrolliert und können unvermittelt jede Zügelung durchbrechen und zur Tat übergehen. Solche massig, hartförmig und kühl wirkenden Untergesichtsbildungen müssen als schwer disharmonisch bezeichnet werden. Setzt man sich so veranlagten Menschen und ihren Zielen in den Weg, sind Körperverletzung, Mord, Totschlag zu befürchten. Bei den drei Abbildungen erscheinen die Kiefer hart wie von Eisen oder wie versteinert. Darin offenbart sich Empfindungsunfähigkeit und Gefühlsroheit. Ihr Geschlechtsleben und die Behandlung der Frauen ist entsprechend. Es ist kein Sinn für Ritterlichkeit aber oft Freude am Quälen vorhanden. In den harten, blutleeren, messerscharf geschnittenen Lippen und den gekniffenen Mundwinkeln kommt ein harter, zynischer und zu grausamen Lösungen geneigter Denk- und Gemütszustand zum Ausdruck.

Solche Menschen sind imstande schwere körperliche Arbeit zu leisten. Sie lieben auch gefährliches und abenteuerliches Leben. Bei solchen Arbeiten und Aufgaben könnten sie ihre Anlagen positiv für die Gesellschaft ausleben. Sie sollten deshalb zu solchen Tätigkeiten angehalten werden. Die Gesellschaft müsste solche Tätigkeiten bereitstellen.

Die folgenden 6 Bilder zeigen die Disposition, Lösungen mit Gewalt zu verwirklichen, was bei diesen Menschen zu verbrecherischen Taten führte.

Abb. 420 Ein Viehdieb und Einbrecher

Abb. 421 Mitglied einer Einbrecherbande

Abb. 420 *Ein zu Zuchthaus und Sicherungsverwahrung verurteilter vielfacher Viehdieb und Einbrecher, der auch aus dem Zuchthaus entkam*

Das Kinn wirkt hart und ist breit, die Unterkieferbogen sind breit ausladend und hart gespannt. Sie zeigen unmittelbar unterhalb der Ohren enorme elektrische Energie, welche die spannende und treibende Kraft dieser Breite ist. Ihr Ausdruck pflanzt sich nach den breit ausladenden Jochbeinen und den quer abstehenden Ohren fort. Diese sind ungleich hoch angesetzt, es fehlt das seelische Gleichgewicht. An diesen Formen und ihrem Inhalt wird die kraftvolle Tat- und unbedingte Ausführungskraft sichtbar. Der Augenausdruck, die Nasenform und der Mund zeigen kühle und klare Willensimpulse zur Erreichung seiner Ziele und diese waren gesellschaftsfeindlich. Er schaffte sich mit Gewalt freie Bahn und brach, was sich in den Weg stellte. Daher ist er auch zum Ausbrechen fähig.

Menschen mit solchen Anlagen lassen sich zu ausgezeichneten Soldaten aber auch zu Terroristen ausbilden. Bei geeigneter Erziehung und Ausbildung könnten sie aber auch positiv als Polizisten in der Verbrechensbekämpfung wirken.

Abb. 421 *Mitglied einer Einbrecherbande*

Dieser 21jährige, ohne Beruf, war aktivstes Mitglied einer Einbrecherbande und stets mit mehreren Schusswaffen ausgerüstet. Das Kinn ist lang und zeigt harte Spannung, besonders auch in seinem seitlichen Muskel. Die Unterkiefer sind breit, das ganze Untergesicht ist ungleich und seitlich verschoben, was entsprechend harte und unausgeglichene Tatimpulse signalisiert. Augen- und Mittelgesichtsausdruck zeigen harte und kalte Gefühle. Der Mund ist im Gegensatz dazu weich und die Nase klein. Diese Merkmale zeigen Genusssucht bei grosser Bequemlichkeit. Dieser Mann ist entsprechend charakterschwach und

Abb. 422 Anführer einer Verbrecherbande

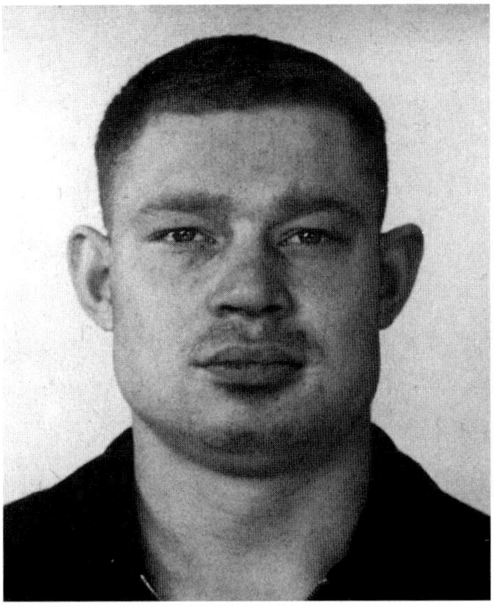

Abb. 423 Ein Raubmörder

verschlagen. Er geht gemäss seinen Anlagen mit Kraft und Gewalt vor und scheut vor Körperverletzung nicht zurück. Es besteht daher aus innerer Konstellation ein Hang, sich mit Gewalt durchzusetzen. Dabei sind seinen Ideen keine Grenzen gesetzt (Haarform). Daraus entstehen Verbrechen, und einmal auf dieser Bahn, häufen sich die entsprechenden Vergehen.

Abb. 422 *Anführer einer Verbrecherbande*
Von etwa 250 Straftaten einer 6köpfigen Bande gehen allein 160 auf das Konto ihres Anführers, darunter sind Mord, Raub und Erpressung. Das Kinn zieht sich lang, hart und starr nach unten und ist seitlich verschoben. Die Unterkieferbogen weisen harte, eckige und ungleiche Konturen auf. In dieser Kinn- und Kieferbildung zeigen sich ungewöhnliche Härte in der Durchführung und die Disposition, Lösungen ausserhalb der gesellschaftlichen Norm zu suchen. Man beachte auch die Spannung, die sich rund um den Mund legt und diesen, besonders unten und seitlich, wie ein hartes Band umgibt. Die normalerweise hier feinen Weichteile sind verhärtet und offenbaren den starren, keinen menschlichen Regungen mehr zugänglichen Denk- und Gemütszustand. Die Stirn ist plastisch in der Form, zeigt wendiges Denken und an der seitlichen Unterstirn eine ausgezeichnete Anlage zur Berechnung. Die intensiv fixierenden Augen und die breite Nasenwurzel zeigen Wachheit und die Fähigkeit auf Gegebenheiten blitzschnell und gemäss seinem inneren Zustand kaltblütig zu reagieren.

Abb. 423 *Ein Raubmörder*
Eine schmutzige Physiognomie. Es ist ein Mensch bei welchem die durch Vererbung angeborenen und durch Entwicklung gestalteten inneren Energien zu

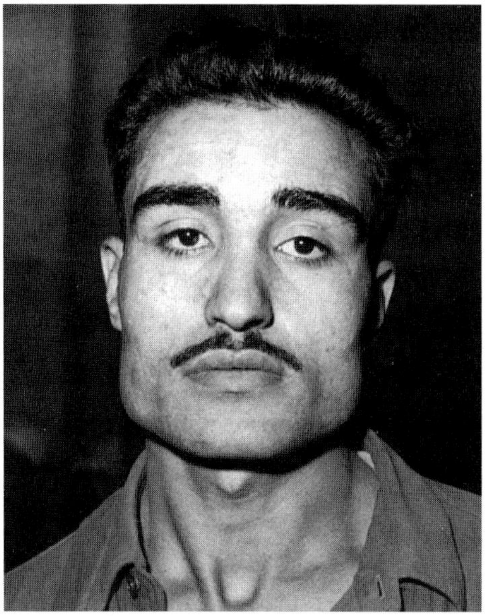

Abb. 424 Eine spezielle Veranlagung, die zum Verbrechen führte

Abb. 425 Nero

einer totalen geistigen und physischen Fehlleistung führten. Er konnte seine inneren Impulse nicht mehr beherrschen. Wir sehen ein aufgedunsenes, trotzdem hartes, sehr breites und sehr schwer wirkendes Untergesicht, was zu harter, unerbittlicher Durchsetzung führt. Der weiche Mund, der gar nicht in dieses Gesicht passt, zeigt dagegen starke Begehrlichkeit und die im Verhältnis kleine Nase Bequemlichkeit und Unbeherrschtheit. Der Augenausdruck ist hart, zielgerichtet, erbarmungslos. Aus diesen physiognomischen Merkmalen müssen wir schliessen, dass seine Handlungen unbeherrscht, gewalttätig und grausam sein werden. Er beging schon als 21jähriger einen Raubmord an einem älteren Ehepaar.

Es stellt sich die Frage, ob ein so unglücklich veranlagter und entwickelter Mensch sich frei in der Gesellschaft bewegen soll. Spätestens nach der ersten Tat müssten hier langdauernde Massnahmen auch zu seinem eigenen Schutz getroffen werden.

Abb. 424 *Eine spezielle Veranlagung die zum Verbrechen führte*

Die Geschäfte dieses Mannes, der ein Beerdigungsinstitut betrieb, gingen sehr schlecht. Er beschloss daraufhin, eine Reihe von Leuten aus der Nachbarschaft umzubringen und dann seine Dienste für die Beerdigung anzubieten. Zum Glück vereitelte schon das erste ausersehene Opfer diesen unglaublichen Plan, der nur durch die pathologische Veranlagung des Mannes verständlich wird. Das Kinn geht bei enormer Breite fast unmittelbar in die äusserst breit, eckig und unregelmässig ausladenden Unterkiefer über. Das kennzeichnet den Typus der unbedingten Durchsetzung, des übergrossen Ehrgeizes, der, bei einer wie bei diesem Mann vorhandenen Gemütskälte (Mittelgesichtsausdruck), auch vor letzter Gewalt nicht zurückschreckt, um seine Ziele zu verwirklichen.

Abb. 425 *Nero*
Eine Büste des römischen Kaisers *Nero* (siehe auch Abb. 237 und 238), der wegen seiner Grausamkeit und unerbittlichen Verfolgungssucht noch heute traurigen Ruhm geniesst.
Was uns an diesem Gesicht besonders interessiert, ist das aus seiner Umgebung hammerartig stark vortretende Kinn. Dieses zeigt nicht nur die Neigung zu offensivem Vorgehen, sondern in Verbindung mit der sonstigen schwer disharmonischen Veranlagung Übereifer, Ungeduld, Jähzorn und Leidenschaft und kennzeichnet den, wenn er Macht ausüben kann, unerbittlichen Verfolger Andersdenkender. Wille, Tat und Aggression sind stark und liessen *Nero* trotz bester Erziehung durch Seneca zum vergnügungs- und prunksüchtigen Despoten werden, der seine Macht erbarmungslos und willkürlich auslebte. Die Reizbarkeit war ungehemmt, so dass er aus irgend einem auch geringen Anlass ganz unerwartet heftig, zornig und böse reagieren konnte. Der übersteigerte Impuls machte ihn unberechenbar und liess allen Leidenschaften hemmungslosen Lauf.

Untergesicht und Naturell

Den Grundnaturellen sind typische, dem Naturell entsprechende Kinn- und Kieferformen eigen.

Abb. 426 *Das knochige straffe Gesicht des primären Bewegungs-Naturells*
Die Knochenmasse tritt in den kraftvollen Konturen der Kinn- und Kieferbildung besonders hervor. Eine starke Spannung, zieht sich von dem langen und breiten, hervortretenden Kinn zu den Unterkieferbogen und bis zum Ohr hin. Darin zeigt sich die starke Körperkraft, die grosse Zähigkeit und Ausdauer, die Fähigkeit, Hindernisse zu überwinden und Aufgaben kraftvoll an die Hand zu nehmen, die anderen als kühn erscheinen. Die Klarheit und Bestimmtheit des Augenausdrucks und die feste Nasenform lassen darauf schliessen, dass man sich auf ihn verlassen kann. Die Ohren zeigen im Gegensatz zum Ernährungsnaturell keine Fülle, was zu seinem Naturell passt.

Abb. 427 *Das weich gerundete, füllige Gesicht des Ernährungs-Naturells*
Am weichen Untergesicht mit dem runden kleineren Kinn, an Mund- und Nasenform erkennen wir den gleichbleibenden, mässigen Impuls und die schwächere Neigung zu körperlicher Betätigung. Das gesamte Untergesicht vom Nasensteg abwärts ist verhältnismässig gross. Ruhiges Geniessen nimmt daher einen breiten, dem Naturell gemässen Raum ein. Dieser Mann kann in seiner ruhigen Art durchaus beharrlich vorgehen und wird dabei trotz seiner Leutseligkeit eine gewisse Gefühlskälte entwickeln. Das Ohr zeigt den seelischen Impuls, Lebenssituationen in erster Linie vom wirtschaftlichen Standpunkt her zu betrachten. Die bis zum Unterkiefer herab weich gefüllten Wangen und das Doppelkinn zeigen Säftereichtum und guten Ernährungszustand.

Abb. 426 Das knochige straffe Gesicht des primären Bewegungs-Naturells

Abb. 427 Das weichgerundete, füllige Gesicht des Ernährungs-Naturells

Abb. 428 Das feine Profil des Empfindungs-Naturells

Abb. 429 Der Dichter *Gustav Freytag* im harmonischen Naturelltypus

Abb. 428 *Das feine Profil des Empfindungs-Naturells*
Das Untergesicht hat im Verhältnis zu Nasen- und Stirnhöhe wenig Volumen. Kinn und Unterkiefer sind zart, die physische Kraft tritt zurück. Der Impuls zur körperlichen Tätigkeit ist schwach, die eigenen Interessen müssen mit geistigen und psychischen Aktivitäten verteidigt werden, sie werden aber oft vernachläs-

sigt. Der Mensch mit dem zarten Kinn hat wenig Selbstbehauptungs-Energie, denn der physiologische Magnetismus ist schwach. Er kämpft nicht gerne, opfert sich für Ideale. Er liebt die Verfeinerung in Sitte und Kultur und führt ein zartes Liebesleben, bei welchem Wärme und Tiefe zählt.

Abb. 429 *Der Dichter Gustav Freytag im harmonischen Naturelltypus*
Dieser Mann hat das ausgeglichen kraftvolle Untergesicht und Kinn. Dies weist auf entsprechende Körperkraft, Ausdauer und Durchführungsenergie hin. Das Kinn zeigt auch geistige Festigkeit und Würde. Er kann sich eine gute materielle Grundlage sichern, und wird damit segensreich wirken. Die Geschlechtskraft bleibt bis ins hohe Alter erhalten. Frauen dieses Naturells haben starke Unterleibsorgane und vielfach vielseitig veranlagte Kinder.

An dem Bild kann man sehen, dass Untergesicht, Mittelgesicht und Stirn annähernd gleich lang sind. Das bedeutet, dass körperliches, seelisches und geistiges Wollen ausgeglichen sind und sich beim Umsetzen harmonisch ergänzen.

Untergesicht und Temperament

Das Temperament ist physiologischer Natur und stark von körperlichen Impulsen beeinflusst.

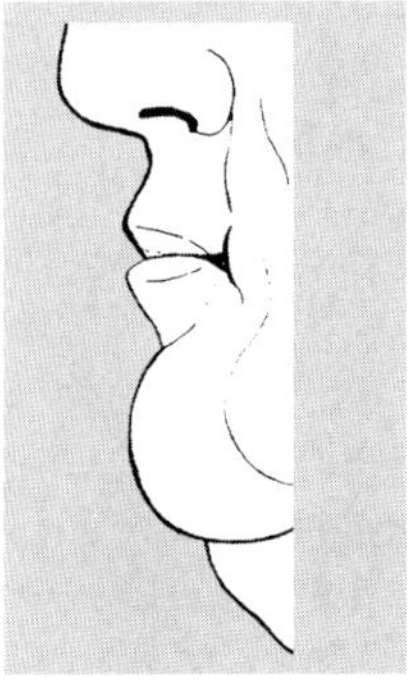

Abb. 430 *Der Phlegmatiker*
An dieser Form zeigt sich wenig Spannung. Das Gewebe müssen wir uns matt vorstellen, die Augen haben den ruhigen Ausdruck. Die Faltenbildung im Gesicht ist kaum vorhanden. Das zeigt ruhige körperliche und geistige Auseinandersetzung (Falten sind Ausdruck intensiver Auseinandersetzung mit den Lebenssituationen). Entsprechend ist die Reaktion auf Ausseneinflüsse abwartend und langsam.

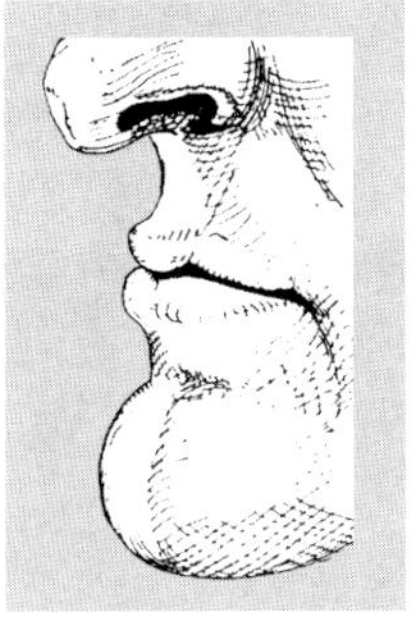

Abb. 431 *Der Choleriker*
Das Kinn ist gespannt vortretend, es ist in der Kompaktheit viel Kraft sichtbar. Der Mund zeigt Willensenergie. Dazu haben die Augen den intensiven Ausdruck, die Gewebe sind gespannt. Er ist aktiv, zeigt lebhaftes Tempo und regen Impuls. Er wird leicht ungeduldig und laut. Durch sein intensives Eingehen auf Situationen, entstehen im Gesicht starke Faltenbildungen.

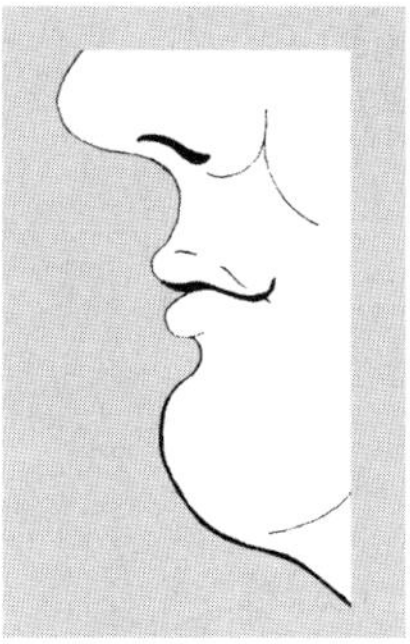

Abb. 432 *Der Sanguiniker*

Hier sind das Kinn und das Untergesicht voll, rund und lebhaft. Der Mund ist erwartend geöffnet, zeigt Optimismus und Genussfreudigkeit. Er liebt die Genüsse des Lebens, versucht zu diesen zu gelangen und verliert sich leicht in Äusserlichkeiten.

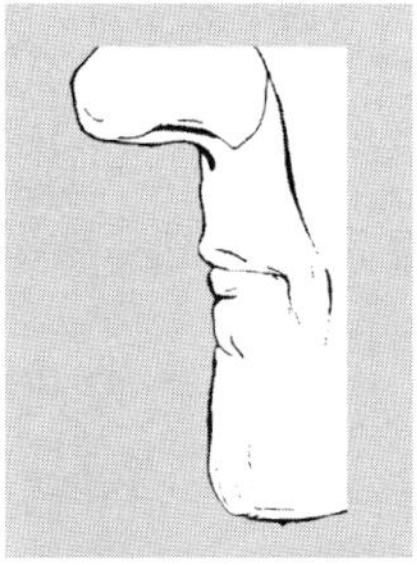

Abb. 433 *Der Melancholiker*

Das lange Kinn geht gerade nach unten. Der Mund ist verschlossen und zeigt negative Gefühle und wenig Genussfreude. Alle seine Gedanken und jede Sicht der Welt, wird mit den negativen Gefühlen verbunden und durchdränkt. Geniessen wird leicht als Sünde betrachtet. Diese Lebenssicht kann dazu führen, dass er immer tiefer in die negative Sicht versinkt und er findet immer mehr negative Beispiele, die seine Sicht bestätigen. Er sucht diese Seite des Lebens bewusst oder unbewusst. Um aus dieser Grundstimmung herauszukommen, müsste der Melancholiker die Sonnenseite des Lebens, die ja auch vorhanden ist, bewusst und mit aller Kraft suchen und festhalten.

Skizzen zum schnellen Feststellen bestimmter Eigenschaften

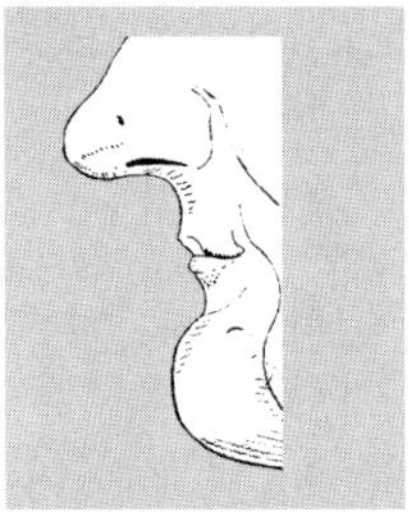

Abb. 434 *Das vorstehende Kinn*

Ein reger Impuls. Der Mund und die übrigen Formen und Gewebe sind fein und zeigen uns feine Nerven und grosse Sensibilität. Der Impuls richtet sich auf feine Dinge, auf das Geistige, auf Musik, Kunst, feine Sinnlichkeit.

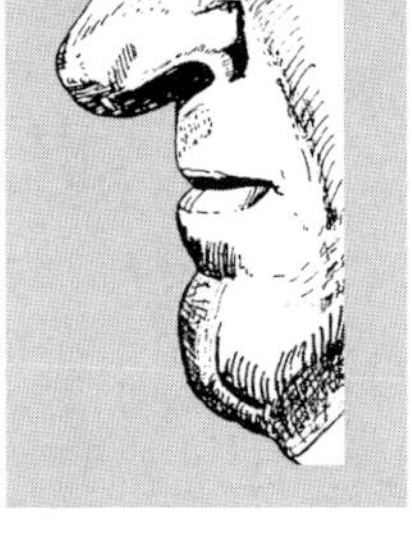

Abb. 435 *Das harte und feste Kinn*

Dies deutet auf starke Muskelkraft und Ausdauer für harte körperliche Arbeit hin. Dieser Mann hat starke motorische Nerven und erträgt viel. Er ist unfreundlich und wortkarg, denn der Muskel der Unterlippe ist vorgeschoben und hat derbe Form. Es ist eine grobe Kraft, die hier vorherrscht. Entsprechend derb ist seine Sprache, die geistigen Einsichten sind undifferenziert und die starke Geschlechtskraft wird ohne Feinheit umgesetzt. Er ist konservativ. In der Ehe passt er nicht zu empfindungsstarken Naturen.

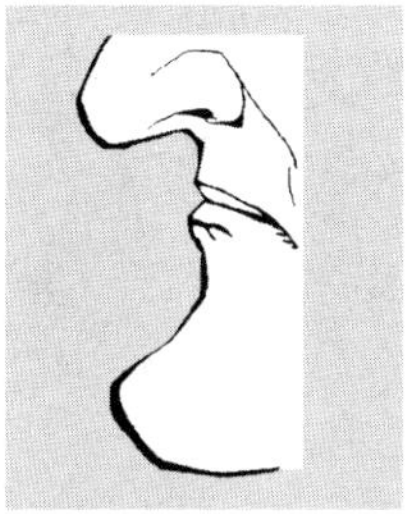

Abb. 436 *Das Kinn und der Mund des Mephistotypen*

Dieses Kinn ist übergross, hart, lang und weit vorgeschoben. Der Mund ist gepresst, die Ecken ziehen nach unten. Dies zeigt das negative, kalte Gefühl, bei übereilter, rücksichtloser Handlung. Man findet dieses Untergesicht bei Menschen, die rücksichtslos zerstören und vernichten, was sich nicht beugt, materiell und geistig. Das Liebesleben ist hart und kalt.

Gegensätze

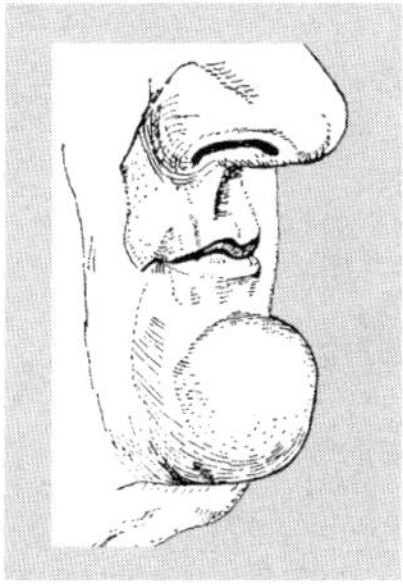

Abb. 437 *Das gerundete, zu stark vortretende Kinn*

Diese Form lässt auf starke Impulse der magnetischen Energie schliessen. Solche Personen gehen aktiv vor und reagieren sehr impulsiv, sie schiessen mit ihrer heftigen Reaktion leicht übers Ziel hinaus und sind ungeduldig. Werden sie angegriffen, reagieren sie gereizter als nötig wäre, beginnen sich zu verteidigen, weil sie sich in erster Linie als Person angegriffen fühlen, und verlieren dadurch leicht den Blick für die Sache, die Sachlichkeit.

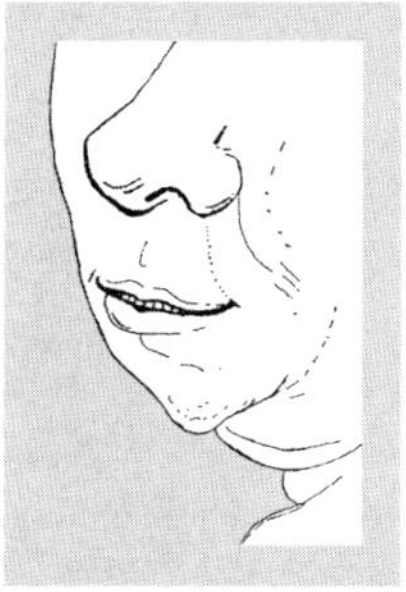

Abb. 438 *Das kleine, schwache und spannungslose Kinn*

Alle sichtbaren Formen zeigen wenig Qualität, sie sind spannungslos. Hier herrscht das Gegenteil von Tatkraft. Solche Naturen sind nicht von innen her aktiv. Die magnetische Energie ist schwach. Wenn eine Reaktion nötig wäre, reagieren sie nicht tatkräftig, sondern nervös. Sie können sich nicht durchsetzen und sind, weil ohne Eigenenergie, anlehnungsbedürftig. Es mangelt an körperlicher Kraft. Daraus entsteht Arbeitsunlust und Arbeitscheue. Solche Menschen könnten als «willenskrank» bezeichnet werden. Hier müsste der Wille zuerst gesunden. Dies könnte mit bewusster Betätigung des Körpers langsam geschehen. Dadurch würde die innere Energie aufgebaut. Wenn dann diese Energie aufgebaut ist, geht damit auch die Freude an einer aktiven Tätigkeit einher. Ohne diese Energie ist dauerndes selbständiges Arbeiten ohne äusseren Zwang nicht möglich.

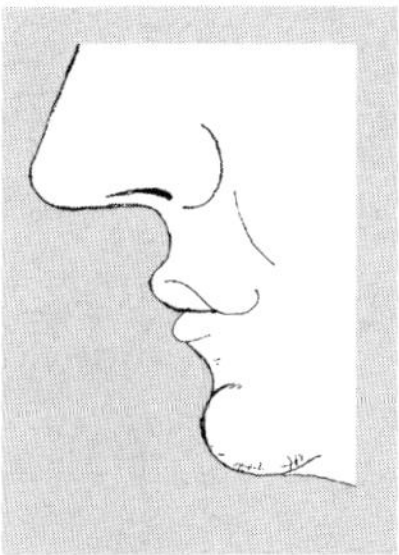

Abb. 439 *Das kleine, aber feine Qualität zeigende Kinn*

Auch der Mund und der Oberkiefer sind sehr fein geformt. Dies deutet auf differenziertes Empfinden und grosse Sensibilität hin. Sein Träger setzt sich in einem harten Lebenskampf nicht durch. Ist Kampf nötig, zieht er sich zurück. Er liebt Verbindlichkeit, Konzilianz und Liebenswürdigkeit. Ist das gewährleistet, ist seine Arbeitsleistung gross. Die Sprache ist fein und präzise. Das Liebesleben ist zart, warm und tief.

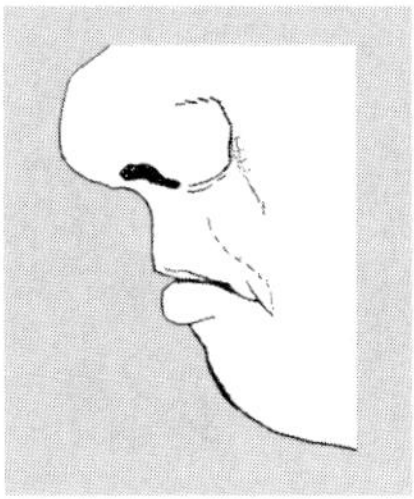

Abb. 440 *Das abfallende und plumpe Kinn*

Alle Formen sind unelegant, plump. Solche Menschen haben wohl sehr viel Geduld, aber schwache Körperimpulse und wenig Konzentrationsenergie. Das führt zu ungeschlachter und wenig präziser Sprache, auch zu Unaufmerksamkeit.

Spezielle Formen

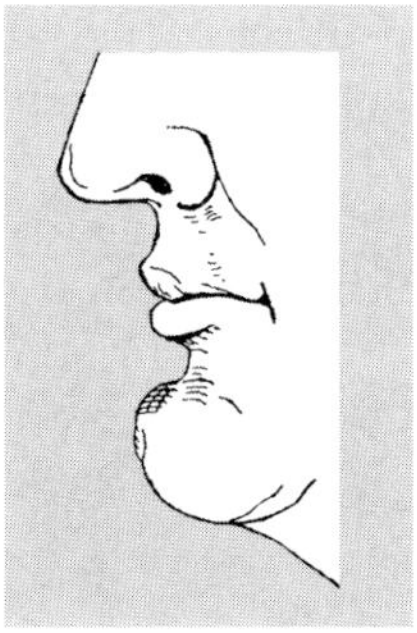

Abb. 441 *Das Kinn der Eigenliebe und Verletzlichkeit*

Bei diesem Kinn erkennen wir oben eine Erhöhung. Auf dem Kanon, Abb. 400, ist Eigenliebe eingezeichnet. Das deutet auf Körperstolz und gereizte Reaktionen auf Äusserungen anderer. Diese Form sehen wir häufig bei Mannequin, Dressman und beim Bodybuildingsport. Solche Menschen haben Freude an der Präsentation von sich selber. Sie reagieren auf Äusserungen anderer zu persönlich und gereizter als nötig. Ihre Reaktionen werden dadurch sehr emotionell und unsachlich.

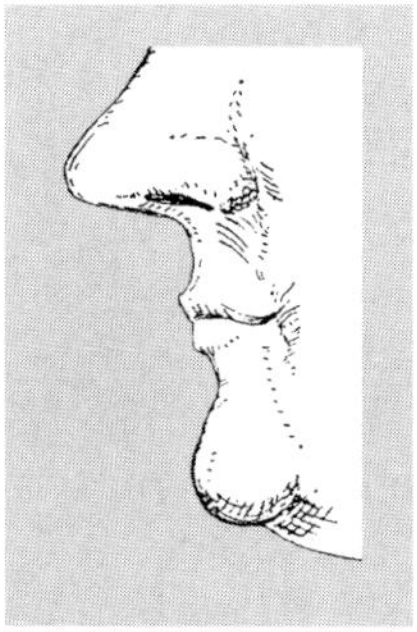

Abb. 442 *Das Kinn der Würde*

Das Kinn geht nach unten und verlängert die Festigkeitsachse. Solche Menschen achten sehr auf das Benehmen der eigenen Person, und vergeben sich nicht. Es ist der Stolz des Geistes. *Huter* hat diese Form als das «Geheimratskinn» bezeichnet. Diese würdevolle Art ist bei allen Naturellen möglich und an der Kinnform zu erkennen.

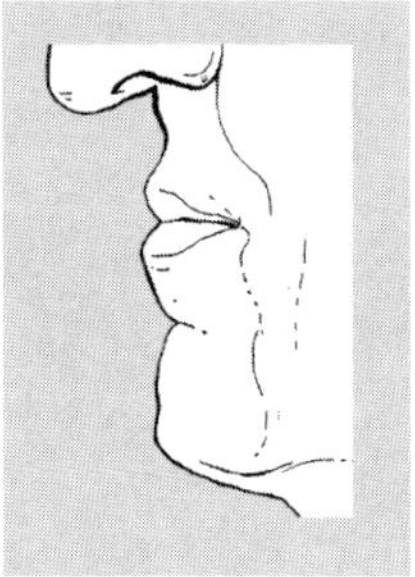

Abb. 443 *Das schwere Kinn*

Das lange Kinn ist vorgeschoben und macht einen schweren Eindruck. Die Unterlippenbildung ist grob, die Unterlippe steht über die Oberlippe vor. Solche Personen sind verschlossen, unzugänglich, geben keine Geheimnisse preis. Von ihnen erfährt man nichts. Leiden anderer lassen sie gleichgültig, sie bleiben davon unberührt. Von sich sind sie sehr eingenommen. Sie kommen niemandem entgegen, sind unkonziliant und hartnäckig; sie können mit grosser Kraft und Ruhe und in einer groben Sprache, ihren Standpunkt verteidigen. Starke Geschlechtskraft ist ihnen eigen.

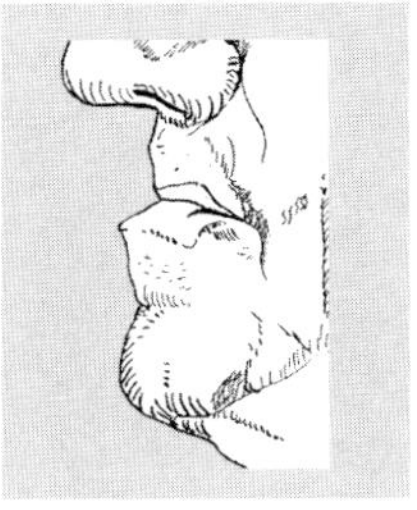

Abb. 444 *Das grosse und hartförmige Kinn*
Diese schwere Form kennzeichnet harte Tatenergie. Solche Menschen können mit Ruhe brutal sein. Sie sind verschlossen und hart durchführend. Diese Form könnte als Symbol für die Darstellung der Kriegsmaschinerie dienen.

Mund und Oberkiefer

Ausdruck der Gefühlsschicht

Der Mund ein vielfältiges Instrument in unserem Leben
Gefühle sind der Pfeffer und das Salz unserer Gedanken

Am Mund erkennen wir wesentliche Inhalte der Gefühlsschicht eines Menschen. Es zeigen sich hier die verschiedensten Gefühlsimpulse, die unser Leben begleiten und auch wesentlich bestimmen. Jeder unserer Gedanken wird von diesem Gefühl begleitet und von unseren Gefühlen gewürzt.

Am Mund erkennen wir die einen bestimmten Gedanken begleitenden Gefühle

Unsere Gefühlsschicht lässt sich beeinflussen. Es ist nicht gleichgültig, was für Gefühle wir aufbauen. Dazu brauchen wir einen Massstab, der uns erkennen lässt wie der momentane Stand unserer Gefühlsschicht ist. Unser Mund ist ein Massstab. Wir sehen an ihm:

- Die Art der Impulse zur Erfüllung der vitalen Lebenserhaltung durch Essen und Trinken.
- Die Art der Umsetzung der aufgenommenen Nahrung.
- Die Art der Impulse zur Erfüllung und Umsetzung sinnlicher Kräfte.
- Die Art der seelischen Empfindungen und Gefühle.
- Die Art der Gefühlsimpulse, die unser Denken begleiten.
- Die Art der Gefühlsimpulse, die unsere Sprache begleiten.

Der Mund ist Aufnahmeorgan aller festen und flüssigen Nahrung und damit ein wichtiger, offen zutagetretender Teil des Ernährungssystems. Mit Lippen, Zähnen und Kiefern ist der Mund Zerkleinerungs- und Vorverdauungswerkzeug im Dienste der stofflichen Lebenserhaltung. Beim Saugen und Küssen ist der Mund Aufnahme- und Austauschorgan feinstofflicher Lebenskräfte, insbesondere odischer (Seelenfluid) und heliodischer (Geistesfluid) Natur. Als Laut- und Sprachorgan schliesslich nimmt der Mund auch aktiv Anteil am seelischen und geistigen Geschehen.

Der humoristische Dichter und Zeichner *Wilhelm Busch* beschreibt die physiologischen Funktionen des Mundes folgendermassen:

Es wird behauptet und mit Grund,
Ein nützlich Werkzeug sei der Mund!
Zum Ersten lässt das Ding sich dehnen
Wie Guttapercha, um zu gähnen.
Zum Zweiten, wenn es grad vonnöten,
Kann man ihn spitzen, um zu flöten,
Zum Dritten lässt der Mund sich brauchen,
Wenn irgend passend, um zu rauchen.
Zum Vierten ist es kein Verbrechen
Den Mund zu öffnen, um zu sprechen,
Zum Fünften, wie wir alle wissen,
So eignet sich der Mund zum Küssen.
Zum Schluss jedoch, nicht zu vergessen,
Hauptsächlich dient der Mund zum Essen!

Im Volksmund heisst es: «Hunger und Liebe erhalten das Weltgetriebe» und «Die Liebe geht durch den Magen».

Dieser enge Zusammenhang besteht tatsächlich. Die Befriedigung des elementaren Nahrungstriebes löst Freude, Dankbarkeit und den Drang nach Liebesbetätigung aus. Aus dem lebensnotwendigen Drang nach Erhaltung des stofflichen Ichs entsteht die Freundschaftsliebe, aus der sich mit der geschlechtlichen Reife die Gattenliebe entfaltet. Die Hingabe für Familie, Beruf und Gesellschaft verfeinert die oft rohe und brutale Selbsterhaltung immer mehr, so dass nach und nach auch das Liebesleben vergeistigt wird. Jede der Liebeshandlungen ist mit mehr oder weniger Empfinden durchsetzt. Der gefühllose Mensch hat wenig von diesem Empfindungsvermögen, seine Handlung ist entsprechend kühl.

Huter sagt zu seiner Darstellung der biologischen und physiologischen Anatomie über den Mund: «Wer physisch Schönes von aussen aufgesogen hat und innerlich besitzt, hat auch einen schönen Mund. Der Mund lässt uns den physischen Adel erkennen, das Blut, die gesunde Lymphe, den gesunden Magen und Darm und den gesunden Appetit. Da alles Leben an Stoffwechsel gebunden ist, so ist die Fülle, Schönheit und Kraft des Mundes Gradmesser des gesunden Stoffwechsels. Ist dieser krank und verändert, so gibt sich das am Munde zu erkennen. Alles, was der Mund ausdrückt, zu enträtseln, ist die Kunst des physiologischen Physiognomisten.» (Hauptwerk, 4. Auflage, Carl-Huter-Verlag S. 412-413)

Am Mund und in den weichen, umliegenden Gewebspartien wirken vorwiegend die Energien der Helioda, des Odes und der Medioma. Dieser Gesichtsteil entsteht unter Einwirkung des sympathischen Nervensystems, des Mittelhirns und des Ernährungsapparates. Das innere Organleben kommt deshalb aus mehrfacher Ursache am Mund zum Ausdruck. Durch Einwirkung des Kleinhirns, durch die Mittelhirnstrahlung und durch die Tätigkeit als Teil des Ernährungssystems. Es zeigt sich hier die Art der sich daraus ergebenden Impulse die aus der Gefühlsschicht aufsteigt.

Feine Formen zeigen entsprechende feine differenzierte Gefühle, grobe Formen entsprechend grobe.

Beispiel: «Ist das untere Hinterhaupt und der Nacken sanft geschwungen, die hier liegenden Triebe in mässig starker Weise entwickelt und die Lippen fein, dann ist das Feingefühl tief und das Liebesleben entsprechend differenziert, fein und vergeistigt. Bei gleichem Hinterhaupt und groben Mundformen ist das Feingefühl weniger oder kaum vorhanden und das Liebesleben entsprechend triebhafter.»

Wenn die Geschlechtsorgane gespannt und lebensfrisch sind, hebt sich die Mundmuskulatur in entsprechender Spannung. Der Mund und die umliegenden weichen Gewebsteile wirken dann belebt.

Versiegt die Geschlechtsfunktion, z. B. bei alten Leuten, oder wird diese z.B. aus ideellen Überlegungen zurückgedrängt, dann schrumpfen die zarten Gewebe um den Mund, der die Gewebe belebende Impuls hat sich zurückgezogen, das Gewebe wird faltig und ausdruckslos, was das Versiegen der Kraft oder deren Zurückdrängen anzeigt.

Im Mund liegen unter der Zunge die Mundspeicheldrüsen, die bei der Nahrungsaufnahme die zur Vorbereitung der Verdauung notwendigen Säfte absondern. Gleichlaufend werden Leber, Galle und Milz angeregt und die für die weitere Verdauung notwendigen Säfte produziert. Wo diese Organe am Mund zum Ausdruck kommen, zeigt der Ausschnitt aus dem physiognomischen Kanon, Abb. 400.

Die Milz bezeichnete *Huter* als Kraftspeicher der Lebenskraft. (Hauptwerk, 4. Auflage, Carl-Huter-Verlag S. 426)

Wer viel lacht, hat eine gesunde lebenskräftige Milz und infolgedessen gut funktionierende innere Organe. Beim Lachen und durch heitere Gemütsart heben sich die Mundwinkel und die Mundmuskeln kräftigen sich. Der Menschenfeind mit lieblosen, negativen Gedanken, der nicht lacht, verliert nicht nur in typischer Weise die Spannung an den Mundwinkeln, diese senken sich, sondern erkrankt auch leicht an Leber, Galle, Milz. Erkrankt z. B. die Galle, werden zu viele bittere Stoffe erzeugt oder nehmen diese nicht mehr den natürlichen Weg in die Verdauungskanäle, sondern treten ins Blut über, so gesellt sich zu dem bitteren Geschmack auch die bittere Gemütsstimmung, welche sich am bitteren Mundzug zum Ausdruck bringt. Bittere Gedanken beeinflussen andererseits die Funktion der Galle. Die Abhängigkeit von Leib, Seele und Geist ihre Vernetztheit und wie die inneren Abläufe sind, war *Huter* vollständig klar. Er zeigte die psychische Korrespondenz mit der Funktion der Organe, die Beeinflussung der Gefühle und die vom Geschmack modifizierten Gemütsstimmungen mit der Psycho-Physiognomik. Solche Stimmungen spiegeln sich am Mund.

Abb. 445 Der süsse Mundzug,
Abb. 446 Der sarkastische Mundzug,
Abb. 447 Der bittere Mundzug,
Abb. 448 Der prüfende Mundzug, sind mimische Beispiele*.

**Bilder aus: Physiognomik und Mimik 3. Auflage, Amandus und Siegfried Kupfer, Carl Huter-Verlag, Münchenstein, S. 36, 44, 48, 61.*

Abb. 445 Der süsse Mundzug

Abb. 446 Der sarkastische Mundzug

Abb. 447 Der bittere Mundzug

Abb. 448 Der prüfende Mundzug

In der oberen Mundpartie spiegeln sich vorzugsweise moralische, seelische und geistige Schichten und in der unteren mehr die physischen. Ist die Oberlippe gegenüber der Unterlippe vorstehend, dann werden die physischen Impulse von den geistigen geführt. Tritt die untere Mundpartie hervor und die obere zurück, dann herrschen eher physische und triebhafte Impulse. Es ist auch Ausdruck des

Kampfes und der Selbstüberschätzung. Eine mimische Entwicklung, bei welcher sich die Unterlippe allmählich vorschiebt, sehen wir häufig bei Menschen die sich im Lebenskampf behaupten mussten und wollten. Die Unterlippe schiebt sich dann im Laufe des Lebens vor, der Mund wird gepresst.

Der grosse und der kleine Mund

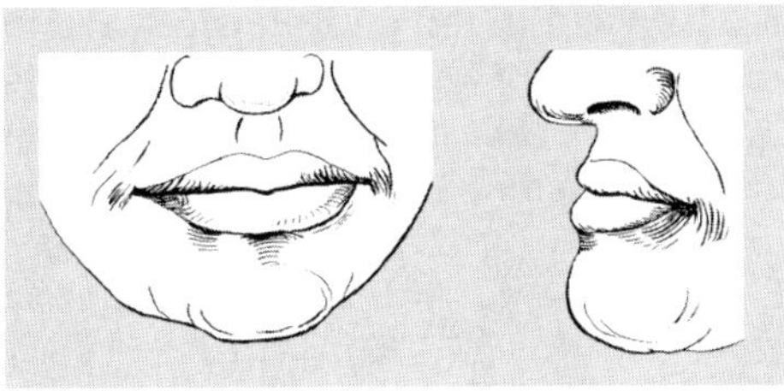

Abb. 449 *Der grosse, weite und plumpe Mund*

Der im Verhältnis zum ganzen Gesicht grosse, weite und eher plumpe Mund zeigt starke sinnliche Kraft, starke Zuneigung zum andern Geschlecht, grosses Nahrungsbedürfnis, starke Genussliebe und viel Wunschdenken. Fördert der Mensch diese Veranlagung durch entsprechendes Leben, so wird er aus dem Wunschdenken heraus leicht rechthaberisch, prahlerisch, wichtigtuend, aber weniger elegant in sprachlichen Formulierungen. Bei geistiger Unreife (Stirnbildung, Augenausdruck), schwacher Selbstbeherrschung (Nasenform) und wulstigen Lippen, wird er leicht Sklave seiner Sinnlichkeit, der im Erlangen materieller und sinnlicher Genüsse kaum zu sättigen ist. Alles wird, bei unbeherrschtem Ausleben der Anlagen, versinnlicht. Aus Mangel an Selbstbeherrschung besteht die Möglichkeit ausplaudernd und verschwenderisch zu werden. Der Leichtsinn könnte bei geistiger Unreife zu Betrug und Diebstahl führen. Personen mit dieser Anlage können durch Anbieten materieller und sinnlicher Genüsse beeinflusst werden. Sie lassen solcher Vorteile wegen gesundheitliche oder finanzielle und andere Bedenken, auch ethische, ausser acht. Für Vertrauensstellungen sind Personen mit diesen Anlagen nur mit grosser Vorsicht und nach Abklärung des Lebenswandels einzusetzen.

Gegen Fehler und Schwächen des anderen Geschlechts sind sie zu weich und zu nachgiebig. Wenn die Genusssucht genügend Befriedigung findet, kann er weich, liebenswürdig und nachgiebig sein. Stellen sich aber im Suchen nach Befriedigung Hindernisse in den Weg, dann kann er rücksichtslos und selbst grausam werden.

Wenn ihm Macht zukommt, dann wird er zum Tyrannen und Unterdrücker, bei rücksichtsloser Nutzung der Ressourcen für eigene Zwecke. Als Beispiele aus dem Leben zeigen sich heute einige afrikanische Despoten.

Den grossen und plumpen Mund zeigt auch Abb. 452, allerdings mit einem besonders gemeinem Gesamterscheinungsbild verbunden. Man darf bei diesen Menschen alle negativen Vorzeichen, die zu Abb. 449 erwähnt sind, verstärkt voraussetzen und kann sicher sein, dass die Wirklichkeit die negativen Erwartungen noch übertrifft.

Bei geistiger Reife und guter Selbstbeherrschung zeigt der volle feinere Mund viele Gefühle, aus welchen eine starke Kreativität, Liebe zum feinen Genuss, offene Zuneigung zum Gegengeschlecht hervorgeht. Solche Menschen sind freundlich, kontaktfreudig, und offenherzig.

Abb. 450 *Die vollen Lippen mit differenzierten Formen*

Ein Bild von Franz *Schubert.*

Auch hier erkennen wir volle, aber sehr schön geschwungene Lippen. Volle Lippen zeigen immer auch viele Gefühle. Dies um so mehr je formenreicher die Lippen geprägt sind. Wenn die übrigen Gesichtsstrukturen, wie bei *Franz Schubert*, ein hohes Niveau zeigen, entsteht aus den Gefühlen eine grosse Kreativität. Ein riesengrosser Unterschied zu Abb. 449. Bei *Schubert* zeigen Mund und Kinnform eine tiefe Sensibilität und grosse Verletzlichkeit. Die grosse Kreativität erkennen wir auch an dem vom Künstler hervorragend herausgearbeiteten Formkraft des Gesichtes, der Augen, der Haare. Es ist eine Stufe höherer Geistigkeit, wie *Siegfried Kupfer* das aufgrund der Schubertbüste von *Gustinus Ambrosi* bezeichnete.

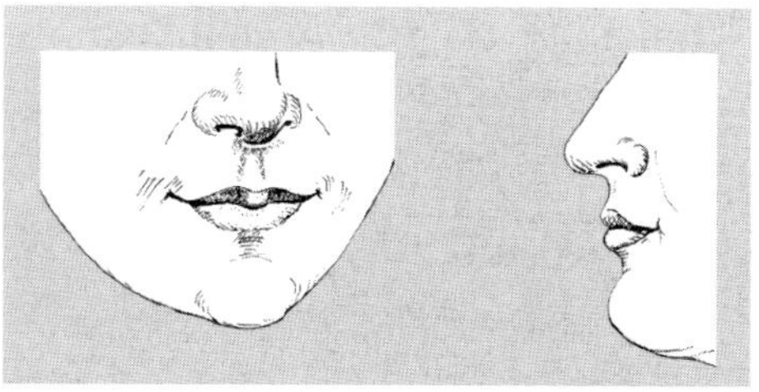

Abb. 451 *Der kleine und schön geformte Mund*

Er zeigt feine sinnliche Impulse, sanfte Gemütsart und geringe Genussliebe. Solchem Menschen fällt es leicht, Selbstbeherrschung zu üben. Er freut sich an feinen ausgewählten Genüssen. Beim Geniessen ist die Umgebung wichtig. Sie muss schön und geschmackvoll sein. Durch materielle und sinnliche Genüsse ist er kaum zu bestechen, wird nicht ausschweifend und unüberlegtes Handeln im Sinnesrausch ist fast ausgeschlossen. Es fällt ihm nicht ein, sich wegen vorübergehender Genüsse zu erniedrigen. Er zeigt grosse Empfänglichkeit für zarte und liebreiche Behandlung und feines Liebesgewissen. In einer Partner-Beziehung ist die seelisch-geistige Harmonie wichtiger und bringt mehr Erfüllung als die sinnlich körperliche. Aus einer solchen Harmonie heraus kann er dann – auch ohne äusseren Zwang – treu bleiben.

Abb. 452 *Der grosse, volle und plumpe Mund*

Der Mund ist im Verhältnis zu dem schmalen Gesicht viel zu gross und plump und hat einen fordernden Ausdruck (Die Entwicklung von Stirn und Nase (Denkschicht) ist demgegenüber, hier nicht sichtbar, zurückgeblieben). Die Liebe zur körperlichen Arbeit ist, wie das matte Kinn (Durchführungsschicht) zeigt, schwach; von geregelter Arbeit hält er nicht viel. Aber Begehrlichkeit und Genussliebe sind im Verhältnis übermässig stark. Diese sucht er unter allen Um-

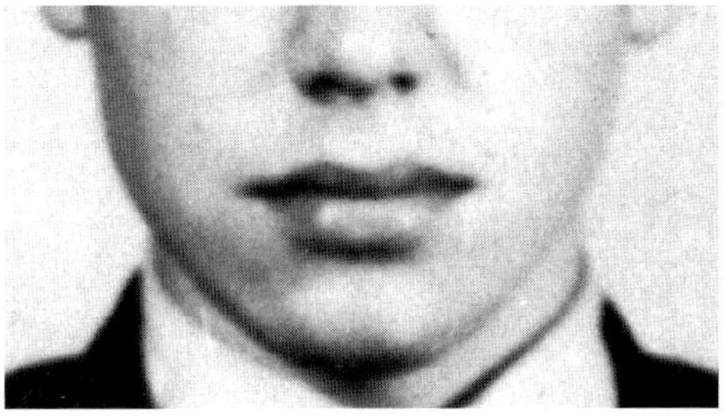

Abb. 452 Der grosse, volle und plumpe Mund

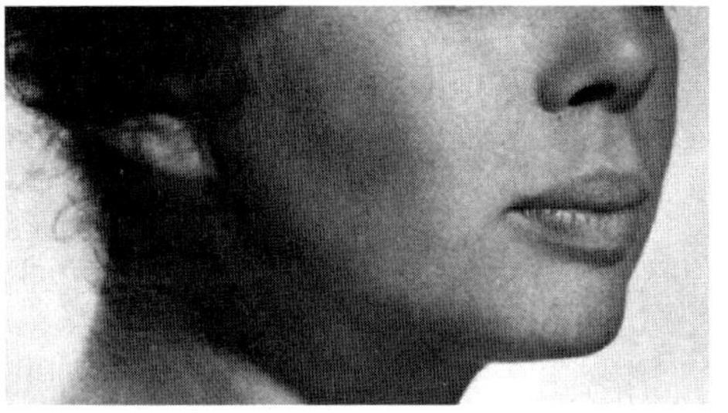

Abb. 453 Der grosse Mund mit dicken, dadurch plump wirkenden Lippen

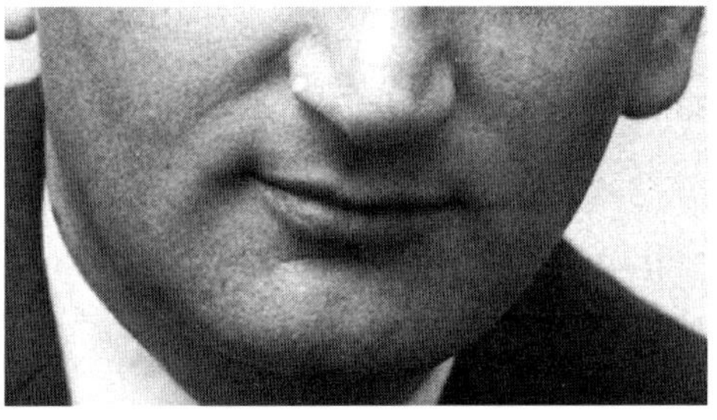

Abb. 454 Der kleine und schön geformte Mund

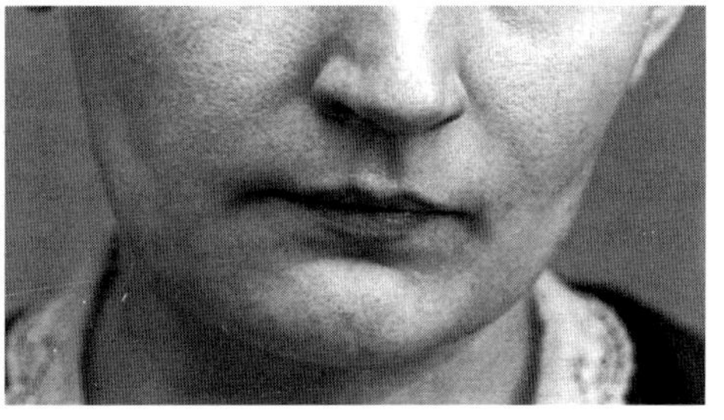

Abb. 455 Der kleine und fein geformte Mund

ständen zu befriedigen, wird dadurch unzuverlässig, unehrlich und lässt sich leicht durch Versprechungen beeinflussen. Er wurde Mitglied einer Falschmünzerbande.

Abb. 453 *Der grosse Mund mit dicken, dadurch plump wirkenden Lippen*
Es ist Genussfreude und starke Sinnlichkeit, die sich darin spiegeln. Der Mund hat einen feineren Zug als bei Abb. 452. Die entsprechenden Lebensäusserungen sind daher nicht so ungeschickt, aber immer noch stark ausgeprägt, was die Lebenseinstellung dieser Form und die Forderung an ihre Umgebung entsprechend beeinflusst.

Abb. 454 *Der kleine und schön geformte Mund bei einem Mann*
Der materielle und sinnliche Genuss steht zurück und kann leicht beherrscht werden. Das Genussleben ist verfeinert. Es ist kein Asket, aber ein Freund verfeinerter Lebens- und Liebesart.

Abb. 455 *Der kleine und fein geformte Mund einer Frau*
Das Genussleben ist sehr verfeinert, es fällt leicht, sich zu beherrschen. Die schön geschwungenen feinen Lippen zeigen die grosse Empfänglichkeit für zarte und liebreiche Behandlung, das feingeistige Wesen und die Freude an verfeinerter Lebensart und Kultur. Es können differenzierteste Gefühlsregungen erwartet werde.

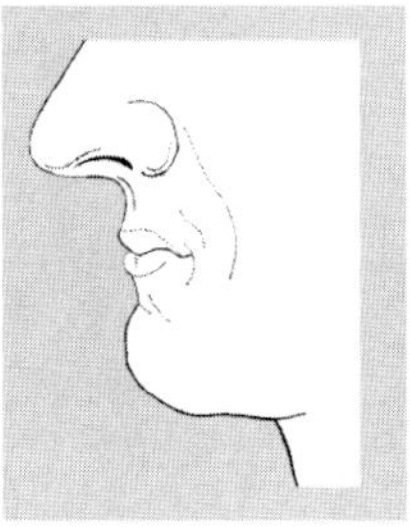

Abb. 456 *Zuvorkommende sinnliche Lebensart*

Die Oberlippe ist stärker als die Unterlippe bei insgesamt kräftigen, aber harmonischen Formen. Der Mund zeigt eine vornehme Lebensart, ein starkes, aber warmes, tiefes sinnliches Fühlen und entsprechende Ansprüche im Sexualleben. Bei solcher Form finden wir im Leben feine Gewebestrukturen an Mund und Lippen und am schön geformten Unterkiefer. Man erkennt daran, dass alle Kräfte, die Geisteskraft Helioda und das mit dieser sympathisierende Od, aber vorherrschend tätig sind. Durch sie werden die feinplastischen Formen hervorgerufen. Männer mit dieser Bildung von Mund und Kinn sind im Umgang mit dem weiblichen Geschlecht und in der Liebe partnerschaftlich. Sie behandeln die Frau stets mit Einfühlsamkeit und Achtung und ehren sie als Gattin oder Mutter. Frauen mit einer solchen Mundstruktur wissen das sehr zu schätzen.

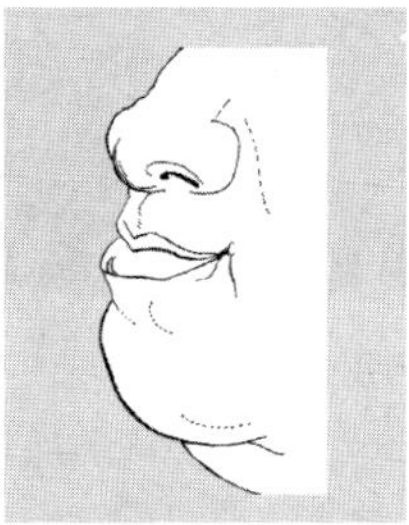

Abb. 457 *Grobe sinnliche Triebe*

Die Unterlippe ist stärker als die Oberlippe bei insgesamt kräftigen, aber mehr plumpen Formen. Das Sexualleben ist grobsinnlich und unästhetisch. Es besteht Neigung zum Protzen, Essen und Trinken in grossen Portionen. Die Verdauungskraft ist enorm. An Mund und Kinn herrschen die grobfleischigen Gewebe vor, die durch mediomische Formenergien gebildet werden. Die Aussage der schmalen Oberlippe wird bei weitem übertönt duch die Form der schweren Unterlippe.

Abb. 456 und 457 können uns darüber orientieren, wie unterschiedlich am Mund «Begehren und Erleben» zum Ausdruck kommen. Dazwischen liegen unendlich viele Varianten, die wir schlussfolgernd erarbeiten können.

Abb. 458 *Feine sinnliche Kraft und Sinn für vornehme Lebensart und Kultur am Mund eines Mannes*

Alles, was zu Abb. 174 erwähnt wurde, trifft hier zu. Besonders fällt an diesem Munde der Ausdruck des feinen Geschmacks auf, der sich im übertragenen Sinne auf Lebensart und künstlerische Empfindungen überträgt und die warme, natürlich-feine Denk- und Gefühlsschicht erkennen lässt.

Abb. 459 *Feine sinnliche Kraft und Sinn für vornehme Lebensart und Kultur finden wir auch an diesem Untergesicht einer jungen Frau*

Der Mund zeigt – bei weich geschwungenen Lippen und feinen Geweben um den Mund – das warme und tiefe Liebesempfinden, die gute Lebensart und den freundlichen, lebensbejahenden Sinn.

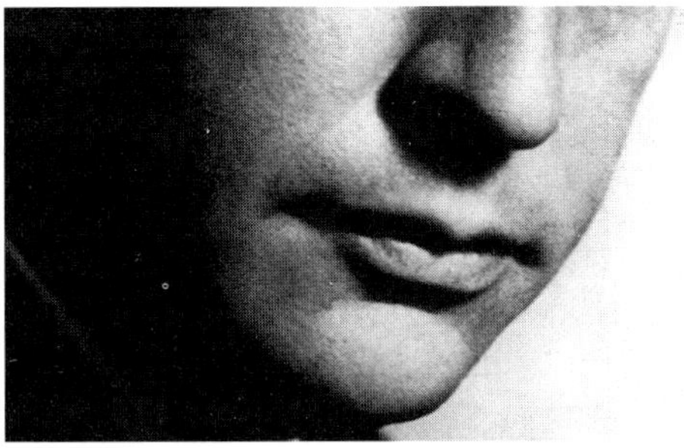

Abb. 458 Feine sinnliche Kraft und Sinn für vornehme Lebensart und Kultur

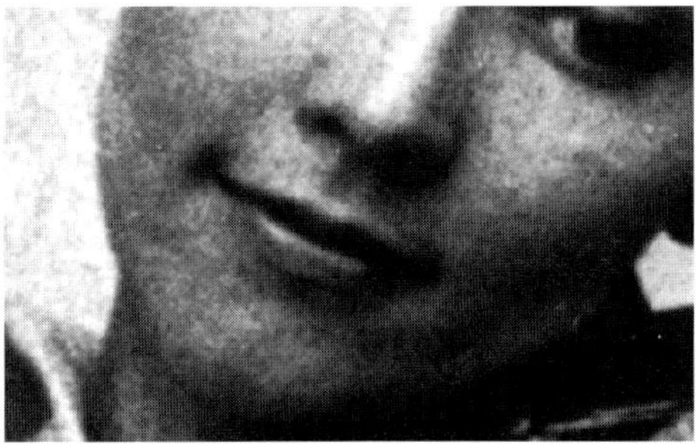

Abb. 459 Der kleine und fein geformte Mund

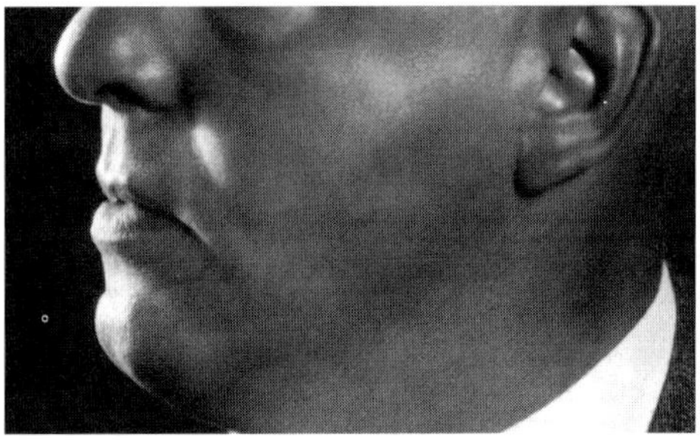

Abb. 460 Grobe sinnliche Triebe und Kraft

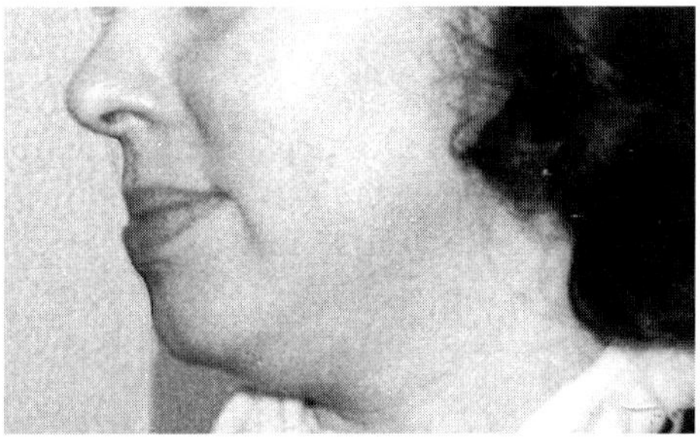

Abb. 461 Die stark vortretende Unterlippe

Abb. 460 *Grobe sinnliche Triebe und Kraft*
Schwer tritt die Unterlippe bei insgesamt sehr kräftigen Formen hervor. Hier lässt sich sehr gut der grobfleischige mediomische Gewebscharakter erkennen, welcher die an Abb. 457 erklärten Charakter- und Triebanlagen bedingt.

Abb. 461 *Die stark vortretende Unterlippe*
Plumpe Formen auch bei dieser Mundbildung. Das Begehren, das Erleben und alle Lebensäusserungen sind mehr grobsinnlich und unästhetisch. Bei solchen Mundformen wird auch die Sprache oftmals nicht sehr gewählt. Sie kann sich in Anzüglichkeiten und Zweideutigkeiten ergehen, ist einfach und für feinfühlende Menschen auch verletzend.

Es ist ein gewaltiger Unterschied zum Formausdruck bei Abb. 455, dort zeigt der Mund die feine und bewusst kultivierte Sprache der Sprachpädagogin. Die «Dame» von Abb. 461 kam mit dem Gericht in Konflikt, weil sie als unzüchtig aufzufassende Lieder zum besten gab.

So wirken innere Energieschichten auf das Leben, sie leiten Geist und Seele, und gestalten entsprechende Formen!

Die hartförmige, eingezogene Oberlippe

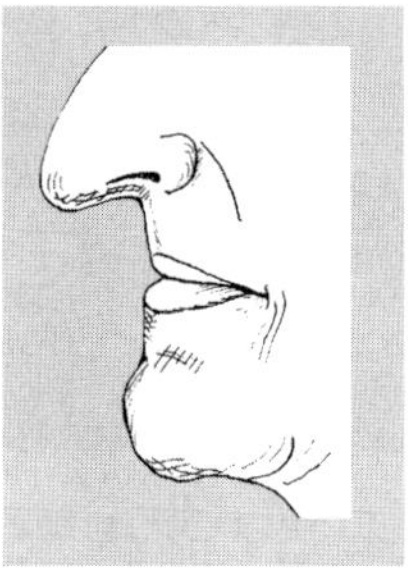

Abb. 462 *Die hart gespannte, zurückgezogene Oberlippe, bei vorstehender kraftvoller Unterlippe*

Der Gewebeausdruck ist hart und kalt. Die mediomische Energie ist mit der magnetischen vermischt. Das Wohlwollen kann zurückgestellt werden. Der Denk- und Gemütszustand ist nüchtern. Gibt und wünscht keine Zärtlichkeiten; ist im Liebesleben nicht ritterlich, vielmehr kalt und hart fordernd, manchmal auch zynisch. Das Erscheinungsbild einer egoistischen Natur mit der Neigung zu Härten, zu Geiz und zur Freude am Quälen.

Solche hartgespannte und zurückgezogene Oberlippen sind teilweise erworben. Durch einen rigorosen Willeneinsatz bei der Arbeit, man will oder muss das Ziel, aus innerem Antrieb oder von aussen gezwungen, unter allen Umständen erreichen. Der Mund wir mit der Zeit immer schmaler und zeigt dann eine Verbissenheit die zur Rücksichtslosigkeit ausarten kann, wenn jemand auf der Zielgeraden im Weg steht. Diese erworbene Fühl- und Denkart erstreckt sich dann auf alle Lebensumstände und wirkt bei feinfühlenden Menschen verheerend. Können viele solche Entwicklungen festgestellt werde, ist das eine Zeichen, dass die Gesellschaft, in der solche Menschen leben, die Lebensfreude hart ausschaltet um ihre realen Ziele unter allen Umständen zu erreichen.

Abb. 463, die Malerin *Angelika Kauffmann*, und **Abb. 464**, die grosse Wiener Ballettänzerin *Fanny Elssler*, zeigen die weiche, schön geschwungene Oberlippe, die sanft über die Unterlippe vorsteht. Das bescheidene und feine Begehren, welches die Oberlippe ausdrückt, beherrscht die zarten Erlebensimpulse, welche die Unterlippe erkennen lässt. Diese Formen sind feinsinnig, kultiviert und liebreich. Sie waren bekannt für ihr wohlwollendes und hilfsbereites Wesen und gastfreundliches Haus. Sie verbreiteten, bei grosser Selbständigkeit und Unabhängigkeit, frauliche Wärme und Anmut um sich, verbunden mit geistreicher und liebevoller Lebenskultur.

Abb. 465 *Die hart gespannte, wie eingezogene Oberlippe bei hervortretender, verhärteter Unterlippe*

Der Mundausdruck ist dadurch kühl, ohne Wärme, welch letztere sonst an den Weichteilen sichtbar ist und so angenehm berührt. Die Verbindlichkeit und Geneigtheit der Gedanken und Gefühle wurden immer wieder ausgeschaltet, das Wohlwollen unterdrückt und dem Ziel unterordnet. Eine solch nüchterne und berechnende Denkweise zeitigt den nun vorhandenen physiognomischen Ausdruck. Unangenehme Härten, überraschender Sinneswandel aus Ehrsucht und Eintreten für Unternehmungen aus persönlichem Egoismus können aus Anlage und Entwicklung resultieren.

Abb. 463 Angelika Kauffmann

Abb. 464 Fanny Elssler

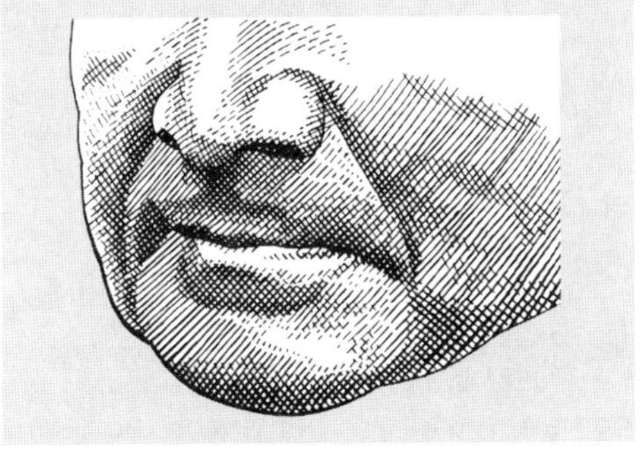

Abb. 465 Verhärtete Gefühle

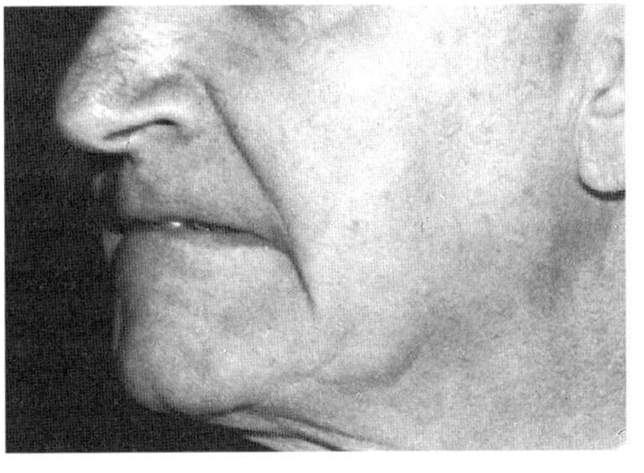

Abb. 466 Beissende Härte

Abb. 466 *Die beissende Härte*
Die Oberlippe ist stark zurückgekniffen, die Unterlippe tritt hart hervor, wodurch ein beissend harter Ausdruck entsteht. Menschliche Gefühle und Lebensäusserungen werden negiert. Die Person handelt gefühllos, schaltet das Wohlwollen aus, zeigt Geiz und Härte, ist ohne Verbindlichkeit und Ritterlichkeit. Er frisst allen Ärger, den er sich und anderen bereitet, in sich hinein (siehe die straff herabgezogenen Mundwinkel) und wird dadurch immer verbissener und härter. Diese Entwicklung führt er dann auf seine Umgebung zurück, die ihn nach seiner Ansicht nicht verstehen will. So ist ein verhängnisvoller Kreislauf und die negative Weiterentwicklung garantiert.

Die kraftvoll betonte Unterlippe

Abb. 467 *Römischer Krieger*

Die kraftvoll betonte, starkfleischige und vorgedrängte Unterlippe zeigt körperliches Kraftbewusstsein. Der Mensch vertraut auf sich und seine Kraft. Das Bild zeigt die antike Büste eines römischen Kriegers. Roms Weltmacht basierte auf seinen Soldaten. Auch Darstellungen des Herkules, eines alten Symbols der Kraft und Stärke, weisen diese kraftvolle Unterlippe auf.

Grosse Tat- und Willensenergie kommt darüber hinaus in dem grossen, festen Kinn und eisenharte Durchführungskraft in den mächtigen Unterkieferbogen zum Ausdruck. Das ist das Untergesicht des ausgezeichneten Soldaten. Wenn es gilt, Schwierigkeiten zu überwinden und Gefahrvolles auszuführen, dann vollbringen es solche Tatnaturen. Widerstand wird gebrochen und Hindernisse mit Ausdauer und Härte überwunden.

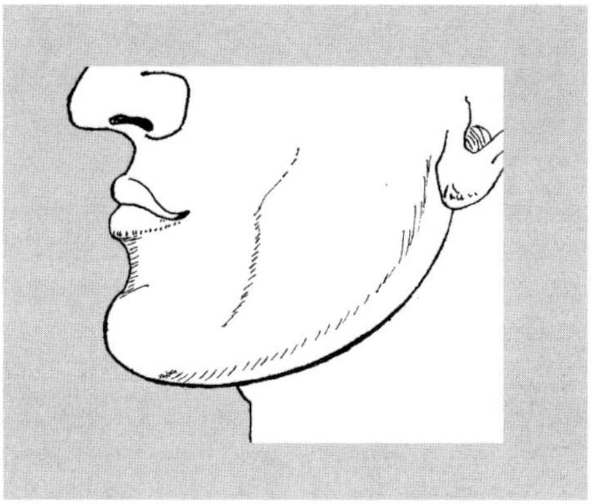

Abb. 468 *Seitenansicht eines kraftvollen Unterkiefers*

Diese Kieferbildung, rund und gespannt, wirkt wie der durch die Sehne gespannte Pfeilbogen. Während des 2. Weltkrieges konnte man diesen Zug voll harter Spannung, die Fähigkeit der unweigerlichen Durchführung, bei Soldaten beobachten, die lange in vorderster Linie standen. Eine kampfstarke Elitetruppe müsste aus Männern mit solchen Unterkieferformen bestehen.

Abb. 469 *Ein Marschall und Heerführer des 2. Weltkrieges*

Er zeigt die grosse und starke, mit Kraft vortretende Unterlippe. Das Vertrauen in die eigene Stärke und der Mut ist ausserordentlich stark. Augen, Nase und Mund zeigen eine Denk- und Gemütsart, bei welcher der Wille mit äusserster Entschlossenheit und unter Ausschaltung des Gefühls die Tat verlangt. Das Erscheinungsbild von Augenausdruck, Nasenwurzel-, Nasen-, Mund- und Untergesichtsform ist wie ein Guss. Es ist dies Ausdruck von Übersicht und bedingungslosem Verwirklichungswillen. Mimisch zeigt dieser starklippige Mund die befehlende Sprache, die keinen Widerspruch duldet. Und doch zeigt der Mund, wie beim römischen Krieger, eine nicht gerade feine, aber immerhin bemerkbare Einbuchtung unter der starken Lippe. Nicht, dass hier edle Lebensart zum Ausdruck käme, aber er kann kameradschaftlich sein – um im nächsten Augenblick das Äusserste und Letzte zu verlangen.

Die Schwellungen an der Unterlippe zeigt pathophysiognomisch eine Belastung.

Die vollen und weichen und die schmalen und harten Lippen

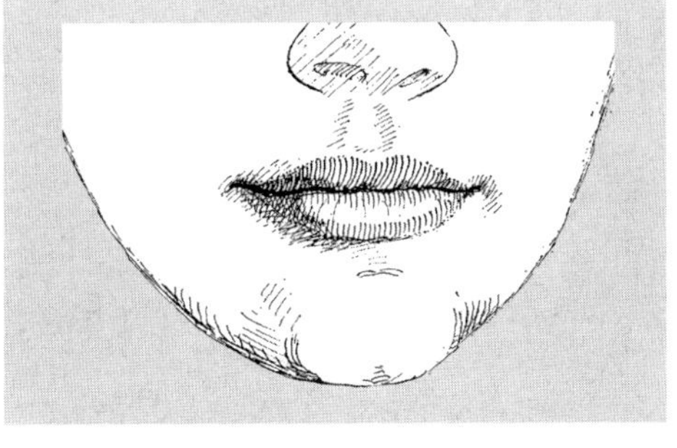

Abb. 470 *Ober- und Unterlippen voll und weich*

Diese Form zeigt eine weiche Gefühlsschicht. Aus den Gefühlen heraus entsteht ein starkes Wunschdenken und Kreativität. Solche Menschen sind für leibliche und sinnliche Genüsse sehr empfänglich. Neben starkem sinnlichem Fühlen besteht auch der Impuls zum aktiven Vorgehen in dieser Richtung. Ein Ehepartner sollte ähnlich veranlagt sein, um eine gute Ergänzung zu ermöglichen.

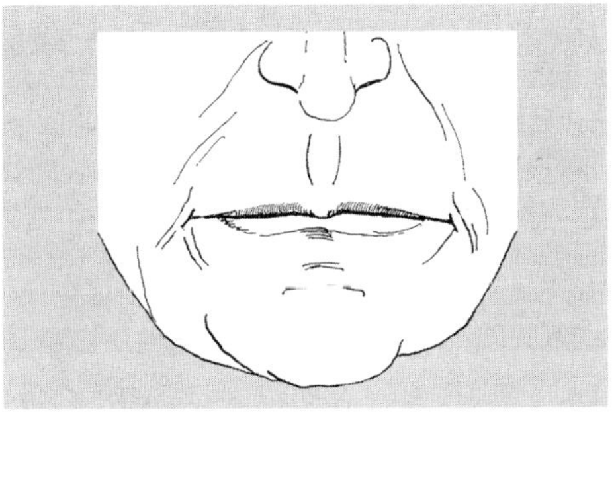

Abb. 471 *Beide Lippen sind schmal, dünn und hart gepresst*

In seinen Gefühlsäusserungen ist eine solche Person sehr zurückhaltend, und es besteht geringes Bedürfnis nach Liebkosung. Die Neigung nach Zärtlichkeit ist schwach. Das Urteil über gefühlvolle und liebreiche Menschen ist oft hart und wegwerfend. Er gönnt sich selbst wenig

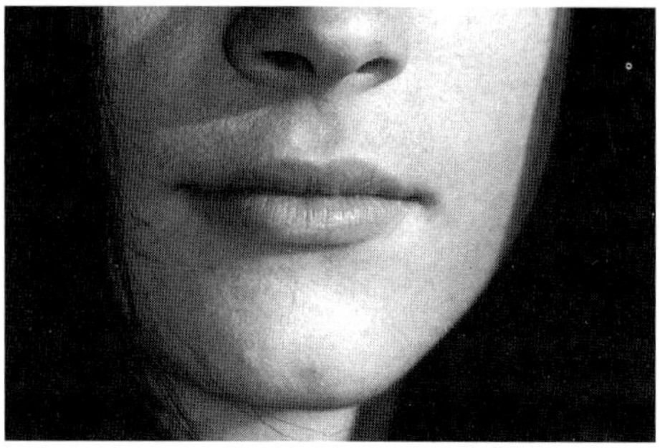

Abb. 472 Kontrollierte weiche Gefühle

Genuss und Freude, ist gegen sich und andere geizig und streng und kann ohne Rücksicht auf Gefühle handeln. Beim Umgang mit solchen Menschen ist zu berücksichtigen, dass sie für weiche Eindrücke nur wenig empfänglich sind. Eine bestimmte, ev. auch härtere Gangart ist notwendig. Er erträgt härteren Umgang, betrachtet diesen als richtig und z.B. männlich und ist für weiche feine Eindrücke wenig empfänglich, lehnt diese häufig als mimosenhaft ab.

Abb. 472 *Beide Lippen stark, voll und weich*
Es besteht aber mehr Bestimmtheit als bei Abb. 470. Die Lippen zeigen neben den starken leiblichen, sinnlichen auch geistige Bedürfnisse.

Ist bei solcher Mundform die Nase (Verwirklichungsschicht) und die Stirn (Bewusstseinsschichten) gut gebildet, dann gesellt sich zu der Sinnlichkeit Charakterstärke und Geisteskraft. Der Mensch hat dann nicht nur die starken leiblichen und sinnlichen, sondern auch starke intellektuelle und geistige Bedürfnisse. Er versteht es meist sehr gut, sich durch Qualitätsarbeit Befriedigung und eine entsprechende wirtschaftliche und gesellschaftliche Stellung zu erarbeiten.

Unsere einfühlenden Beobachtungen führen uns nicht nur zur Menschenkenntnis, sondern auch zu einer praktisch anwendbaren Lebensphilosophie über Menschliches und Allzumenschliches und deren Hintergründe.

Abb. 473 *das Untergesicht eines Mannes, und* **Abb. 474** *das einer Frau*
Die Lippen sind schmal, dünn und hart gepresst.

Gefühlsregungen sind schwach und werden mit einem harten Willen beherrscht. Dadurch entstehen starke innere Spannungen, die unmittelbar und

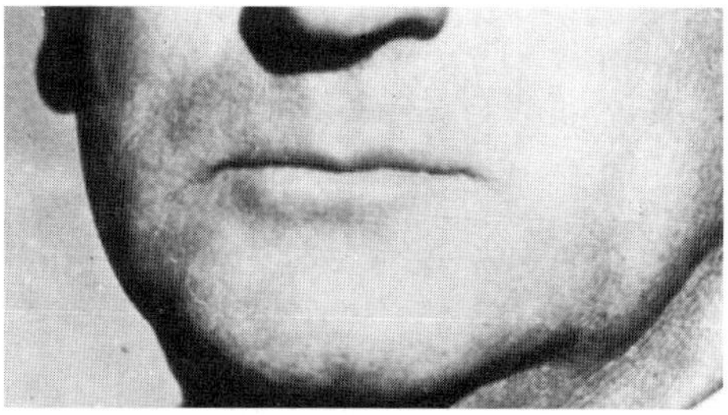

Abb. 473 Verschlossene Gefühle

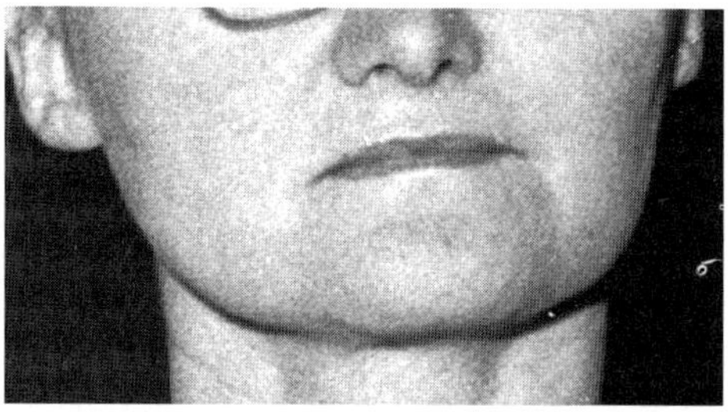

Abb. 474 Kalt, abweisend

machmal unheilvoll ins Tatleben übergehen. Die kalte Art der Gefühlsschicht zeigt sich auch an Kinn, Unterkiefer und der Kälte im Gewebe.

Beim Frauenbild fällt diese harte Spannung des sehr breiten Unterkiefers besonders auf, weil ja bei Frauen die weicheren Gewebe meistens vorherrschen. Das Tatleben ist hier hart, rücksichtslos und unberechenbar. Entsprechend dem sehr schwachen Liebesempfinden möchten solche Menschen ein hartes und liebloses Regiment errichten und stellen empfindungsreiche und liebesstarke Menschen als sündig, verworfen oder minderwertig hin. Es sind Frauen, die die Gleichberechtigung durch sogenannte männliche Härte erreichen wollen. Sie verlangen, dass Frauen hart erzogen werden, um damit den Männern gleichwertig zu werden. Dass dies der falsche Weg ist, um die notwendige Gleichberechtigung zu erreichen, hat die Geschichte gezeigt.

Die lose geöffneten und die fest geschlossenen Lippen

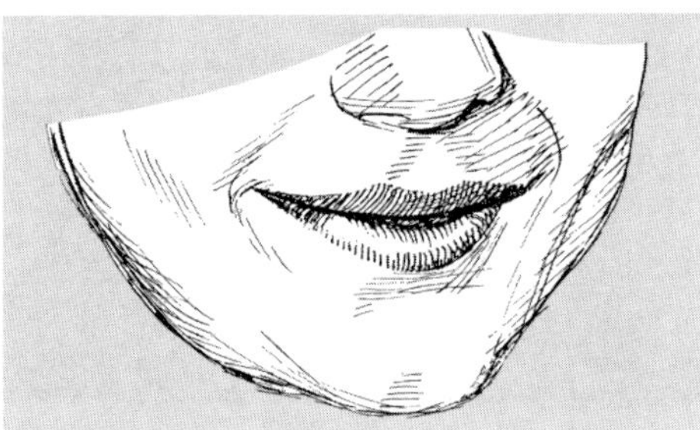

Abb. 475 *Unter- und Oberlippen lose geöffnet und in den Mundwinkeln locker*

Diese Mundbildung deutet auf Offenheit, Aufrichtigkeit und Mitteilsamkeit, mitunter auch auf Voreile, Leichtsinn und Sichgehenlassen hin.

Abb. 476 *Die lose geöffneten und in den Mundwinkeln lockeren Lippen*

Das ganze Erscheinungsbild ist voller Offenheit und Aufrichtigkeit, der Mund trägt zu diesem Ausdruck wesentlich bei. Der Mund zeigt weiche und lebhafte Gefühle. Freundlich und entgegenkommend geht sie auf andere zu. Man kann gut verstehen dass sie manchmal etwas erzählt, das sie besser bei sich behalten würde. Wenn etwa eine Freundin ihr ein süsses Geheimnis unter dem strengsten Siegel der Verschwiegenheit anvertraut, dann könnte diese es ebenso gut in die Zeitung setzen lassen. Ein unerhörter Gegensatz zum Mundausdruck und zum Charakter der Dame Abb. 474. Hier ein heiteres sonniges Gemüt, dort Gefühlskälte und harte Verschlossenheit. Genussfreude zeigt sich bei Abb. 476 nicht nur am Mund, sondern auch an der schön gerundeten Nasenspitze. Da

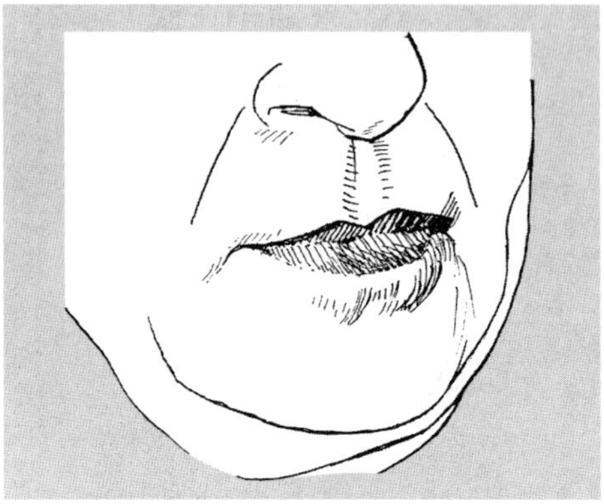

Abb. 477 Verschlossen und reserviert

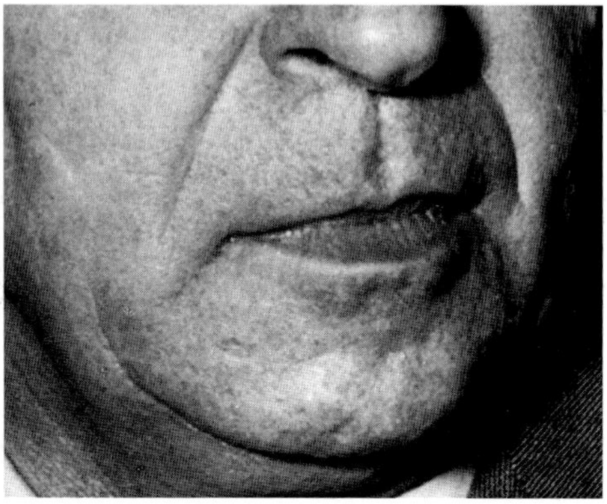

Abb. 478 Gibt keine Geheimnisse preis

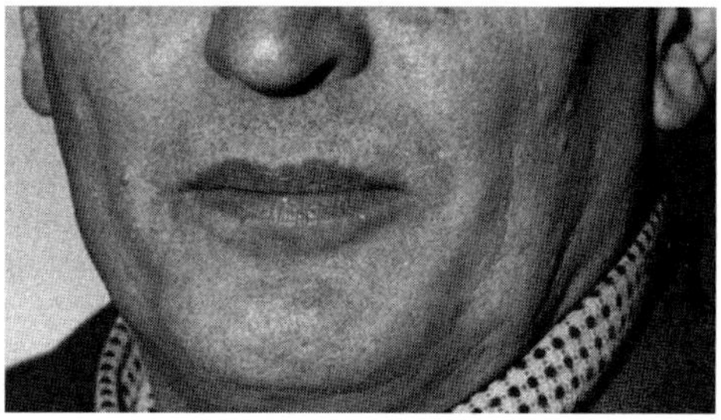

Abb. 479
Willensstark und kontaktfreudig

mag es verständlich sein, dass zu dem heiteren Gemüt auch manchmal ein wenig Leichtgläubigkeit kommt – die hoffentlich niemand zu arg ausnutzt. Sie ist für Sauberkeit, auch in Gedanken, das zeigt sich in der reinen Haut. Sie ist voller Liebe, Wohlwollen und argloser menschlicher Zuneigung, das zeigen die Augen und die vortretende Oberstirn. Allfällige negative Erlebnisse könnten die Gefühlsschicht entsprechend beeinflussen. Die Gefühle würden härter, verschlossener, was dann als sichtbare Lebenserfahrung am ganzen Erscheinungbild zu erkennen wäre.

Abb. 477 *Beide Lippen sind fest geschlossen und in den Mundwinkeln gepresst*
Solche Formen zeigen Menschen, die verschlossen und reserviert sind. Sie üben Selbstbeherrschung und gehen diplomatisch vor. Ihre Festigkeit und Entschlossenheit lässt sie siegreich kämpfen. Sie sind gewissenhaft und auf ihr Wort kann man sich verlassen.

Abb. 478 *Die fest geschlossenen und in den Mundwinkeln angezogenen Lippen bei einem tüchtigen, einsatzfreudigen Mann*
Die Mundformen sind kräftig. Daher bestehen starke leibliche und sinnlichen Bedürfnisse, aber das Wunschleben ist beherrscht. Es ist ein Mann des Willens und der Tat, der fest im praktischen Wirtschaftsleben steht. In seiner Sprache – auch das ist dieser Mundform zu entnehmen – ist er klar, fest und bestimmt.

Abb. 479 *Das Untergesicht eines ebenfalls tüchtigen, kenntnisreichen, zuverlässigen, ernsten Mannes*

Der Mund ist kräftig, fest geschlossen, jedoch in den Mundwinkeln lockerer als bei Bild 493. Daher ist auch sein Charakter getragen von Selbstbeherrschung, Festigkeit und Gewissenhaftigkeit – aber er ist mitteilsamer. Die kräftigen Lippen zeigen starke Körper- und Sinnesimpulse, aber diese unterordnen sich der Vernunft, werden von Geist und Wille beherrscht, dienen diesen und machen sie kraftvoll und frei.

Die heraufgezogenen und die herabhängenden Mundwinkel

Abb. 480 *Heraufgezogene Mundwinkel*

Diese Form deutet auf ein sonniges Gemüt und die Neigung, alles von der günstigsten und positiven Seite zu sehen. Es besteht eine heitere Lebensauffassung, der Mensch ist Optimist! Es scheint ihm alles zu gelingen.

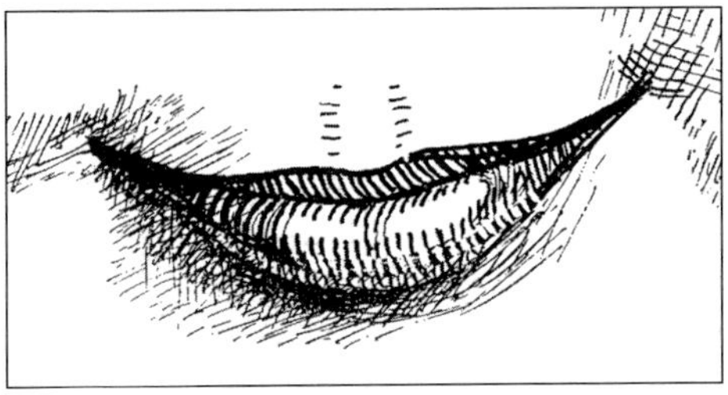

Abb. 480 Der Optimist

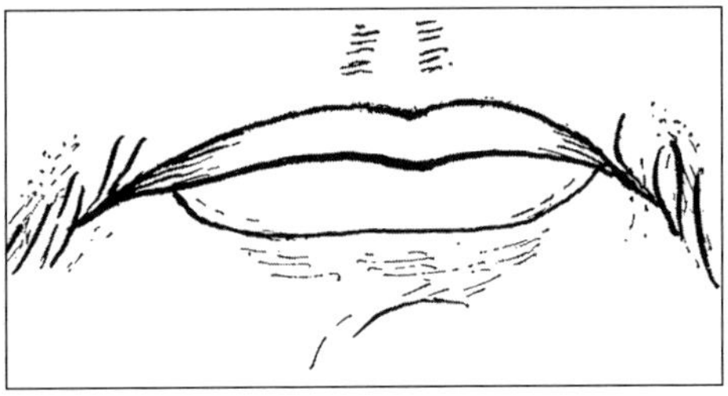

Abb. 481 Der Pessimist

Abb. 481 *Herabhängende Mundwinkel*

Sind die Mundwinkel nach unten hängend und zeigen sich zartere oder schärfere Falten neben dem Mund, so deutet das auf viel erlebtes Seelenleid, auf negative Gefühle bis zur Verbitterung. Solche Menschen sind leicht reizbar, werden zänkisch und haben die Neigung, alles von der ungünstigen Seite zu sehen. Sie sind Pessimisten. Alle Gedanken sind mit negativen Gefühlen getränkt. Sie nehmen positive Ansätze kaum mehr zur Kenntnis. Hier könnte ein bewusstes positives Denken auch eine Wende im Fühlen herbeiführen. Das Leben würde heiterer, positiver. Die Sonne könnte plötzlich wieder scheinen, respektive sie könnte wieder erkannt werden.

Abb. 482 *Der ehemalige Münchner Oberbürgermeister Dr. Vogel*

Er hat die hochgezogenen Mundwinkel, die feinen, warm getönten Gewebe um den Mund und die lose geöffneten Lippen. Daraus spricht das sonnige Gemüt und die Neigung, alles von der positiven Seite zu betrachten. Diese heitere, optimistische Lebensauffassung geht mit Offenheit und Aufrichtigkeit einher. An der Oberlippe zeigt sich viel Aufmerksamkeit, unter den Lippen Freundlichkeit – Charakterzüge, die sich auch in allen Plänen und Massnahmen auswirken, Sympathie erwecken und Freunde gewinnen. Das hat *Vogel* schlagend mit seinem populärsten Erfolg, der Vergabe der Olympischen Spiele nach München,

Abb. 482 Der ehemalige Münchner Oberbürgermeister Dr. H. J. Vogel

Abb. 483 Altersbild von Dr. H. J. Vogel (Foto Keystone)

bewiesen. Später zog er als Minister nach Bonn, und die politischen Geschäfte, die ihn dort beanspruchten, dämpften seinen Optimismus und sein sonniges Gemüt – und die feinen Weichteile des Mundes nahmen einen anderen Ausdruck an.

Abb. 483 *Altersbild von Dr. H. J. Vogel, 65jährig*
Ein Porträt hält scheinbar nur einen Augenblick fest. Wenn wir uns aber suchend in das menschliche Antlitz vertiefen, weitet sich der Augenblick in die Vergangenheit und Zukunft aus.

Während 25 Jahren Zeit ist Dr. Vogel mit aller Kraft für seine Ideen eingestanden. Das dabei Erfahrene zeigt sich am veränderten Gesichtsausdruck. Die feine Gemütskraft ist bestimmter geworden. Das spannte das Gewebe. Die Lebenserfahrungen haben den Geist geschärft und die Gefühle härter gemacht, was den Augenausdruck veränderte. Wünsche mussten einem Ziel geopfert werden, die dabei entwickelte Willensenergie haben die Unterlippe dünn werden lassen. Alle Lebenserfahrungen haben Dr. Vogel nicht pessimistisch werden lassen, denn der Mund zeigt keinen negativen Zug, wie das häufig bei älteren Menschen sichtbar wird.

Abb. 484 *Hängende Mundwinkel*
Die Mundpartie einer älteren Frau, bei welcher sich hängende Falten eingegraben haben. Charakteristisch daran ist, dass die Partien seitlich der Mundwinkel wohl hängend, aber nicht straff heruntergezogen sind. Es kommt darin die

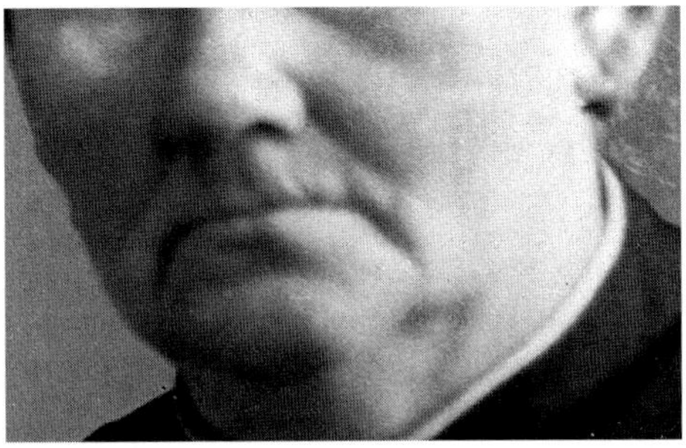

Abb. 484 Die pessimistischen Gefühle

Verbitterung auf Grund des erlebten Seelenleides zum Ausdruck, und die pessimistische Grundeinstellung, die leicht nur die schlechte Seite einer Sache sieht, wird verständlich. Aber es steht kein aktiver böser Wille hinter dieser Mundlinie, nur die schlechten, bitteren Erfahrungen. Diese Frau hat viel Willensenergie entwickelt um ihre Lebensumstände zu bewältigen. Dadurch wurde der Mund so dünnlippig, wie ein Strich.

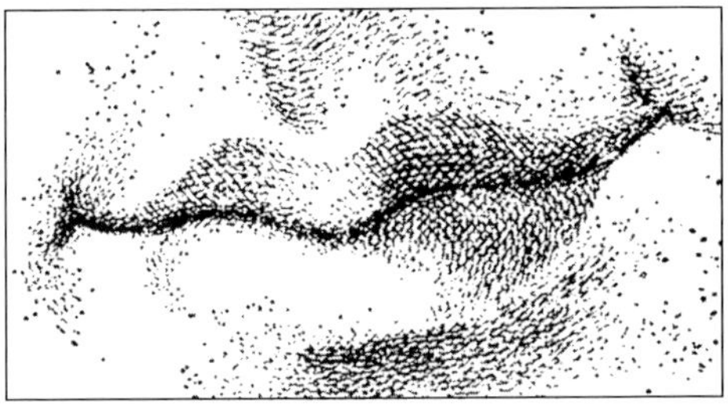

Abb. 485 und Abb. 486 *Die schöne, anmutig gewellte Mundlinie*

Sie wird durch den Zusammenschluss beider Lippen gebildet. Solche Formen findet man meist bei weichen, mehr vollen und schön geformten Lippen. Die anmutige Mundlinie zeigt feines erotisches Empfinden und die Fähigkeit zu viel Zuneigung. Der Mensch ist gefühlswarm, schöngeistig, poesievoll, gefällig und liebenswürdig.

Die Partnerliebe muss entsprechend fein, zart, differenziert sein. Dann erscheint der Himmel auf Erden. Ein Partner ohne Feingefühl lässt eine solch zarte Pflanze zuerst leiden, die Liebenswürdigkeit schwindet dahin und stirbt langsam ab. Entsprechend wird sich die Mundform ändern. Sie erscheint zuerst gepresst, dann an den Winkeln heruntergezogen. Der sonnige Himmel einer zarten Gefühlsschicht wurde damit zerstört.

Sind ähnlich feine Formen verbunden mit negativen übrigen Anlagen, dann kann ein solcher Mensch auch nur ein Schönredner sein (z.B. Heiratsschwindler oder «Berater»), der gutgläubige Menschen betrügen will.

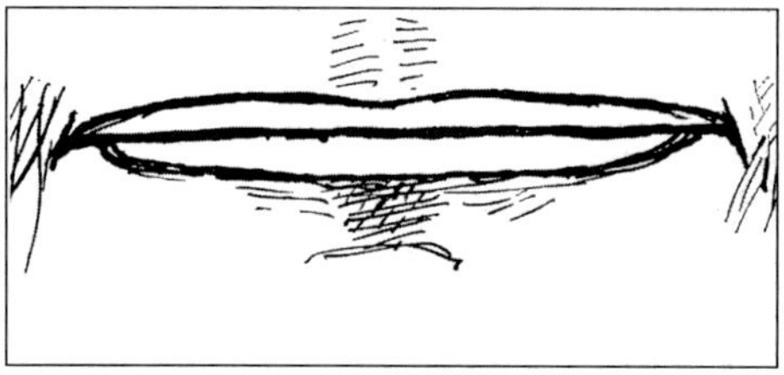

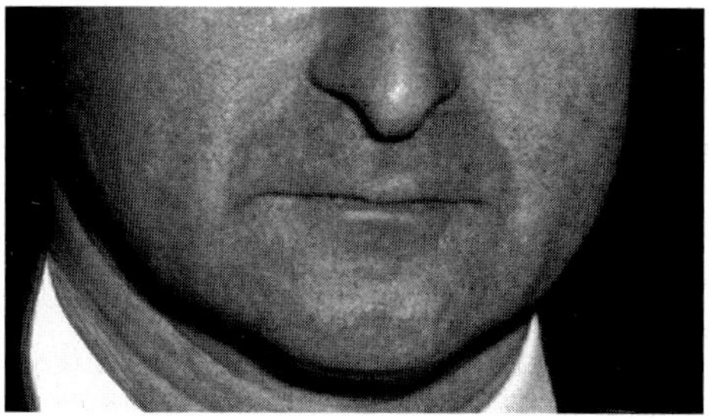

Abb. 487 und Abb. 488 *Die gerade gezogene, harte Mundlinie*

Diese findet sich meist bei schmalen, dünnen Lippen. Sie wirkt abweisend. Oft erscheint sie wie mit dem Messer gezogen. Solche Menschen drängen die Gefühle zurück, sind herb und schweigsam. Sie sind trocken, real, nüchtern, unliebenswürdig, in Liebesangelegenheiten wenig verständig. Selber stellen sie den Liebesgenuss in den Hintergrund ihres Denkens und Handelns und verlangen das vielfach auch von anderen. Das seelische Empfinden ist zurückgestellt, sie verlangen vielfach Askese als Lebensgrundlage. Sie können geizig sein und Andersdenkende unerbittlich verfolgen. Sie lassen seelische Tiefe vermissen. Solche Mundformen entstehen auch aus strenger Askese gegenüber allen Lebensgenüssen und zeigen einen grossen Willenseinsatz. Alles, was nicht dem akzeptierten Ziel dient, wird streng abgewiesen.

Der Oberkiefer

Aus der Art der Gefühlsschicht (Mund), der Verwirklichungsschicht (Nase), ergibt sich die Art der Einschätzung der eigenen Person und ihre Einstellung zur Umwelt. An Form und Gewebestruktur der Oberkieferpartie (zwischen Oberlippe und Nasensteg, Pallium) erkennen wir die Art der Wahrnehmung persönlicher Interessen.

Ist der konkave Schwung dieser Oberkieferpartie schön und fein und die Entfernung Mundschluss-Nasensteg kurz wie beim Kanon, Abb. 400, dann besteht grosse Bescheidenheit, gütige Geneigtheit und Aufmerksamkeit. Die eigene Person steht nicht im Vordergrund des Denkens, der Mensch verlangt wenig für die eigene Person, legt wenig Wert auf Ruhm und Ehre und passt sich aus Bescheidenheit an. Er spricht weniger von sich selber und kann persönliche Ansprüche schlecht durchsetzen. Er stellt seine Leistungen in den Hintergrund, «Sein Licht unter den Scheffel».

Tritt die Oberkieferpartie betonter, also länger und straffer gespannt hervor, dann werden in selbstverständlicher Art grössere Ansprüche gestellt. Die Frau , Abb. 453, stellt sich gerne in den Mittelpunkt des Interesses, ihr Sinn geht nach teuren Kleidern und kostbarem Schmuck. Sie lässt sich gerne bewundern. Das seelische Feingefühl steht in keinem rechten Verhältnis zu diesem Aufwand. Der Mann etwa, der ihr das alles beschafft oder ermöglicht, wird allenfalls schmeichlerischen Dank ernten aber vergeblich auf liebevolles Verständnis und seelische Teilnahme an seinen Problemen hoffen.

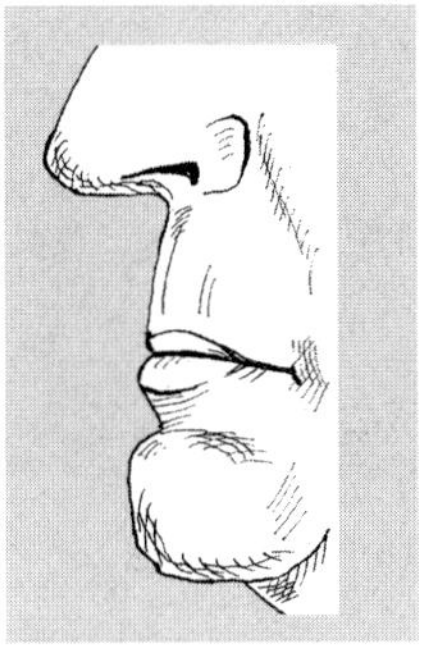

Abb. 489 *Die Oberkieferpartie ist hart und lang*

Sie zeigt hartes, mediomisches Gewebe und geht in eine breit gespannte, blutleere Oberlippe über. Es ist der Ausdruck von Härte und kühler Abweisung. Es besteht Zähigkeit im Erstreben von Vorteilen und von Ruhm und Ehre. Die eigene Person steht stark im Vordergrund, stets in Sorge, sie könnte zu kurz kommen, es könnte ihr etwas entgehen. Zuwendungen werden als Selbstverständlich entgegengenommen. Bei Schilderungen von Lebensumständen erscheint die eigene Person immer wieder. Selbst in Kleinigkeiten und im täglichen Umgang macht sich ein ausgeprägter Egoismus bemerkbar. Ziehen sich dabei die Mundwinkel herab, zeigt sich auch noch Zynismus und es ist schwer, ihnen überhaupt etwas recht zu machen.

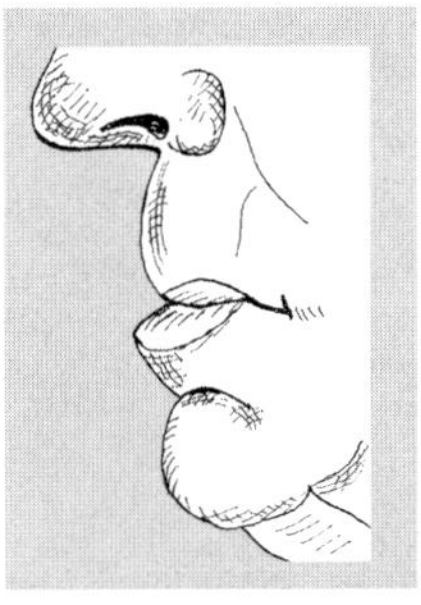

Abb. 490 *Nach aussen gewölbte Oberkieferpartie*

Sie tritt konvex hervor, und ist dazu lang, breit und hart. Hier herrscht noch grössere Sorge um das eigene Wohl, persönliche Vorteile und äussere Anerkennung. Der Egoismus ist sehr stark. Der Mensch schätzt sich selbst sehr hoch ein, sucht überall – materiell und intellektuell – seinen Vorteil und nimmt ihn ohne Rücksicht auf andere Interessen wahr. Es besteht Neigung zu grosser Härte. Findet man dazu lange und schiefe Schneidezähne, dann stösst man auf Nörgelei und Quälsucht, ja Herrschsucht und Despotismus. Menschen mit langer Oberkieferpartie, sprechen viel von sich selber. Als Leiter von Arbeitsgruppen sprechen sie von ihrer Leistung: «Ich habe das geleistet.» Sie erwähnen kaum die Anteile der Mitarbeiter, wenn dies nicht einer vom Geschäft vorgegebenen Verhaltensnorm, die eingehalten werden muss, entspricht.

Menschen mit *kurzer und feiner* Oberkieferpartie sprechen wenig von sich selber. Als Leiter von Arbeitsgruppen sprechen sie von der Leistung aller. «Wir haben das gemacht.» Sie brauchen dazu keine vom Geschäft vorgegebene Verhaltensnorm. Sie können aber zu wenig zu Gunsten ihrer eigenen Person werben. All ihr Tun betrachten sie als kaum der Rede wert. Das ist selbstverständliche Pflichterfüllung. Sie setzen sich mit Freude für ihre Mitarbeiter ein, lassen ihnen eigenen Spielraum und werden vielfach unterschätzt. Sie sollten beim Verteidigen ihrer Arbeit nur von Fakten sprechen, z.B.: «Die Arbeit wurde in dieser Zeit geleistet».

Bei kleinem Oberkiefer finden sich auch kleinere Zähne. Kleine und feine, regelmässig geformte Zähne (die entsprechende Kieferbildung und Kleinhirntätigkeit voraussetzen) weisen auf feines Empfinden hin.

Abb. 491 *Die lange, straff herabgezogene* und *breitharte Oberkieferpartie*

Der starke Egoismus, die Sorge um das Wohlergehen der eigenen Person steht im Vordergrund. Die Unterlippe zeigt das zu starke Begehren und das barsche, unfreundliche Wesen, der Mund Verachtung und Herabziehendes. Am Kinn sind die verhältnismässig schwachen körperlichen Impuls zu erkennen.

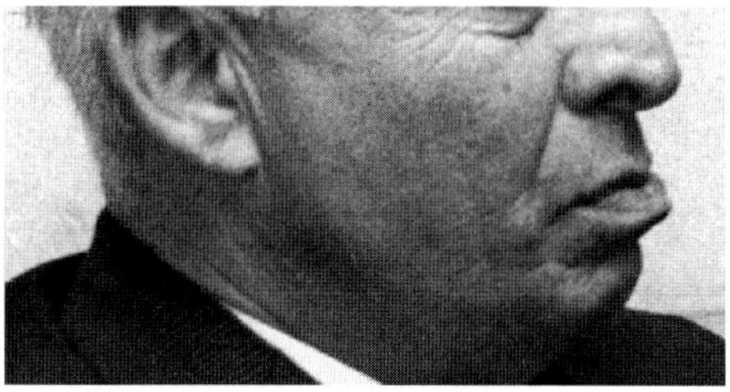

Abb. 491 Der kritisch prüfende Egoist

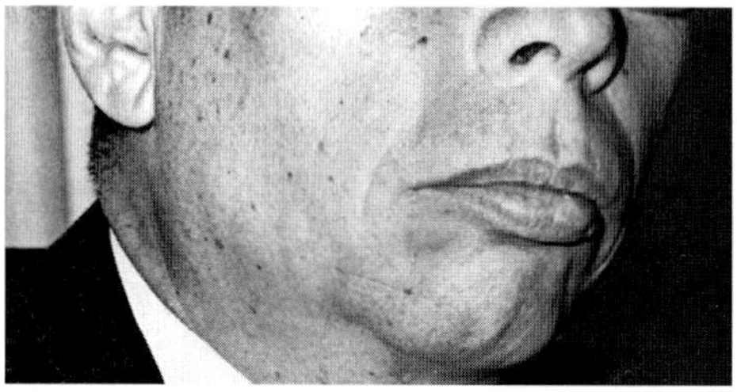

Abb. 492 Der Überhebliche, Ichbezogene

Der Oberkiefer- und Mundform nach versteht er zu kritisieren und zu räsonieren, nichts ist ihm recht; aber alle müssen sich für ihn anstrengen, und dem Kinn nach strengt er sich selbst möglichst wenig an.

Abb. 492 *Die lang und breit vortretende Oberkieferpartie*
Die straffen Gewebe zeigen die starke Ichbezogenheit, die unentwegt nach Ruhm und Ehre strebt – und diese erreicht. Der Mund lässt missgünstige, kritische, herabsetzende, überhebliche Gefühle und starkes geniesserisches Begehren erkennen. Das Kinn zeigt schwachen körperlichen Impuls; es ist also nicht Tat- und Willensimpuls, was ihn hochbringt, sondern der starke Egoismus und Ehrgeiz, mit dem er sich vordrängt. Die weiche Fülle an Vorder- und Seitenhals zeigt Überernährung.

Findet sich der verhältnismässig lange Oberkiefer bei sonst feineren Formen und vielseitiger Veranlagung, dann ist der Mensch beharrlich und bringt sich zur Geltung, ohne dabei rücksichtslos zu werden.

Abb. 493 *Der straffe, grobe und harte Oberkiefer*
Oberkiefer und Mund sind ähnlich wie bei Abb. 492, aber straffer, härter, grober. Die eigene Person schiebt sich noch stärker in den Vordergrund. Der herabgekniffene Mund mit der vorgeschobenen Unterlippe zeigt die schlechten Erlebnisse und die Verachtung, die er warmem menschlichem Fühlen und Denken entgegenbringt. Der Kinnform gemäss sind starke Tatenergie zu erwarten. Es ist die Anlage, gereizter und persönlicher auf Äusserungen anderer zu reagieren, als dies der Wirklichkeit entspricht. Die Sprache ist polternd und drohend. Barsch und abweisend ist das Benehmen. Dieser Mann ist deshalb kein angenehmer Gesprächspartner. Er wird, infolge seiner Fehlinterpretationen der Worte von Kontrahenden, leicht ausfällig. Seine Herrschsucht prägt alle seine Reaktionen. Obwohl nach aussenhin der Eindruck der Wohlanständigkeit möglichst gewahrt wird, sind keine Zuvorkommenheiten zu erwarten. Man sollte bei der Arbeit mit so veranlagten Personen die ungebührlichen Reaktionen als das nehmen, was sie sind – aus einer bestimmten Anlage hervorgegangener Lärm – die Ruhe bewahren und die eigenen Argumente in Ruhe weiter darlegen und erklären.

Abb. 494 Die Bildung von Oberkiefer und Mund und der unteren Nase sind auffällig. Die Oberkieferpartie ist grob, die Unterlippe schwer vortretend. Die ei-

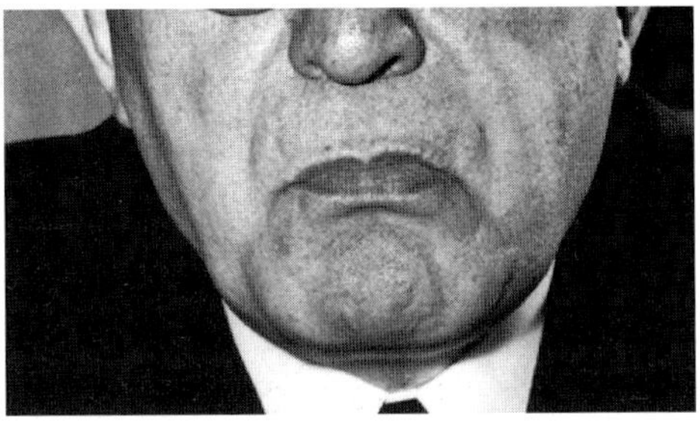

Abb. 493 Der pessimistisch abweisende, Eigennützige

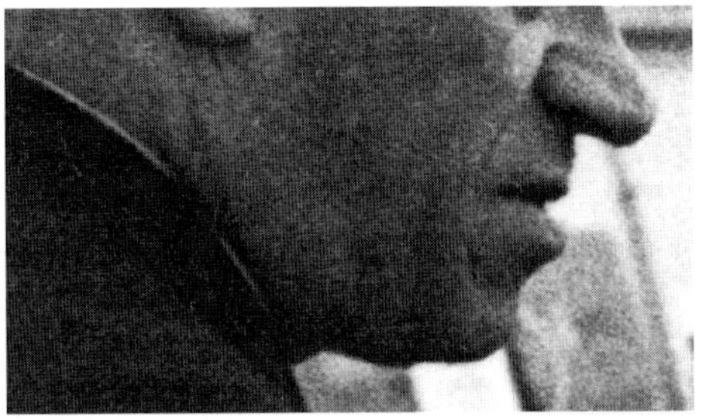

Abb. 494 Der gründliche Polterer

gene Person tritt wenig rücksichtsvoll hervor. Er kann grob poltern und drohen, benimmt sich barsch und abweisend. Es mangelt an Aufmerksamkeit, Entgegenkommen und Freundlichkeit – werden sie aber hervorgekehrt, dann wird damit ein bestimmtes Ziel verfolgt, dann sind sie gemacht und voraussichtlich unaufrichtig.

Studien über die Patho-Physiognomik des Mundes

Abb. 495 *Die Geigenvirtuosin*

Der Mund zeigt Schönheit, Kraft und Gesundheit an den Lippen, in der Linienführung und in den Geweben um den Mund. An der reinen und feinen Oberkieferpartie und dem Schwung der Oberlippe kommen Bescheidenheit, grosse Aufmerksamkeit und feine Kultur zum Ausdruck. Die inneren Energien werden durch die eingehende künstlerische Beschäftigung mit klassischer Musik verfeinert und erleichtern wiederum das eigene differenzierte, qualitative Kunstverständnis. Die Unterlippe repräsentiert jugendliche Kraft und Stärke und in der Frische und Reinheit der ganzen Region zeigt sich gute organische Qualität. Aus diesem durch den Mund erkennbaren gesunden Körperleben erwächst das gesunde natürliche Denken und Fühlen, ohne welche der hohe Rang ihrer Kunst nicht denkbar wäre. (Interessant dazu ist ein Vergleich mit Abb. 105 und seiner Beschreibung.)

Abb. 496 *Der Flugzeugkonstrukteur Ernst Heinkel einige Wochen vor seinem Tod*

Die Gesichtsgewebe sind insgesamt eigenartig hängend und schlaff, besonders an den Wangen, und zeigen die nachlassende körperliche und Herzkraft.

Abb. 496 Vom Tod gezeichnet

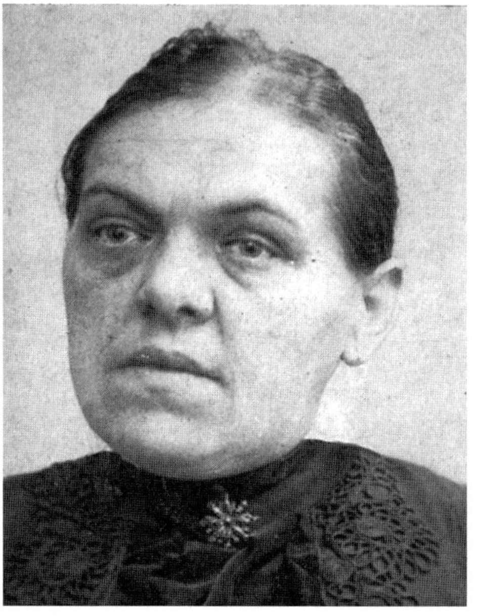

Abb. 497 Die Krankheit von Körper und Seele

Auffallend ist im Gegensatz dazu die Verhärtung der Unterlippe und der Gewebe unmittelbar darunter. Es deutet das auf eine Verhärtung und fortschreitende Funktionsschwäche der grossen Körperdrüsen hin und besonders der Leber, aber auch aller Leiborgane. Die hängenden Züge zeigen die tief pessimistische Seelenstimmung. So ergibt sich das Bild der Krankheit und darniederliegender und langsam versagender Organtätigkeit.

Abb. 497 *Krankheit durch äusseren Einfluss*

Eine klassische krankenphysiognomische Studie aus der Huterschen Sammlung (Museumsführer Nr. 129). *Huter* schreibt dazu: «Rechtschaffene, wohlwollende Frau; unterleibs- und rückenmarksleidend infolge ihres geschlechtlich überaus stark veranlagten Ehemannes. Sie duldete, opferte sich und starb durch eheliche Pflichttreue gegenüber ihrem Manne. Das herrschende Zwangsehegesetz, das dem Manne keine Freiheit, der Frau keine Entbindung von ihren Ehepflichten gestattet, war die Ursache dieses tragischen Ehedaseins, Krankheit, Siechtum und vorzeitiger Tod die Folge.»

Der Augen- und Gesichtsausdruck ist wie unwirklich, nicht nur ohne Freude und Glück, sondern gequält und alt, obwohl die Frau erst in mittleren Jahren ist. Die ganze Mundregion, Spiegelbild der Körperbefindlichkeit, ist verdickt und geschwollen. Die Verformung beginnt am Übergang Nasensteg-Oberkiefer, an der Stelle, wo sich die Geschlechtsreinheit spiegelt. An der Oberlippenpartie zeigt sich krankhafte Schwere und Verdickung. Die stärkste Verformung und Schwellung aber zeigt die Unterlippe. Das bedeutet, dass das Organleben des Leibes gestört ist.

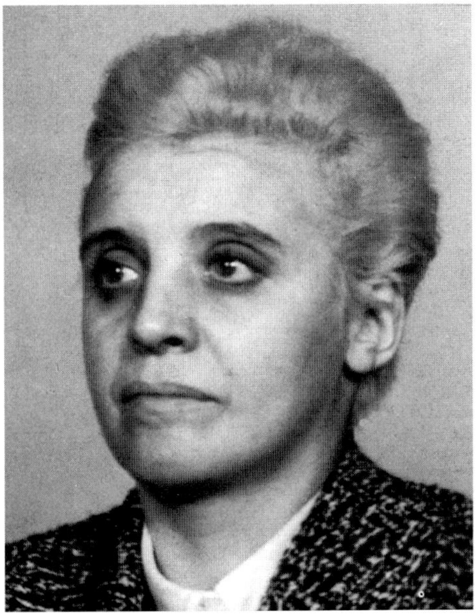

Abb. 498 Verkommenheit

Abb. 499 Der gefährliche Biedermann

Alles organische Leben ist an den Stoffwechsel gebunden. Schönheit, Reinheit und Frische des Mundes zeigen gesundes Organleben und das entsprechende sinnliche und seelische Begehren und Erleben. An dem Bilde ist zu ermessen, wie stark die Leibesorgane und die Psyche dieser Frau gelitten haben und vom Verfall bedroht sind.

Abb. 498 *Krankheit durch Lebenswandel*
Wenn bei einer Frau der Mundausdruck, Ober- und Unterlippe derart vergröbert und hart sind – gewissermassen vermännlicht – dann sind das Warnzeichen. Diese Frau geht ganz brutal und rücksichtslos vor; Begehren und Erleben werden von Habsucht geleitet. Sie machte Betrügereien grössten Stils, rauchte und trank zu viel, führte ein ausschweifendes Leben (die Verdickungen unter dem Mund sind pathophysiognomische Zeichen von Leber- und Gallenbelastung) und ergab sich der Prostitution (Augenausdruck und dessen Umgebung).

Abb. 499 *Das kranke Denken durch innere und äussere Einflüsse*
Wenn bei einem Manne der Mund so gross und weich ist, die Lippen dick und plump sind – gewissermassen verweiblicht –, dann sind das ebenfalls Warnzeichen. Es sind Ausdrucksformen einer grossen Begehrlichkeit, die nicht beherrscht ist. Der Mund zeigt den überstarken und hemmungslosen Hang zu Genuss und Wohlleben. Da gleichzeitig die Moral (oberes Vorderhaupt) schwach ist, und der Habsinn stark ist (seitliche Rundung etwa in der mittleren Höhe des vorderen Seitenhauptes), so fallen alle Bedenken und Hemmungen weg. Verweichlichte, unbeherrschte Gefühle, sichtbar am Mund, und harte Gemüts-

anlage, sichtbar an den Wangen und dem Augenausdruck, und die kraftvolle Durchsetzungskraft, sichtbar am breit ausladender Unterkiefer, sind Gegensätze und müssen als schwer disharmonisch bezeichnet werden. Mit ihm wurde tatsächlich der Bock zum Gärtner gemacht. Der Polizeibeamte betätigte sich (mit Dienstgewehren und -pistolen) als bewaffneter Bankräuber. Als er sich – den Biedermann spielend – ertappt sah, schoss er sich eine Kugel in den Kopf.

Im täglichen Leben erkennen wir viel mehr Ausdrücke des Mundes als hier wiedergegeben sind, und es gibt Überschneidungen. Die gezeigten Grundformen sollten es jedoch ermöglichen, auch abweichende Formen in ihrem Ausdrucksgehalt zu erfassen. Aber es bedarf dazu fühlendes Sehen und liebendes Verständnis, um eine Form ganz zu erfassen. Stets müssen wir den Mund auch im Rahmen des ganzen Gesichtes sehen und seine verhältnismässige Grösse beurteilen. Ein grosser Mund ist im Verhältnis zu einem grossen und starken Gesicht im Gleichgewicht, aber im Verhältnis zu einem kleinen und schmalen oder hartförmigen Gesicht zeigt er Unausgeglichenheit.

Mundformen und Erotik

Heute wird in der Reklame, in Mode, Film und Fernsehen, vielfach durch ein entsprechendes make up der Mund der Frau sehr betont. Er erscheint gross, mit betonter Unterlippe. Damit wird die geniessende bis genusssüchtige Lebensart und ein übertriebenes erotisches Fühlen und Handeln physiognomisch zum Ausdruck gebracht. Der Mund wird sozusagen auf den Kopf gestellt, und die betonte Unterlippe als Ausdruck der Erotik zum Ideal erhoben. Diese Lebensart sollte aber nicht herrschend sein. Sie kann kaum zur verinnerlichten Weiblichkeit und zu einer harmonischen Partnerschaft führen. Viele Frauen suchen, der Mode und einer raffinierten Propaganda folgend, diesen Mundausdruck und die ihn begleitenden Gedanken und Gefühle nachzuahmen und auszuleben. Physiognomische Feinheiten als Ausdruck seelischer und geistiger Tiefe, gehen dabei verloren. Das kann wohl als der falsche Weg zur Selbstverwirklichung bezeichnet werden.

Selbstverwirklichung ist: «In Freiheit aus sich selber Sinnvolles tun.»
Hermann Lübbe

Geniale Künstler haben Anmut, Tugend und Schönheit stets in feinen, qualitativen Formen dargestellt, und tatsächlich hat es nie grosse und idealistische Frauengestalten ohne schönen Mund gegeben.

Der Kampf um die Gleichberechtigung der Frau müsste von solchen Frauen gewonnen werden. Es zeichnet sich heute eine Tendenz in dieser Richtung ab. Volle Gleichberechtigung der Frau, die ihrem Wesen nach Frau bleiben will.

Die Formensprache lässt uns erkennen, dass der innere Drang der Evolution ein Ziel hat, nämlich die qualitativste Art der aus den verfeinerten inneren Kräften aufsteigenden Sitten und Tugenden, Religiosität und Moral zu erreichen. Der Mund von Mann und Frau zeigt etwas von dem tastenden Suche nach der diffe-

Abb. 500 Anmut und Bescheidenheit

renziertesten Art in erkennbarer Sprache. Die Entwicklung vom Groben zum Differenzierten ist aber auch sonst überall zu erkennen. Sie scheint das Naturziel und die innere Religiosität der Natur zu sein.

Abb. 500 *Studie eines Mädchens mit einem feinen Mund von Leonardo da Vinci*
Anmut und Bescheidenheit zeigen sich an den Formen der Ober- und Unterlippe. Diese Frau sucht nicht Vorteile, will nicht nach Genüssen haschen und dem Manne überlegen sein – sie sucht vielmehr das Geistige und das Schöne, die sich in der Geschichte immer wieder als traditionell und gültig erweisenden Werte der Tugend, Religiosität und Moral. Sie möchte neben einem zuverlässigen, charakterfesten Mann als gleichberechtigte Partnerin leben, sich dem Innerlichen unterordnen, der Partnerschaft, der Familie und der Gemeinschaft dienen, sie möchte Freude und Glück verbreiten und Gutes tun. Sie empfindet dabei tiefe innere Zufriedenheit und erreicht in Freiheit die tiefste Innerlichkeit und letztendlich die grösste Selbstverwirklichung.

Studien über Barttrachten der Oberlippe

Nachdem wir wissen, wie die Form der Oberlippe die persönliche Einstellung des Menschen kennzeichnet, ist es naheliegend, auch die Barttracht in gewissem Masse als Ausdruck des Seelischen zu werten.

Die Gestiken geben oft unwillkürlich dem unbewussten Erleben der Seele Ausdruck, und zwar um so unvermittelter, je weniger das Bewusstsein hemmend eingreift. Ein Mensch kann sich absichtlich verstellen, bewusst durch Kleidung, Haar- und Barttracht etwas vortäuschen, was er in Wirklichkeit nicht ist. Die Mode suggeriert manchmal, dass erst durch eine bestimmte Kleidung Ansehen und Gesellschaftsfähigkeit zu erreichen ist. Eine starke Persönlichkeit löst sich von solchen Suggestionen und sucht die zu ihr passende Kleidung oder Haartracht. Daraus resultierende Formen sind Ausfluss des bewussten Wollens und auch des unbewussten Seelenlebens.

Bei der psychologischen Deutung von Stil, Manier, Kleidung, Haar- und Barttracht müssen wir immer auch die momentane Zeitsituation miteinbeziehen. Alle Formen, die dem Zeitgeist nicht entsprechen deuten daraufhin, dass Ihr Träger sich aus dem Zeitgeist herausheben möchte. Die meisten Männer in unserer Gesellschaft sind heute rasiert. Früher trugen die meisten einen Vollbart. Das reale und geschäftsmässige Denken, das zu Beginn unseres Jahrhunderts aus den USA zu uns kam, brachte die Mode des Rasierens. Sie ist ein Repräsentant unserer Zeit des Suchens nach wissenschaftlich kalten Realitäten und monetärem Gewinn.

Nun beginnt sich das Suchen nach spirituellen Inhalten, nach Ökologie und Schutz der Natur zu regen. Die meisten Männer, die heute einen Bart tragen, denken in diese Richtung und wollen das auch nach aussen zeigen. Solche Zusammenhänge sind nicht nur interessant, sondern auch unabdingbar zu berücksichtigen bei physiognomischen Betrachtungen über Haar, Bart und Schnurrbart. Hieran sehen wir einerseits einen Zeitgeist und andererseits, das aus diesem Zeitgeist ausbrechen wollen.

Huter gab in seinem Unterricht zu Detmold im Jahre 1908 sinngemäss folgende Erklärungen, nach denen die Zeichnungen Abb. 221–226 skizziert sind. Sie sind im oben angegebenen Sinn gültig und zu betrachten.

Abb. 501 Hängt der Schnurrbart lang und einfach herunter, so deutet das auf Bescheidenheit. Der Mensch ist natürlich, gibt sich wie er ist, bildet sich nichts ein und ist nicht eitel.

Hängt aber der Schnurrbart lang und streng herunter, so deutet das auf Härte und Starrheit in den Gewohnheiten, die sich oft mit Grausamkeit verbinden. Auf Bildern aus China sah man früher solche Bärte; die bildenden Künstler stellten auch die Folterknechte des Mittelalters vielfach mit dem hart herabhängenden Schnurrbart dar. Man findet ihn (zu Huters Zeiten) manchmal bei Handwerksmeistern, die ihre Lehrlinge aus Gewohnheit hart behandeln.

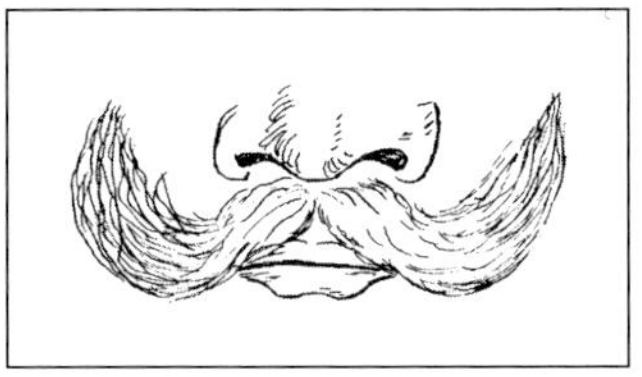

Abb. 502 Der Schnurrbart ist hochgezwirbelt und gestriegelt, in diese Lage künstlich gezwungen durch die Bartbinde, die einstmals viele Männer halbe Tage und Nächte lang zum Gaudium der Kinder trugen. Diese Barttracht war vor 1918 in Deutschland Mode. Wer sie trägt, ist selbstbewusst, seine Devise lautet: Es ist erreicht, was wir erstreben! Die geschraubte Bartpflege deutet auch auf Eitelkeit und Überheblichkeit. Ihr Träger kann unter Umständen frivol mit anderen Menschen und ihren Rechten spielen. Stellt man ihn zur Rede, zwirbelte er den Schnurrbart noch höher, stellt das Kinn nach vorne und wird frech. (Solche Geisteshaltung trug mit zum Ausbruch des Ersten Weltkrieges bei.)

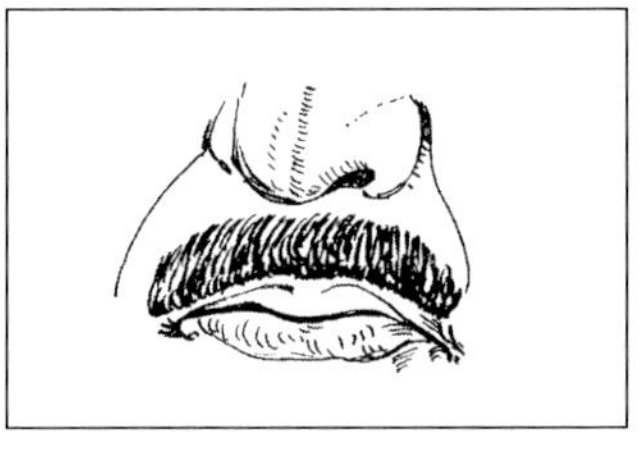

Abb. 503 zeigt den verkürzten Bart. Als *Huter* die Bedeutung des «Es ist erreicht»-Bartes erklärt hatte, wurde er gefragt, was es wohl bedeuten könne, wenn die Männer, wie es in Amerika Mode würde, sich den Bart bis auf einen kleinen Rest abschneiden. Er antwortete: «Der verstümmelte Bart ist amerikanisch, er deutet auf Rücksichtslosigkeit im Erwerb; Geld und Besitz ist Trumpf im Leben. Wer ihn trägt, hat sich der modernen Erwerbsmenschenrichtung angepasst. Die Männer verkennen dabei die wahre Bestimmung der menschlichen Natur. Es sind meist Materialisten mit kalter, egoistischer Berechnung, die gepaart ist mit Diplomatie und Blasiertheit.» Huter beschrieb damit eine Zeitgeistströmung, die sich auf das äussere Verhalten der Menschen auswirkte.

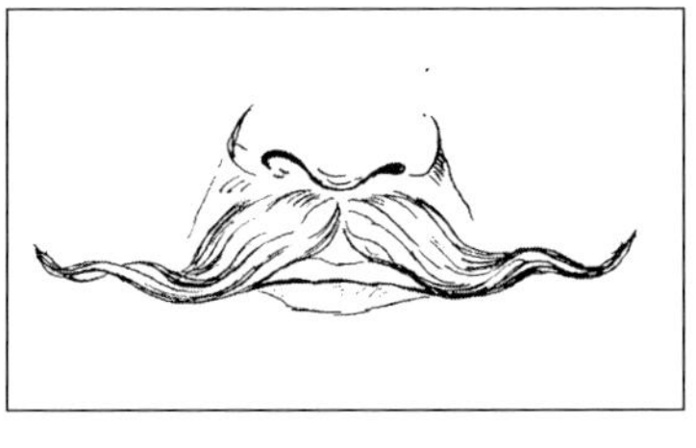

Abb. 504 Dieser Schnurrbart ist elegant geschwungen, wie er zu *Huters* Zeit oft von den Männern getragen wurde. Er verrät, dass sein Besitzer sehr auf die Meinung anderer hört und sehr empfindlich ist. Sieht man ihn scheel an, so ist er beleidigt. Solche Männer gehen auch auf Liebesabenteuer aus.

Abb. 505 Der lange und schöne, weich gewellte Schnurrbart ist Ausdruck kraftvoller Männlichkeit. Sein Träger ist ein Biedermann, gut, ehrlich, treu, tapfer, ritterlich und für den Fortschritt.

Abb. 506 zeigt den Schnurrbart eines edlen Mannes, der unverschuldet viel Unrecht erleiden musste.

Wie aus Haar und Bart die Lebenseinstellung spricht, so nehmen umgekehrt Kleidung und Frisur auch Einfluss auf die Stimmung und unsere Befindlichkeit. Jede Person kann das an sich studieren, wenn sie ihre Stimmung in Freizeitkleidung oder Festkleidung gefühlmässig überprüft.

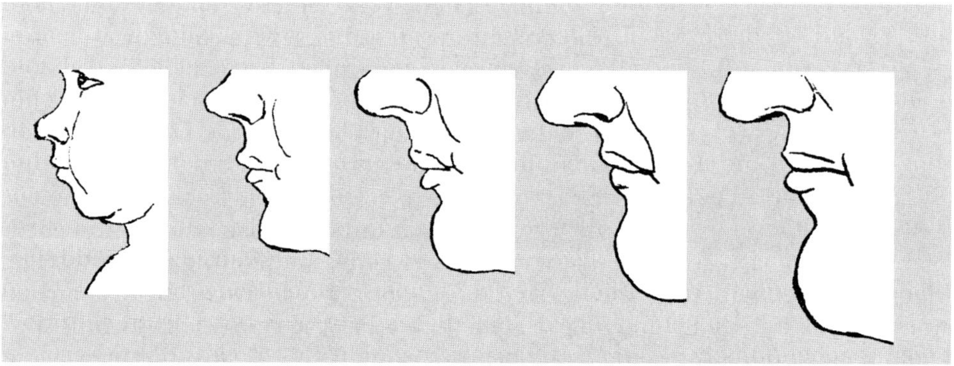

Abb. 507 *Untergesicht und Lebensalter*
Die Skizzenreihe zeigt, wie das Untergesicht, Kinn und Mund, mit fortschreitendem Alter wächst und sich verändern kann. Entsprechend wandelt sich im Laufe der Jahre auch das Innenleben und der Charakter, das hatte schon *Lavater* erkannt. Es ist nicht schwer, die Aussage der Profile und den entsprechenden Entwicklungsstand jetzt selbst zu beurteilen.

Die Augen als Spiegel der Seele, des Geistes und der körperlichen Zustände

Nach *Huter* sind alle unsere Sinneswahrnehmungen auf einen Grundsinn zurückzuführen. Es ist das Gefühl oder das Empfindungsvermögen aller Körperzellen, das alle Reize der Aussenwelt aufnimmt. Insoweit unterscheidet sich eine einzellige Amöbe, welche die Vorgänge der Umwelt über die als Membrane dienende Aussenhaut aufnimmt und an die Empfindungszentrale weiterleitet, nicht von einem hochorganisierten Vielzeller wie etwa dem Menschen. Bei diesem ist der Grundsinn durch Organe ausgebaut, die Schleimhäute von Mund und Nase zur Wahrnehmung von Geschmack und Geruch, der Hörapparat zur Aufnahme der Schallwellen und das hochkompliziert aufgebaute Auge für die Aufnahme der Lichtwellen und das Spiel der Formen, Bewegungen und Farben. Das Auge entwickelte sich zum am feinsten ausgebauten und aufnahmefähigsten menschlichen Organ.

Die Spezialisierung brachte bedeutende Vorteile, weil das zunächst völlig subjektive Gefühl der Amöbe, das lediglich über gut oder schlecht orientierte, durch eine Differenzierung der Erkenntnisfähigkeit abgelöst wurde.

Das neu gewonnene, objektivere Wahrnehmungsvermögen führte dazu, dass das ursprünglich subjektive Fühlen nicht im gleichen Mass in seiner Leistungsfähigkeit gesteigert wurde. Das Wissen über den Gefühlssinn als ursprüngliche Form aller Erkenntnisse führt zu der Einsicht, dass die Fähigkeit, über das Gefühl wahrzunehmen, wieder verstärkt werde müsste. Durch Steigerung des subjektiven Fühlens können wir auch zur Steigerung des objektiven Erkennens gelangen. Wird das Gefühl ausgeschaltet oder ist es zu wenig entwickelt, mangelt dem Lebewesen der Sinn, um fühlend zu tiefstem Wissen über das Leben zu gelangen. Abgestumpftes Empfinden, bedeutet Einseitigkeit, Stillstand in der Höherentwicklung, es führt zu Irrtümern im objektiven Erfassen der Ganzheit. Das Erfassen der Gestalt als Ganzes, der Form als Erscheinungsbild, ist in einer rein abstrakten Leistung nicht möglich. Dazu braucht es gleichzeitig auch das sujektive fühlende Erfassen des Erscheinungsbildes.

Aufgrund dieser Zusammenhänge lehrt *Huter* diese umfassende Art des Erfassens und nennt es das «fühlende Sehen». Üben wir dies, wird auch das Gefühl entwickelt. Die Psycho-Physiognomik wirkt so auf Körper, Seele und Geist und damit fördernd auf den gesamten Menschen.

Als Sehorgan nehmen die Augen vielfältige Reize der Aussenwelt, vor allem Licht, Form, Bewegung und Farbe auf. Sie werden dabei von den übrigen Sinnesorganen, Gehör, Geruch, Geschmack und Fühlen unterstützt. Auch das Sehen verbindet sich mit einem Gefühlsvorgang, dessen Vermittler das sympathische Nervensystem ist. Die feinsten seiner Nervenendigungen finden sich im Auge und speziell in der Iris des Auges. Durch die Verzweigungen der Nerven im gesamten Körper steht auch das Auge mit dem Gesamtkörper in Zusammenhang und spiegelt seine Vorgänge. Kommunikationsmittel in demselben ist die schöpferisch bildende, organisierende und gestaltende Lebensquellkraft Helioda, die in den Strahlkörperchen der Zellen, den Zentrosomen, wurzelt.

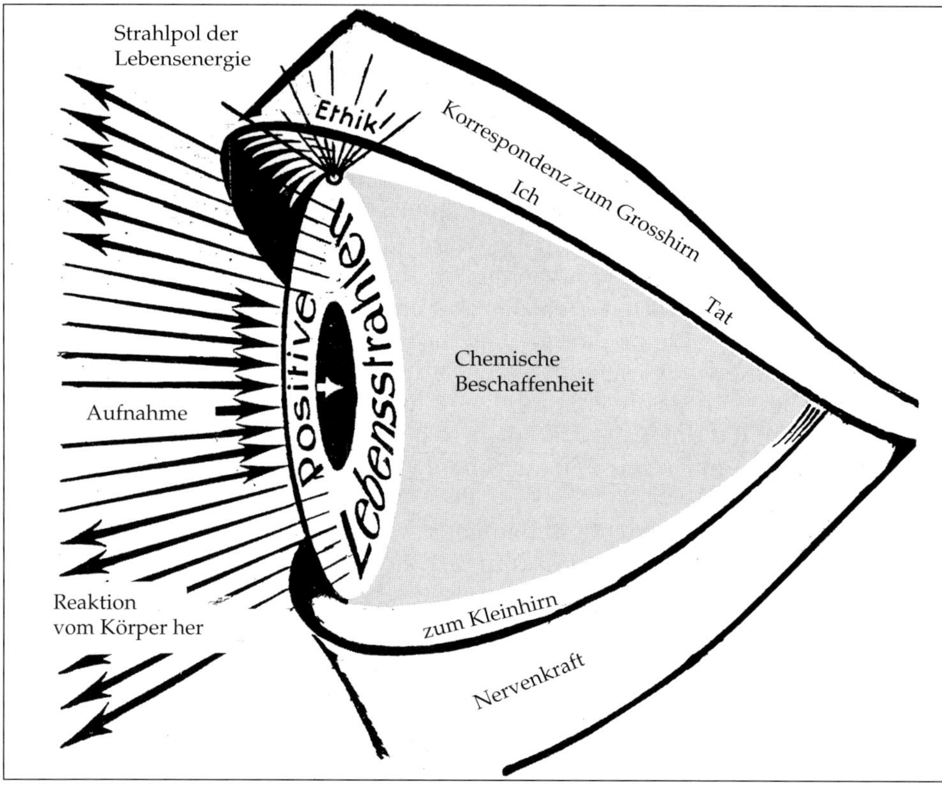

Abb. 508 Korrespondenzen zu Körper, Seele und Geist

Die Auswirkungen von äusseren Eindrücken auf diese Zentralen im Körper sind im Auge zu Erkennen. Es verdunkelt sich bei unangenehmen Eindrücken oder beginnt bei angenehmen Einflüssen zu strahlen. Die sich aus dem Unbewussten ergebende Art des Sozialverhaltens drückt sich immer wieder über die Augen aus und wird meistens unbewusst verstanden.

Der Mensch droht mit dem Blick oder drückt seine Zuneigung aus. Er geht durch einen kühlen Blick auf Distanz oder versucht sich mit einem freundlichen Blick anzunähern. Ein unruhiger, flackernder Blick veranlasst uns, das Gesicht abzuwenden. Liebespaare schauen sich lange und tief in die Augen. Schon kleine Kinder reagieren durch Blickkontakte, Guck- und Versteckspiele sind bei allen sehr beliebt. Anstarren löst unangenehme Gefühle aus. Sexuelle Wünsche, deren Bejahung oder Ablehnung, werden durch Augenkontakte signalisiert.

Diese Beispiele, die beinahe beliebig erweitert werden könnten, sind Ausdruck der Mimik, sind momentan und zeigen sich schnell wechselnd.

Aus der Art der Augapfelstellung, der Leuchtkraft der Augen und der Mimik ihrer Umgebung, konnte *Huter* die auslösenden Gedanken lesen (HW, S. 766).

Damit die sich aus Anlage und Entwicklung ergebenden Erscheinungsbilder begründet und verstanden werden können, hat *Huter* den Sehvorgang näher untersucht. Er unterschied im Auge die negativ aufnehmende, sogenannte Tiefenachse in der Pupille und die positiv strahlende Helioda-Achsen im Augenstern oder der Iris.

Abb. 508 Durch diese doppelte Funktion des Auges, negativ aufnehmend und positiv strahlend, sind der Vorgang des Sehens und die Reaktionen des Körpers zu erklären. Sehen ist nicht nur ein nach innen aufnehmender, sondern auch ein über die Iris wieder nach aussen wirkender Vorgang.

Daraus wird der Zusammenhang zwischen dem Auge und seiner Art des Aufnehmens, Beobachtens und Sehens und dem Auge als Rückspiegelung der inneren körperlichen, seelischen und geistigen Vorgänge verständlich. Auch das Phänomen der Erkennbarkeit von Gesundheit und Krankheit im Auge, im Augenstern, die sogenannte Augendiagnose, findet auf diese Weise ihre Erklärung.

Die Dichterworte von *Goethe* zeigen, wie *Goethe* erahnte, was in der Natur vorgeht.

Wär nicht das Auge sonnenhaft,
die Sonne könnt es nie erblicken;
läg nicht in uns des Gottes eigne Kraft,
wie könnt' uns Göttliches entzücken?

Die physiognomische Psychologie kennt neben den mimischen auch feste Blickrichtungen, die dann mehr auf fest verankerte Grunddenkrichtungen und Charakterzüge deuten.

Um die Hauptschicht der Denktätigkeit eines Menschen zu erkennen, beobachte man seine Augen, wenn er sich in ruhiger und unwillkürlicher Haltung befindet, am besten wenn er einfach «dasitzt» und die Augen sich dabei auf keinen bestimmten Gegenstand richten. In solcher Haltung folgt das Auge den Gedankenbildern, die im Gehirn entstehen und den Geist vorzugsweise beschäftigen.

Drei Blickrichtungen

Mit den drei Blickrichtungen wird der Zusammenhang zwischen der momentanen oder dauernden Tätigkeit der Denk- und Fühlschichten erklärt und systematisch erfassbar gemacht. Das innere Geistesleben, welches sich im Nervensystem, im Gehirn und an der Körperperipherie abspielt, findet entsprechend dem Gegenstand, mit welchem sich der Geist beschäftigt, in bestimmten Denkschichten des Gehirns seine Kraftquelle und im Auge seinen entsprechenden Ausdruck.

Das Auge liegt auf der Achse

Entstehen die Gedankenbilder im unteren Teil des Vorderhirns, so arbeitet der Geist für die Belange des praktischen Lebens in den Denkschichten der Beobachtung, der Vorstellung und der praktischen Umsetzung. Der Blick richtet sich in diesem Falle einfach geradeaus, wie bei **Abb. 509** schematisch dargestellt. Die

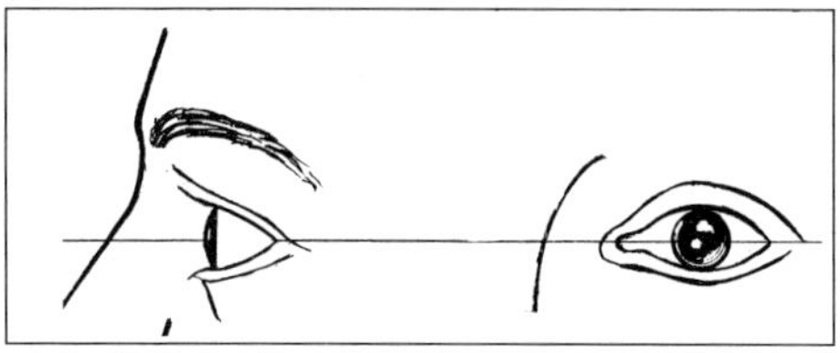

Abb. 509 Das Auge liegt auf der Achse

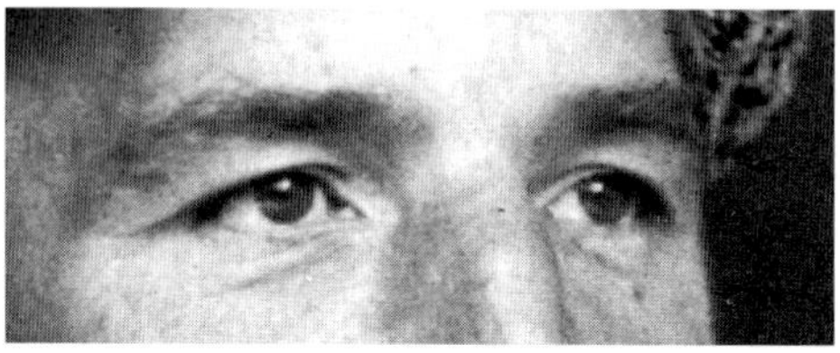

Abb. 510 Das Auge liegt auf der Achse

Horizontallinie, welche die beiden Augenwinkel schneidet, bezeichnen wir dabei als Augenachse. Diese Blickrichtung zeigt die Hinwendung auf reale Tatsachen. Der Ausdruck des Auges ist real, nüchtern, und lässt die entsprechende Geisteshaltung erkennen. Es ist vorzugsweise die Haupt-Blickrichtung aller Menschen, welche real und kraftvoll ins Leben eingreifen. Man findet diesen Augenausdruck bei Arbeitern und Angestellten, Baumeistern, Ingenieuren, Kaufleuten und Offizieren, Industriellen und Staatsmännern.

Dieser Blick findet sich auch bei den Abbildungen 415, 469, 51, 224, 233.

Das Auge hebt sich nach oben

Das Denken des Menschen vollzieht sich vorzugsweise in den Schichten des qualitativen Ordnens und des sittlichen Erkennens. Das Auge liegt mit der Pupille über der Achse, **Abb. 511**.

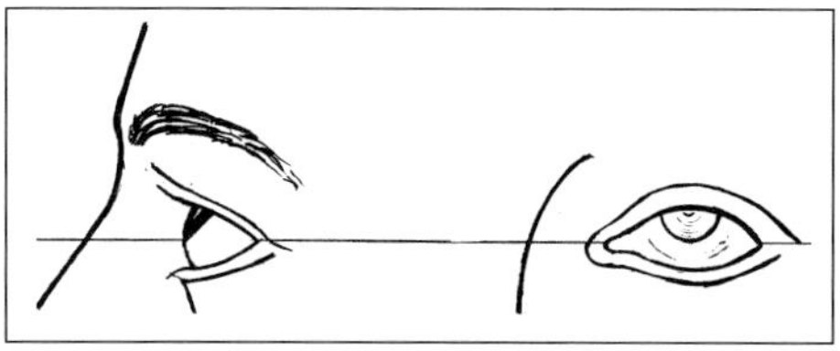

Abb. 511 Das Auge hebt sich nach oben

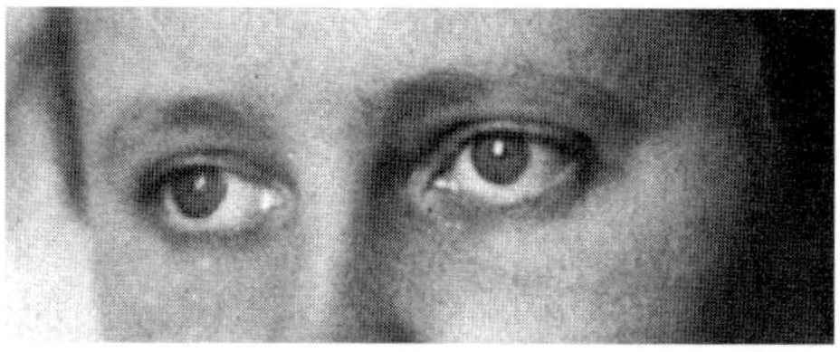

Abb. 512 Das Auge hebt sich nach oben

Je höher sich die Haupt-Blickrichtung hebt, um so mehr neigt der Mensch zu gefühlsbetontem, phantasiereichem Denken, auch zu Gefühlsschwärmerei, er ist idealen Zielen zugewandt.

Poeten, Theologen, Reformer, Künstler, Idealisten und innerlich religiöse Menschen haben diese Blickrichtung.

Dieser Blick findet sich auch bei den Abbildungen 409, 244, 46, 91, 348.

Das Auge richtet sich nach unten

Der Geist des Menschen beschäftigt sich vornehmlich mit praktischen Lebensgenüssen, mit Essen und Trinken, oder mit sexuellen Vorstellungen, deren Impulse vom unteren Hinterhaupt ausgelöst werden. Der Augenausdruck richtet sich nach diesen Bildern der Vorstellungswelt und geht nach unten, siehe **Abb. 513**. Menschen mit dieser Haupt-Blickrichtung interessieren sich sehr stark für physische und sinnliche Genüsse. Eine schöpferische Tätigkeit in philosophi-

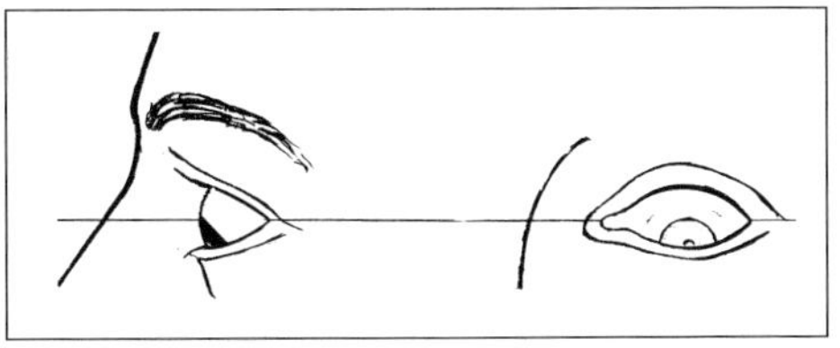

Abb. 513 Das Auge richtet sich nach unten

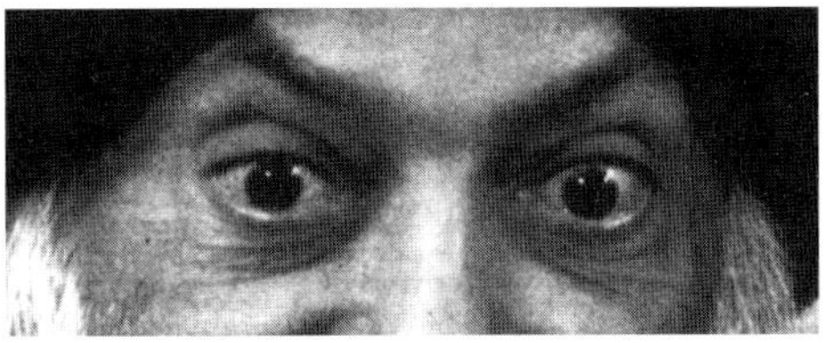

Abb. 514 Das Auge richtet sich nach unten

schen oder ethischen Bereichen liegt ihnen weniger. Mitglieder von Sekten deren Weltanschauung auf einer Philosophie des Lebensgenusses gründet, zeigen den nach unten gerichteten Blick.

Dieser Blick findet sich auch bei den Abbildungen 157, 389, 197.

Die dargelegte Deutung der drei Hauptblickrichtungen real, ideal und genussfreudig zeigt bei natürlich empfindenden und sich natürlich gebenden Menschen eine momentane oder konstante Denkrichtung an. Sie entspricht dem Gegenstand, mit welchem sich der Geist im Moment oder dauernd beschäftigt. Erwachsene verstellen ihren Blick oft, er kann dann nur in Verbindung mit anderen Signalen richtig bewertet werden. Bei starken Disproportionen der Kopf- und Gesichtsformen, bei unstetem, flackerndem oder starr fixierendem Blick ist vielfach eine durch Suggestionen fehlgeleitete Innenstruktur, oder eine psychopatische Disposition, Abb. 253, 422, 390, erkennbar. Zur Beurteilung solcher Zustände reicht die Einteilung in die drei Hauptblickrichtungen nicht aus.

Neben den drei dargestellten Haupt-Blickrichtungen hat *Huter* insgesamt 12 Blickrichtungen dargestellt, **Abb. 515***. Diese sollen nachfolgend durch einige Beispiele erläutert werden. Die Hauptblickrichtungen sind wie die Naturelle eine vereinfachte, konzentrierte Grundlage, um die vielen Möglichkeiten des Augenausdrucks und der Blickrichtungen zu erarbeiten. Wer diese 12 Blickrichtungen erkennen und unterscheiden gelernt hat, ist schon ein guter Menschenkenner.

** Hauptwerk, S. 741, Carl-Huter-Verlag, 4142 Münchenstein*

Die 12 hauptsächlichsten Blickrichtungen

1. Beobachtender Blick
Der Augapfel steht wenig unter der Achse. Beide Lider treten etwas zusammen, so dass fast nur die Pupille sichtbar ist.

2. Vorstellender Blick
Der Augapfel liegt auf der Achse.
Beide Lider sind mehr geöffnet, so dass die halbe Iris sichtbar ist.

3. Denkender Blick
Der Augapfel liegt auf der Achse, die Lider sind offen.

4. Juristischer Blick
Der Augapfel ist herausgedrängt, so dass die Iris ganz sichtbar wird.
Die Lider sind energisch offen.

5. Philosophischer Blick
Der Augapfel liegt etwas über der Achse nach oben gerichtet.
Die Lider gehen etwas nach oben.

6. Weiser Blick
Der Augapfel liegt noch höher über der Achse.
Das Oberlid ist gross, auch die Wimpern gehen nach oben.

7. Ethischer Blick
Der Augapfel ist sehr stark hochgestellt, das Oberlid legt sich weit über denselben.

8. Religiöser Blick
Es ist der verstärkte ethische Blick. Die Lider sind noch mehr aufwärts gerichtet.

9. Blick der physischen Liebe
Der Augapfel liegt etwas unter der Achse.
Das untere Augenlid ist stark hochgezogen.

10. Blick der physischen Ernährung
Der Augapfel liegt stark unter der Achse.
Das untere Augenlid ist normal.

11. Ordinärer Blick
Der Augapfel liegt sehr stark unter der Achse, von unten wie gierig hervortretend.

12. Gemeingefährlicher Blick
Der Augapfel steht ebenfalls sehr stark unter der Achse und ist von unten hervorgespannt.

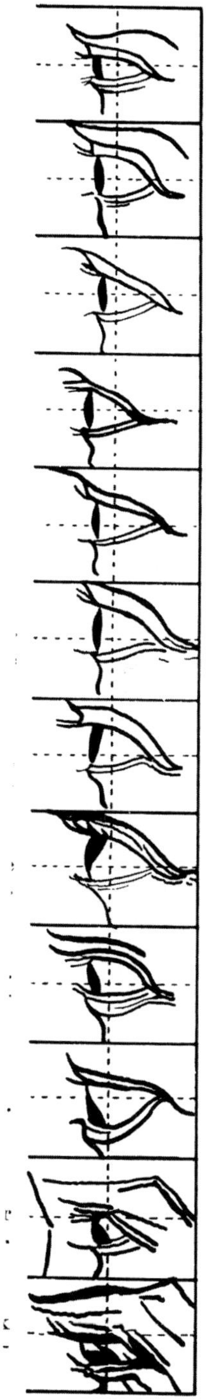

Abb. 515

Ausdrucks-Studien

Gesundheit und Krankheit, Glück und Leid, Hass und Liebe und sonstige seelische, geistige und physiologische körperinnere Vorgänge

Aus dem stark leuchtenden Auge spricht Aktivität der Helioda, es signalisiert damit verstärkte Lebensbejahung, Freude, Begeisterung, Liebe oder sonstige glückliche Erregungen. Das Auge leuchtet auch während einer Diskussion bei nachdrücklichem Eintreten für Wahrheit und Gerechtigkeit.

Abb. 516 *Das leuchtende Auge*

Ein junges Mädchen, welches soeben bei einem Wettbewerb für die musikalische Jugend ausgezeichnet wurde. Das Auge leuchtet einerseits aus Freude darüber, aber auch aufgrund der künstlerischen Begeisterungsfähigkeit und aus Schönheitsliebe. Es zeigt die Gesundheit der Jugend und das durch die Umstände erzeugte glückliche Lebensgefühl. Die positive Strahlkraft der Helioda bewirkt dies und auch die feine, sammetweiche Spannung, zugleich die Reinheit der Haut und ihre warme Durchleuchtung von innen heraus.

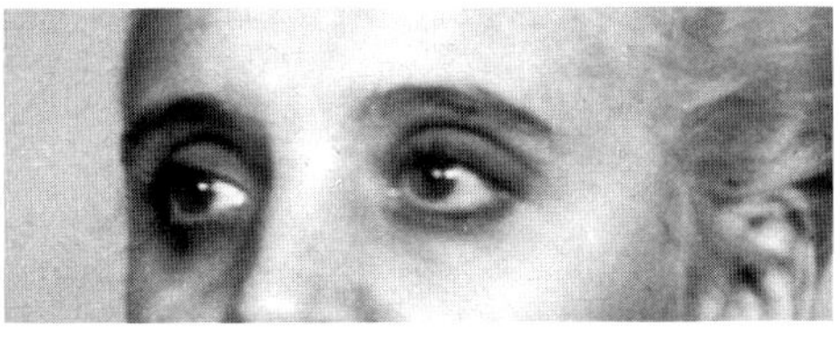

Abb. 517 *Das glänzende Auge*

Dieses muss vom leuchtenden unterschieden werden. Beim gesunden Menschen deutet das glänzende Auge auf starkes Interesse am andern Geschlecht; umgekehrt wirkt ein derart glänzendes Auge auch geschlechtlich stark anziehend. Man findet dieses Auge meist in Verbindung mit gesund gefüllten, sich stark abhebenden, plastisch gespannten unteren Augenlidern, die auf Geschlechtsnerven-Fülle hinweisen.

Dieser Blick findet sich auch bei der Abbildung 534.

Bei Fieber glänzt das Auge. Dies ist ein durch innere Erhitzung hervorgerufener ungesunder Glanz, der vom gesunden glänzenden Auge und erst recht vom leuchtenden Auge wohl zu unterscheiden ist. Auch nach Alkoholgenuss sehen wir das glänzende Auge.

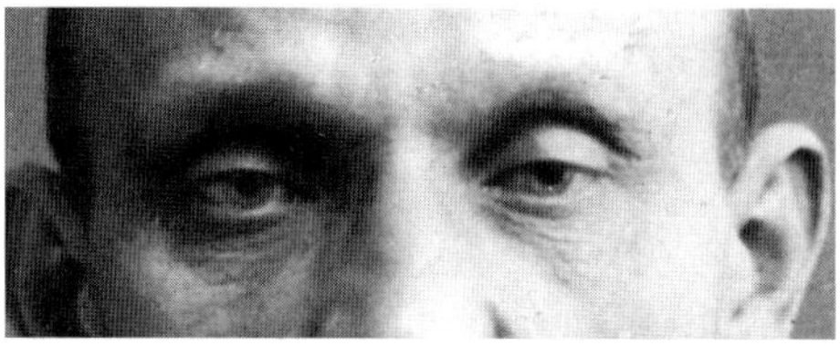

Abb. 518 *Das matte Auge*

Es deutet auf geschwächte Lebenskraft durch Krankheit; bei Überanstrengung zeigt es die physische Ermattung. Aber auch durch Gram, Kummer und Verdruss wird das Auge matt und wie erschöpft. Ohne Freude, Glück und Gesundheit erlischt die Strahlkraft im Auge. Das bedeutet, dass sich die Heliodaenergie zurückgezogen hat.

Das Bild zeigt das nicht nur durch Krankheit, sondern auch durch seelisches Leid ermattete, glanzlose Auge, aus welchem das kummervolle und freudlose Dasein dieser Person spricht.

Abb. 519 *Das tief gestellte Auge mit einem schmutzigen Ausdruck*

Hier erkennen wir am ganzen Erscheinungsbild das kalte, absolut reale und sachliche Denken. Die sehr stark abgetriebenen Ohren und die weiteren Disharmonien einschliesslich des unnatürlich verdickten, angeschoppten Halses lassen darüber hinaus die unglückliche, disharmonische und lieblose Veranlagung und Entwicklung erkennen. Das finstere, dumpf und drohend blickende Auge zeigt auch harte elektrische Spannung. Mit der Gefahr, dass die Denkweise, die das Auge spiegelt, in die Tat übergeht, ist jederzeit zu rechnen.

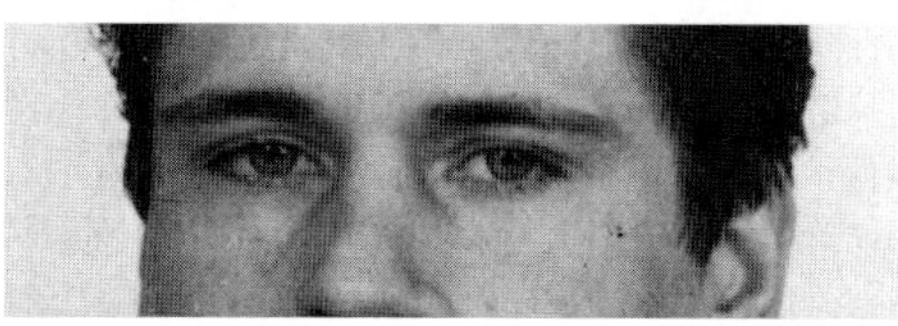

Abb. 520 *Das schmutzig und zugleich verschleiert wirkende Auge*

Zeigt moralischen Tiefstand und eine nur seinen momentan absolut realen Zielen dienende Denkweise.

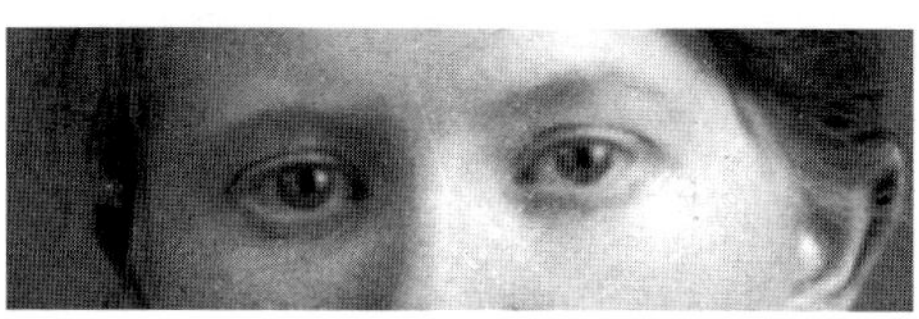

Abb. 521 *Der kraftlose Blick*

Dieser Ausdruck deutet auf wenig Fähigkeiten, sich geistig zu konzentrieren. Solche Personen sind zerstreut, planlos im Handeln und Wirtschaften. Sie haben wenig Ausdauer in einer Aufgabe, die dauernde Geistesgegenwart erfordert. Das Lernen fällt schwer und bleibt in einfachen Bereichen stecken.

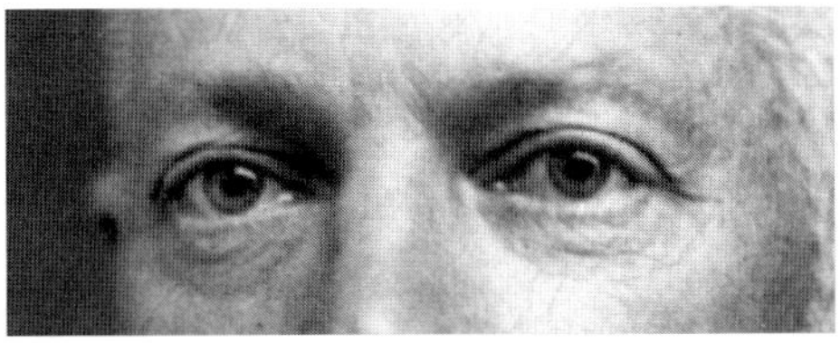

Abb. 522 *Der ruhige und feste Blick*
Der ruhige und feste Blick zeigt geistige Konzentration und zielbewusstes entschlossenes und tatkräftiges Handeln. Sind die Augen im Verhältnis zum Gesicht gross und haben gleichzeitig den ruhigen und festen Blick, dann besteht grosser Gedankenreichtum, reiche Phantasie, Lebhaftigkeit der Vorstellung, starkes subjektives Erkennen. Der Mensch ist schöpferisch, grosszügig und weitschauend, hat starken Einfluss auf seine Mitmenschen, ist zuverlässig und ernst, tritt für grosse Ziele ein und hat Führertalent.

Dieser Blick findet sich auch bei den Abbildungen 51, 85, 98, 115.

Abb. 523 *Otto v. Bismarck*
Hier erkennen wir zum oben Gesagten hinzu originelles und intensives reales Erfassen der Natur, sowie das cholerische Temperament (Augenbrauen, Schnurrbart, Kinn).

Abb. 524 *Das kleine Auge*
Wir finden diesen Augenausdruck bei Spezialisten, die in erster Linie für ein engeres Interessensgebiet arbeiten.

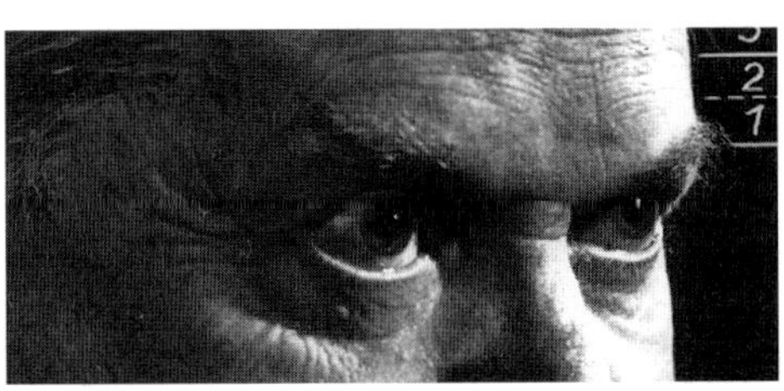

Abb. 525 *Das hervortretende Auge*
Hier erkennen wir grosse Ausdruckskraft, Sprachtalent und Wortreichtum und begeisterungsfähiges Sprechvermögen.

Abb. 526 *Das zurückliegende Auge*
Daran erkennen wir geringes Ausdrucksvermögen. Der Mensch ist dann meist ruhiger, nimmt zögernd auf, hat Schwierigkeiten, überzeugend zu sprechen und hat somit schwache Rednerbegabung.

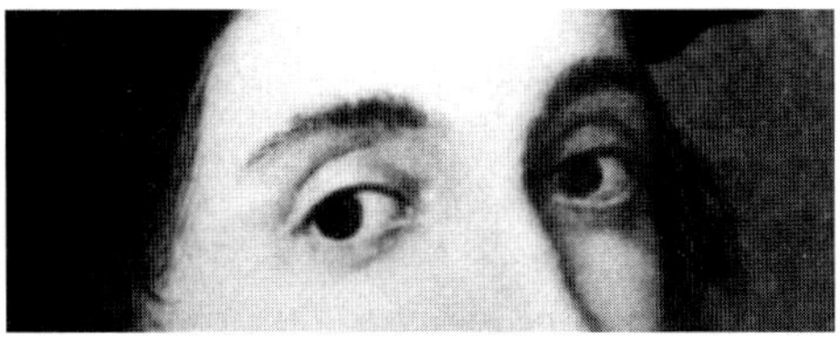

Abb. 527 *Das grosse und gerundete Auge*
Ein Ausdruck für Schönheitsliebe, Kunstbegeisterung und Ausdruckskraft; Musiker haben vielfach grosse und gerundete Augen. Dieser Blick findet sich auch bei den Abbildungen 105, 106, 495 und 533.

Abb. 528 *Die stark geöffnete Augumgebung*
Geöffnete Lider und gehobene Augenbrauen zeigen vielseitiges Interesse. Solche Menschen nehmen viel aus ihrer Umgebung auf. Sie sind ausserordentlich aufmerksam und wollen alles sehen und erkennen, und sind geistig regsam. Das Bild zeigt den Archäologen *Dr. Rust* aus Ahrensburg, der sich mit viel Tatkraft, grossem Eifer und Kenntnisreichtum der Auffindung und Erforschung frühester menschlicher Spuren besonders innerhalb Deutschlands gewidmet hat. Das ganze Erscheinungsbild lässt Tatkraft und das cholerische Temperament erkennen.

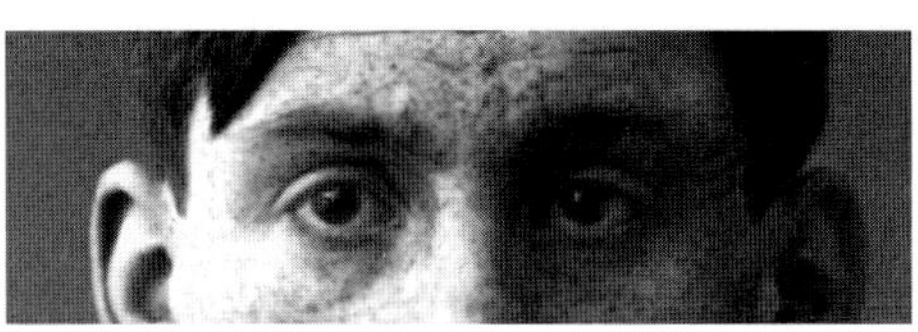

Abb. 529 *Das aufgerissene, unruhige Auge*
Dieser Ausdruck zeigt innere Zerfahrenheit, Unsicherheit und Ratlosigkeit und damit ist dieser Mann nicht fähig, tatkräftig und zielbewusst zu handeln.

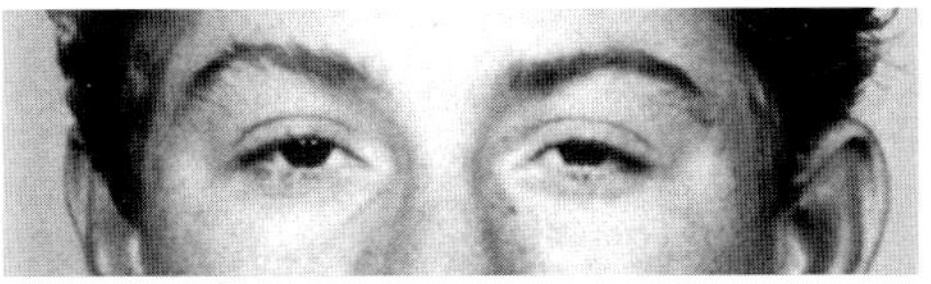

Abb. 530 *Verschleierte Augen*

Ein solcher Augenausdruck zeigt, dass dieser Mensch seine Gedanken und Absichten verbergen will. Auf unserem Bild sind auch Unehrlichkeit und Verschlagenheit sichtbar. Bei den verschleierten Augen sind die Konturen unklar, es ist, als ob ein Schleier über den Augen liege.

Dieser Blick findet sich auch bei den Abbildungen 421 und 369.

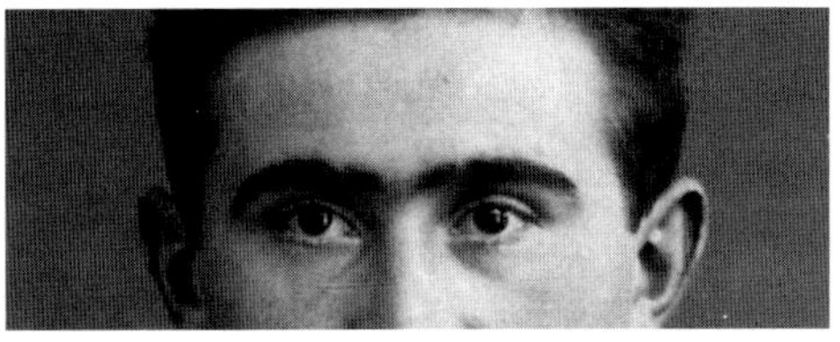

Abb. 531 *Nahe zusammenstehende Augen*

Dies ist ein Zeichen der gesteigerten Konzentrationsenergie, was zum Festhalten an den eigenen Gedanken führt. In positiver Auswirkung führt das zur Treue gegenüber einer als richtig erkannten Idee, in negativer Auswirkung, bei kleinen Augen, zur Sturheit bei der Verteidigung eigener Gedanken. Unser Bild zeigt das letztere, denn auch die Augenbrauen sind über der Nasenwurzel zusammengewachsen, was ebenfalls ein Zeichen gesteigerter Konzentrationsenergie ist, die leicht zur Sturheit wird.

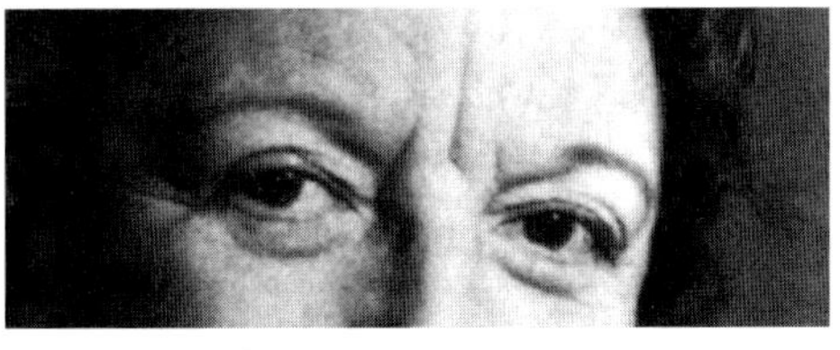

Abb. 532 *Weit auseinanderstehende Augen*

Neben den auseinanderstehenden, eindrucksvollen Augen können wir auf dem Bild eine breite plastische Nasenwurzel mit einem starken Talent zur Beurteilung der Formen, ein vorzügliches Sprachtalent (plastische Form zwischen oberem Augenlid und den Augenbrauen) erkennen. Diese Formen sind Aussagen, dass in dem abgebildeten Menschen ein freier, grosszügiger und universeller Geist lebt.

Ungleich gross wirkende und in der Höhe ungleich liegende Augen weisen auf geistige Unausgewogenheit hin, die sich in unberechenbaren und überraschenden Taten äussert.

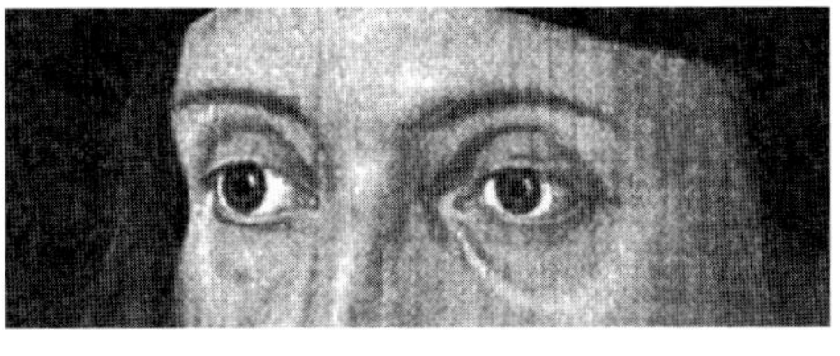

Abb. 533 *Das überdachte Auge*

Wenn die oberen Augenlider das Auge weit und sanft überdachen, so weist das auf Sanftmut und Bescheidenheit hin, meist auch auf Religiosität und Seelengrösse. Dieser Blick findet sich auch bei den Abbildungen 527 und 247.

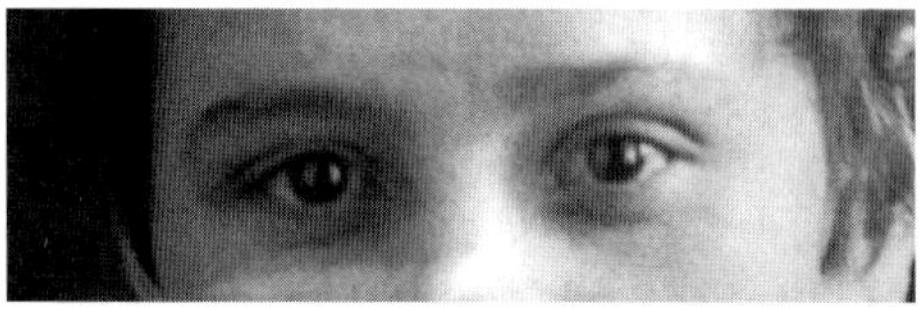

Abb. 534
Das plastisch gefüllte untere Augenlid deutet auf robusten Zustand der Nerven

In Verbindung mit dem Augenausdruck (glänzende Augen, tiefgehender Blick) zeigt sich hier auch ein starker Geschlechtsimpuls.

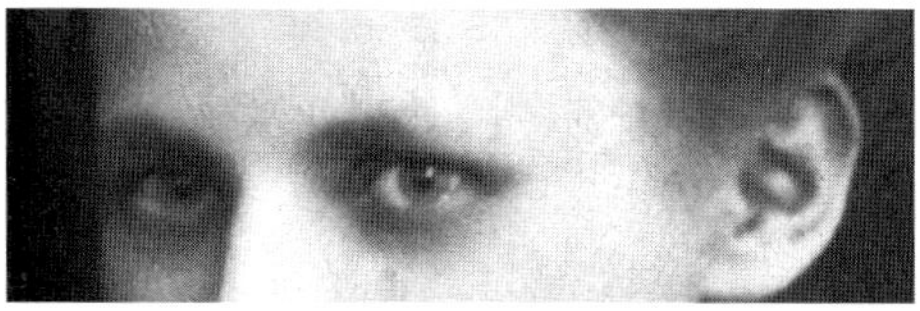

Abb. 535 *Das zarte, dünne, wie durchscheinende untere Augenlid deutet auf Zartheit der Nerven*

Solche Menschen brauchen genügend Ruhephasen. Sie sind nervlich wenig belastbar.

Dieser Zustand findet sich auch bei den Abbildungen 125 und 409.

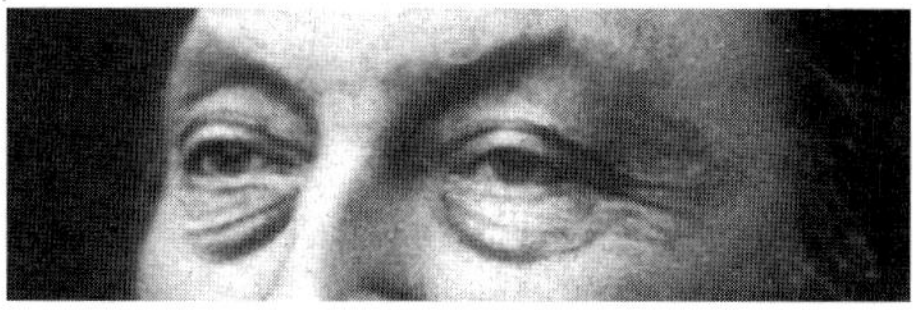

Abb. 536 *Das verformte untere Augenlid*

Die verformten, geschwollenen, gedunsenen, verhärteten, faltigen, welken oder erschlafften Formen unter den Augen (die sogen. Augensäcke in vielfältiger Abstufung) weisen auf organische Veränderungen und Schwächen oder Erkrankungen des Nieren- und Blasenbereiches hin.

Dieser Zustand findet sich auch bei den Abbildungen 375, 429, 496, 497.

Grosse Differenzen beim geistigen Erfassen und Umsetzen

Die zwei oberen Augenpaare, *der philosophische und der weise Blick* und die umgebenden Formen zeigen uns die Sonnenseite des Leistungsvermögens und der Lebensbetrachtung. Es sind Menschen, die aus Anlage und Entwicklung zu Höchstleistungen in der Natur- und Wahrheitserkenntnis fähig sind.

Die zwei unteren Augenpaare und die umgebenden Formen lassen uns Menschen erkennen, bei denen die oben gegebenen Möglichkeiten nicht selbstschöpferisch zu erreichen sind.

Personen, die unabhängig von ihrer Bildung, die sie sich angeeignet haben, das Ordinäre lieben und demendsprechend reden, erkennen wir am Augenausdruck, den wir als den *ordinären Blick* bezeichnen.

Der Blick von Menschen, die ihre Ziele rücksichtslos verfolgen und dabei auch vor Verbrechen nicht zurückschrecken, lässt den Wissenden oder Feinfühlenden erschauern. Ein solcher Augenausdruck wird als der *gemeingefährliche Blick* bezeichnet.

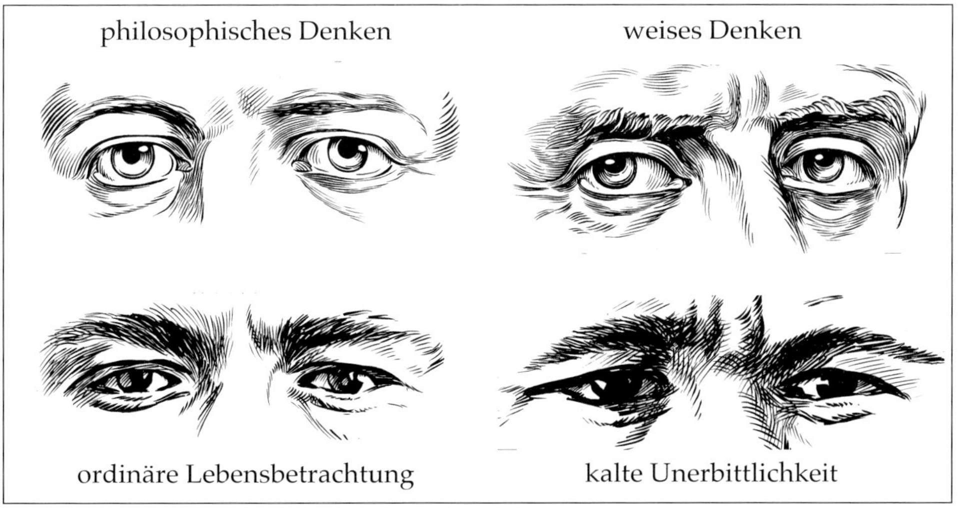

Abb. 537 Bilder von Mellerke

16. Die Ohren

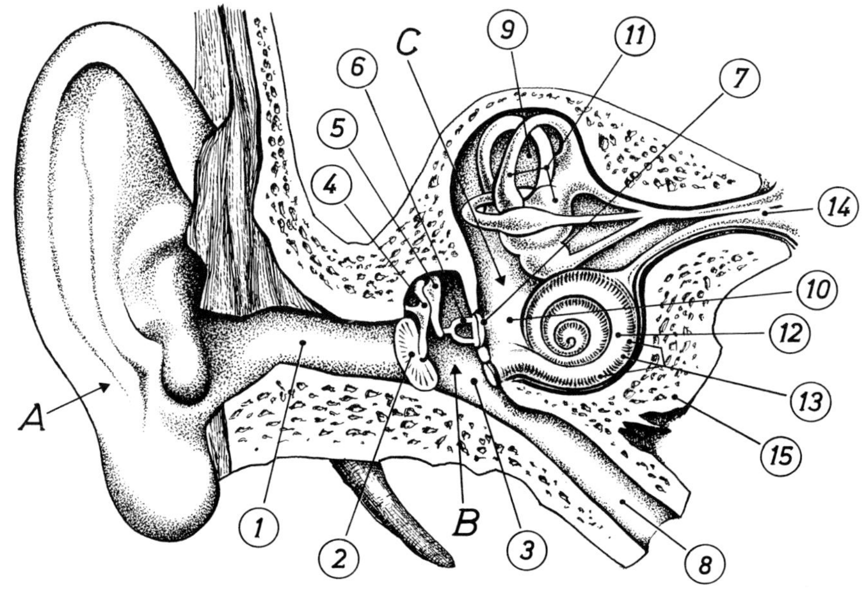

Abb. 538 *Der äussere und der innere Hörapparat*
A Ohrmuschel, **B** Mittelohr, **C** Innenohr
1 Gehörgang, 2 Trommelfell, 3 Paukenhöhle, 4, 5, 6 Gehörknöchelchen, 7 ovales Fenster mit Membran, 8 Ohrtrompete, 9 knöcherne Bogengänge, 10 knöcherne Schnecke, 11 häutige Bogengänge, 12 häutige Schnecke, 13 Cortisches Organ, 14 Hörnerv mit Gleichgewichtsnerv, 15 Felsenbein (Schädelknochen). Diese Organisation soll nicht näher erläutert werden. Sie soll lediglich zeigen, wie differenziert und fein sie ist. Es ist ein Wunderwerk der das Leben schaffenden Natur und der in ihr wirkenden Energie der Empfindung, die alles zu immer feinerer Entwicklung antreibt.

Grundsätzliche Zusammenhänge

Die Ohren sind nicht verstellbar oder stark wechselnd im Ausdruck wie Augen und Mund, sie sind gleichbleibende Aufnahmeorgane der Töne. Ändern kann sich die Strahlung der Gewebe, die Durchblutung und damit die Farbe und fleischliche Fülle, ferner sein Grad des Abstehens vom Kopfe und die Fülle des Ohrläppchens und damit das Volumen desselben.

Das Ohr ist in seiner festen Form Spiegel der menschlichen Tiefenschichten, der anlage- und entwicklungsbedingten Seelenbeschaffenheit; es zeigt, wie der Mensch aus seinem inneren Empfinden heraus gefühlsmässig reagiert und welche seelischen Impulse sein Denken und Handeln beeinflussen.

Auf Grund seiner organischen Funktion besitzt das Ohr zunächst die Fähigkeit zur Tonaufnahme und zeigt diese. Das äussere Ohr leitet die aufgenommenen Schallwellen zum inneren Ohr weiter, welches die Umsetzung von mechanischen Schwingungen in psychische Reize bewirkt. Die Nervenbahnen, welche diese Reize vom inneren Ohr weiterleiten, gelangen zunächst ins «Mittelhirn» und von hier in die Hörsphäre des Grosshirns und zu allen Körperzellen. Durch die direkte Überleitung der Hörreize ins «Mittelhirn» und über das sympathische Nervensystem zum Körper, erklärt sich die starke und unmittelbar fühlbare Wirkung von Hörvorgängen (Sprache, Gesang, Musik, angenehme und erschrekkende Geräusche).

Die Qualität des inneren Hörvorganges zeigt sich an der Form und Strahlung der Ohren. Das Ohr ist in hohem Masse Ausdruck des «Mittelhirns» und des sympathischen Nervensystems.

Weil der Mittelgesichtsausdruck ebenfalls die Beschaffenheit des «Mittelhirns» und der anschliessenden Organisation zeigt, besteht auch ein enger Zusammenhang zwischen dem Ausdruck des Mittelgesichts und dem Formausdruck der Ohren. (Die Zusammenhänge von sympathischem Nervensystem und «Mittelhirn» und dem äusseren Ausdruck beider in der Mittelhirnregion des Gesichts, sind im Kapitel 8 «Innerlichkeits- und Äusserlichkeitsmensch» dargelegt.)

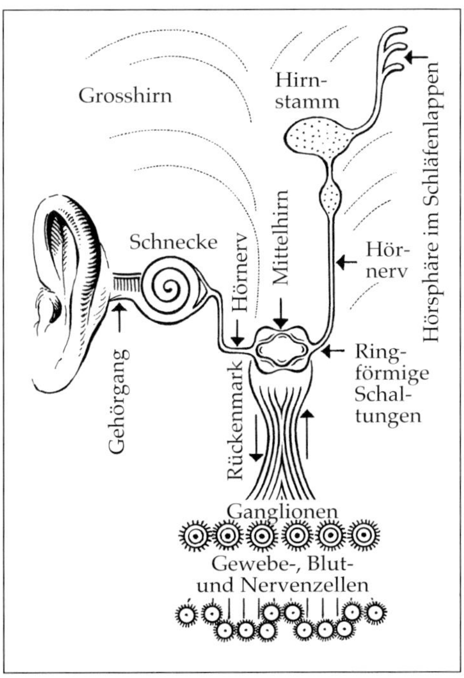

Abb. 539 *Vereinfachte Darstellung der Zusammenhänge zwischen äusserem Ohr und dem ganzen Körper*

Meistens finden wir bei Menschen mit erkalteten Mittelgesichtspartien auch den kühlen Ausdruck der Gewebe am Ohr oder die Ohrformen sind unausgeglichen; bei Menschen mit sehr feinem und empfindungsreichem Mittelgesichtsausdruck können wir hingegen vielfach feingebaute und wohlgebildete Ohren finden.

Das sympathische Nervensystem, das aus den inneren Rumpforganen aufsteigt, spiegelt auch Gesundheit und Krankheit dieses Organbereichs. Im unteren Ohr, dem Läppchen, zeigt sich der Ernährungszustand des Menschen, die Blutfülle und die gesamte Lymph- und Säftebildung. Die Verbindung mit dem Kleinhirn, dem motorischen und sexuellen Kraftspeicher des Gehirns, vermittelt Aufschluss über die Art der Tatimpulse und über das Sexualempfinden.

Die Ohren sind in der Breitenachse am Kopf angewachsen. Hier wirkt die elektrische Energie. Diese will verändern. Die Art der Veränderungsimpulse und ihre Wirkung auf Charakter, Wille und Empfinden können hier abgelesen werden.

Die beiden Ohren können nach Form und Ausdruck, wie die beiden Gesichtshälften verschieden sein. Ungleichheiten zeigen die unausgeglichene Innenstruktur. So wie Gesichtshälften nie genau gleich sind, sind auch die Ohren nie genau gleich. Das hängt damit zusammen, dass Rückenmark, Mittelhirn und Grosshirn sowie mehrere Körperorgane zweiseitig angelegt und nie genau gleich sind. An der linken Körper- und Gesichtshälfte und auch am Ohr sind mehr die sensiblen, freien, gestalterischen Impulse zu analysieren, an der rechten Hälfte kommen mehr die Wehr- und Widerstandsenergien und die Art der Umsetzung der Ideen zum Ausdruck (HW, S. 729). Deshalb kann gesagt werden: links ist mehr die Seite der schöpferischen Liebe, rechts ist mehr die Seite der durchführenden Kraft oder zusammenfassend zeigt das Ohr:

– die Art der äusseren und inneren Tonaufnahme
– den Grad des Veränderungstriebes
– die Empfindungstiefe
– die Kraft des sympathischen Nervensystems
– die Kraft des motorischen Nervensystems
– die Regenerationsfähigkeit
– die seelische Ausgeglichenheit
– die gefühls- oder verstandsbetonten seelischen Impulse.

Die Ohren sollten als Ganzes gesehen und beurteilt werden und immer auch im Vergleich mit dem übrigen Erscheinungsbild.

Wie soll man das Ohr beurteilen?

Die grundlegende Antwort *Huters* ist einfach:

«Man lasse sich bei der Beobachtung und Bewertung der Ohrform, der Strahlung und Spannung und von seinem Schönheitsgefühl leiten.»

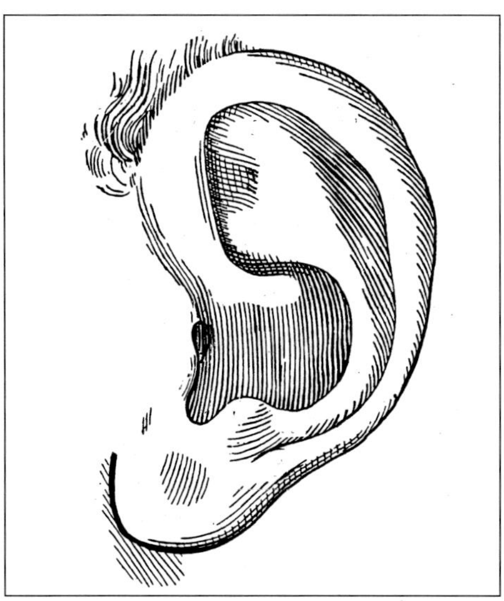

Abb. 540 *Das schön geformte Ohr*

Es zeigt die Harmonie der inneren Organisation des Gefühlsnervensystems und damit die tatsächliche Innenschönheit des Menschen, den man wohl als den Adel seiner Seele bezeichnen kann.

Das schön geformte Ohr zeigt die der Nächstenliebe zugeneigten Tiefenschichten des Menschen, die immer wieder versuchen auszugleichen und den Träger zur Harmonie zu führen. Das unschöne, wenig ausgeformte, schwere, grobe, verbildete, zu stark gefärbte, das Schönheitsempfinden störende Ohr, legt die entsprechende innere Organisation offen, die dann zur Verneinung und Kritiklust führt; solche Menschen sind positiven Worten und schönen Tönen weniger zugänglich.

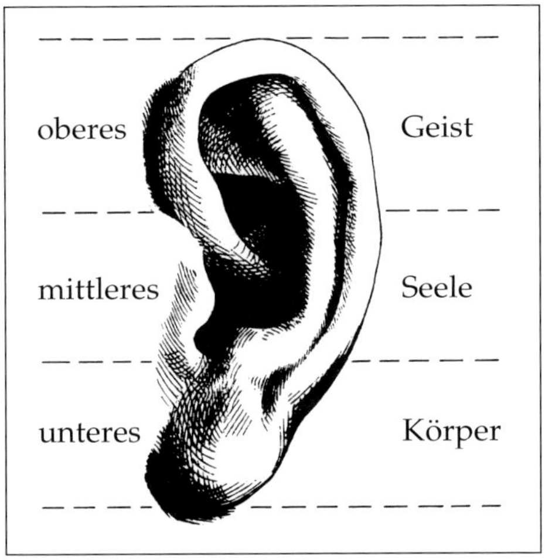

Abb. 541 *Die Dreiteilung des Ohres*
Das Ohr lässt sich ähnlich wie Gesicht, Nase, Stirn und die einzelnen Kopfregionen in drei Teile gliedern: unteres, mittleres und oberes Ohr.

Das untere Ohr zeigt mehr die materiellen, stofflich-chemischen Impulse, das mittlere Ohr die seelische Aufnahmefähigkeit, und das obere Ohr die Impulse auf das geistige Gestalten seines Trägers.

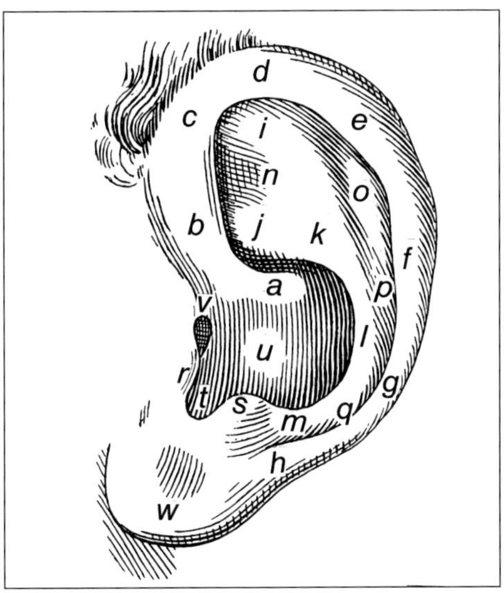

Abb. 542 *Das äussere Ohr und seine Einzelteile*
- *Äussere Ohrleiste (Helix) = a, b, c, d, e, f, g, h.*
- *Vordere Leiste = b.*
- *Obere Leiste = c, d, e.*
- *Kuppe = d.*
- *Darwinscher Knoten = bei e, auch bei o.*
- *Leistenende = g, h.*
- *Gegenleiste = i, j, k, l, m.*
- *Schenkel der Gegenleiste = i, j, k.*
- *Ende der Gegenleiste = l, m.*
- *Ovale Vertiefung = n.*
- *Kahngrube (Scapa) = o.*
- *Ohrrille = p, q.*
- *(Ohr-)Ecke = r.*
- *Gegenecke = s.*
- *Ecken-Einschnitt = t.*
- *(Innere Ohr-) Muschel = u.*
- *Gehörgang (Meatus acusticus) = v.*
- *Ohrläppchen = w.*

Einige Beurteilungsmerkmale

Abb. 543 *Eine ausgewogene Form*
Das Ohr hat eine insgesamt ovale bis eiförmige Form, ist in seiner Dreiteilung ausgewogen und in seinen hauptsächlichen Einzelteilen klar und übersichtlich differenziert. Finden wir ein solches Ohr, so dürfen wir annehmen, dass die Tiefenschichten eine ausgewogene Empfänglichkeit für Sprache und Musik ermöglichen und dass von hier Impulse zur Harmonisierung aller Lebensumstände ausgehen.

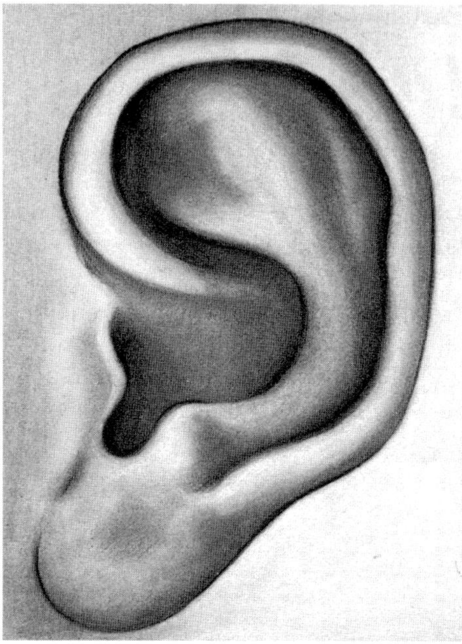

Abb. 543 Eine ausgewogene Form

Abb. 544 Die ausgeglichene Tiefenschicht

Daraus wachsen Herzensbildung, Empfänglichkeit für harmonische Aussenimpulse, was ausgeglichenes Denken und Handeln zur Folge hat. Umgekehrt wird eine Abneigung gegen alles bestehen, was dem zuwiderläuft. Voraussetzung für eine solche Wertung des wohlgebildeten Ohres ist, dass der Ausdruck von Augen, Stirn und Gesicht zu dieser Ausdrucksform des Ohres nicht im Missverhältnis steht. Bei einer guten Harmonie von Ohrform, Gesichts- und Augenausdruck darf auf eine ausgeprägte unbewusste Ethik geschlossen werden. Bei einem unverstellt-offenen Augenausdruck und einer hohen Stirn mit strahlendem feinen Gewebe, ist auch die bewusste Ethik stark.

Abb. 544 *Die ausgeglichene Tiefenschicht*
Ein etwa 35jähriger Mann mit dem wohlgeformten Ohr, das eine feine, klare und bestimmte Formstruktur hat. Es ist zudem verhältnismässig gross und nur sanft vom Kopfe abstehend. Die Ausgeglichenheit ist auch im Kopfbau, an Stirn, Augen, Nase, Mund und Kinn zu erkennen. Beides steht in einem sehr guten Gleichklang und offenbart die Ausgeglichenheit der Denk- und Fühlanlage. Die Nase lässt die Feinheit, Festigkeit und Bestimmtheit des Charakters erkennen. So, wie der Gesichts- und Ohrformausdruck ist das gesamte Wesen: fest, bestimmt, unerschütterlich in seinen Grundsätzen und seiner Überzeugung, die sich an einer idealen Weltanschauung bildeten. Die Selbsterziehung geht weit über das durch Erziehung und Umwelt vorgegebene Mass hinaus. Die aus der ausgewogenen und kraftvollen Anlage und aus der Entwicklung hervorgehende geistige Frische und die körperliche Leistungsfähigkeit blieb bis ins hohe Alter von über 90 Jahren erhalten.

Abb. 545 Die harmonischen Tiefenschichten

Abb. 546 Das Musikerohr

Abb. 545 *Die harmonischen Tiefenschichten*
Das Ohr ist in seinem oberen, mittleren und unteren Bereich ausgewogen. Geist, Seele und Körper stehen daher in einem guten proportionalen Verhältnis. Der Mann sucht den Ausgleich und ist kommunikationsfähig. Die länglichen, kräftigen Gesichtsformen lassen erkennen, dass die Tatkraft gross ist. Hier zeigen sich Beharrlichkeit und Entschlossenheit.

Am Ohr tritt die innere Ohrleiste kräftig, nach aussen gewölbt und gespannt hervor. Das lässt eine starke Mitteilungsfähigkeit erkennen. Solche Menschen sprechen gerne und haben gestalterische Fähigkeiten.

Das ganze Erscheinungsbild zeigt einen ernsten, aber beherrschten Menschen mit nachdenklich-forschend blickenden Augen und einer ruhigen Überlegtheit. Der Mann, ein hervorragender Jurist, hat sich jahrelang mit der Aufklärung staatlich organisierter Verbrechen beschäftigt und dabei innerlich stark Anteil genommen: «seine Seele erzitterte», so wäre es vielleicht zutreffend zu charakterisieren. Das innere Mitfühlen zeigt sich auch an dem weichen Wangenzug. Aus der langen, tiefgehenden Nasenform sprechen grosse Selbstbeherrschung, Gründlichkeit und überlegt planendes Vorgehen.

Abb. 546 *Das Musikerohr*
Der Komponist und Kammervirtuose *Max Büttner*, Professor für Harfe an der Musikhochschule München (gest. 1960).

Das Erscheinungsbild einer kraftvollen, selbstbewussten Persönlichkeit. Das Gesicht und die Stirn lassen innere Begeisterungsfähigkeit und warmes menschliches Fühlen und Denken, die Nasenform und Kinnbildung den impulsiven, geistig schöpferischen Künstler erkennen. Von besonderer Feinheit und Schönheit ist das Ohr, welches in seiner differenzierten Ausformung ganz charakteristisch für die ausgezeichnete Tonaufnahmefähigkeit ist. Das Ohr zeigt eine sehr fein gebaute und abgestimmte Mittel- und Innenohrbildung und damit die Qualität des Hörens.

Auf gutes Musikaufnahmevermögen lässt ein Ohr dann schliessen, wenn
1. die Ohrrille trompetenförmig ausgebildet ist,
2. die innere Ohrleiste schön geformt ist, sanft gegenüber der äusseren Ohrleiste zurücktritt und
3. bis unten in das Ohrläppchen verläuft.

Da das Ohr der Tonaufnahme dient und das musikalische Gehör zweifellos das Ideal der Aufnahmefähigkeit für Töne darstellt, so ist das Ohr des Musikers nach Form und Durchbildung fein und ausdrucksstark, wie wir es in dieser oder ähnlicher Form immer wieder sehen können.

Abb. 547 *Ein vorbildlicher Musiker und Mensch*

Das ganze Erscheinungsbild von *Gert Albrecht* zeigt in seinen Feinheiten eine sehr hohe Leistungsfähigkeit als Mensch und als Fachmann. Am sehr differenziert geformten Ohr ist das feinste Musikgehör, an der Stirneckenpartie das ausgezeichnete Musikgedächtnis zu erkennen. Diese hervorragenden fachlichen Anlagen werden ergänzt durch ausgesprochen spezifische menschliche Fähigkeiten. Der Mund in seiner Fülle und seinen differenzierten Formen, die geistdurchstrahlten Gewebe, der weiche Mittelgesichtsausdruck zeigen qualitativ hochstehende Gefühle, hervorgegangen aus der inneren, geistig seelischen Lebensenergie, der Helioda: «in den Formen lebt der Geist». Solche Menschen sind aussergewöhnlich leistungsfähig, sie sind schöpferisch und lauschen auf die innere Stimme, die immer wieder zu den Menschen hinführt. Die Art, wie *Albrecht* den Menschen begegnet, zeigt uns die bestimmt geformte Nase, an welcher planmässiges Handeln (Länge), gründliche Verarbeitung der Aufgaben (tiefgehende Nasenspitze) und pädagogisches Geschick (Feinheit und Qualität der Form) zu erkennen sind. Dabei bleibt *Albrecht* bei allen diesen Eigenschaften, die ihn zu hohen Positionen führten, sehr bescheiden (Distanz und Feinheit der Oberkieferpartie).

Es ist bei solchen Anlagen nicht verwunderlich, dass er sich persönlich mit viel Energie und Liebe, neben all den anderen wichtigen und aufwendigen Aufgaben, intensiv der Jugendförderung angenommen hat. Diese Arbeit leistete er neben der Führung verschiedener Orchester, von deren Musikern, die er aktiv förderte und motivierte, er bei aller Liebe zu ihnen beste Arbeit abverlangte (bestimmter Augenausdruck).

Solche Menschen sind vorbildlich in ihrer beruflichen und menschlichen Leistungsfähigkeit, es sind die Vorbilder, die mit allen Mitteln gefördert werden müssten unter anderem durch Biographien oder durch Berichte in den Medien. Solche Menschen sind echte Kulturträger, der natürliche Reichtum eines Volkes und werden in der heutigen Zeit in dieser Beziehung noch völlig unterschätzt.

Für den Physiognomen zeigt sich in den feinen, ausgeprägten Formen und dem leuchtenden Gewebe Genialität.

Abb. 547 Ein vorbildlicher Musiker und Mensch (Ringier Dokumentationszentrum, Zürich)

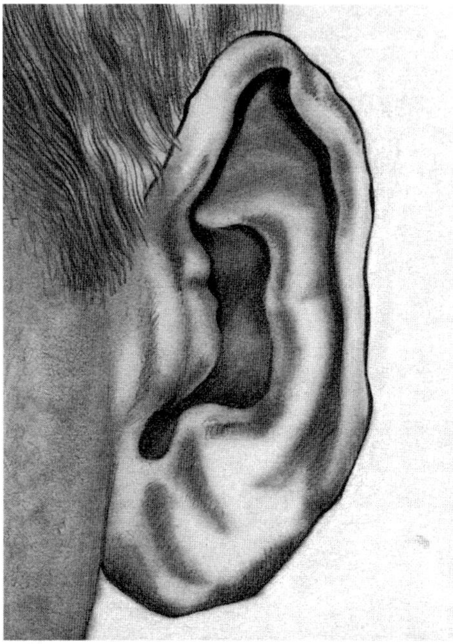

Abb. 548 Die unausgeglichenen seelischen Schichten

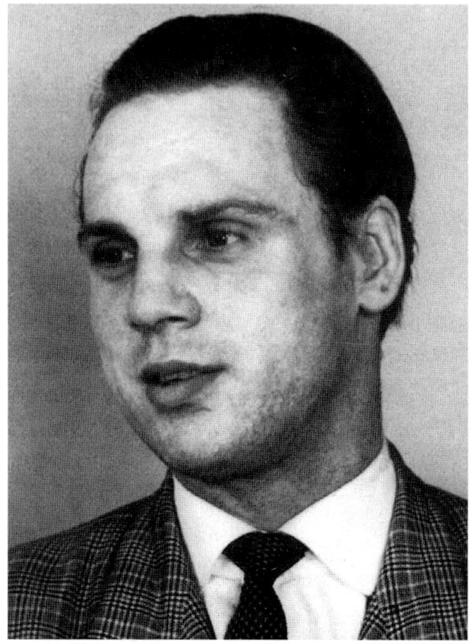

Abb. 549 Das Erscheinungsbild des kalten Verstandes

Abb. 548 *Die unausgeglichenen seelischen Schichten*

Ein Ohr, welches in Form und Ausdruck unser Schönheitsgefühl mehr oder weniger unangenehm berührt. Im oberen Teil ist die äussere Ohrleiste eingedrückt, auch in der Mitte und unten ist das Ohr unter der Norm der ausgeglichenen Form.

Dieser äusseren Gestalt des Ohres entspricht die innere Organisation, der Zustand des Mittelhirns und des gesamten sympathischen Nervensystems. Die Tiefenschichten tragen einen harten, spröden, in sich widersprüchlichen Charakter. Die geistige Energie der Helioda ist zurückgedrängt; damit werden die überwiegenden elektrischen, mediomischen und magnetischen Energien in negative Bahnen gelenkt. Sanfte, warme, milde Töne dringen deshalb nur schwer bis ins Bewusstsein. Was hart und schwer daherkommt wird beachtet, gelangt zur Wirksamkeit in den inneren Tiefenschichten der Gefühle. Entsprechend sind die Reaktionen und die Impulse auf das Denk-, Willens- und Tatleben.

Unschön geformte Ohren findet man immer wieder bei realistisch, gefühllos und kalt handelnden Menschen, die einen entsprechend kühlen Mittelgesichtsausdruck haben und mit dem Gefühlsdefizit auch zu Kriminellen werden können. Es ist, wie wenn das Schönste und Tiefste des Lebens, das ethisch Schöne keine Wirkung auf solche Menschen hätte, sie verschliessen sich demselben.

Bewusstes Erkennen solcher Anlagen ist der erste Schritt auf einem Weg, der die Tiefenschichten verfeinert und damit das Innere und parallel dazu die Strahlung und den Ausdruck der Ohren verändert.

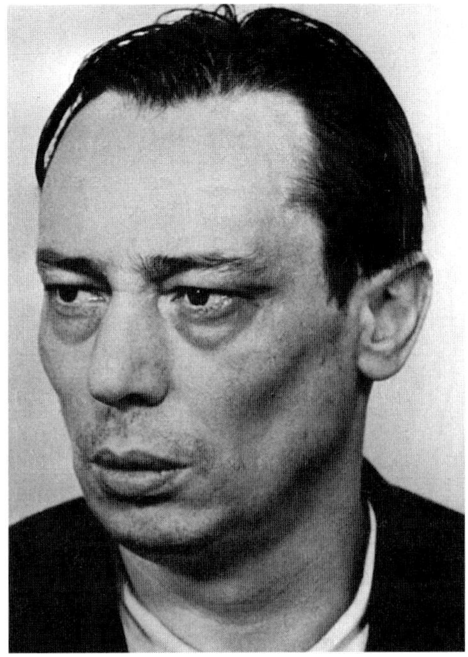

Abb. 550 Negative charakterliche Gesamtanlage

Abb. 549 *Das Erscheinungsbild des kalten Verstandes*

Das Ohr ist grob, hartförmig, verbildet, und es trifft all das zu, was vorhergehend über solche Formbildung gesagt wurde. Die Formbildungen des Gesichtes laufen parallel dazu. Kühler, entwertender Blick und flaches Mittelgesicht bestätigen sein berechnendes Denken ohne Gefühle. Der Mund lässt dagegen starke Genussfreudigkeit erkennen. Die plastische Stirn zeigt wendiges Denken und die breite Nasenwurzel das ruhige, schnelle Erfassen der Situation, die kurze Nase das blitzschnelle Umsetzen der Willensimpulse, der kräftige Unterkiefer den starken Willen zur Durchsetzung der Impulse.

Anlage und Entwicklung machen hier zu negativen Selbstsuggestionen und zu harten, brutalen, das Feinempfinden völlig negierenden Taten geneigt. Solche Menschen sind leicht zu einer tätlich wirkenden Gegnerschaft gegen Andersartiges zu gewinnen, wobei die Gefahr besteht, dass sie dann kriminell werden.

Abb. 550 *Negative charakterliche Gesamtanlage*

Dieses Ohr zeigt wenig Hemmungen. Es hat einen schmutzigen, frostigen Ausdruck. Das weist darauf hin, dass die ethischen Tiefenschichten, das seelische Innenleben, verkümmert sind. Das Erscheinungsbild des ganzen Gesichtes wirkt schmutzig, ohne die geringste Strahlung, die Nase ist plump, also auch hier der Ausdruck des ethischen Zerfalls der Persönlichkeit. Der Mund ist, ein Gegensatz zur Kühle des übrigen Gesichts, zu gross und zu weich, er ist im Ausdruck plump und lässt ungezügeltes Begehren und in diese Richtung gehendes starkes Wunschdenken erkennen. Der Mann verging sich an kleinen Mädchen und brachte sie dann um.

Seelische Hemmungen

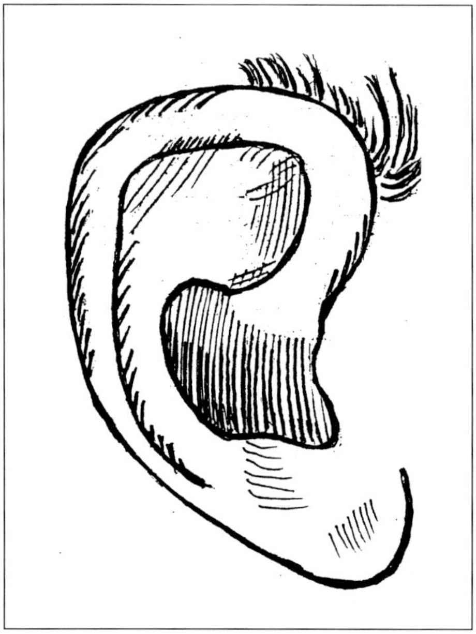

Abb. 551 Seelische Hemmungen

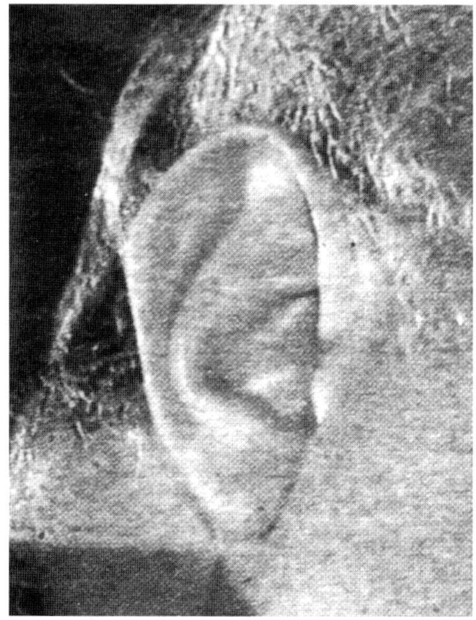

Abb. 552 Wenig seelische Hemmungen

Abb. 551 *Seelische Hemmungen*

Die oben eingedrückte äussere Ohrleiste bei sonst schön geformtem Ohr, finden wir immer wieder bei Menschen, die von den seelischen Tiefenschichten heraus gehemmt werden. Das Auftreten ist entsprechend zurückhaltend und kann z.B. im Gegensatz zu einem hohen Hinterhaupt stehen, wo ein starkes Selbstwertgefühl zum Ausdruck kommt. Solche Menschen sind dann hin und hergerissen zwischen sicherem Auftreten (Hinterhaupt) und Unsicherheit (seelische Tiefenschicht). Diese Hemmung ist unabhängig von den übrigen Qualitäten dieses Menschen. Umgekehrt lassen sich an der äusseren Ohrleiste auch Hemmungslosigkeit erkennen.

Abb. 552 *Wenig seelische Hemmungen*

Die äussere Ohrleiste ist flach ausgebildet. Das Ohr ist gross und schön, die innere Ohrleiste ist ausdrucksvoll und hat einen schönen Schmelz. Dieser Mensch hat ein ausgesprochen starkes Gestaltungsvermögen (innere Ohrleiste), das ohne Hemmungen (äussere Ohrleiste) umgesetzt wird. Er ist ein Künstler in der einfachen, praktisch greifbaren Darstellung komplizierter Zusammenhänge in der Physik. Er kann sich aber trotz seines Ansehens als Professor und einer hohen Position in der Politik in der Gesellschaft ohne Hemmungen seinen momentanen Gefühlen hingeben und diese zum Ausdruck bringen, was nicht immer auf das Verständnis der Bürger stösst.

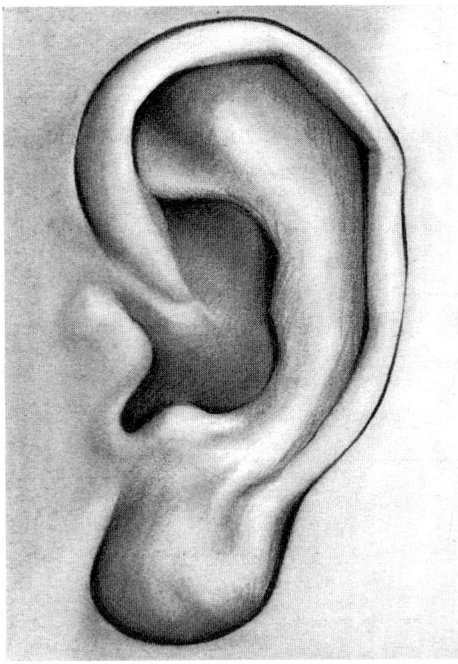

Abb. 553 Die robusten und kraftvollen Tiefenschichten

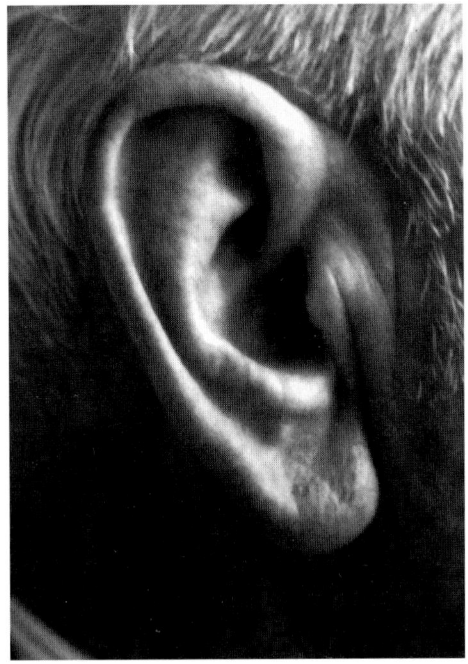

Abb. 554 Die starke Lebenskraft und die ausgeglichene seelische Tiefenschicht

Abb. 553 *Die robusten und kraftvollen Tiefenschichten*
Ein kräftiges, in allen Teilen plastisches, ausgeglichenes, gut durchblutetes und gut durchstrahltes Ohr von gesunder Farbe.

Es ist das Ohr eines geistig regsamen (oberes Ohr), seelisch gut veranlagten (mittleres Ohr) und körperlich kräftigen und gesunden (unteres Ohr) Menschen. Die längliche Form zeigt die starke magnetische Energie, was auf Festigkeit und Tatkraft hinweist. Das ergibt eine durch die starke seelische Kraft hervorgehende Grundhaltung.

Das Läppchen ist verhältnismässig gross und voll, hat den warmen Gewebeton und ist gut durchblutet. Das deutet auf Blutfülle, auf ein robustes Lymphsystem, einen guten Ernährungszustand und starke Regenerationsfähigkeit hin. Entsprechend ist die Geschlechtskraft. Menschen mit dem kräftigen, gut durchbluteten Ohrläppchen haben viel stofflich-chemische Reserven, können sich bei Krankheiten verhältnismässig rasch erholen. Ihre Leistung ist konstant kraftvoll. Die seelische Tiefenschicht gibt ihnen die Kraft und den Mut, sich intensiv für ihre Ideen und Lebenserkenntnisse einzusetzen.

Abb. 554 *Die starke Lebenskraft und die ausgeglichene seelische Tiefenschicht*
Das Ohr ist gross, ausgewogen in allen seinen Formen, und zeigt trotz einem hohen Alter von 80 Jahren noch keine Ermüdung oder Faltenbildung. Die Spannkraft ist voll erhalten. Mit grosser Kraft und seelischer Ausgeglichenheit konnte

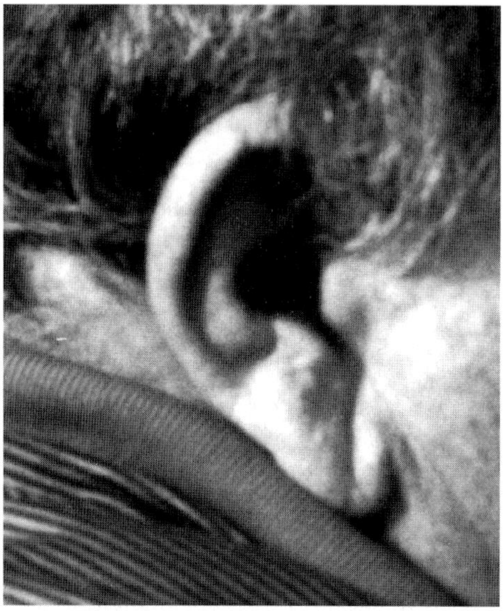

Abb. 555 Die starke Lebenskraft verbunden mit einem lebenspraktischen Sinn

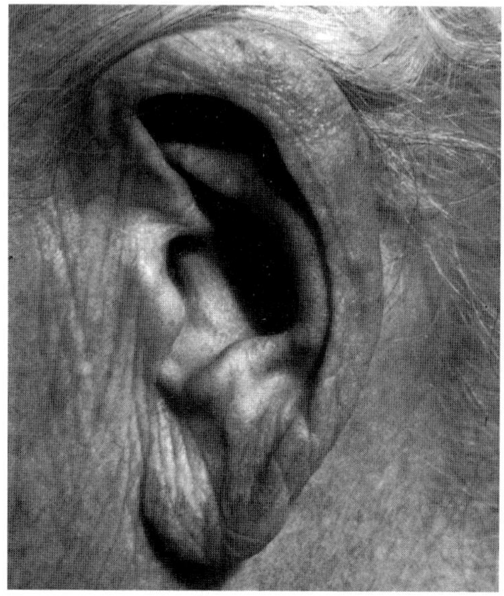

Abb. 556 Die vergehende Kraft und Energie

sich dieser Mann für seine als richtig erachteten Ideen einsetzen. Er war ein ausgezeichneter, selbständiger Berufsmann, ein ausgeglichener, in seiner Kraft ruhender Mensch, auf den man sich in allen Teilen verlassen konnte.

Abb. 555 *Die starke Lebenskraft verbunden mit einem lebenspraktischen Sinn*
Das Ohr ist im Verhältnis zum Kopf gross und zeigt in seinem unteren Teil viel Volumen. Das Gewebe ist grob, ohne Feinheit und Strahlung wie diese bei Abb. 547 zum Ausdruck kommt. Solche Menschen sind realitätsbezogene Lebenspraktiker, die sich in einer rauheren Welt zu behaupten wissen, deren kulturelle Interessen am Biertisch enden. Wir haben hier den typischen mediomischen Gewebecharakter.

Abb. 556 *Die vergehende Kraft und Energie*
Das Ohr einer 95jährigen Person, die viel erlebt und gearbeitet hat. Trotz dem hohen Alter hat das Ohr noch eine feine Strahlung, was die starke Lebensenergie zeigt. Das Ohrläppchen lässt den starken Kräfteverbrauch erkennen, die Regenerationsfähigkeit ist schwächer geworden und eintretende Krankheiten können nicht mehr gut überwunden werden. Im unteren Drittel ist die äussere Ohrleiste stark eingefallen, Rückenprobleme machten der Frau sehr zu schaffen.

Das grosse Ohrläppchen
Öfters zu beobachten ist das grosse Ohrläppchen. Wenn das Läppchen gegenüber der Dreiteilung (Abb. 541) mehr Platz beansprucht als das untere Drittel, so kann man von einem grossen Ohrläppchen sprechen; ist es aber annähernd halb

so gross wie das ganze Ohr, dann darf man wohl von einem sehr grossen Ohrläppchen sprechen.

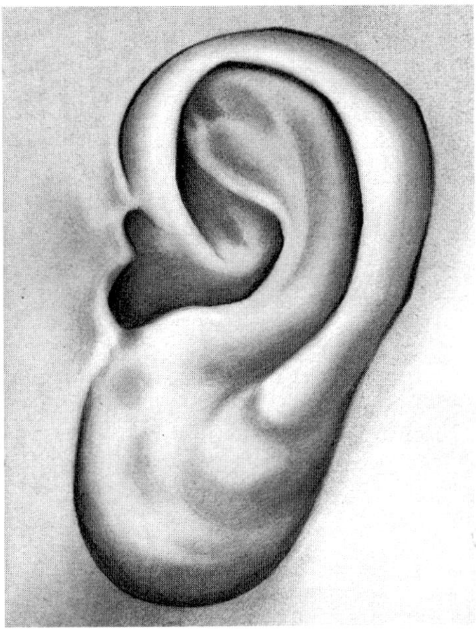

Abb. 557 *Das sehr grosse Ohrläppchen*

Das Ohrläppchen ist umfangreich. Das Schwergewicht der Form liegt im unteren Teil des Ohres. Der mittlere und der obere Teil des Ohres stehen demgegenüber zurück. Die Impulse aus der seelischen Tiefenschicht richten sich auf die materiellen Interessen und die Befriedigung der damit einhergehenden Bedürfnisse: «Geld ist Macht».

Chemisch und physiologisch drückt sich in den grossen Ohrläppchen ein starker Stoffwechsel und ein ausgezeichnet arbeitendes Lymphdrüsensystem aus. Es bestehen daher zunächst starke Bedürfnisse nach Essen und Trinken, aber auch viel Ruheenergie. Durch die sehr gute Regenerationsfähigkeit des Körpers kann das Gehirn in grossem Umfang mit Energie versorgt werden. Der Mensch kann sich daher, sofern das Potential zum Denken gegeben ist, auch geistig ausdauernd betätigen. Meistens dominieren dabei die realen Verstandes- und Erwerbsdenkschichten. Der Kräftecharakter ist mediomisch, die seelischen Impulse sind auf die Stoffansammlung gerichtet. Das Fühlen, Denken und Handeln erhält eine gewisse Schwere, die Gewissenhaftigkeit und die Geheimhaltung sind verstärkt.

Wir finden das grosse und sehr grosse Ohrläppchen vielfach bei Ernährungs-Naturellen und bei Ernährungs-Bewegungs-Naturellen, bei Menschen also, die schon vom Naturell her starke materielle Interessen haben. Erfolgreiche Erwerbsmenschen sind oft durch sehr grosse Ohrläppchen ausgezeichnet, sie können rastlos tätig sein.

Vielfach finden wir neben den grossen Ohrläppchen eine lange, auch aus mediomischen Energien hervorgehende Oberkieferpartie (die vom Mundschluss bis zum Nasensteg gehende Formbildung). Aus dieser Kombination ergibt sich eine starke Ichbezogenheit und die Neigung, vieles zu unternehmen, um vor den Leuten als wohlanständig zu gelten. Hinter der zur Schau gestellten Biederkeit verbirgt sich oft eine aus Neid und Egoismus entspringende Tiefenschicht. Es kann zu Handlungen kommen, die nicht dem zur Schau gestellten Bild entsprechen. Der Verursacher selbst neigt dazu, sich seine Tat wieder auszureden; er gefällt sich in der zur Schau gestellten Wohlanständigkeit und man könnte glauben, es sei nichts geschehen.

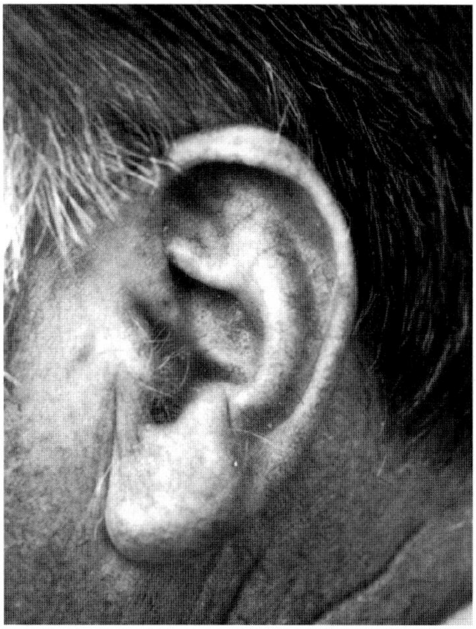

Abb. 558 Das grosse und gefüllte Ohrläppchen

Abb. 559 Das grosse und gefüllte Ohrläppchen

Abb. 558 *Das grosse und gefüllte Ohrläppchen*
Es deutet auf die reichliche Regenerationsfähigkeit hin, das übrige Ohr ist ausgewogen in der Form und zeigt die Tendenz zum Ausgleich und an der inneren Ohrleiste eine starke Kontaktfähigkeit, die auch am weichen, quellenden Mittelgesicht zum Ausdruck kommt. Der Träger dieser Ohren hat sich nach schweren Unfällen und Operationen immer wieder in erstaunlich kurzer Zeit erholt und blieb bis ins hohe Alter aktiv und arbeitfähig.

Abb. 559 *Die starke Lebenskraft*
Das Ohr mit dem grossen Ohrläppchen und das übrige Gesicht lässt eine urwüchsige Kraft erkennen. Die Haare sind fein, das innere Ohr hat eine schöne Strahlung und das Mittelgesicht ist quellend und weich, das Gewebe ist offen und strahlend. Trotz den auf das praktische Verwirklichen ausgerichteten Tiefenschichten kommt das menschliche Fühlen nicht zu kurz, was in einem grossen Einsatz für ihre Familie und für die eigenen und für fremde Kinder zum Ausdruck kam. Die Dame ist sehr kontaktfreudig und -fähig und hat sich in ihrer Umgebung trotz schwierigen Verhältnissen mit Kraft und einer selbstverständlichen Eigengesetzlichkeit behauptet.

Abb. 560 *Das kräftige, prall gefüllte Ohrläppchen*
Der Knabe hat grosse, abstehende Ohren mit stark entwickelten Ohrläppchen, welche im Gesamteindruck vorherrschen.

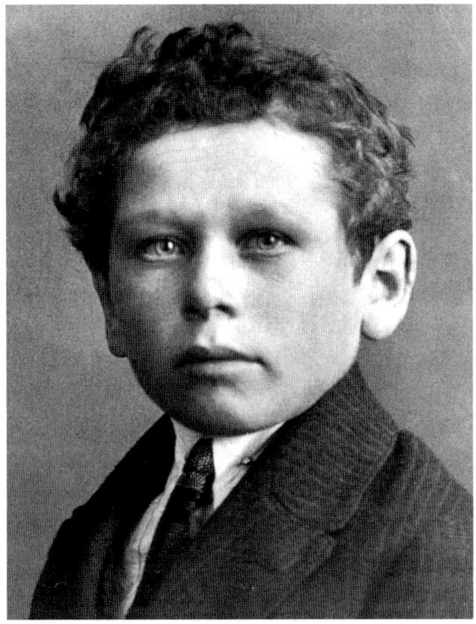

Abb. 560 Das grosse und gefüllte Ohrläppchen

Das Gesicht und der Kopfbau, besonders in der Ohrengegend, ist breit. Damit ist die starke elektrische Innenspannung, der grosse Veränderungsimpuls gekennzeichnet.

Der Blick ist nüchtern und zeigt einen ausgeprägten Sinn für reale Gegebenheiten. Die Unterstirn und das Seitenhaupt zeigen die ausgezeichnete Anlage der realen Denkschichten und den ausgeprägten Sinn für ökonomische Zusammenhänge. Kühl, tatkräftig, selbstgerecht und realistisch wird sich demzufolge der Charakter entfalten. Der kräftige, gewellte Haarwuchs mit grobem Haar lässt grosse Reserven im Nervensystem und viel Phantasie erkennen.

So veranlagte Menschen entwikkeln schon im frühen Alter eine erstaunenswerte Geschäftstüchtigkeit und vermögen ihre Kameraden für sich einzuspannen. Die durch das grosse Ohrläppchen signalisierte Regenerationsfähigkeit wirkt sich auch auf die Sexualkraft aus. Aus den sich daraus ergebenden Impulsen und den am Mund sichtbaren Gefühlen, wird schon früh der Kontakt zum anderen Geschlecht gesucht und mit der reichen Phantasie (Haare) auch gefunden.

Das kleine Ohrläppchen

Abb. 561 *Das kleine und zarte Ohrläppchen bei ausladendem oberem Ohr*

Das ausladende obere Ohr zeigt eine starke Tendenz, Probleme geistig zu lösen: «Wissen ist Macht». Während Menschen mit dem grossen unteren Ohr leicht im Materiellen verharren, wollen Menschen mit dem ausladenden oberen Ohr geistig tonangebend sein. Das kleine Ohrläppchen lässt erkennen, dass hier weniger Regenerationskraft vorhanden ist. Die praktischen Impulse und die Sorge um den materiellen Erwerb stehen zurück. Daraus entstehen bei den Neigungen, Ansprüchen und Bedürfnissen andere Grundeinstellungen als bei Menschen mit grossen Ohrläppchen. Nicht die Schwere der Materie bestimmt die Tiefenschichten, sondern geistige Impulse beleben die Seele, und der Bezug zur materiellen Wirklichkeit geht mitunter beinahe ganz verloren, dies vor allem bei vom Naturell her geistig orientierten Naturen.

An dem kleinen, und oft mageren Ohrläppchen erkennt man, dass das Lymphdrüsensystem fein ist, die körperlichen Kräfte erschöpfen sich eher, und es fällt dem Körper schwer, in kurzer Zeit neue Reserven aufzubauen. Daher hat der Mensch mit den kleinen Ohrläppchen eine geringe Regenerations-, Wider-

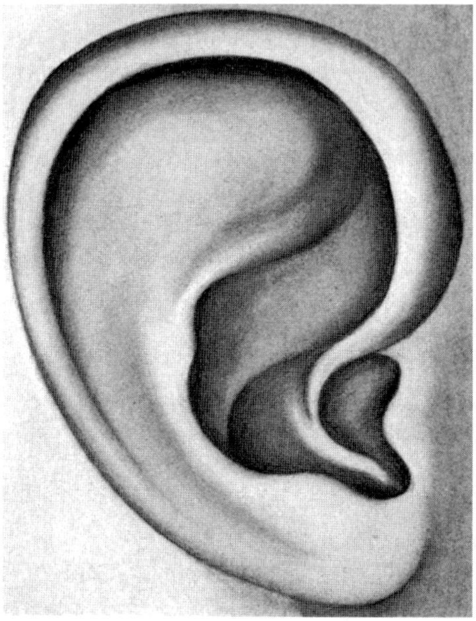

Abb. 561 Das kleine und zarte Ohrläppchen bei ausladendem oberem Ohr

Abb. 562
Die schwache Regenerationskraft

stands- und Überwindungskraft sowohl bei anstrengender körperlicher Arbeit als auch bei Krankheiten. Der Mensch mit dem kleinen, zarten oder schwachen Ohrläppchen sollte sich daher körperlich nicht zu viel zumuten, sich schonen und vernünftige Pausen einlegen.

Abb. 562 *Die schwache Regenerationskraft*
Das kleine Ohrläppchen des Schauspielers *Peter Lorre*, der bei Aussenaufnahmen in Spanien, die für ihn zu anstrengend waren, erst 55jährig einen schweren Herzanfall erlitt und kurze Zeit danach verstarb.

Die weichen, beweglichen Gesichtsformen und die innere Ohrleiste lassen das Talent zu mimischer und schauspielerischer Tätigkeit, und der Mund in seinem sprechenden Zug die sprachliche Ausdruckskraft erkennen. In dem weichen Mittelgesicht kommt das intensive innere Fühlen, das aus der seelischen Grundstimmung aufsteigende gute Wollen und Fühlen zum Ausdruck. Im grossen sprechenden Auge, der breiten Nasenwurzel und der sehr charakteristischen Nasenbildung zeigt sich feinstes Formempfinden. Der Nasen-Wangen-Zug ist zart, der Körperbau fein, der Hals dünn. Alles weitere Hinweise auf die schwächere Regenerationsfähigkeit.

Wie ist diese Weichheit mit den Filmrollen *Lorres* zu vereinbaren, in denen er vielfach Verbrecher, Spione, Detektive oder degenerierte Typen mimte? Die innere Ohrleiste ist sehr eigenwillig geformt und von der elektrischen Energie stark herausgetrieben. Zudem steht das Ohr nicht in der Senkrechten, sondern die Neigung geht von unten vorne nach hinten oben in Richtung des Hinterkop-

Abb. 563
Die zarte Regenerationskraft
(Foto Rudolf Maul)

fes, wo sich das Tatleben des Menschen kundgibt. Deshalb und aus seiner starken seelischen Einfühlungskraft konnte *Lorre* sich so überzeugend auch in abnorme Charakteren und in das Verhalten der von ihm dargestellten Typen hineinleben und sie in seinen Rollen zum Leben erwecken.

Lorre ist ein Mensch, der für einen harten Lebenskampf nicht ausgerüstet ist, ein Mensch, der sich kaum mit durchsetzender Kraft und Energie für seine eigenen Belange einsetzen kann. Die schauspielerischen Leistungen und der Lebenskampf überstiegen die Kraftreserven und führten zu seinem frühen Tod.

Abb. 563 *Die zarte Regenerationskraft*
Frau *Käthe Kupfer* in hohem Alter. Sie ist ein Empfindungsnaturell. Das ganze Gesicht zeigt feine Strahlung, hervorgerufen durch die starke Lebens- und Liebeskraft Helioda, welche häufig bei alten Menschen beobachtet werden kann. Die Ohren sind wie bei *Peter Lorre* sehr fein gebildet und das Ohrläppchen ist ebenfalls klein und fein. Diese Dame hat sich ein Leben lang mit geistigen Fragen auseinandergesetzt, eine ihr entsprechende Lebensweise gepflegt, neben einer intensiven geistigen Arbeit auch die Ruhe nicht vernachlässigt und ist deshalb trotz schwacher Regenerationskraft in Gesundheit alt geworden. Die feine Faltenbildung im Gesicht zeigt, dass im Leben alle Anlagen eingesetzt wurden, dass jetzt die Lebenskraft und die Lebensfrische jedoch nicht mehr voll erhalten sind. Der Geist ist aber nach wie vor hellwach. Dies, die herausdrängende innere Ohrleiste und das weiche, quellende Mittelgesicht zeigen, weshalb *Käthe Kupfer* bis ins hohe Alter mit grosser Freude lebhaft und präzis, mit Namen und Daten gespickte Erlebnisse aus ihrem nicht immer einfachen Leben erzählen konnte.

Das angewachsene Ohrläppchen

Im Normalfall ist das Läppchen mehr oder weniger frei hängend. Das angewachsene Läppchen ist im unteren Teil nicht schön abgerundet, sondern geht ohne Falte oder Unterbrechung in die Gesichtshaut über. Es ist eine gut beobachtbare und gar nicht so selten anzutreffende Eigentümlichkeit.

Abb. 564 *Das leicht angewachsene Ohrläppchen*

Abb. 565 *Das stark angewachsene Ohrläppchen*
Der untere Ohrrand verläuft ohne Unterbrechung in den Unterkiefer. Das bedeutet, dass die Impulse der seelischen Tiefenschichten unmittelbarer als bei dem frei hängenden Ohrenläppchen in die Durchführung übergehen. Menschen mit stark angewachsenen Ohrläppchen handeln daher manchmal überraschend, treten unmittelbar stark aus sich heraus, fassen für andere unerwartete und nicht immer nachvollziehbare Entschlüsse (plötzliche, unerwartete Berufswechsel, plötzliche Änderung der vorhandenen gesellschaftlichen Situation, Abenteuer mit Geld). Bei leicht angewachsenen Ohrläppchen ist das in geringerem Masse der Fall. Bei frei hängendem Läppchen geht Geistiges und Seelisches nicht unmittelbar, sondern mit einer gewissen Hemmung oder Unterbrechung, mit einer Verzögerung ins Tatleben über.

Abb. 566 *Die feinen seelischen Tiefenschichten*
Das Ohr mit einer feinen Strahlung und reichen Formen lässt eine differenziert fühlende Person mit grosser seelischer Tiefe erkennen.

Das Ohrläppchen ist leicht angewachsen, längere Regenerationsphasen sind nötig. Am Übergang zum Unterkiefer ist eine feine Faltenbildung zu erkennen als Folge der Anstrengung, überraschende, aus dem Gleichgewicht führende Impulse zu beherrschen, was auch gelingt. Dies ist, trotz dem nur feinen Signal, bei einer physiognomischen Beurteilung zu berücksichtigen.

Das hoch und das tiefsitzende Ohr

Die Ohren sind in der Höhe nicht immer gleich am Kopf angewachsen. Als Norm gilt: die Ohren wachsen oben auf der Höhe der Augenbrauen und unten auf der Höhe des Nasensteges aus dem Kopf heraus. Nun wird diese Norm von der Natur vielfach durchbrochen, was bei der Beurteilung berücksichtigt werden muss.

Abb. 567 *Die unterschiedlich angewachsenen Ohren*
Links, das oberhalb der durch die Balken bezeichneten Höhe angewachsene, rechts, das unterhalb derselben angewachsene Ohr. Dies bedingt unterschiedliche Tiefenschichten und einen entsprechenden Einfluss auf die Wesensart. Auf dem Bild sind die unterschiedlichen Charakteranlagen an den Gesichtformen sichtbar. Links der mehr aus dem Gefühl heraus handelnde Mensch, rechts der mit kühlem Verstand umsetzende.

Menschen, deren Ohren hoch sitzen, nach dem Oberhaupt zu, aus welchem die höchsten Gefühlsempfindungen erwachsen, haben die Neigung, mehr nach

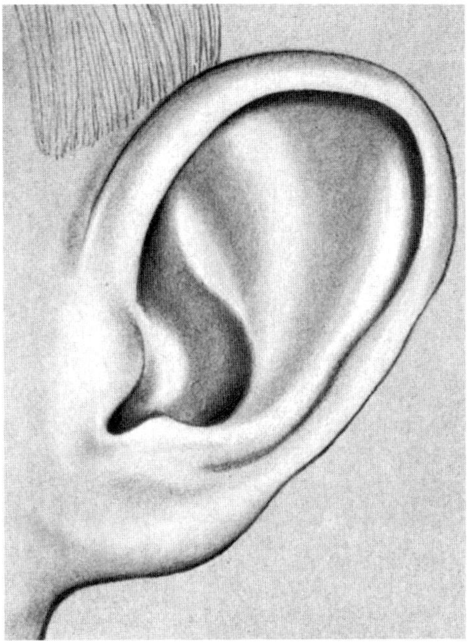

Abb. 564 Leicht angewachsenes Ohrläppchen

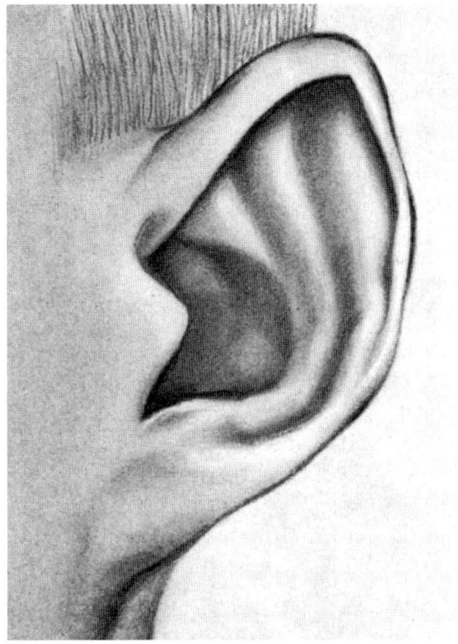

Abb. 565 Stark angewachsenes Ohrläppchen

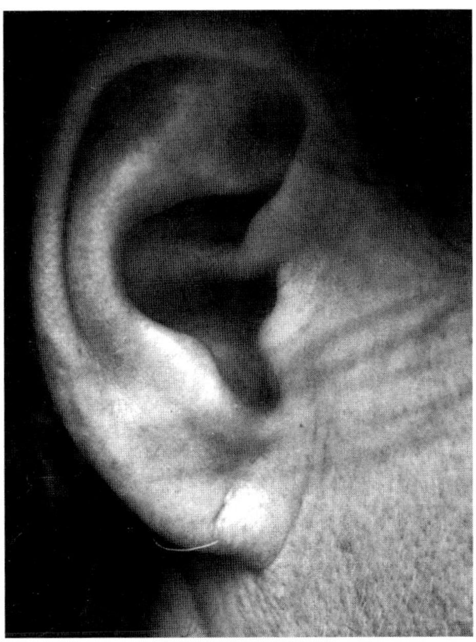

Abb. 566
Feine seelische Tiefenschichten

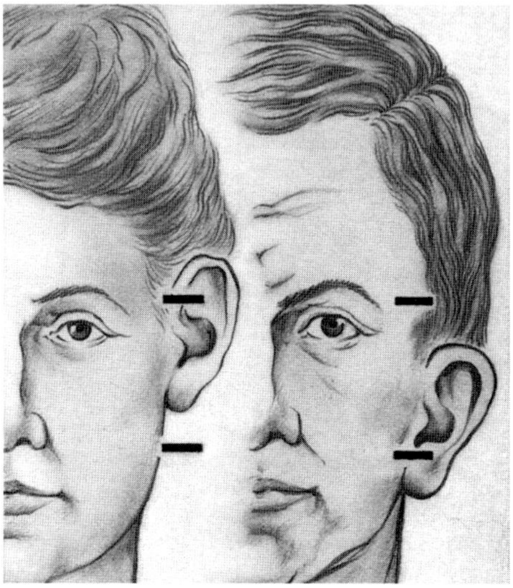

Abb. 567 Die unterschiedlich angewachsenen Ohren

Abb. 568 Bismarck

ihren momentanen Empfindungen zu handeln. Solche Menschen berücksichtigen das Gefühl zu sehr und stellen nüchterne und kalkulierte Überlegung zurück, wodurch Realitäten übersehen werden können. Die Handlungen entspringen aus unüberlegter Güte (Naivität) und Leichtfertigkeit und entsprechen vielfach nicht den Wirklichkeiten.

Abb. 568 *Bismarck*
Menschen mit tiefsitzenden Ohren lassen sich bei ihren Handlungen weniger von Gefühlsregungen leiten. Hier herrscht das nüchterne und reale Denken vor, aber auch die Gewissenhaftigkeit und Gründlichkeit. Ein solches Erscheinungsbild erhöht bei Unternehmer-Naturellen die Sachlichkeit und die Nüchternheit. Die Beharrlichkeit wird dann oft zum Übereifer in der Verfolgung bestimmter Ziele, wie es z. B. bei *Bismarck* der Fall war. Bei stark durch die Empfindungsenergie beeinflussten Menschen ist das tiefsitzende Ohr Zeichen des seelischen Realitätsbezuges, der Gewissenhaftigkeit und Gründlichkeit.

Abb. 569 *Das tiefsitzende Ohr*
Ein Mann mit klarem Denken, nüchtern, verstandesbetont, bei grosser Gründlichkeit. Tatkräftig planend, gradlinig und sauber ist seine Wesensart. Es zeigt sich in diesem Erscheinungsbild eine Übereinstimmung zwischen den Tiefenschichten, ausgedrückt durch das Ohr, und den am übrigen Gesicht zum Ausdruck kommenden Willensenergien.

Da der Lebensgeist des Menschen eine Einheit ist, muss sowohl aus den Einzelformen als auch aus der Gesamtform eine Einheit zu erkennen sein. Die Übereinstimmung des Ganzen, das Erkennen der Einheit gibt dem Studierenden Sicherheit und lässt Fehldeutungen vermeiden. Neben dem Detail ist also immer

Abb. 569 Das tiefsitzende Ohr

auch das ganze Erscheinungsbild zu berücksichtigen und vor der endgültigen Schlussfolgerung sind die einzelnen Erkenntnisse gegeneinander abzuwägen. Manchmal sind auch Gegensätzlichkeiten zu finden, deren entsprechende Auswirkungen auf die Handlungen erarbeitet werden müssen.

Das grosse und das kleine Ohr

Auch das Verhältnis der Grösse des Ohres zu den übrigen Kopf- und Gesichtsformen ist zu beachten. Die Unterschiede können sehr gross sein.

Abb. 570 *Das grosse und das kleine Ohr*

Menschen mit den grossen Ohren nehmen intensiv am Leben teil. Sie gestalten und wirken kraftvoll nach aussen. Das grosse Ohr zeigt eine robuste innere Organisation, was zu entsprechender Leistungsfähigkeit und innerer Ruhe führt.

Menschen mit kleinen Ohren und fein organisierten inneren Strukturen erleben die Welt aus einer anderen Perspektive. In feiner Ausprägung passt dieses Ohr zum Empfindungs-Naturell. Wir finden das kleine Ohr aber auch bei allen anderen Naturellen. Das kleine Ohr signalisiert eine gewisse Ängstlichkeit. Daraus resultiert bei robusten Naturen Vorsorglichkeit. Alle Vorbereitungen sind geprägt von dem Gefühl, noch nicht alle Unterlagen zu haben, um entscheiden zu können. So brauchen denn auch Bewegungs-Naturelle mit kleinen Ohren mehr Fakten zur Entscheidungsfindung als solche mit grossen Ohren.

Abb. 571 *Der mutige und unabhängige Mensch*

Der schon zur Legende gewordene Schweizer *Gottlieb Duttweiler*. Er hatte ein sehr grosses, wohlgeformtes Ohr. Hier sehen wir nicht nur Wagemut und Unternehmungsfreude, sondern auch grosse innere Standfestigkeit. Das Ohr ist kräftig, wohl auch gut durchblutet und nur mässig vom Kopf abstehend. Der Kopf- und Gesichtsbau zeigt Übereinstimmung mit dem Ausdruck der Ohren.

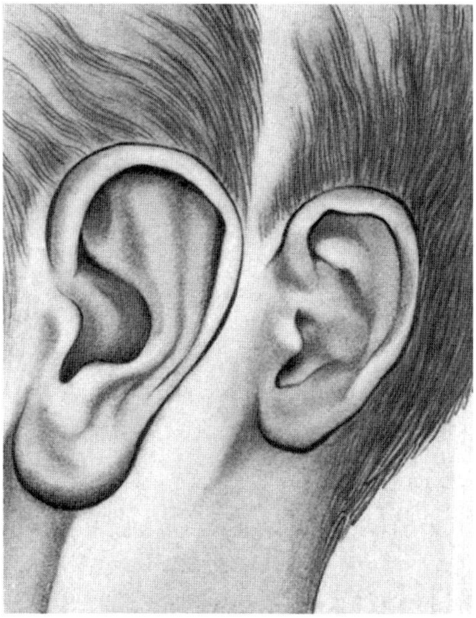

Abb. 570 Das grosse und das kleine Ohr

Abb. 571 Der mutige und unabhängige Mensch

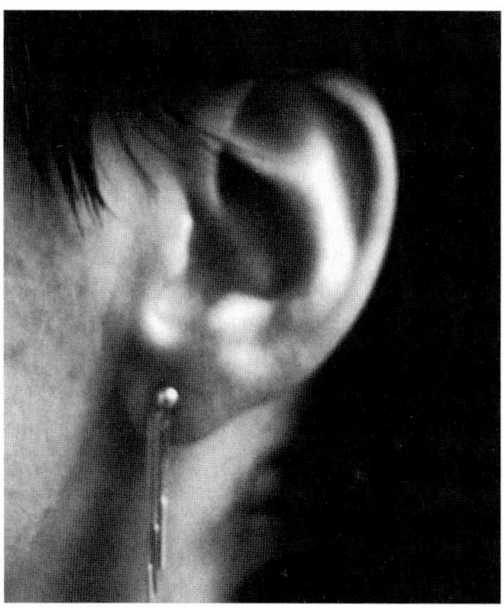

Abb. 572 Der feinfühlende, weniger kraftvolle Mensch

Sein Handeln war kraftvoll, mutig und von warmem menschlichem Fühlen getragen. Er war ein aussergewöhnlich tüchtiger Unternehmer, mit einem ungewöhnlichen, effektiven Organisationstalent und einer vorbildlichen sozialen Einstellung.

Abb. 572 *Der feinfühlende, weniger kraftvolle Mensch*

Das Ohr ist sehr fein in seiner ganzen Struktur und zeigt uns die entsprechende seelische Beschaffenheit. Damit wird das Leben in ganz anderer Weise bewältigt als das für Menschen mit grossen Ohren möglich ist. Das einfühlende, differenzierte Wesen führt dazu, dass das Leben mehr den spirituellen Dingen zugewendet wird. Ein harter Lebenskampf, ein kraftvolles Aufstehen gegen Ungerechtigkeiten wie das für *Duttweiler* möglich und üblich war und ihm vielfach auch Spass bereitete, ist hier nicht möglich.

Ungleiche Ohren

Sind Ohren ungleich am Kopfe angesetzt, ist die Differenz der Impulse aus den Tiefenschichten entsprechend der Ungleichheit mehr oder weniger stark. Das führt zu einer inneren Unruhe, die zu kritischem, manchmal auch unausgeglichenem Handeln verleiten kann. Ein Mensch mit dieser Anlage kann ausserordentlich intelligent, tätig und fleissig sein, findet aber die innere Ruhe trotzdem nicht. Wie die Handlungen ausfallen, entscheidet die übrige Veranlagung und der Einfluss der Umwelt. Viele Menschen müssen aus gesellschaftlichen oder anderen Gründen ihre Unruhe beherrschen. Diese kommt dann im häuslichen Kreise, wo man sich vielfach gibt wie man ist, eher zum Ausdruck.

Eine gewisse Ungleichheit der Ohrformen, wie auch der Gesichtshälften, ist jedoch normal und allein schon dadurch gegeben, dass beide Gehirnhälften nicht vollkommen gleich arbeiten. Nach der Kraftrichtungsordnung ist links mehr die Seite der Liebe und Innerlichkeit, der Kreativität, und rechts diejenige der Kraft und Tat zu Erkennen. Bei Ausgeglichenheit der zwei Seiten, was auch beim harmonischen Naturell nie ganz der Fall ist, ergibt sich ausgleichende Wirkung der beiden Impulse.

Anliegende und abstehende Ohren

Ohren können mehr oder weniger stark vom Kopf abstehen oder am Kopf anliegen. Es ist die elektrische Energie, welche die Ohren vom Kopfe abstehen lässt. Unter Umständen werden sie sogar quer zum Kopfe stehen.

Abb. 573 *Das anliegende und das abstehende Ohr*

Die physiologische Elektrizität entfaltet in der Breitenachse, vom Magnetismus wenig beeinflusst, ihre positive Wirkung. Während der Magnetismus die Stoffe zusammenhält, treibt die Elektrizität zur Trennung, Zerstreuung und Veränderung. Daraus ergibt sich die physiologische und psychologische Bedeutung des Abstehungsgrades der Ohren, an welchem die Impulse zur Abwehr, aber auch zur Verneinung abgelesen werden können.

Diese innere Energie kann gedämpft werden.

Wenn ein Mensch mit stark abstehenden Ohren sich einige Jahre lang bemüht, innerlich ruhig zu bleiben und den Ausgleich zu suchen, dann wird die elektrische Energie verringert, die Ohren verlieren zuerst den Spannungsausdruck und legen sich dann auch mehr oder weniger an.

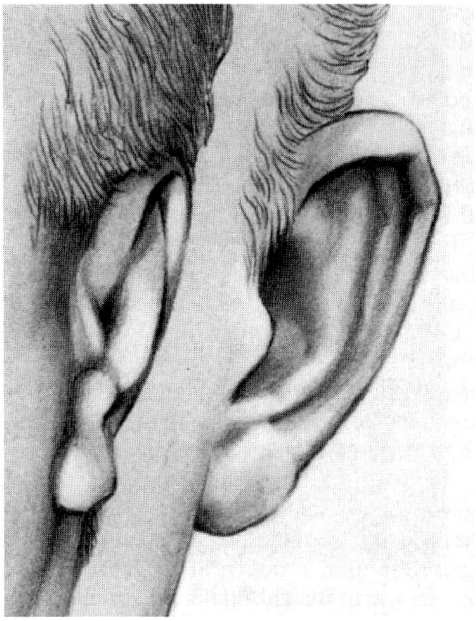

Abb. 573 Das anliegende und das abstehende Ohr

Abb. 574 Der führende, ruhige Beamte

Abb. 575 Der starke Veränderungsimpuls und die lebenskritische Einstellung

Das abstehende Ohr finden wir immer wieder bei stark umsetzenden, nach Neuerungen strebenden Personen.

Beamte, die viele Jahre einen ruhigen, friedvollen und gleichmässigen Dienst ausüben, daran Spass haben und ein ruhiges Familienleben führen, haben hingegen oftmals die anliegenden Ohren. Solche Menschen sind weniger tat- und unternehmungsfreudig, halten sich zurück und wehren sich erst, wenn Änderung am Bestehenden herbeigeführt werden sollte.

Abb. 574 *Der führende, ruhige Beamte*
Menschen, mit anliegenden Ohren gehen dem Streit, unnützen Aufregungen und Veränderungen aus dem Weg. Sie suchen massvolle Lösungen, massvoll das Bestehende zu erhalten und sind konservativ eingestellt. Der abgebildete Mann war ein sehr friedlicher, ruhiger und pflichtbewusster Vorgesetzter. Er fand immer ein freundliches Wort, wo es am Platze war. Er war mitfühlend, anteilnehmend und hilfsbereit, was am ganzen Erscheinungsbild sichtbar wird. Interessant ist, dass das Ohr oben nach hinten, dem Geheimsinn zu, stärker anliegt. Man konnte darauf vertrauen, dass Geheimnisse nicht weitergegeben werden. Das untere Ohr ist nicht so stark anliegend. Materielles interessierte ihn als Bankdirektor sehr. Er hatte als Unternehmer-Naturell jedoch eine harmonische, ruhige Lebensrichtung.

Dieser Mann ist leicht phlegmatisch, hat aber noch stärker das sanguinische, geniessende Temperament.

Abb. 575 *Der starke Veränderungsimpuls und die lebenskritische Einstellung*
Der berühmte Münchner Gesellschaftskritiker und Komiker *Karl Valentin* ist ein Empfindungsnaturell. Zu diesem Erscheinungsbild der verschmitzten Kritik, die zur Komik wird, des nie ruhenden, wachen Geistes passen die stark abstehenden Ohren ausgezeichnet. Die vorgedrängten, ausdrucksvollen und lebhaften Augen, zeigen den sprühenden, sprechenden Geist. Der feinprüfende, scharfgeschnittene und sprechende Mund mit einem ein wenig spöttischen Zug erklärt die scharfe Zunge, während die feine Faltenbildung der nervenreichen Haut der Stirn, die beim Kontrastsinn angehoben ist, den scharfen Kontrastsinn und der lustig kecke Haarschnitt die Oppositionslust widerspiegeln. Alles führt zur Komik. Aus dem Kontrast entspringt der Witz, und der zündet mit einem kräftigen Schuss Elektrizität.

17. Die Hand als Ausdruck der Handlungsart

Zusammenhänge zwischen Körper, Gesicht und Hand

Huter nimmt bei seinen Betrachtungen über die Hand in seinem Hauptwerk bezug auf das Buch von *Carl Gustav Carus* «Symbolik der menschlichen Gestalt». Es sind gültige Grundlagen für jede Studie über die Hand, welche bei allen höheren Lebewesen die gleiche Struktur aufweist.

Die Aufteilung in fünf Finger, tritt jedoch beim Menschen am ausgeprägtesten in Erscheinung. Durch Muskulatur und Nerven wird die Hand zu einem wunderbaren vielseitigen Instrument, in welchem sich feine Sinnesorgane mit kräftigen Bewegungsorganen verbinden. Die Sinnesorgane gehören zum sympathischen, die Bewegungsorgane zum parasympathischen, dem motorischen Nervensystem. Auf dem grossen Nervenreichtum, den die menschliche Hand besitzt, beruht ihre Sensibilität, mit welcher sie auch zu einem Organ des differenzierten Tastens und Empfindens wird. Mit ihr kann der Mensch Werkzeuge oder Kunstwerke schaffen, seinen Lebensunterhalt bestreiten und sich verteidigen, Kranke heilen oder Leben zerstören.

Mit der Hand *erfassen wir* unser räumliches Dasein, indem wir einen Gegenstand ergreifen. Mit der Hand *bewerten wir* diesen Gegenstand, indem wir ihn betasten. Wenn er uns nicht gefällt, können wir ihn neu *gestalten.* Die Hand, das universelle Instrument, führt den Menschen vom Greifen zum Begreifen. Die Hand widerspiegelt deshalb neben körperlichem auch geistiges Handlungsvermögen.

Formentwicklung und Leistungsvermögen

Abb. 576 *Ein unförmiger Aufbau*
Die Pfote des Waschbären wird durch die Handfläche dominiert, die Finger sind kurz und verschwinden beinahe gegenüber der wuchtigen Sohle. Dieser Kleinbär hält ab und zu seine Nahrung zwischen den Vorderpfoten.

Abb. 577 *Die der menschlichen Hand angenäherte Form*
Die Form der Hand ist beim Affen schon recht menschenähnlich. Deutlich sehen wir den Daumen. Die übrigen Finger heben sich ebenfalls eindeutig von der Handfläche ab. Die Affen können mit ihren Händen schon Erstaunliches leisten und sind auch in geistigen und handelnden Bereichen allen anderen Tieren überlegen.

Abb. 578 *Die menschliche Hand*
Die Proportionen der menschlichen Hand sind ausgewogen. Der Daumen ist lang und bildet mit dem Handballen eine Einheit. Die Handwurzel grenzt sich gegenüber dem Arm eindeutig ab und die Finger stehen in einem guten Verhältnis zur Handfläche. Die menschliche Hand zeigt die besten Proportionen und in ihrer Feinheit die höchste körperliche und geistige Entwicklung.

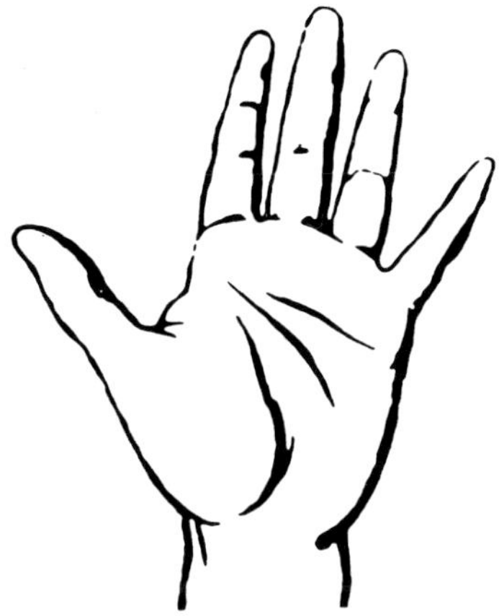

Abb. 576
Pfote eines Waschbären

Abb. 577
Hand eines Affen

Abb. 578
Hand eines Menschen

Der Stellenwert der Hand

– Wenn wir etwas tun, nennen wir dies eine Handlung.

Es ist die im Bewusstsein ausgeführte Tat, hervorgerufen durch die Impulse aus dem Gehirn.

– Wir begrüssen uns, indem wir uns die Hand schütteln.

– Nach einer Versöhnung geben wir uns die Hand.

– Die Sprache der Hände als Verständigungsmittel.

Wenn wir einer Lautsprache nicht mächtig sind, versuchen wie «mit den Händen zu reden». Diese Sprache wird bei vielen Völkern verstanden. Sie hilft uns, in fremden Ländern durchzukommen, ohne dass wir die Landessprache beherrschen.

– Auf dem Markt galt der Handschlag lange als rechtsgültiger Vertrag. Der Handschlag war das Symbol des freien Handels.

– Der Mann hält um die Hand einer Frau an.

Wenn sie die Hand in die seine legt, ist der Bund geschlossen.

– «Er spricht mit den Händen», sagen wir, wenn jemand seine Lautsprache mit lebhaften Handbewegungen begleitet.

Die gleichen Hirnimpulse, welche die Gestik der Hände auslösen, sind auch Grundlage der mimischen Veränderungen im Gesicht. Eine reiche Palette von Äusserungen können wir deshalb nicht nur in der Mimik des Gesichtes oder des Körpers, sondern auch an den Gebärden der Hände erkennen.

Menschliche Handformen

Die Hand besitzt die gleiche Mannigfaltigkeit der Formen wie das Gesicht. Jede Handform ist ebenfalls individuell, einzigartig. An Gesicht und Körper sind die verschiedenen Charaktermerkmale jedoch leichter zu erkennen. Die Handform ist trotzdem für den Physiognomen ein nicht weniger wichtiges und willkommenes Beurteilungsmittel für die Art der Handlung eines Menschen.

Kräfte, die Baumeister der Form

Carl Gustav Carus zeigt uns vier Grundformen: die *elementare*, die *motorische*, die *sensible*, die *psychische* Hand. Wir betrachten diese mit Hilfe der Kraftrichtungsordnung.

Abb. 579 *Die elementare Hand*

Zur elementaren Hand gehören alle diejenigen Handformen, bei denen die Mittelhand lang und breit ist. Sie hat eine grosse dicke und harte Handfläche, kürzere dickere Finger, einen abgestumpften, oft zurückgeworfenen Daumen. Die ganze Form wirkt grob aber kräftig. Die Finger haben kurze, jedoch starke und breite Nägel. Die elementare Hand kommt bei Frauen wie bei Männern vor. Natürlich jedesmal durch den Geschlechtscharakter modifiziert: bei der Frau mit etwas feinerem, beim Mann mit etwas gröberem Bau. Die elementare Hand ist dabei oft voll und fleischig. Auf ihrem Handrücken und auf der Aussenseite der Finger ist sie häufig mit Haaren bedeckt. Ihre Innenseite weist vielfach Schwielen auf. Solche Formen zeigen *das mediomische Kraftprinzip.* Menschen mit diesen Formen besitzen eine derbe seelische und körperliche Konstitution. Sie haben entsprechende Lebensmöglichkeiten und Einschränkungen. Die elementare Hand ist demgemäss die Hand des praktischen Erwerbsmenschen. Menschen mit solchen Händen sind feineren seelischen Regungen und Bedürfnissen weniger zugänglich. Es ist die Hand, die wir in der gezeichneten Form beim terziären Ernährungs- oder Ernährungs-Bewegungs-Naturell häufig antreffen.

Schwielen auf der Innenseite ergeben sich aus der Tätigkeit. Sie sind eher mimisch zu beurteilen. Schwielen können bei entsprechender Arbeit auch bei jeder andern Hand auftreten. Wir sehen daran etwa, dass der feiner geartete Mensch schwerere Handarbeiten, wie sie z. B. auf einem Bauernhof vorkommen, ausführt oder ausgeführt hat. Wenn ihn diese Arbeit überfordert, erkennen wir das am Gesicht (ausgemergelt) und an der Haltung des Körpers (gebückt).

Abb. 580 *Die motorische Hand*

Die motorische Hand ist ganz besonders die Hand des männlichen Prinzips. Auch beim weiblichen Bewegungs-Naturell, das mit den Händen arbeitet, können wir solch kraftvolle Hände beobachten.

Die Hand charakterisiert sich teils durch ihre Grösse, teils durch einen im allgemeinen kräftigen Knochenbau und stärkere Muskulatur mit deutlich fühlbaren Sehnen. Die Handfläche ist von viereckiger Form. Die motorische Hand weist den längeren Bau der sehr kräftigen Finger auf.

Der Daumen zeichnet sich durch besondere Stärke und einen vollen Ballen aus. Die Fingernägel sind angemessen gross und von länglich viereckiger Bildung. Die Haut des Handrückens ist bedeutend derber als die der Handfläche, doch gewöhnlich nur leicht behaart. An den Fingerkuppen bemerkt man eine im ganzen breitere Endigung. Die motorische Hand zeigt uns *die starke magnetische Kraft.* Diese Energie bewirkt im Menschen Spannkraft. Sie gibt ihm das starke Selbstwertgefühl und manifestiert sich bevorzugt beim Bewegungsnaturell. Die Hand zeigt, dass solche Menschen zupacken können wie die Menschen mit der elementaren Hand. Sie können hart durchgreifen, und entsprechend handeln, Sie erwarten, dass andere es ebenso tun.

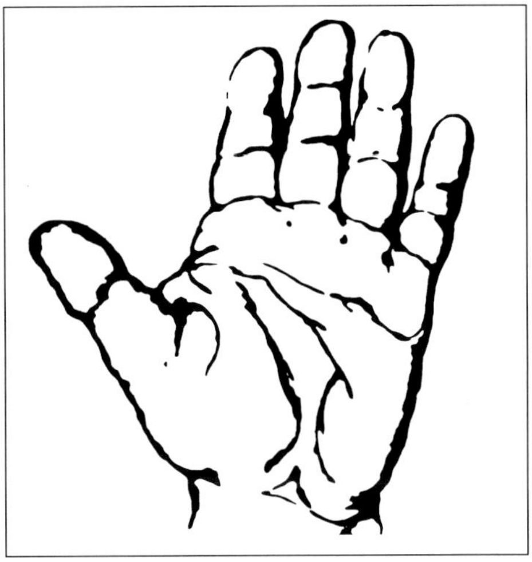

Abb. 579 Die elementare Hand

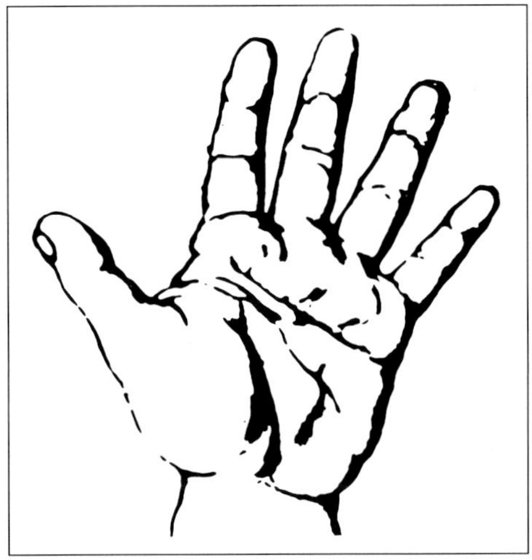

Abb. 580 Die motorische Hand

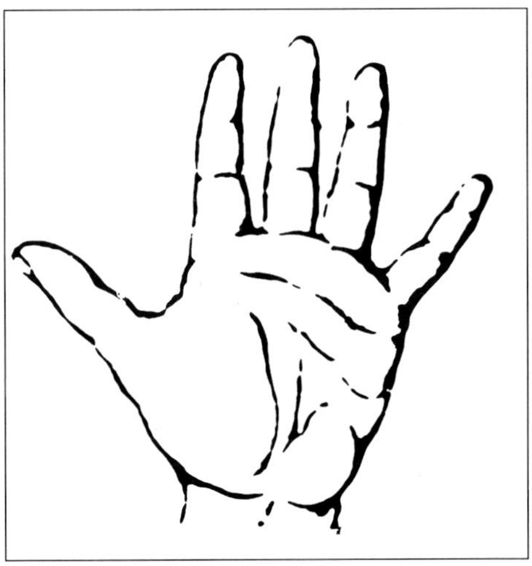

Abb. 581 Die sensible Hand

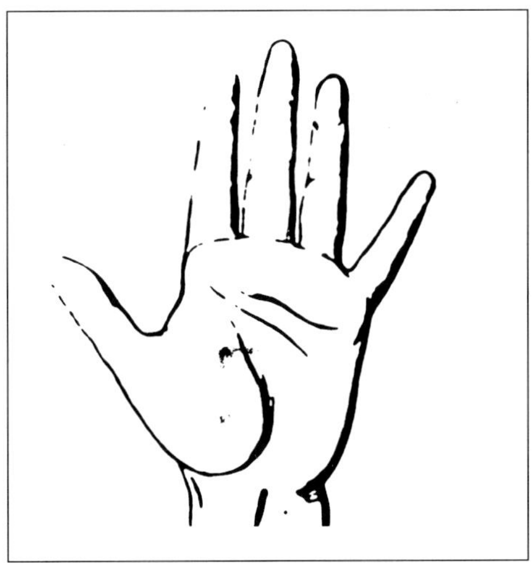

Abb. 582 Die psychische Hand

Abb. 581 *Die sensible Hand*

An der sensiblen Hand ist der Knochenbau und ebenso Muskel- und Sehnenbildung fein. In der Handfläche überwiegt die Längendimension etwas. Im Verhältnis zur Handfläche sind die Finger nicht länger als die der motorischen Hand, der Daumen aber entschieden kleiner und ihr Bau im allgemeinen zarter. Die einzelnen Fingerglieder sind in weichen und ovalen Formen gesondert. Die Fingerkuppe erscheint gerundet, die in ihren nach beiden Dimensionen ziemlich gleichen Nägel sind von besonderer Feinheit, Abrundung und Elastizität. An den feinen, runden Formen sehen wir das Wirken *der odischen und heliodischen Kräfte.* Sie ermöglichen das Erfassen der Welt mit dem Gefühl. Die Träger solcher

Hände sind Menschen, die ihre Umgebung weniger mit dem Verstand als vielmehr mit dem Gefühl erfassen wollen und aufnehmen können. Die odisch-heliodische Kraftkonfiguration ist auch beim männlichen Ernährungs-Empfindungs-Naturell und beim Empfindungs-Naturell vorhanden. *Carus* hat die sensible Hand vorzugsweise der Frau zugeordnet. Aber er wusste wohl, dass dies nicht ganz richtig ist, denn er hat eine männliche Hand zur Darstellung gebracht.

Abb. 582 *Die psychische Hand*
Die psychische Hand ist die schönste, aber in ihrer Vollkommenheit auch seltenste Form. Sie ist zugleich diejenige, welche von der elementaren am weitesten entfernt und bei beiden Geschlechtern gleich häufig zu finden ist. Die Altersstufen weisen charakteristische Unterschiede auf: im mittlern Lebensalter befindet sie sich in voller Ausbildung, beim Kinde hingegen ist sie noch gar nicht möglich, und in voller Reinheit in den hohen Lebensjahren selten noch vorhanden. Sie ist mittelgross. Die Handfläche ist etwas länger als breit, die Falten sind mit einfachen Linien gezeichnet. Charakteristisch ist auch der Bau der Finger, welche fein, schlank, ein wenig verlängert erscheinen und mit feinen schlanken Nägeln versehen sind. Die letzten Fingerglieder sind länglich und fein gerundet. Auch der Daumen ist fein und hat nur mittlere Länge. Die Gelenke sind feingliedrig. Das Hautgewebe der ganzen Hand ist zart. Auch an der männlichen psychischen Hand finden wir nur schwache Behaarung. *Die Helioda, die geistig-schöpferische Formbildungsenergie,* baut diese feinen, differenzierten Formen. Die Träger solcher Hände sind deshalb geistig ausgerichtete Menschen. Sie suchen ihre Lebensideale auf der verfeinerten Seite des Lebens. Schöne Musik, feine Formen, differenzierte Farben wirken beglückend auf sie. Hier können sie aufbauend, neuschöpfend, positiv wirken. Es sind keine Kämpfer im Sinne der Menschen mit der motorischen Hand. Sind sie gezwungen, dauernd schwere körperliche Arbeiten auszuführen, die für Menschen mit der elementaren Hand gesundheitsfördernd sind, können sie daran zugrunde gehen.

Das Erkennen der inneren Energien gibt uns die praktische Grundlage, die auch eine vielseitige physiognomische Deutung der Hände zulässt. Suchen wir also in erster Linie die formbildenden Kräfte zu erkennen. Sie sind auch Verursacher und Former der Hände. Mit Hilfe der Kräfte können wir individuell, spezifisch beurteilen. Die vier Grundformen dienen dazu als Grobraster.

Die Psycho-Physiognomik zeigt eine natürliche Entwicklung der Formen und damit auch der Fähigkeiten. Der Schädel z. B. vergrösserte sich entsprechend der Volumenzunahme des Grosshirns. Der Mensch erreichte zu den Fähigkeiten der Lebenserhaltung differenzierte Möglichkeiten zur Lebensgestaltung. Genauso haben sich in grossen Zeiträumen aus der einfachen Urmenschenhand feinere Formen gebildet, die sich für vielseitigere Leistungen eigneten.

Aufteilung in Grundelemente
Zur Vereinfachung der physiognomischen Betrachtungen können wir die Hand auch in drei Zonen unterteilen. Wir erhalten damit eine einfache Grundlage zur Beurteilung grösserer Elemente.

Die Charaktermerkmale an den Fingern

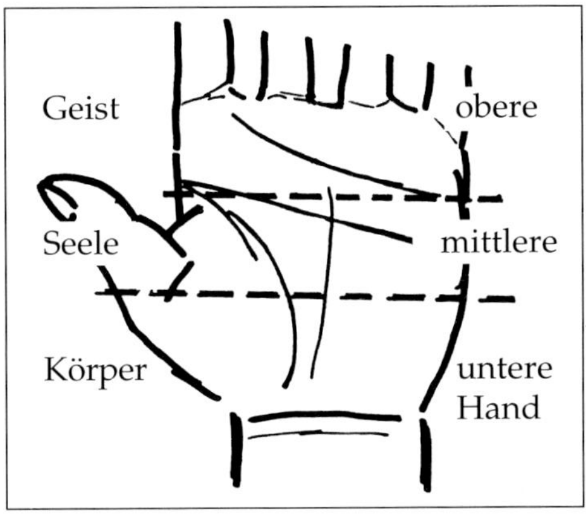

Abb. 583 Die Dreiteilung der Hand

– Am *Daumen* sehen wir die Triebanlage, die elementare Widerstandskraft, das Kraftbewusstsein, auch die Kraftreserven und das Regenerationsvermögen eines Menschen, seine stoffliche Potenz.

– Am *Zeigfinger* erkennen wir den Autoritätsanspruch, der Wille zur Macht und den Geltungsanspruch. Wir sehen an der Form dieses Fingers das Ich-Bewusstsein, die Ich-Ansprüche und das Selbstwertgefühl.

– Der *Mittelfinger* hingegen zeigt uns die Fähigkeit, sich unter eine höhere Führung zu stellen. Er zeigt das geistige Bewusstsein, das Verantwortlichkeitsgefühl für die Welt, das Erkennen der sinngebenden Werte.

– Der *Ringfinger* offenbart die Art der Öffnung zur Transzendenz der Seele. Er zeigt die Hinneigung zum Du. Er verkörpert die Innerlichkeit, das Einswerden mit dem Andern, die Selbsthingabefähigkeit .

– Der *kleine Finger* repräsentiert das Empfangen und Aufnehmen. Er ist die Antenne für das Aufnehmen. Im Märchen heisst es, der kleine Finger hört und sieht alles. Er zeigt die Art wie geistige Anregungen aufgenommen werden.

Beziehungen zum Schädel und zum ganzen Menschen

Durch den Vergleich der Charaktermerkmale der Finger mit den Angaben der Neuphrenologie *Huters*, erkennen wir die Übereinstimmung mit den Aussagen der bestimmten Schädelareale.

Abb. 584 *Merkmalvergleiche zwischen Hand und Schädel*

Die Aussage der Schädelform kann mit der Aussage der Handform direkt verglichen werden. Die Handanalyse ergänzt so die Erkenntnisse, die aus der Schädelform gewonnen werden können. Über die Beziehung zum Hinterhaupt kommen auch die Zusammenhänge mit dem ganzen Körper zum Ausdruck. Keine Form dürfte deshalb ohne Berücksichtigung des Zusammenhanges mit dem ganzen Körper und den formenden Kräften abschliessend beurteilt werden. Die Menschen haben nicht nur unterschiedliche Kopf- und Körperformen, sondern auch unterschiedliche Handformen und diese werden zur willkommenen Ergänzung der physiognomischen Beurteilung eines Menschen. Am unteren Hinterhaupt erkennen wir z. B. die Hand-, Arm- und Fingergeschicklichkeit. Ob und wie diese Geschicklichkeit angewendet und umgesetzt wird, können wir an der Hand kontrollieren. Hier zeigen sich mimisch die Auswirkungen einer bestimmten Tätigkeit. Die Hand verfeinert sich bei vorwiegend leichter oder geistiger Beschäftigung. Sie wird kräftiger und grober bei vorwiegend handwerklicher Tätigkeit.

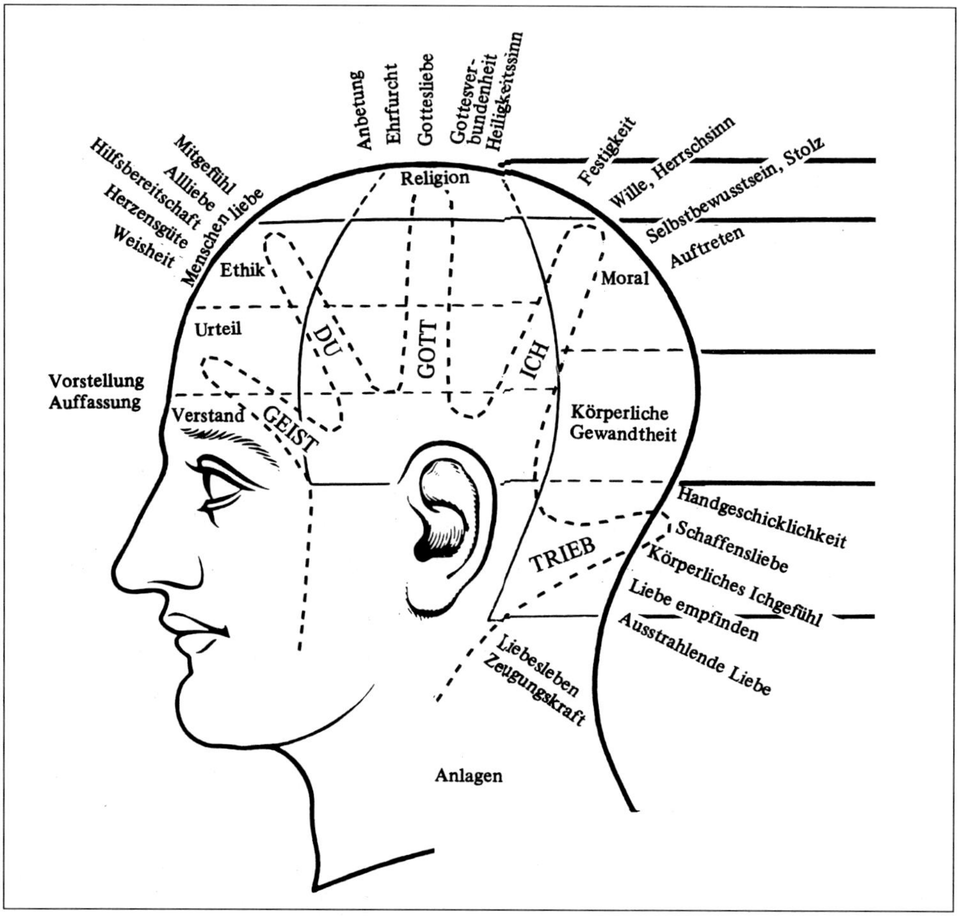

Abb. 584 Merkmalvergleiche zwischen Hand und Schädel

Eine verfeinerte Handform lässt erkennen, dass im Moment nicht oder wenig praktisch angepackt wird. Sie zeigt uns unter Umständen aber auch einen Menschen, der durch Krankheit nicht mehr in der Lage ist zuzugreifen, oder der sein Leben in Schönheit und Luxus verschwendet.

Es ist selbstverständlich, dass die Handformen auch mit den Naturellen in Verbindung gebracht werden müssen. Erst wenn wir von den Naturellen ausgehen, können wir individuelle Abweichungen beurteilen. Wir finden z. B. auch bei Ernährungs-Naturellen lange Finger, obwohl solche Menschen normalerweise elementare Handformen aufweisen. Die durch lange Finger angezeigte Erweiterung des Naturell-Charakters wird sich auch in den übrigen Formen manifestieren und kann dort differenziert analysiert werden.

Abb. 585 *Die Kinderhand*

Die kleine, füllige, zarte Hand des Kindes zeigt uns den odischen Formcharakter. Das bedeutet: dieser Mensch nimmt die Eindrücke seiner Umwelt hauptsächlich mit dem Gefühl auf. Er fühlt sich in der Mutter Schoss, dem odischen Bereich ihres Körpers glücklich und geborgen. Der Verstand und die Tatkraft sind noch nicht entwickelt. Das Kind braucht deshalb die schützende Hand seiner Eltern.

Abb. 586 *Die Hand des Bewegungs-Naturells*

Eine Hand ohne Pflege, ohne Schnörkel, von der Arbeit in Wind und Wetter gekennzeichnet. Daran erkennen wir den Menschen, der kräftig zugreifen kann, der in der Sprache keine Schnörkel liebt. Er drückt sich mit kurzen Worten aus. Gemäss seiner Hand ist er für die harte Arbeit in Feld und Wald ausgezeichnet geeignet.

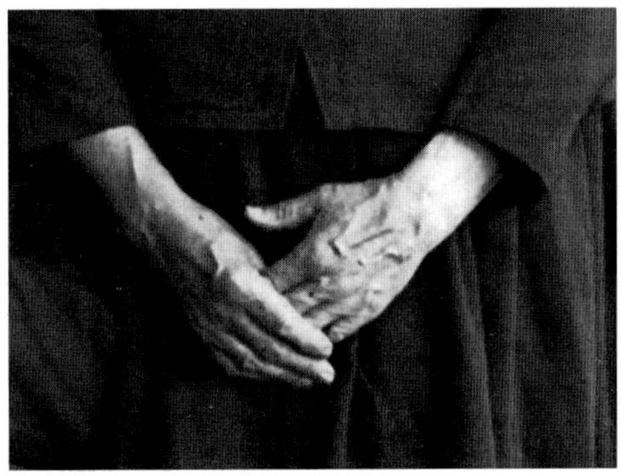

Abb. 587 *Die Hand des Ernährungs-Naturells*

Eine weiche Hand, mit kurzen konischen Fingern. Hier erkennen wir das odisch-mediomische Prinzip das praktisch denkenden Menschen eigen ist. Seine Devise: «Leben und leben lassen» zeigt, dass er auch anderen Menschen etwas zukommen lässt.

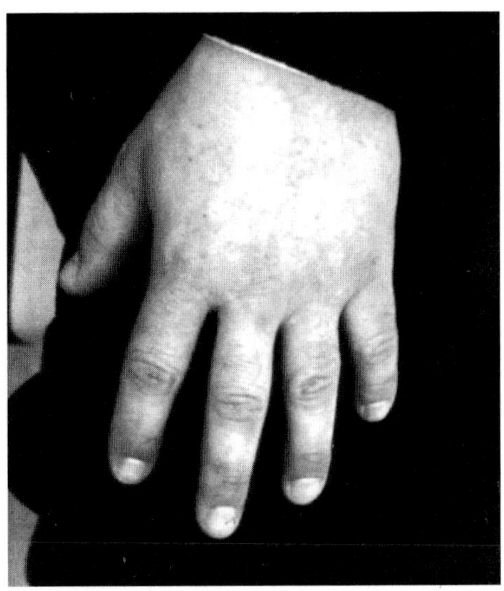

Abb. 588 *Die Hand des Empfindungs-Naturells*

Diese Hand ist fein und zeigt das Vorherrschen der heliodischen Energie. Das Leben wickelt sich mehr im sozialen und geistigen Bereich ab. Eine körperliche Leistung wie sie beim Bewegungs-Naturell möglich ist kann hier ohne Schaden nicht geleistet werden. Das Ruhebedürfnis steht weit hinter dem des Ernährungs-Naturelles zurück.

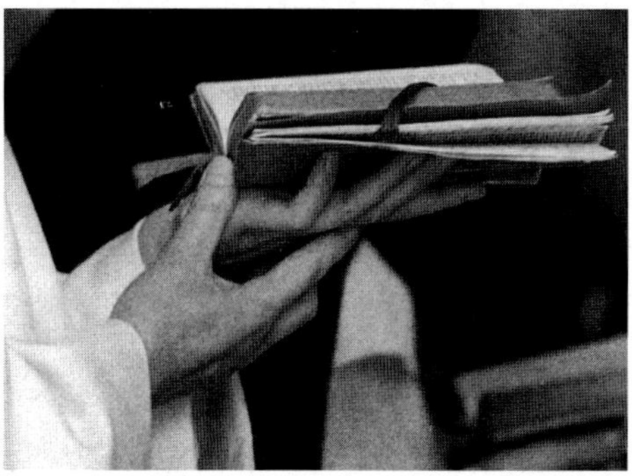

Abb. 589 *Die psychische Hand*

Es ist die Hand einer leitenden Person eines Klosters. Sie zeichnet sich aus durch eine aussergewöhnliche Feinheit und Schönheit. Es ist die Hand, die uns von einer Frau erzählt, die ihr ganzes Leben der Religion widmet. Sie kann sehr gut organisieren und ist sehr selbständig (lange Finger), ihre Arbeit ist aber ganz auf geistige Inhalte ausgerichtet. Um die schwere körperliche Arbeit zu verrichten, braucht sie Menschen mit den praktischen Händen.

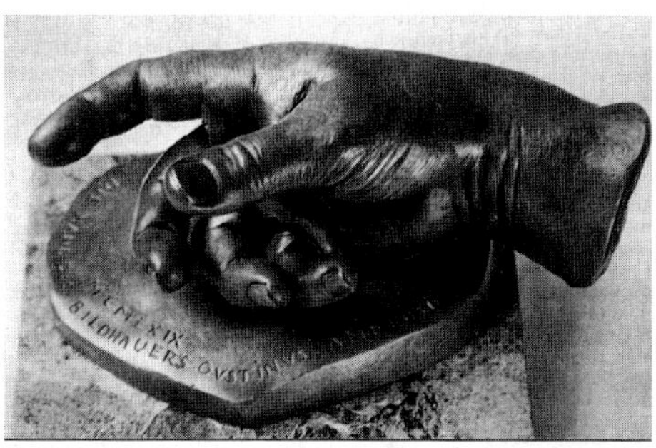

Abb. 590 *Hand von Gustinus Ambrosi*

Siegfried Kupfer hat diese ebenfalls kräftige Hand seine Freundes beschrieben: «Diese Hand ist voller Kraft, Feinheit und Bewegtheit und voll der feinsten Gefühle. Wie hebt und streckt sich der Zeigefinger, der wie ein selbständiges Organ anmutet, der in seiner so plastisch gerundeten, gespannten Spitze die feinsten Nervenendungen birgt, der spürt und führt, der zugreift und bewegt und zarteste Modellierungen prägt. An dem Daumen sieht man so recht, dass er den zeigenden Finger in allen seinen Tätigkeiten unterstützt; in der so frei tragenden Haltung beider offenbart sich die grosse Geschicklichkeit und das kraftvolle Zugreifen. Aber auch die drei weiteren Finger haben diese einsatzbereite, so eifrige Haltung und sind in den plastischen Fingerkuppen voll empfindender Sensibilität. Der Handballen aber birgt die urwüchsige Kraft, welche den Fingern Leichtigkeit und Beweglichkeit, Sicherheit und Ruhe verleiht.

Es ist eine seltene, von Ruhe, Kraft und Empfinden durchlebte, wohlproportionierte, harmonische Hand, die man greifen möchte, und die mit den tiefen Falten des Handgelenks auf ein hohes erreichbares Alter schliessen lässt.»

Wir sehen hier also die «motorische Hand» die die Sensibilität der «sensiblen Hand» aufweist. Solche Kombinationen sind immer möglich. Sie sind im Gesicht leichter festzustellen.

Abb. 591 *Prof. Gustinus Ambrosi (1893–1975)*

Prof. *Gustinus Ambrosi*, Bildhauer in Wien, war ein genialer, vielfach geehrter und ausgezeichneter Künstler und Dichter. Sein Leben und Arbeiten war ein dauerndes Auseinandersetzen mit den Gesetzen der Form. Er erkannte das umfassende Wissen über die Welt, welches in Gesichtern offenbar wird. Er sagte: «Das Gesicht war meine Universität.»

Abb. 592 *Hände eines Apostels von Albrecht Dürer*

Auch diese Hände haben lange Finger. Dies bedeutet die vorhin beschriebene Selbständigkeit des Denkens und Handelns. Aber wie abweichend ist die Aussage der übrigen Form. Die Hand ist konisch und die Finger sind fein. Dies zeigt den Innerlichkeitsmenschen, mit der starken Empfindungsenergie. Die Handwurzel ist trotzdem kräftig und lässt erkennen, dass Ideale praktisch verwirklicht werden können. Also ein feinfühlender, unabhängiger Mensch der trotz der Feinfühligkeit seine Ideale tatkräftig verwirklicht.

Abb. 593 *Jesus unter den Schriftgelehrten*

Hier sehen wir lange Finger bei Jesus und den Schriftgelehrten, aber wie unterschiedlich sind ihre Gesichter. Der junge Christus ist mit hellem zartem Gewebe dargestellt. Seine Formen sind rund, weich und fein. Sie zeigen die starke Helioda und das feine Od. Die Stirn ist hoch und breit. Mit diesen Formen kennzeichnet *Dürer* geniales Erfassen und hochsensibles Fühlen. Das Gesicht zur Linken von Jesus, ist dasjenige eines stark disharmonischen Menschen, dessen vorgeschobene Lippen zudem andeuten, dass er sehr von sich selbst eingenommen ist. Er ist der aktive Gegner des neuen, für ihn nicht fassbaren Denkens und Fühlens. Staunend hört der Gelehrte unten links die Botschaft. Aber er wird sich kaum gegen das disharmonische Naturell durchsetzen können. Er ist gütig und abgeklärt, möchte aber nicht mehr für etwas Neues kämpfen. Der Mann unten rechts im Bild ist alt. Hier erkennen wir an den kleinen Augen, den engen Horizont. Das geistige Interesse ist verknöchert, er bringt keine Begeisterungsfähigkeit für neue Ideen mehr auf. Die Disharmonie mit ihrem unverschämten, selbstsicheren Auftreten siegt einmal mehr.

Es scheint kaum möglich, dass ein so frappanter Unterschied der Charakteranlagen, wie Dürer sie dargestellt hat, übersehen werden kann. Die Feinheit, Liebe und Güte beim Jesusknaben, die Hässlichkeit und Härte beim Schriftgelehrten. Jesus trägt das göttliche Prinzip, in jeder Faser seines Körpers. Jede Zelle ist voll Heliodaenergie und jede seiner äusseren Formen spricht davon. Alles Denken und Handeln untersteht diesem inneren göttlichen Feuer. Der Jesusknabe scheint hier zu erkennen, wie schwer es ist, disharmonische und träge Menschen von diesem Feuer, von Gott im neuen Gewand, zu überzeugen. Alle seine Argumente, die er an den Fingern abzählt, nützen nichts. Die Gelehrten stützen sich auf ihre dicken Bücher, in denen aus ihrer Sicht alles enthalten ist, was Gott zu sagen hatte. (Das ewig gleiche Lied, die Geschichte wiederholt sich immer und immer wieder.) Der neben Jesus in karikaturenhafter Hässlichkeit Dargestellte, stützt sich wohl auch noch auf einen Titel. Er fällt dem Knaben mit herabwürdigenden, gemeinen Argumenten ins Wort. Der Augenausdruck zeigt wie konzentriert er in der Ferne seine Beweise sucht. Was Jesus wirklich sagt, interessiert ihn nur nebenbei.

Schon damals kam den Menschen nicht in den Sinn, das Angesicht neben Erklärungen zu stellen. Dadurch wäre es möglich, die inneren treibenden Kräfte zu erkennen und, bei einer Persönlichkeit wie sie bei Jesus sichtbar ist, toleranter zu öffnen. *Dürer* hat diese Wirklichkeit in seinem Kunstwerk dargestellt. *Huter* hat sie uns mit der Psycho-Physiognomik praktisch zugänglich gemacht. Das Bild zeigt auch, dass die Physiognomie des Gesichtes wichtiger ist als die Form der Hände.

Abb. 593 Der 12jährige Christus unter den Schriftgelehrten», von Albrecht Dürer, Sammlung Tyssen-Bornemisza Lugano

18. Aufbau einer physiognomischen Analyse

Ein Arbeitsinstrument

Diese Unterlagen wurden geschaffen, um Ihnen eine Analyse mit der physiognomischen Psychologie nach *Carl Huter* zu erleichtern und um darin zu üben. Die Voraussetzungen zu einer seriösen Analyse sind das eingehende Studium der Literatur auf diesem Gebiet. Ein Literaturverzeichnis der wesentlichen Grundlagen aus dem Carl-Huter-Verlag finden Sie auf der letzten Seite.

Zu einer erfolgreichen Analyse ist das «fühlende Sehen» sehr wichtig. Das ist ein fühlendes Eingehen auf das zu analysierende Objekt.

Zu was dient eine Analyse?

1. Sich selber und andere erkennen.
2. Vorhandene Fähigkeiten und Möglichkeiten besser ausschöpfen.
3. Verhindern, dass nichtvorhandene Anlagen als Lebensgrundlage gewählt werden.
4. Bewusster leben.

Eine Analyse darf nicht dazu dienen, über andere zu richten oder andere zu verurteilen.

Jede Analyse ist seriös zu hinterfragen.

Eigenschaften, gleichgültig bei welcher Rasse oder Konfession wir diese ermitteln, sind zuerst als neutrale Möglichkeiten anzusehen. Erst die Diskussion über den Einsatz von Eigenschaften führt zwangsläufig zu einer Wertung dieser Eigenschaften.

Die volle Ausschöpfung vorhandenen Wissens über die Psycho-Physiognomik braucht auch praktische Lebenserfahrung. Dazu können z. B. Berufsberater oder Menschen mit Erfahrungen auf speziellen Gebieten beigezogen werden.

Nun wünschen wir Ihnen bei Ihrer Arbeit viel Erfolg.

Die praktische Menschenkenntnis ist nicht einfach, sie ist eine Lebensaufgabe, sie ist immer interessant, nie hat man ausgelernt.

Aufbau einer physiognomischen Analyse

- Personalien
- Gesamteindruck
- Physiognomische Details

1. Körperbau
Konstitutionelle Schicht
Grundlebensrichtung

2. Kräftekonfiguraton
Energieschichten
Grundlebensrichtung

3. Niveau
Allgemeine Qualität, Leistungsvermögen

4. Stirn
Bewusstseinsschichten
real-praktisches, vergleichendes, soziales Denken

5. Oberhaupt
Gefühlsschicht
Soziales, Lebenssinn, Lebenszweck

6. Hinterhaupt
Motorische Schicht
Geschlecht, Beruf, Ich

7. Hals
Stoffliche Schicht
Blut- und chemische Beschaffenheit

8. Seitenhaupt
Expansionsschicht
Anspannung, Wirtschaftlichkeit, Erwerb

9. Ohren
Seelische Tiefenschicht
Empfinden, Gestalten, Regenerationsvermögen

10. Untergesicht
Durchführungsschicht
Durchführungskraft, Körperimpuls

11. Mund
Gefühlsschicht
Begehren, Erleben, Empfinden

12. Mittelgesicht
Gemütsschicht
Kontaktfähigkeit, Überwindungskraft

13. Nase
Verwirklichungsschicht
Wesensart, Darstellung, Fühlen

14. Augen
Geistige Tiefenschichten
Denkrichtung

15. Augenbrauen
Gefühls- und Gedankenschicht
Schönheitssinn, Intensität, Befangenheit

16. Hände
Verwirklichungsschicht
Durchführungsart

17. Temperament
Impulsschicht

18. Einstellungstyp
Nervenschichten
menschliche Grundhaltung

19. Achsenlage
Dominanzen
Liebe, Körper, Geist, Wille

20. Haar
Psychische und physische Leistungskapazität

21. Vergleiche
Potenzieren, relativieren

22. Zusammenfassung

23. Ratschläge:
Für das tägliche Leben, Beruf, Ehe, Freundschaft, Sport, Freizeit, Diverses

19. Namensverzeichnis

20. Bild- und Literaturverzeichnis

Literatur

Carl Huter, «Menschenkenntnis, das grosse Haupt- und Lebenswerk»
Amandus Kupfer, «Grundlagen der Menschenkenntnis Band 1»
Amandus und Siegfried Kupfer, Die Physiognomie des Ohres»
Amandus und Siegfried Kupfer, «Physiognomik und Mimik»
Amandus Kupfer, «Die Sprache der Augen»
Paul Schärer, «Werden, Inhalt und Ziel aller Dinge»
Alle Carl-Huter-Verlag, Münchenstein
Carl Gustav Carus, «Symbolik der menschlichen Gestalt», Dr. Madaus u. Co. Radebeul/ Dresten
Henri Mangin, «Die Hand», Rascher, Zürich
Ursula Mangold, «Erkenne dich selbst im Bild deiner Hand», Walter, Olten
Teilhard de Chardin, «Der Mensch im Kosmos», C.H. Beck, München
C. G. Jung, «Psychologische Typen» Rascher, Zürich-Stuttgart
Konrad Lorenz «Über tierisches und menschliches Verhalten» Piper, München
Irenäus Eibel-Eibesfeld, «Liebe und Hass», Piper, München
«Personen-Lexikon», Westermann, Braunschweig
Marcel R. Zentner, «Die Wiederentdeckung des Temperamentes», Junfermann, Paderborn
Eugen Drewermann, «Kleriker», dtv Sachbuch, München
Erich Jantsch, «Die Selbstorganisation des Universums», dtv Wissenschaft, München
Frank Geerk, «Paracelsus, Arzt unserer Zeit», Benziger, Zürich
Andreas Staehelin, «Professoren der Universität Basel», Friedrich Reinhardt AG, Basel

Bilderhinweis

Alle im Buch nicht bezeichneten Bilder stammen aus dem Verlagsarchiv.
Zeichnungen 171, 218, 219, 220, 221, 222, 401, 402, 403, 404, 413, 414 von Fritz Oertle, Steinach

21. Literaturhinweise

Literatur, die zu einer Analyse nötig ist

Grundlagen der Menschenkenntnis Band 1
Amandus Kupfer, Siegfried Kupfer, Paul Schärer
Die formbildenden Kräfte. Charaktererkennung nach den Grundtypen des Lebens.

Grundlagen der Menschenkenntnis Band 2
Amandus Kupfer, Siegfried Kupfer, Paul Schärer
Gesicht und Wesensart. Schädelform und Geistesanlage. Praktische Anleitung zur Kopf- und Gesichtsausdruckskunde.

Physiognomik und Mimik
Von und nach Carl Huter, Amandus Kupfer und Siegfried Kupfer
Die Seelensprache von Gesicht und Körper.

Werden, Inhalt und Ziel aller Dinge
Paul Schärer
Die Geheimnisse des Lebens.

Leitgedanken zum Hauptwerk
Carl Huter
Ergänzungen und Übersicht.

Reformen für eine schönere, freiere Welt
Carl Huter
Die wichtigsten geistigen und wirtschaftlichen Richtungen

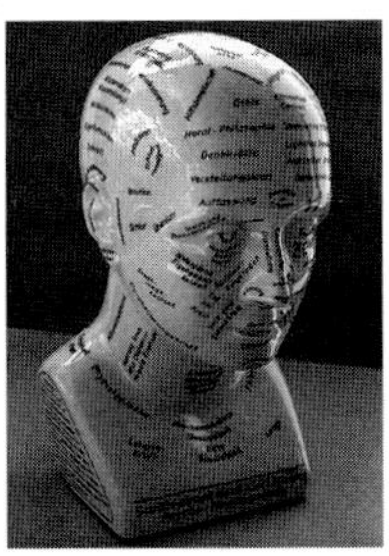

Der plastische Studienkopf
Porzellan, ca. 30 cm hoch, 198 Inschriften.

Verlangen Sie Prospekte mit Preisangaben beim Verlag.

Weitere Bücher zur Lehre von Carl Huter

Hauptwerk
Carl Huter
Die Begründung der Psycho-Physiognomik.
Impulse zu einer vertieften Erkenntnis der Lebensgesetze.

Handbuch der Menschenkenntnis
Carl Huter
Eine Zusammenfassung des Hauptwerkes.

Individuum und Universum
Carl Huter
Die Philosophie der Huterlehre.

Die neue Weltanschauung
Carl Huter
Das göttliche Prinzip in neuer Sicht.

Ist Frieden eine Utopie?
Carl Huter
Bearbeitet von Paul Schärer und Lieselotte Eder
Ein ungewöhnlicher Lebensbericht. Okkultismus und Spiritismus.